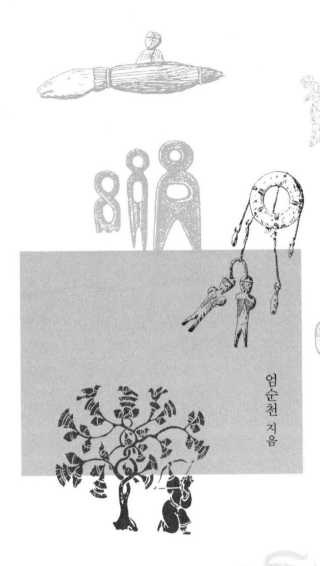

극동 토착종족의 애니미즘과 생태

엄순천 지음

보고사
BOGOSA

문명의 패러다임 전환: 산업문명에서 생태문명으로

문명은 생성, 발전, 소멸, 재탄생의 과정을 거치면서 과거, 현재, 미래의 시간을 연결해준다. 과거의 문명은 항상 현재의 문명에 의해 사라지지만 현재 문명의 저변에 자신의 흔적을 남겨놓는다. 서구에 의해 주도된 산업문명은 인류에게 유례없는 물질적 풍요를 가져다주었다. 하지만 인류는 이에 대한 대가로 환경파괴, 자원고갈, 동·식물 종의 멸종, 기후변화, 9·11 테러와 같은 국지적 테러, COVID-19와 같은 돌연변이 질병, 러시아-우크라이나 전쟁, 이스라엘-팔레스타인 전쟁 등 생존의 위협을 받는 심각한 '생태위기사회'에서 살게 되었다. 21세기 인류가 직면한 생태위기는 비단 환경문제가 아니라 글로벌, 로컬 차원의 정치·경제·사회적 조건 등과 결합되어 있기 때문에 통합적으로 인식하고 풀어가야 한다. 이를 위해 인류는 지구와 우주의 중심이 인간이라는 인간중심주의에서 우주만물은 저마다 고유의 가치를 가지고 있으며 서로 유기적으로 연결되어 있다는 사고, 아와 타의 대립적 사고가 아닌 통합적 사고, 선(線)적 세계관으로 무장한 무한성장에서 원(圓)적 세계관에 근거한 순환 성장에 대한 사고로 인식의 전환을 이루고, 1, 2차 산업혁명에 의한 산업문명에서 3, 4차 산업혁명에 의한 생태문명으로 전환해야 한다.

산업문명의 시대에 인류는 계몽, 진보, 무한성장, 합리성을 기치로 내세우면서 이에 부합하지 않는 문화와 가치들을 모두 진근대, 비합리, 미개, 야만과 동일시하면서 폐기하였다. 전통과의 급격한 단절은 지구의 모든 토착민이 전통과 맺었던 내재적 관계를 끊어놓았고, 이들의 전통에 존재했던 훌륭한 문화 자원을 포기하게 하였다. 이는 근대화의 어두운 이면인 식민성에 의한 동질화의 사고이며, 타자에 대한 폭력적 행위이다. 화이트헤드(A. N. Whitehed)에 의하면 인류가 상향 발전하기 위한 조건은 다양성과 복수성이며, 인간사회의 다양성은 인간정신의 오디세이를 위한 준비, 자극 그리고 재료이다.[1] 자연의 지속가능한 발전을 위해 생물의 종 다양성이 중요하듯 인류의 지속가능한 발전을 위해 문화의 다양성이 중요한데 바로 이 지점에 생태와 문명의 교차점인 생태문명이 존재한다.

생태문명은 단순히 CO_2의 배출량을 줄이고, 육식을 멀리하고, 스마트 사회로의 전환을 요구하는 것이 아니다. 생태문명으로의 전환은 생태문명에 적합한 이론을 정립하고, 그에 맞는 실천적 방안을 마련하며, 우주적 차원에서 인간뿐만 아니라 지구와 우주의 복지와 안보도 고려할 것을 요구한다. 생태학은 독일의 생물학자 헥켈(Emst Haeckel)이 1869년 오이코스(oikos, 집, 거처, 서식지, 경영/ 그리스어)와 로고스(logos, 학문)를 합하여 에콜로지(ecology)라는 개념을 사용하면서 탄생한 용어이다. 이렇듯 '생태'는 19세기 서구의 지적 풍토에서 탄생하여 20세기 이후 여러 학문 분과의 다양한 담론을 거치면서 변화, 발전해 왔고, 각 학문 분과별로 생태문화, 생태종교, 생태문학, 생태언어학, 생태정치학, 생태

---

1 A. N. Whitehed, Science and Modern World, Cambridge: Cambridge University Press, 2100, p.207.

경제학, 생태예술 등 무한히 팽창하고 있다. 하지만 생태문명으로의 전
환을 위해서는 이러한 외연 확장도 중요하지만 생태문화를 상위에 위
치시키고, 하위에서 종교, 언어, 문학, 예술, 규범 등의 정신문화와 정치,
경제, 과학 등의 물질문화를 통합시켜야 한다.

생태적 세계관과 공감형 인간(Homoempathycus)

21세기의 인류는 4차 산업혁명에 의한 초연결, 초현실, 초융합을 특
징으로 하는 초글로벌 시대로 전환하고 있다. 이로 인해 글로벌과 로컬
이 직접 만나면서 국가가 아니라 글로벌이 로컬 내부의 변화를, 로컬이
글로벌 내부의 변화를 초래하기 시작하였고, 로컬은 글로벌화의 논리
속에서 재편되고 있다.[2] 이에 더하여 2019년 말부터 시작된 COVID-19
의 장기화로 인류는 전혀 새로운 비대면 문화를 만들어냈으며, 가상
현실이라는 메타버스가 친숙한 플랫폼으로 자리 잡았고, 전 세계의
MZ 세대는 소셜네트워크서비스(SNS)와 디지털 콘텐츠 세대로 거듭나
고 있다.

이러한 글로벌의 로컬화, 로컬의 글로벌화의 시대에 전통문화는 퇴
색되고 인류 문화는 동질화될 것이라고 예측하였다. 하지만 사물인터
넷(Iot)을 통해 극동 타이가의 주민부터 동방 끝자락 한반도의 주민들까
지도 서로의 문화를 공유할 수 있게 되었고, 전통문화는 새로운 시대에
맞게 재전환과 재가공의 과정을 거치면서 더욱 활성화되고 있다. 즉 초

----

2 김용규, 『혼종문화론: 지구화 시대의 문화연구와 로컬의 문화적 상상력』, 소명출판사,
   2013, p.170.

글로벌화에 의한 시공간의 압축은 서구 주도의 근대화로 억압되어 있
던 토착민의 문화와 가치들을 재평가하고, 복원하는 생태적 세계관으
로의 전환을 요구하고 있다. 생태적 세계관은 탈근대를 요구하는 것이
아니라 근대화의 어두운 이면인 식민성 속에 갇혀있는 다양한 전통문
화의 보고를 탈식민화시키고, 인류문화의 다양성과 복수보편성을 추구
하는 것이다.[3]

　생태는 기후변화나 환경파괴 문제와 관련이 깊지만 그것을 넘어 인간
이 세계와 맺는 방식, 지구와 우주 전체의 생활양식을 아우르기 때문에
생태적 세계관에서 모든 개체는 개별적으로 존재하는 것이 아니라 주변
과의 관계맺음 속에서 존재한다. 또한 생태적 세계관은 과거로의 단순
한 회귀, 전통문화의 기계적 복구를 의미하는 것이 아니라 자연과 과학,
사회와 문화를 유기적 관계망 속에서 이해하는 것이며, 인류의 공생공
영을 이루고, 인간의 삶의 가치를 높이기 위한 것이다. 즉 생태적 세계관
은 전통적 삶을 통해 현대에 필요한 세계관의 모델을 추출하고, 세계관
의 방향 전환을 이루는 것이다. 토착민의 전통적 삶의 방식을 통해 동기
론의 범주에서는 지배가 아닌 참여를, 인식론의 범주에서는 경험주의적
이해보다는 감정이입적 이해를, 자연과의 관계에서는 보호, 정복, 개발
이 아닌 공존을, 공동체적 삶의 범주에서는 소외와 배척이 아닌 공감을
이룸으로써 생태문명에 적합한 공감형 인류로 나아가자는 것이다. 이처
럼 생태적 세계관에서는 인간중심주의에 근거한 자연에 대한 인간의
지배, 다수에 의한 소수의 폭력, 제국주의 국가들의 소수민족에 대한
억압을 거부하고, 결이 다른 이질적 문명, 동서양 문명, 전근대 문명들과

3　Enrique Dussel, "World-System and Trans-Modernity", Napantla: Views from South
　3(2), Durham: Duke Univ. Press, 2002, p.236.

현대문명 그리고 생태문명의 상호보완적 인식을 추구한다.

그런데 전통문화와 생태의 만남은 이론적 측면에서 긴밀하게 접합할 때만 그 의미를 찾을 수 있으며, 이것이 전통문화에 내재된 생태성과 독창성을 21세기 생태위기사회에 대처할 수 있는 모델로 되살려낼 수 있는 길이다. 전통문화에 함축된 예술적·종교적·심미적 독창성과 창의성은 지구와 우주만물에 대한 생태감수성을 불러일으키면서 현대 인류의 내면에 잠들어 있던 상상력을 발동시킨다. 하지만 그런 탈논리적, 이론 외적인 요소들은 개념적 자원에 불과하기 때문에 오래 지속될 수도, 현재의 위기를 돌파할 수 있는 강력한 힘도 가질 수 없다. 생태문명기에 전통문화에 생명력을 불어넣으려면 논리의 치밀함과 주장의 설득력을 갖추도록 재해석되어야 한다. 생태적 세계관에서는 현재 극동의 문화가 아주 오랜 과거부터 축적된 독창적인 가치들로 구성되어 있음을 강조한다. 극동 토착종족은 외래의 문화를 그대로 수용하지도, 그것에 동화되지도 않았다. 이들은 외래문화 중 일부는 탈색시키고, 자신들의 세계관에 맞게 새로운 의미들을 추가함으로써 외래문화와 토착문화의 경계를 뛰어넘는 새로운 극동 혼종문화를 창조한 주체들이다.

애니미즘적 세계관의 인류 보편성

16세기 처음으로 애니미즘이 알려졌을 때 서구인들은 애니미즘을 종교가 아닌 미신, 야만의 등가물로 폄하하였다. 이로 인해 애니미즘은 서구 이외의 세계를 미개하고, 야만적이고, 문명화되지 못한 세계로 규정짓는데 혁혁한 기여를 하였다. 타일러(E. B. Tylor)의 『원시문화(Primitive Culture)』(1871) 이후 애니미즘을 원시종교의 틀 속에서 이해하기 시작했

지만 여전히 서구인에게 애니미즘은 이해할 수 없는 현상이었다. 이는
기독교의 유일신만이 신이라는 믿음, 교리나 체계적인 의식을 가진 신
앙만이 종교이며 자신들의 신은 토착민이 숭배하는 자연신이나 정령보
다 우위에 있다는 편향적 사고에 의한 것이다. 애니미즘의 핵심은 서구
인들의 생각과 달리 자연에 존재하는 생명체들에 대한 존중, 인간과 자
연, 지구와 우주의 유기적 관계에 대한 끊임없는 성찰이다.

　서구인들은 애니미즘을 야만, 미개의 등가물로 폄하하였지만 애니미
즘은 동서고금을 통틀어 모든 민족/ 종족의 원초적 관념의 하나이며,
서구인들의 세계관에서도 쉽게 발견된다. 호메로스(기원전 800년경~750년
경/ 그리스)에 의하면 트로이인은 살아있는 말을 스카만데르강에 제물로
바쳤고, 펠페우스는 스페르케이오스 샘에 50마리의 양을 공물로 바쳤
으며, 킴브리족, 프랑크족, 게르만족, 슬라브족 등 인도유럽인들에게도
유사한 전통이 있었다.[4] 〈사랑과 영혼(Ghost)〉(1990년 개봉, 제리 주커 감독)
에서 갑작스러운 사고로 연인 몰리(데미 무어 扮)의 곁을 떠나게 된 샘(패
트릭 스웨이지 扮)이 천국으로 가지 못하고 그녀의 곁을 맴돈다는 내용이
나, 영화 〈가을의 전설(Legend of the Fall)〉(1995년 개봉, 에드워드 즈윅 감독)에
서 크리스탄(브래드 피트 扮)이 어린 시절 곰에 의해 상처를 입은 뒤 내면
에 곰의 본성을 지니게 되었다는 내용은 애니미즘적 사고에 근거한다.

　고대 한반도에도 애니미즘적 사고가 전파되어 있었다. 〈안시성〉(2018
개봉, 한재림 감독)에서 백하(설현 扮)가 연인 파소(엄태구 扮)의 죽음 앞에서
고구려 신녀(神女) 시미(정은채 扮)에게 아직 저승으로 떠나지 않고 근처
에 머물고 있는 파소의 영혼을 찾아 파소를 살려달라고 한다. 이는 죽음

4　M. P. Nilsson, Geschichte der griechischen Religion, München: C. H. Beck sche
　　Verlagsbuchhandlung, 1941, p.220.

으로 영혼과 육신이 분리되었지만 영혼을 찾아 육신에 안착시키면 다시 살아날 수 있다는 애니미즘적 사고에 의한 것이다. 〈자산어보〉(2021년 개봉, 이준익 감독)에서 창대(변요한 扮)는 정약전(설경구 扮)에게 나라에 슬픈 일이 생기면 소라 껍데기가 운다고 하였는데 이는 소라 껍데기에도 영혼이 있다는 애니미즘적 사고에 의한 것이다.

물론 애니미즘에 기독교나 불교처럼 문서화 되고, 정형화된 교리는 없다. 하지만 우주 만물은 영혼을 가지고 있다는 만물유령관(萬物有靈觀), 우주만물은 본체(本體)와 영혼의 결합체라는 영육이원관(靈肉二元觀), 사후 육신은 소멸되지만 영혼은 윤회를 통해 불멸의 삶을 산다는 영혼불멸관(靈魂不滅觀)이 교리를 대신한다. 애니미즘과 비(非)애니미즘적 세계관의 차이는 문명과 야만, 과학과 미신의 차이가 아니라 세계 속에 존재하는 방식, 세상과 소통하는 방식, 삶을 바라보는 방식의 차이다. 즉 극동 토착종족 애니미즘의 핵심은 영혼의 유무나 위무(慰撫)가 아니라 영혼의 윤회와 불멸을 통해 인간과 우주 만물의 영속(永續), 지구와 우주의 조화와 균형을 이루는 것이다.

극동 토착종족의 애니미즘:
역사, 사회, 문화, 종교, 심리 현상의 총합

극동은 고대부터 초국적, 횡단적, 혼종적인 다양한 문화들의 생성과 소멸이 빈번하게 이루어지는 공간이었다. 이로 인해 다양한 문화들과 가치들, 전통과 근대, 근대와 현대가 교차·횡단·타협·융합되면서 다른 지역과는 구별되는 독창적인 극동 혼종문화가 만들어졌다. 즉 극동은 일률적으로 정의할 수 없는 공간, 포스트 국가적 상상력이 작동하는

공간, 새로운 혼종문화가 창조되는 열린 공간이며, 21세기의 극동은 근대성에 의해 억압되었던 토착종족의 문화가 되살아나는 공간이다.

극동 토착종족 사이에 언제 어떤 이유로 애니미즘이 전파되었는지는 불분명하다. 하지만 애니미즘은 과학적 지식이 아주 빈약하고, 사냥이 주요 생업이었던 시기 끊임없는 자연의 위협과 그로 인한 불가해한 문제들, 자신들에게 닥치는 불행들과 이런 상황에서 벗어날 수 없다는 두려움 속에서 애니마티즘을 비롯한 다양한 관념들이 합쳐지면서 자연발생적으로 발생한 이들 최초의 관념적 사유 활동이었다. 따라서 애니미즘은 이들 역사·사회·문화·종교·심리 현상의 총합이며, 이들에게 자연은 상호 보완하는 존재, 삶의 규율과 지침을 알려주는 존재, 생태적 세계관 기초를 마련해준 존재이다.

극동 토착종족에 의하면 동물들이 사냥을 하는 것, 불이 타오르면서 형형색색의 불꽃들이 만들어졌다 사라지는 것, 강물이 쉼 없이 흐르는 것, 번개가 치는 것, 비와 눈이 내리는 것, 활이 동물 사냥을 하는 것, 썰매가 눈길을 달려 인간을 무사히 목적지까지 데려다주는 것은 영혼이 있기 때문이다. 또한 이들에 의하면 우주만물은 인간과 외형은 다르지만 인간처럼 희로애락을 느끼고 웃고, 울고, 눈물짓고, 미워하고, 사랑도 하고, 생로병사의 기쁨과 고통도 느끼며, 이성적 판단도 하고, 대화를 통해 상대의 감정과 고통을 이해하고, 공감한다. 이처럼 이들은 인간의 고유한 특징인 영혼·감정·이성적 능력·공감 능력을 우주만물에게 부여하면서 우주만물을 인간과 동등한 존재 가끔은 인간보다 우월한 존재로 숭배하였다. 애니미즘이 종교의 영역에 속하는가의 문제는 더 이상 논하지 않더라도 분명한 것은 애니미즘은 인간이 지구와 우주에서 유일하게 가치 있는 존재는 아니며, 인간은 우주만물과의 유기적 관계망 속에서 존재 가치를 찾아야 한다는 전제에서 출발한다는

것이다.

그럼에도 이들은 생존을 위해 사냥·어로·채집 활동을 해야 했고, 이
과정에서 자연의 보복을 두려워했으며, 그 결과 동·식물 환생의식과
같은 의례 의식이 생겨나면서 이들만의 독특한 애니미즘 문화가 만들
어졌다. 나무를 벨 때는 나무에게 그 이유를 말하면서 용서를 구하였을
뿐만 아니라 나무에게 제물을 바치면서 자른 나무의 그루터기에 나뭇
가지를 꽂고 나무의 환생을 기원하였다.[5] 동물 사냥을 하기 전후 동물
에게 제물을 바친 뒤 용서를 구하면서 환생을 기원하였는데 특히 곰
사냥을 한 뒤에는 곰의 환생을 바라면서 곰의 뼈를 모두 모아 특별한
창고에 보관하였다. 절벽이나 고개를 지날 때도 지나가는 이유를 말하
면서 제물을 바쳤는데 자신들이 성스러운 곳으로 숭배하는 절벽이나
고개를 지날 때는 더 많은 제물을 바쳤다. 타이가, 바다, 강에 가서는
타이가신, 해신(海神), 강신(江神)에게 제물을 바쳤는데 이는 이들이 원
시적이거나 미개하기 때문이 아니다. 이는 이들이 인간과 인간 너머의
존재들, 비인간 존재들과의 유기적 관계망 속에서 지구와 우주의 조화
와 균형이 이루어진다고 믿었기 때문이다.

---

5 Архив ИИАЭ ДВО РАН. Д. 522, Л.76; С. В. Березницкий, "Образ дерева в
системе верований и ритуалов коренных народов амуро-сахалинского
региона (к проблеме взаимодействия этносов и культур)", Традиционная
культура народов Севера, Сибири и ДВ, Е. С. Губерштро, Л. Е. Фетисова
(Ред.), Владивосток: ООО Вит, 2002, p.56.

우주만물은 사람이다?

극동 토착종족에 의하면 우주는 지고신(至高神), 천신(天神)들, 종족과 씨족 문화영웅들의 세계이자 씨족의 기원지가 있는 상계(上界), 현실 자신들의 세계인 중계(中界), 죽음, 악령, 타자의 세계이자 씨족 조상령(祖上靈)의 마을이 있는 하계(下界)의 삼단세계로 이루어져 있다. 이들은 다시 중계를 물(바다)의 세계, 타이가(산)의 세계, 땅의 세계(토착종족의 세계)로 나누는데 각 세계에는 그 세계를 다스리는 신, 하늘 사람, 별 사람, 태양 사람, 달 사람, 바다 사람, 타이가 사람 등 그 세계의 사람들, 그 세계만의 규율과 법규가 있다. 따라서 땅세계 사람이 다른 세계를 침범하거나 다른 세계의 규율을 어기면 그 세계의 신으로부터 혹독한 벌을 받게 된다. 이에 의하면 인간에게는 인간 사회가 우주의 중심, 소우주이듯 하늘 사람에게는 하늘이, 타이가 사람에게는 타이가가, 바다 사람들에게는 바다가, 강 사람들에게는 강이 우주의 중심이고 소우주이다. 이는 지구와 우주를 바라보는 인간의 시점이 가장 중요하거나 최우선 순위에 있는 것도 아니고, 인간 너머의 존재들, 비인간 존재들도 각자의 시점에서 인간을 바라본다는 점을 전제한다.

극동 토착종족은 타이가동물, 바다동물, 물고기, 나무, 별, 달, 태양, 천둥, 번개 등 우주만물을 '사람'이라고 부른다. 사람은 언어를 사용하여 의사소통을 하며, 희로애락 등 감정을 가지고 있고, 사회적 규범과 가치를 공유하면서 사회적 역할을 수행하는 존재이다.[6] 사람은 한국어에서는 15세기 문헌에서부터 보이는데 살(生) + 음(접미사)의 구조이므로 '살아있는 존재'라는 의미이다. 그렇다면 살아있는 것은 모두 사람

---

6 국립국어원 표준국어대사전. https://stdict.korean.go.kr/main/main.do. 검색일: 2024.03.28.

이다. 극동 토착종족에게 우주만물은 사람 같은 것이 아니라 사람과 동일한 사회적·기술적 세계를 공유하는 존재, 자기 결정 능력과 자기 인식 능력을 가진 존재이다.

이러한 세계관에서는 땅 사람(인간-사람)과 다른 세계 사람들의 혼인 관계가 가능하다. 이는 이들의 관습, 세계관, 문화 등이 유사하여 상대의 '낯섦, 이질감'이 배척의 대상이 아닌 극복의 대상이기 때문이다. 또한 혼인 이후 바다 사람들은 땅 사람들의 어로와 바다동물 사냥을, 땅 사람들은 바다 사람들의 타이가동물 사냥을, 타이가 사람들은 땅 사람들의 타이가동물 사냥을, 땅 사람들은 타이가 사람들의 어로와 바다동물 사냥을 도와주면서 자연스럽게 경제·문화공동체를 구성하였다. 여기에서 인간은 인간 너머의 존재들, 비인간 존재들보다 우월한 존재이며, 인류 문명의 발전을 위해 자연은 정복·개발·개척해야 할 대상이라는 산업문명의 세계관은 전면 부정된다.

집필 목적

이 책의 집필 목적은 첫 번째, 극동에 대한 러시아와 중국의 제국주의적 세계관을 지양하고, 극동 토착종족들의 주체적·생태적 세계관으로 극동을 바라보기 위한 것이다.

두 번째, 극동 토착종족 전통신앙의 연쇄 사슬 중 인접한 외래의 영향으로 퇴색된 애니미즘을 복원하여 21세기 인류에게 요구되는 생태적 세계관의 전형을 모색하기 위한 것이다. 이들의 애니미즘이 현대 인류가 생태적 세계관으로 전환하는 데 절대적인 해법은 아니다. 하지만 이들의 애니미즘은 인간중심적이 아닌 자연중심적이라는 점, 생태지향적

이라는 점에서 현대 인류의 지향점과 맞닿아 있다.

세 번째, 인류문화의 다양성 복원을 위한 것이다. 1860년 러시아와 청나라의 베이징 조약 체결 이후 러시아의 본격적인 극동 진출, 1917년 소비에트연방 설립, 1991년 소비에트연방의 해체와 자본주의화, 21세기 초글로벌화의 영향으로 이들의 전통문화는 상당부분 변형, 훼손, 소실되었다. 뿐만 아니라 토착종족의 수도 점점 감소하여 현재 일부는 이미 절멸(絶滅)되었고, 일부는 절멸 위기에 처해있는데 이는 인류사적 차원에서 커다란 손실이다. 인류의 생존과 지속가능한 성장을 위해 인류의 문화다양성 보존은 반드시 필요한 전제 조건이다.

네 번째, 극동 토착종족 연구의 체계화를 위한 것이다. 극동 토착종족 연구는 러시아가 본격적으로 극동에 진출한 1860년부터 러시아 연구자들에 의해 주로 수행되었으며 이들의 연구결과물들은 지금까지도 극동 토착종족 연구에서 중요한 기초자료의 역할을 하고 있다. 하지만 자료의 단편성과 불명확성, 자료 간 불일치, 실제와는 다른 기록상의 오류, 심지어 연구자 본인 자료 간의 모순과 불일치로 인해 이들의 종족정체성, 문화정체성 규명에 일정부분 혼란을 주고 있다. 이러한 문제가 발생한 가장 큰 원인은 실존 자료의 절대 부족과 단편성에 의한 것인데 이는 이들에게 고유의 문자가 없어서 자신들의 역사를 기록으로 남기지 못했기 때문이다. 이에 더하여 러시아 연구자들은 토착종족의 언어를 잘 구사하지 못했고, 러시아 연구자들과 토착종족 사이에서 중개자의 역할을 한 코사크인이나 토착종족들은 러시아어에 대한 이해도가 부족하였다. 따라서 서로 간 의사소통이 원활하지 못하면서 현지답사와 연구 과정에서 상당한 오류가 발생하였기 때문이다. 게다가 극동 토착종족은 거주 지역이 넓기 때문에 동일 종족 내에서도 지역 그룹에 따라 문화적 편차가 상당히 큰 데도 러시아 연구자들이 특정 지역, 특정 종

족, 특정 씨족을 연구한 뒤 이를 일반화 시켰기 때문이다.

다섯 번째, 연구 방법론의 체계적 정립을 통해 극동 토착종족의 종족 정체성과 문화정체성을 규명하기 위한 것이다. 민족/ 종족정체성과 문화정체성 규명을 위해서는 전통신앙의 변형이 상당부분 진행된 민족/ 종족보다는 원형의 요소가 가능한 많이 남아있는 동일 계통 민족/ 종족들을 비교분석하여 공통형과 변이형을 추출해야 한다. 즉 서로 계통이 다른 민족/ 종족들 혹은 모든 지역, 모든 민족/ 종족의 사례들을 단순히 열거하여 비교분석하는 것은 유효한 연구결과를 얻을 가능성이 매우 낮다. 동일 계통의 종족들 사이에서 분석되는 변이형은 원형에 기반한 변이형이기 때문에 오랜 기간 서로 다른 지역에 거주했어도 그 원형은 기층에 보존되어 있다.

마지막으로 늘 같은 자리에서 한결 같은 마음으로 좋은 책 만들어 주시는 보고사의 김흥국 사장님과 박현정 부장님, 이 책의 완성도를 최대한으로 끌어올려주신 이소희 님께 진심으로 감사드린다.

일러두기

1. 이 책에서 극동은 극동연방관구 중 아무르주, 하바롭스크주, 연해주, 사할린
   주, 마가단주 일부 지역을 가리킨다.

2. 이 책의 본문에서 종족의 기술 순서는 퉁구스족 북부그룹의 네기달족, 에벤
   족, 에벤키족, 남부그룹의 나나이족, 오로치족, 오로크족, 우데게족, 울치족,
   고아시아계 닙흐족, 계통이 불분명한 타즈족이다.

3. 종족명, 씨족명, 지명, 인명, 애니미즘 관련 용어 등은 각 종족의 발음을 따르
   고 있기 때문에 동일한 단어도 다르게 표기되고 있다.

4. 문서보관소의 문서는 러시아 문서보관소의 공통적인 문서 분류방식에 따라
   문서군(폰드, Ф.), 목록(오피시, Оп.), 문서철(델로, Д.), 쪽(리스트, Л) 순으로 표기
   했으며 쪽 숫자표기 뒤의 'Об.'는 '뒷장'을 뜻한다.

5. 러시아어의 한국어 표기는 국립국어원 외래어표기법을 따른다.
   https://www.korean.go.kr/front/page/pageView.do?page_id=P000123&mn_
   id=91.

6. 출처가 표기되지 않은 그림과 사진은 필자에 의한 것이다.

I부
극동 토착종족 개관[*]

극동은 17세기 중반 이후 러시아의 식민지 팽창정책으로 러시아령 (領)이 된 지역으로 레나강 동쪽부터 태평양에 이르며 사할린섬과 쿠릴 열도를 포함한다. 극동의 면적은 대략 620만km²로 러시아 국토 총면적의 36.4%를 차지하며, 러시아를 제외한 유럽 전체와 크기가 동일하고 유럽방면 러시아의 1.5배이다. 극동의 1/37인 연해주도 한국보다 1.5배 크고 일본보다는 1.5배 작다.[1] 또한 극동은 러시아에서 인구가 가장 적은 지역, 러시아의 식민화가 가장 늦게 그리고 가장 느리게 진행된 지역의 하나이다.

극동의 자연생태환경은 시베리아의 다른 지역과 두드러진 차이가 난다. 극동의 중심에는 시베리아 동남부와 몽골 동북쪽에서 발원한 뒤 극동을 남북으로 분할하면서 오호츠크해와 태평양 사이의 타타르해협으로 흘러들어가는 아무르강, 타타르해협과 태평양에 연접하여 북동쪽에서 남서쪽으로 길게 뻗으면서 극동을 동서로 분할하는 시호테알린 산

---

* I부에는 엄순천, 『극동 토착종족의 우주관과 생태』, 보고사, 2024, pp.21-50의 내용이 일부 포함되어 있다.

1 S. M. 두다료노크 외, 『러시아 극동지역의 역사』, 양승조 옮김, 진인진, 2018, p.558.

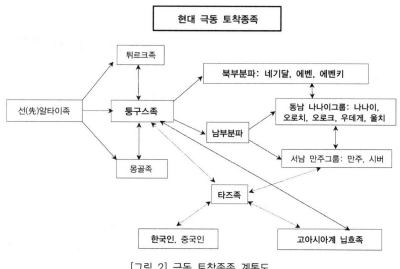

[그림 2] 극동 토착종족 계통도

맥 그리고 오호츠크해와 태평양이 자리하고 있다. 극동의 이러한 자연
생태환경은 이들의 문화발전을 견인하는 동인이자 이들 세계관과 신앙
체계의 토대가 되었다.

　2000년 러시아 연방 법령에 의해 연해주, 하바롭스크주, 캄차카주, 아
무르주, 마가단주, 사할린주, 유대인자치주, 축치자치주, 사하공화국(구
(舊)야쿠티야 공화국)이 포함된 극동연방관구가 조성되었다. 극동연방관구
는 문화 및 종족 계통에 따라 3개의 권역으로 나누어지는데 지리 지형
과 종족 계통에서 상당한 차이가 난다. 동북최극단지역에는 고아시아계
축치족, 이누이트족, 코랴크족, 이텔멘족, 유카기르족, 알류토르족이 거
주하는데 이들은 엄밀한 의미에서 북극권에 포함된다. 오호츠크해 연안
의 하바롭스크주 북부 및 마가단주 일부 지역에는 알타이계 퉁구스파의
에벤족과 소수의 에벤키족, 연해주, 사할린섬, 아무르 지역에는 알타이
계 퉁구스파의 네기달족, 에벤키족, 나나이족, 오로치족, 오로크족, 우데

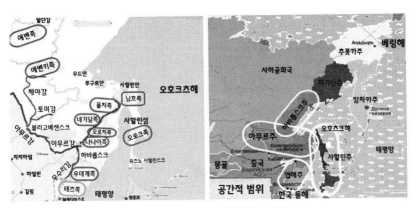
[그림 2] 극동 토착종족의 거주 지역

계족, 울치족, 고아시아계 닙흐족, 계통이 불분명한 타즈족이 거주한다.
본디 퉁구스족 북부그룹은 바이칼 호수 인근에서 활동하였는데 13세기
말~14세기 초 튀르크계의 선(先)야쿠트족이 레나강 중류로 이주하면서
이들을 피해 일부 그룹은 아무르강 지역으로 이주하였으며 15~16세기
경에는 오호츠크해에 이르면서[2] 극동문화권에 속하게 되었다.

   이 책의 대상은 한반도와 인접한 아무르주, 연해주, 하바롭스크주, 마
가단주 일부 지역, 사할린섬의 토착종족인 알타이계 퉁구스족 북부그
룹의 네기달족, 에벤족, 에벤키족, 남부그룹의 나나이족, 오로치족, 오
로크족, 우데게족, 울치족, 고아시아계 닙흐족, 계통이 불분명한 타즈족
의 10개 종족이다. 이들은 계통적, 문화적으로 매우 유사하며, 오랫동안
타이가의 자연환경에 적합한 삶의 양태를 보존해오고 있다. 또한 이들
은 서로를 배척하기 보다는 상호교류하면서 인접 종족의 문화를 기꺼

---

2 А. Б. Спеваковский, Традиционная и современная культура эвенов, Автор
   еф. Диссерт. ...Канд. Исторических Наук., Л., 1981, p.123.

이 수용하였다. 이로 인해 극동에는 독특한 혼종 문화·혼종 인종이 출현하였으며, 시베리아의 다른 지역과는 구별되는 독창적인 '극동 혼종 문화'[3]가 만들어졌다.

I. 퉁구스족 북부그룹 개관

1. 네기달족 개관

1) 네기달족 현황

네기달족은 언어 계통상 알타이어족 퉁구스어파 북부그룹에 속하며 언어적으로 퉁구스어파 북부그룹의 에벤키족에 가깝지만 생산 양식과 문화는 퉁구스계 남부그룹의 나나이족, 울치족, 고아시아계 닙흐족에 가깝다.[4] 이는 이들이 에벤키족에서 기원하였지만 나나이족, 울치족, 닙흐족과 인접하여 생활하면서 문화적으로 많은 영향을 받았음을 말해준다. 러시아 인구조사에 의하면 러시아에 거주하는 네기달족은 2010년 522명, 2021년 488명인데 하바롭스크주의 울치 마을, 폴리나 오시펜코 마을, 블라디미롭카 마을에 집중되어 있으며[5] 이곳에는 극소수의 에벤

---

3 엄순천, 『극동 토착종족의 우주관과 생태』, 보고사, 2024, p.6.
4 В. И. Цинциус, Негидальский язык. Исследования и материалы, Л.: Наука, 1982, p.3.
5 История и культура негидальцев: историко-этнографические очерки (И иК негидальцев), А. Ф. Старцев (Ред.), Владивосток: Дальнаука, 2014, p.7; "Национальный состав населения Российской Федерации согласно переписи населения 2021 года", https://ru.wikipedia.org/wiki/%D0%AD%D0%B2%

[그림 3] 네기달족의 거주 지역과 블라디미롭카 네기달족 마을
https://www.komandirovka.ru/cities/vladimirovkafhg/

[그림 4] 1. 네기달족, 2. 블라디미롭카 초등학교의 네기달족과 에벤키족 학생들
ИиК негидальцев, p.177,
https://infourok.ru/klassniy-chas-moy-lyubimiy-habarovskiy-kray-613494.html;

키족, 울치족, 닙흐족도 함께 거주하고 있다. 1897년 러시아 최초의 인구조사 당시 네기달족의 수는 423명이었으므로[6] 거의 100년 동안 다른

D0%B5%D0%BD%D1%8B, 검색일: 2023.12.10.
6   С. К. Патканов, Опыт географии и статистики тунгусских племен Сибири на основании данных переписи населения 1897 г. и других источников 2, СПб.: Тип. Сибирского акционерного общества "Слово", 1906, pp.141–148.

토착종족과 달리 급격한 인구 감소는 없었지만 여전히 절멸의 경계에 놓여있다. 네기달족은 거주 지역에 따라 크게 암군강 상류의 상류 네기달족, 암군강 하류의 하류 네기달족의 2개 그룹으로 분류된다. 아무르강 하류 그룹을 아무르강 네기달족으로 분리하여 3개 그룹으로 나누기도 한다.

2) 네기달족의 형성 과정

네기달족은 19세기 중반부터 비로소 독립된 종족으로 인정받기 시작하였다. 바실례비치(Г. М. Василевич)와 오클라드니코프(А. П. Окладников) 등에 의하면 바이칼 호수에서 기원한 에벤키족은 고대부터 아무르강과 연해주 토착민과 교류하였고, 신석기시대(기원전 2천년 기 말)와 철기시대(기원전 2천년 기 말~1천년 기) 남방, 북동방, 동방의 아무르강 연안, 아무르강 하류, 오호츠크해, 연해주 북쪽으로 이주하였다.[7] 이 과정에서 에벤키족과 지역 토착민의 융합으로 에벤키족의 요소가 강한 다양한 혼종 종족이 출현하였는데 그중 하나가 네기달족이다.

이들에 의하면 네기달족의 출현과정은 다음과 같다. 1단계에서 17~19세기 바이칼 호수 지역의 에벤키족 특히 사마기르 씨족과 킬레 씨족이 암군강 상류 아얀 넬리칸 지역으로 이주하였다. 네기달족과 에벤키족의 사마기르 씨족은 혈통 상 매우 유사하고, 네기달어는 아얀-넬리칸 지역의 에벤키어와 거의 차이가 없으므로[8] 네기달족은 아얀-넬리칸

7 А. П. Окладников, "Неолит Сибирии Дальнего Востока", Каменный век на территории СССР 166, М., 1970, p.188.
8 Л. Шренк, Об инородцах Амурского края, СПб.: ТИАН, 1903, p.291; К. М. Мыльникова, В. И. Цинциус, "Материалы по исследованию негидальског

[그림 5] 네기달족의 기원지

지역에서 기원하였다. 이곳은 토착민이 거의 없는데다 자연환경은 혹독했기 때문에 토착민들은 상호도움을 위해 이주민과의 교류와 연합을 지향하였다. 이로 인해 에벤키족의 암군강 이주는 평화로운 분위기에서 아주 자연스럽게 이루어졌는데 이들은 통상 한 번에 1~2가구의 소규모로 이주해 왔으며 일정시간이 흐른 뒤 이들의 친인척들도 이주해 왔다.⁹ 이런 식으로 에벤키족과 지역 토착민의 융합으로 암군강 상류에 상류 네기달족이 출현하였다. 이들의 63%는 1~2가구 단위로 흩어져 거주했는데 유일하게 연합체를 이루어 거주한 노보카멘카 네기달족 마을의 가구 수도 1920년대 12가구에 불과했다.¹⁰

2단계에서 상류 네기달족이 암군강 하류로 이주하면서 하류 네기달족이 형성되었다. 이들은 1940년대 중반까지도 닙흐족과 울치족의 경계에 있는 아무르강 우안의 티르, 칼리마, 벨로글린스키 지역으로 계절형 유목을 다녔다.¹¹

о языка", Тунгусский сборник 1, Л.: АН СССР, 1931, p.127.

9 А. В. Смоляк, "Народы Нижнего Амура и Сахалина, Этническая история народов Севера", М.: Наука, 1982, p.236.

10 К. М. Мыльникова, В. И. Цинциус, Материалы по исследованию негидальского языка, Л.: АН СССР, 1931, p.108.

11 ИиК негидальцев, p.67.

3단계에서 하류 네기달족이 계절형 유목생활을 정리하고, 아무르강 우안 지역에 정착하면서 아무르강 네기달족이 형성되었다. 이들의 일부가 다시 사할린섬으로 이주하면서 사할린섬 네기달족이 출현하였는데 사할린섬 네기달족은 별도의 그룹으로 분류하지는 않는다. 이에 근거할 때 네기달족의 출현 순서는 상류 네기달족 → 하류 네기달족 → 아무르강 네기달족 → 사할린섬 네기달족이다. 19세기 중반 경 독자적인 종족으로서 네기달족의 형성은 거의 마무리되었고, 20세기 중반 경 지역 그룹의 분화도 완료되었다.

19세기 중반 암군강과 아무르강 하류 지역에 토착민과 러시아인들의 혼인으로 혼혈 종족들이 다수 등장하였는데 이들은 인접한 네기달족을 네이달, 네그다라고 불렀다.[12] 이후 네기달은 네기달족의 종족명으로 굳어졌고, 극동의 다른 토착종족 사이에 두루 전파되었다. 현재 네기달족과 에벤키족은 암군강과 아무르강에서 서로 독립된 마을을 이루고 살지만 이러한 역사로 인해 여전히 친족관계를 유지하고 있다.

3) 네기달족 연구현황

네기달족은 1682년 알바진 요새도시에 있던 코사크인 프롤로프(Г. Фролов)의 암군강 탐사로 세상에 알려졌지만[13] 아주 극소수여서 특별한 관심을 끌지는 못하였다. 하지만 18세기 중반부터 단편적이나마 이들에 대한 기록이 발표되기 시작하였다. 제2차 캄차카탐사대(1733~1745년)에

---

12 А. Ф. Старцев, "Этногенез и этническая история негидальцев", Вестник ДВО РАН 1, 2012, p.112.
13 РГАДА, Ф.192, Оп.1-6, Д.36, Л.193; Ф.214, Кн.1647, Л.137; Кн.1084, Л.16-34; Ф.192, Кн.1647, Ст..747, Л.56-64.

참가한 밀러(Г. Ф. Миллер, 1750, 1937, 2005)는 암군강 네기달족의 샤머니즘 등 전통 신앙, 어로, 사냥, 기타 문화적 특성들에 대한 기록물을 출판하였다. 미덴도르프(1860, 1878)는 1844~1846년 암군강, 네밀렌강, 투구르강 네기달족 탐사 이후 일상생활, 사냥, 의복, 주거, 관습, 샤머니즘, 상례(喪禮) 등을 망라한 최초의 네기달족 민속학 자료집을 출판하였다. 그에 의하면 네기달이란 용어는 이미 오래 전부터 토착민들 사이에서 사용되고 있었다.[14]

비록 정치적인 성격을 띠었지만 1851년 여름 네벨스코이(Г. И. Невельской)가 이끄는 암군강 탐사대가 수집한 아무르강 하류와 사할린섬 네기달족에 관한 민속학, 통계학 자료는 지금까지도 매우 귀중한 기초 자료의 역할을 하고 있다. 당시 러시아 연구자들의 관심사는 네기달족의 기원, 이주사, 정신 및 물질문화, 의례 의식, 생업의 변형 과정, 인접 종족과의 관계, 러시아 문화 및 기독교 수용 과정과 영향 등이었다. 대표적으로 보시냐크(Н. К. Бошняк, 1859), 시렌크(Л. И. Шренк, 1883, 1899, 1903), 심케비치(П. П. Шимкевич, 1896, 1897), 팟카노프(С. К. Патканов, 1906, 1912) 등이 있다. 시렌크에 의하면 네기달족의 자칭(自稱)은 네그다(negda)이며, 미덴도르프가 자칭이라고 주장한 일칸(ylkan)은 투구르강이나 스타노보이(外興安嶺) 산맥 퉁구스족이 네기달족을 부르던 타칭(他稱)이다.[15]

20세기 이후에는 로기놉스키(К. Д. Логиновский, 1907), 솔랴르스키(В. В. Солярский, 1916), 라다예프(Н. Н. Радаев, 1926), 리트빈체프(В. П. Литв

---

14 М. Хасанова, А. Певнов, Негидальцы: язык и фольклор, p.229, http://hdl.handle.net/2115/57373. 검색일: 2022.07.05.

15 Л. Шренк, Об инородцах Амурского края, СПб.: ТИАН, 1903, p.158.

[그림 6] 20세기 초(좌)와 현대 네기달족(우)
https://www.culture.ru/materials/50966/ischezayushie-narody-rossii-negidalcy

инцев, 1926), 가파노비치(И. И. Гапанович, 1933) 등에 의해 연구의 맥이
이어졌다.

시테른베르크(Л. Я. Штернберг)의 『길랴크족, 오로치족, 울치족, 네기
달족, 아이누족(Гиляки, орочи, юльды, негидальцы, айны)』(1933) 이후
네기달족 연구는 한 단계 발전하였는데 그는 네기달족은 문화적으로
퉁구스족보다 고아시아계 닙흐족에 가깝다고 주장하였다. 이외 네기달
어와 구비전승에 관한 친치우스(В. И. Цинциус, 1982), 친치우스와 밀리
니코프(К. М. Мыльников, 1931)의 연구가 두드러진다. 친치우스는 1926~
1927년 현지답사를 통해 네기달어를 연구하면서 네기달어와 오로치어,
우데게어의 유사성을 주장하였고, 밀리니코프는 네기달족의 민속을 연
구하였는데 이들은 이를 기반으로 1931년 탐사자료집을 출판하였다.
1950~1960년대 네기달어와 문화 연구가 활발하게 수행되었는데 1956
년 출간된 『시베리아의 민족들』에는 레빈(М. Г. Левин)이 저술한 〈네기
달족(Негидальцы)〉이 포함되어 있다.[16]

---

16 Народы Сибири, М. Г. Левина, Л. П. Потапова (Ред.), М.-Л.: АН СССР, 1956,
  pp.776-782.

20세기 중반부터 21세기 경계에서 네기달족 연구는 스몰랴크(А. В. С моляк, 1982, 1991)에 의해 비약적인 발전을 하였다. 그의 연구는 아무르 강과 사할린섬 네기달족 마을에 대한 현지조사가 기반이 되고 있기 때문에 매우 구체적이고 신뢰도가 높다. 20세기 후반부터는 셈(Т. Ю. Сем, 1990, 2012), 셈(Ю. А. Сем, 2002), 얀체프(Д. В. Янчев, 2002, 2006), 얀체프와 사마르(А. П. Самар, 2014) 등 토착종족 출신의 연구자들과 스타르체프(А. Ф. Старцев, 2002, 2012)에 의해 분야별로 연구가 이루어지면서 이전 시기보다 체계적이고 설득력이 있는 연구물들이 발표되고 있다. 2014년 『네기달족 역사와 문화: 역사-민속학 개요(История и культура негидал ьцев. Историко-этнографические очерк)』가 발표되면서 거의 150년 동안 이어진 네기달족 연구를 집대성하고 있다.

2. 에벤족 개관

에벤족은 언어 계통상 알타이어족 퉁구스어파 북부그룹에 속하며 2002년 러시아 인구조사에 의하면 러시아 사하공화국에 11,657명, 마가단주에 2,527명, 캄차카 반도에 1,779명, 추콧카 반도에 1,407명, 하바롭스크주에 1,272명 등 약 2만 명이 거주하였는데 2021년에도 큰 변화는 없었다.[17] 에벤족은 언어, 인종, 문화적 유사성에 근거할 때 퉁구스계 북부그룹의 에벤키족과 동일 기원의 종족이다. 하지만 씨족명의 형태

---

17 "Всероссийские переписи населения 2002~2010 годов", https://web.archive. org/web/20140916192420/http://std.gmcrosstata.ru/webapi/jsf/tableView/ customiseTable.xhtml; "Национальный состав населения Российской Федер ации согласно переписи населения 2021 года", 검색일: 2023.12.10.

[그림 7] 2021년 기준 에벤족의 거주지와 인접 종족 현황

적 특성, 기본 생업인 순록사육 방법의 차이[18] 등에 의하면 구체적 시기
는 알 수 없지만 일정 시점 독자적인 종족으로 분화되었다.

에벤이란 단어가 러시아 문헌에 처음 등장한 것은 1639~1642년 모스
크비틴(Ю. И. Москвитин)의 제1차 캄차카탐사대에 통역으로 참가한 페
트로프의 기록을 통해서이다.[19] 하지만 당시 에벤은 독립된 종족으로
에벤족을 가리키는 것이 아니라 에벤족과 에벤키족의 선조를 일컫는
예본(Ebon)의 음성변형이다. 에벤족의 자칭에는 이빈, 에벤, 에분, 라무
트, 오로치, 메네, 돈디트킬, 두드케, 일칸 등이 있는데 라무트가 가장
널리 알려져 있다. 17세기 라무트는 인디기르카강과 콜림강에서 사냥에
종사하면서 오호츠크해 연안까지 유목을 다니던 그룹을 가리키는 용어

---

18 에벤키족 씨족명에는 -gir가 규칙적으로 접미되는 유형이 많지만 에벤족의 경우 에벤
　키족 기원의 씨족명 외에는 그런 규칙성은 발견되지 않는다. 또 에벤키족은 순록의
　젖을 식생활에 응용하지만 에벤족은 그렇지 않고, 에벤키족의 천막집 춤은 시베리아-
　퉁구스형인 반면 에벤족의 춤은 고아시아계 추콧-코랴크형이다.

19 Н. Н. Степанов, “Русские экспедиции в XVII веке на Охотском побережье
　и их материалы о тунгусских племенах”, УЗЛГПИ 188, 1959, pp.179-254.

였다.[20] 라무트는 lamu(nam, 바다/ 통구스제어)에서 기원하므로 인류학적
의미를 가진 용어가 아니라 이들 거주지의 특성을 알려주는 용어이다.

에벤족 연구는 거주지인 러시아에서조차도 거의 이루어지지 않았다.
19세기 후댜코프(И. А. Худяков, 1890), 보고라스(В. Г. Богораз, 1927), 이오
헬손(В. И. Иохельсон, 1895, 1907), 소비에트 시기 레빈(М. Г. Левин, 1931,
1958), 포포바(y. Г. Попова, 1981) 등에 의해 연구가 수행되었지만 단편적
소개와 정보전달이 주를 이루었다. 하지만 1957년 친치우스와 리세스
(Л. Д. Ришес, 1957)에 의해 『에벤어-러시아어 사전(Эвенско-русский сло
варь)』이 출판되면서 에벤족 연구의 학술적 기반이 마련되었다. 1997년
『에벤족 역사와 문화: 역사-민속학 개요(История и культура эвенов. Ис
торико-этнографические очерки)』가 출판되면서 거의 100년 동안 이어
진 에벤족 연구를 집대성하고 있는데 기존 연구자들의 답사자료를 정리
한 인류학 소개서에 가깝다. 21세기 들어 로벡(В. А. Роббек, 2005), 로벡
(М. Е. Роббек, 2004), 바라비나(Г. Н. Варавина, 2014) 등에 의해 보다 체계
적으로 연구가 진행되고 있지만 여전히 미흡하다.

3. 에벤키족 개관

1) 에벤키족 현황

에벤키족은 언어 계통상 알타이어족 통구스어파 북부그룹에 속하며
2010년 러시아의 이르쿠츠크주, 아무르주, 사할린주, 사하공화국, 부랴
티야공화국, 크라스노야르주, 바이칼주, 하바롭스크주에 37,100명, 중국

---

20 Г. Ф. Миллер, История Сибири 3, М.: Вост. лит., 2005, p.458.

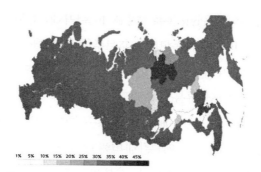

[그림 8] 2021년 기준 에벤키족의 거주지. 색의 농도와 밀집도는 비례
https://ru.wikipedia.org/wiki/%D0%AD%D0%B2%D0%B5%D0%BD%D0%BA%D0%B8

의 네이멍구(內蒙古) 자치구와 헤이룽장성(黑龍江省) 쉰커(遜克)현, 후마
(呼瑪)현, 타허(塔河)현에 39,500명, 몽골에 1,000명 등 총 77,000명이 생
존해 있었으며[21] 중국에 거주하는 그룹은 어윈커족(鄂溫克族)으로 불리
는데 2021년 러시아 인구조사 당시에도 큰 변화는 없었다.[22] 에벤키족은
16세기부터 러시아 기록에 등장하며 시베리아와 극동의 다른 토착종족
과 비교할 때 거주 지역이 상당히 넓다. 따라서 거주 지역이나 씨족에
따라 외형, 언어, 생활양식, 종교관 등에서 차이가 나지만 동일 종족으로
범주화할 수 있을 만큼 공통의 문화 요소를 많이 보유하고 있다.

2) 에벤키족 연구 현황

에벤키족은 극동의 다른 토착종족과 비교할 때 상대적으로 연구가
많이 되었으며 20세기 초까지 시베리아 관련 기록이나 문헌에 등장하

---

21 "Всероссийские переписи населения 2002~2010 годов", 검색일: 2023.12.10.
22 "Национальный состав населения Российской Федерации согласно пер
　еписи населения 2021 года", 검색일: 2023.12.10.

는 퉁구스족은 에벤키족을 가리킨다. 20세기 초중반 에벤키족 연구는 비약적인 발전을 하였는데 이는 바실례비치의 개인적 역량에 의한 것이었다. 그의 연구 분야는 언어학, 문학, 민속학, 역사학, 고고학의 전 분야를 아울렀고 개별적, 산별적으로 진행되던 에벤키학을 집대성하는 성과를 올렸다. 1969년 출판된 그의 저서 『Эвенки: Историко-этнографические очерки XVII~начала XX в.(에벤키족: 18~19세기 초 역사-민속학 개요)』는 다양한 지역 에벤키족의 물질 및 정신문화를 총괄하고 있다.

1950년대 중반 이후 오클라드니코프(А. Л. Окладников, 1943, 1958), 오클라드니코프(А. П. Окладников1937, 1949, 1950, 1955, 1968, 1973, 2003) 등에 의해 에벤키족의 인종형질학적 재구, 돌기흐(Б. О. Долгих, 1946, 1952, 1953, 1955, 1958, 1960, 1970), 투골루코프(В. А. Туголуков, 1958, 1960, 1962, 1969, 1970, 1974, 1975, 1979, 1980, 1985/ 1997)에 의해 포드카멘나야 퉁구스카강을 비롯한 다양한 지역 에벤키족의 씨족 구조와 사회조직, 의례 등이 연구되었다. 카를로프(В. В. Карлов, 1971, 1982)는 20세기 이전 에벤키족의 사회와 경제구조, 유목 공동체에 대해, 예르몰로바(Н. В. Ермолова, 1984)는 연해주와 사할린섬 에벤키족의 기원과 이주 과정을 연구하였다.

1980년대 말부터 연구자들은 에벤키족 전통문화의 생태적 특성에 관심을 가지기 시작했는데 투로프(М. Г. Туров, 1990, 1998, 2013)는 이르쿠츠크주 에벤키족에게서 수집한 자료를 기초로 에벤키족의 자연 활용 체계를 연구했다. 1990년대부터는 기존에 알려지지 않은 소규모 에벤키족 씨족에 관한 연구물들이 발표되었는데 막시모바(И. Е. Максимова, 1992, 1994)의 심강-케트강 에벤키족 연구, 카탄강 에벤키족 연구 등이 대표적이다. 또한 쿨렘진(В. М. Кулемзин, 1996), 예고로바(А. И. Егорова,

1996), 페레발로바(E. B. Перевалова, 1992, 2004) 등에 의해 에벤키족의 행
동문화에 관한 연구물이 발표되었다. 21세기 이후에는 에벤키족의 정
신문화에 관한 바라비나(Г. Н. Варавина, 2014), 설화에 관한 바를라모바
(Г. И. Варламова, 2004), 소규모 씨족에 관한 시리나(А. А. Сирина, 1992,
1995, 2002, 2011)의 연구가 있다. 이상 러시아 연구자들의 연구는 현지
탐사, 공개 미공개 출판물, 구비전승, 에벤키족과의 인터뷰 자료 등에
기초하고 있기 때문에 구체성, 현실성, 사실성이 매우 뛰어나다. 2010년
『극동 에벤키족 역사와 문화: 역사-민속학 개요(История и культура Да
льневосточных Эвенков. Историко-этнографические очерки)』가 출판
되면서 거의 2세기에 걸친 에벤키족 연구를 집대성하고 있다.

II. 극동 퉁구스족 남부그룹 개관

1. 나나이족 개관

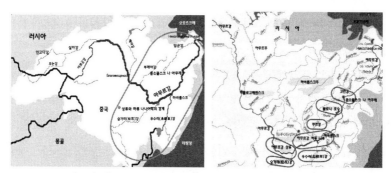

[그림 9] 2021년 기준 나나이족의 거주지 및 지역 그룹

1) 나나이족 현황

나나이족은 언어 계통 상 알타이어족 퉁구스어파 남부그룹에 속하며 극동 퉁구스족 중 가장 규모가 크다. 2010년 러시아 인구조사에 의하면 하바롭스크주에 10,560명, 연해주에 425명, 사할린섬에 173명 등 약 12,000명이 생존해 있었는데 2021년에도 큰 변화는 없었다.[23] 이외 중국 동북지역의 숭가리(松花)강과 우수리(烏蘇里)강 유역에 약 4천 명이 거주하고 있는데 이들은 허저(赫哲)라고 불린다. 종족명 나나이는 나나이인 코로 사마르가 잡지 『타이가(Тайга)』 1호에 「나나이족의 사냥 전통」을 게재하면서 처음으로 등장하였는데[24] 이후 이들의 공식적인 종족명이 되었다.

2) 나나이족의 문화적 특징

19세기 말 나나이족은 거주 지역에 따라 아무르강 상류, 아무르강 하류, 고린강, 쿠르강, 볼로니 호수, 우수리강의 6개 그룹으로 나누어졌는데 이 중 아무르강 상류와 하류 그룹이 가장 규모가 컸다.[25] 현재 하바롭스크시와 나나이스크 지역에 거주하는 상류 나나이족과 아무르강 하류와 숭가리강에 거주하는 하류 나나이족의 경계는 숭가리강이다.

---

23 История и культура нанайцев: историко-этнографические очерки (ИиК нанайцев), В. А. Тураев (Ред.), СПб.: Наука, 2008, p.5; "Национальный соста в населения Российской Федерации согласно переписи населения 2021 года", 검색일: 2023.12.10.

24 История и культура тазов историко-этнографические очерки (вторая по ловина XIX~начало XXI в.) (ИиК тазов), А. Ф. Старцев (Ред.), Владивосток: Дальнаука, 2019, p.60.

25 ИиК нанайцев, p.5.

거주 지역의 광범위함, 이로 인한 자연환경의 차이로 이들은 멀리 떨어
진 동족보다 인접한 다른 퉁구스족이나 고아시아계 닙흐족과 더 활발
하게 교류하였으며, 상류 나나이족은 만주족, 하류 나나이족은 퉁구스
계 울치족과 고아시아계 닙흐족의 영향을 많이 받았다.[26] 그 결과 지역
그룹에 따라 세계관, 씨족 구성, 문화적 특성, 방언, 혼인 방식에서 많
은 차이가 나지만 자칭과 언어의 동질성에 근거하여 동일 종족으로 분
류된다.

1930년대 이전 나나이족의 타칭은 골디였는데 골디는 19세기 말 이
후 연해주 관련 러시아 문헌에 처음 등장하였다.[27] 음성적 유사성에 근
거할 때 골디는 golo(종족, 부족/ 나나이어, 우데게어), g'olo~g'olu(계곡, 두 강
사이의 땅; 정수리, 모자, 이발/ 만주어)와 연결되는데[28] 만주어에 근거하여 두
가지 관점에서 의미를 추론할 수 있다. 첫 번째, '계곡, 두 강 사이의
땅'에 근거할 때 골디는 '두 강 사이의 계곡에 거주하는 종족'을 의미한
다. 나나이족은 아무르강 우안 연안 사이와 숭가리강, 우수리강 사이
계곡에 거주했는데 오로치족, 우데게족 등도 두 강 사이의 계곡에 거주
하였기 때문에 나나이족 자칭의 근거가 되기에는 부족하다.

두 번째, '정수리, 모자, 이발'에 근거할 때 골디는 '정수리까지 이발
을 한 뒤 한 갈래로 땋은 머리' 즉 '변발을 한 사람들'을 의미한다. 인접
한 오로치족과 우데게족은 두 갈래로 땋았지만 나나이족은 변발을 하

---

26 А. В. Смоляк, "Представления нанайцев о мире", Природа и человек в
   религиозных представлениях народов Сибири и Севера (вторая полови
   на XIX~начало XX в.), Л.: Наука, 1976, p.131.

27 ИиК тазов, p.34.

28 Сравнительный словарь тунгусо-маньчжурских языков (ССТМЯ) 1, В. И.
   Цинциус (Ред.), Л.: Наука, 1975, p.160.

였으므로 골디는 나나이족의 문화적 특성과 관련된 단어이다. 임페라
토르만(灣)의 오로치족은 나나이족을 곡디라고 불렀으며, 만주식 변발
을 한 나나이족의 자칭은 곡디였다.[29] 연해주 일부 지역의 나나이족은
아직도 자신들을 골디라고 부르므로 곡디는 골디의 음성변형이며, 골
디는 '변발'과 관련이 있는 단어이다. 이에 의하면 나나이족은 극동의
다른 토착종족보다 이른 시기 여진족 누르하치가 건설한 후금(後金)의
실질적인 영향권에 들어가면서 이들보다 먼저 강 연안에 정착하여 어
로에 종사하면서 변발을 하였다.

3) 나나이족 연구 현황

나나이족에 관한 가장 오래된 기록은 거주지역, 가옥, 의복, 경제생
활, 씨족명 등에 대한 17세기 러시아 탐사대 포야르코프(B. Поярков),
하바로프(E. Хабаров), 스테파노프(O. Степанов) 등의 민담집, 문답집, 심
문집 등인데 너무 소략하여 학술적 가치는 거의 없다. 나나이족에 대한
학술 연구가 본격화 된 것은 19세기 중후반 아무르 지역이 러시아령에
포함된 이후이다. 네벨스코이(1851) 아무르탐사대의 기록은 실질적으로
나나이족에 관한 최초의 인류학 자료이다. 나나이족 연구는 심케비치
(1896), 시렌크(1883, 1889, 1903), 아르셰니예프(B. K. Арсеньев, 1921, 1923),
로파틴(И. А. Лопатин, 1922), 립스키(А. Н. Липксий, 1923, 1956), 립스카야-
발리론드(Н. А. Липская-Вальронд, 1925), 코지민스키(И. И. Козьминский,
1927), 시테른베르크(1933), 이바노프(С. В. Иванов, 1976), 스폴랴크(1976)
등이 대표적이다. 20세기 중반 스폴랴크는 체계적이고 광범위한 현지

---

29 Л. Я. Штернберг, Гиляки, орочи, гольды, негидальцы, айны, Хабаровск:
Дальгиз, 1933, p.401.

조사를 통해 선행 연구의 오류를 상당부분 수정하면서 보다 설득력 있고 종합적인 연구물을 발표하였지만 기존 연구에서 드러난 문제가 완전히 해결된 것은 아니었다. 20세기 중반 페트로바(Т. И. Петрова, 1960)에 의해 나나이어-러시아어 사전이 출판되었고, 셈(Ю. А. Сем, 1959)에 의해 나나이족 씨족 구조가 면밀하게 연구되었다. 20세기 중후반부터는 킬레(Н. Б. Киле, 1976, 1996), 가예르(Е. А. Гаер, 1984), 셈(Ю. А. Сем, 1986, 1990), 킬레(А. С. Киле, 2004) 등 나나이족 출신의 연구자들에 의해 타자가 아닌 주체적 시각에서 연구되기 시작하였다. 2008년에는 『나나이족 역사와 문화: 역사-민속학 개요(История и культура нанайцев. Историко-этнографические очерки』가 출판되면서 거의 150년 동안 이어진 나나이족 연구를 집대성하고 있다.

2. 오로치족 개관

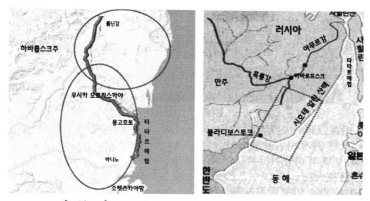

[그림 10] 2021년 기준 오로치족 거주지 및 활동 반경

1) 오로치족 현황

오로치족은 언어 계통상 알타이어족 퉁구스어파 남부그룹에 속하며 러시아 인구조사에 의하면 2002년 686명이, 2021년에는 527명이 하바롭스크주에 거주하고 있다.[30] 현재 대다수 오로치족은 툼닌강 하구 우시카 마을, 훈가리강, 콤소몰지역 쿤 마을에 거주하는데 15~20명 정도의 소규모이고, 마을 간 거리는 상당히 멀다.[31] 이는 생활의 모든 것을 자연에 의지하는 만큼 각 마을의 생존을 보장하기 위한 이들의 생존전략이다.

19세기 말 오로치족은 거주지에 근거하여 아무르, 훈가리, 툼닌, 연해주(하딘), 코피의 5개 그룹으로 나누어졌는데 씨족 구성, 문화적 특성, 방언 등에서 차이가 나지만[32] 동일 종족임을 부정할 만큼은 아니다. 오로치족은 계절형 유목생활을 했는데 시호테알린 산맥까지 유목 범위에 포함되었기 때문에 이들의 활동 범위는 상당히 넓었다. 이로 인해 이들은 여러 종족들과 혼종·융합되었고, 이는 이들의 종족정체성, 문화정체성 형성에 적지 않은 영향을 주었다.

30 О. А. Ильяшевич, Традиционная жизнедеятельность орочей и ее трансформации в XX-XXI веках, Дисс. кан-та. культурологии, Комсомольск-на-Амуре: ГОУ ВПО ДВГГУ, 2006, p.41; "Национальный состав населения Российской Федерации согласно переписи населения 2021 года", 검색일: 2023.12.10.

31 О. А. Ильяшевич, Традиционная жизнедеятельность орочей и ее трансформации в XX-XXI веках, Дисс. кан-та. культурологии, Комсомольск-на-Амуре: ГОУ ВПО ДВГГУ, 2006, p.61.

32 В. П. Маргаритов, Об орочах Императорской Гавани, СПб.: ТИАН, 1888, p.4.

2) 오로치족의 기원과 형성 과정

종족명 오로치가 처음 문헌에 등장한 것은 1787년 하바롭스크주 데-카스트리 만에서 사냥과 어로에 종사하는 오로치족을 만난 프랑스인 라페루즈(F. G. Laperous)에 의해서이다.[33] 오로치족의 기원과 관련하여 시렌크[34]는 남방기원설을 주장하면서 우데게족과 동일종족으로 간주했는데 이후 팟카노프, 브라일롭스키, 독일학자 알베르트(F. Albert) 등의 지지를 받았다. 시렌크에 의하면 오로치족은 한반도 접경 지역과 우수리강 상류에서 기원한 뒤 타타르해협으로 이주하였다.[35] 알베르트에 의하면 오로치족과 우데게족은 아무르강과 태평양 동안(東岸)으로 이주해온 남방 아열대 인종인데 이후 닙흐족, 아이누족에 동화되면서 이들의 전통과 생활방식을 수용하였다.[36]

시테른베르크는 북방기원설을 주장하였는데 이는 로파틴의 지지를 받았다. 시테른베르크에 의하면 오로치족은 아무르강과 우수리강에서 시호테알린 산맥으로 이주했으며, 아무르강과 우수리강은 이들의 기원지 혹은 이주의 중간지점이었고 이곳에서 이들은 순록사육을 시작했다.[37]

---

33 F. Albert, Die Waldmenshen Udehe: Forschungreisen in Amur und Ussurigebief Darmstadt: C. W. Zeske Verlag, 1956, p.5; F. G. de Laperous, A vouage rouhd the world in the years 1785, 1786, 1787 and 1788. In 3 vol. London, 1788. Vol.2, pp.422-446.

34 Л. И. Шренк, Об инородцах Амурского края, СПб.: ТИАН, 1903, pp.140-141.

35 Л. И. Шренк, там же, p.141.

36 F. Albert, Die Waldmenshen Udehe: Forschungreisen in Amur und Ussurigebief Darmstadt: C. W. Zeske Verlag, 1956, p.5.

37 Л. Я. Штернберг, Гиляки, орочи, гольды, негидальцы, айны, Хабаровск: Дальгиз, 1933, pp.8-10; И. А. Лопатин, "Орочи-сородичи маньчжур", Обще-во изучения маньчжурского края. Историко-этнограф. секция. Сер. А, Харбин, 1925, p.7.

[그림 11] 1. 19세기 말 시카치알랸 마을의 오로치족 전통 겨울 집 죽바,
2. 오로치족 전통 가옥 Ильяшевич, 2006, p.134.
https://arctic-megapedia.com/wp-content/uploads/2020/12/Old_
winter_dwelling_Orochi.png

일부 연구자들은 오로치족은 퉁구스족과 극동 토착종족의 혼종 종족
이라고 주장하며, 일부 연구자들은 닙흐족과의 체형적 유사성에 근거
하여 퉁구스족 기원의 닙흐족으로 간주한다.[38] 투골루코프에 의하면 오
로치족과 우데게족은 퉁구스족과 아무르강 하류 및 연해주 토착종족의
혼종 종족이며, 이들의 사회구조에는 퉁구스족의 부계씨족사회, 토착
종족의 모계씨족사회의 특성이 공존한다.[39] 오로치족의 기원에 관한 주
장들이 이처럼 다양한 것은 이들이 계통적으로 매우 복잡하기 때문이
다. 이를 입증하듯 이들에는 퉁구스계 네기달족, 에벤키족, 나나이족,
우데게족, 울치족, 고아시아계 닙흐족 등 기원이 다양한 씨족들이 포함

---

38 В. П. Алексеев, "К краниологии орочей(материалы к этногенезу)", Записк
   и ПФГО СССР, Владивосток 1(24), 1965, p.55; История и культура орочей:
   историко-этнографические очерки (ИиК орочей), Тураев В. А. (Ред.), СП
   б.: Наука, 2001, p.18.
39 А. В. Смоляк, Традиционное хозяйство и материальная культура народов
   Нижнего Амура и Сахалина, М.: АН СССР, 1984, p.227.

되어 있다. 이에 더하여 나나이족, 오로치족, 오로크족, 울치족과 자명 나니(nani, 그곳 사람)를 공유하는 점, 이들과의 언어적 유사성도 오로치족 의 계통 관계 규명에 혼란을 초래하는 요인이었다.

3) 오로치족의 문화교류와 혼종성

오로치족은 동일 계통의 통구스족뿐만 아니라 만주족, 한족(漢族)과 도 활발하게 교류하였는데 주로 일상용품, 장식품 등을 구입하기 위한 것이었다.[40] 따라서 만주족과 한족의 문화는 오로치족의 문화, 사회구 조, 세계관의 변화를 가져올 만큼의 영향력을 가진 것은 아니었다. 오로 치족은 만주족을 만주(man'dzu)라고 불렀는데 이는 이후 아무르강 하류 종족들 사이에 널리 전파되었다.[41]

오로치족은 고아시아계 닙흐족, 아이누족과도 장기간에 걸쳐 긴밀하 게 교류하였는데, 사할린섬을 쿠이나(kuina, 아이누족의 땅)라고 불렀고, 19세기 중반에는 아이누족과 혼인관계를 맺기도 하였다.[42] 오로치족 비 산카 씨족은 아이누족과 혼인관계를 맺은 뒤 임페라토르만에 거주하였 고, 오로치족 개별 가족들이 사할린섬으로 이주하여 아이누족에 편입 되면서 절멸한 오로치족 에헤뭉켄 씨족처럼 아이누족과 오로치족의 혼 종 씨족들이 출현하였다.[43] 하지만 19세기 중반 모든 아이누족이 일본

40 В. А. Аврорин, Е. П. Лебедева, Орочские сказки и мифы, Новосибирск: Наука, 1966, p.20.
41 История и культура орочей: историко-этнографические очерки (ИиК ор очей), В. А. Тураев (Ред.), СПб.: Наука, 2001, p.18.
42 В. П. Алексеев, "К краниологии орочей(материалы к этногенезу)", Записк и ПФГО СССР 1(24), 1965, p.55; ИиК орочей, p.18.
43 А. В. Смоляк, "О взаимных культурных влияниях народов Сахалина и

으로 이주하면서 이들의 교류는 사실상 단절되었다.

17세기 후반 아무르강 하류에서 오로치족과 러시아인의 교류가 시작되었다. 오로치족은 러시아인을 루차, 러시아인은 오로치족을 오로촌이라고 불렀는데 루차는 러시아의 오로치식 음성변형이다. 아무르 지역과 연해주가 러시아에 편입된 19세기 중반 이후 임페라토르만, 닷타, 코피, 알렉세옙타 등의 오로치족 지역에 러시아인 마을이 조성되면서 두 종족의 교류는 더욱 활발해졌고, 이후 러시아 마을 인근에 오로치족 마을이 만들어졌다.[44] 러시아인의 영향으로 19세기 말 오로치족 사이에 기독교가 널리 전파되었으나 형식적이었고, 교회 의식은 성직자가 있을 때만 거행되었다. 하지만 이들은 러시아인과의 상거래에는 적극적이어서 데-카스트리만과 키지 호수까지 와서 러시아인들로부터 담배, 옷 등을 구입하였다.[45]

1916년 툼닌강 오로치족의 대부분이 러시아어를 사용할 정도로 오로치족은 러시아문화 수용에 적극적이었다. 이로 인해 러시아인과 오로치족의 혼인은 점점 활발해졌고, 1951~1955년 9%이던 혼인율이 1991~1995년 82%로 증가하였다.[46] 그 결과 현재 오로치족은 전통문화와 세계관의 상당부분을 상실하였다.

некоторых проблемах этногенеза", Этногенез и этническая история нар одв Севера, М.: Наука, 1975, p.77.

44 И. А. Лопатин, Гольды амурские, уссурийские и сунгарийские: Опыт этн ографического исследования, Владивосток: б. и., 1922, p.5; Архив ОИАК, фонд В. К. Арсеньева, Оп.1, Д.11, Л.35.

45 ИиК орочей, p.19.

46 А. Ф. Старцев, "Демографическая характеристика семьи орочей (1951-1995 гг.)", Историческая демография 1(5), 2010, p.69. https://illhkomisc.ru/wp-content/uploads/2014/07/ist-demo01-2010.pdf. 검색일: 2022.07.03.

4) 오로치족 연구 현황

러시아의 첫 오로치족 연구자는 1852년 아무르 탐사대에 참가한 보시냐크(1859)이다.[47] 초기 오로치족 연구는 지역 그룹에 대한 특성 연구가 주를 이루었는데 골루베츠(И. Голубец, 1859)는 오호츠크해, 시페르크(Ф. Шперк, 1896)는 타이가 인근 강 연안, 레온토비치(С. Леонтович, 1896)는 툼닌강 오로치족에 대한 기록을 남겼고, 러시아 최초의 『러시아-오로치어 사전(Краткий русско-орочский словарь с грамматическо й заметкой)』을 출판하였다. 이후 이들 문화의 세부 분야로 연구 방향이 전환되면서 심케비치(1895)는 정신 및 물질문화, 프로토디야코노프(А. П. Протодьяконов, 1888)는 언어, 마르가리토프(В. П. Маргаритов, 1888)는 정신 및 물질문화, 운테르베르게르(П. Ф. унтербергер, 1900)는 생업에 대해 기록하였다.

19세기 말과 20세기 초 시테른베르크(1933)는 현지답사를 통해 오로치족의 씨족 구성, 역사, 전통 신앙, 곰 축제, 샤머니즘, 족외혼 등을 기록하였고, 아르세니예프(1912, 1914, 1923)는 역사, 생업, 생활관습, 인류학적 특성, 세계관 등을 기록하였다. 로파틴(1922, 1925)은 툼닌강 오로치족의 곰 축제, 샤머니즘, 종교관, 사냥 문화의 특징을 근거로 이들의 인종 정체성 규명을 시도하였다.

1927~1928년 쿠프틴(Б. А. Куфтин)이 이끄는 극동 퉁구스족 탐사대에 의해 학문적으로 가치 있는 오로치족 문화 자료들이 상당수 축적되었다.[48] 이를 기반으로 1930년대 초부터 오로치족 뿐만 아니라 극동 토

---

47 Н. К. Бошняк, "Экспедиции в Приамурском крае", МС 3, 1859, pp.193-212.
48 ГАХК. Ф.357, Оп.1, No.60, Л.187-189а (фонд Б. А. Куфтина, Информация о Тунгусской экспедиции)

착종족의 역사, 문화에 대한 학문적 성과물들이 급증하였고 연구 범위가 다방면으로 확장되면서 오로치족 연구도 한 단계 발전하였다. 이 시기 토테미즘, 사회구조, 원시 신화에 관한 졸로타료프(A. M. Золотарев, 1934, 1964), 예술과 문양에 대한 시네이데르(E. P. Шнейдер, 1930)와 이바노프(1937, 1954, 1963, 1976), 인종 정체성에 대한 레빈(1936)의 연구물이 두드러진다.

1959년 소비에트연방 언어학연구소 아무르언어학탐사단을 이끌었던 압로린과 레베죠바(B. A. Аврорин, E. П. Лебедев, 1966)에 의해 오로치족 구비전승 및 언어가 상세하게 연구되었으며, 라리킨(B. Г. Ларькин, 1964)에 의해 오로치족 정신 및 물질문화를 총괄한 연구서가 발표되었다. 이후 20세기 말까지 종족 계통, 사회구조, 문화, 인류학 등 다방면에서 오로치족 연구가 이루어졌는데 이들 신화 및 정신문화에 관한 베레즈니츠키(C. B. Березницкий, 1999, 2003), 기원 및 정신문화에 관한 포드마스킨 (B. B. Подмаскин, 2001)의 연구는 매우 체계적이고 정교하다. 2001년 오로치족 정신 및 물질문화를 집대성한 『오로치족의 역사와 문화: 역사-민속학 개요(История и культура орочей. Историко-этнографические очерки)』가 발표되면서 거의 150년 동안 이어진 연구 성과를 집대성하고 있다.

3. 오로크족 개관

1) 오로크족 현황

오로크족은 언어 계통상 알타이어족 퉁구스어파 남부그룹에 속하며, 나나이어 하위 그룹으로 분류되기도 하지만 형태통사적 특성은 울치어와 매우 유사하다.[49] 1897년 러시아 인구조사 당시 749명이 생존해

[그림 12] 20세기 초 오로크족 МАЭ, No.2446-72,
https://travelask.ru/articles/oroki-nani-korennoy-narod-sahalina

[그림 13] 과거와 현재 오로크족 아이들
https://travelask.ru/articles/oroki-nani-korennoy-narod-sahalina

있었고, 1926년에는 사할린섬 북쪽 지역에 162명, 남쪽 지역에 300명
가량으로 대략 450~460명이 생존해 있었다.[50] 그렇다면 30년 만에 50%
가량 감소하였는데 주된 원인은 러시아 연구자들이 사할린섬 오로크
족을 에벤키족으로 간주하면서 인구조사 당시 종족 파악이 부정확하
게 이루어졌기 때문이지만 전반적으로 오로크족은 감소 추세에 있었
다. 러시아 인구조사에 의하면 2010년 사할린섬에 260명, 하바롭스크

49 J. A. Alonso de la Fuente, The Ainu Languages: Traditional Reconstruction, Eurasian
Areal Linguistics, and Diachronic (Holistic) Typology, PhD in philol. sci. diss, Euskal
Herriko Unibertsitatea, 2012, p.6.

50 https://ru.wikipedia.org/wiki/%D0%9E%D1%80%D0%BE%D0%BA%D0%B8. 검색일:
2022. 04.24.

주, 연해주 등지에 극소수 등 총 295명이, 2021년에는 268명이 생존해
있었으므로[51] 1세기 전과 비교할 때 급감하여 절멸의 위기에 처해있다.
    1991년 울타와 오로크가 공식 종족명으로 채택되었지만 스스로는 오
로크라는 종족명을 거의 사용하지 않는다. 오로크족의 종족명은 oro-
형의 오로코, 오롱타, 오로크, 오로흐코, 오로츠코, 오라카타, 오록호, 오
록시, 오로케스, 오롱오도훈, 오로촌, 오르니르, ol-(ul-) 형의 우일타, 울
타, 윌타, 올차, 울차르, 울차, 울카, 위루타, 골룬춘(엘룬춘), taz-형의 타
중, 도진, 토중, 그 외 나니 등 25개가량이 있다. 이 중 오로츠코는 19세
기 초 일본인 마미야 린조(まみやりんぞう), 골룬춘(엘룬춘)은 18세기 중국
문헌, 올차는 1883년 시렌크, 울차는 1883년 폴랴코프, 울타는 1912년
아르세니예프, 우일타는 1929년 바실리예프(Б. А. Васильев)가 기록한
것이다. 윌타는 1967년 이후부터 본격적으로 기록에 등장하였고, 오로
코와 오롱타는 닙흐족, 오로흐코는 아이누족이 오로크족을 부르는 용
어였다. 이 가운데 오로촌, 올차, 울차, 우일타, 윌타가 비교적 널리 알려
져 있고, 오로크족 자신은 우일타라는 종족명을 가장 많이 사용한다.
    극동 지역 토착종족의 종족명은 종족의 규모에 따라 차이가 있지만
대개 10개~20개 내외인데 오로크족은 규모도 작고 거주지역도 사할린
섬에 한정되어 있음에도 종족명이 25개에 달한다. 이는 오로크족이 오
랜 기간 다른 종족들과 밀접하게 교류하면서 인종 구성이 복잡해졌기
때문이다. 이로 인해 오로크족의 기원 및 종족명의 어원은 많은 연구자
들의 관심의 대상이었지만 여전히 논쟁의 중심에 있을 뿐 주도적인 입

51 "Всероссийские переписи населения 2002~2010 годов"; "Национальный
состав населения Российской Федерации согласно переписи населения
2021 года", 검색일: 2023.12.10.

장은 없다.

2) 오로크족의 형성과 분화 과정

오로크족은 고아시아계 닙흐족, 퉁구스계 에벤키족과 함께 사할린섬
의 3대 토착종족에 속한다.[52] 오로크족의 기원은 여전히 베일에 가려있
지만 17세기경 사할린섬 토착민과 대륙 퉁구스족의 혼종인종으로 추정
된다.[53] 오로크족은 사할린섬에서 기원하는 만큼 사할린섬의 역사적 굴
곡 및 부침과 함께 하면서 현재에 이르고 있다. 사할린섬은 수 천 년
동안 대륙이나 인근 도서 지역 출신의 고아시아계 닙흐족과 아이누족,
알타이계 퉁구스파의 에벤키족, 알타이계 튀르크파의 야쿠트족 등 기원
과 계통이 다른 여러 종족의 교류의 장이자 삶의 무대였는데 19세기
중반부터 제국 열강들의 각축의 장이 되었다. 1855년부터는 러시아와
일본의 공동 지배, 1875부터는 러시아의 단독 지배, 1905년부터는 위도
50° 이남(以南) 지역은 일본, 이북(以北) 지역은 러시아의 지배를 받았고,
1945년 섬 전체가 소연방에 귀속되었다.[54] 1905~1945년 소련과 일본에
의해 사할린섬이 남북으로 분할되면서 오로크족도 거의 40년 동안 남북

---

[52] 에벤키족은 19세기 중반 대륙에서 사할린섬으로 이주하였으므로 오로크족, 닙흐족보
다 늦은 시기에 사할린섬 토착종족의 대열에 합류하였다. 2차 세계대전 이전에는 아이
누족도 사할린섬에 거주하였으나 종전 이후 모두 일본으로 떠났다. 사할린섬의 토착종
족들이 러시아인들에게 알려지기 시작한 것은 1640~1650년대 러시아 농민들의 사할
린섬 이주, 1639년 모스크비틴의 태평양 원정, 1645년 포야르코프의 사할린섬 탐사
등에 의한 것이었다. 하지만 18세기 중반까지 이들에 대한 정보는 제한적, 단편적, 구두
적 성격이 강했고 정보의 연결성도 부족하였다.

[53] История и культура уйльта (ороков) Сахалина: историко-этнографическ
ие очерки (XIX~XXI вв.) (ИиК уйльта), В. В. Подмаскин (Ред.), Владивосто
к: Дальнаука, 2021, p.11.

[54] ИиК уйльта, p.11.

[그림 14] 오로크족과 순록 Роон, 2021, pp.141, 145.

으로 분리되어 생활하였는데 이는 이들의 문화에 적지 않은 흔적을 남겼다.

사할린섬의 분할로 오로크어는 북부와 남부 방언으로 나누어졌으며 이는 이후 오로크족을 북부와 남부그룹으로 나누는 근거가 되었다. 소련의 지배를 받은 북부그룹은 러시아정교를 수용하였고 러시아식 이름을 사용하였으며, 일본의 지배를 받은 남부그룹은 일본식 이름을 사용하였다.[55] 남부그룹은 단계적으로 정착 생활로 전환하였고, 개 사육, 어로, 바다표범 사냥에 종사하였으며 인접종족과의 상거래도 이들 생업에서 중요한 비중을 차지하였다. 이처럼 오로크족은 지배 민족의 문화적 영향에 따라 지역별로 특수한 혼종문화를 탄생시켰는데 이는 주로 문화 표피 층위의 현상일 뿐 현재까지도 물질 및 정신문화의 기층 요소들은 공통으로 보존하고 있다.

현재 북부그룹은 사할린주 노글릭스키 지역 발 마을에 거주하며 도론네니라고 불리는데 도론네니는 doro(사할린섬 북부/ 오로크어) + nani(그곳 사람/ 퉁구스제어)[56]의 구조로 '사할린섬 북부 지역의 사람'을 의미한다. 현

55 ИиК уйльта, p.12.

재 남부그룹은 포로나이스크시와 유즈니(사치) 섬에 거주하며 순네니라고 불리는데, 순네니는 su(n)(태양/ 오로크어) + nani의 구조로[57] '태양이 있는 지역 사람'의 의미이므로 오로크족에게 남쪽은 태양이 있는 곳이다.

3) 오로크족 연구 현황

오로크족에 대한 최초의 문헌 기록은 제2차 캄차카탐사대(1733~1743년)에 참가했던 린데나우(Я. И. Линденау)에 의해서인데[58] 그 규모가 너무 작아서 러시아인들의 관심을 끌지 못하였다. 그런데 러시아가 극동에 본격적으로 진출한 1860년 이후 러시아 연구자들은 오로크족에게 특별한 관심을 기울이기 시작하였다. 네벨스코이가 이끄는 아무르탐사대는 오로크족을 17세기 사할린섬으로 유목을 다니던 우드강 퉁구스족의 후손이라고 주장하면서 이들의 역사, 문화에 대한 학술 연구를 시도하였다.[59] 오로크족에 관하여 가장 신뢰성 있는 기록을 남긴 아무르탐사대의 보시냐크에 의하면 오로크족은 인종 및 언어 계통상 퉁구스계에 속한다.[60]

19세기 말 이후 시렌크(1883), 폴랴코프(И. С. Поляков, 1883, 1884), 팟카노프(1906), 바실리예프(1929), 시테른베르크(1933), 스몰랴크(1975), 이바

---

56 Л. В. Озолиня, И. Я. Федяева, Орокско-русский и русско-орокский словарь, Южно-Сахалинск: СКИ, 2003, p.43; ССТМЯ 1, p.210.

57 Т. И. Петрова, Язык ороков (ульта), Л.: Наука, 1967, p.8.

58 Народы Сибири. Этнографические очерки, М. Г. Левин, Л. П. Потапов (Ред.), М.-Л.: АН СССР, 1956, p.856.

59 Г. И. Невельской, Подвиги русских морских офицеров на крайнем востоке России. 1849~1855, Хабаровск: ХКИ, 1969, pp.266, 279.

60 Н. К. Бошняк, "Путешествия в Приамурском крае. Путешествие на Сахалин", МС 2, 1858, pp.189-190.

노프(1963), 페트로바(1967), 레빈(1958), 셈(Ю. А. Сем, 1965), 펜스카야(Т. В. Пенская, 1984, 1985) 등에 의해 이들의 언어, 인종적 특징, 다른 퉁구스족과의 계통 관계, 종족명, 문양 등이 연구되었다. 포스트소비에트 시기 룬(Т. П. Роон, 1994, 1996, 1999), 페브노프(А. М. Певнов, 2013, 2016), 미소노바(Л. И. Миссонова, 2002, 2005, 2006, 2013, 2014, 2017), 푼크 외(Д. А. Функ и др., 2000), 포드마스킨(2012, 2013, 2019, 2020) 등에 의해 연구의 맥이 이어졌다. 2021년 『사할린 윌타(오로크)족의 역사와 문화: 역사-민속학 개요(XIX~XXI 세기)(История и культура уйльта (ороков) Сахалина: историко-этнографические очерки (XIX~XXI вв.)』가 출판되면서 150년 이상 이어져 온 오로크족 연구를 집대성하고 있다.

4. 우데게족 개관

1) 우데게족 현황

우데게족은 언어 계통상 알타이어족 퉁구스어파 남부그룹에 속하며 2010년 러시아 인구조사에 의하면 대략 1,400명이 생존해 있었는데 이 중 784명은 연해주, 609명은 하바롭스크주, 42명은 우크라이나에 거주하고 있었다.[61] 2021년 러시아 인구조사에 의하면 1,325명이 생존해 있으므로 큰 변화는 없다.[62] 1927년 러시아의 우데게족은 1,357명이었으므로 극동의 다른 토착종족과 달리 20세기 초 대비 크게 감소하지는 않았지만 여전히 절멸의 위기에 처해 있다. 우데게족은 19세기 중반 동

---

61 "Всероссийские переписи населения 2002~2010 годов", 검색일: 2023.12.10.
62 "Национальный состав населения Российской Федерации согласно переписи населения 2021 года", 검색일: 2023.12.10.

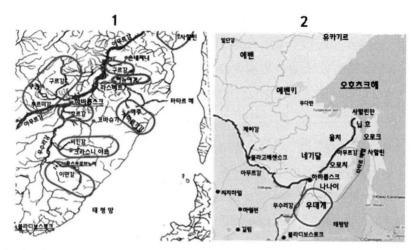

[그림 15] 1. 2021년 기준 우데게족의 지역 그룹; 2. 인접 종족(진한 색 원은 우데게족 거주지, 연한 원은 다른 종족과 함께 거주하는 지역)

쪽에서는 태평양 연안, 서쪽에서는 우수리강 우측 지류인 호르강, 비킨 강,[63] 이만강(볼리세우수리강) 중류, 북쪽과 북서쪽에서는 아무르강 지류인 아뉴이강, 구르강(1973년 이전에는 훈가리강), 우르미강, 연해주의 사마르가강 등 시호테알린 산맥의 양 경사면, 우수리강 우측 지류와 아무르강 연안에 주로 거주하였고, 거주 지역에 따라 7개 그룹으로 나누어졌다.[64] 사할린섬에도 소수가 거주하는데 이들은 아무르강에서 이주하였기 때문에 별도의 그룹으로 분류하지는 않는다.

---

63 비킨강은 우수리강 우측 지류로 시호테알린 산맥의 지생태학(地生態學)적 시스템에서 가장 핵심이 되는 지형이다. 우데게족, 나나이족, 오로치족 등은 비킨강 연안에서 서로 인접하여 교류하면서 독창적인 극동남부문화를 만들어갔다. О. О. Звиденная, Н. И. Новикова, Удэгейцы: охотники и собиратели реки Бикин (Этнологическая экспертиза 2010 года), М.: Стратегия, 2010, p.24.

64 В. К. Арсеньев, "Китайцы в Уссурийском крае", ЗРГО 10(1), 1914, pp.34-35.

거주지역이 광범위한 만큼 우데게족은 여러 토착종족들과 인접하여 생활하였다. 북동쪽에서는 오로치족, 북쪽에서는 나이힌 나나이족과 쿠르 우르미 나나이족, 남쪽에서는 타즈족과 경계를 이루었는데[65] 이는 이들의 인종적, 문화적 정체성에 많은 영향을 주었다. 이로 인해 연해주 그룹에서는 퉁구스족, 만주족, 튀르크족, 고대 한민족, 말갈족의 요소가, 하바롭스크주 그룹에서는 고아시아족의 요소가 강하게 발견되지만[66] 언어적 특성에 근거하여 동일 종족으로 분류된다.

소비에트 정권 수립 이후 1930년대 집단화와 이주 정책으로 우데게족은 연해주의 쿤, 타몰로, 산치허제, 올론, 크라스니 야르, 아게 마을, 하바롭스크주 나나이 지역의 비라, 라스베트, 아르세니예프, 운니, 그바슈기 마을 등 11개 마을로 집단 이주하였다.[67] 이로 인해 유목생활을 하던 전통을 포기하고 몇몇 마을에 밀집되어 정착 생활을 하게 되었다. 하지만 남자들은 여름에는 가족과 마을에서 지내다가 겨울이 되면 사냥 지역으로 떠나는 등 전통 문화의 일부 요소들을 여전히 보존하고 있다.

우데게족은 1930년대부터 우데게를 자칭으로 사용하였는데 그 이전에는 지역 그룹에 따라 람칸, 라무카, 나만카, 나무칸, 남카, 람칸 니이, 닥파 니이, 안니히 니이, 훈가케, 비킨카, 아뉴이카, 우닌카, 우데 나무카, 우데 제인카 등 다양한 사칭을 사용하였다. 인접 종족이 우데게족을 부르는 타칭도 다양하여 나나이족은 나문카, 나문가, 에벤키족은 람카,

65 В. К. Арсеньев, там же, pp.34-35.
66 А. В. Смоляк, "Удэгейцы", Народы и религия мира, Энциклопедия, В. А. Тишков (Ред.), М.: БРЭ, 1999, p.561.
67 А. В. Смоляк, там же, p.561.

[그림 16] 1955년 우데게족 가족사진 Ларькин и др., 2010, p.148.

라문카, 만주족은 키야칼라(케카리), 오로치족은 캬카, 닙흐족은 투지(토
중), 네기달족은 올찬, 한국인은 우치카, 중국인은 어피타주(魚皮他族),
러시아인은 오로촌 혹은 오로치라고 불렀다.[68] 우데게족 자칭과 타칭의
다양성은 이들이 극동에서 퉁구스족, 닙흐족, 한국인, 중국인, 러시아인
등 계통과 문화가 다른 다양한 종족들과 인접하여 장기간 교류했음을
말해준다.

2) 우데게족 연구 현황

아르세니예프(1912, 1914, 1926)는 우데게족 연구에 지대한 영향을 끼쳤
다. 그가 수집한 현지 자료들은 아르셰니예프 연해주국립박물관(ПГОМ
им. В. К. Арсеньева) 등에 보관되어 있으며 지금까지도 우데게족 연구의
중요한 기초자료의 역할을 하고 있다. 19세기 말 대다수 연구자들은 우
데게족을 오로치족과 동일 종족으로 간주하거나 오로촌이라고 불렀다.

----

68 В. К. Арсеньев, Краткий военно-географический и военно-статистическ
ий очерк Уссурийского края 1901~1911 гг., Хабаровск: ТШПВО, 1912, p.235.

그런데 1902년 브라일롭스키(C. H. Браиловский)가 「타즈족 혹은 우데게족(Тазы или yguhə)」[69]을 발표한 이후 독자적인 종족으로 인정받게 되었다. 우데게족이 러시아인들 사이에 널리 알려진 것은 1929년 파데예프(А. А. Фадеев)의 소설 「우데게족의 마지막 사람(Последний из удэге)」이 잡지 『옥탸브리(Октябрь, 10월)』[70]에 연재된 이후이다.

20세기 중후반까지도 소수의 연구자 중심이지만 우데게족 연구의 맥은 지속적으로 이어졌다. 1990년 포스트소비에트 시대 이후 니키틴(О. Никитин, 1989), 스몰랴크(1999), 포드마스킨(1984, 1991, 1998) 등에 의해 연구가 수행되었고, 시모노프 외(М. Д. Симонов, и др., 1998)에 의해 우데게족의 구비전승이 체계적으로 수집, 정리 되었다. 21세기 들어 스타르체프(2002, 2005, 2017), 베레즈니츠키(2003, 2005) 등에 의해 인접한 퉁구스족과의 비교 연구가 이루어지고 있지만 여전히 연구자의 절대 부족으로 다각도의 입체적인 연구보다는 연구자 개인의 역량에 많이 의존하고 있다.

5. 울치족 개관

1) 울치족 현황과 기원

울치족은 언어 계통상 알타이어족 퉁구스어파 남부그룹에 속하며 러시아 인구조사에 의하면 1897년 1,455명, 1959년 2,055명, 1970년 2,448명, 1979년 2,552명, 1989년 3,233명, 2002년 2,913명, 2010년 2,913명,

---

69 C. H. Браиловский, Тазы или yguhə, СПб.: ТКМ, 1902.
70 А. А. Фадеев, Последний из удэге, М.: ХЛ, 1982.

2021년 2,472명이 생존해있었다.[71] 울치족은 다른 토착종족과 달리 19 세기 말에 비해 그 수가 증가하였는데 이는 실질적인 증가가 아니라 과거 러시아 인구조사의 부정확함, 종족 파악의 오류 등에 의한 것이다. 현재 울치족의 주요 거주지는 하바롭스크주 울치 지역 두디 마을, 불라바 마을, 콜리촘 마을, 몽골 마을, 우흐타 마을, 티르 마을이다. 이 중 중심지는 약 700명의 울치족이 거주하는 불라바 마을이며 마을명은 bulau(샤먼의 지팡이/ 울치어)에서 기원하는데[72] 이들 사이에는 이 마을과 관련된 구비전승이 전해지고 있다.

〈불라바 마을의 기원〉 아무르강 기슭으로 온 사람들은 바람을 막아주는 3개의 언덕을 발견하였다. 너무 마음에 들었지만 이곳에 살려면 마을신의 허락을 받아야만 했다. 그런데 이 일은 샤먼만이 할 수 있었다. 샤먼은 자신이 지팡이를 꽂았을 때 지팡이가 곧게 서면 이곳에서 살 수 있다고 말했다. 샤먼이 지팡이를 꽂자 지팡이가 곧게 섰다. 그때부터 울치족은 이곳에 살게 되었고, 마을을 불라바라고 불렀다.[73]

울치족의 기원에 관하여 대다수 연구자들은 몽골족과 퉁구스족 혼종 종족이며 선(先)울치족은 몽골족과 퉁구스족이 출현하기 전부터 아무르 강에 거주했다고 주장한다.[74] 일부 연구자들은 아이누족에 동화된 퉁구

71 "Всероссийские переписи населения 2002~2010 годов"; "Национальный состав населения Российской Федерации согласно переписи населения 2021 года", 검색일: 2023.12.10.

72 Н. В. Мартынова, Д. Р. Слипецкая, "Феномен материальной и духовной культуры этноса ульчи: традиции, прошлое и настоящее", The scientific heritage 72, 2021, p.4.

73 Н. В. Мартынова, Д. Р. Слипецкая, там же, p.4.

74 Н. В. Мартынова, Д. Р. Слипецкая, там же, p.4.

[그림 17] 현대 하바롭스크주 울치족 불라바 마을 http://www.sparklogic.ru

스계 종족이라고 주장하고, 졸로타료프는 몽골족, 동시베리아족, 고아
시아족의 혼종 종족이라고 주장한다.[75] 현재 울치족은 여러 종족과 혼
종되면서 자신들의 기원에 관한 기억의 상당부분을 상실하였다. 하지
만 씨족명에 근거할 때 극동 퉁구스족 북부그룹의 네기달족, 에벤키족,
남부그룹의 나나이족, 오로치족, 오로크족, 우데게족, 만주족, 고아시아
계 닙흐족, 아이누족 등 다양한 기원을 가진 혼종종족이다.

2) 울치족 연구 현황

울치족에 대한 러시아 최초의 문헌 기록은 17세기 코사크인들에 의
한 것인데 이들은 울치족을 론키와 웅아트키라고 기록하고 있다. 기록
에 의하면 1669년 투구르강 러시아 현물세 징발소에 잡혀온 에벤키족
은 자신의 부모와 친척들은 쿠비족, 론키족, 웅아트키족, 골디족에게 흑
담비를 주고 은을 사온다고 했다.[76] 론키족은 북동 방면에서 극동으로

75 Н. В. Мартынова, Д. Р. Слипецкая, там же, p.4.
76 В. А. Туголуков, "Эвенки", Этническая история народов севера, М.: Наука,

이주한 뒤 울치족에 편입된 에벤키족이므로 러시아 문헌의 론키는 에벤키족 기원의 울치족 씨족이다. 쿠비족은 아이누족을, 골디족과 응아트키족은 나나이족을 가리키므로 울치족과는 관련이 없다.

[그림 18] 2021년 기준 울치족 거주지
https://ru.wikipedia.org/wiki/%D0%A3%D0
%BB%D1%8C%D1%87%D0%B8

울치족은 1860년 이후 울치족 거주지에 러시아인 마을이 조성되면서 본격적으로 러시아인들 사이에 알려지게 되었다. 20세기 초 시렌크(1883, 1899, 1903), 시테른베르크(1933) 등에 의해 이들의 의례 의식이 기록되었으며, 20세기 중후반 스몰랴크(1966, 1980, 1982, 1991)에 의해 이들의 물질 및 정신문화 연구는 한 단계 도약하였다.

1997~2005년 하바롭스크주 주립박물관에 의해 콜리춈, 두디, 우흐타, 불라바, 보고로드스코예 울치족 마을 탐사가 수행되었는데 탐사대의 기록은 19세기 말~20세기 초 연구자들의 기록과 거의 차이가 없다. 이는 러시아인의 영향으로 문화와 종족정체성의 상당부분이 변형되었지만 표층 구조의 변화였을 뿐 기층 요소들은 꾸준히 보존되어왔음을 말해준다. 21세기 들어 베레즈니츠키(1999, 2003), 스타르체프(2003), 마르티노바와 슬리페츠카야(2021) 등에 의해 울치족 연구의 맥이 이어지고 있다.

1982, p.133.

Ⅲ. 고아시아계 닙흐족 개관

1. 닙흐족 현황

닙흐족은 아무르강 하류와 사할린섬의 토착종족으로 종족 계통상 고아시아계,[77] 언어 계통상 고립어에 속하기 때문에 극동에서 '인종의 섬', '언어의 섬'과 같은 위치에 놓여있다. 러시아 인구조사에 의하면 2002년 5,162명, 2010년 4,652명, 2021년 3,842명이 생존해 있으므로[78] 지속적으로 감소하고 있다. 현재 닙흐족은 러시아의 하바롭스크주 아무르강 하류와 사할린섬 북부지역에 거주하고 있는데 주요 거주지는 아무르강 하류의 알렙카 마을, 사할린섬 북부지역의 네크라숍카 마을, 노글리크 마을, 남부의 포로나이스크시이다.[79] 현재 닙흐족은 거주 지역, 문화·언어적 특성에 따라 아무르, 사할린 동부, 사할린 서부, 미몹스코-알렉산드로프, 리만의 5개 그룹으로 나누어진다.[80] 지역 그룹에 따라 문화와 언어의 차이는 존재하지만 주요 생업인 어로와 사냥으로 인해 반유목 반정착 생활을 한다는 공통점이 있다. 이들은 어로가 시작되면 가족들과 함께 겨울 마을에서 여름 마을로 이동하고, 겨울 사냥철이 되면

---

[77] 고아시아계 종족은 인종, 언어, 문화적 공통성을 가진 것이 아니라 시렝그기 『아무르주의 이민족에 대하여(Об инородницах Амурского края)』(1883)에서 역사-지형적 범주에 의해 구분한 종족들이기 때문에 지리적 인접성 이외의 공통성은 느슨하다.

[78] "Всероссийские переписи населения 2002~2010 годов"; "Национальный состав населения Российской Федерации согласно переписи населения 2021 года", 검색일: 2023.12.10.

[79] Е. Ю. Груздева, "Нивхский язык", Языки мира. Палеоазиатские языки, М.: РАН, 1997, p.140.

[80] История и культура нивхов: историческо-этнографические очерки (ИиК нивхов), В. А. Тураев (Ред.), СПб.: Наука, 2008, p.3.

[그림 19] 2021년 기준 닙흐족의 거주지 https://postnauka.ru/longreads/155703

다시 겨울 마을로 돌아가는데 이로 인해 닙흐족은 자신들을 유목민이라고 생각한다. 닙흐족은 자신들을 '사람'의 의미로 '니바흐, 니부흐, 닙흐구'라고 부르는데 nivh(사람/ 닙흐어)에서 기원한다. 1930년대까지 인접 종족들은 닙흐족을 길랴하, 길레미, 길레케, 러시아인은 킬랴크라고 불렀고,[81] 한국에도 길랴크(吉列迷)로 알려져 있는데 중국어 기원이다.

2. 닙흐족 연구 현황

닙흐족은 1640년 아무르강 하구와 주변의 섬들을 조사하던 톰스크 출신 코사크인으로부터 이들에 대한 정보를 접한 모스크비틴에 의해 처음으로 러시아에 알려졌다. 그런데 이들이 러시아인들 사이에 보다 자세하게 알려진 것은 1649년부터 아무르강 하류 닙흐족으로부터 현물세를 징수하기 시작한 포야르코프에 의해서이다.[82] 하지만 1689년 러시

---

[81] ИиК нивхов, p.3.

아와 청나라의 네르친스크 조약 체결로 아무르강 지류인 아르군강(어얼
구나강, 額爾古納河), 케르비치강, 스타노보이 산맥이 국경으로 확정되면
서 러시아와 닙흐족의 관계는 단절되었다. 그로부터 거의 2세기 뒤인
1858년 러시아와 청나라의 아이훈 조약, 1860년 베이징 조약 체결로 다
시 극동으로 진출한 러시아는 닙흐족에 대해 체계적으로 조사, 연구하
기 시작했는데 초기에는 학술적 연구보다는 문화기술지적 성격이 강하
였다.

러시아의 닙흐족 연구는 19세기 말 시렌크(1883)에서부터 체계화되기
시작하였는데 주된 목적은 사회구조, 가족관계, 관습, 의례, 의식, 세시
풍속, 전통 신앙 등에 대한 자료 수집과 분류였다. 시테른베르(1900,
1908, 1933)도 닙흐족의 사회구조와 종교, 구비전승과 언어에 관해 연구
하였지만 학문적 분석보다는 체계적인 자료 수집과 기술에 집중하였다.
하지만 현재까지도 이들의 연구물은 닙흐족 연구의 기초자료로서 중요
한 역할을 하고 있다.

20세기 중후반 크레이노비치(E. A. Крейнович, 1955, 1973), 판필로프(B.
3. Панфилов, 1973), 친치우스(1972), 탁사미(Ч. М. Таксами, 1975, 1976,
1994, 1996), 오타이나(Г. А. Отаина, 1992), 작가 상기(В. М. Санги, 1989) 등
에 의해 학문적 틀 속에서 닙흐족 연구가 이루어지면서 유의미한 연구
물들이 다수 발표되었다. 크레이노비치는 닙흐족의 종교관, 의례 의식
에 근거하여 원시공동체사회의 사고 체계를 재구하였고, 이에 대한 객
관적 근거로 닙흐족의 생활양식과 언어의 독자성 규명을 시도하였다.
판필로프는 순수한 언어 연구를 넘어 최초로 닙흐어에 기초하여 언어

82 Б. П. Полевой, Ч. М. Таксами, "Первые русские сведения о нивхах-гиляка
х", Страны и народы Востока 17(3), 1975, p.137.

와 사고의 관계 규명을 시도하였다. 탁사미는 크레이노비치의 연구 경향을 계승하면서 닙흐족의 물질 및 정신문화를 체계적으로 분석하였으며, 오타이나는 닙흐어를 통해 닙흐족의 인지체계 규명에 주력하였다. 21세기의 경계에서는 곤트마헤르(П. Я. Гонтмахер, 1999), 겐나디예비치(Ф. А. Геннадьевич, 2002)에 의해 연구의 맥이 이어졌다. 2008년 『닙흐족 역사와 문화: 역사-민속학 개요(История и культура нивхов: историческо-этнографические очерки)』가 출판되면서 거의 150년 동안 이어진 닙흐족 연구를 집대성하게 되었다.

IV. 계통이 불분명한 타즈족 개관

1. 타즈족 현황

타즈족은 종족 계통은 불분명하지만 언어 계통상 중국 동북방언으로 분류되는데 스스로는 중국인이라고 생각하지 않는다. 러시아 인구조사에 의하면 타즈족은 1880년대 1,050명, 2000년대 초 276명, 2010년 274명, 2021년 235명으로[83] 절멸의 위기에 처해 있다. 타즈족은 19세기 중반에는 극동 남부지역에 거주했으나 중국 한족과 만주족의 극동 이주, 1860년 러시아와 청나라의 베이징 조약 체결 이후 러시아인들의 극동

---

83 В. И. Беликов, Е. В. Перехвальская, "Язык тазов", Языки народов России. Красная книга, В. П. Нерознак (Ред.), М.: Academia, 2002, pp.171-172; "Национальный состав населения Российской Федерации согласно переписи населения 2021 года", 검색일: 2023.12.10.

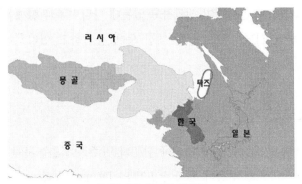

[그림 20] 타즈족 거주지

진출로 이들을 피해 더 북쪽 지역으로 이주하였다. 1860~1870년대에는 태평양 연안을 따라 주로 연해주 동쪽 테르네이 지역의 암구강에서부터 한반도 국경지대에 거주하였으며, 내륙에서는 우수리강 우안 지류인 비킨강, 이만강, 아르세니옙카강(1972년 이전 다우비헤강)에 거주하였다.[84] 1880년대는 조금 더 북쪽인 한카이, 수이푼, 아바쿰 관구에 거주했는데, 1890년대 한족과 만주족이 이곳까지 진출하면서 더 북쪽으로 이주한 뒤 유랑생활을 이어나갔다.[85] 하지만 1911년부터는 정착하여 농경을 시작하였고, 1914년 즈음 다다 고우, 에를다 고우, 아바쿰, 타좁스코예 등 타즈족 정착 마을이 조성되었다.[86] 현재 타즈족은 연해주 올긴 지역의 미하일롭카 마을, 베숄리 야르 마을, 페름스코예 마을과 라조프 지역에

84 Н. М. Пржевальский, Путешествие в Уссурийском крае 1867~1869, Владивосток: Примиздат, 1949, pp.110-113; И. С. Боголюбский, Краткий очерк народов Амурского края, СПб.: Тип. С. Добродеева, 1890, p.5.

85 Н. М. Пржевальский, там же, pp.110-113; И. С. Боголюбский, там же, p.5.

86 В. К. Арсеньев, Лесные люди удэхейцы. Собрание сочинения 6, Владивосток: Примиздат, 1948, p.144.

소규모 그룹으로 분산되어 생활하고 있는데 나나이족과 함께 이 마을들에서 밭농사, 사냥, 어로, 산삼 채집 등에 종사하고 있다.[87]

2. 타즈족의 기원 및 형성 과정

1830년대 연해주 우수리 지역에 한족과 만주족이 출현하기 시작했는데, 초기에는 산삼 채집이 목적이었으나 이후에는 순록이나 사슴 사냥도 하였고, 시간이 흐르면서 일부는 해당 지역에 정착하여 농경과 상업에 종사하였다.[88] 이들은 대부분 남성들이었는데 극동 남쪽지역에서는 우데게족, 북쪽지역에서는 나나이족, 오로치족 여성들과 혼인하였고 이들의 후세를 타즈족이라고 불렀다. 또 이 시기 한국인 여성과 한족, 만주족 남성의 혼인도 빈번했는데 이들의 후세를 포투이즈족이라고 불렀고, 타즈족과 포투이족을 합하여 타즈족이라고 통칭하였다.[89] 이에 근거할 때 타즈족의 형성 시점은 1830년을 기점으로 1세대 이후인 1850~1860년경이며 이들의 출현에는 한국인 여성들이 적지 않은 역할을 하였다.

1879년 러시아의 통계에 의하면 우수리 남부지역 타즈족 내에서 타즈족과 포투이즈족의 비율은 비슷하고, 우수리 지역 전체에서 한족, 만주족 남성과 혼인한 한국인 여성 : 나나이족, 오로치족 여성의 비율은

---

87 ИиК тазов, p.47.

88 А. М. Решетов, "Китайцы", Народы и религии мира. Энциклопедия, В. А. Тишков (Ред.), М.: БРЭ, 2000, pp.242-247.

89 В. К. Арсеньев, Лесные люди удэхейцы. Собрание сочинения 6, Владивосток: Примиздат, 1948, p.144.

[그림 21] 1. 1930년대 미하일롭카 마을 타즈족 학교의 교사와 학생들 ИиК
тазов, p.317; 2. 2016년 극동 미할일롭카 마을 타즈족 거리 НПК, p.119.

57 : 43으로 한국인 여성의 비율이 다소 높았다.[90] 이는 타즈족의 출현
에 한국인 여성이 큰 역할을 하였다는 증거이지만 연해주가 러시아에
병합된 이후 타즈족을 우데게족에 포함시키면서 별도의 인구조사를 실
시하지 않기 때문에 구체적인 변화상은 알 수 없다.

　종족명 타즈와 관련하여 대다수 러시아와 중국 연구자들은 중국어
타주(他族)에서 기원한다고 주장하지만 중국어 타주는 '다른 민족/ 종
족'을 의미하는 일반 명사이므로 종족명의 기원이 될 수 없다. 또한 당
시 중국인들은 타주를 특정 종족명이 아니라 중국인/ 비(非)중국인, 아
(我)/ 타(他), 문명/ 야만(미개), 좁게는 한족(漢族)/ 비한족의 대립적 의미
로 사용하였다.[91] 퉁구스어에서 타즈는 ta(da, 혼인으로 맺어진 친인척) + ӡa
(혈연에 의한 친인척)의 구조로 '혼인으로 맺어진 친인척'을 의미한다.[92] 즉

90 ИиК тазов, p.40.
91 엄순천, 「타즈족의 형성 과정 및 문화 혼종성」, 『순천향 인문과학논총』 40(4), 2021,
　　p.105.
92 엄순천, 위의 논문, p.108.

종족명 타즈는 중국어 타주가 아니라 퉁구스어 taʒa에서 기원하며 이들이 혼인에 의해 출현한 종족임을 알려주는 용어이다.

3. 타즈족 연구 현황

러시아 최초의 타즈족 연구자는 1857년 우수리강을 탐사한 베뉴크이다. 이후 타즈족의 계통에 관해 미미하게나마 연구가 이루어졌고, 이들의 기원을 둘러싸고 연구자들 사이에 논쟁이 촉발되기도 하였다. 하지만 1926년 아르세니예프가 타즈족은 중국인들에게 동화된 우데게족 남부그룹이라고 주장하면서 이는 러시아 연구자들의 공식적인 입장이 되었다. 특히 포스트소비에트 시기 투라예프가 타즈족과 우데게족을 동일 종족이라고 주장하면서 학계의 논쟁은 종결되었다. 이로 인해 20세기 말~21세기 경계에서 러시아에서는 타즈족에 대한 연구뿐만 아니라 인구조사도 실시하지 않았는데 이는 타즈족 연구를 정체시키는 결정적인 원인이 되었다. 그런데 2019년 『타즈족의 역사와 문화: 역사-인류학 개요(19세기 중반~21세기 초)(История и культура тазов: историко-этнографические очерки (вторая половина XIX~начало XXI в.)』가 출간되었다. 이 책에서 셈과 셈(Ю. А. Сем, Л. И. Сем), 스타르체프 등이 타즈족은 퉁구스족과 중국인의 영향을 많이 받았지만 독자적인 문화를 보유한 독립 종족이라고 주장하면서 타즈족 연구는 새로운 전기를 맞이하게 되었다.

I. 극동 토착종족 영혼관의 발전 과정과 핵심 관념

극동 토착종족의 영혼관은 단순한 전통 신앙이 아니라 지구와 우주에서 인간이 살아가는 삶의 방식, 지구와 우주에서 인간의 위치에 대한 성찰을 담고 있는 이들 생태적 세계관의 응집체이다.

1. 영혼(靈魂, soul)이란 무엇인가?

영혼관은 서구의 타일러를 거쳐 스펜서(W. B. Spencer)에 의해 체계화되었다. 그런데 영혼이란 무엇인가? 육신과 영혼의 관계는 어떠한가? 라는 물음은 고대 동서양의 많은 철학자나 연구자들의 연구 대상이었다. 아리스토텔레스는 영혼은 육신의 역동적·합리적 기원이며 영혼은 육신과 분리될 수 없는 존재, 데카르트는 인간은 육신과 영혼 두 개의 독자적인 주체로 이루어진 존재, 신유럽철학파는 영혼은 인간의 내면 세계를 의미한다고 주장하였다.[1] 20세기 초중반 종교현상학의 전성기를 열었던 반 델 레에우(Gerardus van der Leeuw)는 육신은 현세에 머물다

가 소멸되지만 영혼은 현세를 넘어 영원히 지속되는 인간 존재의 근원
적 주체로 자신 안의 성스러운 무언가라고 주장하였다.[2]

동양적 세계관에서는 영혼을 영(靈)과 혼(魂)으로 분리하는데 영은 삼
라만상에 깃든 정기, 혼은 죽은 뒤 육신(魄)과 분리되어 하늘로 올라간
다고 여겨지는 정신적 실재이다.[3] 동서양 연구자들의 다소 간의 입장
차이에도 불구하고 공통점은 인간은 육신과 영혼의 이원체계로 이루어
져 있으며, 영혼은 생전에는 육신에 깃들어 있지만 육신의 한계를 넘어
서는 무엇인가이고, 사후 소멸하는 육신과 달리 불멸하는 어떤 것으로
인간 존재의 근원이라는 점이다. 또 육신은 시공간의 제약을 받기 때문
에 일정시점에 이르면 소멸되는 가시적·순간적·물질적 존재이지만 영
혼은 시공간의 제약을 받지 않는 무시간·무공간·무가시적이며 육신의
존재 조건이므로 육신과 달리 초월적이고 신성한 존재라는 점이다. 따
라서 생(生)은 영혼에 의한 육신의 공간적 지속, 죽음(死)은 영혼의 이탈
로 인해 육신이라는 가시적 존재 조건의 단절을 의미한다. 그런데 육신
은 소멸하지만 육신을 벗어난 영혼은 영원한 존재의 근원으로 회귀하
게 되므로 인간은 영혼으로 인해 불멸의 삶을 누릴 수 있다.

이러한 점에서 영혼관은 존재의 근원에 대한 원질적(原質的) 사고의
틀인 원본사고(原本思考, arche-pattern)와 연결된다. 원본사고에서는 존
재 자체를 카오스와 코스모스의 순환체계로 인식하는데 존재의 근원은
카오스이고, 존재 조건은 코스모스의 시공간이다. 따라서 코스모스의

1 Б. М. Бим-Бад, Педагогический энциклопедический словарь, М.: БРЭ, 2002, p.81.
2 게라르두스 반 델 레에우, 『종교현상학 입문』, 손봉호 외 옮김, 분도출판사, 1995, p.173.
3 이찬수, 「고대 인도의 영혼관: 초기 대승불교를 중심으로」, 『동아시아의 영혼관』, 경인 문화사, 2006, p.59.

시공간이 소거되면 존재의 근원인 카오스로 회귀하는데 이러한 순환 패턴이 존재의 본질이다.[4] 영혼관의 핵심은 이와 같은 원본사고에 입각 하여 가시적, 순간적 존재에서 비가시적인 영원의 존재로 회귀하여 영 원불멸을 꾀하는 것이다.

영혼관에서 영혼은 육신에 의존하는 것이 아니라 자신에게 내재된 '신성성'을 가지고 육신을 지배하며, 육신에 깃들여 있지만 본질적으로 육신에게 아무런 빚도 지고 있지 않다. 이에 의하면 영혼과 육신은 서로 다른 기원을 가지며 서로 다른 발전 과정을 거쳤다. 즉 육신의 표상은 유기체의 모든 부분으로부터 나온 인상과 이미지들로 이루어져 있다면 영혼은 자연을 해석하는 과정에서 발생하였다. 이후 극동 토착종족 사 이에서 영혼관은 '씨족의 불멸'이라는 사회적 필요성에 의해 보다 체계 화 되었으므로 영혼관은 사회를 표현하는 관념과 감정들의 총체적 산 물이다.

2. 극동 토착종족 영혼관의 발전 과정

극동 토착종족의 영혼관은 고정불변된 것이 아니라 이들 사회의 역 사·구조적 변화, 이에 따른 세계관의 변화와 밀접한 관련 속에서 부단 히 변형, 발전되어 왔는데 크게 5단계의 과정을 거쳤다.

1단계는 영혼관이 태동하는 단계로 과학적 지식이 거의 없었던 고대 원시공동체사회에 해당하는데 이 단계에서 영혼관은 종교적이라기보

---

4   최운식, 「설화를 통해서 본 한국인의 영혼관」, 『동아시아의 영혼관』, 경인문화사, 2006, p.94.

다는 자연에 대한 관찰자적 특성이 두드러진다. 고대 극동 토착종족에게 천둥·번개·홍수·지진·가뭄·폭풍우·해일 등과 같은 자연현상이나 자연재해, 때가 되면 곰이 겨울잠을 자고, 연어가 기원지로 회귀하는 등 동물들의 본능적 행동 양태, 식물이 사계절의 순환에 따라 생사를 반복하는 것과 같은 자연 현상은 신비로웠고, 이를 해석하는 과정에서 인간을 비롯한 우주만물에 영혼을 부여하게 되었다. 뿐만 아니라 의학적 지식이 부재했던 이들은 잠·꿈·망아와 같은 혼란스러운 정신적인 현상, 죽음으로 인한 육신의 변화와 죽음에 대한 공포를 극복하는 과정에서 인간에게 영혼을 부여하였다. 이로 인해 죽음으로 가시적·물질적 실체인 육신은 부패하여 사라지지만 비가시적인 영혼은 불멸의 삶을 살게 되었으므로 인간도 영원의 삶을 산다고 믿게 되었다. 이 단계에서 영혼관은 이들의 정신적·육체적 변화, 생과 사, 자연의 다양한 현상들에 대한 경외심과 막연한 공포를 해소시키는데 긍정적인 역할을 하였다.

2단계는 씨족사회 형성 이후의 단계로 영혼관은 범(凡)애니미즘적 세계관에서 벗어나 씨족사회의 영속성 유지라는 분명한 목적에 의해 발전·강화되었고, 인간은 윤회를 통해 씨족의 대를 이어갈 영혼 1개를 가지게 되었다. 이 영혼은 대개 새의 형상이며 노파 형상의 천신이 이 영혼의 운명을 좌우하는데 노파는 이들이 여성시조신이다. 따라서 2단계의 영혼관은 모계씨족사회에서 출현하였으며 토템신앙·천신 숭배와 결합되어 있고, 씨족의 영속성 보장이라는 분명한 사회적 목적을 가지고 있었는데 이러한 흔적은 지금까지도 극동 토착종족 사이에 보존되어 있다.

가령 나나이족 여인들은 모계 남자 조상령이 있는 집의 기둥 구시 토라에서 임신을 기원한다.[5] 구시 토라는 gusi(n)(외삼촌, 삼촌, 큰아버지) + tora(기둥, 횡목, 서까래, 들보)의 구조로 '모계, 부계 특히 모계 남자 조상령

이 있는 집의 기둥'을 의미하므로 과거 이들은 임신과 출생이 모계 조상령의 작용이라고 믿었고, 씨족의 계통은 부계가 아닌 모계를 따라 이어졌다.

3단계는 부계씨족사회로 진입하고 가부장적 질서가 확립되면서 계층 분화가 발생한 다신신앙의 단계이다. 이 단계에서 우주에는 영혼보다 위계가 높은 신과 정령들이 존재하게 되었다. 이로 인해 인간과 인간 너머의 존재들, 비인간 존재들 사이에는 지고신 → 천신 → 자연신 → 자연의 정령 → 인간 및 우주만물의 영혼의 피라미드형 위계질서가 자리 잡았다. 이때 신과 영혼의 경계는 비교적 분명한데 정령과 영혼의 경계는 매우 불분명하지만 서로 다른 차원의 개념이다. 첫 번째, 영혼과 본체(육신)는 분리 불가능하며 영혼이 본체를 벗어나는 것은 일시적 현상이다. 이러한 현상이 장기화되면 본체는 죽음에 이른다. 정령은 본체와 긴밀하게 결합되어 있지만 영혼과 달리 본체와의 분리가 자유롭고 항상 본체에 기거하지는 않는다.

두 번째, 영혼은 자신이 생명을 준 본체에 대해서만 영향을 미치고 죽음에 의해 부분적으로 영적 특성을 획득하는데 조상령이 대표적이다. 정령은 영혼과 달리 초월적 힘을 가지고 있으며 영혼보다 행동반경이 넓기 때문에 자신이 다스리는 본체뿐만 아니라 자신의 영향권에 들어오거나 자신이 접근하는 모든 대상들에게 영향을 미친다. 이는 영혼은 자신이 속한 씨족사회의 질서와 규율 준수가 기본적인 역할이지만, 정령은 지역 더 넓게는 지구와 우주의 질서와 규율 유지가 주된 역할이기 때문이다.

---

5   А. Н. Липский, Элементы религиозно-психологических представлений гольдов, Чита: Тип. Губсоюза Забайкальских кооперативов, 1923, p.76.

세 번째, 영혼은 비가시적이지만 정령은 부분적으로 가시적 특성을 가지고 있는데 반인반수 형상의 극동 토착종족 샤먼의 보조령을 예로 들 수 있다. 이들 사이에 언제, 어떤 이유로 정령관이 출현하였는지 명확하게 규명하기는 힘들다. 그런데 정령도 영혼을 가진 존재이므로 정령관은 영혼관에 기반하여 영혼관보다 늦은 시기에 출현하였다. 이를 가장 잘 보여주는 것이 영혼과 정령의 과도기적 단계인 망자의 영혼이다.

4단계는 샤머니즘 수용 이후의 단계로 샤먼은 상계 ↔ 중계 ↔ 하계를 왕래하면서 신과 인간의 영혼을 중개하고, 씨족의 영속성을 보장해주는 절대적인 존재가 되었다. 이때 인간에게는 씨족의 대를 이어갈 조상령의 화신인 영혼 1개는 반드시 존재해야 했고, 종족에 따라 육신의 영혼, 숨영혼 등이 추가되면서 영혼의 수는 1~4개가 되었다.

5단계는 러시아가 극동에 본격적으로 진출한 19세기 중후반 이후의 시기이다. 극동 지역은 내외적 요인에 의해 '강요된 근대화'의 길을 가게 되었고, 씨족사회는 해체되어 갔으며, 영혼관은 기독교적 관념과 혼용되면서 극동 토착종족 고유의 '혼종적 영혼관'이 출현하였다. 소비에트시기에 이르면 씨족사회는 완전히 해체되었고, 영혼관은 청산되어야 할 원시적 잔재, 미신으로 치부되면서 강제적으로 폐기되었지만 여전히 이들 생활의 곳곳에 뿌리 깊게 자리하고 있다.

이처럼 극동 토착종족의 영혼관은 원시공동체사회, 모계씨족사회, 부계씨족사회, 샤머니즘 수용, 러시아문화 수용과 극동의 근대화 등 이들 사회의 역사적 발전 단계에 따라 시대가 다른 여러 층위의 관념을 흡수하면서 변형·발전되어 왔다.

3. 극동 토착종족 영혼관의 핵심 관념

극동 토착종족 영혼관의 핵심은 만물영혼관, 영육이원관, 영혼불멸
관이며 영혼의 유무나 영혼의 위무가 아니라 영혼의 윤회와 불멸을 통
해 인간을 비롯한 우주만물의 영속을 바라는 것이다.

1) 만물영혼관

극동 토착종족에 의하면 인간 너머의 존재들, 비인간 존재들은 인간
과 외형은 다르지만 인간처럼 생로병사의 고통, 희로애락뿐만 아니라
공포, 두려움 등의 부차적 감정도 느끼며, 웃고, 울고, 분노하고, 슬퍼하
고, 사랑도 하고, 미워하기도 하고, 타자의 감정과 고통을 이해하고 공
감하며, 서로 대화를 하고, 이성적 판단도 하는데 이는 영혼을 가지고
있기 때문이다. 태양과 달이 떴다 지는 것, 별들이 계절에 따라 자리를
이동하는 것, 동물들이 사냥물을 포획하는 것, 불이 타오를 때 각양각색
의 형상들이 만들어졌다 사라지는 것, 강물이 바다로 흘러갔다가 잊지

[그림 22] 1. 우데게족의 나무 부활 의식 Березницкий, 2005, p.591;
2. 1977년 그바슈기 마을 우데게족 창고 잘리에 보관된 곰 머리뼈
Старцев, 2017, p.117.

않고 본원으로 회귀하는 것, 번개가 치는 것, 비와 눈이 내리는 것, 활이
동물을 사냥하는 것, 썰매가 눈길을 달리면서 인간을 무사히 목적지까
지 데려다 주는 것, 바위가 늘 그 자리를 지키고 있는 것은 영혼이 있기
때문이다. 이처럼 극동 토착종족은 생명체·무생명체에게까지 영혼을
부여하고 있는데 이는 우주만물이 모두 인격체이며 각자 고유한 세계
관과 세계를 바라보는 시점이 있음을 인정하는 이들의 생태적 세계관
에 의한 것이다.

이처럼 극동 토착종족은 우주만물에 영혼이 있다고 믿었지만 생존
을 위해 동물 사냥, 어로, 채집 등을 할 수밖에 없었고 자연의 보복을
두려워하였다. 이로 인해 나무를 벨 때는 나무에게 그 이유를 말하면서
용서를 구하고 제물을 바쳤으며 자른 나무의 그루터기에 나뭇가지를
꽂고 나무의 환생을 기원하였다.[6] 동물 사냥을 하기 전후 동물에게 제
물을 바치면서 용서를 구하는데 특히 곰 사냥을 할 때는 곰의 환생을
바라면서 곰의 뼈를 모아 특별한 창고에 보관하였다. 절벽이나 고개를
지나갈 때는 지나가는 이유를 말하면서 제물을 바치는데 자신들이 성
소로 숭배하는 절벽이나 고개를 지날 때는 더 많은 제물을 바쳤다. 이
와 같은 의식의 저변에는 인간과 우주만물은 공존하는 관계이고, 인간
의 시점이 아닌 타자의 시점에서 세계를 이해하려는 생태적 세계관이
자리하고 있다. 이처럼 이들의 만물영혼관은 동·식물 환생의식, 자연
숭배의식과 같은 다양한 의식과 결합하면서 이들만의 독특한 문화 체

---

6 Архив ИИАЭ ДВО РАН. Д.522, Л.76; С. В. Березницкий, "Образ дерева в
системе верований и ритуалов коренных народов амуро-сахалинского
региона (к проблеме взаимодействия этносов и культур)", Традиционна
я культура народов Севера, Сибири и Дальнего Востока, Е. С. Губерштро,
Л. Е. Фетисова (Ред.), Владивосток: ООО Вит, 2002, p.56.

계로 자리 잡았다.

2) 영육이원관

영육이원관에서 육신은 영혼을 담는 용기(容器)이고, 영혼은 용기를 채워주는 내용물이지만 영혼은 안, 육신은 밖처럼 기계적으로 구별되는 것은 아니다. 영육이원관은 의학적 지식이 부재했던 시기 죽음 이후의 변화, 잠·꿈·망아와 같은 정신적인 현상을 해석하는 과정에서 출현하였으며, 영육이원관에서 생은 영혼과 육신이 결합된 상태, 죽음은 육신에서 영혼이 분리된 상태이다. 하지만 생의 상태에서도 영혼과 육신이 분리되기도 하는데 이는 극동 토착종족뿐만 아니라 세계 여러 민족/종족 공통의 관념이다. 잠을 자는 동안 영혼은 육신을 벗어나기도 하는데 한국의 민간에는 '잠자는 사람의 얼굴에 앙괭이를 칠하지 말라', '잠자는 사람을 갑자기 흔들어 깨우지 말라'는 금기가 전해진다.[7] 이는 잠잘 때 육신을 벗어났던 영혼이 얼굴이 달라지면 다시 육신으로 돌아오지 못할 수 있고, 영혼이 육신에 돌아오지 못한 상태에서 갑자기 잠에서 깨어나면 죽을 수도 있기 때문이다. 이러한 관념은 극동 토착종족에게도 보존되어 있는데 이들은 영혼이 육신을 떠나 있는 시간이 길어지면 죽음에 이를 수 있다고 믿었다. 영육이원관에서 영혼은 정령의 등가물은 아니지만 육신을 보호해주는 성스러운 존재이고, 죽음으로 소멸되는 속된 육신에 대립하는 존재이다.

---

7   최운식, 앞의 책, 2006, p.87.

3) 영혼불멸관

(1) 영혼불멸관의 기원

영혼불멸관은 극동 토착종족 영혼관에서 가장 핵심적이고 가장 중요한 자리에 놓여있다. 영혼불멸관에 의하면 사후 육신은 소멸하지만 영혼은 일정 시간이 지난 뒤 중계 자신의 씨족에게 환생한다. 극동 토착종족 사이에 영혼불멸관이 출현한 이유는 무엇일까? 이들 영혼불멸관의 본질은 무엇일까? 영혼불멸관은 불멸에 대한 인간의 욕망에서 자연발생적으로 출현하였지만 노화와 죽음으로 인한 정신적·육체적 변화, 생과 사에 대한 막연한 공포를 일정정도 해소시키는 역할을 하였다. 자연과의 대립 속에서 항상 생사의 경계에 놓여있던 고대, 이들은 강력한 무기도 강인한 힘도 자신들을 보호해 줄 수 없음을 깨달았다. 이들은 집단만이 생존의 유일한 방법이라고 믿었고, 개인은 죽지만 씨족은 영속하면서 자신들을 보호해 줄 수 있다는 강한 믿음을 가지게 되었다. 즉 씨족은 이들에게 최고의 가치, 최고의 선으로 자리 잡았으며 씨족의 존속을 위해서는 씨족 전체성 안에 초월적 힘이 내재되어 있어야만 했다. 그런데 고대 이들에게는 무(無)에서 영혼들을 만들어내는 전지전능한 신의 관념이 없기 때문에 새로 탄생하는 영혼들은 조상령들의 화신이어야 했고, 영혼은 오직 영혼에서 만들어질 수밖에 없었다.[8] 따라서 이들의 영혼불멸관은 처음부터 조상 숭배와 긴밀하게 결합되어 있었다. 영혼관 초기 이들에게는 윤회를 통해 씨족의 영속성을 이어갈 1개의 영혼만이 필요했으나 이후 이들 사회의 물질적 변화와 발전으로 인간의 영혼은 종족, 씨족에 따라 1~4개가 되었다. 그런데 영혼의 수가 아무리

---

8 에밀 뒤르켐, 『종교생활의 원초적 형태』, 민혜숙, 노치준 옮김, 한길사, 2020, p.545.

많아져도 영혼 중 1개는 씨족의 영속성을 이어갈 불멸하는 조상령이어야 하며, 그 외의 영혼들은 육신보다 조금 더 살다가 완전히 사라진다.

극동 토착종족에 의하면 윤회가 거듭될수록 삶의 질은 향상되고 여성 → 남성 → 여성으로 성이 바뀌는데[9] 이는 여성시조신으로부터 자신들의 기원이 된 남성이 태어났다는 신화적 상상력에 근거한다. 예컨대 나나이족에게 인간과 대지의 창조주, 밤낮을 비롯한 자연현상을 주관하는 신, 첫 샤먼, 죽음과 하계로 가는 길을 개척한 문화영웅 먀멜리지는 여성이다.[10] 이름은 종족에 따라 차이가 있지만 이는 극동 토착종족 공통의 관념이다.

이처럼 이들의 영혼관에서 인간의 성은 생물학적 현상이 아니라 자연의 윤회의 법칙에 의한 것이었지만 이들은 남아의 탄생에 더 큰 의미를 두었으며 씨족의 관습과 의례 의식을 철저하게 지킬수록 남아가 더 많이 탄생한다고 믿었다.[11] 이는 남아는 가족의 생계를 책임지게 될 존재, 씨족의 영속성을 이어갈 존재의 탄생을 의미하기 때문이므로 이들이 부계씨족사회에 진입한 이후 강화된 관념이다. 여아의 탄생에 대한 이들의 관념은 이중적인데 여아는 다른 씨족으로 출가하기 때문에 큰 기쁨은 아니었지만 사후 일정한 시간이 지난 뒤 자신의 씨족에게 돌아와 남아로 환생하기 때문에 씨족의 미래를 위해서는 좋은 일이었다. 그렇다면 이들에게 족외혼 씨족은 단순한 혼인공동체가 아니라 씨족의 영속성을 위한 윤회 구조에서 필수불가결한 존재였다. 이들이 족외혼

---

9   Л. Я. Штернберг, Гиляки, орочи, гольды, негидальцы, айны, Хабаровск: Дальгиз, 1933, p.538; Архив ИИАЭ ДВО РАН, Ф.1, Оп.2, Д.585, Л.474.

10 ИиК нанайцев, p.171; Штернберг, там же, pp.492-494.

11 ИиК негидальцев, p.192.

의 씨족법과 관습을 엄격하게 지킨 것은 표면적으로는 근친혼으로 인
한 폐해를 막기 위한 것이었지만, 그 핵심은 윤회를 통한 씨족의 영속성
보장이었다.

그런데 이들에게 윤회는 무한 반복되는 것일까? 종족, 씨족에 따라
차이는 있지만 지고신을 제외한 모든 천신과 자연신들의 윤회가 3회에
마무리되므로[12] 인간의 윤회도 대략 3회로 끝난다. 수슬로프(И. М. Сусло
в)에 의하면 일부 에벤키족의 경우 사망 후 손자나 증손자인 2~3대까지
환생하는데 그 이후의 세대로 넘어가지는 않는다.[13] 윤회 사이클을 마치
면 생전 삶의 양태에 따라 선한 사람의 영혼은 신적 속성을 부여받아
상계 영원불멸의 세계로, 악한 사람의 영혼은 하계 더 깊은 곳에 있는
영원한 죽음의 세계로 가므로 어떤 경우든 영혼은 불멸한다. 천신과 자
연신들도 윤회를 마치면 영원불멸의 신의 세계로 가는데, 이는 인간 너
머의 존재들도 인간처럼 생사를 속성을 가지고 있다는 점을 전제한다.

(2) 영혼의 토템적 특징

극동 토착종족에게 구란타(guran, 야생 염소/ 에벤키어, 나나이어, 만주어),
세베키(seve-, 곰/ 퉁구스제어)[14]는 첫 조상을 의미하므로 이들의 첫 조상
은 사람이 아니라 야생 염소, 곰 등 동물이었다. 즉 영혼관 초기 이들

---

12 В. К. Арсеньев, Лесные люди удэхейцы, Владивосток: Книжное дело,
    1926, p.33.

13 И. М. Суслов, "Материалы по шаманству у эвенков бассейна р. Енисей",
    Архив МАЭ РАН, Ф.К-1, Оп.1, No.58, 1935, p.80.

14 Сравнительный словарь тунгусо-маньчжурских языков (ССТМЯ) 1, Цин
    циус В. И. (Ред.), Л.: Наука, 1975, p.173; А. В. Смоляк, Шаман: личность,
    функции, мировоззрение народы Нижнего Амура, М., 1991, pp.13-15.

첫 조상으로서 인간의 정체성은 그가 혈통을 이어받은 동물의 정체성
에 의해 흡수당하였다.[15] 이처럼 인간의 영혼에는 인간적 요소와 동물
적 요소가 결합되어 있었는데 생전과 사후에는 동물적 요소가 인간적
요소를 압도하므로 조상령은 토템 본체와 동일한 실체로 이루어져 있
었다.[16] 이러한 관념은 지금도 극동 토착종족 사이에 보존되어 있다. 가
령 극동 퉁구스족에게 조상령은 새(드물게 나비) 형상인데 환생을 기다릴
때, 또 사후 육신과 분리되어 상계 씨족의 기원지로 갈 때 토템적 본성
을 되찾는다. 따라서 산자들의 영혼, 환생한 조상령, 토템 종의 동물은
서로 대치될 수 있고, 부분적으로 등가치하며, 모두 같은 방식으로 종족
과 씨족정체성, 종족과 씨족의 세계관에 영향을 미친다.

이처럼 인간의 영혼은 씨족의 토템을 공유하면서 윤회의 연쇄 사슬
속에 존재하는데 토템신앙에서 영혼은 시공간의 차원이 다른 두 세계
에 동시에 참여한다. 따라서 토템신앙이 비교적 잘 보존된 종족의 영혼
관은 매우 모호하여 영혼은 때와 장소에 따라 다양한 형태를 띠지만
토템신앙이 퇴색될수록 영혼의 모호함은 사라지고 영혼의 특성이 명확
히 드러난다.[17] 극동 토착종족의 경우 토템적 본성은 사후와 출생 전에
만 드러나고 생전에는 은폐되므로 이들의 영혼관은 토템신앙이 일정
정도 퇴색된 사회의 특징을 보여주고 있다.

15 에밀 뒤르켐, 앞의 책, p.513; B. Spencer, F. J. Gillen, The northern tribes of central
Australia, New York: The Macmillan Company, 1904, pp.512-513.
16 에밀 뒤르켐, 앞의 책, p.513.
17 에밀 뒤르켐, 앞의 책, pp.534-535.

Ⅱ. 인간의 주요 영혼 오미, 하냔

극동 토착종족에게 인간의 주요 영혼은 새영혼 오미, 그림자영혼 하냔, 육신의 영혼 베옌(혹은 욱수키), 숨영혼 에게 등인데 샤먼은 보통 사람보다 더 많은 영혼을 가지고 있다.[18] 이들 사이에서 오미, 하냔, 베옌(욱수키)은 각각 새영혼, 그림자영혼, 육신의 영혼을 가리키는 고유명사로 사용되지만 '영혼'을 의미하는 보통명사로도 사용된다. 이 영혼들은 부분적으로 한국 학계에서 논의되는 생명령(生命靈)과 개체령(個體靈)에 대응된다. 생명령은 생명체를 유지하고 움직이는 영혼으로 무개성적·비개별적이며 인간의 숨·피·그림자 등과 관련이 있다. 생명령은 고대 태양의 움직임과 함께 각양각색으로 변하고, 또 사람의 모습을 그대로 복제한 듯한 그림자에 대한 의문을 해결하는 과정에서 출현했기 때문에 지극히 원초적인 관념이며, 부분적으로 극동 토착종족의 그림자영혼 하냔에 대응된다.

개체령은 육신의 내부에서 정신활동을 일으키는 영혼인데 감정·의지·인식을 지배하는 주체이고, 개별적·개성적이며, 육신이 소멸된 뒤에도 존속하는데 산자에게 영향을 끼치는 생령(生靈)·사령(死靈)·조령(祖靈)·정령(精靈) 등의 관념은 여기에서 나온 것이다.[19] 생명령과 달리 개체령은 저승의 존재를 상정해야 하기 때문에 추상적인 사고의 결과

---

18 극동 토착종족에게 인간의 주요 영혼을 가리키는 용어 오미는 omi~~ome~omia~omija~on, 하냔은 hanjan~hanjan~panja~fanja, 에게는 ɛgɛ~ɛggɛ~ɛrgɛni 등 다양한 음성 변이형으로 전파되어 있는데 이 장에서는 퉁구스제어에 가장 널리 전파된 오미, 하냔, 에게로 명명한다.
19 최원오, 「동아시아 구비서사시에 나타난 영혼관 비교」, 『동아시아의 영혼관』, 경인문화사, 2006, p.36.

물이므로 생명령보다 늦은 시기의 산물이며, 부분적으로 상계 → 중계
→ 하계를 윤회하는 네기달족·오로치족·오로크족·우데게족·울치족
의 새영혼 오미, 닙흐족의 탄에 대응된다.

극동 토착종족에게 새영혼 오미와 그림자영혼 하냔은 공통이지만 육
신의 영혼은 에벤족·에벤키족·나나이족에게만 있고, 숨영혼은 나나이
족·오로치족·우데게족·울치족에게만 있다. 이에 의하면 새영혼 오미,
그림자영혼 하냔과 달리 육신의 영혼 베옌(나나이족의 욱수키)과 숨영혼
에게는 종족, 씨족별로 다른 기원을 가진다. 이 장에서는 극동 퉁구즈족
공통의 오미와 하냔만 다루고 이외의 영혼은 개별 종족의 영혼관에서
다룬다.

1. 새영혼 오미

1) 오미의 관념적 기원과 토템적 본성

오미는 태아와 1세(극히 드물게 3세)[20] 이전 아이의 영혼이며 새의 형상
이므로 영혼의 토템적 본성을 보존하고 있다. 이들에게 일반인의 오미
는 박새, 샤먼의 오미는 맹조(猛鳥)인 독수리, 자신들이 성조(聖鳥)로 숭
배하는 백조, 아비새 혹은 부엉이인데[21] 이는 샤먼의 권위를 강화하기

---

20 바이칼 호수 인근 카탄가강 에벤키족은 태아~3세까지의 영혼을 오미라고 믿지만 이는
   에벤키족 고유의 관념이 아니라 인접한 부랴트족, 몽골족의 영향으로 변형된 관념이다.
   А. А. Сирина, Катангские эвенки в XX веке: расселение, организация сред
   ы жизнедеятельности, М.-Иркутск, 2002, p.230.
21 Г. Н. Варавина, Концепт души в традиционном мировоззрении тунтусояз
   ычных народов Якутии: традиции и современность. Диссерт. ...Канд. Ис
   торических Наук Институт гуманитарных исследований и проблем мало

위한 것이다.

그런데 오미는 왜 새를 토템적 본성으로 가지게 되었을까? 이는 새 특히 물새에 대한 극동 토착종족의 관찰에 근거한다. 물새는 땅·하늘· 물속까지 누빌 수 있는 능력으로 인해 땅·하늘·물을 모두 상징한다. 종교적 층위에서 물은 죽음과 사후 세계, 하늘은 재탄생과 신의 세계, 땅은 탄생과 인간의 세계를 의미한다. 따라서 이들은 상계 ↔ 중계 ↔ 하계, 생 ↔ 사의 순환 고리에서 매개자의 역할을 하는 새가 윤회의 삶을 살아야 하는 오미의 토템적 본성에 가장 적합하다고 여기게 되었다.

출생 전 상계 씨족 조상령의 마을에 기거하던 오미는 환생을 위해 중계 씨족마을로 이동한 뒤 굴뚝을 통해 집안으로 들어가 화덕을 지나 여성의 자궁에 안착하여[22] 씨족의 대를 이어간다. 이들에게 상계 씨족 조상령의 마을은 씨족의 기원지이며 윤회의 출발점이고, 오미는 조상 령의 화신이다. 따라서 이들에게 중요한 인간의 영혼은 오미이며 인간의 영혼 중 가장 먼저 출현한 것도 오미이다. 오미는 말하고 걷기 시작하는 1세 이후가 되면 그림자영혼 하냔으로 변신하는데 하냔은 자신이 속한 사람과 같은 모습이므로 하냔에서 영혼의 토템적 본성은 은폐된다. 극동 토착종족은 이때부터 '사람'의 범주에 포함된다고 생각하는데 이들에 의하면 사람은 가변적, 관계적 특징을 지니며 특정한 조건을 달성할 때만 사람이 될 수 있다. 사후 하냔은 다시 오미로 변신하여 영혼의 토템적 본성을 되찾는데 이는 환생을 위해 상계로 이동해야 하기 때문이다. 오미는 영혼의 토템적 본성을 보존하고 있는 반면 하냔에서

численных народов Севера РАН, 2014, p.52.

22 А. Ф. Анисимов, Религия эвенков в историко-генетическом изучении и проблемы происхождения первобытных верований, М.-Л.: АН СССР, 1958, p.79.

영혼의 토템적 본성은 은폐되지만 오미와 하냔은 시공간적 차이로 인
한 변형일뿐 동일한 조상령의 화신이다.

2) 오미와 관련된 단어들

오미는 'o(만들다, 창조하다/ 퉁구스제어) + -mi(접미사)'의 구조인데 접미
사 -mi는 퉁구스제어뿐만 아니라 몽골제어, 튀르크제어, 핀우그르제어
에 '상태, 과정', 아주 드물게 '결과'의 의미로 널리 전파되어 있으며[23]
축어적 의미는 '창조의 결과물'이다. Om- 어간의 퉁구스제어에는 오미
(omi, 영혼), 오메(ome, 자궁), 오묵(omuk, 씨족·부족·종족·민족), 오마(oma, 화
덕), 오모(omo, 새 둥지), 오목타(omokta, 알), 오미아 보아니(omia boani, 상계
씨족 조상령의 마을), 오미아 도옵코니(omia doopkoni, 상계 씨족 조상령의 마을),
옴손 마마(omson 포쟈, 천신) 오미아 무손(omia muson, 상계 씨족나무), 오미
아 모아니(omia moani, 상계 씨족나무)가 있다. 또 우마이(umaï, 자궁/ 몽골어,
부랴트어)에 근거할 때 오미는 몽골·퉁구스 조어(祖語) 기원이며, 퉁구스
족과 몽골족이 분화되기 이전에 생성된 단어이다.

퉁구스제어에서 오미와 관련된 단어들의 의미는 상계 씨족 조상령의
마을(씨족의 기원지) → 씨족나무 → 새의 둥지 → 알 → 새영혼 → 중계
굴뚝 → 화덕 → 자궁 → 탄생 → 죽음 → 새영혼 → 상계 씨족 조상령
의 마을의 순환 구조를 이룬다. 또한 이 단어들에 의하면 오미는 상계
⊃ 상계 씨족 조상령의 마을 ⊃ 상계 씨족나무 ⊃ 새의 둥지 ⊃ 오미의
집합적 포함관계 속에 존재한다. 따라서 오미에는 생/ 사, 아/ 타, 남/
여, 상계/ 중계, 영혼/ 육신, 조상/ 후손, 신/ 인간, 자연/ 문화의 이원

---

23 Сравнительный словарь тунгусо-маньчжурских языков (ССТМЯ) 2, Цин
   шиус В. И. (Ред.), Л.: Наука, 1977, p.16.

[표 1] 오미아와 관련된 알타이제어 단어들

번호	단어	의미	언어
1	오미(omi)	영혼	퉁구스제어
2	오메(ome)	자궁	솔론어
3	오묵(omuk)	씨족, 부족, 종족, 민족	에벤키어
4	오마(oma)	화덕	나나이어
5	오모(omo)	새 둥지	나나이어
6	오목타(omokta)	알	나나이어
7	우마이(umaī)	자궁	몽골어, 부랴트어
8	오미아 무손(omia muson)	상계 씨족나무	퉁구스제어
9	오미아 모아니(omia moani)	상계 씨족나무	퉁구스제어
10	오미아 보아니(omia boani)	상계 씨족 조상령의 마을	퉁구스제어
11	오미아 도옵코니(omia doopkoni)	상계 씨족 조상령의 마을	퉁구스제어
12	옴손 마마(omson 포쟈)	천신	퉁구스제어

ССТМЯ 2, p.16.

대립이 내포되어 있다.

오미아 보아니, 오미아 도옵코니는 씨족 조상령의 마을로 씨족의 기원지이다. 오미아 보아니는 omia(영혼) + boa(buga~boga~bua~bo~ba, 우주·하늘·지역·나라·땅·세계·날씨·자연·자연현상/ 퉁구스제어) + -ni(장소표지 접미사)의 구조로 '영혼의 나라'를 의미한다. 오미아 보아니에서 씨족 조상령의 마을은 우주적 형상이므로 오미아 보아니는 영혼관 초기에 출현한 관념이며, 오미의 토템적 본성이 밖으로 드러나지는 않는다.

오미아 도옵코니는 omia(영혼) + do(안, 내부) + koni(자작나무 상자)의 구조로[24] '영혼이 들어있는 자작나무 상자'를 의미한다. 자작나무 상자는

---

24 ССТМЯ 1, pp.211, 412.

새의 둥지를 연상시키므로 씨족 조상령의 마을은 새의 둥지로 좁혀졌
다. 따라서 오미아 도옵코니에는 오미의 토템적 본성이 암시되어 있으
며, 오미아 도옵코니에서 영혼관은 토템신앙과 융합되어 있다.

오미아 무손(omia muson), 오미아 모아니(omia moani)는 '상계 씨족나
무'인데 퉁구스제어 omia(영혼) + muson(힘, 자연신), omia(영혼) + mo(나
무) + a(매개모음) + ni(장소표지 접미사)의 구조로 '영혼의 나무'를 의미한다.
오미아 무손에는 영혼의 토템적 본성이 암시되어 있으며, 씨족나무는
씨족 조상령의 마을에 상응한다. 오미는 이 나무에 둥지를 짓고 새끼를
기르며, 암컷의 수는 수컷의 수에 맞추어 엄격하게 제한된다.[25] 이는 지
구와 우주의 조화와 균형을 위해서는 음양의 조화가 필수적이라는 이
들의 생태적 세계관에 근거한다. 따라서 이들에게 씨족 조상령의 마을
은 우주 전체, 씨족나무, 자작나무 상자 등 다양하게 변주된다.

옴손 마마는 씨족 조상령의 마을에서 인간과 동·식물의 영혼을 다스
리는 천신인데 퉁구스제어 om(영혼) + son(sona, 틈, 장대, 서까래, 들보) +
mama(노파, 모계, 부계 여성 친척/ 퉁구스제어)의 구조이며[26] 축어적 의미는
'집의 기둥이나 서까래에서 영혼을 보호해주는 노파'이다. Son은 퉁구
스제어에서는 '틈, 장대를 의미하였으나, 퉁구스족 남부그룹 언어에 전
파된 뒤 '서까래, 들보'로 의미 확장을 하였다.[27] 극동 남부 토착종족에
게 집의 서까래나 들보는 조상령이 기거하는 곳이므로 옴손 마마는 천

25 Н. А. Липская-Вальроид, "Материалы к этнографии гольдов", СЖС 3~4,
1925, pp.145-160; С. В. Иванов, "Материалы по изобразительному искусств
у народов Сибири в XIX~XX начале века", ТИЭ 22, 1954, p.164.
26 А. Н. Липский, Элементы религиозно-психологических представлений
гольдов, Чита: Тип. Губсоюза Забайкальских кооперативов, 1923, p.57.
27 ССТМЯ 2, p.110.

신의 위계에 있는 조상신이다. 이에 의하면 인간의 생사는 사후 조상신
으로 승격된 천신의 작용에 의한 것이므로 씨족의 영속성은 조상신에
의한 것이다.

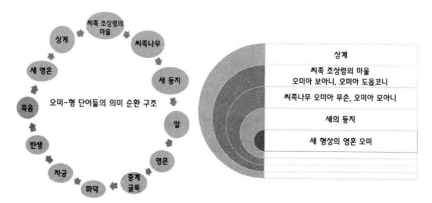

[그림 23] 오미 관련 단어들의 의미 순환구조와 이에 근거한 상계의 구조

3) 오미와 불(火)의 상관관계

극동 퉁구스족은 사후 하냔의 변신형인 영혼 오미를 화장(火葬)할 때
의 연기와 관련짓는다.[28] hānjan(연기/ 퉁구스제어), hanjan(영혼, 그림자영혼/
퉁구스제어)의 음성적 유사성에 근거할 때 그림자영혼 하냔 → 화장 →
불 → 연기 → 새영혼 오미 → 상계 씨족 조상령의 마을의 의미 순환구
조가 만들어진다. 이러한 관념은 그림자영혼 하냔이 사후 화장과 함께
오미로 변신하여 아주 빠른 속도로 상계 씨족 조상령의 마을로 이동한

---

28 О. В. Голубкова, Душа и природа: Этнокультурные традиции славян и
финно-угров, Новосибирск: Изд-во ИИАЭН ДВ ДВО СО РАН, 2009, p.200.

다는 신화적 상상력에 근거한다. 이는 새와 불의 '하늘로의 상승', '빠른 속도'의 유사성에 근거한 메타포이다. 이러한 관념이 설득력을 얻으려면 고대 이들 사이에 화장이 있었다는 사실이 입증되어야 한다. 고고학 유물 유적에 근거할 때 퉁구스족의 선조인 여진족의 장례법 가운데 화장이 있었으므로[29] 영혼과 연기의 상관관계는 불에 대한 이들의 '체험적 근거'에서 찾을 수 있다.

중계로 환생할 때 오미는 굴뚝을 통해 화신(火神)이 있는 집의 화덕을 지나 여성의 자궁에 안착하는데 이는 화신에게 환생을 알리면서 화신의 보호를 받기 위한 것이다. 이처럼 오미의 출현에는 상계 ↔ 중계, 생 ↔ 사 어떤 경우든 '불'이 매개가 되므로 오미는 불과의 관련 속에서 불(生): 굴뚝 → 화덕 → 자궁 → 출생 ⇒ 불(死): 화장 → 불 → 연기 → 하늘 → 상계 씨족 조상령의 마을 ⇒ 불(生)의 순환 구조 속에 존재한다.

2. 그림자영혼 하냔

하냔은 '그림자, 영혼, 물그림자, 반영, 그림자영혼'의 의미로 퉁구스족 사이에 두루 전파되어 있으며 그림자에 대한 의문을 해소하는 과정에서 출현한 관념이다. 하냔은 자신이 속한 사람과 외모도, 성격도 비슷하며 다른 영혼들과는 달리 '가시적'이어서 거울·물·눈동자 등을 통해 그림자나 환영의 형태로 볼 수 있다. 극동 토착종족의 하냔에 대한 관념

---

29 Е. И. Деревянко, Племена Приамурья I тысяч, нашей эры. Очерки этничес кой истории и культуры, Новосибирск: Наука, 1981, pp.216-217.

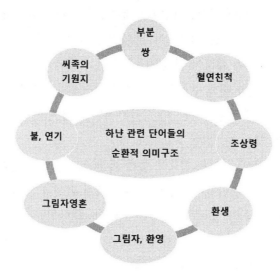

[그림 24] 하냔 관련 단어들의 순환적 의미구조

은 유동적이고 불분명한데 이는 하냔이 뚜렷한 종교관에 근거하여 발생한 것이 아니라 새영혼 오미에 대한 관념이 출현한 이후 다른 세계관의 영향으로 출현했기 때문이다.

1) 하냔-형 단어의 의미 순환구조

[표 2] ha- 어간의 퉁구스어 단어들은 의미에 따라 네 그룹으로 범주화된다. 첫 번째, 씨족의 혈연적 계승성과 윤회관이 함의된 단어로 hān(부분; 의식, 능력, 지식; 학문; 타자), hāni(부분, 몫, 조각; 혈연 친척; 성장(聖裝)), hāŋka(기억), hani(-를 따라가다), han(handaj, 조상을 닮은 아이가 태어나다, 조상 대신 태어나다), injan(조상을 닮은 아이가 태어나다), kan(조상 대신 태어나다), kantat(혈연 친척이 있다)가 있다. 이 중 injan는 hanjan의 어두음 /h/가 탈락한 형태이고, kan, kanat는 어두음 /h/가 /k/로 변형된 형태이다. 이

단어들에 의하면 윤회는 무질서하게 이루어지는 것이 아니라 씨족 조
상령의 계보를 따라 질서정연하게 이루어진다.

두 번째, 화장할 때 불에 의한 하냔의 속성 변화와 관련된 단어로
hān'(연기), hānjan(영혼, 연기)이 있다.

세 번째, 영혼을 숨과 관련짓는 단어로 hānin(숨), hiran(숨)이 있는데
극동 토착종족은 본디 영혼을 숨과 관련짓지 않았기 때문에 이는 영혼
을 숨, 호흡과 관련짓는 인접한 고아시아계 닙흐족의 영향이다.

네 번째, 그림자와 영혼의 상관관계를 알려주는 단어로 han'jan(hin'
jan~pan'an, 영혼, 그림자, 환영, 그림자영혼, 조상령)이 있다. 이 단어들은 부분·

[표 2] ha- 어간의 퉁구스제어 단어들

번호	단어	의미
1	ha	쌍, 부분, 친척(퉁구스 조어)
2	hān	부분; 의식, 능력, 지식; 학문; 타자
3	hāni	부분, 몫, 조각; 혈연 친척; 성장(聖裝)
4	hāŋka	기억
5	hani	-를 따라가다
6	han(handaj)	조상을 닮은 아이가 태어나다, 조상 대신 태어나다
7	injan	조상을 닮은 아이가 태어나다
8	kan	조상 대신 태어나다
9	kantat	혈연 친척을 가지다
10	hān'	연기
11	hānjan	연기
12	hānin	숨
13	hiran	숨
14	han'jan(hin'jan~pan'an)	영혼, 그림자, 환영, 그림자영혼, 조상령

Роббек, Роббек, 2004, pp.282, 283; ССТМЯ, pp.372, 315.

쌍 → 혈연친척 → 조상령 → 환생 → 그림자·환영 → 그림자영혼 →
불/ 연기 → 씨족의 기원지의 의미 순환 구조 속에 있으며 이들의 조상
숭배 및 윤회관과 결합되어 있다. 사후 하냔은 육신과 분리되어 새영혼
오미로 변신한 뒤 영혼의 토템적 본성을 되찾아 상계 씨족 조상령의
마을로 가서 환생을 준비한다. 따라서 사후 육신과 분리된 하냔은 새로
운 단계의 윤회를 위한 출발점이며, 중계/ 상계, 생/ 사, 인간/ 동물의
경계표지이다.

2) 꿈의 원천으로서 그림자영혼 하냔

하냔은 육신의 내부나 그 근처에 그림자처럼 머무르면서 자신이 속
한 사람과 일생을 함께 한다. 하지만 육신에 대한 상대적 독립성을 지니
고 있어서 육신과 쉽게 분리되며 자신만의 독자적인 삶을 누리기도 하
는데 일례로 잠을 잘 때 하냔은 육신과 분리되어 여행을 떠나기도 한
다.[30] 이들에게 꿈은 하냔이 여행하면서 체험한 것들이므로 하냔은 꿈
의 원천이다. 하냔은 자신이 속한 사람과 긴밀하게 연결되어 있어서 하
냔이 체험한 일은 그 사람에게도 고스란히 전해진다. 하냔이 좋지 않은
일을 겪으면 잠에서 깨어났을 때 기분이 좋지 않고, 하냔이 추운 곳에
들어가면 같이 한기를 느끼고, 누군가 하냔을 괴롭히면 함께 고통을 느
낀다.[31]

------

30 Г. Н. Варавина, Концепт души в традиционном мировоззрении тунтусояз
ычных народов Якутии: традиции и современность. Диссерт. ...Канд. Ис
торических Наук Институт гуманитарных исследований и проблем мало
численных народов Севера РАН, 2014, p.56.
31 А. Ф. Анисимов, "Шаманские духи по воззрениям эвенков и тотемически
е истоки идеологии шаманства", СМАЭ 13, 1951, p.80.

꿈에 과거 사냥이나 어로를 했던 곳이 보이는 것은 하냔이 이곳에 갔기 때문이며 자는 사람을 갑자기 깨우면 하냔이 미처 육신에 돌아오기도 전에 잠에서 깨어나 좋지 않은 일이 생길 수도, 병에 걸릴 수도, 죽을 수도 있다.[32]

〈혼(魂)쥐 이야기〉 아내는 낮잠을 자고 있는 남편의 코에서 콩알만 한 하얀 쥐가 들락날락하다가 방바닥으로 내려와서 밖으로 나가는 것을 보았다. 아내는 쥐를 따라다니면서 쥐가 하는 행동을 눈여겨보았다. 얼마 뒤 남편이 잠에서 깨어나 꿈 이야기를 하였다. 그것은 콩알만 한 하얀 쥐의 여행과 일치하였다. 아내는 남편의 코에서 나온 작은 쥐를 자막대기로 때려죽였다. 그랬더니 남편은 잠에서 깨어나지 못하고 죽고 말았다.[33]

〈혼쥐 이야기는〉 한국의 민간설화지만 유사한 모티프가 극동 토착종족 사이에도 두루 전파되어 있다. 위 설화의 쥐는 극동 토착종족의 그림자영혼 하냔의 토템적 본성에 대응되지만 이들에게 하냔의 토템적 본성은 은폐되어 있다.

여러 이유로 하냔의 부재가 장기화되면 육신 혹은 육신의 영혼이 악령의 공격을 받아 병에 걸리거나 죽음에 이를 수도 있다. 이때 샤먼이 하냔을 찾아내어 육신에 안착시키면 생명을 구할 수 있는데 이는 샤머니즘 수용 이후 샤먼의 권위와 위상을 높이기 위해 추가된 관념이다. 즉 육신의 영혼이 악령의 공격에 노출되는 것은 하냔의 부재로 인한 것이므로 하냔은 육신 혹은 육신의 영혼의 보호막과 같은 존재이며, 육신의 내부에 있지만 정확한 위치는 알 수 없다.

---

32 А. Ф. Анисимов, там же, p.80.
33 최운식, 『한국의 민담 1』, 시인사, 1999, pp.65-67.

극동 토착종족에 의하면 사망 직전 하냔은 자신의 죽음을 알려주기 위해 가족이나 친인척들의 꿈에 나타나는데[34] 이는 하냔이 사망 직전 이미 육신과 분리되어 새로운 삶의 순환 체계 속에 편입됨을 의미한다. 사망 직전 육신을 빠져 나온 하냔은 일정 기간 시신 주위에 머무르지만 사람들에게는 보이지 않는다. 하냔에 대한 관념은 샤머니즘 수용 전후 다른 양상을 띠는데 하냔을 잠, 꿈과 연결시키는 것은 샤머니즘 수용 이전, 병, 죽음과 연결시키는 것은 샤머니즘 수용 이후의 관념이다.

3) 하냔과 관련된 금기들

극동 토착종족은 다른 영혼들과 달리 하냔은 가시적이며 그림자, 거울의 반영, 물그림자를 통해 볼 수 있다고 믿으면서 하냔과 관련된 다양한 금기를 만들어 철저하게 지킨다. 그림자는 그 사람의 하냔이므로 밟아서도 안 되고, 그림자로 놀이를 해서도 안 되며, 하냔은 빛을 싫어하므로 빛을 피해 그늘진 곳에 있어야 하고, 거울에 비친 사람은 그 사람의 영혼 하냔이기 때문에 거울을 선물하거나 빌려주면 안 된다.[35] 러시아인과의 교류 이후 카메라를 수용하게 된 이들은 사진 찍는 것을 금기시했는데[36] 이는 사진 속 사람이 그 사람의 영혼 하냔이라고 믿었기 때문이다. 뿐만 아니라 투루칸 지역의 에벤키족은 자신의 물그림자를 보

---

34 ИиК негидальцев, p.158.

35 Г. М. Василевич, Эвенки. Историко-этнографические очерки (XVIII~начало XX в.), Л.: Наука, 1969, p.224.

36 Г. Н. Варавина, Концепт души в традиционном мировоззрении тунтусоязычных народов Якутии: традиции и современность. Диссерт. ...Канд. Исторических Наук Институт гуманитарных исследований и проблем малочисленных народов Севера РАН, 2014, p.70.

면 정신 착란을 일으킨다고 믿는데[37] 이러한 금기는 본질적으로 영혼에 대한 두려움과 경외심에 근거한다.

3. 신체 부위별 영혼관

극동 토착종족에 의하면 인간에게는 주요 영혼뿐만 아니라 심장·머리·손·발의 각 신체 부위에도 영혼이 있는데 신체부위의 영혼이 상하면 그 부위가 병에 걸리지만 주요 영혼과 달리 죽음으로 이어지지는 않는다. 오로크족 북부그룹에 의하면 심장의 영혼은 무룸비이며, 에벤키족에 의하면 뇌의 영혼은 이닉타인데[38] 무룸비와 이닉타가 다치면 심장병이나 정신질환에 걸리지만 죽지는 않는다. 그럼에도 이들은 신체부위 영혼들을 보호하기 위해 의복의 해당 부위에 화려한 장식이나 문양을 새기거나 달았고, 머리의 영혼을 보호하기 위해 모자에 장식을 하거나 문양을 새겼으며, 여인들은 스카프나 머리띠를 사용하여, 남성들은 머리띠를 낮게 덮어 머리의 영혼을 보호하였다. 심장과 폐의 영혼을 보호하기 위해 흉복(胸腹)에 화려한 장식을 새겼고, 배의 영혼을 보호하기 위해 철제 사슬, 칼, 장식물이 달린 화려한 허리띠를 착용했으며[39]

---

37 우노 하르바, 『샤머니즘의 세계: 알타이 민족들의 종교적 표상』, 박재양 옮김, 보고사, 2014, p.262.

38 무룸비는 moro(~muro~murun, 생각, 기분, 정신적 상태/ 오로크어)에서 기원한다. Л. В. Озолиня, И. Я. Федяева, Орокско-русский и русско-орокский словарь, Южно-Сахалинск: СКИ, p.97; А. Ф. Анисимов, "Шаманские духи по воззрениям эвенков и тотемические истоки идеологии шаманства", СМАЭ 13, 1951, p.60.

39 В. В. Рябцева, "Представление о душе как опыт самопознания (на примере культуры обских угров)", Вестник Челябинского государственного уни

[그림 25] 에벤족의 신체 부위별 영혼 보호를 위한 장식과 문양
1. 흉복, 2. 신발, 3. 모자, 4. 허리띠. ХКМ.

신발에도 문양과 장식을 새겼다. 따라서 의복의 장식과 문양은 이들에
게 심미적 역할뿐만 아니라 종교적 역할도 하였다.

이들은 장식이나 문양뿐만 아니라 의복 자체도 영혼 보호에 중요한
역할을 한다고 믿었고 이로 인해 구멍이 나거나 찢어진 옷은 입지 않았
는데[40] 이는 두 가지 이유에 의한 것이다. 첫 번째, 구멍이나 찢어진 곳을
통해 악령이 육신에 침투하여 신체 부위의 영혼뿐만 아니라 인간의 주요
영혼을 공격할 수도 있기 때문이다. 두 번째, 중계와 하계는 모든 것이
반대여서 중계에서 새 것은 하계에서는 헌 것, 중계에서 완전한 것은
하계에서는 불완전한 것이 된다. 따라서 찢어지거나 구멍 난 옷은 죽음
과 하계의 속성을 지니고 있기 때문에 산자들에게 피해를 줄 수 있다.

верситета 16(197), 2010, pp.14-19.

40 Г. Н. Варавина, Концепт души в традиционном мировоззрении тунтусояз
ычных народов Якутии: традиции и современность. Диссерт. ...Канд. Ис
торических Наук Институт гуманитарных исследований и проблем мало
численных народов Севера РАН, 2014, p.115.

III. 극동 토착종족의 종족별 영혼관

1. 극동 퉁구스족 북부그룹의 영혼관

1) 네기달족의 영혼관

(1) 영혼을 의미하는 단어들

영혼을 의미하는 네기달어 단어에는 하난(hanan), 오미(omi), 오이곤 (oigon), 모이가(moiga), 두(du), 돕보사(dovvosa), 코문(kommun) 7개가 있 는데 하난과 오미는 퉁구스족 공통의 하냔과 오미에 해당된다. 오이곤 은 (g)oj(새가 탈피하다/ 네기달어) + gon(접미사)의 구조이며[41] 상계 씨족나 무에서 중계 환생을 기다리는 영혼이며 오미의 네기달식 음성변형이다. 모이가는 암군강 상류 네기달족 사이에 전파되어 있는데, 다채로운 색 이며 숨과 관련이 있고, 여행에서 집으로 돌아올 때는 길에, 어로에 종 사할 때는 집에 머물기도 하는 등 육신의 밖에 존재하기도 한다.[42] 모이 가는 mo(나무/ 퉁구스제어) + ga(획득하다, 혼인하다/ 퉁구스제어)의 구조로 의 미상 영혼보다는 영혼의 기원지인 씨족나무의 개념에 가깝다.

두(du)는 사할린섬 네기달족 사이에 전파되어 있는데, do(내면, 내용물/ 퉁구스제어)의 음성변형이므로[43] '육신의 내부에 있는 무언가'를 의미한 다. 두는 머리에 있으므로 인간의 주요 영혼이 아니라 신체 국부 부위 영혼이다. 돕보사는 do(내면, 내용물/ 퉁구스제어)에서 기원한다. 두와 돕보

---

41 В. И. Цинциус, Негидальский язык. Исследования и материалы, Л.: Наука, 1982, p.250; Б. В. Болдырев, Эвенко-русский словарь 1, М.: Филиал СО РАН ГЕО, 2000, p.206.

42 Архив ИИАЭ ДВО РАН, Ф.1, Оп.2, Д.585, Л.492.

43 В. И. Цинциус, Негидальский язык. Исследования и материалы, Л.: Наука, 1982, p.210.

사는 '인간의 내면적 정신세계'를 의미하는데 네기달족 사이에 광범위하게 전파되지는 못하였다.

코문은 인간에게 행운을 안겨주고, 미래를 예견해주며, 위험에서 보호해주고, 사후 가족들이 바친 제물을 망자의 영혼에게 전해주는 역할을 한다.[44] 코문은 komh(무언가를 가져다주는 존재/ 나나이어)에서 기원하며[45] '행운을 가져다주는 존재'를 의미하므로 영혼과는 다른 개념이며 인접한 에벤족, 에벤키족의 운명의 영혼 '마인'에 가깝다.

(2) 인간의 주요 영혼

네기달족의 인간의 영혼관은 일률적이지 않을 뿐만 아니라 거주 지역에 따라 주요 영혼을 가리키는 용어와 수 등에서 차이가 난다. 인간의 주요 영혼을 암군강 상류 네기달족은 모이가 1개, 칼리마강 네기달족은 하난 혹은 오이곤 1개, 암군강 하류 네기달족은 오미, 하난, 코문 3개라고 믿는데 코문은 상술했듯이 영혼과는 다른 개념이다. 이처럼 네기달족의 인간의 주요 영혼은 지역 그룹에 따라 1~3개로 달라지는데 이는 이들의 영혼관이 인접 종족의 영향으로 지역 그룹에 따라 다른 발전 과정을 거쳤기 때문이다. 이러한 차이에도 불구하고 극동 토착종족 영혼관의 보편성에 근거할 때 이들에게 인간의 주요 영혼은 새영혼 오미와 그림자영혼 하난 2개이다. 네기달족의 오미는 다른 퉁구스족의 관념

---

[44] М. М. Хасанова, "Путь души в мир мертвых по представлениям народов Амура", Мифология смерти: Структура, функции и семантика погребального обряда народов Сибири, Л. Р. Павлинская (Ред.), СПб.: Наука, 2007, p.149.

[45] В. И. Цинциус, Негидальский язык. Исследования и материалы, Л.: Наука, 1982, p.233; ССТМЯ 1, p.409.

[표 3] 네기달족 관념 속 영혼의 명칭 및 수

영혼의 수	지역	영혼의 명칭	비고
1개	암군강	모이가	mo(나무) + ga(획득하다, 혼인하다/ 퉁구스제어)
	칼리마강	하난	hanan(그림자, 물그림자, 반영, 그림자영혼, 영혼/ 퉁구스제어)
		오이곤	(g)oj(새가 탈피하다) + gon(접미사/ 네기달어)
	사할린섬	두	do(내면, 내용물/ 네기달어)
3개	암군강 하류	오미, 하난, 코문	komun(운명의 영혼/ 나나이어)

과 유사하지만 하난에서는 네기달족의 독특성이 발견된다.

네기달어 hanan에는 '그림자영혼, 영혼' 이외에 '송혼식을 위해 기르는 곰'의 의미도 있다.[46] 송혼식에서 곰은 하계신에게 바치는 제물이지만 영혼 하난을 하계 씨족 조상령의 마을로 인도하는 역할도 한다. 송혼식 이후 하계신에게 통합된 곰은 하계신의 보조령이 되는데 이는 곰 숭배에 근거한다. 이들이 송혼식을 위해 곰을 기르는 것은 인접한 울치족, 닙흐족의 영향에 의한 것이다.

사할린섬 네기달족 사이에서 하난은 '망자의 영혼, 닙흐족의 영혼'을 의미하므로[47] 이들은 망자의 영혼과 닙흐족의 영혼을 동일시한다. 이는 이들이 닙흐족과 인접하여 거주하면서 문화적으로 많은 영향을 받았지만 닙흐족에게 일정한 심리적, 정서적 거리감을 가지고 있었음을 말해준다.

극동 토착종족 영혼관의 핵심은 윤회를 통한 영혼불멸인데 네기달족

---

46 С. В. Березницкий, "Шаманский обряд благодарения духов", Россия и АТР 2, Владивосток, 1997, pp.120-130.

47 Архив ИИАЭ ДВО РАН, Ф.1, Оп.2, Д.416, Л.361-365

의 경우 이에 대한 구비전승이나 문헌기록이 거의 없기 때문에 구체적
인 내용 파악은 어렵다. 하지만 인접한 퉁구스족의 영혼관과 이들의 우
주관에 근거할 때 이들의 관념에서 영혼은 7단계의 과정을 거치면서
윤회한다. 1단계에서 새영혼 오미는 상계 씨족의 기원지 혹은 씨족 조
상령의 마을을 상징하는 씨족나무에서 환생을 준비하는데 씨족나무의
위치는 씨족에 달라진다. 암군강 네기달족에게는 암군강 기슭에, 아무
르강 네기달족에게는 아무르강 기슭에 있는데 이는 이들이 각각 암군
강, 아무르강 기원임을 말해준다. 2단계에서 중계로 이동한 오미는 굴
뚝, 화덕을 지나 자궁에 안착한다. 3단계는 태아~1세까지인데 오미는
여전히 새 형상이므로 1~3단계에서 영혼의 토템적 본성은 보존된다.

4단계는 1세~사망까지로 1세가 되면 오미는 하난으로 변신하고, 영
혼의 토템적 본성은 은폐된다. 5단계는 사망 이후의 단계로 하난은 씨
족 조상령의 마을이 있는 제1 하계 부니로 이동한다. 이때 사냥터에서
동사(凍死)한 사람, 수사자(水死者), 불에 타 죽은 사람, 불의의 사고로
죽은 사람 등 비정상적인 원인으로 사망한 사람들, 족외혼, 근친혼, 살
인 등 씨족의 관습법을 어긴 사람들의 영혼은 부니로 가지 못하고 악령

[표 4] 네기달족 관념 속 영혼의 발전 단계

단계	영혼	시기와 특징	토템적 본성
1단계	오미	상계 씨족나무에서 환생 준비	새
2단계	오미	중계 굴뚝과 화덕 통과, 자궁에 안착	새
3단계	오미	태아~1세까지	새
4단계	하난	1세~사망까지/ 오미의 변신형	은폐
5단계	하난	제1 하계 부니로 이동	은폐
6단계	하난	제2 하계 올리마르크로 이동	은폐
7단계	오미	환생을 위해 상계 씨족나무로 이동/ 하난의 변신형	새

으로 변한다. 6단계에서 하난은 제2 하계 올리마르크로 이동한다. 7단
계에서 하난은 오미로 변신하여 상계로 이동한 뒤 씨족나무에서 환생
을 기다린다. 이에 의하면 오미와 하난은 시공간 차원의 변화에 따른
변신형일 뿐 동일한 조상령의 화신이므로 이들에게는 조상령 외의 영
혼은 존재하지 않는다.

2) 에벤족의 영혼관

(1) 영혼을 의미하는 에벤어 단어들

에벤어에서 영혼을 의미하는 단어에는 오미(omi, 새영혼·영혼), 히냔
(hinjan, 그림자·영혼·환영·그림자영혼), 하냔(hānjan, 연기·영혼), 헤냔(henjan,
성조신·영혼·인간의 내면세계), 엠제(ɛmӡɛ, 내장·내면·영혼), 물간(mulgan,
mulgachin, 생각·영혼) 6개가 있는데[48] 오미와 히냔이 가장 널리 전파되어
있다. 이 단어들에 근거할 때 에벤족은 영혼을 인간의 생명, 지적·정신
적 활동, 분신, 신 등의 개념과 연결시킨다. 히냔·하냔·헤냔은 하냔
(hanjan/ 퉁구스제어), 엠제는 엠묵제(ɛmugӡe, 내면·내장; 위장의 내용물; 지혜,
이성; 심장; 폐결핵; 영혼/ 퉁구스제어), 물간은 묵제(mukӡɛ, 망자의 영혼/ 퉁구스
제어)의 에벤식 음성변형이다.[49] 헤냔에 의하면 에벤족은 인간의 영혼을
성조신과도 연결시키는데 극동 토착종족에게 성조신은 조상령과 결합
되어 있으므로 헤냔은 산자의 영혼, 성조신, 조상령의 관계를 알려주는
단어이다.

48 В. И. Цинциус, Л. Д. Ришес, Эвенско-русский словарь, Л.: Учпедгиз, 1957,
p.226; В. А. Роббек, М. Е. Роббек, Эвенско-русский словарь, Новосибирск:
Наука, 2004, pp.282, 283.
49 ; ССТМЯ 1, p.521; .ССТМЯ 2, pp.308, 315, 451.

(2) 에벤족의 영혼관에서 조상신과 샤먼신의 융합

샤머니즘 수용 이후 에벤족의 조상 숭배는 샤먼 숭배에, 조상신은 샤
먼신에 흡수되었다. 크세노폰토프의 미출판 자료에 의하면 과거 에벤
족 튜가시르 씨족은 대샤먼이 사망하면 박제로 만든 뒤 숭배하였다.

[그림 26] 에벤족의 성스러운 순록

〈박제 샤먼〉 샤먼 사후 샤먼의 박
제 작업을 거행한다. 이 작업은 단
단한 나무로 둥지 모양의 구조물을
만든 뒤 그 안에서 샤먼이 속한 씨
족구성원들이 수행하였다. 이들은
박제 샤먼을 대대로 보관했다. 먼저
샤먼의 뼈에서 살을 도려낸다. 뼈는
삶아서 깨끗이 하여 샤먼의 수의에
장식으로 걸었다. 살은 조각으로 잘라 훈제했으며, 눈에는 구슬을 박았다.
박제에 수의를 입히고, 요람 모양의 성소 빅세에 안치한 뒤 제물과 담배를
바치면서 연기를 쏘였다. 이동할 때는 성스러운 순록에 태웠다. 이들은
중요한 일이 생기면 빅세를 흔들면서 박제 샤먼에게 조언을 구했다. 이들
은 박제 샤먼의 움직임을 보면서 그가 하려는 답을 추측했다.[50]

〈박제 샤먼〉에서 둥지 모양의 나무 구조물, 담배, 연기, 뼈, 성스러운
순록, 요람 등은 특별한 상징성을 가지고 있다. 둥지 모양의 구조물은
새영혼 오미의 거처를 상징한다. 담배와 연기는 불을 상징하며, 불은
화신을 의식의 시공간으로 불러오는 역할을 하고, 화신은 악령과 불길

---

50 Г. Н. Варавина, Концепт души в традиционном мировоззрении тунтусояз
ычных народов Якутии: традиции и современность. Диссерт. ...Канд. Ис
торических Наук Институт гуманитарных исследований и проблем мало
численных народов Севера РАН, 2014, p.56.

한 기운을 퇴치하는 정화의 역할과 그들로부터 죽은 샤먼 영혼이나 박제 샤먼을 보호하는 역할을 한다. 박제 샤먼을 안치한 요람은 환생을 의미하며, 수의에 장식으로 거는 뼈는 샤먼의 영혼을 보호해주는 호부 역할을 한다. [그림 26]처럼 성스러운 순록 헤베크는[51] 유목할 때 호부나 성물(聖物)을 옮기는 역할을 하므로 헤베크에 안치했다는 것은 박제 샤먼을 성스러운 존재로 숭배한다는 의미다. 이들은 중요한 일이 생기면 박제 샤먼에게 조언을 구하는데 이는 사후 샤먼이 조상신, 샤먼신으로 승격되었기 때문이다. 이들이 샤먼을 성화시키는 것은 샤머니즘 수용 이후 샤먼이 중계 씨족과 상계 천신들 및 조상령들을 연결하는 역할을 하면서 샤먼신이 조상신과 결합되었기 때문이다. 따라서 박제 샤먼에는 상계/ 중계, 성/ 속, 새/ 인간, 생/ 사, 샤먼/ 조상, 조상/ 후손, 영혼/ 육신, 아/ 타의 이원 대립이 내포되어 있다.

(3) 인간의 주요 영혼 오미, 히냔, 베옌

① 새영혼 오미와 그림자영혼 히냔

에벤족에 의하면 상계 씨족 조상령의 마을에서 환생을 기다리던 오미는 중계의 굴뚝, 화덕을 지나 여성의 자궁에 안착하는데 1세까지는 토템적 본성을 유지하지만 1세가 되면 히냔으로 변신하면서 영혼의 토템적 본성은 은폐된다. 히냔은 사후 다시 오미로 변신하므로 오미와 히냔은 시공간의 변화에 따른 변신형일 뿐 동일한 조상령의 화신이다.

새영혼 오미는 씨족의 기원이자 윤회의 출발점이 되는 영혼인데 이에 대한 관념적 근거는 모든 에벤족 사이에 전파되어 있는 옴체니(혹은

---

51 에벤족 코뱌이 울루스 세뱐 큐엘리 마을 스테파노비 가족의 성스러운 순록 쿠다이. Г. Н. Варавина, там же, p.164.

우인쟈) 신화에서 찾을 수 있다. 이 신화는 지역에 따라 옴체니 신화와 우인쟈 신화로 이름을 달리하면서 변형·발전되어 왔다. 신화 판본에 따라 백조의 수 등 지엽적인 차이가 발견되며, 한국의 〈선녀와 나무꾼〉 설화와도 매우 유사하다.

〈에벤족 사냥꾼 옴체니〉 옴체니는 잘생긴 사냥꾼인데 자신의 출생에 대해 전혀 아는 바가 없었다. 옴체니는 수다리네라는 이름의 거대한 순록을 기르고 있었다. 어느 날 옴체니가 순록을 타고 사냥을 나간 사이 백조 아가씨 세 마리가 집 옆의 언덕에 와서 놀았다. 동생은 옴체니가 사냥에서 돌아오자 낮에 있었던 일을 들려주었다. 옴체니는 동생에게 백조들이 또 오면 날개를 손으로 돌돌 감아 날아가지 못하게 하라고 일렀다. 옴체니는 백조들의 눈에 띄지 않게 순록 털로 변신하여 언덕 위에 숨어있었다.
어제와 같은 시각, 언덕으로 날아온 백조들은 노래를 부르면서 놀았다. 옴체니의 동생은 백조들과 춤을 추면서 막내 백조의 날개를 손에 돌돌 감은 뒤 옴체니를 불렀다. 사람으로 변신한 옴체니는 백조의 날개를 잡아 집으로 데리고 왔다. 옴체니는 백조를 아내로 맞이한 뒤 날개를 감추었다. 몇 년 뒤 아들이 태어났다. 백조는 옴체니의 동생에게 황금 공을 줄 테니 옴체니가 숨긴 자신의 날개를 돌려달라고 애원하였다. 동생은 황금 공의 유혹을 이기지 못하고 백조에게 날개를 돌려주었다. 백조는 날개를 입고, 어깨에 요람을 메고, 하늘로 날아갔다.
옴체니는 때로는 담비로, 때로는 쥐로 변신하여 아내를 찾아 하계로 갔다. … 큰 바다 건너편에 아내와 아들이 있었다. 옴체니가 쫓아온 것을 눈치 챈 아내는 하늘로 달아났다. … 하늘새가 옴체니를 하늘로 데려다주면서 아내가 있는 곳을 가르쳐주었다. 옴체니는 하늘새가 가르쳐준 강 옆의 웅장한 황금 집으로 갔다. 그곳에서 옴체니는 아내와 아들을 만났고, 아내의 부모를 만나 정식으로 혼인을 허락받았다. 옴체니는 아내와 아들을 데리고 중계로 돌아와서 에벤족의 기원이 되었다.[52]

위 신화에 의하면 에벤족은 백조에게서 기원하며 옴체니 집 옆의 언

덕에서 놀다가는 세 마리 백조는 인간의 영혼 오미인데, 세 마리 백조는 성수 3숭배[53]에 근거한다. 이 백조들은 상계에 속하는데 중계 옴체니의 집 옆에 와서 놀다가므로 당시 상계와 중계는 통합의 단일체였고, 각 세계의 이동은 자유로웠다. 옴체니는 백조의 날개를 감추어 집으로 돌아가지 못하게 한 뒤 아내로 맞이했으나 이후 백조의 부모를 만나 정식으로 혼인을 허락받았으므로 과거 에벤족에게 약탈혼이 있었으나 이후 부모의 허락이 필요한 의례로 바뀌었다. 아내를 찾을 수 있도록 옴체니를 상계로 데려다주고 옴체니에게 아내가 있는 곳을 알려준 하늘새는 인간의 영혼인 오미, 즉 옴체니의 조상령이다. 옴체니는 강 옆의 황금 집에서 아내와 아들을 만났는데 이 강은 우주강이다. 아내와 아들이 있던 곳은 우주강 수원 씨족의 기원지이고, 아내의 부모는 인간의 영혼을 다스리는 천신이다. 위 신화에서 옴체니는 순록을 기르고 있었고, 아내를 찾는 과정에서 하계를 개척하였으며, 이후 에벤족의 기원이 되었다. 따라서 옴체니는 에벤족에게 순록사육을 전해준 문화영웅, 죽음의 속성을 가져다준 첫 샤먼, 에벤족의 남성시조신이다.

② 육신의 영혼 베옌

에벤족은 베옌을 인간의 물질적, 육체적 기원, 인간의 신체 활동과 연결시키는데 이들은 베옌이 죽으면 베옌이 속한 사람도 죽는다고 믿

---

52 위 신화는 1963년 레베죠바가 사하공화국 몸스키 지역 오르토 도이두 마을에서 에벤족 네우스트로예프로부터 채록하였다. Ж. К. Лебедева, Архаический эпос эвенов, Новосибирск: Наука, 1981, pp.126-127.

53 성수 3숭배는 극동 토착종족 공통의 관념인데 대표적으로 이들에게 우주는 상계, 중계, 하계의 삼단구조이고, 중계는 다시 물(바다)세계, 타이가(산) 세계, 땅(극동 토착종족의 거주지) 세계의 삼 세계로 나누어진다.

는다. 베옌은 영혼 오미가 자궁에 안착하는 순간 탄생하는데 비가시적
이고, 생전에는 육신과 분리되지 않는다. 베옌은 bejɛ(사람 남자, 남편, 수컷,
육신; 개성; 신상, 샤먼의 영혼/ 퉁구스제어)와 연결되며[54] 유사한 의미의 여진
어 bɛi(~bɛiɛ~peiye)에서 기원한다. 따라서 베옌은 사람/ 동물, 남/ 여, 수
컷/ 암컷, 문화/ 자연, 구체/ 추상, 샤먼/ 씨족구성원, 영혼/ 육신, 비가
시적/ 가시적의 이원 대립을 내포하고 있다. 사람/ 동물, 남자/ 여자,
수컷/ 암컷의 대립적 의미는 고대부터 존재했으며, 샤먼의 징표로서 신
상이나 샤먼의 영혼은 샤머니즘 수용 이후 확장된 의미이다.

사후 육신의 영혼 베옌은 무덤 근처에 머무르다 대략 사망 1년 뒤
거행되는 송혼식 이후 하계 씨족 조상령의 마을로 가서 중계와 같은
삶을 이어간다.[55] 에벤족은 관 뚜껑의 머리 부위에 3개의 구멍을 뚫어놓
는데[56] 이는 하계로 가기 전 중계에 머무는 동안 베옌의 자유로운 이동
을 보장하기 위한 것이다. 에벤족은 시신을 뗏목 모양의 관에 안치한
뒤 하계에서 필요한 것들을 넣어준다.[57] 이때 관은 육신의 영혼 베옌이
신화적 씨족의 강을 따라 하계 씨족 조상령의 마을로 갈 때 사용하게
될 배를 상징한다. 우주를 우주목으로 구조화시키는 에벤족도 사후 하
계로 갈 때는 우주강을 따라 간다고 믿는데, 이는 샤머니즘 수용 이후
우주의 중심축이 우주강으로 대체되었지만 우주목을 완전히 밀어내지
못하면서 공존하게 되었기 때문이다.

하계에 간 육신의 영혼 베옌은 어떤 운명에 놓이게 될까? 이들의 운

54 ССТМЯ 1, pp.12, 372.
55 ИиК эвенов, p.113.
56 ИиК эвенов, p.113.
57 ИиК эвенов, p.113.

회에서 필요한 것은 조상령의 화신인 오미와 히냔이므로 베옌은 환생
을 하지 않고 하계에서 영원불멸한다. 이처럼 베옌은 이들 영혼관의 핵
심인 윤회에서 특별한 역할을 하지 않고, 하계 씨족 조상령의 마을에서
불멸의 삶을 살기 때문에 오미, 히냔보다 늦게 출현한 관념이다. 에벤족
의 윤회는 다음 7단계 과정을 거치는데 이 과정을 3회 정도 순환한 뒤
윤회는 마무리되고 영원불멸의 삶을 누리게 된다. 1단계. 새영혼 오미
는 상계 씨족 조상령의 마을에서 환생 준비 → 2단계. 오미는 중계 굴
뚝, 화덕을 지나 자궁에 안착 → 3단계. 육신의 영혼 베옌 탄생 → 4단
계. 1세 이후 오미는 히냔으로 변신 → 5단계 사망. 히냔은 오미로 변신
하여 상계 씨족 조상령의 마을로 이동, 베옌은 사망 1년 후 송혼식 때까
지 중계에 기거 → 6단계. 사망 1년 후 베옌은 하계 씨족 조상령의 마을
로 이동 → 7단계. 사망 1년 후에도 하계로 가지 못한 영혼이 악령으로
변하는 단계인데 모두가 거치는 것은 아니다. 에벤족에 의하면 오미에
서 영혼의 토템적 본성은 밖으로 드러나지만 히냔에서는 은폐되고, 베

[표 5] 에벤족 관념 속 영혼의 순환 구조

단계	영혼	시기와 특징	토템적 본성
1단계	오미	상계 씨족 조상령의 마을에서 환생 준비	새
2단계	오미	중계 굴뚝, 화덕 통과, 자궁 안착	새
3단계	오미	태아~1세까지	새
	베옌	태아~사망까지	없음
4단계	하냔	1세~사망까지/ 오미의 변신형	은폐
5단계	오미	사망 직후 상계 씨족 조상령의 마을로 이동/ 히냔의 변신형	새
	베옌	사망~사망 1년 후 송혼식 때까지 중계에 기거	없음
6단계	베옌	사망 1년 후 하계 씨족 조상령의 마을로 이동	없음
7단계	악령	사망 1년 후에도 하계로 가지 못한 영혼들	유동적

옌은 토템적 본성을 가지고 있지 않다. 즉 이들에 의하면 태아~1세까지, 사망 이후, 환생 준비 단계에서만 영혼의 토템적 본성이 드러나므로 이들의 영혼관은 토테미즘이 일정 정도 퇴색된 사회의 특징을 보여주고 있다.

이상의 내용에 의하면 에벤족의 오미, 히냔, 베옌은 서로 다른 기원을 가지며, 서로 다른 발전 과정을 거쳤다. 오미와 히냔은 동일한 조상령의 화신으로 상계 ↔ 중계를 윤회하면서 씨족의 대를 이어가므로 초기 이들의 영혼관에서 영혼은 상계 ↔ 중계만 오갔는데 이는 이들에게 하계의 관념이 없었기 때문이다. 이들에게 하계는 샤먼에 의해 개척되었으므로[58] 오미와 히냔은 샤머니즘 수용 이전의 관념이다. 반면 베옌은 샤먼의 주도로 송혼식을 거행한 이후 하계에 통합되므로 베옌은 샤머니즘 수용 이후 출현한 영혼이다.

(4) 운명의 영혼 마인

마인은 퉁구스족 북부그룹의 네기달족, 에벤족, 에벤키족과 퉁구스족 남부그룹의 나나이족 사이에 주로 전파되어 있다. 따라서 마인은 퉁구스족이 북부그룹와 남부그룹으로 분화된 이후 출현하였으며 나나이족은 퉁구스족 북부그룹으로부터 마인에 대한 관념을 수용하였다. 현

---

[58] 〈하계를 개척한 오로치족 샤먼〉 한 오로치족 샤먼의 아들이 바다 오리의 알을 가지러 높고 미끄러운 절벽으로 기어 올라갔다. 그런데 알을 가지고 내려오다 절벽에서 떨어져 죽었다. 샤먼은 너무 슬펐다. 샤먼은 오랫동안 의식을 한 뒤 마을 인근의 산으로 가서 깊은 동굴을 판 뒤 말했다. "이 동굴은 하계 부니로 가는 길이다. 이제부터 사람들은 죽으면 이곳으로 가게 될 것이다. В. П. Маргаритов, Об орочах Императорской Гавани, СПб.: ТИАН, 1888, p.29. 종족, 씨족에 따라 세부적인 신화의 모티프와 구도는 차이가 있지만 하계가 샤먼에 의해 개척되었다는 모티프는 극동 토착종족 공통이다.

재 에벤키족 이외의 다른 종족들은 마인을 운명의 영혼이 아닌 천신의
의미로 사용한다.

마인은 천신 헤브키가 가지고 있는 줄로 인간이나 동물의 머리와 연
결되어 있다. 마인은 비가시적이며 행복/ 불행, 성공/ 실패 등 개인의
운명을 주관하는데 생/ 사에는 영향을 미치지 않는다. 천신 헤브키는
에벤족의 남성시조신이자 순록 사육을 비롯한 물질문화의 기본 요소들
을 전해준 존재이므로 마인에서는 부계씨족사회의 흔적이 엿보인다.

에벤어 main은 maijc(샤먼의 보조령/ 에벤 고어(古語))에서 기원하는데 유
사한 단어로 main(사냥의 성공; 영혼; 인간과 동물 영혼의 보호신, 천신; 샤먼의
보조령; 성인, 신, 예수 그리스도/ 에벤키어), maijn(천신/ 네기달 고어와 나나이어)
가 있다.[59] 이 중 에벤키어 main의 의미가 가장 풍부하므로 마인은 에
벤키족에게서 기원하여 다른 종족에게로 전파되었다. 에벤키어 마인에
근거할 때 마인은 이들 사회의 역사적 변화에 맞추어 의미 변형을 겪었
다. 고대 수렵사회에서는 사냥의 성공, 신의 관념이 수용된 뒤에는 사
냥의 성공을 보장해주는 보호신, 부계사회로 진입하고 신들 간에 위계
질서가 생긴 이후에는 천신, 샤머니즘 수용 이후에는 샤먼의 보조령,
기독교 수용 이후에는 성인, 신, 예수 그리스도를 의미하게 되었다. 그
런데 에벤어의 main은 가깝게는 maijc(샤먼의 보조령/ 에벤 고어)에서 기원
하므로 에벤족은 샤머니즘 수용 이후 본격적으로 마인의 관념을 수용
하였다.

마인은 줄이므로 끊어지기도 하는데 아주 극단의 경우 마인의 주인은
죽음에 이르기도 하지만 샤먼이 천신을 찾아가 마인을 연결시키면 생명
을 구할 수 있다. 이처럼 마인의 관념에서 샤먼은 씨족구성원의 생/ 사,

---

59 ССТМЯ 1, p.521.

행/ 불행을 주관하는 절대적 존재가 되었고, 마인은 샤먼적 세계관의 근저가 되었다. 따라서 샤먼들은 적극적으로 마인의 관념을 발전시켰고, 샤먼의 권위는 다른 영혼관에서 보다 한층 강화되었다. 그런데 마인은 다른 영혼과 달리 육신에 깃들인 것이 아니라 천신이 가지고 있기 때문에 영혼과는 다른 개념이며 초월적 힘 혹은 신의 개념에 가깝다.

마인에 근거하여 실과 줄의 꼬임이나 매듭은 불행·방해·굴레·속박, 실과 줄의 편평함은 행복과 해방을 상징하게 되었다. 이는 '인간의 삶은 줄과 같다', '인생은 줄과 같아서 끊어질 수도, 닳아 없어질 수도 있다'는 이들의 금언을 통해서도 알 수 있다.[60] 또 이들이 상복에 매듭을 짓지 않고, 장례식 마지막 날 머리를 땋지 않는 것도[61] 동일한 맥락에서 이해될 수 있다. 실, 줄에 대한 이러한 관념은 이들의 머리카락 영혼관과도 연결된다.

(5) 머리카락 영혼관

에벤족 신화 〈무사 게엑차발〉[62]에서 무사 게엑차발은 적의 머리카락을 잘라 적을 죽임으로써 전투에서 승리하였는데 이것은 머리카락 영혼관에 근거한다. 이러한 관념은 이들의 일상에서도 쉽게 발견할 수 있다. 에벤족은 전염병이 돌거나 큰 병에 걸리면 머리카락 다발을 샤먼에

---

60 Г. Н. Варавина, Концепт души в традиционном мировоззрении тунтусояз ычных народов Якутии: традиции и современность. Диссерт. ...Канд. Ис торических Наук Институт гуманитарных исследований и проблем мало численных народов Севера РАН, 2014, p.79.

61 Г. И. Варламова, Мировоззрение эвенков: Отражение в фольклоре, Ново сибирск: Наука, 2004, p.75.

62 Н. П. Ткачик, Эпос охотских эвенов, Якутск: ЯКИ, 1986, p.253.

게 건네고, 샤먼은 이를 영혼의 거처인 주머니 문카에 넣어 전염병이
지나가거나 환자가 회복될 때까지 보관한다.[63] 이러한 의식은 악령의
공격에서 머리카락 영혼을 보호하기 위한 것이다. 두통처럼 가벼운 병
에 걸리면 샤먼은 자신의 머리를 다발로 잘라 태운 뒤 환자에게 냄새를
맡게 한다.[64] 이는 머리카락에 생명을 보호하는 신성한 힘, 악령을 퇴치
할 수 있는 초월적인 힘인 영혼이 있다는 관념에 근거한다.

　이들 사이에는 여성의 머리카락과 관련된 금기사항이 특히 많이 전
해지는데 이는 부계씨족사회에서 강화된 관념이다. 그런데 에벤족 사
회는 유목과 순록사육이라는 생활의 특성상 남녀의 역할분담이 분명하
였고, 비교적 남녀가 평등한 사회였기 때문에 이것을 여성 차별에 의한
것이라고 보기는 힘들다. 첫 번째, 혼인을 한 뒤 머리를 자르는 행위는
죄악시되었고, 기혼녀는 머리를 가리고 다녔으며, 남편의 친척 특히 시
부와 시숙 앞에서 머리를 빗으면 안 되었고, 중년의 여인이 갑자기 머리
를 짧게 자르면 남편의 생명이 단축되거나 가족의 삶이 순탄치 않을
것이라고 믿었다.[65] 이는 머리카락에는 영혼이 있기 때문에 타인에게
보여주면 안 된다는 믿음, 머리카락 영혼은 아내를 남편 및 가족들과
연결시켜주는 매개체이기 때문에 머리카락 영혼이 다치면 가족들의 생
명까지 위협받게 된다는 믿음에 근거한다.

　두 번째, 임산부는 출산 전까지 머리를 자르면 안 되는데 이는 임신부

63 К. М. Рычков, "Енисейские тунгусы," Землеведение 1, М.: ТТКК°, 1917,
　p.133.

64 К. М. Рычков, там же, p.133.

65 У. Г. Попова, Эвены Магаданской области: Очерки истории, хозяйства
　и культуры эвенов Охотского побережья 1917-1977 гг., М: Наука, 1981,
　p.158.

의 머리카락에는 태아의 영혼도 함께 있기 때문에 머리를 자르다가 태아의 영혼이 다칠 수도 있고, 그로 인해 사산할 수도 있다는 두려움에 근거한다.

세 번째, 해가 진 뒤에는 머리를 자르거나, 빗거나, 땋으면 안 되었다.[66] 이는 머리카락을 잃어버리면 악령이 머리카락에 있는 영혼을 공격하여 병에 걸릴 수 있고, 사후 하계에 갔을 때 하계신이 머리카락의 개수를 세어보다가 그 수가 모자라면 중계에 와서 잃어버린 머리카락을 찾아가야 한다는 관념에 근거한다. 이로 인해 과거 베르호얀스크 에벤족은 장거리 유목을 하다가 머리카락을 잃어버리면 사후 힘들어진다고 믿으면서 장거리 유목을 극히 꺼려했다.[67] 이처럼 에벤족에게 머리카락은 영혼의 등가물 혹은 영혼의 거처이며, 머리카락을 상하게 하는 것은 생명의 박탈, 영혼의 파괴로 간주되었다.

머리카락 영혼관은 북방의 다른 민족에게도 널리 전파되어 있는데 이들은 떨어진 머리카락을 자루에 모아 베개를 만들거나 사후 베개 대신 이것을 관에 넣어주었다.[68] 머리카락 영혼관의 기원은 불분명하지만 썩지 않는 머리카락의 속성이 이들에게 불멸에 대한 믿음을 주었기 때문이다.[69]

---

66 Г. М. Варламова, Мировоззрение эвенков: Отражение в фольклоре, Новосибирск: Наука, 2004, pp.66-67.

67 Г. Н. Варавина, Концепт души в традиционном мировоззрении тунтусоязычных народов Якутии: традиции и современность. Диссерт. ...Канд. Исторических Наук Институт гуманитарных исследований и проблем малочисленных народов Севера РАН, 2014, p.77.

68 Г. Н. Варавина, там же, p.76.

69 극동 토착종족은 뼈, 손톱, 이빨 등도 불멸의 부위로 간주하여 손톱, 발톱을 깎으면 한곳에 모아 보관하였다. О. А. Седакова, Поэтика обряда. Погребальная обря

3) 에벤키족의 영혼관

(1) 영혼을 의미하는 단어들

영혼을 의미하는 에벤키어 단어에는 임네옌(imnɛen), 오미(omi), 하냔 (hanjan), 아냐닌(anjanin), 잘리프(ӡalip), 마인(main), 에린(ɛrin), 엠묵제(ɛmugӡɛ) 8개가 있다. 샤머니즘 수용 이전 대다수 에벤키족은 영혼의 의미로 임네옌(imnɛen)을 사용했다. 임네옌은 'iv-(집어넣다, 데리고 들어가다, 불어넣다) + nɛ(자리를 잡다, 놓다, 두다) + eŋ(사라지다)[70]'의 구조로 '-에 의해 -에 들어가 자리를 잡으면서 사람들에게 보이지 않게 된 무언가'의 의미이다.[71] 따라서 임네옌에서 영혼은 초월적 존재에 의해 육신의 내부에 자리를 잡게 된 무언가이다. 이는 창조주의 입김으로 인간이 영혼 혹은 생명을 가지게 되었다는 에벤키족의 〈두 형제〉 신화와 연결된다. "동생은 살아있는 사람들에게 입김을 불었다. … 사람들에게 피가 돌면서 사람들은 건강을 되찾았다.(Tar indɛrītkulbɛ huwuhisā. … Tar bejɛ ŋillin awgarāsāl, saksɛsil osāl.)"[72] 위 신화에서 동생은 창조주인데 동생이 입김을 불자 죽어가던 사람들에게 피가 돌면서 사람들이 생명을 되찾았으므로 피는 생명, 영혼의 존재 조건이며, 영혼은 창조주에 의해 육신의 내부에 자리 잡게 되었다.

이후 영혼관이 보다 복잡해지면서 거의 모든 에벤키족 사이에서 임

дность восточных и южных славян, М.: Индрик, 2004, pp.58-59.

70 에벤키어에서 어근의 어말 /v/는 /n/을 만나면 /m/으로 변형된다.

71 Г. М. Василевич, Эвенки. Историко-этнографические очерки (XVIII~начало XX в.), Л.: Наука, 1969, p.224; Б. В. Болдырев, Эвенко-русский словарь 2, М.: Филиал СО РАН ГЕО, 2000, p.404.

72 Г. М. Василевич, Сборник по эвенкийскому (тунгусскому) фольклору, Л.: Учпедгиз, 1936, p.31.

네옌이 아닌 오미가 영혼의 의미로 사용되었다. 오미는 '영혼, 진흙이나 돌로 만든 사람의 형상, 박새(신화에서), 새영혼/ 에벤키어'를 의미하는데[73] 초기에는 '창조주가 만든 인간의 형상'을 의미했다. 하냔은 '그림자, 영혼, 그림자영혼'의 의미로 트랜스바이칼과 아무르 지역 에벤키족 사이에, 아냐닌은 '영혼, 망자의 영혼'의 의미로 사할린섬 에벤키족 사이에 널리 전파되어 있다.[74] 아냐닌은 하냔의 음성변형인데 에벤키어 어두음 /h/는 매우 불안정하여 극동 에벤키어 방언에서는 종종 탈락한다. 아냐닌은 산자의 영혼보다는 망자의 영혼을 의미하는데 이는 사할린섬 네기달족의 하난(망자의 영혼, 닙흐족의 영혼)과 연결된다.

암군강을 비롯한 극동의 일부 에벤키족은 영혼을 쟐리프라고 하는데[75] 'ӡal(생각, 지혜; 의식, 사고; 성격; 영악함/ 퉁구스제어)에서 기원하므로 이들은 영혼을 생각, 지혜, 의식 등 인간의 지적·정신적 활동의 등가물로 간주하였다. 쟐리프와 ӡali(영악함, 속임수/ 몽골어)의 음성적 유사성에 근거할 때[76] 쟐리프는 퉁구스어와 몽골어가 분화되기 이전에 출현하였으며 분화 이후 일부 에벤키족 사이에서 영혼의 의미를 획득하였다.

마인은 과거 극동과 예니세이강 에벤키족 사이에만 영혼, 운명의 영혼, 천신의 의미로 전파되어 있었다. 하지만 현재 거의 모든 에벤키족 사이에 '운명의 영혼'의 의미로 전파되어 있지만 네기달족·에벤족·나나이족 사이에서는 천신을 의미한다.

에린은 '숨, 영혼'의 의미로 극동 에벤키족 사이에 전파되어 있는데

---

73 ССТМЯ 2, p.16.
74 ИиК эвенков, p.230.
75 ИиК эвенков, p.230.
76 ССТМЯ 1, p.245.

[표 6] 에린과 유사한 퉁구스어 단어들

번호	단어	의미	기원어
1	에(ɛ)	자연의 부정적인 힘, 여성적 기원, 암컷, 어둠, 그림자	퉁구스 조어
2	에리(ɛrii)	숨 쉬다	퉁구스제어
3	에린(ɛrin)	숨, 영혼	에벤키어
4	에릭세(ɛrīkse)	숨, 호흡	나나이어
5	에게(ɛgɛ)	삶, 숨, 운명	에벤키어, 나나이어
6	에르게(ɛrgɛ(n))	삶, 숨, 운명	에벤키어, 나나이어
7	에르게(ɛrgɛ)	숨이 멎다	만주어

CCTMЯ 2, p.462.

음성적, 의미적으로 유사한 단어에는 ɛrīkse(숨, 호흡/ 나나이어), ɛrin(숨, 영혼/ 에벤키어), ɛgɛ(ɛrgɛ(n), 삶, 숨, 운명/ 나나이어·에벤키어)가 있으며 ɛrii(숨을 쉬다/ 퉁구스제어)에서 기원한다.[77] 그런데 음성적으로 유사한 에르게(ɛrgɛ, 숨이 멎다/ 만주어)에 근거할 때[78] ɛri- 어간의 단어들은 만주퉁구스어가 만주어와 퉁구스어로 분화되는 과정에서 각각 '숨을 쉬다', '숨이 멎다'로 다른 식으로 의미 변형을 하였다. ɛrii는 다시 ɛ(자연의 부정적인 힘, 여성적 기원, 암컷, 어둠, 그림자/ 퉁구스 조어) + -ri(동사파생 접미사)의 구조로[79] 나누어진다. 따라서 에리는 초기에는 '최초의 기원, 시조신으로서 여성적 기원'을 의미하였으나 이후 숨과 관련된 의미를 획득하였다.

극동 에벤키족은 죽는 순간 숨이 끊어지면서 피의 순환이 멈추고, 체온이 떨어지는 등 육신의 변화에 대한 관찰에 근거하여 처음에는 숨을

---

77 CCTMЯ 2, p.462.
78 CCTMЯ 2, p.462.
79 CCTMЯ 2, p.315.

목숨, 체온, 생명과 연결시켰으나 언제부터인가 영혼의 등가물로 간주하였다. 그런데 숨은 신체의 생리활동과 관련이 있고, 영혼은 생명활동을 관장하는 더 높은 차원의 존재이기 때문에 서로 다른 개념이다. 본디 퉁구스계 종족들은 숨을 영혼의 등가물이라고 생각하지 않았기 때문에 이는 숨, 호흡을 영혼과 등가시하는 인접한 고아시아계 닙흐족의 영향이다.

엠묵제(ɛmugӡe, 배·내면·내장; 위장의 내용물; 지혜, 이성; 심장; 폐결핵; 영혼/퉁구스제어)는[80] 다른 단어들보다 의미 스펙트럼이 넓을 뿐만 아니라 '배, 내면, 장기'의 의미로 거의 음성 변형 없이 퉁구스제어에 전파되어 있다. 엠묵제에는 영혼은 육신의 내부에 있으며, 지혜, 이성과 같은 지적·정신적 활동의 등가물, 인간의 생명과 직결되는 심장, 폐 등의 등가물이라는 관념이 복잡하게 혼용되어 있다. 따라서 엠묵제는 에벤키족 사이에 영혼관이 완성될 즈음인 보다 늦은 시기부터 영혼을 의미하게 되었다.

영혼을 의미하는 에벤키어 단어들 중 임네옌·오미·마인·엠묵제는 거의 모든 에벤키족 사이에 전파되어 있지만 사용 시기에서 다소 차이가 난다. 임네옌은 샤머니즘 수용 이전, 오미는 임네옌보다는 늦은 시기, 마인은 가부장적 씨족제도 하에서 신들 사이의 계층 구조가 확립된 이후, 엠묵제는 영혼관이 완성될 즈음 본격적으로 영혼을 의미하게 되었다.

---

80 ССТМЯ 2, p.451.

(2) 인간의 주요 영혼 오미, 하냔, 베옌[81]

에벤키족에게 인간의 주요 영혼은 새영혼 오미, 그림자영혼 하냔, 육신의 영혼 베옌 3개이다. 20세기 이전 우르미강과 사할린섬의 일부 에벤키족은 운명의 영혼 마인을 포함하여 인간의 영혼은 4개라고 믿었으나[82] 지금은 마인은 인간의 영혼과는 다른 개념으로 받아들인다.

[표 7] 영혼을 의미하는 에벤키어 단어들

번호	단어	의미	전파 범위
1	임네옌	영혼	모든 에벤키족
2	오미	영혼, 진흙이나 돌로 만든 사람의 형상, 박새, 새영혼	모든 에벤키족
3	하냔	그림자, 거울, 반영, 그림자영혼	트랜스바이칼, 아무르 지역
4	아냐닌	영혼, 망자의 영혼	사할린섬
5	쟐리프	생각, 지혜, 의식; 사고; 성격; 영악함	암군강을 비롯한 극동의 일부지역
6	마인	영혼, 운명의 영혼, 천신	모든 에벤키족
7	에린	숨, 영혼	아무르 지역, 연해주 지역
8	엠묵제	배, 내면, 장기; 위장의 내용물; 지혜, 이성; 심장; 폐결핵; 영혼	모든 에벤키족

① 영혼의 순환 구조

에벤키족 영혼관의 핵심은 육신은 소멸하지만 육신의 영혼 베옌은

---

81 오미, 하냔, 베옌은 에벤키족 사이에서도 지역 그룹에 따라 오미~오미아-오메~오나, 하냔~하얀~헤얀, 베옌~베예 등 다양한 음성 변이형이 있지만 이 책에서는 에벤키 표준어의 근거가 된 남부 방언군(심강, 바이칼 호수 북부, 포드카멘나야 퉁구스카강, 네파강, 비팀강, 네르친스크, 바운트강)에 근거하여 오미, 하냔, 베옌으로 명명한다.

82 А. Ф. Анисимов, Религия эвенков в историко-генетическом изучении и проблемы происхождения первобытных верований, М.-Л.: АН СССР, 1958, p.58.

하계에서 영원불멸의 삶을 살고, 새영혼 오미는 상계와 중계를 윤회하면서 씨족의 대를 이어가기 때문에 씨족은 영원불멸한다는 것이다. 에벤키족에게 인간의 영혼은 6단계 윤회과정을 거치는데 7단계도 상정할수 있다. 1단계에서 새영혼 오미는 상계 씨족의 기원지, 씨족 조상령의마을에서 환생을 준비한다. 2단계에서 오미는 중계 굴뚝과 화덕을 통과한 뒤 자궁에 안착한다. 3단계는 오미가 자궁에 안착한 순간부터 1세까지의 단계로 오미가 자궁에 안착하는 순간 육신의 영혼 베옌이 탄생하며 1~3단계까지 오미는 영혼의 토템적 본성을 유지한다.

4단계는 1세 이후 오미가 그림자영혼 하냔으로 변신하는 단계로 영혼의 토템적 본성은 은폐되고 인간-사람으로서의 삶이 시작된다. 5단계는 사망 이후의 단계로 하냔은 육신에서 분리되어 토템적 본성을 되찾아 오미로 변신하여 상계 씨족 조상령의 마을로 이동한 뒤 또 다른환생을 기다린다. 이 단계에는 사망 1년 후 송혼식 때까지 망자의 시신을 벗어난 베옌이 중계에 머무는 시기도 포함된다. 이 시기 베옌은 무덤

[표 8] 에벤족 관념 속 영혼의 윤회 구조

단계	영혼	시기와 특징	토템적 본성
1단계	오미	상계 씨족 조상령의 마을에서 환생 준비	새
2단계	오미	중계 굴뚝, 화덕 통과, 자궁 안착	새
3단계	오미	태아~1세까지	새
	베옌	태아~사망까지	없음
4단계	하냔	1세~사망까지. 1세: 오미는 하냔으로 변신	은폐
5단계	오미	사망 직후 상계 씨족 조상령의 마을로 이동/ 하냔의 변신형	새
	베옌	사망~사망 1년 후 송혼식 때까지 중계에 기거	없음
6단계	베옌	사망 1년 후 하계 씨족 조상령의 마을 메네옌으로 이동	없음
7단계	악령	사망 1년 후에도 하계로 가지 못한 영혼들	유동적

근처나 생전 자신이 살던 집에 머물기도 하고, 육신에 그대로 남기도
한다. 6단계는 사망 1년 이후 송혼식을 치른 뒤 육신의 영혼 베옌이 중
계를 떠나 하계 씨족 조상령의 마을 메네옌에 통합되는 단계이다. 7단
계는 사망 1년 후에도 여러 이유에서 하계로 가지 못한 영혼이 악령으
로 변하는 단계인데 모든 영혼이 거치는 것은 아니다.

　새영혼 오미와 그림자영혼 하냔은 시공간의 변화에 따른 변신형일
뿐 동일한 조상령의 화신이며 이들 영혼관에서 가장 핵심적이고 가장
중요한 위치에 있다. 에벤키족에 의하면 오미에서 영혼의 토템적 본성
은 밖으로 드러나지만 하냔에서는 은폐되고, 베옌은 토템적 본성을 가
지고 있지 않다. 즉 이들에게 영혼의 토템적 본성은 태아~1세까지, 사
망 이후, 환생 준비 단계에서는 드러나지만 생전에는 은폐되므로 이들
의 영혼관은 토테미즘이 어느 정도 퇴색된 사회의 특징을 보여주고 있
다. 이에 의하면 오미, 하냔, 베옌은 서로 다른 기원을 가지며, 서로 다
른 발전 과정을 거쳤다.

　오미와 하냔은 동일한 조상령의 화신으로 상계 ↔ 중계를 윤회하면
서 씨족의 대를 이어가므로 초기 이들의 영혼관에서 영혼은 상계 ↔
중계만 오갔는데 이는 이들에게 하계의 관념이 없었기 때문이다. 이들
사이에 하계의 출현은 샤먼에 의한 것이므로 오미와 하냔은 샤머니즘
수용 이전의 관념이다. 반면 베옌은 샤먼의 주도로 송혼식을 거행한 이
후 하계에 통합되므로 베옌은 샤머니즘 수용 이후 출현한 관념이다.

② 새영혼 오미
②-1. 오미의 의미 확장 과정
에벤키족에 의하면 영혼 오미는 인간 생사의 기원과 관련이 있다.

〈세베키와 사탄〉 신 세베키[소보키]는 돌과 진흙으로 [사람을] 만든 뒤 "튼튼한 **인간**[1]이 되라"고 말했다. 돌과 흙을 판에 올려놓고 말리는 동안 개가 보초를 섰다. 세베키는 일을 하러 나갔다. 사탄이 와서 개에게 말했다. "벌거벗은 개야, 세베키가 만든 사람을 내게 보여다오. 대신 옷을 만들어 주마." 사탄은 [개가 보여준] **인간**[2]에게 침을 뱉었다. 저녁에 세베키가 오자 개가 말했다. "사탄이 제게 옷을 주었어요." 신이 물었다. "너는 사탄에게 무엇을 주었느냐?", "**인간**[3]을 주었어요.", "어떤 **인간**[4]을 주었느냐?", "당신의 **창조물**을 주었어요." 세베키는 눈물을 흘렸고, 사탄의 침으로 **인간들**은 죽기 시작했다. Şowokī ōrān hişəwə, tukalawa. "ōgin mannikōkun ōmi[1]", gūnän. Olgirän hişāwə, tukalawa oldoksodu olgirän, ŋinakin tigicīllan. Şowokī şururän, hawalnāşinạn. Şatana əmərən, gəūnän ŋinakändu. "Şi ŋinakän dūlākin bişinni, şowokī ōnalgulwan mindụ būkəl, ēruktadāw, bi sindụ şụnə būldam". ēruktallun şatana ōmī[2]lwa, tumnirän. Dolbotono şowokī əmərən ŋinakin gūllän. "Mmindụ şatana şụnə būsan." Şowokī gūllän. "Şi ēwa bunna şatanadu.", "Bi ōmī[3]lwa, būm nuŋandun". Şowokī hanŋūktaran. "Şi ēkumal ōmī[4]lwa būnnā?", "Şi ŋilwa ōnalwas." Şowokī soŋollon. Şatana tumnindukin ilɛl bullə.[83]

위 신화에서 세베키[84]는 돌과 진흙으로 인간의 형상을 만드는 창조주이고, 사탄은 창조주가 만든 인간의 형상을 파괴하는 창조의 방해자이다. 위 신화를 통해 에벤키어에서 '사람, 인간'의 유의어로 사용되는 오미, 오나, 일레의 의미적 차이, 오미의 의미 확장 과정을 유추할 수 있다. 오미[1]~오미[4]는 세베키가 돌과 진흙을 이용해서 만든 인간의 형상으로

---

83 Г. М. Василевич, Сборник по эвенкийскому (тунгусскому) фольклору, Л.: Учпедгиз, 1936, p.30.
84 〈세베키와 사탄〉의 원문에는 소오키로 기록되어 있으나 세베키가 더 보편적이므로 이 책에서는 세베키로 명명한다.

영혼도, 생사의 이원 대립도 가지고 있지 않다. 지금도 아무르강 하류 연안의 우르미강과 사할린섬 에벤키족은 천신이 진흙으로 빚은 첫 인간의 형상을 오미라고 한다.[85] 위 신화에서 오나는 '창조물', 일레[86]는 사탄의 침 때문에 죽음을 속성으로 가지게 된 '인간' 혹은 소멸하는 속성을 가지게 된 '육신'을 의미하므로 '육신, 육신의 영혼' 베옌의 유의어이다.

위 신화에 의하면 본디 인간은 생도 사도 없는 불멸의 존재였으나 사탄으로 인해 죽음을 속성으로 가지게 되면서 불멸의 영혼과 소멸의 육신으로 분리되었다. 즉 육신은 구체적인 형상이 있어서 소멸할 수밖에 없는 유한한 존재, 영혼은 형체가 없기 때문에 소멸하지 않고 시공간의 제약을 받지 않는 영원한 존재가 되었다. 이후 '인간의 형상'을 의미하던 오미는 불멸하는 '영혼'을 의미하게 되었고, 일레와 베예는 소멸하는 '육신 혹은 인간'을 의미하게 되었다. 이에 근거할 때 오미는 인접성과 유사성에 근거해 창조주가 만든 인간의 형상 → 인간의 영혼으로 은환유적 의미 확장을 하였고, 에벤키족 사이에 영혼관이 보다 구체화된 뒤에는 새영혼을 의미하게 되었다.

②-2. 오미의 형상

에벤키족에게 오미는 대개 새의 형상(아주 드물게 동물)인데 일반인의 오미는 박새, 샤먼의 오미는 성조로 숭배되는 독수리, 백조, 아비새이다. 이러한 관념은 샤머니즘 수용 이후 샤먼에게 권위를 부여하면서 샤먼

---

85 Г. М. Василевич, "Дошаманские и шаманские верования эвенков", СЭ 5, 1975, p.55; ССТМЯ 2, p.16.

86 에벤키어에서 ilɛ는 '사람, 남편, 친구', ilɛɜi는 '망자의 영혼', 우데게어와 오로치어에서 ilɛ는 '뼈'를 의미한다. ССТМЯ 1, p.311.

과 일반인의 수직적 계층관계
강화에 큰 역할을 하였다. 오미
가 중계에 오는 것은 인간이 아
닌 천신의 의지에 의한 것인데,
중계의 평범한 사람들은 오미
를 볼 수 없지만 오미는 영혼의
속성상 중계 사람들을 볼 수 있
다. 오미에 대한 관념은 이들의
신화에서도 발견된다.

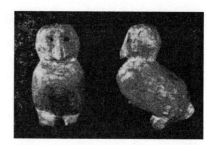

[그림 27] 에벤키족 관념 속 오미의 형상
Мазин, 1984, p.59.

〈노파 눈구르목과 아들〉 어디에선가 쨱쨱 새 우는 소리가 들렸다. …
노파 눈구르목은 주위를 둘러보았다. 아무도 없었다. 재빨리 집으로 달려
가서 사방을 둘러보니 쨱쨱 소리를 내던 새가 사람으로 변해있었다. 이제
껏 한 번도 본 적이 없는 사내아이가 침대 위에서 뒹굴고 있었다. … 다음
날 아이는 한 살 된 아이만큼 자라있었다. 노파가 생각했다. '너는 새의
아이가 분명하구나! 너는 영락없는 타이가의 사람이야!' … 눈구르목은
아이에게 후루고촌이라는 이름을 지어주고 활과 화살을 만들어 주었다.
… 후루고촌은 무사가 되었다.[87]

〈노파 눈구르목과 아들〉은 극동 우추르강 하류 에벤키족 사이에 전파
되어 있는 신화이다. 위 신화에서 노파 눈구르목은 아들의 탄생을 새의
소리로 알게 되었는데 새는 인간으로 환생하기 위해 중계로 온 영혼
오미이다. 이튿날 아이가 한 살 된 아이만큼 자라자 노파 눈구르목은

---

87 Г. М. Василевич, Исторический фольклор эвенков. Сказания и предания,
М.: Наука, 1966, p.235.

아이에게 이름을 지어주었다. 이는 1
세가 되면서 오미가 하냔으로 변하였
고, 토템적 본성이 은폐되면서 진정
한 의미에서 인간-사람으로서의 삶
이 시작되었다는 뜻이다. 아들의 이
름 후루고촌(Hurugochon)은 'hur(~huj~
hui~puri, 잠수하다, 물그림자하다/ 통구스제
어)에서 기원하며[88] '잠수 혹은 물그림
자를 잘 하는 남자'의 의미이므로 아
들과 (물)새의 혈연적 계통관계에 대
해 알려주는 단어이다.

[그림 28] 극동 우추르강 유역

〈아들 칩치니칸과 아버지 킬리디나칸〉 작은 새 한 마리가 앞길을 가로
막으면서 말했다. "킬리디나칸, 저는 당신의 아들이에요. 악령들이 엄마
를 납치했어요. 엄마는 지금 곧 죽을 거예요." … 칼리디나칸은 악령으로
부터 아내를 구했고, 아들 칩치니칸은 다시 상계로 떠났다.[89]

위 신화에서 칩치니칸은 chipkanchikan(물오리, 박새, 흑담비 새끼/ 에벤키
어)의 음성변형이며,[90] 죽은 아이의 영혼 오미인데 중계로 와서 위험에

---

88 접미사 -ga(-gɛ, -go)는 동사 어간에 접미되어 어간의 의미에 상응하는 명사를 파생시
    키고, 접미사 -cha(n)(-chɛ(n), -cho(n))은 '남자 이름 파생 접미사'이다. Б. В. Болдыр
    ев, Эвенко-русскийсловарь 2, М.: Филиал СО РАН ГЕО, 2000, pp.470, 480;
    ССТМЯ 2, 1977, p.352.
89 『시베리아 설화집: 예벤키인 이야기』, 엄순천 편역, 지식을 만드는 지식, 2017, pp.216-217.
90 Б. В. Болдырев, Эвенко-русскийсловарь 2, М.: Филиал СО РАН ГЕО, 2000,
    p.328.

처한 엄마를 구한 뒤 다시 상계로 떠났다. 따라서 상계의 오미는 생전에
만 존재하는 인간의 다른 영혼에 비해 초월적이고 신성한 힘을 가지고
있으며 인간을 보호할 능력이 있다.

②-3. 상계 씨족 조상령의 마을(씨족의 기원지)의 위치

에벤키족에게 상계 씨족 조상령의 마을은 씨족의 기원지로서 영혼
윤회의 출발지이다. 주객관적 조건에 의한 잦은 이주로 에벤키족 내에
서도 지역 그룹에 따라 씨족 조상령 마을의 위치는 다소 차이가 난다.
이에 대한 관념은 크게 아무르 지역과 만주 지역의 동부 에벤키족, 바이
칼 호수와 예니세이강 지역의 중부와 서부 에벤키족의 관념으로 나눌
수 있다.

동부 에벤키족 중 아무르 지역의 에벤키족은 금성의 낙엽송 꼭대기
에 있는 새의 둥지가 씨족 조상령의 마을이라고 믿고, 만주 지역의 에벤
키족은 남쪽 혹은 남서쪽 하늘의 천막집에 기거하는 천신의 나무가 씨
족 조상령의 마을이라고 믿는다.[91] 에벤키족에게 금성은 씨족의 기원지
가 있는 곳이므로 금성은 이들의 종교적 삶에서 중요한 위치에 있다.
씨족 조상령의 마을이 아무르 지역 에벤키족에게는 새의 둥지이고, 만
주족에게는 천신의 나무이므로 이들의 조상령은 토템적 본체와 동일한
실체로 이루어져 있다. 이들에게 낙엽송과 천신의 나무는 상계-중계-
하계를 하나로 연결하는 우주목이며, 우주는 우주목을 중심으로 수직
배열되어 있고, 우주목을 이용해 일반인도 우주를 통행할 수 있다. 만주

---

91 А. И. Мазин, Традиционные верования и обряды эвенков-орочонов (кон
ец XIX~начало XX в.), Новосибирск: Наука, 1984, p.10; S. M. Shirokogoroff,
Psychomental Complex of the Tungus, Peking: Catholic University Press, 1935, p.128.

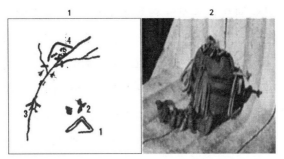

[그림 29] 1. 에벤키족의 관념 속 상계 씨족 조상령의 마을로
가는 길과 오미의 형상, 2. 씨족 조상령의 마을의 형상

족에 의하면 인간의 영혼은 천신이 지배하므로 이들의 관념은 아무르
지역 에벤키족의 관념보다 늦은 시기에 즉 신들 간 계층 분화가 이루어
진 이후에 출현하였다.

중부와 서부 에벤키족에 의하면 상계 씨족의 기원지, 씨족 조상령의
마을은 우주의 중심축으로서 우주강 상류에 있으므로 우주는 수평 배
열되어 있다.[92] 그런데 우주강에서 우주의 통행은 천신으로부터 승천의
권리를 부여받은 샤먼만이 가능하므로 이들의 관념은 샤머니즘 수용
이후 출현하였다. [그림 29] (1)은 에벤키족 코르두얄 씨족의 샤먼 인틸
리군이 주도한 송혼식을 그린 것인데[93] 사후 하냔이 오미로 변신하여
씨족 조상령의 마을로 회귀하는 과정 및 육신의 영혼 베옌의 행방에
대해 보다 분명하게 알려준다. 하냔은 사망 직후 혹은 장지(葬地)에서의
의식과 동시에 오미로 변신하는데 1번은 장지에 설치된 육신의 영혼을

92 А. Ф. Анисимов, Религия эвенков в историко-генетическом изучении и
проблемы происхождения первобытных верований, М.-Л.: АН СССР,
1958, p.60.

93 А. Ф. Анисимов, там же, p.60.

위한 춤, 2번은 관으로 육신의 영혼이 하계 씨족 조상령의 마을로 갈 때 이용하게 될 배이다. 3번은 상계 씨족 조상령의 마을로 날아가는 새 영혼 오미, 4번은 상계 씨족 조상령의 마을, 5번은 상계 씨족 조상령의 마을에서 환생을 기다리는 오미들이다. [그림 29] (1)에 의하면 사후 오미는 바로 상계로 가서 환생을 기다리고, 베옌은 하계 씨족 조상령의 마을로 가서 영원불멸의 삶을 사는데 이는 에벤키족의 보편적인 관념이다.

이 관념은 지역 그룹에 따라 다시 2개의 하위 관념으로 나누어진다. 첫 번째, 포드카멘나야 퉁구스카강 에벤키족의 관념이다. 이들에 의하면 상계 씨족 조상령의 마을은 신화적 씨족의 강 상류에 있으며 이곳의 타이가에는 환생을 기다리는 동물들의 영혼이 있으므로[94] 이들의 관념은 주요 생업이 사냥이던 시기에 출현하였다.

두 번째, 예니세이강, 니즈나야 퉁구스카강, 포드카멘나야 퉁구스카강 일부 에벤키족의 관념이다. 엥제키트강 수원의 응옉타르에는 인간의 영혼 오미가, 그 아래쪽의 제투르에는 순록의 영혼들이 환생을 기다리고 있으므로[95] 이들의 주요 생업이 순록사육이던 시기에 출현한 관념이다. 응옉타르는 ŋewi(망자) + tar(저곳)의 구조로 '망자의 영혼이 있는 저쪽 세계'를 의미하므로[96] 포드카멘나야 퉁구스카강 에벤키족 관념에서 신화적 씨족의 강 상류에 있는 씨족 조상령의 마을에 상응한다.

우주의 중심축으로서 우주목이 우주강보다 더 이른 시기의 관념이므

94 А. Ф. Анисимов, там же, p.79.

95 Г. М. Василевич, "Материалы по религиозным представлениям эвенков", Архив МАЭ РАН, Ф.22, No.1(37), 1943, p.34.

96 Г. М. Василевич, "Енисейские тунгусы," Землеведение 1, М.: ТТКК°, 1917, p.34.

로 씨족의 기원지에 관한 동부 에벤키족의 관념이 중부와 서부 에벤키
족의 관념보다 먼저 출현하였다. 이처럼 에벤키족은 씨족 조상령의 마
을이 금성의 낙엽송 꼭대기에 있는 새의 둥지, 남쪽, 남서쪽에 있는 천
신의 나무, 강 수원에 있다고 믿었지만 의례 의식에서의 위치는 씨족의
이주 경로에 따라 달라진다. 가령 바이칼 호수 지역에서 예니세이강 지
역으로 이주한 그룹은 동쪽, 아무르 지역으로 이주한 그룹은 서쪽, 사하
공화국으로 이주한 그룹은 씨족의 기원지가 남쪽에 있다고 믿는다.

③ 그림자영혼 하냔

③-1. 그림자영혼 하냔의 거처와 의미 순환 구조

에벤키족에 의하면 하냔은 심장, 폐, 위, 피 등 육신의 어디에나 위치
할 수 있지만 대개는 심장에 있다고 믿는데[97] 이는 심장이 인간의 생명
유지에 가장 중요한 기관이기 때문이다. 그럼에도 이들은 죽음의 양태
를 보고 생전 그 사람의 하냔이 있었던 곳을 추정하기도 한다. 심장병으
로 죽으면 그 사람의 하냔은 심장에, 과다출혈로 죽으면 피와 동맥에,
폐결핵으로 죽으면 폐에 있다고 믿는다.[98]

바실레비치에 의하면 하냔은 트랜스바이칼과 아무르 지역 에벤키족
에게 국한된 관념이고, 마진에 의하면 에벤키족에게 가장 중요한 영혼
이다.[99] 에벤키족 영혼관의 핵심은 윤회를 통한 영원불멸인데 하냔은

---

97 Г. М. Василевич, Эвенки. Историко-этнографические очерки (ⅩⅧ~нача
  ло ⅩⅩ в.), Л.: Наука, 1969, p.224; К. М. Рычков, "Енисейские тунгусы," Земле
  ведение 1, М.: ТТКК°, 1917, p.89.

98 А. И. Мазин, Традиционные верования и обряды эвенков-орочонов (кон
  ец ⅩⅨ~начало ⅩⅩ в.), Новосибирск: Наука, 1984, p.25.

99 Г. М. Василевич, Эвенки. Историко-этнографические очерки (ⅩⅧ~нача

[표 9] hanja- 어간의 에벤키어 단어들

번호	단어	의미
1	ha	쌍, 부분, 친척(퉁구스 조어)
2	ha	혈연 친척
3	hanja	형상, 우상, 신상
4	hanjan	그림자, 실루엣, 거울의 반영, 물그림자, 그림자영혼
5	hanjagat	동물의 뿔로 만든 형상, 우상
6	hanjaka	샤먼의 우상(에벤키 고어), 신상
7	hanjakan	조상령
8	hāŋī/ hāŋīkta	-의 뒤를 따르다, 동행하다

ССТМЯ 2, pp.308, 315.

조상령의 또 다른 화신이므로 하냔을 배제하면 영혼의 윤회가 성립이 되지 않는다. 따라서 하냔이 일부 그룹에 국한된 국부적 영혼이라는 바실례비치의 주장은 오류이며, 마진의 주장처럼 하냔은 에벤키족에게 가장 중요한 영혼이다.

[표 9] hanja- 어간의 에벤키어 단어들은 ha(쌍, 부분, 친척/ 퉁구스제어)에서 기원하며 형상, 우상, 신상 → 그림자, 거울의 반영, 물그림자 → 그림자영혼 → 혈연친척 → 샤먼의 우상 → 조상령 → 조상령을 따라가다 → 형상, 우상, 신상의 순환적 의미구조를 이루는데 이는 샤머니즘 수용 이후 더욱 발전, 강화되었다.

③-2. 사후 그림자영혼 하냔의 변신 시기

사후 하냔이 오미로 변신하는 시기에 대한 에벤키족의 관념은 크게

세 그룹으로 나누어진다.

첫 번째, 사망과 동시에 하냔은 오미로 변신하여 상계 씨족 조상령의 마을로 가서 환생을 준비한다는 관념인데 가장 보편적이고 가장 널리 전파되어 있다.

두 번째, 사후 1년(아무르강 에벤키족) 혹은 3년(예니세이강의 일부 에벤키족) 동안 중계에서 머물다가 오미로 변신하여 상계 씨족 조상령의 마을로 간다는 관념이다.[100] 이는 사후 1~3년 뒤 송혼식이 수행된다는 관념이 근거하는데, 송혼식은 육신의 영혼 베옌을 하계에 통합시키기 위한 의식으로 하냔과는 관계가 없기 때문에 이들의 관념에는 하냔과 베옌의 속성이 혼재되어 있다.

세 번째, 사후 하냔과 육신의 영혼 베옌은 함께 하계 조상령의 마을 메네옌으로 가는데 도중에 하냔은 새영혼 오미로 변신하여 하계신을 피해 상계 씨족 조상령의 마을 오미룩으로 갔다가 중계에 환생한다는 관념으로 에벤키족의 지계인 아무르강 상류 오로촌족 사이에 널리 전파되어 있다.[101] 여기에서는 환생이 자연의 법칙이 아니라 베옌과 함께 하계로 가던 하냔의 돌발행동에 의한 우연적 사건으로 그려지고 있기 때문에 설득력이 떨어진다.

이처럼 하냔이 오미로 변신하는 시점은 지역 그룹에 따라 차이가 있지만 하냔은 사망과 동시에 오미로 변신하여 토템적 본성을 되찾아 상계 씨족 조상령의 마을로 간다. 즉 에벤키족에게 인간의 영혼은 오미: 상계

---

100 К. М. Рычков, "Енисейские тунгусы," Землеведение 1, М.: ТТКК°, 1917, p.89; Г. М. Василевич, там же, p.225.

101 А. Ф. Анисимов, Религия эвенков в историко-генетическом изучении и проблемы происхождения первобытных верований, М.-Л.: АН СССР, 1958, p.58.

씨족 조상령의 마을(환생 준비) → 환생을 위해 중계로 이동 → 집의 굴뚝
을 지나 화덕 통과, 자궁에 안착 → 육신의 영혼 베옌 탄생 → 1세 이후
오미는 하냔으로 변신 → 죽음과 동시에 하냔은 오미로 변신 → 상계
씨족 조상령의 마을로 이동 과정 속에서 윤회의 삶을 산다.

④ 육신의 영혼 베옌[102]

육신의 영혼 베옌은 영혼 오미가 자궁에 안착하는 순간 탄생하며 비
가시적이고 살아있는 동안 육신과 분리되지 않는다.

④-1. 육신의 영혼 베옌의 의미 확장 과정

〈두 형제〉 두 형제가 살았다. 형은 … 동생이 만든 **인간¹**들에게 입김을
불었다. 입김을 불자 **인간²**들이 아프기 시작했다. … 동생이 창고에 들어
갔더니 **인간³**들의 일부는 병들어있었고 일부는 살아있었다. 살아있는 인
간들에게 입김을 불면서 "피를 가지게 될 것이다"라고 말했다. 피가 돌면
서 **인간⁴**들은 건강을 되찾았다. 개에게 말했다. "개야! [너는 이제부터]
인간⁵의 뒤를 따라다니게 될 것이다. **인간⁶**들이 사냥을 갈 때 함께 가게
될 것이고 [인간들이] 사냥한 동물을 먹으면서 살게 될 것이다. Utɛlɛ dūr
nɛkūnɛhɛl visāl. …Nɛkūnni ōnalvān bɛjɛ¹ ŋilvān huwtiwsā. Tar huwtirākin,
bɛjɛ² vuglālsāl. …Nɛkūnni ampārlāw īsā, bɛjɛ³ ŋillin hāltin būtisāl, hāltin
indasāl. Tar indɛrītkulbɛ huwuhisā "Saksɛsil okallu", gūnɛn. Tar bɛjɛ⁴ ŋillin
awgarāsāl, saksɛsil osāl. Gūsā nɛkūn, "ŋinakinmi, bɛjɛl⁵ amarīlduktin
bodoktodowkī ōkāl, bɛjɛ⁶nun, wārākin, bulta ŋājɛ dɛpi ŋnɛkɛl.**[103]**

---

102 오로촌은 베옌을 묵디(Mugdy)라고 하는데 에벤키족에게 묵디는 '망자의 영혼, 조상령'
   을 의미한다. А. И. Мазин, Традиционные верования и обряды эвенков-ор
   очонов (конец XIX~начало XX в.), Новосибирск: Наука, 1984, p.61.
103 Г. М. Василевич, Сборник по эвенкийскому (тунгусскому) фольклору, Л.:
   Учпедгиз, 1936, p.31.

위 신화에서 동생은 창조주이고, 형은 동생의 창조를 방해하는 존재
로 각각 〈세베키와 사탄〉의 세베키와 사탄에 상응한다. 위 신화에서 형
의 파괴행위로 죽게 된 사람들에게 창조주 동생이 입김을 불자 피가
돌면서 생명을 가지게 되었으므로 피는 영혼과 생명의 전제 조건 혹은
등가물이다. 이와 유사한 관념은 현대에도 남아있는데 바이칼 호수 지
역 바르구진강 에벤키족은 피나 입김을 영혼의 등가물로 간주한다. 이
로 인해 장례식 때 피를 돌게 하여 망자를 부활시키기 위해 망자에게
여러 겹의 옷을 입혀 몸을 따뜻하게 하기도 하고, 망자의 입이나 코에
입김을 불어넣기도 한다.[104]

위 신화에서 베에[1]은 창조주가 만든 형상으로 영혼이 없는 인간의 육
신, 베에[2]와 베에[3]은 형의 입김으로 소멸의 위기에 처한 인간의 육신,
베에[4]는 피를 가지게 된 인간의 육신, 베에[5]와 베에[6]은 형의 입김과 동생
의 피로 생사의 이원 대립과 영혼을 속성으로 가지게 된 인간을 의미한
다. 따라서 베에는 '인접성'과 '유사성'에 근거하여 생명과 영혼이 없기
때문에 불멸하는 육신 → 영혼과 생사를 속성으로 가지된 인간의 육신
으로 은환유적 의미 확장을 하였다.

베옌은 bɛjɛ(남자, 남편; 수컷; 나무기둥, 줄기; 성장, 건강; 개성, 삶, 세대, 친척;
기슭/ 퉁구스제어)에서 기원하며[105] 사람 ↔ 동물 ↔ 식물의 세계를 하나
로 연결하면서 구체적 의미에서 사회·정신적 개념인 건강·개성·세대·
삶의 개념으로 확대되고 있다. 베옌의 의미에서는 남/ 여, 남편/ 아내,

104 Г. М. Василевич, Эвенки. Историко-этнографические очерки (ХVIII~нача
ло ХХ в.), Л.: Наука, 1969, p.240.

105 Г. Н. Варавина, Концепт души в традиционном мировоззрении тунтусоя
зычных народов Якутии: традиции и современность. Диссерт. ...Кандид.
Исторических Наук, ИГИПМНС РАН, 2014, p.58.

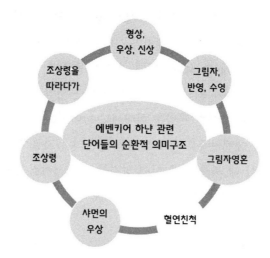

[그림 30] 에벤키어 하냔 관련 단어들의 순환적 의미구조

수컷/ 암컷, 줄기/ 뿌리, 건강/ 병, 자연/ 문화, 아/ 타, 생/ 사, 중계/ 하계 등 인간과 자연계의 속성과 관련이 있는 의미의 이원 대립이 발견된다. 그런데 베옌의 의미에 '기슭'이 포함되어 있는 것은 강기슭이 중계와 하계의 경계라는 관념에 근거한다. 따라서 베옌에서 우주의 중심축은 우주강인데 극동 토착종족 사이에서 우주의 중심축이 우주목에서 우주강으로 변형된 것은 샤머니즘 수용 이후이므로 베옌은 샤먼적 세계관에 맞추어 출현한 관념이다.

④-2. 하계 씨족 조상령의 마을 메네옌

사망 후 송혼식이 거행되기 전 1년(예니세이강 일부 에벤키족은 3년) 동안 베옌은 시신의 내부나 그 근처 혹은 자신이 살던 집에 머무는데 사람들에게는 보이지 않지만 샤먼은 볼 수 있다. 이 기간 베옌은 주위를 돌아다니면서 소리를 지르고, 휘파람을 불고, 큰소리로 웃으면서 사람들에

게 불편함과 해를 끼치기도 하고, 가족과 친인척들에게 고통과 병을 가
져다주거나 사냥을 방해하기도 한다.[106] 대다수 에벤키족은 이 기간 베
옌들은 바이칼 호수 인근의 포이미기 지역 높은 곳에 모여 산다고 믿으
면서 이곳을 피해 다니는데[107] 포이미기는 상계 씨족 조상령의 마을 오
미룩, 하계 씨족 조상령의 마을 메네옌에 상응한다.

송혼식 이후 베옌은 육신과 분리되어 하계 신화적 씨족의 강 하구에
있는 조상령의 마을 메네옌으로 이동한다. 메네옌은 'mɛnɛ(어간) + -n(명
사 파생 접미사)'의 구조이며, 멘(mɛn-) 어간의 에벤키어 단어에는 멘(mɛn,
자신; 스스로), 메네켄(mɛnɛkɛn, 자립적·독립적), 메네(mɛnɛ, 정착 생활을 하다;
집), 메네젝(mɛnɛʒek, 상설 가옥) 등이 있다.[108] 이 단어들에 근거할 때 에벤
키족은 메네옌의 조상령들은 중계에서처럼 스스로 모든 것을 해결하면
서 정착 생활을 한다고 믿는다.

그런데 베옌은 하계 입구도, 하계 씨족 조상령의 마을로 가는 길도
모르기 때문에 베옌이 하계로 통합되기 위해서는 샤먼이 주도하는 송
혼식이 필수적인데[109] 이 과정은 다음과 같다.

〈송혼식〉 샤먼은 망자의 육신의 영혼 베옌을 배-관에 태워 신화적 씨

106 Я. И. Линденау, Описание народов Сибири (1 пол. XVIII в.): Историко-эт
   нографические материалы о народах Сибири и Северо-Востока, Магада
   н: Магаданское кн. изд-во, 1983, p.91.
107 Г. М. Василевич, "Материалы по религиозным представлениям эвенков",
   Архив МАЭ РАН, Ф.22, No.1(37), 1943, p.35.
108 Б. В. Болдырев, Эвенко-русскийсловарь 2, М.: Филиал СО РАН ГЕО, 2000,
   p.98.
109 А. Ф. Анисимов, "Шаманские духи по воззрениям эвенков и тотемически
   е истоки идеологии шаманства", СМАЭ 13, 1951, pp.110, 111.

족의 강 하구로 데리고 간다. 강기슭에 이르면 씨족 조상령의 마을을 향해 죽은 씨족구성원의 영혼을 데리고 왔다고 소리친다. 이 소리를 들은 하계 씨족 조상령 마을의 수장인 노파 부닌이 집 밖으로 나온다. 부닌은 샤먼에게 이것저것 물어보고, 샤먼의 부탁이나 요구사항을 자세하게 듣는다. 그다음 조상령들에게 새로 온 씨족구성원의 영혼을 데려 가라고 명령한다. 죽은 조상령 중 한 명이 자작나무껍질로 만든 배를 타고 샤먼에게 와서 죽은 씨족구성원의 영혼을 인계받아 마을로 데리고 간다.[110]

부닌은 하계 씨족마을 입구를 지키는 노파이며 'buni(하계 씨족 조상령의 마을) + in(살다, 삶/ 퉁구스제어)' 의 구조이므로 하계 씨족 조상령 마을의 수장이자 생과 사, 중계와 하계의 경계표지이다. [그림 31]은 에벤키족 샤먼의 호부인데 가운데 원은 하계 입구 이며, 사람의 형상은 하계 씨족 조상령 마을의 수장 인 부닌과 그 마을의 노파이므로 베옌에는 모계씨 족사회의 흔적이 남아있다. 송혼식을 마친 뒤 중계 로 돌아온 샤먼은 자신의 보조령을 이용해 하계 입 구에 장벽을 설치하는데[111] 이는 하계 악령이나 조

[그림 31] 에벤키족
샤먼의 호부
Анисимов,
1958, p.185.

상령이 중계에 와서 사람들에게 해를 끼치는 것을 막기 위한 것이다.

상계 씨족 조상령의 마을(씨족의 기원지)인 오미룩, 중계 육신의 영혼 베옌의 집합장소인 포이미기, 하계 씨족 조상령의 마을인 메네옌은 생/

110 А. Ф. Анисимов, Религия эвенков в историко-генетическом изучении и проблемы происхождения первобытных верований, М.-Л.: АН СССР, 1958, p.79.

111 А. Ф. Анисимов, "Шаманские духи по воззрениям эвенков и тотемически е истоки идеологии шаманства", СМАЭ 13, 1951, pp.58, 111.

[표 10] 상계, 중계, 하계에서 영혼의 집단거주지

	상계	중계	하계
거주지	오미룩	포이미기	메네옌
영혼	오미	베옌	베옌
특징	중계 환생 전의 거처, 씨족의 기원지	하계 메네옌으로 이동하기 전 임시 거처	불멸의 삶
공통점	씨족별 집단생활		

사, 윤회/ 소멸, 개인/ 집단, 아/ 타의 이원 대립 속에서 집단거주지의
모습을 보여주는데 이는 고대 에벤키족이 집단생활을 했던 흔적이다.
에벤키족에 의하면 오미와 하냔의 윤회에서는 샤먼이 특별한 역할을
하지 않지만 베옌이 하계 씨족 조상령의 마을에 통합되기 위해서는 샤
먼이 주도하는 송혼식이 필수적이므로 베옌은 오미, 하냔보다 늦은 시
기 그리고 샤머니즘 수용 이후 출현한 관념이다.

(3) 운명의 영혼 마인

운명의 영혼 마인은 1924년 수슬로프가 노릴 지역과 비빈 지역 에벤
키족에게서 처음으로 밝혀냈다. 이후 아니시모프에 의해 인간의 주요
영혼의 하나로 분류되었지만 인간의 영혼보다는 초월적 힘의 개념에
가깝다.

① 운명의 영혼 마인과 샤머니즘의 융합

운명의 영혼 마인은 사람의 눈에는 보이지 않지만 인간 및 동·식물
의 머리와 상계 천신의 손을 연결하고 있는 줄인데 행복/ 불행, 성공/
실패 등 개인의 운명과 밀접하게 관련되어 있지만 생사에 직접적인 영
향을 미치지는 않는다.

운명의 영혼 마인에 대한 에벤키족의 초기 관념은 확고부동하지 않을 뿐만 아니라 포드카멘나야 퉁구스카강·니즈나야 퉁구스카강·일림페야강·우르미강·사할린섬 등 일부 에벤키족에게만 전파된 국부적인 관념이었는데 현대 에벤키족에게는 보편적인 관념이다. 우르미강과 사할린섬 에벤키족은 마인을 '운명의 영혼'과 '천신'의 의미로 같이 사용하면서 종종 의미상의 혼란을 겪기도 하는데 이는 마인과 천신의 역할이 유사하기 때문이다.

운명의 영혼을 쥐고 있는 천신의 명칭은 지역 그룹에 따라 아마카, 세베키, 마인, 엑세리, 엔두리 등 다양하지만 공통점은 에벤키족의 남성 시조신, 순록 사육 등 물질문화의 기본 요소들을 전해준 문화영웅, 에벤키족의 운명을 주관하는 존재이므로 운명의 영혼에서는 가부장적 부계 사회의 흔적이 엿보인다. 또한 마인은 인간의 형상이므로 토테미즘이 샤머니즘에 흡수되면서 이들의 자연신이 토템신 → 반인반수 → 인간신으로 변형되는 마지막 단계에서 출현한 비교적 늦은 시기의 산물이다. 사후 마인의 운명은 중계에서 삶의 양태에 따라 달라지는데, 중계에서 선하고 정직하게 살면 사후 그의 마인도 풍요롭고 편하게 살지만 중계에서 죄를 짓거나 악하게 살면 사후 그의 마인은 비참하게 산다.[112] 본디 극동 토착종족은 사후의 삶을 선악과 연결시키지 않았기 때문에 마인에는 이들 고유의 관념과 기독교적 관념이 혼융되어 있다.

운명의 영혼 마인은 인간의 생사와 직접적인 관련은 없지만 천신이 실수로 마인을 끊으면 병에 걸리거나 죽을 수도 있다. 그런데 천신과의

112 Г. Н. Варавина, Концепт души в традиционном мировоззрении тунтусоя зычных народов Якутии: традиции и современность. Диссерт. ...Кандид. Исторических Наук, ИГИПМНС РАН, 2014, p.62.

소통이 허락된 샤먼은 이 문제를 해결할 수 있다. 샤먼은 보조령인 우주의 순록 칼리르를 타고 천신에게 가서 마인이 끊어져 씨족구성원이 병에 걸렸음을 알리고 끊어진 마인을 묶는다.[113] 의식 때 샤먼은 환자의 영혼을 나무로 만든 작은 사람 형상에 안착시킨 뒤 나무꼭대기나 굴뚝 위에 고정시킨 작은 나무판에 올려놓는다.[114] 작은 사람의 형상은 영혼의 거처이며 나무꼭대기나 굴뚝에 형상을 올려놓는 것은 나무는 씨족의 기원지로서 씨족나무를 상징하고, 굴뚝은 인간의 영혼이 중계 환생할 때 가장 먼저 거치는 곳이기 때문이다. 마인의 관념에서 샤먼은 씨족구성원의 생사여탈권을 가지고 있기 때문에 샤먼의 권위는 다른 영혼관에서 보다 한층 강화되었으며, 마인은 샤먼적 세계관의 근저가 되었다.

② 운명의 영혼 마인과 실, 줄의 메타포

에벤키족은 '실, 줄'을 영혼의 등가물로 간주하면서 누군가 요절하면 "그의 줄이 짧았다"고 하는데[115] 이는 운명의 영혼에 근거한 메타포이다. 실, 줄의 등가물로써 운명의 영혼은 쌍둥이에 대한 관념에서 특히 잘 드러난다. 일부 지역의 에벤키족은 쌍둥이의 탄생을 신비로운 일로 생각하지만 보편적으로 쌍둥이들에게는 좋지 않은 것으로 간주된다.

---

113 А. Ф. Анисимов, Религия эвенков в историко-генетическом изучении и проблемы происхождения первобытных верований, М.-Л.: АН СССР, 1958, p.2.

114 И. М. Суслов, "Материалы по шаманству у эвенков бассейна реки Енисей", Архив МАЭ РАН, Ф.1, Оп.1, No.58, 1935 г. Л.3. pp.39-40.

115 Г. И. Варламова, Мировоззрение эвенков: Отражение в фольклоре, Новосибирск: Наука, 2004, p.75.

이는 쌍둥이들은 새영혼 오미와 운명의 영혼 마인을 공유하는데 한 명
이 사망하면 오미와 마인이 반으로 줄어들기 때문이다.[116] 따라서 영혼
이 온전하게 기능을 못하게 되어 살아남은 다른 한명은 아프거나, 정신
질환에 걸리거나, 불안정한 삶을 사는데 그 마저도 오래 살지 못한다고
믿는다.[117]

실, 줄은 속성 상 편평함은 행복과 해방, 꼬임이나 매듭은 불행·방
해·굴레·속박을 상징한다. 에벤키족은 난임(難姙)일 경우 마을에 있는
매듭을 모두 풀고 하늘을 향해 활이나 총을 쏘는데[118] 이는 매듭이 인생
을 꼬이게 만들고 임신을 방해한다는 관념에 근거한다. 상복에 매듭을
짓지 않는 풍습도[119] 같은 맥락에서 이해될 수 있는데 상복의 매듭은
망자의 영혼이 갈 하계 길의 장애물, 망자의 영혼을 중계에 속박하는
방해물로 간주된다.

또 타인의 실로 바느질할 때는 매듭을 짓지 않는데 이는 하계에서
매듭이 두 사람 사이를 가로막는 장애물이 되어 서로의 관계가 단절된
다는 관념에 근거한다.[120] 하계에서 만난 두 사람은 이 매듭이 장애물이
되어 손을 내밀어도 잡을 수 없고, 서로의 목소리도 들을 수 없다. 두
사람이 만나려면 함께 매듭을 기어 지나가면서 풀어야 하지만 그것은
불가능하기 때문에 결국 실을 끊어야 하는데 이는 관계의 단절을 의미
한다.

---

116 Г. И. Варламова, там же, p.76.
117 Г. И. Варламова, там же, p.76.
118 Г. И. Варламова, там же, p.76.
119 Г. И. Варламова, "Душа-судьба Майн", Полярная звезда 2, 1996, p.176.
120 Г. И. Варламова, там же, pp.177-178.

(4) 머리카락 영혼관

에벤키족 사이에는 "사람이 죽으면 그의 머리카락이 운다."는 금언이
전해지는데 이는 머리카락 영혼관에 근거한다. 에벤키족은 에벤족처럼
전염병이 돌거나 큰 병에 걸리면 머리카락 다발을 샤먼에게 맡기는데
이는 악령으로부터 영혼을 보호하기 위한 것이다. 두통과 같은 가벼운
병일 경우 샤먼은 자신의 머리카락을 태운 뒤 환자에게 냄새를 맡게
하는데[121] 이는 머리카락에 악령과 불길한 힘을 퇴치할 수 있는 신성한
힘인 영혼이 있다는 관념에 근거한다.

18세기 우다강 에벤키족은 사후 다시 만나 부부의 연을 맺기 위해
장례식 때 상처(喪妻)한 남편은 자신의 머리 다발을 죽은 아내의 겨드랑
이 밑에, 남편을 잃은 아내는 자신의 머리 다발을 남편의 가슴 위에 놓
아둔다.[122] 이 의식에서 머리카락은 '아내와 남편의 영혼을 연결하는 매
개체'이다. 또 관에는 망자의 머리카락을 넣어두고, 장례식 마지막 날
가족들은 땋았던 머리를 풀어헤친다.[123] 땋은 머리는 망자의 운명을 꼬
이게 하고, 망자의 하계 길을 가로막는 방해물을 의미하므로 이때의 머
리카락은 하계로 가는 길을 상징한다. 이처럼 에벤키족의 상례에서 머
리카락은 영혼들을 연결하는 매개체, 하계로 가는 길 등 다양한 상징의
미를 지니고 있다.

머리카락 영혼관으로 인해 이들 사이에는 머리카락과 관련된 다양한
금기가 전해지고 있다.

---

121 Г. И. Варламова, Мировоззрение эвенков: Отражение в фольклоре, Ново
   сибирск: Наука, 2004, p.68.
122 Г. М. Василевич, Эвенки. Историко-этнографические очерки (XVIII~нача
   ло XX в.), Л.: Наука, 1969, p.224.
123 Г. М. Василевич, там же, p.224.

첫 번째, 아내가 남편의 머리를 깎으면 남편의 생명이 단축되거나, 가족에게 불행이 닥칠 수 있고, 중년의 여성이 갑자기 머리를 짧게 자르면 남편이 죽는 등 불행한 일이 생긴다.[124] 이는 머리카락에 영혼이 있다는 관념, 머리카락이 가족을 연결하는 매개체라는 관념에 근거한다.

두 번째, 지역에 따라 차이는 있지만 1세 이하 영유아의 머리는 깎지 않는데 가끔은 2세, 혹은 그 이상 된 아이의 머리도 깎지 않는다.[125] 이는 아이의 영혼은 어리고 약하기 때문에 머리를 깎는 도중 머리카락 영혼이 다치거나 죽을 수 있는데 이로 인해 아이가 죽을 수 있다는 관념에 근거한다. 바실리예프는 오로고강 에벤키족 마을 답사 당시 12~14세의 소년이 소녀처럼 머리를 기르고 있는 모습을 보았다고 기록하였다.[126] 특히 어린아이의 사망이 잦은 가정에서는 이를 더욱 철저하게 지켰고, 오로고강 에벤키족 마을의 소년처럼 청소년기까지 머리를 깎지 않기도 하였다.

세 번째, 해가 진 뒤에는 머리를 잘라도, 빗어도, 땋아도 안 된다. 사후 하계로 가면 하계신이 머리카락의 수를 세어보는데 한 가닥이라도 잃어버리면 중계에서 와서 찾아가야 하는 불편한 상황이 벌어질 수도 있고, 잃어버린 머리카락 영혼이 악령의 공격을 당하면 머리카락의 주인이 병에 걸릴 수도 있기 때문이다.[127] 이로 인해 에벤키족은 머리를

124 Г. Н. Варавина, Концепт души в традиционном мировоззрении тунтусоя зычных народов Якутии: традиции и современность. Диссерт. ...Кандид. Исторических Наук, ИГИПМНС РАН, 2014, p.78.

125 S. M. Shirokogoroff, Social organization of the northen tungus, Shanghai, 1929, p.285.

126 Архив РАН СПб. филиал, Ф.47, Оп.1, Д.887, Л.38, 1928.

127 Г. И. Варламова, Мировоззрение эвенков: Отражение в фольклоре, Новосибирск: Наука, 2004, pp.66-67.

자른 뒤 머리카락을 잃어버리지 않기 위해 한데 모아 태웠는데 대체로
이들은 머리 깎는 것을 좋아하지 않았다. 20세기 초에도 에벤키족 남자
들은 머리를 땋고 다녔고, 여자들은 소비에트 시대 이후부터 깎기 시작
했는데 지금도 많은 중년의 에벤키족 여성들은 살면서 한 번도 머리를
잘라본 적이 없다고 한다. 에벤키족 사이에 머리카락 영혼관이 전파된
시기를 정확하게 알 수 없지만 이는 다른 신체부위와 달리 썩지 않는
머리카락의 속성에 근거한다.

2. 극동 퉁구스족 남부그룹의 영혼관

1) 나나이족의 영혼관

(1) 나나이족의 영혼관에 대한 연구자들의 입장

나나이족의 영혼관에 관한 연구자들의 입장은 일률적이지 않은데
이들의 입장은 인간의 주요 영혼의 수에 따라 크게 세 그룹으로 나누어
진다.

첫 번째 그룹은 인간의 영혼은 2개라는 입장으로 우수리강과 아무르
강 상류 나나이족을 연구한 심케비치와 아무르강 하류 나나이족을 연
구한 시테른베르크가 대표적이다. 심케비치에 의하면 인간의 영혼은
새영혼 오미아와 숨영혼 에르게니 2개인데 오미아는 태아부터 1세까지
영혼이며, 1세가 되면 오미아는 에르게니로 변하고, 사후 에르게니는
다시 오미아로 변신하여 상계로 가서 환생을 기다린다.[128] 심케비치에

---

128 П. П. Шимкевич, Материалы для изучения шаманства у гольдов, Хабаров
ск: ТКПГГ, 1896, p.1.

[표 11] 나나이족의 영혼관에 대한 연구자들의 입장

그룹	연구자	인간의 주요 영혼의 명칭	인간의 영혼(개)
1그룹	심케비치	오미아, 에르게니	2
	시테른베르크	오흐사이, 파냐	
		파냐, 욱수키(시카치알랸 마을)	
2그룹	스몰랴크, 로파틴	오미아, 에르게니, 파냐	3
	이바노프	오미아, 에르게니, 욱수키	
	압로린, 레베죠바	오미아, 에르게니, 파냐	
	코지민스키	파냐, 모로소, 줄렘지	
3그룹	립스키	오미아, 욱수키, 에르게니, 파냐	4

의하면 숨영혼 에르게니는 인간의 생명 유지에 필수적인 숨·호흡의 등
가물이며, 오미아와 에르게니는 시기에 따른 변신형일 뿐 동일한 조상
령의 화신이므로, 이들의 영혼관에서 조상령 이외의 영혼은 존재하지
않는다.

시테른베르크에 의하면 나나이족의 관념에서 인간의 영혼은 오흐사
이(oxsaj)와 파냐 2개인데 오흐사이는 반영(反影)으로 아이의 형상이며
눈에 위치하고 육신과 분리 불가능하며, 파냐는 그림자영혼으로 잠을
잘 때 육신을 이탈하기도 한다.[129] 시테른베르크의 입장은 매우 불분명
할 뿐만 아니라 두 가지 결정적인 오류를 범하고 있다. 첫 번째, 오흐사
이는 시테른베르크의 자료에서만 발견되며 퉁구스제어에는 존재하지
않는 단어이고, 인간의 주요 신체 부위가 아닌 눈에 있으므로 국부적
신체부위 영혼인데 시테르베르크는 인간의 주요 영혼으로 설정하고 있

---

[129] Л. Я. Штернберг, Гиляки, орочи, гольды, негидальцы, айны, Хабаровск: Дальгиз, 1933, p.492.

다. 두 번째, 오흐사이는 반영, 파냐는 그림자영혼이라 명명하면서 서로
다른 영혼으로 규정하고 있다. 하지만 나나이족에게 반영과 그림자는
동일한 개념이므로 같은 영혼을 다른 이름으로 부르고 있다.

　다른 한편 시테른베르크에 의하면 아무르강 하류 시카치알랸 마을
나나이족에게 인간의 영혼은 그림자영혼 파냐와 육신의 영혼 욱수키
2개인데 파냐는 잠을 잘 때는 육신을 떠난다.[130] 파냐는 극동 퉁구스족
공통이며, 욱수키는 에벤족과 에벤키족의 육신의 영혼 베옌에 상응한
다. 그렇다면 이들의 관념에서 그림자영혼 파냐는 상계와 중계를 윤회
하면서 씨족의 영속성을 이어가고, 욱수키는 하계 씨족 조상령의 마을
에서 불멸의 삶을 사는 영혼이다.

　두 번째 그룹은 인간의 영혼은 3개라는 입장으로 스몰랴크와 로파틴,
이바노프, 압로린과 레베죠바, 코지민스키가 대표적인데 연구 대상 지
역이 일관되지 않을 뿐만 아니라 가장 혼란스럽다. 스몰랴크와 로파틴
에 의하면 인간의 영혼은 오미아, 에르게니, 파냐 3개이며 오미아는 태
아부터 1세까지의 영혼인데, 1세 이후에는 에르게니로 변하며 사후 에
르게니는 다시 파냐로 변신한다.[131] 이들에 의하면 오미아, 에르게니, 파
냐는 동일한 영혼으로 시공간의 변화에 따른 변신형이므로 이들의 관
점에서 나나이족에게 조상령 이외의 영혼은 존재하지 않는다.

　이바노프에 의하면 인간의 영혼은 오미아, 에르게니, 욱수키 3개인데
오미아는 육신과 기계적으로 결합하며 사후 육신과 분리되고, 욱수키
는 육신의 영혼으로 백골이 될 때까지 중계에 머무르지만 이후 행방은

130　Л. Я. Штернберг, там же, p.492.

131　И. А. Лопатин, "Гольды амурские, уссурийские и сунгарийские. Опыт
　　этнографического исследования", ЗОИАК ВО ПОРГО 17, Владивосток:
　　ТУВД, 1922, pp.199-201.

알 수 없으며, 사후 에르게니의 행방도 알 수 없다.[132] 이바노프의 입장에 따르면 오미아, 욱수키, 에르게니는 서로 다른 영혼이며 일생을 자신이 속한 사람과 공존하지만 사후 행방은 묘연한데 아바노프는 나나이족 영혼관의 핵심인 '윤회'를 간과하는 오류를 범하고 있다.

압로린과 레베죠바에 의하면 인간의 영혼은 오미아, 에르게니, 파냐 3개인데 오미아는 사후 1년 동안 중계에 머무르다가 샤먼의 주도로 송혼식을 치른 뒤 하계로 간다. 파냐는 그림자영혼이며, 에르게니는 육신의 외부에 존재할 수도 있는데 비가시적이고 임의의 작은 물체로 변신할 수 있다.[133] 이들에 의하면 오미아, 에르게니, 파냐는 서로 다른 영혼이며 일생을 자신이 속한 사람과 공존하고, 오미아는 상계 → 중계 → 하계를 윤회하면서 씨족의 영속성을 이어가는 영혼이므로 조상령의 화신이다. 이들은 에르게니는 숨영혼이므로 육신과 분리될 수 없는데 육신의 외부에 존재할 수 있다는 오류를 범하고 있다.

아무르강 하류 고린강 나나이족의 영혼관을 연구한 코지민스키에 의하면 인간의 영혼은 그림자영혼 파냐, 나무 영혼 모로소, 육신 밖의 영혼 줄렘지 3개이다. 사후 파냐는 중계에서 하계로 이동하고, 모로소는 출생과 함께 자라기 시작하여 사망 직전에 죽고, 줄렘지는 영원히 중계에 남는데 생전 사람의 행동양태에 따라 신이나 악령으로 변한다.[134] 모

---

132 C. B. Иванов, "Представления нанайцев о человеке и его жизненном цикле", Природа и человек в религиозных представлениях народов Сибири и Севера(вторая половина XIX~начало XX вв.), Л.: Наука, 1976, p.185.

133 В. А. Аврорин, Е. П. Лебедева, Орочские тексты и словарь, Л.: Наука, 1978, pp.243, 255.

134 И. И. Козьминский, "Возникновение нового культа у гольдов", Сб. этнографических материалов, Л.: ЭО ГФ ЛГУ, 1927, p.44; Г. Т. Гасанова, Р. А. Самар, "Традиционные представления и верования нанайцев", Записки грод

로소는 mo(나무/ 퉁구스제어)에서 기원하는데 나나이족에게 모로소는 영혼이 아니라 인간의 분신이다. 사람들은 자신의 모르소를 꿈에서 볼 수 있는데 꿈에서 이 나무가 죽으면 자신도 곧 죽을 것이라고 믿고, 누군가 갑작스럽게 죽으면 타이가에 있는 그 사람의 모로소가 죽었기 때문이라고 믿는다.[135] 줄렘지는 이들 성조신 줄린의 음성변형이므로 코지민스키의 영혼관은 인간의 영혼, 인간의 분신으로써 나무, 가택신앙에 대한 관념이 혼재되어 매우 혼란스럽다.

세 번째 그룹은 인간의 영혼은 오미아, 욱수키, 파냐, 에르게니 4개라는 입장으로 아무르강 하류 나나이족을 연구한 립스키가 대표적이다. 오미아는 사후 육신과 분리되어 천신이 다스리는 상계 씨족 조상령의 마을로 갔다가 인간이나 동·식물로 환생한다. 욱수키는 육신의 영혼으로 사후 백골이 될 때까지 망자의 시신 근처에 머물다가 송혼식 이후 하계 씨족 조상령의 마을로 가며, 파냐는 그림자영혼이고, 에르게니는 숨영혼인데 출생과 함께 나타나서 사람과 일생을 함께 한다.[136] 립스키에 의하면 4개의 영혼은 서로 다른 영혼으로 일생동안 공존하며, 오미아는 상계와 중계를 오가면서 씨족의 영속성을 이어가고, 욱수키는 하계 씨족 조상령의 마을에서 불멸의 삶을 살아가므로 나나이족에게는 조상령 이외에 3개의 영혼이 더 존재한다.

이처럼 나나이족 영혼관에 관한 연구자들의 주장은 일률적이지 않고 매우 혼란스러운데 립스키를 제외한 다른 연구자들의 공통된 문제는

ековского музея 6, Хабаровск: ХКМ, 2003, p.30.

135 ИиК нанайцев, p.151.

136 А. Н. Липский, Элементы религиозно-психологических представлений гольдов, Чита: Тип. Губсоюза Забайкальских кооперативов, 1923, pp.42, 43, 165.

이들 영혼관의 핵심인 '윤회'를 이어갈 조상령에 대해 설명하지 못하고
있다는 점이다.

(2) 인간의 주요 영혼 오미아, 파냐, 욱수키, 에르게니

연구자들 간 입장 차이에도 불구하고 여러 자료를 종합할 때 나나이
족에게 인간의 주요 영혼은 새영혼 오미아, 그림자영혼 파냐, 육신의
영혼 욱수키, 숨영혼 에르게니 4개이다.

① 새영혼 오미아
①-1. 새영혼 오미아의 특성

오미아는 오미의 음성변형이며 초카(choka, 작은 새/ 나나이어)나 니체
(niɛche, 작은 새·노래하는 작은 새/ 나나이어)의 형상이다.[137] 오미아는 상계
씨족나무(씨족 조상령의 마을)에서 환생을 기다리므로 씨족의 기원이 되
는 영혼 즉 조상령의 화신이다. 나나이족은 자신들의 기원을 나무, 동
물, 창조주 먀멜리지의 핏방울 등 다양한 곳에서 찾지만 새영혼 오미아
에 근거하여 새에서 찾기도 한다.

〈인간의 기원〉 인간들은 새에서 태어났다. 일부 씨족은 페페 새에게서
태어났다. Пичуэндулэ най балдихани. Поани хала пепе тэй н
иэчэкэндулэ балдиха.[138]

---

137 Т. И. Петрова, Нанайско-русский словарь (около 8000 слов), Л.: Госучпед
гиз Минпроса РСФСР, 1960, p.157; ССТМЯ 1, pp.43, 540, 561.
138 Р. А. Бельды, Т. Д. Булгакова, Нанайские сказки, Norderstedt: Verlag der
Kulturstiftung Sibirien, SEC Publications, 2012, p.16.

오미아에 대한 나나이족의 관념은 지역 그룹에 따라 매우 유동적이고 불분명하지만 인접한 다른 퉁구스족에 근거할 때 태아~1세까지의 영혼이다. 오미아는 1세 이후 그림자영혼 파냐로 변신하고, 사후 파냐는 다시 오미아로 변신하여 상계 씨족 조상령의 마을로 가서 환생을 기다린다. 따라서 나나이족에게 오미아는 1단계: 상계 씨족 조상령의 마을(씨족나무)에서 환생 준비 → 2단계: 환생을 위해 중계 씨족마을로 이동하여 굴뚝, 화덕을 지나 자궁에 안착 → 3단계: 태아~1세 → 4단계: 1세 이후 파냐로 변신 → 5단계: 사후 오미아로 변신하여 상계 씨족 조상령의 마을로 이동의 순환구조 속에서 존재한다. 따라서 오미아의 토템적 본성은 상계 씨족 조상령의 마을에서 환생을 준비할 때, 태아~1세까지, 사후 파냐가 육신을 벗어나 상계 씨족 조상령의 마을로 갈 때만 드러나며 오미아와 파냐는 동일한 조상령의 화신이다.

나나이족은 9~12개월 사이에 사산한 태아와 1세 이전 사망한 아이의 오미아는 바로 상계로 갔다가 전생의 특징을 그대로 간직한 채 같은 엄마에게 환생한다고 믿는다. 이 시기의 오미아는 영혼의 순환 구조 속에서 인간의 범주로 전환되지 않은 상태, 즉 아직 인간-사람의 범주에 포함되지 못하는 상태이기 때문이다. 이에 대한 나나이족의 관념은 매우 구체적인데 이들은 이러한 아이들의 오미아는 사후 3년 이내 환생한다고 믿으면서 죽은 아이의 손에 숯으로 몇 개의 줄을 새겨놓고 아이가 태어나면 이를 확인한다.[139] 립스키에 의하면 3번 연속 사망하면 3년이 아니라 6년 이후 환생이 가능하며, 6년 이후에도 환생을 하지 못하면 자신의 씨족에게는 더 이상 환생이 불가능하고, 다른 씨족이나 종족에게

---

139 И. А. Лопатин, Гольды амурские, уссурийские и сунгарийские: Опыт этнографического исследования, Владивосток: б. и., 1922, p.200.

환생한다.[140] 스몰랴크에 의하면 두 번째 환생했음에도 사망하면 세 번째
는 다른 씨족이나 종족에게 환생한다.[141] 이처럼 다른 씨족이나 종족에게
서 환생한다는 것은 씨족구성원의 범주에서 제외되었다는 의미이다.

이때 3년, 6년은 성수 3과 6숭배에 의한 것인데 나나이족 사이에는
3개의 태양 신화, 손가락이 3개(가끔 2개)인 산과 강의 정령 칼가마 신화
가 전해지고, 샤먼이 치병의식 때 사용하는 호부의 일부는 머리 부분의
돌출부가 3개이다.[142] 따라서 이들에게 숫자 3은 성과 속, 생과 사의 이
원대립을 상징하며, 6은 3의 배수로서의 상징성을 지닌다.

①-2. 오미아의 보호책과 주물 숭배(呪物崇拜)

오미아는 1세까지의 영혼이므로 매우 허약하고 겁이 많으며, 육신과
의 관계도 일시적이고 확고하지 않기 때문에 악령의 공격에 쉽게 노출
된다. 악령의 공격을 받으면 오미아는 육신을 이탈하는데 이는 죽음이
나 발병을 의미하며 극동 토착종족 공통의 관념이다. 이로 인해 이들은
저마다의 방식으로 영유아의 오미아 보호에 힘쓰는데 나나이족에게는
주물 숭배가 가장 널리 전파되어 있다.

나나이족의 주물 숭배는 크게 동물 숭배와 주구(呪具) 숭배로 나누어
지는데 동물 숭배의 기원이 더 오래되었다. 동물 숭배의 일환으로 큰부

140 А. Н. Липский, Элементы религиозно-психологических представлений
гольдов, Чита: Тип. Губсоюза Забайкальских кооперативов, 1923, pp.40,
41.

141 А. В. Смоляк, "Представления нанайцев о мире", Природа и человек в
религиозных представлениях народов Сибири и Севера (вторая полови
на XIX~начало XX вв.), И. С. Вдовин (Ред.), Л.: Наука, 1976, p.105.

142 나나이족 신화에 타이가의 거인 칼가마는 사람을 잡아먹지만 우는 아이를 달래주기도
한다. http://www.icrap.org/ru/Ostrovski9-1.html. 검색일: 2021.06.01.

엉이와 부엉이를 집에서 길렀고, 독수리의 머리나 다리, 곰의 아래 송곳
니나 발톱, 여우의 턱뼈, 사향고양이의 아래송곳니, 말린 농어와 새우를
집 출입문 위와 요람에 걸어두거나 아이의 목에 걸어주었다.[143] 이는 인
간과 구별되는 이들의 광폭한 힘과 다른 동물들을 공격할 때 사용되는
날카로운 이빨, 발톱, 턱뼈 등이 영혼의 세계에서도 현실에서와 같은
역할을 하면서 악령을 물리칠 것이라는 믿음에 근거한다. 이후 사냥이
일차적 생산 활동에서 밀려나면서 실제 동물 부위 대신 동물 가죽, 자작
나무 껍질, 더 이후에는 천이나 종이 형상으로 대체되었지만 상징 의미
는 계속 보전되었다.

　주구 숭배에는 요란한 소리를 내는 철제품이 이용되었다. 가장 일반
적인 유형이 [그림 32] (1, 2)[144]처럼 요람에 철제 방울을 걸어두는 것인
데 이는 악령이 철 자체뿐만 아니라 철의 요란한 소리도 두려워한다는

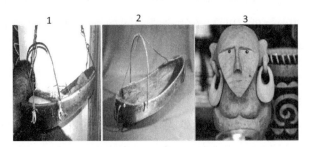

[그림 32] 나나이족 아이의 요람에 걸어둔 주물늘(1, 2)과
하늘노파 묵추리 형상(3)

---

143 И. А. Лопатин, Гольды амурские, уссурийские и сунгарийские: Опыт этн
ографического исследования, Владивосток: б. и., 1922, p.220; А. Онинка,
"Материал по работе среди женщин у нанайцев Хабаровского округа",
Тайга и тундр 2, 1930, p.101.
144 https://secrethistory.su/page,12,131-tradicionnoe-sobakovodstvo-nanaycev.html;
https://habinfo.ru/shamanizm/. 검색일: 2022.10.11.

믿음에 근거한다. 이외 특별한 상징의미를 지닌 형상도 이용되었다. 아이가 오랜 시간 울음을 그치지 않으면 오미아가 상계 씨족나무가 바람에 흔들리는 소리를 들었거나, 무서운 악령을 보았기 때문이라고 믿으면서 [그림 32] (3)처럼 자작나무껍질로 얼굴에 화신의 형상이 그려진 묵추리 형상을 만든다.[145] 묵추리는 조상신, 하늘노파를 상징하는데 [그림 32] (3)에 의하면 묵추리는 등은 굽었고 가슴은 크며, 손발은 없고 어깨까지 닿는 큰 귀걸이를 하고 있으며, 자작나무 껍질로 만든 원판을 머리에 매달거나 얼굴의 반쪽에만 붉은 칠을 하기도 한다. 원판은 태양을 상징하고, 얼굴의 붉은 칠은 불, 불꽃을 상징하므로 이들은 묵추리에 깃든 태양신, 조상신, 화신이 악령으로부터 오미아를 보호해 주고, 오미아의 두려움을 달래준다고 믿었다. 샤머니즘 수용 이후에는 아이의 울음을 오미아의 육신 이탈로 해석하면서 샤먼의 초혼식을 통해 오미아를 육신에 안착시켰다. 이처럼 나나이족의 오미아에 대한 관념은 초기에는 토테미즘, 애니미즘, 조상 숭배, 이후에는 샤머니즘과 융합되면서 복잡한 중층구조를 이루고 있다.

② 그림자영혼 파냐

파냐는 그림자영혼인데 이와 유사한 단어로 파냐코(panjako, 거울/ 나나이어)가 있다.[146] 인접한 퉁구스족에게 거울의 반영과 물그림자는 그림자

---

145 나나이족의 관념에서 생후 3개월이 지나면 더 이상 상계 씨족나무나 악령이 보이지 않는다. А. В. Смоляк, Шаман: личность, функции, мировоззрение (народы Нижнего Амура), М.: Наука, 1991, pp.107-108; С. В. Иванов, "Материалы по изобразительному искусству народов Сибири в XIX~XX начале века", ТИЭ. Новая серия 22, 1954, p.336.

146 Т. И. Петрова, Нанайско-русский словарь (около 8000 слов), Л.: Госучпед

영혼의 등가물이지만 나나이족에게 거울의
반영은 그림자일 뿐 영혼과는 관련이 없고, 물
그림자는 영혼의 가시적 형상이다.[147] 따라서
이들에게 반영과 물그림자는 다른 차원의 개
념인데 이는 나나이족이 늦은 시기 만주족이
나 러시아인으로부터 거울을 수용하면서 영
혼과 관련시키지 않았기 때문이다.

[그림 33] 나나이족
망자의 영혼 파냐
Старцев 2017, p.160.

　　나나이족에게는 영혼 파냐 에메레니(panja
emɛrɛni)도 있는데 panja + ɛmɛrɛ(그림자, 반영, 흔적, 자취/ 퉁구스제어)[148]의 구
조로 '그림자영혼 속의 그림자'의 의미이므로 파냐 안의 파냐이다. 파냐
에메레니에 대해 알려진 바는 없지만 의미상 파냐 안에 있으며 파냐와
행보를 같이 하는 영혼이다.

　　파냐에 대한 나나이족의 관념은 유동적이고 불분명할 뿐만 아니라
지역에 따른 차이도 발견된다. 하류 나나이족은 파냐를 속계(俗界) 파냐
와 영계(靈界) 파냐로 나눈다. 속계 파냐는 육신과 분리 불가능하며 일
생을 사람과 함께 하고, 영계 파냐는 사람과 동일한 형상이지만 크기가
작고 투명하며, 심장·폐·위·피 등 신체 중요기관에 위치하는데 사후
육신을 떠나 망자의 시신이나 집 근처에 머무르다 송혼식 이후 하계로
간다.[149] 가예르에 의하면 파냐는 산자의 파냐와 망자의 파냐로 나누이

гиз Минпроса РСФСР, 1960, p.101.

147 Е. А. Гаер, Традиционная бытовая обрядность нанайцев в конце XIX~нач
але XX в. (к проблеме устойчивости развития традиций), Диссерт. ...Кан
д. Исторических Наук, ИЭ АН СССР АН СССР, 1984, p.145.

148 В. А. Аврорин, Е. П. Лебедева, Орочские сказки и мифы, Новосибирск:
Наука, 1966, p.243.

지는데 산자의 파냐는 선명하고, 망자의 파냐는 흐릿한데 욱수키라고
도 불린다.[150] 하류 나나이족의 영계 파냐와 가예르의 망자의 파냐는 부
분적으로 에벤족, 에벤키족의 육신의 영혼 베옌, 나나이족의 육신의 영
혼 욱수키에 대응된다.

 나나이족에게 사후 파냐의 행방은 불분명하지만 "그곳 사람들은 죽
은 약혼녀의 파뇨를 만들고 있었다.(Чадо тэй гиамата най панёгоани тэ
вухэ.)"[151]에 근거할 때 사후 하계로 이동한다. 사람들이 죽은 약혼녀를
위해 만든 파뇨는 대개는 20x20cm, 두께 1.5~2cm 정방형의 나무 형상
물로[152] 파냐에서 기원하는데 장례식·초혼식·송혼식 때 망자의 영혼의
거처 혹은 영혼 그 자체를 상징한다. 나나이족의 영혼관에서 오미아와
파냐는 시공간의 변화에 따른 변신형으로 동일한 조상령의 화신이다.
퉁구스족 북부그룹의 네기달어·에벤어·에벤키어에는 ha-어간 단어들
이 발달하였지만 나나이어에서는 발달하지 않았고, 파냐에 대한 나나
이족의 관념은 불분명하다. 따라서 나나이족을 비롯한 퉁구스족 남부
그룹은 퉁구스족 북부그룹으로부터 파냐에 대한 관념을 수용하였다.

---

149 АРХИВ ОИАК В. К. Арсеньева, Оп.1, Д.10, Л.190.

150 Е. А. Гаер, Традиционная бытовая обрядность нанайцев в конце XIX~нач
   але XX в. (к проблеме устойчивости развития традиций), Диссерт. ...Кан
   д. Исторических Наук, ИЭ АН СССР АН СССР, 1984, p.145.

151 Р. А. Бельды, Т. Д. Булгакова, Нанайские сказки, Norderstedt: Verlag der
   Kulturstiftung Sibirien, SEC Publications, 2012, p.61.

152 Н. Б. Киле, "Лексика, связанная с религиозными представлениями нана
   йцев", И. С. Вдовин (Ред.), Природа и человек в религиозных представле
   ниях народов Сибири и Севера (вторая половина XIX~начало XX вв.),
   Л.: Наука, 1976, p.197.

③ 육신의 영혼 욱수키

욱수키는 육신의 영혼인데 다른 퉁구스족 남부그룹 사이에서는 악령을 의미한다. 욱수키와 음성적으로 유사한 단어에는 욱수케(uksukɛ, 곰/에벤키어), 욱스(uks, 임산부/ 에벤어), 엑세리(ɛksɛri, 신·천신/ 에벤키어, 오로치어), 엑수케(ɛksukɛ, 산신·하계에 가지 못한 망자의 영혼·악령/ 오로치어), 욱순(uksun, 씨족/ 만주어), 욱스(uks, 기원·씨족·조상·후손·종족/ 몽골어)가 있다.[153] Uks- 어간 단어들의 의미는 씨족 → 타이가신 → 곰 → 조상 → 영혼 → 임신 → 탄생 → 죽음 → 망자의 영혼, 악령의 순환구조를 이루며, 조상/ 후손, 신/ 악령, 신/ 인간, 영혼/ 육신, 생/ 사, 곰/ 인간, 중계/ 하계, 자연/ 문화의 이원대립을 내포하고 있다. 이 단어들에 근거할 때 욱수키는 초기에는 종족과 씨족의 조상을 의미하였으나 이후 영혼 → 육신의 영혼 → 악령으로 의미 확장을 하였다.

Uks- 어간 단어들을 통해 알 수 있듯이 욱수키에 대한 나나이족의 관념은 육신의 영혼과 악령이라는 두 갈래로 변형·발전되었다. 첫 번째, 육신의 영혼으로써 욱수키는 아무르강 하류 나나이족 사이에 전파되어 있는데 이들에 의하면 욱수키의 출현은 영혼 오미아에 의한 것이다. 오미아가 자궁에 안착하면 모체의 욱수키 안에 있던 태아의 욱수키가 출현하므로[154] 어머니의 욱수키는 태아 욱수키의 근원이자 원천이다. 욱수키는 사후 시신이나 자신이 살던 집 근처에 머무르다가 백골이 되면 하계 씨족 조상령의 마을로 간다. 나나이족은 백골이 손상되면 욱

---

153 ССТМЯ 1, pp.254, 444.
154 А. Н. Липский, Элементы религиозно-психологических представлений гольдов, Чита: Тип. Губсоюза Забайкальских кооперативов, 1923, pp.42, 43.

[표 12] uks- 어간의 퉁구스어 단어들

번호	단어	의미	언어
1	uksukε	곰	에벤키어
2	εksεri	신, 천신	에벤키어, 오로치어
3	uks	임산부	에벤어
4	εksukε	타이가신, 산신, 하계에 가지 못한 망자의 영혼, 악령	나나이어, 오로치어
5	uksun	씨족	만주어
6	uksuki	육신의 영혼	나나이어
7	uks	기원, 씨족, 조상, 후손, 종족	몽골어
8	okʒo	악령	나나이어, 우데게어

ССТМЯ 1, pp.254, 444.

수키가 슬픔과 불안에 휩싸여 사라진 자신의 백골을 찾아다닌다고 믿기 때문에 씨족묘가 파괴되거나 무덤이 침수될 위험에 놓이면 백골을 다른 곳으로 옮긴다.[155] 따라서 이들의 육신의 영혼으로서 욱수키에 대한 관념은 사후 뼈에도 영혼이 남아있다는 백골 숭배와 결합되어 있다.

　두 번째, 악령으로서 욱수키는 아무르강 상류 일부 나나이족 사이에 전파되어 있다. 악령으로서 욱수키는 장례식 때 가족들이나 씨족구성원들이 하계 생활에서 꼭 필요한 물품들을 마련해 주지 않았거나 족외혼·근친혼·살인 등 씨족의 관습법을 위반하여 씨족에서 퇴출되어 하계에 가지 못한 영혼들이다. 따라서 이들은 가족들과 씨족에게 원한을 품고 있기 때문에 가족과 씨족에게 복수할 기회를 포착하려고 한다. 이들 사이에서 욱수키에 악령의 의미가 더해진 것은 옥조(ogʒo, 악령/ 우데

---

155 А. Н. Липский, там же, pp.64-65.

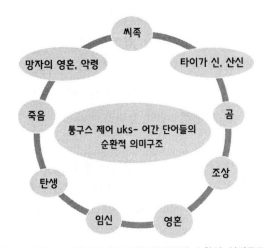

[그림 34] uks-어간의 퉁구스어 단어들의 순환적 의미구조

게어)의 영향인데 옥조는 aӡɛ(aӡa~aiӡa/ 불행·위험·재난/ 튀르크 고어)[156]에서 기원한다. 따라서 악령으로서 욱수키는 튀르크족과 우데게족의 관념이 융합되어 새로운 의미가 산출된 혼종적인 영혼이다.

④ 숨영혼 에르게니

에르게니는 '숨, 숨영혼'의 의미로 극동의 모든 토착종족에게 전파되어 있지만 나나이족·오로치족·우데게족·울치족에게서만 인간의 주요 영혼에 포함된다. 에르게니는 크기는 작지만 자신이 속한 사람과 같은 모습이고, 그 사람과 일생을 함께 하다가 마지막 숨과 함께 육신과 분리되는데 이후의 운명은 알 수 없다.[157] 에르게니에 대한 연구자들의 입장

---

156 Р. Г. Ахметьянов, Общая лексика духовной культуры народов Среднего Поволжья, М.: Наука, 1981, p.12.

157 П. П. Шимкевич, "Некоторые моменты из жизни гольдов и связанные

은 일률적이지 않은데 심케비치, 스몰랴크, 로파틴에 의하면 에르게니
는 1세 이후 오미아의 변신형이다. 립스카야 발리론드에 의하면 에르게
니는 '영혼'이 아니라 '생기·숨'을 의미하며 1세 이후가 아니라 출생과
동시에 나타나고, 킬레에 의하면 에르게니는 영혼이 아니라 인간을 비
롯한 '생물체의 삶·생명력·삶의 활력소'이다.[158]

> 가. 그의 막내 동생 뒤통수의 작은 구멍에서 붉은 머리카락이 튀어나와
> 펄럭펄럭 흔들렸다. 이것이 그의 영혼(에르게니)이라고 말하였다.
> Тэй поянгони, чаличим тэй поянгони апини чондоктод
> оани сэгден нуктэ агбичайни, унди, кичоал кичоал кич
> оал тай. Тэе, ундини, эргэнчи.
> 나. 칸의 오른손 약지에는 검은 알 2개가 있었다. 메르겐은 알을 잡으면
> 서 말했다. "이제 노인을 죽이고 할아버지들을 죽인 너 칸은 쓰러져
> 죽을 것이다. 이제 네 영혼(에르게니)은 끝났다. дюэр пакал-пак
> ал би омокта. Туй тара эси-лэ мэргэнгулэ ундини, тэй
> чаолба дяпаха ундини. "Эси-кэ най сагдилбани салтали
> каимда, най мапари манахаимда, турии, будии. Эргэнси
> дуэни исихани" унди.
> 다. 메르겐은 머리에서 검은 알을 꺼내 깨뜨렸다. 알에는 노파의 영혼
> (에르게니)이 있었기 때문에 노파는 죽었다. Агбимбоха, тэй хэп
> эрэмсэ энэгухэ. Омокту тэй мамачан эргэни бичини.
> Вахани.[159]

с жизнью суеверия", ЭО 34(3), 1897, p.1.

158 С. В. Иванов, "Представления нанайцев о человеке и его жизненном цик
ле", Природа и человек в религионных представлениях народов Сибир
и и Севера (второая половина XIX~начало XX в.), 1976, p.166.

159 Р. А. Бельды, Т. Д. Булгакова, Нанайские сказки, Norderstedt: Verlag der
Kulturstiftung Sibirien, SEC Publications, 2012, pp.56, 58, 116.

위 텍스트 가~다에서 막내 동생의 에르게니는 붉은 머리카락에, 칸의 에르게니는 오른손 약지에, 노파의 에르게니는 머리에 있으므로 에르게니는 육신의 임의의 부위에 있을 수 있다. 그런데 에르게니가 손상을 입자 칸과 노파가 죽었으므로 에르게니는 인간의 생사와 관련이 있는 영혼의 등가물이다. 나나이족에 의하면 에르게니는 육신의 밖에서 보조령인 동물과 새 혹은 바늘과 같은 물체에 있을 수도 있는데 숨은 육신과 분리될 수 없으므로 본디 에르게니는 영혼을 의미하지는 않았다. 이에 의하면 극동 토착종족은 숨과 영혼을 동일시하지 않았으며 숨이 영혼을 의미하게 된 것은 인접한 고아시아계 닙흐족의 영향이다.

(3) 나나이족 영혼의 윤회 구조

나나이족에게 인간의 영혼은 5단계 혹은 6단계의 순환 과정을 거치면서 윤회한다. 1단계에서 새영혼 오미아는 상계 씨족 조상령의 마을에서 환생을 기다린다. 2단계에서 오미아는 중계로 이동하여 굴뚝, 화덕을 지나 자궁에 안착한다. 3단계는 태아~1세까지의 단계로 오미아는 자궁에 안착하고, 육신의 영혼 욱수키가 출현하는데 1~3단계까지 영혼 오미아의 토템적 본성은 밖으로 드러난다. 4단계는 1세~사망까지의 단계로 1세가 되면 숨영혼 에르게니가 출현하고, 오미아는 그림자영혼 파냐로 변신하면서 영혼의 토템적 본성은 은폐된다. 5단계는 죽음으로 영혼과 육신이 분리되는 단계로 숨이 끊어지면서 파냐는 오미아로 변신하여 토템적 본성을 되찾아 씨족의 기원지인 상계 씨족 조상령의 마을로 간다. 이 단계에서 욱수키는 하계 씨족 조상령의 마을로 가며, 에르게니의 행방은 알 수 없지만 소멸된다. 6단계도 상정할 수 있는데 특별한 이유로 하계로 가지 못한 영혼이 악령으로 변하는 단계이다.

[표 13] 나나이족 관념 속 영혼의 윤회 구조

단계	영혼	시기와 특징	토템적 본성
1단계	오미아	상계 씨족 조상령의 마을에서 환생 준비	새
2단계	오미아	중계 굴뚝, 화덕 통과, 자궁 안착	새
3단계	오미아	태아~1세	새
	욱수키	태아~사망	없음
4단계	에르게니	1세~사망	없음
	파냐	1세~사망/ 오미아의 변신형	은폐
5단계	오미아	사망 직후 상계 씨족 조상령의 마을로 이동/ 파냐의 변신형	새
	욱수키	하계 씨족 조상령의 마을에 통합	없음
	에르게니	소멸	없음
6단계	악령	사망 1년 후에도 하계로 가지 못한 영혼	유동적

2) 오로치족의 영혼관

(1) 인간의 주요 영혼에 대한 연구자들의 입장

오로치족의 영혼관은 라리킨, 압로린과 레베쬬바, 베레즈니츠키 등에 의해 연구되었는데 아직 통일된 입장은 없다. 라리킨에 의하면 오로치족에게 인간의 주요 영혼은 하냐 오모로, 하냐 마키, 하냐 삭키 3개이다. 하냐 오모로는 사후 하계로 갔다가 나비 형상의 영혼 오말로로 변신한 뒤 자신의 씨족에게 환생하고, 하냐 막키는 사후 하냐 오모로와 함께 하계로 가지만 하계에 도착하기 전 어딘가에서 소멸되며, 하냐 삭키는 사후 중계에 머물면서 사람들에게 피해를 준다.[160]

---

160 В. Г. Ларькин, Орочи: Историко-этногр. очерк с середины XIX в. до наших дней, М.: Наука, 1964, p.107.

하나는 극동 토착종족 공통의 그림자영혼인데 라리킨은 하냐를 다른 개념들을 결합하여 독자적인 영혼이라고 주장하면서 이들의 영혼관을 혼란스럽게 만들고 있다. 하냐 오모로의 오모로와 나비 형상의 영혼 오말로는 퉁구스족 공통의 새영혼 오미의 음성변형이다. 하냐 막키에서 막키는 makki(죽다)[161]에서 기원하므로 '망자 그 자체' 혹은 '망자의 영혼'을 의미하며, 산자의 영혼과는 관련이 없고, 하냐 삭키에서 삭키는 극동 토착종족 공통인 악령 사카의 음성변형이다. 사카는 자살, 족외혼, 근친혼의 규율을 어겨 하계 씨족 조상령의 마을로 가지 못한 영혼이 변한 악령이므로 라리킨의 주장에서는 망자의 영혼, 산자의 영혼, 악령의 경계가 매우 모호하다.

압로린과 레베죠바에 의하면 오로치족에게 인간의 영혼은 하냐 오모로 1개이며 사후 하계로 가기 전 어딘가에서 소멸되는데[162] 하냐 오모로는 라리킨의 하냐 오모로와 동일한 영혼이다. 이들은 그림자영혼 하냐와 새영혼 오모로를 결합시켜 오로치족에게 존재하지 않는 새로운 영혼을 만들어내는 오류를 범하고 있다.

베레즈니츠키에 의하면 오로치족에게 하계 씨족 조상령의 마을로 가는 영혼은 북키이다.[163] 북키는 bu-(죽다/ 퉁구스제어)에서 기원하며 영혼이 아니라 하계 씨족 조상령의 마을에 기거하는 조상령이므로 베레즈니츠키의 주장도 오류이다. 이처럼 오로치족 인간의 주요 영혼에 대한 연구자들의 입장은 매우 혼란스러울 뿐만 아니라 이들 영혼관의 핵심

---

161 А. Ф. Старцев, "Представления народов приамурья и приморья о душе", Россия и АТР 2, 2003, pp.100~112.

162 В. А. Аврорин, Е. П. Лебедева, Орочские сказки и мифы, Новосибирск: Наука, 1966, p.202.

163 С. В. Березницкий, Мифология и верования орочей, СПб.: ПВ, 1999, p.23.

인 '윤회'를 설명하지 못하는 한계를 노정하고 있다.

(2) 인간의 주요 영혼

오로치족의 인간의 영혼에 대한 연구자들의 입장은 매우 혼란스럽지만 여러 자료들과 인접한 다른 퉁구스족의 영혼관에 근거할 때 오로치족에게 인간의 주요 영혼은 새 혹은 나비 형상의 영혼 오모로, 그림자영혼 하냐, 숨영혼 엑게 3개이다.

① 새영혼 오모로

오모로는 오미의 오로치식 음성변형인데 토템적 본성이 시기에 따라 새와 나비로 달라진다. 오모로가 나비의 속성을 가지는 것은 나비 숭배가 발달한 인접한 나나이족의 영향[164]과 나비의 생태적 특성에 대한 관찰에 근거한다. 봄, 여름, 가을 주변 환경과 조화되어 자연의 아름다움을 배가시키는 나비의 외적 아름다움, 다른 동물들과 비교할 때 월등히 효율이 뛰어난 비행 능력으로 인한 자유로운 상계 이동, 인간의 탄생 및 성장 과정과 유사하게 애벌레, 번데기, 성충의 완전 변태를 거치는 나비의 생태적 특성이 이들에게 나비 숭배를 불러왔다.

② 그림자영혼 하냐

오로치족에 의하면 그림자영혼 하냐는 주로 심장에 위치하는데[165] 일

---

[164] 나나이족은 나비는 인간의 영혼, 인간의 분신으로 나비를 잡으면 그 나비가 영혼인 사람이 병에 걸린다고 믿는다. Художественное творчество Понгса Киле (из собрания Амурского городского краеведческого музея): Каталог, Амурск: АГКМ, 1998, p.35.

[165] С. В. Березницкий, Мифология и верования орочей, СПб.: ПВ, 1999, p.24.

생을 육신에서 떠나지 않지만 잠을 잘 때, 병에 걸릴 때, 기절할 때는 육신을 떠나기도 한다. 하냐는 선할 수도 있고, 악할 수도 있는데[166] 이들이 하냐에 선악의 속성을 부여한 것은 개인마다 달리 나타나는 인성을 설명하기 위해서이다. 하냐는 그 속성이 바뀌기도 하는데 선한 하냐는 악한 하냐로 변할 수 있지만 악한 하냐가 선한 하냐로 바뀔 수는 없다.[167] 하냐는 사후 하계 씨족 조상령의 마을로 가서 일정기간 기거하다가 오모로로 변신한 뒤 상계로 이동하여 환생을 기다린다.

하냐의 내부에는 영혼 하냐 우루무니가 있는데 우루무니는 umu-(장례식을 치르다/ 네기달어·나나이어·오로치어·오로크어·울치어·만주어)에서 기원하며 음성적 유사성에 근거하여 umuruti(조상령의 물건)와 연결이 가능하다.[168] 따라서 하냐 우무루는 하냐가 조상령의 화신임을 함의한 단어이며, 하냐 안에 있으므로 하냐와 그 행보를 같이 한다.

③ 숨영혼 엑게

오로치족에 의하면 숨영혼 엑게는 육신의 밖 혹은 크지 않은 임의의 물건에 존재하면서 그 물건의 삶을 지배하는데, 엑게의 죽음은 엑게가 속한 사람의 죽음을 의미한다.[169] 따라서 이들에게 엑게는 숨, 호흡이 아니라 인간의 생명을 좌우하는 영혼의 등가물인데 사후 행방은 불분명하지만 죽음과 함께 소멸된다.

---

166 С. В. Березницкий, там же, p.24.

167 С. В. Березницкий, там же, p.24.

168 В. А. Аврорин, Е. П. Лебедева, Орочские сказки и мифы, Новосибирск: Наука, 1966, p.202.

169 В. А. Аврорин, Е. П. Лебедева, там же, p.255.

(3) 영혼의 윤회 구조

오로치족에게 인간의 영혼은 6단계의 순환구조 속에서 윤회하는데 7단계도 상정할 수 있다. 1단계에서 새영혼 오모로는 상계 달의 세계에 있는 씨족 조상령의 마을에서 환생을 준비한다. 2단계에서 오모로는 환생을 위해 달을 지키는 노파로 부터 목탄을 받아먹은 뒤 나비 형상으로 변신한다.[170] 노파는 오로치족의 시조신이자 인간의 생사를 주관하는 천신이며, 목탄은 철기시대 이후 추가된 관념이다. 이 단계에서 오모로는 굴뚝을 통해 화덕을 지나 여인의 자궁에 안착한다. 3단계는 태아~1세까지인데 오모로는 나비의 형상을 유지한다. 따라서 오로치족의 영혼관에서 1~3단계까지는 영혼의 토템적 본성이 밖으로 드러난다. 4단

[표 14] 오로치족 관념 속 영혼의 윤회 구조

단계	영혼	시기와 특징	토템적 본성
1단계	오모로	달에 있는 씨족 조상령의 마을에서 환생 준비	새
2단계	오모로	환생 준비, 나비로 변신	나비
3단계	오모로	태아~1세	나비
4단계	하냐	1세~사망/ 오모로의 변신형	은폐
	엑게	1세~사망	없음
5단계	하냐	사망 이후 하계 씨족 조상령의 마을로 이동	새
	엑게	소멸	없음
6단계	오모로	환생을 위해 달에 있는 씨족 조상령의 마을로 이동/ 하냐의 변신형	새
7단계	악령	사망 1년 후에도 하계로 가지 못한 영혼	유동적

----

[170] В. Г. Ларькин, Орочи: Историко-этнографических очерк с середины XIX в. до наших дней, М.: Наука, 1964, p.107.

계는 1세부터 사망까지의 단계로 1세가 되면 오모로는 하냐로 변신하
며 영혼의 토템적 본성은 은폐되고, 숨영혼 엑게가 출현한다. 5단계에
서 하냐는 사망과 함께 하계 씨족 조상령의 마을로 이동하고, 숨영혼
엑게는 소멸된다. 6단계에서 하냐는 환생을 위해 오모로로 변신하여 달
에 있는 씨족 조상령의 마을로 이동한다. 7단계는 여러 이유로 하계로
가지 못한 영혼들이 악령으로 변하는 단계다.

　오모로와 하냐는 시공간의 변화에 따른 변신형으로 상계 → 중계 →
하계를 오가면서 씨족의 영속을 이어가는 동일한 조상령의 화신이며
오로치족에게는 조상령 이외에 숨영혼 엑게 1개의 영혼이 더 있다. 아
이의 윤회는 조금 다른 방식으로 진행되는데 죽음이 엄마로 인한 것이
아니라면 오모로는 하계를 거치지 않고 바로 상계로 갔다가 동일한 특
성을 가지고 같은 엄마에게 환생하는데[171] 이는 나나이족의 관념과 유
사하다.

3) 오로크족의 영혼관

　오로크족에게 인간의 주요 영혼은 새영혼 온, 도로, 그림자영혼 파냐
3개이며 온은 오미의 오로크식 음성변형이다. On(m)- 어간의 오로크어
에는 ongai(영유아), ondo(악령), ongena(악령), omo(~omoni, 새의 둥지·새장),
omo(~omogo, 호수) 등이 있는데[172] 의미에 따라 새, 영유아의 영혼, 악령
의 세 그룹으로 나눌 수 있다. 온은 태아~1세까지의 영혼인데 상계 씨족
조상령의 마을에서 환생을 기다리다가 중계로 와서 굴뚝을 지나 화덕을

171 ССТМЯ 2, p.20.
172 Л. В. Озолиня, И. Я. Федяева, Орокско-русский и русско-орокский слов
　 арь, Южно-Сахалинск: СКИ, 2003, p.119.

거친 뒤 여성의 자궁에 안착하는데 영혼의 토템적 본성이 밖으로 드러난
다.[173] 1세 이후 온은 도로로 변신하고, 영혼의 토템적 본성은 은폐된다.
도로는 do(내부, 내면/ 퉁구스제어)에서 기원하며, 작은 사람의 형상으로 사
람의 머리에 위치하는데 선할 수도, 악할 수도 있으며, 아프거나 심하게
놀라면 몸 아래쪽 꼬리뼈로 떠나는데[174] 이는 주요 영혼으로서의 기능
상실을 의미한다. 이들이 도로에 선악의 개념을 부여한 것은 그 사람의
인성을 설명하기 위한 것이다. 도로는 사람의 의식 전반을 지배하는데
일생 동안 육신과 일거수일투족을 함께 하기 때문에 사람이 의식을 잃으
면 도로도 의식을 잃는 등 육신에 문제가 생기면 도로에도 동일한 문제
가 생긴다. 사후 도로는 육신을 떠나지만 장례식이 끝나기 전까지 집
안에 머무는데 정체가 불분명한 그릇 긁는 소리, 또각또각 걷는 소리,
삐걱거리는 소리, 알 수 없는 한숨 소리는 도로가 내는 것이다.[175] 장례식
이 끝나면 도로는 그림자영혼 파냐로 변하여 일정 기간 중계에 머무르다
하계 씨족 조상령의 마을로 가지만 가족들이 그리우면 중계를 찾아오기
도 한다.[176] 하계 씨족 조상령의 마을에 기거하던 파냐는 환생을 위해
새영혼 온으로 변신한 뒤 토템적 본성을 되찾아 상계 씨족 조상령의
마을로 간다. 도로는 doro(n)(법·규칙·관습·권력/ 퉁구스제어)[177]과도 연결되
므로 영혼은 이들의 제도적 질서 유지와도 관련이 있다.

---

173 История и культура уйльта (ороков) Сахалина: историко-этнографичес
   кие очерки (XIX~XXI вв.) (ИиК уйльта), В. В. Подмаскин (Ред.), Владивост
   ок: Дальнаука, 2021, p.261.
174 ССТМЯ 1, p.210; ИиК уйльта, p.260.
175 Архив ИИАЭ ДВО РАН, Ф.1, Оп.2, Д.416, Л.389.
176 ИиК уйльта, p.261.
177 Архив ИИАЭ ДВО РАН. Ф.1, Оп.2, Д.416, Л.181, 188.

[표 15] 오로크족 관념 속 영혼의 윤회 구조

단계	영혼	시기와 특징	토템적 본성
1단계	온	상계 씨족 조상령의 마을에서 환생 준비	새
2단계	온	중계 굴뚝, 화덕 통과, 자궁 안착	새
3단계	온	태아~1세	새
4단계	도로	1세~사망/ 온의 변신형	은폐
5단계	파냐	사망 이후 하계 씨족 조상령의 마을로 이동/ 도로의 변신형	은폐
6단계	온	상계 씨족 조상령의 마을로 이동하여 환생 준비/ 파냐의 변신형	새
7단계	악령	사망 1년 후에도 하계로 가지 못한 영혼	유동적

　　오로크족에게 영혼의 윤회는 6단계 과정을 거치는데 7단계도 상정할 수 있다. 1단계에서 온은 상계 씨족 조상령의 마을에서 환생을 준비한다. 2단계에서 온은 중계 굴뚝을 지나 화덕 통과한 뒤 자궁에 안착한다. 3단계는 태아~1세까지로 온은 새의 형상을 유지하므로 1~3단계에서 영혼의 토템적 본성은 밖으로 드러난다. 4단계는 1세~사망까지로 1세가 되면 온은 도로로 변신하고, 영혼의 토템적 본성은 은폐된다. 5단계는 사망 이후의 단계로 도로는 파냐로 변신하여 하계 씨족 조상령의 마을로 이동하는데 영혼의 토템적 본성은 여전히 은폐된다. 6단계에서 파냐는 환생을 위해 토템적 본성을 되찾아 온으로 변신한 뒤 상계 씨족 조상령의 마을로 이동한다. 7단계는 여러 이유로 하계로 가지 못한 영혼이 악령으로 변하는 단계이다. 오로크족의 영혼관에서 온, 도로, 파냐는 시공간 차원의 변화에 따른 변신형일뿐 동일한 조상령의 화신이므로 이들에게 조상령 이외의 영혼은 존재하지 않는다.

4) 우데게족의 영혼관

(1) 인간의 주요 영혼

우데게족 인간의 주요 영혼의 수는 연구자에 따라 달라지는데 로파틴은 단계별로 명칭만 달라질 뿐 이들에게 인간의 주요 영혼은 1개라고 주장한다.[178] 하지만 여러 자료에 근거할 때 우데게족에게 인간의 주요 영혼은 새 혹은 나비 형상의 영혼 오메, 그림자영혼 하냐, 숨영혼 에게 3개이다.

① 새 혹은 나비 형상의 영혼 오메

①-1. 오메의 특징과 토템적 본성

오메는 오미의 우데게식 음성변

형이다. 오메는 상계 영혼의 나무

후이가에 있는 영혼의 거처 오메

요에 기거하는데 오메요는 ome +

jo(장소표지 접미사)의 구조이며, 모

든 오메는 자신만의 고유한 오메

[그림 35] 우데게족 장식품의 나비 문양
ХКМ КП 1205/740

요를 가지고 있다.[179] 후이가는 hugi(~hugi~ubi, 둥지/ 퉁구스제어)[180]에서 기

---

178 П. П. Шимкевич, "Некоторые моменты из жизни гольдов и связанные с жизнью суеверия", ЭО 34(3), 1897, pp.1-21; И. А. Лопатин, "Гольды амурск ие, уссурийские и сунгарийские. Опыт этнографического исследовани я", ЗОИАК ВО ПОРГО 17, Владивосток: ТУВД, 1922, p.199.

179 А. Ф. Старцев, Проблемы этнокультурного развития удэгейцев во второ й половине XIX~XX вв., Диссерт. Доктор Истор. Наук, ИИАЭН ДВ РАН, 2002, p.337.

180 А. Ф. Старцев, там же, p.337.

원하며 여러 개의 오메요가 모인 집합의 형상이지만 씨족 단위가 아니라 여인들 개인 단위로 존재한다. 이에 의하면 우데게족의 영혼관은 상계 ⊃ 후이가 ⊃ 오메요 ⊃ 오메의 집합적 포함관계를 이루고 있다. 그런데 후이가에서는 씨족의 개념이 명확하게 드러나지 않기 때문에 후이가는 이들 사이에 씨족사회가 정착되기 전에 출현한 관념이다.

우데게족의 오메는 환생을 위해 상계에서 중계로 이동할 때와 태아기 때는 새의 형상이다. 그런데 출생~1세까지, 사후 하계에서 상계로 이동할 때는 나비의 형상인데 이처럼 오메의 토템적 본성이 바뀌는 원인 규명은 쉽지 않다.

새로서 오메의 토템적 본성은 자신들이 새에서 기원하며, 새와 혈연관계에 있다는 관념에 근거한다.

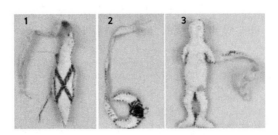

[그림 36] 우데게족 관념 속 인간 영혼의 발전 단계
1. 오메: 새 형상(태아), 2. 오메: 나비 형상(출생~1세),
3. 하냐(인간의 형상, 1세 이후). РЭМ 5656-180/1-3.

①-2. 새와 인간의 관계에 대한 관념

〈새가 된 벨레〉 벨레는 부모님과 함께 살았다. 어느 날 굴뚝 위에서 커다란 새가 큰 소리로 울며 날고 있었다. 벨레는 굴뚝을 통해 위를 올려다보았다. 그러자 새가 벨레에게 똥을 쌌다. 이후 벨레의 배가 점점 불러왔

다. … 벨레의 부모는 이를 죄악이라고 생각하여 벨레가 타이가의 출산
용 움집으로 옮겨가면 움집에 불을 질러 죽일 생각이었다. … 벨레가 강
가에서 어살을 세우고 있을 때 언치 새가 날아왔다. 벨레는 부모의 생각
을 이미 알고 있었다. 벨레는 언치 새의 날개와 꼬리를 뜯어서 몸에 박았
다. 곧 벨레의 몸에서 새의 날개와 꼬리가 자라기 시작했다. … 벨레는
부모를 피해 다른 곳으로 날아갔다. … 얼마나 날아갔을까 … 강가에 집
이 보여 굴뚝 위에 앉았다. 굴뚝을 통해 집안을 들여다보았다. 한 무사가
있었다. 벨레는 굴뚝을 통해 집 안으로 들어갔다. 얼마 후 벨레는 아들을
낳았다.[181]

〈누나 벨레와 뻐꾸기 남동생 케쿠〉 누나 벨레와 뻐꾸기 남동생 케쿠가
함께 살고 있었다. 겨울 집에는 케쿠의 새장이 있었다. 누나 벨레는 케쿠
를 늘 나무통에서 목욕을 시켰다. 벨레는 아름다웠다. 두 갈래로 땋은 검
은 머리카락은 발끝까지 닿았고, 걸음을 옮길 때마다 머리카락이 휘날렸
다. 집은 먼지 한 톨 없이 깨끗했다. 케쿠는 굴뚝을 통해 집 안팎을 오갔
고, 나무 위에 앉아 꾸욱꾸욱 노래를 불렀다.[182]

〈새가 된 벨레〉에서 벨레의 아들은 새의 똥에서 태어났으므로 인간은
새에서 기원하며, 벨레가 언치 새의 날개와 꼬리를 몸에 박자 새의 날개
와 꼬리가 생겼으므로 인간과 새는 외형은 다르지만 변용이 가능하다.
〈누나 벨레와 뻐꾸기 남동생 케쿠〉에서 누나 벨레와 뻐꾸기 동생 케쿠
는 남매이므로 인간과 새는 혈연관계에 있으므로 밖으로 드러나지는
않지만 누나 벨레에게는 토템적 본성이 내재되어 있다. 위 두 신화에
의하면 인간과 새(동물)는 다른 속성을 지닌 존재가 아니라 같은 본성을

181 М. Д. Симонов, В. Т. Кялундзюга, М. М. Хасанова, Фольклор удэгейцев:
    ниманку, тэлунгу, ехэ, Новосибирск: Наука, 1998, p.205.
182 М. Д. Симонов и др., там же, p.89.

가진 존재이다. 위 두 신화에서 새의 똥과 뻐꾸기는 인간의 영혼을 상징
하는데, 새의 똥이 벨레의 몸에 들어올 때, 벨레가 무사의 집에 들어갈
때, 케쿠가 집 안팎을 오갈 때 굴뚝을 이용하였으므로 중계에서 영혼의
출입구는 굴뚝이다.

새와 인간의 관계에 대한 관념은 샤먼의 기원을
독수리에서 찾는 호르강과 사마르가강 우데게족
에게서도 발견된다. 이들의 영향으로 우데게족 샤
먼들은 무복에 독수리 깃털과 날개를 상징하는 긴
수술을 박고, 샤먼목에 독수리 형상을 새기며, 독
수리 뼈, 발톱, 깃털을 특별한 주술 도구로 사용하
고,[183] [그림 37]처럼 독수리 신상을 만들기도 하는
데 독수리는 샤먼의 보조령이다. 우데게족이 샤먼
을 독수리와 같은 맹조와 연결시키는 것은 샤먼의
기원을 성화시키고, 독수리의 신성한 힘을 샤먼의
식에 이용하기 위한 것이다. 이들에 의하면 샤먼
은 상계 ↔ 중계 ↔ 하계, 생 ↔ 사를 오가면서 인
간과 신을 중개하는 존재이다.

[그림 37] 독수리
형상의 샤먼의 신상
Березницкий
2005, p.516.

② 그림자영혼 하냐

1세가 되면 오메는 그림자영혼 하냐로 변신하는데 하냐는 1세~사망
까지의 영혼으로 심장에 위치하며, 크기는 작지만 본인이 속한 사람과

183 С. В. Иванов, Материалы по изобразительному искусству народов Сиби
ри XIX-начала XX в., Сюжетный рисунок и другие виды изображений
на плоскости, М.-Л.: АН СССР, 1954, pp.334-335.

같은 모습이므로[184] 영혼의 토템적 본성은 은폐된다. 이들에 의하면 하
냐는 오메보다 강한데 오메는 새의 형상으로 태아~1세까지의 영혼이지
만 하냐는 인간적 속성을 가진 영혼이기 때문이다. 하냐는 일생을 육신
과 함께 하지만 상대적 독립성을 가지고 있기 때문에 잠을 자는 동안
육신을 떠나 자유롭게 여행을 하다가 잠에서 깨어날 때 육신으로 돌아
오기도 하고, 악령의 공격을 받아 육신을 떠나거나 악령에게 납치되어
하계로 끌려가기도 하는데 이는 극동 토착종족 공통의 관념이다. 하냐
는 사후 하계 씨족 조상령의 마을로 가서 일정기간 기거하다 환생을
위해 나비 형상의 오메로 변신하여 상계로 이동한다.[185]

하냐에 대한 우데게족의 관념은 지역에 따라 크게 두 그룹으로 나누
어진다. 첫 번째, 아무르강 하류 우데게족의 관념으로 하냐를 속계 하냐
와 영계 하냐로 나누는데[186] 이는 인접한 나나이족의 속계 파냐와 영계
파냐에 상응하므로 나나이족의 영향이다. 속계 하냐는 육신과 분리 불
가능하며 일생을 사람과 같이 하고, 사후 행방은 불분명하다. 영계 하냐
는 사람과 동일한 형상이지만 크기가 작고 투명하며 심장·폐·위·피
등 신체 중요 기관에 위치하는데, 육신과의 분리가 자유롭고 사후 육신
을 떠나 망자의 시신이나 집 근처에 머무르다 송혼식 이후 하계 씨족
조상령의 마을로 간다.[187]

두 번째, 만주 방면 우데게족의 관념으로 하냐는 그림자영혼 하냐와

184 В. Г. Ларькин, "Религиозные воззрения удэгейцев", Труды ДВФ СО АН
    СССР им. В. Л. Комарова. Сер. ист 2, Владивосток, 1961, p.228.
185 В. Г. Ларькин, там же, p.228.
186 А. Ф. Старцев, "Представления народов приамурья и приморья о душе",
    Россия и АТР 2, 2003, p.104.
187 АРХИВ ОИАК В. К. Арсеньева, Оп.1, Д.10, Л.190.

사람의 분신인 찰리피 하냐로 나누어진다. 이들에 의하면 그림자영혼 하냐는 약하고, 찰리피 하냐는 강하며, 그림자영혼 하냐는 일생을 육신과 함께 하는데 사후 행방은 불분명하다.[188] 찰리피 하냐는 일생을 육신 밖에 존재하며 사후 생전의 모습을 간직한 채 중계에 남는데 생전에 악한 일을 많이 했거나 족외혼·근친혼·살인 등 씨족의 관습법을 위반하면 악령으로 변하고, 선하게 살았다면 선령으로 변하며 씨족구성원들에 의해 조상신으로 승격된다.[189] 이들이 이처럼 2개의 하냐를 상정한 이유는 환생을 통해 씨족의 영속성을 이어갈 영혼과 중계에 남아서 가족과 씨족을 돌봐줄 조상신의 역할을 할 영혼이 필요했기 때문이다.

첫 번째 관념의 속계 하냐는 일생을 육신과 함께 한다는 점, 사후 행방이 불분명하는 점에서 두 번째 관념의 그림자영혼 하냐에 부분적으로 상응한다. 첫 번째 관념의 영계 하냐는 송혼식 이후 하계 씨족 조상령의 마을로 이동하므로 네기달족·오로치족·오로크족·울치족의 하냐(파냐)에 상응한다. 찰리피 하냐는 극동의 다른 종족에게서는 발견되지 않으므로 우데게족 고유의 관념이거나 인접한 튀르크족이나 몽골족으로부터 수용한 관념이다.

③ 숨영혼 에게

우데게족에게 숨영혼 에게는 1세 이우 출현하였으나가 사후 소멸되는 영혼인데, 여기에서는 몇 가지 모순이 발견된다. 첫 번째, 이들에 의하면 숨영혼 에게는 사람과 일생을 함께 하지만 육신을 이탈하기도 하는

188　А. Ф. Старцев, "Представления народов приамурья и приморья о душе", Россия и АТР 2, 2003, p.102.
189　А. Ф. Старцев, там же, p.102.

데, 숨이 육신을 이탈하면 생명이 멈추기 때문에 이는 논리적으로 모순된다. 두 번째, 사후 에게의 행방에 대해서는 육신과 분리되어 하계로 가지만 하계로 가는 도중 소멸된다는 관념, 지고신이 정해 준 하계에 가서 산다는 관념, 하계 어느 층으로 가는 지 알 수 없다는 관념, 하계로 가는 도중 악령에게 납치당하여 평생 구천을 떠돌면서 악령이 되기도 한다는 관념 등 매우 혼란스럽다. 그런데 인간의 영혼이 사후 하계로 가는 것은 씨족의 영속성을 이어가기 위해, 망자로서 불멸의 삶을 살기 위해, 씨족의 관습법 위반으로 악령이 되었기 때문인데 숨영혼 에게는 그 어디에도 해당하지 않으므로 논리적으로 모순된다.

부리킨, 베레즈니츠키, 투라예프는 뼈영혼 이키리 무란니도 인간의 주요 영혼에 포함시킨다. 이키리 무란니는 ikirε(분신/ 에벤키어, 만주어) + murani(보이지 않는 것/ 에벤어)의 구조로[190] '보이지 않는 분신' 즉 영혼을 의미한다. 이들이 뼈영혼을 인간의 주요 영혼에 포함시키는 것은 백골에도 영혼이 있다는 백골숭배사상에서 기원하는데 이들 고유의 관념이 아니라 에벤키족이나 만주족 기원의 관념이다. 인간의 주요 영혼은 인간의 생사와 밀접한 관련이 있는데 뼈 영혼은 생사와는 직접 관련이 없기 때문에 인간의 주요 영혼이 아니라 신체 국부 부위의 영혼이다.

(2) 영혼의 윤회구조

우데게족에게 인간의 영혼은 7단계 혹은 8단계의 순환구조 속에서 윤회한다. 1단계는 영혼 오메가 나비 형상으로 상계 씨족 조상령의 마을에서 환생을 준비하는 단계이다. 2단계는 오메가 새로 변신하여 중계로 와서 굴뚝, 화덕을 지나 자궁에 안착한 이후부터 태아까지의 단계이

---

190 ИиК эвенов, pp.300, 558.

다. 3단계는 출생 이후부터 1세까지의 단계인데 출생과 함께 오메는 새에서 나비로 변신하므로 1~3단계에서 오메는 나비 → 새 → 나비를 거치며 영혼의 토템적 본성은 밖으로 드러난다.

4단계는 1세~사망까지의 단계로 1세가 되면 오메는 그림자영혼 하냐로 변신하며 토템적 본성은 은폐되고, 숨영혼 에게가 출현한다. 5단계는 사후의 단계로 그림자영혼 하냐는 육신과 분리되고, 시신이나 집 근처에서 송혼식이 거행되기 전까지 1~3년 동안 머문다. 또 숨영혼 에게는 육신과 분리되어 하계로 가는데 정확한 행방은 알 수 없지만 하계로 가는 도중 소멸된다.

6단계는 송혼식 이후 하냐가 하계 씨족 조상령의 마을에 기거하는 단계인데 여전히 영혼의 토템적 본성은 은폐된다. 7단계에서 하냐는 환생을 위해 토템적 본성을 되찾아 나비 형상의 오메로 변신하여 상계 씨족 조상령의 마을로 이동한다. 8단계도 상정할 수 있는데 여러 이유

[표 16] 우데게족 관념 속 영혼의 윤회 구조

단계	영혼	시기와 특징	토템적 본성
1단계	오메	상계 씨족 조상령의 마을에서 환생 준비	나비
2단계	오메	중계 굴뚝, 화덕 통과, 자궁 안착	나비
3단계	오메	출생~1세	새
4단계	하냐	1세~사망/ 오메의 변신형	은폐
	에게	1세~사망	없음
5단계	하냐	사망 이후, 1~3년 중계에 기거	은폐
	에게	소멸	없음
6단계	하냐	사망 1~3년, 하계 씨족 조상령의 마을에 기거	은폐
7단계	오메	상계 씨족 조상령의 마을로 이동하여 환생 준비/ 하냐의 변신형	나비
8단계	악령	사망 1년 후에도 하계로 가지 못한 영혼들	유동적

로 하계로 가지 못한 영혼들이 악령으로 변하는 단계이다. 우데게족에게 오메와 하냐는 시공간의 변화에 따른 변신형으로 동일한 조상령의 화신이므로 이들에게는 조상령 이외에 숨영혼 에게 1개의 영혼이 더 있다.

우데게족의 윤회에 대한 아르세니예프의 주장은 이들의 보편적 관념과는 다소 차이가 있다.

> 〈사후 하냐의 행적〉 사후 하계로 간 하냐는 1세대에는 중계에서처럼 어로와 사냥에 종사하고, 혼인을 하고, 가정을 꾸린다. 그러다 하계에서의 첫 번째 죽음, 인간의 삶에서 두 번째 죽음을 맞이한다. 이후 영혼의 크기는 작아지고, 더 먼 서쪽으로 가서 한 세대를 더 산 뒤 또 다시 죽음을 맞이한다. 이런 식으로 횟수를 거듭할수록 영혼의 크기는 점점 작아지고 점점 더 먼 서쪽으로 간다. 마지막에 영혼은 먼지처럼 사라진다. 아주 작은 곤충들은 지금은 보잘 것 없고 작지만 대지가 삶의 마지막 단계이다. 이들은 어딘가 다른 세계에서는 아주 큰 동물이었다.[191]

위 텍스트는 우데게족을 비롯한 극동 토착종족의 보편적인 윤회관에는 상응하지 않으므로 튀르크족이나 다른 계통의 종족과 인접한 일부 우데게족의 관념이다. 죽음의 횟수가 거듭될수록 더 서쪽으로 이동하는 것은 서쪽이 죽음과 망자의 세계이기 때문이다. 그런데 마지막 단계에서 영혼은 먼지처럼 사라지는데 이는 '씨족의 불멸'이 핵심인 이들의 영혼관에 배치된다. 위 텍스트에 의하면 인간뿐만 아니라 동물과 곤충도 인간과 동일한 패턴의 윤회를 하는데 이는 인간·동물·곤충을 인간과 동등한 존재로 보는 이들의 생태적 세계관에 의한 것이다.

---

191 В. К. Арсеньев, Лесные люди удэхейцы, Владивосток: Книжное дело, 1926, p.45.

5) 울치족의 영혼관

(1) 인간의 주요 영혼

울치족에게 인간의 영혼은 새영혼 오미, 그림자영혼 파냐, 숨영혼 에게 3개이다. 오미는 태아~1세까지의 영혼으로 새 형상이며 매우 허약하여 악령의 공격을 받으면 쉽게 죽음에 이른다. 울치족의 성소 중 하나인 마이스코예 숲의 암벽화에는 말과 같은 동물들·배·물고기·새 등이 새겨져 있는데[192] 새는 영혼 오미를 상징한다. 울치족은 1세 이전 아이의 죽음은 영혼 오미가 악령의 공격을 받았기 때문이라고 믿으면서 이를 막기 위해 병에 상응하는 악령의 형상을 만든 뒤 악령을 집어넣어 퇴치하는 일루부추(ilubuchu, 걷기 위해·살기 위해/ 퉁구스제어) 의식을 거행한다.[193] 이 의식은 샤먼이 아니라 집안에서 가장 나이가 많은 여인이

[그림 38] 울치족의 새와 나비 문양
Мартынова, Слипецкая, 2021, p.8.

---

192 Н. В. Мартынова, Д. Р. Слипецкая, "Феномен материальной и духовной культуры этноса ульчи: традиции, прошлое и настоящее", The scientific heritage 72, 2021, p.5.

193 А. В. Смоляк, Ульчи: Хозяйство, культура и быт в прошлом и настоящем, М., 1966, p.121.

수행하므로[194] 샤머니즘 수용 이전에는 일반인도 악령을 퇴치할 수 있었다.

오미는 1세가 되면 그림자영혼 파냐로 변신하고 영혼의 토템적 본성은 은폐된다. 파냐는 오미보다는 강하지만 허약하여 악령의 공격을 받으면 육신을 벗어나기도 한다. 심하면 죽음에 이르기도 하고, 큰 병에 걸리면 파냐 스스로 육신을 빠져나와 하계로 가기도 하는데 이때 대샤먼을 불러와 초혼식을 하면 죽음을 면할 수 있다.[195] 파냐는 사후 하계 씨족 조상령의 마을로 이동했다가 일정 기간이 지난 뒤 토템적 본성을 되찾아 오미로 변신하여 상계 씨족 조상령의 마을로 이동한다. 숨영혼에게는 1세 때 출현하며 죽음으로 소멸된다.

(2) 영혼의 윤회 구조

울치족에게 영혼은 6단계 순환구조 속에서 윤회하는데 7단계도 상정할 수 있다. 1단계에서 오미는 상계 씨족 조상령의 마을에서 환생을 준비한다. 2단계에서 오미는 중계 굴뚝을 지나 화덕을 통과한 뒤 자궁에 안착한다. 3단계는 태아~1세까지로 오미는 새의 형상을 유지하므로 1~3단계에서 오미의 토템적 본성은 밖으로 드러난다. 4단계는 1세~사망까지의 단계로 1세가 되면 오미는 퍄냐로 변신하고 영혼의 토템적 본성은 은폐되며, 1세가 되면 숨영혼 에게가 출현한다. 5단계는 사망

---

194 А. В. Смоляк, "Магические обряды сохранения жизни детей у народов нижнего Амура", Сибирский этнографический сборник 4, М., 1962, pp.267, 274, 275.

195 В. К. Арсеньев, Лесные люди удэхейцы, Владивосток: Книжное дело, 1926, p.43.

이후의 단계로 파냐는 하계 씨족 조상령의 마을로 이동하며 영혼의 토
템적 본성은 은폐되고, 에게는 소멸된다. 6단계에서 파냐는 환생을 위
해 토템적 본성을 되찾아 오미로 변신한 뒤 상계 씨족 조상령의 마을로
이동한다. 7단계는 여러 이유로 하계로 가지 못한 영혼들이 악령으로
변하는 단계이다. 울치족에 의하면 오미와 파냐는 시공간의 변화에 따
른 변신형이므로 동일한 조상령의 화신이며 이들에게는 조상령 이외에
1개의 영혼이 더 있다.

[표 17] 울치족 관념 속 영혼의 윤회 구조

단계	영혼	시기와 특징	토템적 본성
1단계	오미	상계 씨족 조상령의 마을에서 환생 준비	새
2단계	오미	중계 굴뚝, 화덕 통과, 자궁 안착	새
3단계	오미	태아~1세	새
4단계	파냐	1세~사망/ 오미의 변신형	은폐
	에게	1세~사망	없음
5단계	파냐	사망 이후, 하계 씨족 조상령의 마을	은폐
	에게	소멸	없음
6단계	오미	상계 씨족 조상령의 마을로 이동하여 환생 준비/ 하나의 변신형	새
7단계	악령	사망 1년 후에도 하계로 가지 못한 영혼들	유동적

3. 고아시아계 닙흐족의 영혼관

닙흐족의 관념에서 육신과 영혼은 결속력이 강하여 일생을 함께 하
지만 영혼은 육신과 달리 비가시적이고 자유로운 이동이 가능하기 때
문에 가끔 육신을 떠나 자신이 원하는 곳으로 가기도 한다. 꿈·기절·

망아는 영혼이 육신과 분리되면서 생기는 현상인데 육신을 빠져나온 인간의 영혼은 개에게 들어가기도 하므로[196] 이들의 관념에서 인간과 개(동물)의 경계는 느슨한데 이는 인간과 동물을 동일한 본성을 지닌 인격체로 바라보는 생태적 세계관에 의한 것이다. 이처럼 영혼은 육신과 분리될 수 있지만 그 시간이 길어지면 병에 걸리거나 죽음에 이를 수 있기 때문에 샤먼의 초혼식을 통해 영혼을 육신에 안착시켜야 한다.

1) 인간의 영혼을 가리키는 닙흐어 단어들

인간의 영혼을 가리키는 닙흐어 단어들은 지역 그룹에 따라 차이가 있는데 사할린 북부 지역의 닙흐족은 체르니(cherny) 혹은 탸니(tjani), 사할린 동부 해안 지역의 닙흐족은 니이프(n'if, 끊어지다·죽다), 응이프(ŋif, 심장), 쿠른(kurn, 우주·천신), 아무르강 닙흐족은 이르흐(yrh, 건강해지다) 혹은 메르이르흐(meryrh, 건강해지다)라고 하는데[197] 모두 닙흐어 기원이므로 닙흐족 고유의 관념이다.

체르니 혹은 탸니는 탄(영혼)의 음성변형이며, 응이프는 심장이 영혼의 거처임을 알려주는 단어이다. 니이프는 '육신과 영혼의 관계가 끊어지다' 즉 '죽다'는 의미이므로 '망자의 영혼'을 가리킨다. 쿠른은 인간의 생사를 관장하는 천신 쿠른에서 기원하므로 인간의 영혼과는 다른 개념이며 인접한 퉁구스족 북부그룹과 나나이족의 운명의 영혼 마인과 유사한 개념이다. 이르흐, 메르이르흐는 '건강해지다'를 의미하므로 영

196　Архив ИИАЭ ДВО РАН, Д.416, Л.536-540; С. В. Березницкий, Мифология и верования орочей, СПб.: ПВ, 1999, p.297.
197　С. В. Березницкий, там же, p. 294; Ч. М. Таксами, Словарь нивхско-русский и русско-нивхский, СПб.: Просвещение, 1996, pp.56, 73, 75, 84.

혼을 인간의 건강과 관련지으면서 출현한 단어이다. 이처럼 인간의 영
혼을 가리키는 닙흐어 단어들은 일률적이지 않은데 이는 이들의 영혼
관이 주객관적 요인에 의해 많은 변형을 겪었기 때문이다.

2) 인간의 주요 영혼

인간의 주요 영혼에 대한 닙흐족의 관념은 매우 불분명하고 유동적
이다. 닙흐인 헤인에 의하면 인간의 영혼은 여러 개이며, 노글리크 마을
의 닙흐인 탄지나, 사할린 동부 해안 카탄글리 마을의 닙흐인 사츠군에
의하면 인간의 영혼은 1개이다.[198] 과거 이에 대한 러시아 연구자들의
입장은 다양했는데 크게 인간의 영혼은 여러 개이며 그 수는 불분명하
다는 입장, 인간의 영혼은 주요 영혼 1개, 그 보조인 그림자영혼 2개로
모두 3개라는 입장으로 나누어졌다. 하지만 지금은 닙흐족에게 인간의
주요 영혼은 1개라는 입장이 우세하다.

닙흐족에게 인간의 영혼은 탄(~테흔) 1개이며 tan과 tehn은 유의어로
의미상 차이는 없다. 탄은 t'ad-(숨쉬다, 호흡하다/ 닙흐어)에서 기원하므
로[199] 닙흐족은 영혼을 '숨, 호흡'과 동일시하는데 이는 인접한 퉁구스
족에게 많은 영향을 주었다. 닙흐족은 '죽었다'라고 할 때 '피(nar)가 끊
어졌다'라고 하는데 이들에게 병이나 죽음은 악령이 피를 훔쳐갔기 때

---

198 Архив ИИАЭ ДВО РАН, Д.415, Л.143-148; С. В. Березницкий, там же, pp.297, 298.

199 Г. А. Отаина, Воспитание экологического сознания у народов Дальнего Востока, Культура Дальнего Востока, Владивосток: Дальнаука, 1992, p.105; Ф. А. Геннадьевич, Коллективные представления нивхского этноса: взаимодействие человека, социума и природы (вторая половина ХIХ~ХХ вв.). Диссерт. ...Канд. Исторических Наук, ХГПУ, 2002, p.37.

문에 생기는 현상이다.[200] 따라서 이들에게 인간의 생명 유지에 가장 중
요한 것은 피지만 nar(피/ 닙흐어)가 영혼을 의미하지는 않는다. 따라서
이들에게 피와 영혼은 다른 개념이며 피는 영혼의 거처에 가깝다. 이는
이들이 인간은 숨, 호흡이 멈추는 순간이 아니라 피를 잃는 순간 죽음에
이른다고 믿는 점으로도 알 수 있다. 따라서 이들에게 피는 영혼이 중계
에 존재하는데 필수적인 삶의 요소이며, 피의 유무는 산자와 망자를 나
누는 기준이지 영혼은 아니다.

3) 영혼의 윤회구조

닙흐족에게 인간 생존의 기본 조건은 영혼의 존재이지만 인간이 되
기 위해서는 일정하게 주어진 조건을 달성해야 하기 때문에 1세 이전
의 아이에게는 영혼이 없다고 믿는다. 따라서 1세 이전의 아이들은 인
간의 범주에 포함되지 않기 때문에 사망해도 크게 슬퍼하지 않는다. 1
세 이후 환생을 위해 중계로 온 조상령이 아이의 몸에 들어가면서 아이
는 비로소 인간의 범주에 포함되는데 임산부가 특정 조상의 꿈을 꾸거
나 아이가 특정 조상과 비슷한 특징을 가지고 태어나면 그 조상이 환생
했다고 생각하여 아이에게 그 조상의 이름을 붙여주는데[201] 극동 토착
종족 공통의 관념이다. 닙흐족에게 태어나는 아이의 영혼은 조상령의
화신이며, 영혼은 씨족별로 윤회의 순환구조 속에 존재하는데, 윤회가

200 Е. А. Крейнович, Нивхгу. Загадочные обитатели Сахалина и Амура, М.:
    АН СССР, 1973, p.450; А. Б. Островский, Островский А. Б., Мифология и
    верования нивхов, СПб: ПВ, 1997, pp.38-39.
201 Ч. М. Таксами, Основные проблемы этнографии и истории нивхов (сере
    дина XIX~начало XX вв.), Л.: Наука, 1975, p.144.

무한 반복되는 것은 아니다. 남성은 3번, 여성은 4번의 윤회를 마치면 최후의 죽음을 맞이하여 나무·풀·나비·새·모기 등으로 변한다.[202] 이렇듯 최후에 인간이 동·식물, 곤충으로 변하는 것은 모든 자연물은 인간의 현현이고, 인간과 우주만물은 생사를 초월하여 유기적으로 연결되어 있으며 서로 변용이 가능하다는 이들의 생태적 세계관에 의한 것이다.

사후 화장을 한 뒤 남자의 영혼은 3년, 여자의 영혼은 4년 동안 상계에서 거주하다가 송혼식 이후 비로소 하계 씨족 조상령의 마을로 이동하여 환생을 준비한다.[203] 따라서 망자의 영혼이 환생할 수 있는 것은 오로지 중계 가족의 역할에 의한 것이다. 상계에 머무는 동안 조상령과 중계 씨족의 관계는 지속되는데 조상령은 씨족구성원들을 바라보면서 눈물을 흘리기도 하고, 종종 자신의 집을 찾아오기도 한다.[204] 이에 의하면 닙흐족의 관념에서 송혼식 이전 망자의 영혼은 상계와 중계의 중간 지점에 놓여있으며 두 세계를 자유롭게 오간다. 송혼식 이후 비로소 하계에 통합된 망자의 영혼은 1년 뒤부터 환생을 기다리므로 죽음은 다른 차원의 시공간으로의 이동이며 이들에게 생사의 경계는 의미가 없다.

4. 타즈족의 영혼관

타즈족의 영혼관에 대해서는 알려진 바가 거의 없지만 이들에 의하

---

202 Ч. М. Таксами, там же, p.144.
203 Архив ИИАЭ ДВО РАН, Д.416, Л.536-540.
204 Архив ИИАЭ ДВО РАН, Д.416, Л.536-540.

면 인간은 육신과 영혼의 이원체계로 이루어져 있고, 인간의 영혼은 여러 개이며, 사후 육신은 소멸하지만 인간의 영혼 중 하나는 하계 조상령의 마을로 가서 불멸의 삶을 산다.[205] 이처럼 인간은 영혼의 존재로 인해 생사의 순환 구조 속에서 상계 → 중계 → 하계를 윤회하면서 불멸의 삶을 살기 때문에 이들에게 중계의 삶은 일시적인 것이다. 샤머니즘이 수용된 이후 하계에 가기 위해서는 샤먼 테다신 혹은 디의 도움이 필요해졌으며[206] 샤먼은 송혼식을 통해 망자의 영혼을 하계 조상령의 마을에 통합시키는 역할을 하게 되었다.

***

극동 토착종족에게 인간의 주요 영혼은 새영혼 오미(오이곤~오메~오미아~오모로~온)와 그림자영혼 하냔(하난~히냔~파냐~하냐), 육신의 영혼 베옌(혹은 욱수키), 숨영혼 에게(에르게니~엑게) 등인데 영혼의 수는 종족, 씨족에 따라 달라진다. 하지만 오미와 하냔은 퉁구스족 공통이므로 오미와 하냔은 퉁구스족이 분화되기 이전에 출현한 영혼이다. 오미는 태아와 1세(극히 드물게 3세) 이전 아이의 영혼이며 새(오로치족과 우데게족에게는 새와 나비)의 형상이므로 토템적 본성이 밖으로 드러난다. 하냔은 자신이 속한 사람과 외모도, 성격도 비슷하기 때문에 토템적 본성은 은폐되고, 인간의 특성이 드러나므로 새영혼 오미가 그림자영혼 하냔보다 이른 시기의 관념이다. 즉 그림자영혼 하냔은 이들 사이에서 토템신앙이 퇴색되고, 인간이 세계관의 중심에 놓이고, 인간의 특성을 가진 영혼이

205 Народы Приморского Края (НПК), Ермак Г. Г., Табунщикокова Т. И. (Ред.), Владивосток: Изд-во 48-часов, 2016, p.119.
206 НПК, p.119.

[표 18] 극동 토착종족의 인간의 주요 영혼

종족	인간의 주요 영혼	하계로 가는 영혼	환생하는 영혼	조상령 이외 영혼의 수
네기달족	오미, 하난	하난	오미	X
에벤족	오미, 히난, 베옌	베옌	오미	1
에벤키족	오미, 하난, 베옌	베옌	오미	1
나나이족	오미아, 파냐, 욱수키, 에르게니	욱수키	오미아	2
오로치족	오모로, 하냐, 엑게	하냐	오모로	1
오로크족	온, 도로, 파냐	파냐	온	X
우데게족	오메, 하냐, 에게	하냐	오메	1
울치족	오미, 파냐, 에게	파냐	오미	1
닙흐족	탄(테흔)	탄	탄	X
타즈족	불분명	불분명	불분명	불분명

필요해지면서 출현하였다. 하지만 이들에게는 무에서 영혼을 만들어내는 신에 대한 관념이 없었기 때문에 오미와 하난은 동일한 조상령의 화신이어야 했다. 에벤족, 에벤키족, 나나이족의 영혼관에서 오미와 하난은 시공간 차원의 변화에 따라 오미 → 하난 → 오미로 변신하면서 상계 ↔ 중계의 윤회를 통해 씨족의 영속성을 이어가므로 오미와 하난이 이들 사이에 전파될 당시 이들에게는 하계와 죽음에 대한 관념이 불분명하였다. 이들의 종교적 관념에서 하계와 죽음은 샤먼에 의해 개척되었으므로 오미와 하난은 샤머니즘 이전의 산물이다. 반면 이외의 종족들에게 오미와 하난은 시공간 차원의 변화에 따라 오미 → 하난 → 오미로 변신하면서 상계 → 중계 → 하계의 윤회를 통해 씨족의 영속성을 이어간다. 닙흐족의 영혼 탄은 속성 변화 없이 상계 → 중계 → 하계를 윤회하면서 씨족의 영속성을 이어간다. 따라서 네기달족·오로

치족·오로크족·우데게족·울치족·닙흐족 사이에 영혼관이 전파된 것은 하계와 죽음에 대한 관념이 전파된 이후 즉 샤머니즘 수용 이후이다.

종족 별 인간의 주요 영혼에 대한 관념을 살펴보면 네기달족에게 인간의 주요 영혼은 새영혼 오미와 그림자영혼 하난 2개인데 오미와 하난은 시공간 차원의 변화에 따른 변신형일뿐 동일한 조상령의 화신이므로 이들에게 조상령 외에 인간의 영혼은 존재하지 않는다. 이들의 영혼관에 의하면 오미와 하난은 오미 → 하난 → 오미로 변신하면서 상계 → 중계 → 하계의 윤회를 통해 씨족의 영속성을 이어간다.

에벤족과 에벤키족에게 인간의 주요 영혼은 새영혼 오미, 그림자영혼 하난(하난), 육신의 영혼 베옌 3개이다. 오미와 하난은 시공간 차원의 변화에 따른 변신형일 뿐 동일한 조상령의 화신이며 이들에 의하면 인간에게는 조상령 이외 육신의 영혼 베옌이 더 있다. 베옌은 토템적 본성은 없고, 일생을 육신과 함께 하다가 사후 하계 씨족 조상령의 마을로 이동하여 불멸한다. 이처럼 이들에게는 상계로 가서 씨족의 영속성을 이어가는 영혼과 하계로 가서 영원불멸의 삶을 살아가는 영혼이 별개로 존재하는데 베옌은 하계와 죽음을 전제로 하므로 샤머니즘 수용 이후 샤먼적 세계관에 의해 출현한 영혼이다. 따라서 베옌은 오미, 하난보다 늦은 시기에 출현한 영혼이며, 이들 사이에서 영혼의 출현 순서는 오미 → 하난 → 베옌이다.

나나이족에게 인간의 주요 영혼은 새영혼 오미아, 그림자영혼 파냐, 육신의 영혼 욱수키, 숨영혼 에르게니 4개인데 오미아와 파냐는 시공간 차원의 변화에 따른 변신형으로 동일한 조상령의 화신이므로 이들에게는 조상령 이외에 욱수키와 에르게니 2개의 영혼이 더 있다. 오미아와 파냐는 오미아 → 파냐 → 오미로 변신하면서 상계 ↔ 중계의 윤회를 통해 씨족의 영속성을 이어간다. 육신의 영혼 욱수키는 사후 하계

씨족 조상령의 마을로 가서 영원불멸하므로 에벤족과 에벤키족의 육
신의 영혼 베옌에 해당한다. 숨영혼은 퉁구스족 남부그룹 공통의 관념
인데 씨족의 영속성과도 관련이 없고, 토템적 본성도 없으며, 사후 소
멸되므로 다른 영혼에 비해 인간세계에서의 역할이 미미하다. 그런데
도 이들이 숨영혼을 인간의 주요 영혼에 포함시킨 것은 숨, 호흡을 영
혼과 동일시하는 인접한 고아시아계 닙흐족의 영향이다. 이에 의하면
나나이족 사이에서 영혼의 출현 순서는 오미아 → 파냐 → 욱수키 →
에르게니이다.

　오로치족에게 인간의 주요 영혼은 새영혼 오모로, 그림자영혼 하냐,
숨영혼 엑게 3개인데 오모로와 하냐는 시공간 차원의 변화에 따른 변신
형으로 동일한 조상령의 화신이므로 이들에게는 조상령 이외에 숨영혼
에게 1개의 영혼이 더 있다. 오모로와 하냐는 오모로 → 하냐 → 오모로
로 변신하면서 상계 → 중계 → 하계의 윤회를 통해 씨족의 영속성을
이어간다. 오로크족에게 인간의 주요 영혼은 새영혼 온, 도로, 그림자영
혼 파냐 3개인데 시공간 차원의 변화에 따른 변신형으로 동일한 조상령
의 화신이므로 이들에게 조상령 이외의 영혼은 존재하지 않는다. 온,
도로, 파냐는 온 → 도로 → 파냐 → 온으로 변신하면서 상계 → 중계
→ 하계의 윤회를 통해 씨족의 영속성을 이어간다.

　우데게족에게 인간의 주요 영혼은 새영혼 오메, 그림자영혼 하냐, 숨
영혼 에게 3개인데 오메와 하냐는 시공간 차원의 변화에 따른 변신형으
로 동일한 조상령의 화신이므로 이들에게는 조상령 외에 숨영혼 에게
가 더 있다. 오메와 하냐는 오메 → 하냐 → 오메로 변신하면서 상계
↔ 중계 ↔ 하계의 윤회를 통해 씨족의 영속성을 이어간다. 울치족에게
인간의 영혼은 새영혼 오미, 그림자영혼 파냐, 숨영혼 에게의 3개인데
오미와 파냐는 시공간 차원의 변화에 따른 변신형으로 동일한 조상령

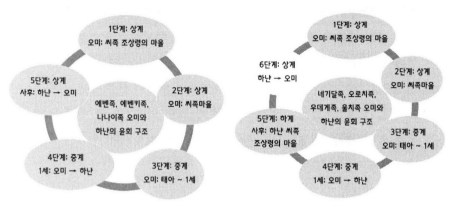

[그림 39] 에벤족, 에벤키족, 나나이족 영혼의 윤회 구조(좌);
네기달족, 오로치족, 우데게족, 울치족 영혼의 윤회 구조

의 화신이므로 이들에게는 조상령 외에 숨영혼 에게가 더 있다. 오미와
파냐는 오미 → 파냐 → 오미로 변신하면서 상계 → 중계 → 하계의
윤회를 통해 씨족의 영속성을 이어간다.

　닙흐족에게 인간의 영혼은 탄(~테흔) 1개인데 숨과 동일시되며 사후
화장을 한 뒤 남자의 영혼은 3년, 여자의 영혼은 4년 동안 상계에서 거
주하다가 샤먼이 주도하는 송혼식 이후 하계 씨족 조상령의 마을로 이
동하여 환생을 준비한다. 따라서 이들에게는 조상령 외의 영혼은 존재
하지 않고, 이들의 영혼은 토템과도 무관하기 때문에 이들의 영혼관은
토템신앙이 일정정도 퇴색된 뒤에, 또 샤머니즘이 전파된 뒤에 출현하
였다.

　새영혼 오미와 그림자영혼 하냔이 상계 ↔ 중계를 윤회하면서 씨족
의 영속성을 이어간다는 점, 하계 씨족 조상령의 마을로 가서 영원불멸
의 삶을 누리는 육신의 영혼이 별개로 존재한다는 점에서 에벤족·에벤
키족·나나이족의 영혼관 사이에서 유사성이 발견된다. 오미와 하냔이

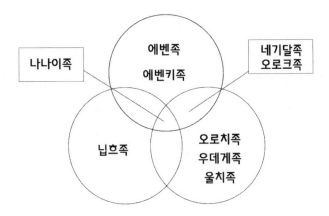

[그림 40] 영혼관에 근거한 극동 토착종족의 문화적 친연관계

상계 → 중계 → 하계를 윤회하면서 씨족의 영속성을 이어간다는 점, 조상령 이외의 영혼이 존재하지 않다는 점에서 네기달족·오로크족·닙흐족 사이에서 유사성이 발견된다. 그런데 네기달족과 오로크족의 영혼관에서 영혼은 부분적으로 토템적 본성을 가지고 있지만 닙흐족의 영혼관에서 영혼의 토템적 본성은 매우 불분명하고 희미하므로 네기달족·오로크족과 닙흐족의 영혼관은 서로 다른 기원을 가지며, 서로 다른 발전과정을 거쳤다.

인간의 주요 영혼에 숨영혼 에르게니(에게~엑게)가 포함된다는 점에서 나나이족·오로치족·우데게족·울치족·닙흐족 사이에서 유사성이 발견되며, 영혼 오미의 토템적 본성이 새와 나비라는 점에서 오로치족과 우데게족 사이에서 유사성이 발견된다. 이처럼 극동 토착종족의 영혼관은 공통의 요소를 기층으로 종족의 특성에 맞게 변형, 발전되면서 종족별로 매우 복잡한 양상을 띠게 되었다. 그런데 토템신앙이 비교적 잘 보존된 종족의 영혼관은 매우 모호하여 영혼은 때와 장소에 따라 다양

한 형태를 띠지만, 토템신앙이 퇴색될수록 영혼의 모호함은 사라지고 영혼의 특성이 명확히 드러나므로 극동 토착종족의 영혼관은 토템신앙이 일정정도 퇴색된 사회의 특징을 보여주고 있다.

영혼관에 의하면 나나이족은 에벤족, 에벤키족과 퉁구스족 남부그룹, 닙흐족의 경계지대, 사이지대에 위치하였고, 퉁구스족 남부그룹은 닙흐족과 인접하여 거주하였으며 서로 간 문화 교류·충돌·융합·혼종이 빈번하였다.

Ⅲ부

극동 토착종족의 자연 숭배

Ⅰ. 극동 토착종족 자연 숭배의 특징

1. 자연 숭배의 기원과 발달 과정

극동 토착종족 자연신의 명칭에는 수신(水神) 무에(Mu, 물), 화신(火神) 토고(Togo/ 토고 엔두리, 토고 에제니)와 푸쟈(Puʒa), 대지모신 나 에제니(Na εʒeni), 번개의 신 악디(Agdi, 번개),[1] 해신(海神) 테무(Temu), 강신(江神) 비라 에제니(Bira εʒeni) 등이 있다. 무에, 토고, 악디, 비라는 퉁구스제어, 푸쟈 는 알타이조어, 테무와 나는 퉁구스족 남부그룹 기원의 단어들로 자연 물 혹은 자연 현상을 의미하는 보통명사에서 기원한다. 이 단어들은 지 금도 일상에서 사용되며, 원형과 의미 복원이 가능하기 때문에 이들에 게 자연은 종교적 관념을 발로시킨 최초의 대상, 처음으로 성화된 존재, 인간에게 삶의 철학과 지침을 내려준 존재이다.

극동 토착종족 자연 숭배의 기원을 분명하게 규명하기는 힘들지만

---

1   극동 토착종족은 번개, 우레, 바람의 신을 엄격하게 구분하지 않기 때문에 악디는 이 모두를 다스리는 신이다.

[그림 41] 이만강 우데게족이 숭배하는 성스러운 절벽
1. 할아버지 절벽, 2. 할머니 절벽 Березницкий, 2005, pp.554, 555.

페티시즘²과 다신신앙의 단계를 거치면서 오랜 기간 점진적으로 발전해 왔다. 페티시즘의 단계는 자연 자체를 숭배하는 단계로 이 단계에서 모든 자연물은 영혼을 가지고 있다. 태양과 달이 떴다 지고, 화산이 폭발하고, 폭풍우가 몰아치고, 번개·천둥·우레가 치고, 강물이 바다를 향해 흘러갔다가 다시 본원으로 회귀하고, 바다가 거대한 파도와 해일을 일으키고, 동물들이 사냥을 하고, 연어가 바다에서 살다가 기원지로 돌아오고, 식물들이 사계절의 흐름에 맞추어 삶의 순환을 반복하고, 해변의 모래알이 변함없이 그 자리를 지키는 것은 영혼이 있기 때문이다. 그런데 이 단계에서는 자연물과 영혼 불가분의 관계이기 때문에 태양과 달에서 영혼이 떠나면 태양과 달은 죽고, 곰의 영혼이 육신을 벗어나면 곰은 죽음에 이르고, 물의 영혼이 물을 떠나면 물은 죽는다.

이 단계의 신앙은 동서고금의 많은 민족/ 종족에게서 발견되는데 찬

---

2 페티시즘은 프랑스의 인류학자 샤를 드 브로스(Charles de Brosses)가 1760년 〈사물숭배 의식(Du culte des dieux fétiches)〉에서 아프리카인들의 사물 숭배를 표현하기 위해 처음 사용한 용어인데 이후 콩트(A. Comte, 1798~1857년)가 원시 종교의 일반 이론을 가리키기 위해 사용하면서 널리 전파되었다.

란히 빛나는 문화를 가지고 있다고 자부하는 중국 한족도 우주만물에
영혼이 있다고 믿었고, 영혼을 숭배하였다. 공자가 말하길 "영적 존재
의 작용은 완벽하다. 인간은 영적 존재를 인식하지만 보지는 못한다.
이들은 본체에 결합되거나 그 일부이기 때문에 그곳을 떠날 수 없다.
이들은 사람들에게 재계하고, 깨끗이 한 뒤 좋은 옷을 입고, 제사를 지
내게 한다. 이들은 넓은 바다처럼 위에도 있고, 좌우에도 있기 때문에
그 수는 매우 많다."[3] 공자는 영적 존재는 물체를 떠날 수 없고, 인간은
볼 수 없지만 인간의 주변에는 수많은 영적 존재들이 있다고 하였는데
이때의 영적 존재는 신적 존재보다는 비물질적, 비가시적인 영혼에 가
깝다. 또 공자에 의하면 사람들은 영적 존재를 위해 제사를 지내는데
이때의 영적 존재는 조상령 혹은 신성하고 초월적인 힘을 의미하므로
공자의 주장에는 영혼과 정령의 개념이 혼용되어 있다.

　다신신앙의 단계에 접어들면서 우주만물을 다스리는 신이 출현하는
데 이 단계의 두드러진 특징은 신과 자연의 동일화 및 융화, 신의 초월
성, 개인적 신의 부정이며 이 단계의 신들은 자신의 세력권에 포함된
자연과 인간의 삶에 지대한 영향을 미친다. 다신신앙의 단계는 다시 2
단계 과정을 거쳐 변형, 발전되었다. 1단계는 모든 자연물에 신적 존재
가 깃들여 있다는 진보된 일반화의 단계로 숭배 대상은 자연 그 자체가
아니라 자연에 깃들인 초월적이고 신성한 존재이다. 이 단계에서 자연
물은 자연신과 인간을 연결하는 매개체이며, 자연신은 인간의 길흉화
복, 희로애락, 생사를 좌우하는 존재이다. 이 단계에서는 태양·달·별뿐
만 아니라 집의 화덕, 사냥터의 모닥불, 장지의 모닥불, 타이가의 계곡,
바다, 아무르강과 그 지류들, 호수, 연못, 바다의 모래알, 산기슭의 절벽,

---

3 에드워드 버넷 타일러, 『원시문화 2』, 유기쁨 옮김, 아카넷, 2018, p.391.

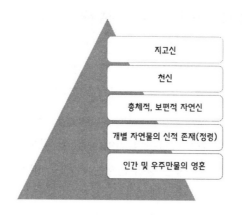

[그림 42] 극동 토착종족 신전의 계층구조

나무에 이르기까지 모든 자연물에 신적 존재들이 깃들이면서 자연신은
무한 수로 팽창되었다. 그런데 이 단계에서는 이 자연신들을 경계 짓고
통합하는 최고신의 개념은 불분명하고, 신들 사이의 위계질서나 힘의
역학관계도 뚜렷하지 않았다. 이 단계에서 중요한 것은 자연과 우주의
질서와 조화 유지 및 이를 둘러싼 신들의 지상권(地上權) 획득이었다.
하지만 페티시즘의 단계와 달리 자연신들과 자연물의 직접적인 관계는
매우 희미해지기 때문에 태양신이 반드시 태양에, 나무의 신이 반드시
나무에, 바위의 신이 반드시 바위에, 화신이 반드시 불에 기거하는 것은
아니다.

  2단계는 개별 자연물에 깃들인 신적 존재들을 경계 짓고 통합하는
보편적, 총체적 자연신이 등장하면서 자연신들 사이에 위계질서가 자
리 잡는 단계이다. 이 단계에서 우주 최고의 신인 지고신 → 상계 천신
→ 총체적, 보편적 자연신(종족, 씨족에 따라 천신과 중계신의 경계를 오감) →
개별 자연물에 깃든 신적 존재(정령)[4] → 인간 및 우주만물의 영혼으로
위계화 된 계층구조가 생겨난다. 이때 천신, 자연신들의 권력은 지고신

의 절대 권력에서 파생되었지만 그 자체로서 권력에 대한 종교적 의미
의 새로운 표현이었다.

극동 토착종족에게 자연신의 형상은 토테미즘이 샤머니즘에 융합되
는 과정에서 토템신 → 반인반수 → 인간으로 변형되었으므로 최초의
숭배 대상은 동물이나 식물(주로 동물)이었으며 초기 이들의 자연 숭배
는 토템신앙과 밀접하게 결합되어 있었다. 자연신이 완전히 인간의 형
상을 지니게 된 것은 이들 신적 관념의 최종 단계에 이르러서이므로
신인동형동성론(神人同形同性論)은 비교적 늦은 시기의 산물이다.

2. 극동 토착종족 자연신의 유형 분류

극동 토착종족의 자연신들은 지배 대상의 공간적 위치, 인간세계에
서의 역할, 본체의 속성에 따라 다양하게 유형화 시킬 수 있다. 지배
대상의 공간적 위치에 따라 우주, 천체, 천체 현상 등을 지배하는 상계
천신들, 대지, 강, 바다, 타이가 등 중계를 지배하는 중계 자연신들, 죽음
과 악령의 세계인 하계를 지배하는 하계신들로 나누어진다.

인간세계에서의 역할에 따라 운명의 신, 가족과 씨족의 보호신, 출산
의 신, 사냥의 보호신, 풍어(豊漁)의 신, 바다동물 사냥의 신, 치병의 신,
가축의 신, 전쟁의 신 등으로 나누어진다. 본체의 특성에 따라서는 태양
신, 달신(月神), 천둥과 번개의 신, 해신, 강신(江神), 목신(木神), 타이가신,
산신, 화신, 절벽신, 바위신, 순록신, 개신 등으로 나누어진다. 그런데

----

4 러시아 연구자들은 자연신, 자연의 정령에 대해 주인(хозяйн), 여주인(хозяйка)이라
   는 용어를 사용하는데 자연을 둘러싼 지상권 개념을 강조하기 위한 것으로 의미상
   큰 차이가 없기 때문에 이 책에서는 맥락에 따라 신, 정령이라는 용어를 사용한다.

이러한 유형 분류는 독립적으로 존재하는 것이 아니라 복합적으로 얽혀있다. 가령 화신은 상계 천신이지만(일부 종족에게는 중계 신) 가족과 씨족의 보호신이자 사냥의 보호신이며, 해신은 하계신이면서 동시에 풍어와 바다동물 사냥의 보호신이다.

극동 토착종족 자연신의 유형 분류는 성/ 속, 상(上)/ 하(下), 노(老)/ 소(少), 고(高)/ 저(低), 창조/ 파괴, 선/ 악 등의 사회적 원칙에 의한 이원대립, 미(美)/ 추(醜) 등 미학적 원칙에 의한 이원대립, 남/ 여, 생/ 사, 건(乾)/ 습(濕), 하늘/ 대지, 대지/ 물 등의 자연적 원칙에 의한 이원대립에 의해 정해진다. 샤머니즘 수용 이후 이원대립을 샤먼이 중개하면서 삼원대립으로 변형되었지만 샤먼은 이들 자연 숭배에서 주도적인 역할을 담당하지 않기 때문에 여전히 이원대립이 이들 자연 숭배의 기층을 이루고 있다.

3. 극동 토착종족 지고신의 특징

1) 극동 토착종족 지고신의 기원과 용어

지고신은 세계 모든 민족/ 종족에게서 발견되는 보편적인 신은 아니다. 지고신은 극동 토착종족을 비롯하여 아프리카의 에웨족, 반투족, 콩고의 팡족, 북미의 이로쿼이족, 오스트레일리아 대륙의 마오리족 등에게서 발견된다.[5] 현재 이들에게 지고신은 주변적, 부차적 신이지만 과거에는 이들 신앙의 중심에 있는 최고의 신이었다. 그런데 다른 종족들의 지고신과 달리 극동 토착종족의 지고신은 이미 혼인을 하여 하늘 가장

---

5   미르치아 엘리아데, 『종교형태론』, 이은봉 옮김, 한길사, 1996, p.106.

높은 곳에서 아내, 딸과 함께 살고 있기 때문에[6] 성혼(成婚)과 무관하며 남성신이므로 이들의 자연신이 인간신의 형상으로 변형된 마지막 단계의 관념이 반영되어 있다. 또 이들 지고신의 최측근 보조신은 천둥과 번개 신이기 때문에 다른 종족들의 지고신처럼 천둥과 번개의 신으로 변형되지도 않았으므로 이들의 지고신에는 다른 민족/ 종족보다 원형성이 더 잘 보존되어 있다. 그런데 이들의 지고신에 대한 관념은 어디에서 기원할까?

하늘은 인간의 상상력의 한계를 넘어서는 무변광대함으로 인해 인간에게 무한성·초지상성·초월성·신성성을 불러일으켰고 숭배 대상으로 승격되었다. 극동 토착종족의 신화적 관념에서 상계는 지고신·천신들·문화영웅들·신이 된 조상령의 세계·씨족의 기원지가 있는 곳이며, 샤먼적 세계관에서는 천신으로부터 승천의 권리를 부여받은 샤먼만이 상승의례를 통해 갈 수 있는 세계이다. 이들의 지고신은 하늘 가장 높은 곳에 있기 때문에 이들의 지고신 숭배는 논리적, 합리적 추론이나 심오한 종교적 체험의 결과가 아니라 인간이 도달할 수 없는 지극히 높은 곳에 있다는 자연물로서 하늘에 대한 관찰에 근거한다.

극동 토착종족에게 지고신은 우주만물의 창조주이며, 천둥·번개·폭풍우·유황 같은 천체 현상 속에서만 모습을 드러내는 베일에 싸인 신이다. 인간은 지고신을 볼 수도, 그의 목소리를 들을 수도 없지만 지고신은 우주 구석구석에서 일어나는 모든 일을 직접 눈으로 보고 있는 듯, 직접 귀로 듣고 있는 듯 훤히 알고 있다. 또한 지고신은 지극히 자상

---

6 С. В. Березницкий, Этнические компонеты верований и ритуалов коренных народов Амуро-Сахалинского региона, Владивосток.: Дальнаука, 2003, p.29.

하여 인간들에게 필요한 것, 인간들이 원하는 것을 충족시켜주려고 하는 절대선의 존재이다.

지고신을 가리키는 용어는 극동 퉁구스족 공통의 부가, 퉁구스족 북부그룹의 세베키와 에제니, 남부그룹의 엔두리, 닙흐족의 쿠른(Kurn/ 닙흐어)이 있는데 부가가 가장 보편적이며 다른 단어들은 부가보다 늦은 시기의 산물이다. 부가(buga~boga~bua~boa~bo~ba, 우주·하늘·지역·나라·땅·세계·날씨·자연·자연현상/ 퉁구스제어)는 puhai(지역/ 여진어), boid(사람이 살지 않는 곳/ 몽골 고어)의[7] 음성변형이므로 몽골·퉁구스조어 기원이다. 따라서 지고신으로서 부가는 몽골족과 퉁구스족이 분화되기 전에 출현한 단어이며 초기 부가는 지고신이 아니라 인간을 둘러싼 모든 환경을 의미하였다. 다신신앙의 단계에 접어들면서 부가는 천신을 의미하게 되었는데 이후 극동 토착종족 사회에 계층분화가 발생하고, 절대 권력의 관념이 생기면서 우주의 최고 권력자인 지고신으로 자리 잡았다.

엔두리는 튀르크족의 천둥과 번개의 신 야두리·야다치·울룬·우쟈카·윈쟈, 고대 인도신화의 천둥과 번개의 신 인두리와의 음성적 유사성에 근거할 때 인도이란 기원이다.[8] 따라서 엔두리는 인접한 튀르크족으로부터 만주족을 거쳐 퉁구스족 남부그룹에게 전파되었다. 엔두리는 만주족에게 수용될 당시 천둥과 번개의 신이었으나 퉁구스족 고유의 세계관에 근거한 번개와 우레의 신 악디가 등장하면서 천신 혹은 지고신으로 승격되었고, 악디는 천신 혹은 지고신 엔두리의 최측근 보조령이 되었다. 따라서 엔두리는 인도이란과 튀르크족, 퉁구스족의 관념이 융합

---

7 ССТМЯ 1, p.101.

8 Shirokogoroff S. M., Psychomental Complex of the Tungus, Pekin: Catholic University Press, 1935, p.123.

되면서 원래의 의미와는 다른 의미를 지니게 된 혼종적인 단어이다.

에제니는 εʒi(남편, 동지/ 에벤어, 에벤키어), εʒen(i)(신, 주권자, 통치자/ 네기달어, 퉁구스족 남부그룹 언어), hzani(신, 주권자/ 여진어), εʒen(신, 주권자/ 몽골어, 부랴트어), joʒi(iʒi, 신/ 튀르크 고어)에 근거할 때[9] 알타이조어 기원이다. 에제니는 알타이제어에서 '신, 주권자'를 의미하지만 에벤어와 에벤키어에서는 '남편, 동지'를 의미하는데 이는 에제니를 수용할 당시 이들 사회에서 남성의 지위가 높았음을 말해준다. 에제니는 알타이조어에서 기원하는 알타이족 고유의 관념이므로 엔두리와 에제니는 서로 다른 기원을 가지며 서로 다른 발전과정을 거쳤다. 하지만 러시아인들이 극동에 본격적으로 진출하기 시작한 1860년 이후 엔두리와 에제니는 '신·주권자·노인·동물·하늘·신성함·차르·신'을 의미하게 되었는데[10] 이는 러시아 절대군주제의 영향이다. 즉 엔두리와 에제니는 절대 권력을 지닌 남성, 법, 도덕의 확립자, 최고 공정함의 구현자, 생존을 보장해 주는 가부장적 절대자가 되었고, 무에 엔두리·무에 에제니처럼 자연신에 덧붙임으로써 해당 신의 권위를 강조하는 역할을 하였다.

2) 극동 토착종족 지고신의 격절성(隔絶性)

〈에벤키족 부가와 하르기〉 태초에는 물만 있었다. … 부가는 구라니찬 산(山)을 가지고 왔다. 부가는 그 안에 있던 순록 구리카찬을 꺼내 물에 던졌다. 그러자 대지가 만들어졌다. 대지가 커지면서 동물, 새, 식물들이

9 ССТМЯ 2, p.438.

10 М. Д. Симонов, "Материалы по шаманству сымских эвенков", Известия Сибирского отделения АН СССР. Сер. общ. наук, 3(11), Новосибирск, 1983, pp.102-113.

나타났다. 이후 태양신 델라차, 달의 신 베가, 화신 토고가 사람들에게 모습을 드러냈다.[11]

위 신화에서 지고신 부가가 구라니찬산을 가지고 와서 그 안에 있던 순록 구리카찬을 꺼내 물에 던지자 대지가 만들어졌고, 대지가 점점 커지면서 동물·식물·새들이 나타났다. 위 신화에서 인간의 출현과 관련된 내용은 없지만 인간은 대지 창조 이후 동물과 함께 등장하였다. 위 신화에서 지고신의 창조의 목적은 중계의 완성을 통해 지구와 우주의 조화와 균형을 이루기 위한 것이었다. 위 신화에서 지고신이 가지고 온 구라니찬산은 우주산이며, 대지의 기원이 된 순록은 우주적 형상이다. 그런데 이후 지고신의 행적은 묘연해졌고, 사람들은 지고신 대신 태양신·달신·화신을 보게 되었다. 이는 지고신이 자신에게 주어진 우주적 임무였던 대지와 동·식물을 창조한 뒤 하늘 가장 높은 곳으로 떠나면서 창세의 완성을 위해 하위 신들인 태양신·달신·화신 등을 남겨두었기 때문이다. 지고신을 대신해 나타난 이 신들은 각 종족의 신화적 선조, 문화영웅, 다른 여러 자연신들과 함께 지고신이 못 다 이룬 창세를 완성하여 지구와 우주의 질서와 조화를 유지해야 하는 의무를 짊어지게 되었다. 이들에 의하면 대지는 순록에게서 기원하며, 태양·달·불은 지구와 우주의 창세에서 저마다의 역할을 하였는데 이는 지구와 우주는 우주만물의 상호작용에 의해 탄생하였으며 서로 유기적으로 연결되어 있다는 이들의 생태적 세계관에 의한 것이다.

지고신은 우주에서의 임무를 완수한 뒤 인간세계로부터 멀리 떨어진 하늘 가장 높은 곳으로 떠나면서 종교적 실재성을 상실하였으며, 인간

---

11 Архив РЭМ, 1913, Ф.6, Оп.1, Д.215, Л.37.

이 만나거나 볼 수 없는 '베일 속에 가려진 은밀한 신'이 되었다. 또한 지고신은 모든 것을 포용하는 지극히 선한 존재이고, 조상령이나 자연신과 달리 인간의 길흉화복에는 관여하지 않으며, 인간에게 어떠한 벌도 내리지 않기 때문에 목적의식적으로 숭배할 필요도 없어졌다. 이로 인해 극동 토착종족에게 지고신 숭배의식은 점차 사라졌으며, 신상도 만들지 않았고, 지고신은 관념적으로는 우주 최고의 신이지만 실제로는 주변부의 부차적 지위의 신이 되었다.

그런데 지고신을 대신해 등장한 태양신·달신·화신들은 인간의 접근을 허용하였고, 구체적인 형상을 가지면서 역동적·활동적인 모습으로 변해갔다. 더불어 하늘 높은 곳에서 점차 자연 속으로, 인간세계 가까이로 다가오면서 인간과 친숙한 관계가 되었고, 인간의 생사와 길흉화복에 관여하면서 적극적인 숭배 대상이 되었다. 이 과정에서 자연은 성스러운 존재로 변해갔으며, 자연 숭배는 인간이 지고신에 대해 가졌던 신앙적 위치와는 다른 위치에 인간을 위치시키면서 인간의 종교적 체험의 구조와 내용을 변화시켰다. 이후 이 신들은 신화적 상상력의 원천이 되었고, 지고신은 인간과 더욱 멀어지면서 승천을 통한 샤먼의 의례 의식이나 신화 등에만 부분적으로 보존되어 있을 뿐 그에 대한 기억은 매우 희미해졌다.

이와 같은 시고신의 격질성은 지고신이 존재했던 민족/ 종족들에게서 공통적으로 발견된다. 그런데 지고신의 떠남이 종교의 빈곤화로 이어지기보다는 오히려 그 이후 비로소 참된 종교가 등장하였으므로 지고신의 떠남은 보다 발전된 종교가 탄생하기 위한 전제조건이었다.[12] 이들에게 다양한 모티프의 신화, 다양한 목적의 의례 의식, 다양한 여신

---

12 미르치아 엘리아데, 『신화와 현실』, 이은봉 옮김, 한길사, 2011, p.154.

과 남신들, 문화영웅들, 샤먼 등은 원시적인 형태의 사냥과 채집의 단계
를 지난 뒤 지고신이 부재하거나 망각된 상황에서 출현하였다. 비록 지
고신은 사라졌지만 그 기억은 원초의 낙원신화, 샤먼의 의례 의식, 우주
창조신화 등으로 변형되어 종교적 상징성을 지니면서 전승되고 있다.[13]
지금도 극동 토착종족은 아주 절박한 위기 상황에서는 지고신을 소환
하므로 이들에게 지고신은 여전히 우주 최고의 신이다.

II. 극동 토착종족의 불 숭배

1. 극동 토착종족 불 숭배의 기원과 특징

1) 극동 토착종족 불 숭배의 기원

〈에벤키족 삼형제와 불〉 에벤키족 삼형제가 사냥을 나갔다가 불을 잃
어버렸다. 그때 불을 지피고 있는 노인을 만난 형제들이 불을 달라고 했
다. 그러자 노인이 말했다. "내가 한 번도 들어본 적이 없는 이야기를 들
려주게. 내가 아는 이야기를 하면 엉덩이와 등살을 동글게 오려낸 뒤 가
죽 띠로 칭칭 동여매겠네. 하지만 내가 들어본 적이 없는 이야기여서 내
가 거짓말이라고 하면 내 엉덩이와 등살을 동글게 오려내게. 그리고 불을
가져가게." "그러지요!" 형제가 이야기를 시작했다.

"사십 명의 형제가 살았습니다. 암말 사십 마리가 있었답니다. 형제들
은 말을 타고 길을 나섰습니다. 그런데 자세히 보니 말의 등뼈가 부러져
있더군요. 그래서 형제들은 자작나무를 말 등에 얹은 뒤 주위를 한번 둘

---

13 미르치아 엘리아데, 앞의 책, p.156.

러보고 다시 말을 타고 떠났습니다. 그런데 말에서 자작나무가 자라기 시작하더니 하늘에 가서 닿지 뭡니까. 그걸 타고 올라가 하늘 구멍 안을 들여다보았습니다. 그곳에도 땅이 있는데 사람들이 살고 있더군요. 동물도 아주 많았답니다. 형제들은 사냥을 해서 동물 가죽을 벗긴 뒤 고기는 가난한 사람들에게 나누어주었지요. 가죽으로는 끈을 만들어 계단에 묶은 뒤 계단을 타고 내려왔습니다. 가죽 끈이 떨어지자 나뭇잎들이 땅으로 떨어졌답니다. 형제들이 땅으로 풀쩍 뛰어내려와 보니 한 남자가 곡식 낟알을 끌고 오고 있었지요. 낟알을 한 줌 가지고 폴짝 폴짝 …” 형제의 이야기가 채 끝나기도 전에 노인이 버럭 소리를 질렀다. “거짓말 하지 마!” 형제들은 노인의 엉덩이와 등살을 동글게 오려냈다. 노인은 죽었다. 삼형제는 노인의 불을 가지고 갔다.[14]

위 설화에서 사냥을 나갔다가 불을 잃어버린 삼형제는 불을 얻기 위해 노인과 목숨을 건 이야기 내기를 하였다. 이는 이들에게 불이 생존을 위해서뿐만 아니라 혈연공동체의 보존을 위해서도, 종교적으로도 매우 중요한 존재였기 때문이다. 극동 토착종족에 의하면 우주의 각 세계에는 그 세계를 대표하는 고유의 불이 있다. 상계 불은 태양·달·우레·번개 등인데 이들은 천신의 위계에 있으며 지고신의 보조신으로서 우주 삼계의 불을 연결하는 역할을 한다.[15] 중계 불은 화덕, 모닥불 등으로 토착종족의 종교와 일상생활의 중심에 있다. 하계 불은 북쪽 지하 동굴에서 불어오는 불 바람, 하계 씨족 조상령의 마을에 있는 태양·달·화덕·모닥불 등이다.[16] 상계·중계·하계의 불은 인간세계에서의 역할과

14 Г. М. Василевич, Эвенки. Историко-этнографические очерки (XVIII~начало XX в.), Л.: Наука, 1969, p.221.
15 Т. Ю. Сем, Картина мира тунгусов: пантеон (семантика образов и этнокультурные связи): историко-этнографические очерки, СПб.: СПбГУ, 2012, p.442.

상징의미에서 차이가 난다. 또한 이들은 상계 불은 큰사슴이나 새, 중계 불은 곰, 하계 불은 멧돼지나 개미로 형상화하므로[17] 이들의 불 숭배에는 토템신앙·우주관·조상 숭배 등 시대가 다른 다양한 층위의 관념들이 혼종·융합되어 중층구조를 이루고 있다. 그런데 이들은 왜 불을 숭배하게 되었을까?

(1) 극동 토착종족의 종교적 관념에서 불 숭배의 기원

극동 토착종족 불 숭배의 기원을 명확하게 규명하기는 어렵지만 불 자체를 숭배하는 페티시즘의 단계에서 불에 깃든 신적 존재를 숭배하는 다신신앙의 단계로 발전되었다. 페티시즘 단계에서 불 숭배는 자연의 위험과 추위, 맹수로부터 인간을 보호해주는 데서 오는 불에 대한 경외심, 빈번한 삼림 화재와 같은 불의 파괴력에 대한 공포 등 자연물로서 불에 대한 체험과 관찰에 근거한다.

다신신앙의 단계에서는 불 자체가 아니라 불에 깃들인 신적 존재가 숭배 대상이 된다. 씨족의 불, 집의 화덕, 사냥터의 모닥불 등 인간과 관련된 모든 불에 신적 존재가 깃들이면서 화신의 수는 무수히 많아졌다. 하지만 이들에게 중요한 것은 화신의 위계가 아니라 화신이 가진 초월적이고 신성한 힘에 대한 종교적 믿음이었다. 이 단계에서 총체적, 보편적 화신 → 개별 불에 깃들인 화신의 계층구조가 만들어졌으며 자연물로서 불은 인간 ↔ 화신을 중개하는 매개체가 되었다. 이 단계에서는 불과 화신을 별개로 간주하기 때문에 불과 화신의 직접적인 관계는

---

16 Т. Ю. Сем, там же, p.442.
17 Т. Ю. Сем, там же, p.442.

희미해졌고, 화신이 반드시 불에 기거하는 것은 아니었다. 이들에게 중요한 것은 지구와 우주의 질서와 조화 유지를 위한 화신의 지상권 획득이었다. 따라서 이 단계에서 화신은 자신의 세력권에 포함된 모든 자연과 인간의 삶에 영향을 미치는데 이 권력은 지고신의 절대 권력에서 나온 것이지만 그 자체로서 권력에 대한 종교적 의미의 새로운 표현이었다.

다신신앙의 단계에서 열·온기·빛의 원천으로써 불은 가족과 씨족을 자신의 주위에 결집시키면서 가족·씨족의 종교생활에서 중요한 위치를 차지하게 되었다. 따라서 이 단계의 불 숭배에서 중요한 것은 개인의 삶이 아니라 자연과 분리 불가능한 가족·씨족 등 집단의 삶이었다. 이로 인해 불은 이들 종교 체계의 핵심에 위치하게 되었고, 항상 성소에 위치했으며, 모든 의례 의식에서 불 숭배는 반드시 수행해야 할 의무가 되었다.

(2) 극동 토착종족의 신화적 관념에서 불 숭배의 기원

① 대지 창조의 도구와 인간 생명의 근원

극동 토착종족의 신화적 관념에 의하면 이들의 불 숭배는 지고신의 대지 창조의 도구이자 인간 생명의 근원으로서 불의 역할에 근거한다.

〈에벤족과 에벤키족의 부가와 부닌카〉 태초에 부가와 부닌카 형제가 있었다. 주위에는 물밖에 없었다. 부가가 불을 내려 보내 물의 일부를 없애자 대지가 만들어졌다.[18]

〈에벤족과 에벤키족의 세베키(헤브키)〉 대지는 계속 자라면서 넓어졌

---

18 Г. Спасский, "Забайкальские тунгусы", СВ 17, 1822, pp.54-55.

지만 지금처럼 두껍거나 단단하지 않았다. 말랑말랑하고 잘 갈라져서 누군가 살거나 걸어 다닐 수 있는 상태가 아니었다. 그때 지고신 세베키(헤브키)가 땅에 불을 내려 보내 40년 동안 대지를 태운 뒤 꺼뜨렸다.[19]

〈에벤족과 에벤키족의 부가와 부닌카〉에서 부가는 buga(~boga~bua~boa~bo~ba, 우주·하늘·지역·나라·땅·세계·날씨·자연·자연현상/ 퉁구스제어)[20]에서 기원하므로 우주적 형상의 지고신으로 우주의 창조주이다. 부닌카는 그 역할이 불분명하지만 buni(하계 씨족 조상령의 마을/ 퉁구스제어) + ka(접미사)의 구조이므로 하계신이며 창조주 부가에 대립되지만 부가의 창세에 전혀 방해가 되지 않는다. 〈에벤족과 에벤키족의 부가와 부닌카〉에서 태초에 우주는 물만 있는 혼돈의 단일체였는데 지고신 부가가 불을 내려 보내 물을 건조시킨 뒤 대지를 만들었으므로 불은 지고신의 대지 창조의 도구이며 상계에서 중계로 내려왔다.

〈에벤족과 에벤키족의 세베키(헤브키)〉에서 태초 대지는 말랑말랑하고 잘 갈라져서 누군가 살거나 걸어 다닐 수 없는 상태였는데 지고신 세베키(헤브키)가 불을 내려 보내 단단하게 만들었다. 따라서 〈에벤족과 에벤키족의 부가와 부닌카〉처럼 불은 지고신의 대지 창조의 도구이며 상계에서 중계로 내려왔다.

위 두 신화에서 불은 상계, 물은 중계를 대표하는데 상계에서 내려온 불이 중계의 물을 없애 대지를 만들었다. 이는 이후 이들 사이에서 상계가 중계보다, 불이 물보다 우위에 놓이는 관념적 근거가 되었다. 위 두 신화에서 창조주는 지고신, 창조의 집행자는 지고신의 대지 창조의 도

---

19 Г. И. Варламова, Двуногий да поперечноглазый, Черноголовый человек-эвенк и его земля дулин буга, Якутск: Розовная чайка, 1991, pp.9-10.
20 ССТМЯ 1, p.100.

구인 불이다. 불은 물을 없애 대지를 드러나게 하거나 말랑말랑한 대지
를 굳히면서 카오스적 우주를 질서 잡힌 우주로 변형시킨 존재이다. 위
두 신화에 의하면 중계는 지고신의 창조물이므로 신에 의해 창조된 신
성하고 질서 잡힌 세계, 조직화된 세계, 우주의 중심인데 이는 이러한
세계에 살고자 하는 이들의 원초적 염원에 의한 것이다. 또한 위 두 신
화에서는 카오스/ 코스모스, 성/ 속, 생/ 사, 건/ 습, 물/ 불, 상계/ 중계,
위/ 아래의 이원대립이 발견되는데 이는 대지의 창조를 위한 생산적·
창조적·필연적 대립이었다.

극동 토착종족에게 불은 대지 창조의 도구일 뿐만 아니라 인간 생명
의 근원이다.

> 〈에벤족과 에벤키족의 부가와 부닌카〉 … 부가가 동쪽에서 철을, 서쪽
> 에서 물을, 남쪽에서 불을, 북쪽에서 흙을 가지고 왔다. 부가는 흙으로
> 살과 뼈, 철로 심장, 물로 피, 불로 체온을 만들었다. 이후 남자와 여자가
> 태어났다.[21]

위 신화에서 창조주는 지고신 부가인데 창조의 목적은 인간의 탄생
이고, 창조의 질료는 철·물·불·흙 등의 자연물이다. 그런데 부가가 남
쪽에서 가지고 온 불은 체온의 근원이 되었으므로 남쪽은 불과 인간
생명의 기원지이다. 또한 위 신화에서 인간은 동서남북 사방에 있던
철·물·불·흙 등 자연에 의해 만들어졌으므로 자연물은 인간의 근원이
자 원천이다. 이에 의하면 이들의 신화적 관념에서 대지 창조의 도구로
서 불은 상계에서 중계로 내려왔고, 인간 생명의 근원으로서 불은 남쪽

---

21 Г. Спасский, "Забайкальские тунгусы", СВ 17, 1822, pp.54-55.

에서 북쪽으로 전해졌다. 이러한 관념에서 인간은 비인간 존재들, 인간 너머의 존재들과 본질적으로 다르고, 인간은 이들보다 우월한 지위에 있으며, 인류 문명의 발전을 위해 자연은 개척·개발해야 할 대상이라는 비(非)생태적 세계관은 전면 부정된다. 즉 이들에 의하면 인간이 지구와 우주의 중심이 아니며, 우주만물은 유기적으로 연결되어 있고, 지구와 우주에서 고립적으로 존재하는 것은 하나도 없다.

② 불의 변형으로서 3개의 태양

대지 창조의 도구와 인간 생명의 근원이었던 불은 네기달족,[22] 퉁구스족 남부그룹, 고아시아계 닙흐족에게서는 3개의 태양으로 변형되었다. 그런데 에벤족과 에벤키족의 〈부가와 부닌카〉 신화에서 부가와 부닌카는 형제이므로 이들에게는 3수 원칙, 3수 숭배 이전에 2수 원칙, 2수 숭배가 있었다. 퉁구스어에서 2는 ʒuwo(~dʲur~ʒuɛl~ʒuer~ʒu)인데 여진어 tul(양(陽)의 기원, 일출 방향, 따뜻하다) 기원이다.[23] 따라서 2는 태양 숭배와 관련이 있으며 이들에게는 3개의 태양신화 이전에 2개의 태양신화가 있었다.[24]

....

22 네기달족의 신화는 무척 단편적인데 이는 러시아 현지에서 이들에 대해 연구가 거의 이루어지지 않았기 때문이다. 1981년부터 네기달족 구비전승을 수집하기 시작한 하사노바와 페브노프에 의하면 이미 당시 대다수의 작품은 실전(失傳)되었다. 따라서 엄밀한 의미에서 구전되는 네기달족 설화는 거의 없으며 현재는 사냥제와 관련된 일부 모티프만 러시아어로 전해지고 있다. Хасанова М., Певнов А., Негидальцы: язык и фольклор, p.228, http://hdl.handle.net/2115/57373.
23 ССТМЯ 1, p.221.
24 우데게족 사이에는 사냥꾼 엑지가와 아내와 함께 살았는데 태양은 2개였지만 달이 없었다는 〈2개의 태양신화〉가 전해진다. М. Д. Симонов, В. Т. Кялундзюга, М. М. Хасанова, Фольклор удэгейцев: ниманку, тэлунгу, ехэ, Новосибирск: Наука, 1998, p.81.

〈오로치족의 3개의 태양 신화〉 태초 대지는 물과 같은 액체였다. 그때 3개의 태양이 대지에 내리쬐면서 물을 없앴다. 그러자 지금처럼 단단한 대지가 만들어졌다.[25]

위 신화에서 태초 대지는 물과 같은 액체였으므로 혼돈 그 자체였는데 3개의 태양이 나타나 물을 없애고 대지를 만들었다. 따라서 3개의 태양은 에벤족과 에벤키족의 〈부가와 부닌카〉와 〈세베키(헤브키)〉 신화에서 대지 창조의 도구인 불의 변형이다. 위 신화에서 3개의 태양은 카오스/ 코스모스, 성/ 속, 상계/ 중계, 물/ 불, 건/ 습, 대지/ 물의 이원대립을 내포하고 있다. 이는 대지의 완성을 통해 지구와 우주의 조화와 균형을 이루기 위한 생산적·창조적·필연적 대립이다.

〈나나이족 부부와 아들〉 태초에 부부와 아들이 있었다. 그의 후손들은 빠르게 번창하였고 노령에 이르면 죽었지만 다시 환생하였다. 시간이 흐르면서 사람들이 너무 많아지면서 살 땅이 없을 정도가 되었다. 이런 상황은 사람들에게 공포를 불러왔다. 아들이 말했다. "이제는 인간의 환생을 막아 불멸의 삶을 중지시켜야 합니다. 동물로 들어가서 하계를 개척하겠습니다." 아들이 동굴로 들어간 뒤 아버지는 입구를 거대한 바위로 막았다. 많은 세월이 흘렀지만 인간의 환생은 여전히 계속되었다. 아버지는 동굴로 가서 바위 입구를 열었다. 그때 어머니는 모피 한 아름을 아들에게 넣어주면서 말했다. "앞으로 여러 해가 지나 마지막 모피가 썩어 없어질 때쯤 인간은 환생을 멈출 것이다." 바로 그날이 다가왔다. 아침에 하늘에는 3개의 태양이 떠올랐다. 엄청난 열기로 사람들이 죽기 시작했고, 강렬한 빛으로 눈이 멀었으며 강물이 끓어올랐다. 아버지가 말했다. "그런데 이러다간 인류가 멸망하고 말겠어!" 아버지는 활을 쏘아 2개의 태양을

---

25 В. П. Маргаритов, Об орочах Императорской Гавани, СПб.: О-во изучения Амур. края в г. Владивостоке, 1888, p.28.

죽였다. 이후 모든 것은 예전과 같아졌다. 인간은 환생을 멈추었으며, 죽음은 자연스러운 것이 되었다.[26]

　위 신화에서 태초에 나나이족 부부와 아들이 있었는데 그들의 후손은 노령이 되면 죽었지만 다시 환생을 하였기 때문에 사람들이 너무 많아졌다. 이로 인해 살 땅이 없다는 현실적 자각은 사람들에게 공포로 다가왔다. 아들은 인간의 환생을 막아 불멸의 삶을 중지시키지 않으면 인류의 생존이 불가능하다고 생각하였고, 하계를 개척하기 위해 동굴로 들어갔다. 그런데 동굴은 하계 입구를 상징하므로 이는 아들의 죽음을 의미한다. 아들의 희생적 죽음에도 상황이 개선되지 않자 결국 어머니는 동굴에 있는 아들에게 모피를 넣어주면서 마지막 모피가 썩는 날 인간의 환생이 멈출 것이라고 하였다. 그렇다면 이날이 하계 개척이라는 아들의 우주적 임무가 완료되는 날이다. 바로 그날 3개의 태양이 떠올랐고, 태양의 강렬한 열기로 사람들이 죽기 시작하면서 인간세계의 질서와 조화가 회복되었다. 위 신화에서 아들의 하계 개척 과정은 매우 모호하고, 논리적 연결성이 부족할 뿐만 아니라 모피, 3개의 태양, 인간의 죽음의 관계도 불분명하다. 그런데 분명한 것은 3개의 태양이 뜨면서 인간이 죽을 수 있었던 것은 아들이 하계를 개척했기 때문이므로 이들에게는 하계 개척이 죽음에 선행한다. 이들의 종교적 관념에서 하계를 개척하여 인간에게 죽음을 속성으로 부여한 존재는 샤먼이므로 아들은 나나이족의 첫 샤먼이다. 따라서 극동 토착종족의 창세신화에서 2수 원칙이 3수 원칙으로, 불이 3개의 태양으로 변형된 것은 문화영

26　П. П. Шимкевич, Материалы для изучения шаманства у гольдов, Хабаровск: ТКПГГ, 1896, pp.8-10.

웅으로서 첫 샤먼의 출현을 위해
불가피한 모티프의 전환이었다.

그런데 이번에는 3개의 태양이
내뿜는 강렬한 열기 때문에 인류의
멸망과 자연생태계의 파괴를 염려
해야 했다. 위 신화에서 처음에 3개
태양의 우주적 임무는 인간에게 생
사의 속성을 부여함으로써 인간세
계의 조화와 질서를 바로잡는 것이

[그림 43] 호우이의 화살
Немировский, 1994, p.348.

었으므로 태양은 긍정적 가치(+)를 지닌 존재였다. 그런데 우주적 임무
를 마친 태양은 강렬한 열기로 인해 한 순간 인간과 자연생태계의 균형
과 질서를 파괴하는 부정적 가치(-)를 지닌 존재로 바뀌었다. 이때 아버
지는 인간에게 빛과 온기를 줄 1개의 태양만 남기고 2개의 태양을 살해
하면서 인간세계와 자연생태계의 균형과 질서를 회복하였다. 위 신화
에서 아들은 첫 샤먼, 아버지는 인간세계와 자연생태계의 조화와 질서
를 가져다 준 존재이므로 창세에서의 역할이 서로 다르다.

〈나나이족 남매와 3개의 태양〉 태초에 남매가 살았는데 누이가 손가락
을 다쳐 그 피가 땅에 흘렀다. 이후 이 핏자국에서 남자 아이 1명과 여자
아이 1명이 태어났다. 이 땅의 사람들은 모두 그들의 후손이다. 그런데
하늘에 3개의 태양이 뜨면서 그 열기가 너무 강렬하여 사람들이 살 수가
없었다. 어느 날 누이의 부탁을 받은 오빠는 활로 2개의 태양을 쏘아 죽
였다.[27]

27 I. A. Lopatin, The cult of the dead among the natives of the Amur Basin, Florida:
    Mouton & Co., 1960, p.134.

〈닙흐족 삼눈과 3개의 태양〉 옛날 3개의 태양으로 사람들이 죽는 일이
허다했다. ⋯ 삼눈은 오랫동안 걸어 드디어 땅의 끝자락에 도착해서 주위
를 둘러보았다. 한참 뒤 바닷속에서 아주 빠른 속도로 태양이 떠올랐다.
삼눈이 활을 쏘자 태양이 죽었다. 그 뒤를 이어 다른 태양이 떠올랐다.
삼눈이 활을 잘못 쏘는 바람에 화살이 세 번째 태양에게 꽂혔다. 가운데
태양은 그대로 길을 떠났다. 삼눈은 맨 앞과 맨 뒤의 태양을 죽였다. ⋯
다음 날 아침에 일어나니 태양이 한 개만 떠있었다. 양 쪽에는 죽은 태양
이 있었다.[28]

위 두 신화에서 3개의 태양은 〈나나이족 부부와 아들〉에서 보여준
긍정적 가치는 전혀 없으며 인간세계와 자연생태계의 질서를 파괴하
는 부정적 가치만 지니고 있다. 이때 태양을 죽이고 인류를 구한 나나
이족 무명(無名)의 오빠와 닙흐족의 삼눈은 나나이족과 닙흐족의 남성
시조신이므로 3개 태양의 가치 변화는 첫 남성 종족신/ 씨족신의 출현
을 위한 모티프의 전환이었다. 이에 근거하여 이들은 3개의 태양 신화
를 역사적 사실이라고 믿는데 울리카 나치오날리나야 마을의 나나이
족은 쿠르강 기슭 퇴적층의 검은 부분은 태양이 3개일 때 탄 곳인데
개나 돼지가 아플 때 이 흙을 섞어 먹이면 낫는다고 믿고, 아무르강 인
근의 나나이족은 아무르강 기슭의 화산암재는 태양이 여러 개일 때 만
들어졌다고 믿는다.[29] 시카치알랸 마을의 나나이족과 마이 마을의 울치
족은 시카치알랸 마을 인근의 암벽화는 고대 언젠가 3개의 태양으로
바위가 말랑말랑해졌을 때 여인이 손가락으로 바위에 그린 그림인데
이후 태양이 하나가 되고, 바위가 단단하게 굳어지면서 그대로 남겨졌

---

28 『시베리아설화집: 니브흐인 이야기』, 엄순천 편역, 서울: 지만지, 2018, pp.245-250.
29 ИиК нанайцев, p.146.

다고 믿는다.[30]

극동 토착종족의 3개의 태양 신화의 기원은 불분명하지만 '태양을 향해 활을 쏜다'는 모티프는 고대 중국의 호우이(後羿) 신화[31]와 유사하다. 중국의 호우이는 평지에서, 극동 토착종족의 문화영웅은 언덕과 엄폐물이 있는 곳이나 평지에서 태양을 향해 활을 쏘므로[32] 부분적으로 유사한 점도 있다. 하지만 태양이 극동 토착종족 신화에서는 3개인데 호우이 신화에서 10개이며, 호우이 신화에서는 태양이 태양수(太陽樹)와 황금 삼족오(三足烏) 관념과 결합되어 있지만 극동 토착종족 신화에서 이러한 요소는 발견되지 않는다. 그런데 몽골 고어 harpa(활을 쏘다)에서 기원하는 garpajni(태양이 비치다, 태양이 떠오르다, 활을 쏘다/ 퉁구스제어)[33]에 근거할 때 극동 토착종족의 3개의 태양신화는 중국 호우이 신화가 아니라 몽골·퉁구스족 기원이며, '활'에 근거할 때 이들의 주요 생업이 사냥일 때 출현한 모티프이다.

극동 토착종족 사이에 전파된 〈3개의 태양신화〉에 근거할 때 불이 3개의 태양으로 변형된 것은 문화영웅으로서 첫 샤먼의 출현을 위한 것

---

30 А. П. Окладников, Петроглифы нижнего Амура, Л.: Наука, 1971, p.7.

31 옛날 하늘에는 태양이 열 개였다. 10개의 태양이 내뿜는 열로 땅은 타는 듯 뜨거웠고, 곡식은 모두 말라버려 낟알을 걷을 수가 없었다. 사람들이 호우이에게 가서 이 문제를 해결 해달라고 간청했다. 호우이는 태양들을 향해 아홉 번 활시위를 당겼다. 한 번에 하나씩, 아홉 개의 태양이 연이어 떨어지고 한 개만 남겨졌다. 그러자 기온이 적당하고 기후가 좋아져서 가물지 않고 농사가 잘 되었다. 참고: "호우이가 태양을 쏘다(后羿射)," https://terms.naver.com/entry.nhn?docId=955582&cid=62060&categoryId=62060. 검색일: 2022.7.05.

32 Е. В. Шаньшина, Традиционные представления о происхождении Земли и человека у тунгусоязычных народов юга Дальнего Востока России, Авт ореф. Диссерт. ...Канд. Исторических Наук, Владивосток, 1998, pp.44-47.

33 ССТМЯ 2, p.190.

이었다. 또 태양이 긍정적 가치를 지닌 존재에서 부정적 가치를 지닌 존재로 변형된 것은 종족, 씨족의 남성시조신의 출현을 위한 것이었으며, 3개의 태양은 몽골·퉁구스족 기원의 관념이다.

2) 불 숭배와 태양 숭배의 융합

극동 토착종족에게 3개의 태양은 불의 변형이고, 일부 에벤키족, 오로치족은 화신을 태양과 함께 상계에 위치시키며, 아무르강 상류 에벤키족에게 불은 태양신의 사지(四肢)이므로 극동 토착종족에게 불 숭배와 태양 숭배는 서로 긴밀하게 결합되어 있다. 하지만 불 숭배와 태양 숭배의 계통적 상관관계나 기원의 선후관계 규명은 쉽지 않다. 농경민들에게 태양은 너무나 중요하지만 사냥과 어로가 생업인 극동 토착종족에게 태양의 중요성은 그에는 미치지 못한다. 또 지리

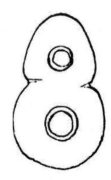

[그림 44] 여진족 불의 여신 T. Ю. Сем, 2012, p.440.

적 환경에 따라 열대, 아열대보다는 한대, 극한대 지역에서 태양의 중요성이 더 크다. 그런데 극지방에서는 겨울철 수개월 동안 태양이 거의 뜨지 않고, 지구 모든 곳에서 밤에는 태양이 보이지 않지만 이것이 인간의 생사에 결정적인 영향을 미치지는 않는다. 물론 태양이 없으면 인류의 생존이 불가능한 것은 자명하지만 불이 없으면 당장 식생활에 문제가 생기고, 밤의 어둠이나 추위를 막을 수 없기 때문에 불은 인간의 생사에 직접적이고 빠르게 영향을 미친다. 이에 의하면 불 숭배와 태양 숭배는 서로 다른 기원을 가지는데 사람들에게 열·온기·빛을 준다는 유사성에 근거하여 일정 시점에 이르러 공존하게 되었다.

불 숭배와 태양 숭배가 공존하게 된 시기를 분명하게 규명하기는 힘

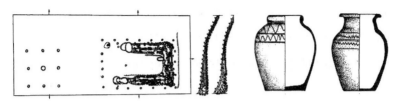

[그림 45] 샤이긴고도의 주거유적지와 유물들
Шавкунов, 1990, pp.223, 226.

들다. 하지만 현대 극동 퉁구스족의 선조인 중세 여진족의 샤이긴 고도
(古都) 주거유적지에서 불과 태양 숭배가 공존했던 유물과 흔적들이 발
견되므로 중세 이전부터 불과 태양 숭배는 공존하였다. 샵쿠노프에 의
하면 샤이긴 고도 No.87, 88, 94, 97 주거유적지의 곡물이나 육류 보관
용 창고에서 청동 거울과 그 파편 등이 발견되었으며, No.9 주거유적지
집 출입구는 동쪽을 향하고 있는데[34] 청동거울은 태양의 변형이며, 출
입구의 방향은 일출 방향이므로 이 주거유적지의 주민들은 태양을 숭
배했다.

No.87, 88, 94, 97 주거유적에서는 바닥·몸통·입구 등에 원문과 십자
문이 새겨진 그릇이 발견되었는데 원 안의 십자문은 더 복잡한 문양인

---

34 고대부터 십자문과 원문은 태양과 불을 상징하였다. Н. Е. Урушадзе, "Художествен
но-семантический анализ ранних форм изобразительного творчества",
ИСО АН СССР. Серия общественных наук 1, 1974, pp.103-104; Э. В. Шавкун
ов, Культура чжурчжэней-удигэ XII~XIII вв. и проблема происхождения
тунгусских народов Дальнего Востока, М.: Наука, 1990, p.130; В. А. Городш
ов, "Подчеремский клад," Советская Археология 2, 1937, pp.125-126; Т. А.
Васильева, "Культ огня у чжурчжэней", Археологические материалы по
древней истроии дальнего востока СССР, Владивосток: АН СССР, 1978,
p.96.

로제타문으로 바뀌어갔다. 그릇에 새겨진 원문은 태양, 원안의 십자문
은 불을 상징하므로 이 주거유적지의 주민들은 일정시점부터 불과 태
양을 함께 숭배하였다. 그릇의 문양에 근거할 때 이들에게 불과 태양은
악령과 불길한 것들을 퇴치하고, 이들로부터 그릇의 내용물 및 인간과
주변의 모든 것을 보호하는 역할을 하였다.

No.69 주거유적지의 화덕에서는 월계수 잎 1장, 화살촉 27개, 청동과
철로 만든 원형의 물건 2개, 불에 탄 작은 뼈 조각, 반으로 쪼개진 용기
가 발견되었다.[35] No.118 주거유적지는 양쪽에 2개의 화덕이 있고 그
사이를 사람들이 통과하는 구조인데, 화덕에서 둥근 뼈 조각들, 동전이
나 방사형으로 갈라지는 선들이 있는 원형의 물건들이 발견되었다.[36]
No.69 주거유적지와 No.118 주거유적지의 화덕에서 발견된 유물들은
화신에게 바치는 제물이었는데 화살촉은 악령을 퇴치하는 무기였다.
청동과 철로 만든 원형 물건들과 동전이나 방사형으로 갈라지는 선들
이 있는 원형의 물건은 태양을 상징하므로 이 주거유적지의 주민들은
불과 태양을 함께 숭배하였다.

이러한 유물에 근거할 때 No.87, 88, 94, 97 주거유적지의 주민과 달
리 No.69와 118 주거유적지 주민들의 불에 대한 관념은 종교적 신념과
결합되어 있었고, 이들에게는 보다 체계적인 불 숭배의식이 있었다.
No.69과 118 주거유적지의 화덕은 화신이 깃드는 성소, 의례 의식이 이
루어지는 곳, 신들에게 제물을 바치는 숭배용 제단이자 가족과 씨족의
종교 및 일상생활의 중심지였고, 화신은 인간과 천신, 주변의 자연신

---

35 T. A. Васильева, там же, p.96.
36 Путешествие в восточные страны Плано Карпини и Рубрука, М.: Гос. изд
　　-во геграфической лит., 1957, p.199.

혹은 조상령을 연결하는 매개체의 역할을 하였다. No.69, 87, 88, 94, 97, 118 주거유적지의 유물에 근거할 때 이미 중세부터 극동 토착종족에게는 불 숭배와 태양 숭배가 공존했고, 태양-하늘-원-호부, 불-십자문의 공식이 존재했다. 하지만 태양 숭배에서 불 숭배 혹은 불 숭배에서 태양 숭배가 기원한다고 입증할만한 명확한 증거는 없다.

2. 불과 화신(火神)을 가리키는 용어 및 형상

1) 불과 화신을 가리키는 용어

(1) 토고와 푸쟈

극동 토착종족 사이에서 불을 가리키는 용어에는 토고(togo), 푸쟈(puža~poža), 눌(nul), 갈(gal)이 있는데 토고와 푸쟈가 대표적이며 퉁구스족 북부그룹의 에벤족과 에벤키족에게는 토고, 네기달족, 퉁구스족 남부그룹에게는 푸쟈가 널리 전파되어 있다. 고아시아계 닙흐족은 투우르(tuur, 투구시, 투흐시)라고 하는데 tu는 토고, ur는 (p)ur는 푸쟈의 닙흐식 음성변형이므로 투우르는 토고와 푸쟈의 중간 형태이다. 타즈족은 초후(chou)라고 하는데[37] 푸쟈의 타즈식 음성변형이다. 불을 가리키는 용어에 의하면 극동에는 에벤족·에벤키족/ 닙흐족/ 네기달족·퉁구스족 남부그룹·타즈족의 문화 네트워크가 형성되어 있었다. 또한 닙흐족은 퉁구스족 북부와 남부그룹의 문화적 경계 지대, 사이 지대에 위치하였고, 타즈족은 퉁구스족 남부그룹 및 닙흐족과 인접하여 생활하면서 이

---

37 ССТМЯ 2, p.190; Л. Я. Штернберг, Гиляки, орочи, гольды, негидальцы, айны, Хабаровск: Дальгиз, 1933, pp.320, 335.

들의 문화 요소들을 수용하였다.

토고와 푸쟈는 화덕, 사냥터의 모닥불, 의례 의식에서의 불, 씨족의 상징으로서의 불 등 극동 토착종족의 일상생활 및 종교생활과 관련된 모든 불을 가리키는데 그 기원은 여전히 논쟁적이다. 라옙스키(Д. С. Раевский)는 togo와 스키타이 신화의 타비치(tabich, 불의 여신), 푸쟈와 지금 신장 타림 분지에서 사용되던 pubarsa(불/ 인도유럽어족의 토하라어)의 음성적 유사성에 근거하여 토고와 푸쟈는 고대 인도란 기원이며, 불 숭배는 조로아스터교 기원이라고 주장한다.[38] 조로아스터교의 종교의식은 불의 신전 안에서의 의식과 그 이외의 공간에서의 의식으로 나누어지는데, 불만 집에 두고 나가는 일은 없었고, 항상 가족 중 한 명이 불이 꺼지지 않도록 지켰으며, 새로 불을 지피는 일은 정화와 재생을 의미하는 매우 중요한 의식이었다.[39]

그리스 역사가 헤로도토스에 의하면 페르시아인들은 특별한 신전 없이 산꼭대기에 불의 제단 아타시카를 쌓고 의례 의식을 거행하였다. 그런데 아케미니드 페르시아(기원전 550~330년) 시대 들어 거대한 신전들이 등장하면서 각 신전마다 불의 제단을 지키고 신전을

[그림 46] 조로아스터교 불의 제단
유흥태, 2010, p.46.

돌보는 사제들의 출현하였다.[40] 그렇다면 페르시아에는 기원전 6세기

---

38 Д. С. Раевский, "Скифо-сарматская мифология", Мифы народов мира 2, М.: Мир книги, 1992, pp.445-450.

39 유흥태, 『페르시아의 종교. 조로아스터교, 미트라교, 마니교, 마즈닥교』, 살림, 2010, pp.25, 44.

40 유흥태, 위의 책, p.28.

이전 이미 국가적 차원의 불 숭배가 존재하였으므로 민간의 불 숭배는 그 이전부터 존재하였고, 불 숭배는 이들의 원초적 신앙의 하나였다. 이들이 산꼭대기에 불의 제단을 쌓은 것은 화신이 천신과 인간을 매개하는 중개자라는 관념에 근거하므로 이들에게 화신은 자연신 중 최고 권력의 신이었다. 그런데 에벤족·에벤키족·우데게족에게 화신은 천신, 오로치족에게 화신은 지고신과 동일 위계의 신이지만 네기달족·나나이족·오로크족·울치족·닙흐족·타즈족에게 화신은 대지모신, 해신, 타이가의 신보다 하위의 신이거나 동일한 위계의 신이다. 따라서 조로아스터교의 불 숭배와 일부 극동 토착종족의 불 숭배에서는 부분적으로 유사한 점이 발견된다. 하지만 이들 사이에 불 숭배의 기원과 전파의 상관관계를 입증하기 위해서는 종교학, 문화학, 인류학, 언어학 등 다각도의 연구를 통해 보다 체계적이고 설득력 있는 근거가 제시되어야 한다.

토고는 togo(~to, 불, 모닥불/ 네기달어), togo(~tovo~tao~toho~too, 불·모닥불·화덕/ 에벤어), togo(~tova~too~toh, 불·모닥불·화덕·태양열·번개/ 에벤키어), tava(~tau, 불·모닥불·화덕/ 나나이어), taba(~to~togo, 불/ 오로치어), topto(화덕/ 오로치어), tava(불, 모닥불/ 오로크어), to(~togo, 불·모닥불/ 우데게어), tana(불/ 울치어), teva(불/ 만주어), tohwei(불/ 여진어)의 어형으로 퉁구스제어에 전파되어 있다.[41] 따라서 토고는 퉁구스조어에서 기원하며 퉁구스족 공통의 관념이지만 에벤족과 에벤키족 이외의 종족은 거의 사용하지 않으므로 에벤족과 에벤키족의 기층어휘이다. 극동 퉁구스족 남부그룹의 나나이족·오로치족·오로크족·울치족의 ta-는 to-의 음성변형이며, 이들은 에벤족과 에벤키족으로부터 togo를 수용했지만 폭넓게 전파되지는 못하였다. 토고는 단독으로 화신을 의미하기도 하지만 에제니(εʒeni,

---

41 ССТМЯ 2, p.190.

신·정령·주인/ 퉁구스제어), 엔두리(ɛnduri, 신·정령·천신/ 퉁구스제어)와 결합
하여, 푸쟈는 단독으로 화신을 의미하므로 토고는 불 숭배의 페티시즘
단계에서, 푸쟈는 다신신앙의 단계에서 출현하였다.

그런데 togo(불)와 tɛgɛ(씨족, 부족, 종족/ 에벤어, 에벤키어), tɛgɛlgɛn(주부/
에벤어, 에벤키어)[42]의 음성적 유사성에 근거할 때 이들에게 화신은 과거
모계씨족사회의 기원을 연 여성시조신이다. 따라서 과거 이들 씨족의
기원, 혈통, 구성은 지금처럼 부계가 아닌 모계의 고리로 연결되어 있었
고, 이들의 불 숭배는 과거 모계씨족사회의 수장이었던 여성들의 신격
화를 위한 것이었다.

푸쟈는 알타이조어 기원이라는 입장과 인도네시아어 기원이라는 입
장으로 나누어진다. 스몰랴크에 의하면 푸쟈는 극동 토착종족 기층 어
휘이며, 페트로바와 부가예바에 의하면 극동 토착종족의 푸쟈, 몽골어
와 한국어 pur(~bul, hul, ula/ 불)는 알타이조어 pul(pur, 불·불길·열기·타다)
기원이다.[43] 스타로스틴(C. A. Старостин)에 의하면 푸쟈는 알타이조어
por(불, 불타다) 기원이며 동일 기원의 단어로 튀르크어 ort, 몽골어 porǯɛ,
한국어 pur, 일본어 pɛr가 있다.[44] 푸쟈는 에벤족과 에벤키족을 제외한
모든 극동 토착종족 사이에 전파되어 있으므로 극동 남부지역의 기층

---

42 ССТМЯ 2, p.226.

43 Т. Ю. Сем, Картина мира тунгусов: пантеон (семантика образов и этноку
льтурные связи): историко-этнографические очерки, СПб.: СПбГУ, 2012,
p.442; Т. И. Петрова, Т. Г. Бугаева, "Общие основы и лексические модели
в словах, обозначающих признак 'красный' в тунгусо-маньчжурских и
других алтайских языках", Проблемы общности алтайских языков, Л.:
Наука, 1971, p.200.

44 С. А. Старостин, Алтайская проблема и происхождение японского языка,
М.: Наука, 1991, pp.25, 134, 275, 298.

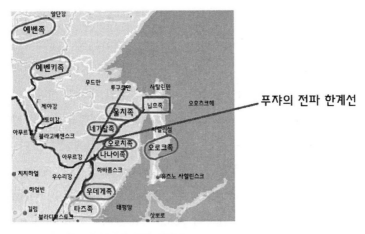

[그림 47] 푸쟈의 전파 한계선

어휘이며, 푸쟈의 전파 한계선은 아무르강 지류인 우수리강과 아무르강
하류이고, 네기달족은 퉁구스족 남부그룹으로부터 푸쟈를 수용하였다.
푸쟈는 알타이조어, 토고는 퉁구스조어 기원이지만 토고는 불 숭배의
페티시즘 단계에서, 푸쟈는 다신신앙 단계에서 출현하였으므로 토고가
푸쟈보다 이른 시기의 관념이다. 타즈족의 화신 초후예는 tsohu(불/ 퉁구
스어) + je(爺, 부친·조부·외조부·아저씨·신·정령/ 중국어)의 구조이며 je는 중
국 동북방언 기원이다.[45] 따라서 이들의 화신에는 중국인과 퉁구스족의
관념이 혼종·융합되어 있지만 중국인의 관념은 표피 층위의 현상일 뿐
관념적 내용은 퉁구스족에 가깝다. 그런데 현대 퉁구스족의 선조인 중
세 여진족에게 토고의 변형인 tohwei와 푸쟈의 변형인 fûh-lâh-kiāŋ가
공존하므로 중세까지 극동 토착종족은 토고와 푸쟈를 같이 사용하였다.

----

45 ИиК тазов, p.217.

이처럼 여진족은 퉁구스족 북부그룹과 남부그룹의 요소를 동시에 가지고 있는데 에벤족과 에벤키족은 푸쟈를 사용하지 않으므로 퉁구스족이 북부와 남부그룹으로 분화된 것은 선(先)여진족 이후의 일이다. 그런데 여진족의 후예인 만주족 사이에는 토고의 음성변형인 테바만 전파되어 있으므로 만주족의 불 숭배는 퉁구스족 남부그룹보다 북부그룹에 가깝고, 퉁구스족 남부그룹에게 푸쟈는 토고보다 늦은 시기에 전해졌다.

극동 토착종족 사이에는 '붉다'는 의미의 xola(네기달어), hula(에벤키어, 에벤어), xaolgæ(나나이어), xolomukta(오로치어), xulaln gi(우데게어), fylaka (만주어), fûh-lâh-kiān(여진어), 한국어 pulda/ bulda(赤)[46]가 있는데 pul (pur~por, 불/ 알타이조어) 기원이다. 색채어 '붉다'의 체험적 근거는 '불·태양·피' 등에서 찾을 수 있는데 위 단어들에 의하면 극동 토착종족과 한국인에게 '붉다'의 체험적 근거는 '불'이다. 따라서 과거 언젠가 극동 지역에는 pul(pur~por, 불)을 공유하는 퉁구스족~고아시아족~한국인의 느슨한 문화공동체가 존재하였고, 늦은 시기 타즈족도 여기에 포함되었다.

샵쿠노프에 의하면 푸쟈는 인도네시아어 puža(신에게 기도하다)에서 기원하며 아이누어 unži(~puži kamui, 화신)와 관련이 있고, 샵쿠노프의 입장을 지지하는 투라예프에 의하면 푸쟈는 나나이어와 관련이 있다.[47] 인도네시아어 puža와 극동 퉁구스족의 puža는 음성적으로 매우 유사하지만 7세기에 출현한 오스트로네시아어족 말레이어 기원의 인도네시아

---

46 ССТМЯ 2, pp.343, 344.

47 А. В. Смоляк, Шаман: личность, функции, мировоззрение (народы Нижне
   го Амура) (М.: Наука, 1991), 256; Э.В. Шавкунов, Культура чжурчжэней-уди
   гэ XII~XIII вв. и проблема происхождения тунгусских народов Дальнего
   Востока, М.: Наука, 1990, p.29; ИиК нанайцев, p.21.

[표 19] togo와 pur(pul) 어간의 단어들

togo 어간의 단어들			pur(pul) 어간의 단어들		
어형	의미	언어	어형	의미	언어
togo(~to)	불, 모닥불	네기달어	pubarsa	불	토하라어
			pul(pur), por	불, 불길, 열기, 불타다	알타이조어
togo(~tovo~tao ~toho~too),	불, 모닥불, 화덕	에벤어	ort	불	뛰르크어
togo(~tova~too ~toh)	불 모닥불, 화덕, 태양열, 번개	에벤키어	porʒɛ		몽골어
			puʒa(~poʒa)		퉁구스족 남부그룹
tava(~tau)	불, 모닥불, 화덕	나나이어	chohu(e)		타즈족
taba (~to~togo)	불	오로치어	pur(pul~bul~hul ~ula)		한국어
topto	화덕		pɛr		일본어
tava	불, 모닥불	오로크어	hulaxola	붉다	네기달어
to(~togo)	불, 모닥불	우데게어	fûh-lâ		에벤키어, 에벤어
tana	불	울치어	xaolgæ		나나이어
tuur(tugusi, tuhsi)	불	닙흐어			
teva	불	만주어	xolomukta		오로치어
tohwei	불	여진어	xulalŋgi		우데게어
			fylaka		만주어
			fûh-lâh-kiäŋ		여진어
tɛgɛ	씨족, 부족, 종족	에벤어, 에벤키어	pulda/ bulda		한국어
tɛgɛlgɛn	주부				

ССТМЯ 2, pp.190, 226, 343, 344.

[그림 48] 토고와 푸쟈의 기원지 및 분포 영역

어가 극동에 전파된 과정 및 극동에 이르러 불의 의미를 획득하게 된
근거 규명이 어렵기 때문에 연결이 쉽지 않다.

(2) 눌

극동 토착종족 사이에서 불을 의미하는 단어에는 눌이 있는데 동일
어간의 단어로 nul-(불을 피우다/ 네기달어·에벤어·에벤키어·나나이어·울치어),
nukse(그을음/ 에벤키어·나나이어), (n)onjo(촛불 심지의 찌끼/ 우데게어), njole(불
꽃, 열기/ 몽골 고어), njolede(불을 피우다/ 몽골 고어), nol(불, 불꽃/ 몽골어), nɛhɛ
(부계 혈통을 통해 전해지는 씨족의 부싯돌/ 우데게어) 등이 있다.[48] 따라서 눌은
몽골·퉁구스조어 기원이며 몽골족과 퉁구스족이 분화되기 전에 출현한
단어인데 이들 사이에 적극적으로 전파되지는 못하였다. 우데게족의 눌

---

48 И. В. Кормушин, Удыхейский (удэгейский) язык. Материалы по этнограф
ии. Очерк фонетики и грамматики. Тексты и переводы. Словарь, М.: Нау
ка, 1998, p.276; С. Н. Оненко, Нанайско-русский словарь, М.: Русский язы
к, 1980, p.292; ССТМЯ 1, pp.609, 610.

[표 20] nul- 어간의 단어들

단어	의미	언어	단어	의미	언어
njole	불꽃, 열기	몽골 고어	nul-	불을 피우다	네기달어, 에벤어, 에벤키어, 나나이어, 울치어
njolede	불을 피우다		nuksɛ	그을음	에벤키어, 나나이어
nol	불, 불꽃	몽골어	(n)onjo	촛불 심지의 찌끼	우데게어
			nɛhɛ	부계 혈통을 통해 전해지는 씨족의 부싯돌	

Кормушин, 1998, p.276; Оненко, 1980, p.292; ССТМЯ 1, pp.609, 610.

(부계 혈통을 통해 전해지는 부싯돌)에 근거할 때 극동 토착종족에게 눌은 씨족의 징표로서 씨족의 불이라는 제한적 의미로만 사용되었다.

(3) 갈

① 갈의 의미와 특징

퉁구스족의 gal은 조로아스터교 기원이며 극동과 바이칼 호수 동쪽을 식민 지배했던 이란계 소그드족으로부터 몽골족을 거쳐 퉁구스족에게 전파되었는데[49] 닙흐족과 타즈족에게서는 발견되지 않는다. Gal 어

---

49 И. А. Лопатин, "Гольды амурские, уссурийские и сунгарийские. Опыт этнографического исследования", ЗОИАК ФОПО РГО 27, 1922, p.211; Т. Ю. Сем, Картина мира тунгусов: пантеон (семантика образов и этнокультурные связи): историко-этнографические очерки, СПб.: СПбГУ, 2012, p.443; Ю. Кручкин, Большой современный русско-монгольский-монгольско-русский словарь, М.: АСТ, Восток-Запад, 2006, p.276.

[표 21] gal- 어간의 단어들

단어	의미	언어	단어	의미	언어
gal	불	몽골어	galga	곰의 공격을 받았지만 살아난 사람	에벤키어
gal	곰, 호랑이, 멧돼지로 인한 상처, 물, 불로 인해 가지게 된 특별한 힘 수사자, 수사자로 인해 그의 가족과 씨족이 가지게 된 특별한 힘	퉁구스제어	gal	불, 타이가를 떠도는 불의 악령	나나이어
gal	수사자와 그의 가족, 씨족	네기달어	galɛ	촛불을 통해 태양에게 기원하던 불의 사제	
galigda	곰의 공격을 받았지만 살아난 사람		galaliltu	재앙을 예견하다	
galinib	곰의 발이나 이빨에 의해 나무에 생긴 상처		galgama	호부	
galak	곰에 의해 나무에 생긴 상처	에벤어	galiambani	물의 악령	울치어

ССТМЯ 1, pp.37, 138.

간의 퉁구스어 단어로 gal(곰, 호랑이, 멧돼지로 인한 상처, 물, 불로 인해 가지게 된 특별한 힘; 수사자, 수사자로 인해 그의 가족과 씨족이 가지게 된 특별한 힘/ 퉁구스제어), gal(수사자와 그의 가족, 씨족/ 네기달어), galigda(곰의 공격을 받았지만 살아난 사람/ 네기달어), galinib(곰의 발이나 이빨에 의해 나무에 생긴 상처/ 네기달어), galak(곰에 의해 나무에 생긴 상처/ 에벤어), galga(곰의 공격을 받았지만 살아난 사람/ 에벤키어), gal(불, 타이가를 떠도는 불의 악령/ 나나이어), galɛ(gal, 촛불을 통해 태양에게 기원하던 불의 사제/ 나나이어), galaliltu(재앙을 예견하다/ 나나이어), galgama(호부/ 나나이어), galiambani(물의 악령/ 울치어) 등이 있다.[50] 나

---

50 ССТМЯ 1, p.138.

나이어의 galgama는 강과 산의 정령 칼가마의 음성변형이고, 울치어의
galiambani는 gal + amban(악령/ 퉁구스제어)의 구조인데 amban은 anpan
(강하다, 크다/ 여진어) 기원이므로[51] gal은 중세 이전 이미 퉁구스족 사이
에 전파되어 있었다.

갈은 몽골족으로부터 퉁구스족에게 전파된 초기에는 '불'을 의미하
였으나 이후 '곰·호랑이·멧돼지로 인한 상처, 물, 불로 인해 가지게 된
특별한 힘'을 의미하게 되었다.[52] 이에 의하면 퉁구스족은 자신들의 자
연환경과 신앙체계에 맞추어 gal을 원래의 의미와는 다른 새로운 혼종
적 의미의 단어로 재탄생시켰다. Gal은 퉁구스족에게 전파된 뒤 북부와
남부그룹 사이에서 다른 발전 과정을 거쳤다. 퉁구스족 북부그룹의 에
벤족과 에벤키족에게는 '곰', 남부그룹의 나나이족에게는 '불', 울치족
에게는 '물'의 의미가 두드러지는데, 네기달족은 이 요소들을 모두 가지
고 있으므로 네기달족은 이들의 문화적 경계지대, 사이지대에 있었다.
퉁구스족 남부그룹 중 나나이족 사이에 gal의 의미가 가장 발달하였으
므로 남부그룹의 다른 종족들은 gal을 나나이족으로부터 수용하였고,
나나이족은 바이칼 호수 지역의 에벤키족으로부터 수용하였다.

갈을 가지게 된 사람들은 평범한 사람들에게는 없는 특별한 힘을 가
지게 되면서 가족과 친인척의 사냥과 어로를 도와준다. 하지만 해당 동

51 ССТМЯ 1, p.37.
52 А. В. Смоляк, "О некоторых старых традициях в современном быту ульче
й", Бронзовый и железный век Сибири, Новосибирск: АН СССР, 1974; ССТ
МЯ 1, p.138. 이와 유사한 관념은 이성적, 합리적 사고를 한다고 자부하는 영미권 사회에
서도 발견된다. 영화 〈가을의 전설(Legend of the Fall)〉(1995년 개봉, 에드워드 즈윅
감독)에서 크리스탄(브래드 피트 扮)은 어린 시절 곰에 의해 상처를 입은 뒤 내면에
곰의 본성을 지니게 되었고, 이로 인해 평생 고통스러워하였는데 이는 부분적으로 극동
토착종족의 갈에 대한 관념에 상응한다.

물에 의해 생긴 상처, 불, 물로 인해 해당동물, 불, 물의 세계에 통합되
었기 때문에 가족과 친인척들에게 해를 끼치기도 하며 두려움의 대상
이 된다. 갈로 인해 특별한 힘을 얻게 되더라도 이는 인간과는 다른 본
성을 가지게 되는 것이므로 극동 토착종족들은 갈을 가지게 되는 것을
매우 꺼려하였다. 나나이족의 경우 불로 인해 갈을 가지게 된 사람이
생기면 집에서 가장 나이가 많은 여인이 자신의 집 화덕에서 불씨를
꺼내 멀리 떨어진 곳에 있는 다른 집의 화덕에 몰래 가져다놓음으로
써[53] 가족의 갈을 다른 사람에게 옮겨놓았다.

그런데 극동 토착종족이 '불'을 의미하던 gal을 곰, 야생 멧돼지와 관
련짓게 된 것은 이들의 신화에서 곰, 멧돼지가 화신과 관련이 있기 때문
이다. 오로치족과 우데게족 신화에서 야생 멧돼지는 여성화신의 남편
인 개미신의 보조령이며,[54] 오로치족 신화에서는 새끼 곰 두 마리가 화
덕 아래로 들어가 화신이 되었다.

〈오로치족의 화신이 된 새끼 곰들〉 남동생은 활을 쏘아 암곰을 죽였다.
그런 뒤 새끼 곰 두 마리를 집으로 데리고 와서 기둥에 묶어두고 사냥을
떠났다. 집에 돌아오니 새끼 곰들이 화덕 아래에 구멍을 판 뒤 그 안으로
들어가서 화신으로 변해있었다.[55]

---

53 А. В. Смоляк, "Представления нанайцев о мире", Природа и человек в
религиозных представлениях народов сибири и севера (вторая половин
а XIX~начало XX в.), Л.: Наука, 1976, p.153.

54 А. Ф. Старцев, "Культ огня в охотопромысловой деятельности и бытовой
культуре тунгусо-маньчжурских этносов Нижнего Амура и Приморья",
Религиоведение 4, Благовещенск: АМГУ, 2019, p.76.

55 В. А. Аврорин, Е. П. Лебедева, Орочские тексты и словарь Л.: Наука, 1978,
p.243.

위 신화에 근거하면 화신·곰·갈은 계통적 상관관계에 있지만 극동 토착종족 사이에서 gal은 보편적 의미의 '불·화신'으로 사용되기 보다는 특별한 종교적 의미에서만 제한적으로 사용되었다.

② 갈의 변형으로서 칼가마(카쟈무)

음성적 유사성에 근거할 때 gal은 극동 토착종족 신화에서 반인반수 형상인 강과 산의 정령 칼가마(카쟈무)와 연결된다. 칼가마는 다리가 길어서 아무르강처럼 깊은 강도 걸어서 건너고, 털로 덮여 있으며, 숲·동굴·계곡·섬 등에서 가족들과 함께 산다. 칼가마는 사람들이 자신의 집이나 그 근처에 다가오는 것을 아주 싫어하지만 사람들의 사냥과 어로의 성공을 도와주는[56] 양면성을 가지고 있다.

> 〈네기달족 사냥꾼과 칼가마〉 한 네기달족 사냥꾼이 칼가마를 몰래 지켜보다가 다리 사이에 걸려 있는 가방을 잡아 뜯은 뒤 열어 보았다. 동물의 털이 들어있다. 칼가마는 가방을 돌려달라고 부탁했다. 하지만 사냥꾼은 돌려주지 않았다. 사냥꾼은 7년 동안 자신이 보관하면서 훌륭한 사냥꾼이 되었다.[57]

----

56 오로치족과 우데게족은 카쟈무, 나나이족, 울치족, 네기달족은 칼가마, 사할린섬 남부 지역의 오로크족은 콜쟈마, 사할린섬 북부지역의 오로그족은 온세나라고 한다. А. В. Смоляк, "Представления нанайцев о мире", Природа и человек в религиозных представлениях народов сибири и севера (вторая половина XIX~начало XX в.), Л.: Наука, 1976, p.154; С. В. Березницкий, Верования и ритуалы коренных народов юга дальнего востока: этнокультурные компоненты и современное состояние(вторая половина XIX~XX в.), Диссерт. ...доктора ИИАЭН ДВО РАН, Владивосток, 2005, p.54.

57 В. И. Цинциус, "Воззрения негидальцев, связанные с охотничьим промыслом", Религиозные представления и обряды народов Сибири в XIX~начале XX века, Л.: Наука, 1977, p.177.

〈오로치족 여인과 카쟈무〉 어떤 카
쟈무가 오로치족 여인을 좋아하게 되
었다. 여인의 남편은 밤마다 사냥을
나갔다. 그때가 되면 카쟈무는 여인을
찾아왔다. 어느 날 카쟈무는 사냥동물
의 털이 들어있는 가방을 여인의 집에
놓고 갔다. 집에 온 남편은 이 가방을
발견하였다. 하지만 카쟈무에게 돌려
주지 않고 자신이 가졌다. 남편은 이
후 훌륭한 사냥꾼이 되었다.[58]

[그림 49] 칼가마의 형상들

Васильев, Архив РЭМ. Ил.
No.18695; Куфтин, Архив МАЭ
РАН. Ф.12, Оп.1, No.48, Л.78;
Березницкий, 1999, p. 58.

〈오로치족 사냥꾼과 카쟈무〉 어느 날 한 사냥꾼이 강을 건너가다가 카
쟈무와 마주쳤다. 카쟈무는 고개를 낮게 숙인 채 무어라고 중얼거리고
있었다. 사람의 말과는 영 딴판이었으며 동물의 울음소리와 비슷했다. 사
냥꾼의 존재를 알아차린 카쟈무는 사냥꾼을 잡으려고 달려들었다. 이때
사냥꾼은 아주 거대한 다리 사이에서 거의 무릎까지 내려와 있는 카쟈무
의 엄청나게 큰 음낭을 재빨리 잡아 뜯었다. 집으로 달려온 사냥꾼은 음
낭을 잘라보았다. 안에는 온갖 동물의 발톱과 털이 들어있었다. 사냥꾼은
호랑이 털과 발톱은 버리고 나머지는 땅에 묻었다. 그 이후 사냥꾼은 늘
사냥에 성공하였다.[59]

위 설화들에서 카쟈무는 칼가마의 음성변형이며, 칼가마는 걸어서
강을 건널 정도로 거구의 남성이고, 인간들과의 교류를 극히 꺼려하지

[58] Б. А. Васильев, "Старинные способы охоты у приморских орочей", СЭ
3, 1940, p.170.
[59] В. И. Цинциус, Воззрения негидальцев, связанные с охотничьим промыс
лом", Религиозные представления и обряды народов Сибири в XIX~нача
ле XX века, Л.: Наука, 1977, p.177.

만 인간-여인에게 사랑을 느끼기도 하며, 성적 관계를 맺기도 한다.
〈네기달족 사냥꾼과 칼가마〉에서 칼가마 다리 사이의 가방에 든 동물
의 털, 〈오로치족 여인과 카쟈무〉에서 카쟈무가 놓고 간 가방 속 동물
의 털, 〈오로치족 사냥꾼과 카쟈무〉에서 카쟈무 음낭 안의 동물의 발
톱과 털은 동물의 영혼인데 사냥의 성공을 보장해주는 호부의 역할을
한다. 이로 인해 칼가마로부터 이것들을 얻게 된 네기달족과 오로치족
사냥꾼은 늘 사냥에 성공하여 훌륭한 사냥꾼이 되었는데 이는 동물의
코·털·발톱이 사냥 호부라는 극동 토착종족의 주물 숭배에 근거한다.
　〈네기달족 사냥꾼과 칼가마〉에서 사냥꾼이 7년 동안 카쟈무에게 돌
려주지 않은 것은 성수 7숭배에 근거한다. 7은 퉁구스제어에서 nada(n)
인데 음성과 형태의 변형을 거의 겪지 않았으므로 이들에게 매우 특별
한 숫자이다. 달은 7일을 주기로 차고 기울면서 반달·온달을 반복하므
로 7은 '달의 주기'를 상징하며, 여성의 풍요와 생산력도 달의 몫으로
계산되고, 대지모신은 달을 원조로 삼는다.[60] 유목민들에게 달과 대지
의 중요도는 농경사회에는 미치지 못한다. 하지만 달의 순환과 대지의
풍요는 이들의 생존과 직결된 동·식물의 생장에 필수적이므로 극동 토
착종족의 성수 7숭배는 달신 숭배, 대지모신 숭배와 결합되어 있다.
　〈오로치족 사냥꾼과 카쟈무〉에서 사냥꾼이 호랑이 털과 발톱을 버린
것은 호랑이 사냥이 금기시되었기 때문이다. 극동 토착종족은 타이가
에서 호랑이를 만나면 사냥 도구를 내려놓고, 호랑이에게 절을 하는데
이들에게 호랑이는 산신으로서 숭배 토템이었다.

60　배영기, 「한국인의 수사상 고찰」, 『단군학연구』 15, 2006, p.297.

2) 극동 토착종족 화신의 형상과 변형 과정

극동 토착종족 화신의 형상에는 여성, 여성과 남성의 공존, 부부, 남성 등이 있는데 화신이 작은 물고기 형상인 암군강 네기달족을 제외하면 동물의 형상은 발견되지 않는다. 즉 이들의 자연신은 토테미즘이 샤머니즘에 흡수되면서 동물신 → 반인반수 → 인간신의 과정을 거쳤는데 화신은 암군강 네기달족을 제외하면 인간신으로 변형된 이후의 모습만 발견된다. 이는 이들 불 숭배의 기원 시기 및 변형 과정과 관련된 중요한 문제인데 이것이 화신이 이들의 자연신이 인간신으로 변형된 이후 출현한 관념이기 때문인지 혹은 이전의 화신들은 모두 실전되어 찾을 수 없는 것인지 보다 체계적인 분석이 필요하다.

현대 극동 퉁구스족의 선조인 중세 여진족의 화신이 여성이었던 점, 극동 토착종족들이 지금도 불을 불어머니, 불 할머니라고 부르는 점에 근거할 때 극동 토착종족 최초의 화신은 여신이었다. 이후 화신은 남성화신과 여성화신의 공존, 부부화신을 거쳐 마지막 단계에서 남성화신으로 변형되었는데 전반적으로 이들 화신의 형상은 매우 혼란스럽고 비체계적이다.

(1) 여성화신의 형상과 위상

사냥이 주된 경제활동이었던 시기 남성들이 집단 몰이사냥에서 불을 이용할 때 여성은 불을 채취하고 보존하였다. 이는 남녀 노동의 분화를 가져왔고, 여성은 불의 보존자, 화덕의 주인으로서 가족과 씨족의 중심적 위치에, 남성들은 주변적 위치에 놓이게 되었다. 현대에도 불이 있는 공간은 여성들의 공간을 상징하며 여성들이 남성들보다 불과 더 밀접하게 관계를 맺고 있다. 하물며 주요 생업이 사냥이던 시기 남성들은 사냥을 위해 짧게는 며칠 길게는 몇 달까지 집을 비웠기 때문에 가족과

씨족의 보호와 보존을 위해 불의 특성과 사용법을 익히는 것은 여성의 몫이었다. 여성들은 불이 타는 모습만으로도 불의 감정 상태와 불이 원하는 바를 알 수 있다고 믿었고, 그 결과 여성들은 불에 대해 특별한 신념을 가지게 되었다.[61] 이러한 신념이 오랜 세월 축적되면서 극동 토착종족 불 숭배의 한 축을 이루게 되었다.

고고학 자료에 근거할 때 시베리아 지역에서 불 숭배와 여성화신은 초기 구석기시대 혹은 그보다 조금 늦은 신석기시대 초기에 출현했다. 유라시아 북부지역 구석기시대 주거유적지의 화덕 근처에서 발견된 돌이나 뼈로 만든 여성의 형상은[62] 여성시조신이자 불의 보존자로서의 여성을 상징한다. 보다 늦은 신석기시대의 화덕 근처에서 발견된 여성의 형상은 보다 체계적인데[63] 이는 종교적 관념이 반영된 화신을 상징하므로 이 시기 여성화신은 이미 이들 불 숭배에서 핵심적이고 중요한 위치에 있었다.

극동 토착종족의 신화적 관념에서도 최초의 화신은 여성이었다. 만주족 신화에서 문화영웅이자 만주족 첫 샤먼인 여성화신은 암흑의 우주를 다스리는 회오리바람의 악령 엘루리와의 전투를 진두지휘하여 승리를 이끌어냈다. 이 전투에는 천신 압카, 빛의 여신 울젠, 땅의 여신 바나무 혜혜와 그들의 보조신들을 포함하여 총 300명의 여신이 참가하였는데 여성화신은 이 전투에서 승리를 서둔 뒤 인간을 위해 독수리 여신으로부터 불과 태양의 빛을 받아왔다.[64] 이처럼 퉁구스족에게 여성

61 B. H. Харузина, "К вопросу о почитании огня", ЭО 3-4, 1906, p.68.
62 C. A. Ковалеский, "О роли огня в погребально-поминальной обрядности населения ирменской культурно-исторической общности юга Западной Сибири", Известия алтайского гос. университета 4(2), 2010, pp.108-109.
63 C. A. Ковалеский, там же, pp.108-109.

화신은 불멸하는 절대선·우주·대지·인간의 창조주, 카오스적 우주를
질서 잡힌 우주로 바꾼 존재이다.

극동 토착종족 사이에 여성화신은 현재는 거의 퇴색된 관념이지만
에벤키족과 우데게족의 화신은 여전히 여성이며 오로치족에게도 국부
적으로 남아있다. 에벤키족의 여성화신은 어깨에 목탄자루를 짊어지고
있는 등이 굽은 노파 에네칸 토고이다. 트랜스바이칼과 바이칼 호수 지
역의 에벤키족은 아티칸 세베키라고도 하는데[65] 아티(ati, 노파) + kan +
sɛvɛki(지고신, 천신)의 구조로 '노파 형상의 지고신(천신)'의 의미이다. 여
성화신 아티칸 세베키는 인간 세계와 멀리 떨어진 상계의 지고신 혹은
천신이므로 인간과의 교류는 거의 없으며, 인간의 삶에 개입하지도 않
는 신이다. 샤머니즘 수용 이후에는 샤먼의 중개로 인간과의 교류가 가
능해졌지만 여전히 인간과는 거리가 먼 신이었기 때문에 에벤키족 사
이에 널리 전파되지는 못하였고, 국부적인 관념으로 남겨지게 되었다.
우데게족의 여성화신은 등이 굽은 노파 푸쟈인데 그 모습과 위계가 에
벤키족의 여성화신과 유사하므로 에벤키족의 영향에 의한 것이다.

하바롭스크주 바닌 지역 스네지니 마을과 닷타 마을 오로치족의 여
성화신 푸쟈는 마른 노파인데 마을 근처 휴화산에 기거하며, 항상 추위
와 배고픔에 시달리기 때문에 늘 모닥불에 장작을 쌓아두고 고기나 술
을 바쳐야 한다.[66] 오로치족의 여성화신은 마을 근처의 휴화산에 자리

64 Й. Бэкер, "Шаманские небеса (маньчжурская мифология и изучение звезд
    Амурского бассейна)," Записки Гродековского музея 8, 2004, pp.39-40.
65 В. Березницкий, Этнические компонеты верований и ритуалов коренны
    х народов Амуро-Сахалинского региона, Владивосток.: Дальнаука, 2003,
    p.66.
66 В. А. Аврорин, Е. П. Лебедева, Орочские тексты и словарь, Л.: Наука, 1978,

잡은 정주신이므로 에벤키족의 여성화신과 달리 인간 세계 가까이로 다가와 인간들과 적극적으로 교류하면서, 인간들의 삶에 영향을 미치는 신이다. 에벤키족·오로치족·우데게족에 의하면 여성화신은 등이 굽을 정도로 나이가 많거나 마른 노파이며, 에벤키족의 여성화신은 독신이지만, 오로치족과 우데게족의 여성화신은 개미신과 혼인을 하였는데 자식은 없다.

(2) 남성과 여성화신의 공존 혹은 부부화신

남성과 여성화신의 공존 혹은 부부화신은 여성화신에서 남성화신으로 변형되는 과도기의 모습인데 우데게족에게는 여성화신과 남성화신이 공존한다. 우데게족의 첫 여성화신은 푸쟈였는데 일정시점 이후 푸쟈가 여성화신 푸쟈 마마샤와 남성화신 푸쟈 아쟈니로 분화되면서,[67] 여성화신과 남성화신이 공존하게 되었는데 부부는 아니며 여전히 여성화신이 우위에 있었다. 따라서 우데게족에게 푸쟈와 푸쟈 마마샤는 동일한 신인데 나나이족 화신의 아내 파자 마마와 오로치족 화신의 아내 푸쟈 마마차니를 통해 이들 사이에서 여성화신의 지위변화 과정을 유추할 수 있다. Mamachani(노파, 아내/ 퉁구스족 남부그룹 언어)는 mama(노파, 모계, 부계 여성 친척/ 퉁구스제어) 기원이므로 오로치족의 푸쟈 마마차니는 초기에는 화신의 아내가 아니라 불의 노파를 의미하였다. 즉 푸쟈, 푸쟈 마마샤, 푸쟈 마마차니는 초기에는 독자적 지위의 여성화신으로서 이

p.41; ИиК орочей, p.81.

67 В. К. Арсеньев, Сквозь тайгу, Арсеньев В. К. Сочинения 4, Владивосток: Примиздат, 1948, p.127; Фольклор удэгейцев: ниманку, тэлунгу, ехэ, Новосибирск: Наука, 1998, p.32.

들의 여성시조신이었다. 그런데 이들이 부계씨족사회에 진입하여 남성
화신이 등장하면서 여성화신은 일정기간 남성화신과 공존하였으나 이
들 사회에서 남성의 역할이 증가하고, 남성의 지위가 높아지면서 남성
화신과 혼인을 하였다. 이후 여성화신은 이들의 종교적·문화적 삶에서
중요하지 않은 관념적·추상적인 신이 되면서 숭배 대상에서 멀어졌고,
불 상징성은 화신의 아내로서의 지위에만 남겨지게 되었다.

　부부화신은 네기달족·닙흐족·타즈족에게 특징적인 관념이다. 네기
달족의 주요 화신은 남성이지만 그 하위에 부부화신이 존재하는데 남
편화신은 네이아비, 아내화신은 아시킨이다.[68] 닙흐족 사이에 부부화신
의 원형이 가장 잘 남아있는데 이들에게 남편화신은 투우르 이즈, 아내
화신은 투우르 맘이며[69] 사람과 같은 키에 짧은 곱슬머리인데, 머리는
땋지 않았으며, 얼굴은 붉은색이고, 물고기 가죽으로 만든 옷을 입고
있으며 화덕에 기거한다.[70] 타즈족의 화신 초후예는 노부부이며 화덕에
서 기거하는데[71] 닙흐족과 타즈족의 부부화신은 인간 세계 아주 가까이
로 다가온 뒤 이후 아예 인간의 집으로 거처를 옮겨 화덕에 자리 잡았
다. 이는 화신이 이들의 일상·종교·문화적 삶의 중심에 자리하면서 이
들과의 교류가 활발해졌고, 이들의 삶에 적극 개입하였으며, 씨족과 가
족의 보호신으로서 이들의 적극적인 숭배 대상이 되었음을 의미한다.
하지만 닙흐족의 부부화신은 이들이 중계 3대신으로 숭배하는 타이가

68 С. В. Березницкий, Нерчинская экспедиция, СПб.: МАЭ РАН, 2014, p.154.
69 Л. Я. Штернберг, Гиляки, орочи, гольды, негидальцы, айны. Классификац
ия, коренного населения Приамурского края, Хабаровск: Дальгиз, 1933,
p.320.
70 Л. Я. Штернберг, там же, pp.320-321.
71 ИиК тазов, p.217.

신·해신·대지모신보다 신격이 낮고, 타즈족의 부부화신도 이들에게
중요한 신은 아니다. 이는 이들의 생업에서 타이가동물 사냥보다 어로
와 바다동물 사냥의 비중이 커졌기 때문인데 이들은 화신은 타이가동
물 사냥을 도와주는 반면 어로와 바다동물 사냥의 성공은 해신의 영역
이라고 믿는다. 네기달족·닙흐족·타즈족의 부부화신은 신격이 동일하
여 자신들의 지배력이 미치는 범위를 공동으로 지배하는데 이는 과거
이들 사회에서 남녀의 위상이 동등했음을 말해준다.

(3) 남성화신의 형상과 역할

남성화신은 닙흐족과 타즈족을 제외한 극동의 모든 토착종족 사이에
전파되어 있는데 네기달족의 남성화신에 대해서는 거의 알려진 바가
없다. 에벤족의 남성화신은 토고(토고 힌켄)인데 이에 대한 구비전승이나
문헌 기록이 없기 때문에 구체적으로 규명하기는 힘들다. 에벤족은 에
벤키족과 계통적, 문화적으로 동일한 종족인데 에벤키족에게 남성화신
은 적극적 숭배 대상이 아니므로 이들에게도 남성화신은 적극적인 숭
배 대상은 아니었다. 에벤키족의 남성화신은 전통 의상을 입고 있는 백
발 턱수염의 노인 에티칸 세베키인데[72] 트랜스바이칼 지역과 바이칼 호
수 지역의 그룹들에게 전파된 국부적인 관념이다. 이에 의하면 극동 토
착종족의 자연신이 인간신-남성으로 변형되는 과정에서 에벤족과 에
벤키족도 남성화신의 관념을 수용하였지만 기존의 여성화신을 넘어서

---

72 С. В. Березницкий, Верования и ритуалы коренных народов юга дальнег
о востока: этнокультурные компоненты и современное состояние(втора
я половина XIX~XX в.), Диссерт. ...на соискание ...доктора, ИИАЭН ДВО
РАН, Владивосток, 2005, p.66.

[표 22] 극동 토착종족의 불, 화신을 가리키는 용어 사용 양상과 형상

종족	화신	형상	위상	혼인 여부
네기달족	포쟈(~푸쟈; 토오 에제니)	남성	불분명	X
에벤족	토고(토그 무순, 토그 무라아니, 토그 무하니, 토그 힌켄)	남성	천신	X
에벤키족	에네칸 토고(토고, 토고 무순, 토고 무하니)	여성(노파)	천신	X
나나이족	포쟈(타나)	남성(노인)	대지모신의 보조신	○
오로치족	푸쟈(타와 에제니)	남성(노인)	지고신과 동계	○
오로크족	푸쟈(타바 에제니)	남성(노인)	타이가신, 해신의 하위신	○
우데게족	푸쟈(토 엔둘리)	여성(노파)	천신	○
울치족	포쟈(타와 엔두리)	남성(노인)	중계신	○
닙흐족	투그르 이즈, 투그르 맘	부부	대지모신, 해신, 타이가신의 하위신	○
타즈족	초후예	부부	대지모신, 해신, 타이가신의 하위신	○
만주족	테바	여성	천신	불분명
여진족	토웨이, 푸라키앙	여성	불분명	불분명

적극적으로 전파되지는 못하였다.

나나이족과 오로치족의 남성화신은 포쟈, 푸쟈인데 노인이며 혼인을
하였으며 아내, 두 딸과 함께 개를 기르면서 지하 혹은 화덕 밑에 살고
있다.[73] 이들의 남성화신은 현실의 나나이족과 오로치족처럼 가정을 꾸
리고, 개를 기르는데 이는 이들이 현실 자신들의 세계에 근거하여 신의

---

[73] С. В. Березницкий, Нерчинская экспедиция, СПб.: МАЭ РАН, 2014, p.154

세계에 대한 이미지를 구축하였기 때문이다. 이에 의하면 남성화신의
최측근 보조신은 아내, 두 딸, 개인데 아내와 두 딸은 이들의 삶에 특별
한 영향을 미치지 않는 관념적, 추상적 신으로 숭배 대상은 아니다. 개
는 인간사회에서처럼 화신의 충실한 보조령인데 이에 의하면 이들은
오래 전부터 개 사육에 종사했고, 개를 숭배하였다. 나나이족의 남성화
신은 타이가신, 해신보다 신격이 낮고, 오로치족의 남성화신은 지고신
엔두리와 동일한 위계의 신이다.[74]

볼리세우수리강, 이만강 우데게족의 남성화신은 거무스름한 피부의
검은 머리 청년이고, 대다수 우데게족의 남성화신은 등이 굽은 노인인
데[75] 등이 굽은 노인화신은 에벤키족의 등이 굽은 노파화신과 연결된
다. 우데게족의 남성화신은 지역에 따라 청년 혹은 노인으로 달라지며
혼인 여부도 알 수 없는데 이는 이들의 남성화신이 인접 종족의 영향으
로 전승 과정에서 많은 변형을 겪었기 때문이다. 울치족의 남성화신 포
쟈는 노인이며 혼인을 하여 아내, 두 딸과 함께 개를 기르면서 살고 있
다. 이들의 남성화신은 본디 독신이었으나 혼인을 한 뒤 중계 타이가에
살게 되었으며, 중계신의 위상을 가지고 있다.[76] 울치족에 근거할 때 극
동 토착종족의 남성화신이 혼인을 한 것은 늦은 시기의 관념이다.

74 В. А. Аврорин, Е. П. Лебедева, Орочские тексты и словарь, Л.: Наука, 1978,
   41; ИиК орочей, p.81.
75 Фольклор удэгейцев: ниманку, тэлунгу, ехэ, Новосибирск: Наука, 1998,
   p.32.
76 Н. Б. Киле, Нанайский фольклор: нингманы, сиохор, тэлунгу, Новосибир
   ск: Наука, 1996, pp.423-425.

3. 극동 토착종족 불과 화신의 역할과 상징의미

1) 불의 역할과 상징의미: 아(我)/ 타(他)의 경계와 통합표지

극동 토착종족에게 불은 가족과 씨족정체성을 상징하면서 아/ 타의 경계와 통합표지의 역할을 한다. 그런데 이들의 개인 및 사회적 삶의 근간은 씨족이었으며 이들은 현생(現生)에서뿐만 아니라 사후에도 씨족 단위로 생활한다고 믿었다. 따라서 이들에게 중요한 것은 가족정체성이 아니라 씨족정체성이었으며 가족의 불이 아니라 씨족의 불이었다. 미덴도르프가 1844~1845년 시베리아와 극동 탐사 당시 암군강 유역에서 만난 네기달족은 씨족정체성은 확고했지만 자신들이 독자적인 종족이라는 의식은 가지고 있지 않았으므로[77] 이들에게는 씨족정체성이 가족정체성, 종족정체성보다 중요하였다. 동일 어간의 퉁구스어 토고(togo, 불)와 테게(tɛgɛ, 씨족·부족·종족)에 의하면 이들에게 불은 종족과 씨족의 계통과 관련이 있지만 네기달족을 통해 알 수 있듯이 19세기까지도 이들에게 중요한 것은 종족, 가족이 아니라 부계씨족이었다.

(1) 아/ 타의 경계표지로써 불의 역할과 상징의미

아/ 타의 경계표지로써 불은 크게 '씨족의 불'과 '화덕의 불'로 나누어지는데 이 불들은 각각 씨족과 가족의 부계 혈통을 따라 전해진다.

① 씨족의 불의 역할과 상징의미

아무르강 상류와 알단강 에벤키족 신화에서 번개와 우레 신의 아들

---

[77] М. М. Хасанова, А. Певнов, Негидальцы: язык и фольклор, p.230, http://hdl.handle.net/2115/57373. 검색일: 2022.07.05.

은 부싯돌 심장을 가진 상계 하늘 무사 델로르구나이며, 델로르구나의 아들은 말을 타고 하늘에서 땅으로 내려온 동물의 신 싱나이고, 싱나이의 아내는 태양의 딸이며, 아들은 화신 토고이다.[78] 이들에 의하면 화신은 번개와 우레의 신 → 하늘 무사 델로르구나 → 동물의 신 싱나이 → 화신 토고라는 혈연적 계통 관계에 놓여있다. 이 신들은 이들 씨족의 조상신인데 화신의 아버지는 동물의 신, 어머니는 태양의 신이므로 이들에게 화신은 우주적 형상이다. 이들의 신화에서 불은 부계씨족을 따라 전해졌으므로 씨족정체성을 상징하면서 동시에 아/ 타의 경계표지의 역할을 하며, 화신은 번개와 우레의 신·하늘 무사·동물의 신 등 조상신들을 인간(후손)과 연결하는 역할을 한다.

불의 이러한 역할로 인해 극동 토착종족에게 씨족의 불은 상계 ↔ 중계 ↔ 하계를 연결하는 우주의 중심축이며, 씨족의 불을 보존하는 것은 씨족장의 역할이었다. 여인들에게는 불을 보존할 권리가 없었는데 이는 미혼의 여성들은 지금은 아의 범주에 속하지만 혼인으로 타자의 범주로 편입될 것이고, 기혼의 여성들은 타자 출신이기 때문이다. 극동 토착종족 사이에서 족외혼 씨족들은 경제·문화공동체를 구성하여 상부상조하였지만 이처럼 씨족정체성을 상징하는 불에 대한 경계는 분명하게 나누어졌다.

불의 이리한 역할은 언제 어디에서 기원할까? 우데게족에 의하면 씨족의 불은 부계씨족을 통해 전승되는 부싯돌 nɛhɛ에 보존되어 있다. 동일 어간의 단어로 nul-(불을 피우다/ 네기달어·에벤어·에벤키어·나나이어·울

---

78 Г. И. Варламова (Кэптукэ), Эпические и обрядовые жанры эвенкийского фольклора, Новосибирск: Наука, 2002, pp.277, 239, 249, 265, 269, 281; Т. Ю. Сем, Картина мира тунгусов: пантеон (семантика образов и этнокультурные связи): историко-этнографические очерки, СПб.: СПбГУ, 2012, p.431.

치어), nuksɛ(그을음/ 에벤키어, 나나이어), (n)onjo(촛불 심지의 찌끼/ 우데게어), njole(불꽃, 열기/ 몽골 고어), njolede(불을 피우다/ 몽골 고어), nol(불, 불꽃/ 몽골어) 등이 있다.[79] 따라서 씨족의 불에 대한 우데게족의 관념은 이들 고유의 관념이 아니라 몽골족과 퉁구스족 공통의 관념이므로 선(先)몽골·퉁구스족 시기 이미 씨족의 불에 대한 관념이 전파되어 있었다. 그렇다면 이들은 선(先)몽골·퉁구스족 이전에 부계씨족사회로 진입하였다.

생산성이 낮은 자연적 삶의 양태를 유지하는 이들에게 인구 증가는 생존의 위협이었기 때문에 인구수가 해당 지역의 자연이 수용할 수 있는 범위를 넘어서면 씨족의 분화는 필연적이었다. 이때 씨족장은 씨족의 불을 균등하게 나누어 분화되는 씨족장에게 넘겨주었으므로[80] 하위 씨족으로 분화되어도 씨족의 불로 인해 아의 범주에 남겨졌다. 그렇다면 이들의 씨족은 모(母)-씨족을 상위로 아들(子)-씨족, 아들의 아들 씨족과 같은 피라미드 구조였으며 씨족의 불은 이 구조 속에서 계속 보존되었다. 극동의 광대한 지리적 특성으로 인해 분화된 아들 씨족이 인근에 거주하기 보다는 멀리 떨어진 곳에 거주하는 경우가 많았고, 시간이 흐른 뒤 이들은 종종 다른 종족에 편입되기도 하였다. 이로 인해 인접한 다른 종족이나 씨족의 영향으로 물질·정신문화의 요소들이 변형되었고, 같은 씨족이라는 흔적은 음성변형을 겪은 씨족명에만 남아있었지만 씨족의 불로 인해 씨족정체성은 확고하게 전승되었다.

79 И. В. Кормушин, Удыхейский (удэгейский) язык. Материалы по этнографии. Очерк фонетики и грамматики. Тексты и переводы. Словарь, М.: Наука, 1998, p.276; С. Н. Оненко, Нанайско-русский словарь, М.: Русский язык, 1980, p.292; ССТМЯ 1, pp.609, 610.
80 А. Ф. Старцев, "Культ огня в охотопромысловой деятельности и бытовой культуре тунгусо-маньчжурских этносов Нижнего Амура и Приморья", Религиоведение 4, Благовещенск: АМГУ, 2019, p.74.

씨족의 불에 대한 이들의 믿음은 무척 강하였기 때문에 다른 씨족의
불 옆에서 담배를 피우는 것도 허용되지 않았다. 담배를 피울 경우 다
피우기 전에 불을 떠나면 해당 씨족의 불을 훔치는 행위로 간주하였고,
이를 위반하면 그 사람이 속한 씨족이 해당 씨족에게 상응하는 대가를
지불해야만 했다.[81] 씨족의 불을 훔치는 것은 씨족정체성을 훔치거나
훼손하는 행위였기 때문에 씨족이 삶의 근간인 이들에게는 크나큰 범
죄였다. 불의 이런 역할로 인해 다른 씨족에게 불을 빌려주거나, 다른
씨족의 화신제에 참여하는 행위는 엄격하게 금지되었다. 따라서 극동
토착종족에게 씨족의 불의 가장 중요한 역할은 씨족정체성의 상징으로
써 아/ 타의 경계표지이다.

② 화덕의 불의 역할과 상징의미

극동 토착종족의 모든 가정에는 가족의 일상·문화·종교생활의 중심
지인 화덕이 있는데 이들에게 화덕은 상계 ↔ 중계 ↔ 하계를 연결하는
우주의 중심축이다. 화덕의 불은 가족정체성을 상징하지만 이들에게
중요한 것은 씨족정체성이었으므로 궁극적으로는 화덕은 씨족정체성
을 상징한다. 이는 이들이 유목지나 거주지를 옮길 때마다 가장 나이가
많은 여인이 화덕에서 불씨를 채취하여 새로 이주할 곳에 가지고 가든
가, 자신의 손에 재를 발라가서 이주한 곳의 새 화덕에 집어넣은 뒤 불
을 지폈는데[82] 불씨와 재는 불을 상징한다. 그런데 이들은 개별 가족
단위가 아니라 씨족공동체의 범위 내에서 2~3가족, 많으면 4~5가족 단
위로 유목을 하거나 거주지를 옮겨 다녔다. 따라서 이들이 화덕의 불을

---

81 . Ф. Старцев, там же, p.74.

82 А. Ф. Анисимов, Родовое общество эвенков (тунгусов), Л.: ИНС, 1936, p.47.

통해 보존하려고 한 것은 가족정체성이 아니라 씨족정체성이었다.

그런데 극동 토착종족의 화덕의 불과 화신은 어디에서 기원할까? 이에 대한 답은 이들의 신화에서 찾을 수 있는데 화덕의 화신은 씨족의 화신과는 다른 기원을 가진다.

> 〈오로치족 남매와 화신이 된 두 마리 새끼 곰〉 옛날에 남매가 살았다. 남동생은 동물 사냥을 했다. 누나는 집에서 수를 놓았다. 남동생이 사냥을 나가고 없을 때 곰이 집에 와서 누나를 타이가로 데리고 갔다. … 타이가를 돌아다니던 남동생은 두 마리 새끼 곰을 데리고 다니는 암곰을 만났다. 남동생은 활을 쏘아 암곰을 죽였다. 곰 두 마리는 집으로 데리고 와서 기둥에 묶어둔 뒤 사냥을 떠났다. 집에 돌아오니 새끼 곰 두 마리가 화덕 아래에 구멍을 판 뒤 그 안으로 들어가서 화신으로 변해있었다.[83]

위 신화에서 곰은 누나를 타이가로 데려간 뒤 혼인을 하여 두 마리 새끼 곰을 낳았으므로 두 마리 새끼 곰은 외형은 곰이지만 인간과 곰의 속성을 모두 가진 반인반수이다. 위 신화에서 인간과 곰의 경계는 불명확하며 인간과 곰의 혼인으로 탄생한 새끼 곰으로 인해 인간과 곰의 경계는 허물어진다. 또한 남동생이 집으로 데리고 온 새끼 곰 두 마리는 남동생이 사냥을 나간 사이 화덕 아래에 구멍을 판 뒤 그 안으로 들어가 화신이 되었으므로 이들에게 화덕의 불은 존재했으나 화신에 대한 개념은 없었으므로 화덕의 불은 페티시즘의 단계, 화신은 다신신앙의 단계에서 출현하였다. 그런데 위 신화에서 새끼 곰들이 화덕 아래로 들어간 것은 죽음을 의미하는데, 극동 토착종족에게 곰은 선조 토템이므

83 Бердников, 1910: Архив РЭМ, Ф.6, Оп.4, Д.1, p.11; В. А. Аврорин, Е. П. Лебедева, Орочские тексты и словарь, Л.: Наука, 1978, p.243.

로 화덕의 화신은 선조의 희생적 죽음으로 출현하였다. 이로 인해 이들 사이에서 화덕은 중계, 화덕 아래는 씨족 조상령의 마을이 있는 하계를 상징하게 되었다. 이들이 장례식 때 화덕에 규칙적으로 제물을 바치는 것은 화덕의 화신이 망자의 영혼과 조상령들, 가족·친인척들과 조상령들을 연결하는 역할을 한다는 관념에 근거한다. 또한 위 신화에서 두 마리 새끼 곰에 의해 인간 ↔ 불 ↔ 곰의 관계가 만들어졌고, 곰에 의해 이 관계는 다시 인간 ↔ 화신 ↔ 조상령의 관계로 전환되었다. 이에 의하면 화덕의 불의 가장 중요한 역할은 가족(씨족)정체성의 상징으로서 아/ 타의 경계표지이지만, 인간과 화신을 연결하는 역할, 인간이 화신에게 제물을 바치고, 화신이 제물을 받는 숭배용 제단의 역할을 한다.

극동 토착종족 사이에서 화덕의 불이 가족(씨족)정체성을 상징하게 된 또 다른 이유는 화덕의 화신이 인간의 탄생을 주관하기 때문이다. 이들에 의하면 인간의 영혼은 상계 씨족의 기원지 → 중계 이동 → 굴뚝 → 화덕 → 여성의 자궁에 안착의 과정을 거쳐 태어난다. 그런데 이 영혼은 무(無)에서 새로 만들어진 것이 아니라 환생하는 씨족 조상령이다. 따라서 이들에게 화덕의 화신은 미시적 관점에서는 상계와 중계, 천신과 인간을 연결하여 아이를 가정에 보내주는 역할을 한다. 이로 인해 이들은 화덕 옆에서 출산을 기다리다가 출산과 동시에 아이의 영혼을 보내준 데 대한 감사의 표시로 화덕의 화신에게 고기와 지방을 제물로 바친다. 거시적 관점에서 화덕의 화신은 씨족 조상령의 환생을 통해 씨족의 영속성을 보장해 주는 역할을 하므로 부계씨족 조상령과 계통적 상관관계에 있다.

포드카멘나야 퉁구스카강 에벤키족에게 중계 3대 신은 구슬 장식이 달린 옷을 입고 있는 화덕의 화신 탕(taŋ), 타이가신 묵돈네, 성조신 호모콘인데, 화덕의 화신 탕은 taŋ(담배 피우다/ 에벤키어) 기원이며, 부계 혈

통에 따라 전해진다.[84] 19세기 중반 아무르강에서 나나이족을 만난 라
벤시테인(E. G. Ravenstein)에 의하면 이들에게 가장 중요한 신은 화신 탕
과 조상령 팡이었다.[85] 이 신들은 포드카멘나야 퉁구스카강 에벤키족
화덕의 화신 탕과 음성적으로 유사하므로 동일한 신이며 이들에게 화
덕의 화신은 부계씨족 조상령과 계통적 상관관계에 있다.

극동 토착종족은 화덕의 불뿐만 아니라 주변의 모든 불이 조상령과
계통관계에 있다고 믿는데 이는 이들의 신화적 관념에서 불이 부계 혈
통을 따라 전해졌기 때문이다. 이로 인해 이들은 타이가에서 누군가 피
웠던 흔적이 있는 모닥불에는 불을 피우지 않는데 모닥불을 피웠던 사
람이 산자인지 망자인지는 중요하지 않다.[86] 이는 모닥불이 불을 피운
사람의 조상령과 계통적으로 연결되어 있기 때문에 자신들에게 피해를
줄 수 있다는 관념에 의한 것이다.

일부 나나이족과 울치족에게 화덕의 불은 모계의 불인데[87] 이는 과거
극동 토착종족 사이에 모계씨족사회가 존재했던 흔적이며 당시 씨족의
불은 부계가 아니라 모계 혈통을 따라 전해졌다. 극동 토착종족에게 화
덕의 불은 가족·씨족의 삶과 생명령의 상징이므로 일부 나나이족과 울
치족에게 가족·씨족의 삶과 생명력의 상징은 모계 씨족을 통해 전해졌

84 Б. В. Болдырев, Эвенко-русский словарь 1, М.: Филиал СО РАН ГЕО, 2000,
   p.359; Б. В. Болдырев, Эвенко-русский словарь 2, М.: Филиал СО РАН ГЕО,
   2000, pp.94, 270.
85 E. G. Ravenstein, The Russian on the Amur, its discovery, conquest and colonization,
   London: Trübner and co., 1861, p.383.
86 А. Чадаева, Древний свет. Сказки, легенды, предания народов Хабаровс
   кого края. Очерки о фольклоре, Хабаровск: Хабаровское книжное изд-в
   о, 1990, pp.144-145.
87 А. Чадаева, там же, pp.144-145.

다. 이들의 종교적, 문화적 삶에서 씨족의 불과 화덕의 불은 하나로 통
합되어 상계 ↔ 중계 ↔ 하계, 토착종족 ↔ 화신 ↔ 신, 조상령을 연결
하면서 우주론적 역할과 종교적 역할을 동시에 수행한다.

(2) 아/ 타의 통합표지로써 불의 역할과 상징의미

아/ 타의 경계표지로써 불은 혼례나 축제에서는 아/ 타의 통합표지로
전환된다. 혼례 때 신랑의 집에 도착한 신부는 모닥불 주위를 돈 뒤 제
물을 바치면서 가족과 씨족의 행복을 기원하는데[88] 이 의식을 통해 신
부는 신랑의 가족과 씨족에게 통합된다. 극동 토착종족은 신생아의 얼
굴에, 부모나 친인척들과 함께 자신의 집을 방문한 다른 씨족 아이의
얼굴에 그을음을 바른다.[89] 그을음은 불의 변형이므로 불을 매개로 신
생아나 타자의 아이들은 이들의 가정과 씨족에 통합된다. 사하공화국
남부지역의 에벤키족은 축제 때 모닥불의 재를 축제참가자들의 이마,
목, 코 등에 찍어준다.[90] 재는 불의 변형이므로 불을 매개로 축제에 참가
한 다른 종족이나 씨족의 사람들은 이들의 세계에 통합된다. 이러한 의

88 И. А. Лопатин, "Гольды амурские, уссурийские и сунгарийские. Опыт этн
ографичесского исследования", ЗОИАК ВО ПОРГО 17, Владивосток: ТУВД,
1922, pp.154-155; Ю. А. Сем, "Пережитки материнского рода у нанайцев",
Труды ДВФ СО АН СССР. Сер. ист. 2, Владивосток: ДВФ СО АН СССР,
1961, p.219.

89 Г. Н. Варавина, "Культ огня в традиционной культуре народов Севера
(на примере эвенов Якутии)", Научные проблемы гуманитарных исследо
ваний, Пятигорск: Ин-т регион. проб. Российской гос. на северном Кавк
азе, 2012, p.27.

90 Т. Ю. Сем, Картина мира тунгусов: пантеон (семантика образов и этноку
льтурные связи): историко-этнографические очерки, СПб.: СПбГУ, 2012,
p.434.

식에서 불의 주된 역할은 화신을 의식의 시공간으로 불러와 토착종족
과 연결하는 역할을 하며, 화신은 타자를 씨족의 조상령과 연결하여 아
의 세계에 통합시키는 역할을 한다.

아/ 타의 경계와 통합표지로써 불은 성/ 속, 아/ 타, 선/ 악, 원/ 근,
조상/ 후손, 선/ 후, 상계/ 중계, 중계/ 하계, 생/ 사, 자연/ 문화의 이원
대립을 내포하고 있으며, 화신은 이 이원대립을 경계 짓고 통합하면서
자연과 인간 사회를 분화, 통합하는 역할을 한다.

극동 토착종족에게 불은 아/ 타의 경계표지로써 씨족정체성의 상징,
화신을 불러와 토착종족과 연결하는 매개체의 역할을 하고, 화신은 상
계 ↔ 중계 ↔ 하계, 가족, 씨족 ↔ 천신, 조상령을 연결하여 이들에게
재액초복을 가져다주는 역할을 한다.

2) 화신의 역할과 상징의미: 가족과 씨족의 보호신

극동 토착종족에게 화신의 주요한 역할과 상징의미는 가족과 씨족에
게 재액초복을 가져다주는 가족과 씨족의 보호신인데 이는 다음과 같
은 화신의 능력에 의한 것이다. 첫 번째, 화신은 다른 차원 시공간의
연결자이다. 화신은 상계 ↔ 중계 ↔ 하계의 우주 삼계를 오가면서 토
착종족과 천신·마을신·타이가신(산신) 등의 자연신들, 신들과 신들, 인
간과 동물의 영혼을 연결하여 사냥의 성공을 보장해주고, 재액초복을
가져다주는 사냥의 보호신이자 생활의 보호신이다. 또 화신은 차원이
다른 과거 ↔ 현재 ↔ 미래를 연결하여 인간에게 행/ 불행을 알려주는
예언자이다. 두 번째, 화신은 악령과 불길한 세력을 물리치고, 토착종족
을 보호해 줄 수 있는 초자연적인 신성한 힘을 가지고 있다.

(1) 시공간의 연결자로서 화신의 역할과 상징의미

① 사냥의 보호신으로서 화신의 역할과 상징의미

가. 사냥의 보호신으로서 화신의 특징

원시적 삶의 양태를 유지하면서 사냥을 주요 생업으로 삼았던 극동 토착종족에게 사냥의 성공은 개인·가족·씨족의 희로애락 및 길흉화복과 직결되는 삶의 최상위에 위치한 문제였으며 다른 문제들은 그 하위에 위치하였다. 따라서 이들 신의 위계에서 가장 중요한 것은 사냥에서의 역할이었으며 화신은 사냥의 보호신으로서 자연신의 최상층에, 이들 종교적 신념의 가장 중심에 위치하였다. 이처럼 이들 사이에서 화신이 사냥의 보호신으로 자리 잡은 것은 차원이 다른 시공간을 넘나들면서 인간과 동물의 영혼, 인간과 신, 신과 신을 연결하여 사냥의 성공을 도와주기 때문이다.

이로 인해 이들은 사냥 전후 그리고 사냥터에 도착하여 화신제를 거행하는데 이때 불은 인간과 화신을 연결하는 역할, 숭배용 제단의 역할을 한다. 사냥터에서 화신은 다음과 같은 방법으로 사냥의 성공을 도와준다. 첫 번째, 사냥의 시공간으로 주변의 자연신들을 불러와 토착종족의 사냥꾼 ↔ 화신 ↔ 자연신의 네트워크를 만들어 사냥꾼들이 바친 제물을 신들에게 나누어주면서 이들의 바람인 사냥의 성공을 들려준다. 또한 사냥꾼과 동물의 영혼을 연결하여 사냥꾼에게 사냥동물의 종류·위치·상태 등을 알려주고, 동물에게는 사냥꾼이 있는 곳으로 가게 만든다.

극동 토착종족에 의하면 화신은 사냥의 보호신이지만 무조건 사냥의 성공을 도와주는 것은 아니다. 화신은 타이가와 사냥의 규율, 씨족의 관습법을 지키지 않는 사람에게는 눈을 내려 보내 사냥을 방해하기도 한다.[91] 따라서 화신은 날씨와도 관련이 있는데 화신의 이러한 권력은

자신의 선조인 날씨의 신이자 번개와 우레의 신으로부터 나온 것이다. 이에 의하면 화신은 선신이지만 씨족의 관습과 규율을 어긴 사람에게는 부정적인 특징들을 드러내는데 이는 절대선과 절대악은 존재하지 않으며 선과 악의 대립과 조화에 의해 지구와 우주의 조화와 질서가 유지된다는 이들의 생태적 세계관에 의한 것이다.

사냥의 보호신으로서 화신에 대한 극동 토착종족의 관념은 사냥호부 싱켄에 응축, 집약되어 있다. 싱켄은 음성·의미적으로 아무르강과 알단강 에벤키족 신화에 등장하는 화신의 아버지이자 동물의 신인 싱나이와 연결된다.

나. 사냥보호신의 상징으로서 싱켄의 특징
나-1. 싱켄의 의미장(場)

싱켄은 사냥호부인데 siŋai(번개와 우레 신의 손자, 동물의 신/ 에벤키어)에 근거할 때 동물의 신을 상징한다. 극동 토착종족은 모두 자신만의 싱켄을 가지고 있는데 그 종류와 형태는 다양하다. 가장 보편적인 싱켄은 동물·새·물고기의 영혼이 있는 부위를 모아 혈관으로 만든 실에 끼운 형태이다. 하지만 어떤 사람은 큰사슴 슬개골을, 어떤 사람들은 동물의 턱뼈·이빨·털 묶음을, 어떤 사람은 유난히 크거나 털이 많은 큰사슴 가죽 전체를, 어떤 사람은 등이나 가슴에 아주 희귀한 반점이 있는 동물 가죽을 싱켄으로 가지고 있다.[92] Siŋ- 어간의 퉁구스어 단어에는

---

91 А. Вальдю, Сказки бабушки Лайги, Хабаровск: Хабаровское книжное изд ательство, 1972, pp.27-29; П. П. Шимкевич, Материалы для изучения шама нства у гольдов, Хабаровск: ТКПГГ, 1896, pp.87-92.

92 А. Ф. Анисимов, "Представления эвенков о шингкэн'ах и проблема прои схождения первобытной религии", СМАЭ 12, p.168.

[표 23] siŋ- 어간의 퉁구스어 단어들

싱켄 관련 단어들		
단어	의미	언어
siŋkɛn	사냥의 보호신, 타이가신, 사냥호부	네기달어
siŋkone	벼락 맞은 오리나무로 만든 사냥호부	
hinkɛn(hinkui)	불에서 나는 소리	에벤어
sinkin	타이가신	
siŋkɛn	성공, 행복, 사냥의 성공, 사냥의 보호신, 사냥	에벤키어
siŋkɛlɛ	사냥에 성공하다, 행복해지다, 에벤키 고어: 사냥동물을 획득하다, 사냥의 성공을 위해 사냥 전에 의식을 하다	
siŋkɛlɛbun	점, 사냥의식	
siŋnai	번개와 우레 신의 손자, 동물의 신	
hiŋkɛn	사냥호부	나나이어
su	호부	
siŋkɛn	동물의 신, 정령	오로치어
suŋkɛn	사냥호부	오로크어
siŋkɛn	사냥호부	울치어
sɛn(sun)	호부	
sɛŋchu	호부를 지니고 다니다	
suŋkɛn	해신이 주는 행복	닙흐어

Попова, 1981, p.185; ССТМЯ 2, p.91.

siŋkɛn(사냥의 보호신, 타이가신, 사냥호부/ 네기달어), siŋkone(벼락 맞은 오리나무로 만든 사냥호부/ 네기달어), hinkɛn(hinkui, 불에서 나는 소리/ 에벤어), sinkin(타이가신/ 에벤어), siŋkɛn(성공, 행복, 사냥의 성공, 사냥의 보호신, 사냥/ 에벤키어), siŋkɛlɛ(사냥에 성공하다, 행복해지다/ 에벤키어, 사냥동물을 획득하다, 사냥의 성공을 위해 사냥 전에 의식을 하다/ 에벤키 고어), siŋkɛlɛbun(점, 사냥의식/ 에벤키어), siŋai(번개와 우레 신의 손자, 동물의 신/ 에벤키어), hiŋkɛn(사냥호부/ 나나

이어), su(호부/ 나나이어), siŋken(동물의 신, 정령/ 오로치어), suŋken(사냥호부
/ 오로크어), siŋken(사냥호부/ 울치어), sen(~sun, 호부/ 울치어), seŋchu(호부를
지니고 다니다/ 울치어), suŋken(해신이 주는 행복/ 닙흐어) 등이 있는데[93] 에벤
어와 나나이어의 어두음 h는 s의 음성변형이다.

이에 의하면 siŋ- 어간의 단어들은 의미상 호부~사냥~행복의 세 그
룹으로 나누어지는데 어형상 호부가 가장 초기의 의미이며, 이후 사냥
호부, 사냥의 보호신(타이가신)으로, 다시 행복으로 의미 확장을 하였다.
싱켄을 통해 척박하고 혹독한 자연환경 속에서 사냥을 주요 생업으로
삼았던 이들에게 사냥의 성공은 생존과 직결된 문제였고, 이들의 희로
애락, 길흉화복, 가족·씨족의 행/ 불행을 좌우하는 문제였음을 알 수
있다. 이들은 훌륭한 사냥꾼이 되려면 싱켄과의 관계가 우호적이어야
한다고 믿었다. 에벤키어 sinai(번개와 우레 신의 손자, 동물의 신)에 근거할
때 사냥호부, 사냥의 보호신으로서 인간에 대한 싱켄의 권력은 조상인
번개와 우레의 신으로부터 나온 것이므로 싱켄은 상계 ↔ 중계 ↔ 하계
를 연결하는 우주적 형상이다. 닙흐족은 해신이 주는 행복을 순켄이라
고 하는데[94] 이는 섬이라는 거주지의 자연생태환경으로 인해 이들은 화
신이 아니라 해신이 개인·가족·씨족의 재액초복, 바다동물 사냥과 어
로의 성공을 주관한다고 믿었기 때문이다.

93 У. Г. Попова, Эвены Камчатской области. Очерки истории, хозяйства и
культуры эвенов Охотского побережья (1917~1977), М.: Наука, 1981, p.185;
ССТМЯ 2, p.91.
94 Е. А. Гаер, Традиционная бытовая обрядность нанайцев в конце XIX~нач
але XX в. (к проблеме устойчивости развития традиший), Диссерт. ...Кан
д. Исторических Наук, ИЭ АН СССР, 1984, p.43.

나-2. 싱켄의 역할과 상징의미

극동 토착종족에 의하면 싱켄은 상계·중계·하계의 우주 삼계, 인간과 동물의 영혼, 인간과 신, 신과 신을 연결하여 사냥의 성공을 도와주는 역할을 한다. 아무르강 하류 네기달족에 의하면 싱켄에는 모피동물 사냥을 도와주는 상계 화신, 곰으로 변신한 뒤 타이가동물 사냥을 도와주는 중계 화신, 용철갑상어 사냥을 도와주는 하계 화신이 깃들여있으며, 부싯깃의 위·가운데·아래는 각각 이 화신들을 상징한다.[95] 상계 화신이 모피동물 사냥을 도와준다는 관념은 천신이 모피동물의 영혼이 깃든 털

[그림 50] 동물의 털이 든
광주리를 들고 있는 에벤키족
천신. Мазин, 1984, p.8.

을 가지고 있다가 중계로 내려 보내 인간의 사냥을 도와준다는 관념에 근거하므로 상계 화신은 천신 숭배와 결합되어 있다. 중계 화신이 곰으로 변하는 것은 곰이 중계 타이가의 모든 동물들을 다스리는 동물의 신이라는 관념에 근거하므로 중계 화신은 동물의 신, 타이가신 숭배, 곰 숭배와 결합되어 있다. 하계 화신이 용철갑상어 사냥을 도와주는 것은 바다동물 사냥과 어로를 도와주는 해신이 하계신에 속하기 때문이므로 하계 화신은 해신 숭배와 결합되어 있다. 이에 의하면 우주 삼계의 화신은 인간의 사냥을 도와준다는 공통점을 가지고 있지만 신격과 세

95 В. И. Цинциус, "Воззрения негидальцев, связанные с охотничьим промыс лом", Религиозные представления и обряды народов Сибири в XIX-нача ле XX в., СМАЭ, No.27, Л.: Наука, 1971, pp.184-185.

부적인 역할에서는 차이가 난다. 또 부싯깃의 위·가운데·아래는 우주 삼계의 화신을 상징하므로 이들에게 부싯깃은 상계·중계·하계 화신의 경계를 나누고 통합하는 우주적 형상이다.

아무르강 상류 나나이족에게는 대형 동물, 작은 모피동물, 샤먼의 길을 상징하는 3개의 실이 달린 힌켄이 있는데[96] 힌켄은 싱켄의 나나이식 음성변형이다. 이 실들은 인간 ↔ 동물의 영혼, 인간 ↔ 샤먼 ↔ 동물의 영혼을 연결하는 길이며, 실과 길의 외적 유사성에 근거한 메타포이다. 샤먼의 길에 근거할 때 샤머니즘 수용 이후 사냥에서 불/ 인간, 불/ 동물, 인간/ 동물, 인간/ 신의 이원 대립을 샤먼이 중개하면서 삼원대립으로 확장되었지만 이들의 사냥의식에서 샤먼은 아무런 역할도 하지 않기 때문에 여전히 이원대립이 중심에 있었다. 다른 극동 토착종족의 싱켄과 달리 나나이족의 힌켄에서 발견되는 샤먼의 요소는 늦은 시기에 추가된 관념이며, 힌켄에서 화신 숭배는 토템신앙, 천신 숭배, 해신 숭배, 삼단세계관, 샤머니즘 등 다양한 시기의 관념과 혼종·융합되어 중층 구조를 이루고 있다.

극동 토착종족은 싱켄을 다른 사람이 볼 수 없는 곳에 비밀스럽게 보관하므로 싱켄은 아/ 타의 대립 속에 통합되어 있다. 에벤키족은 성물 보관함 무루춘에 보관하다가 유목지를 옮길 때는 성스러운 순록 세베키(sevek, 가족과 순록의 수호자/ 에벤키어)가 운반하게 하고, 모닥불을 피울 때마다 싱켄에게 동물 지방을 제물로 바친다.[97] 이는 동물 지방이 불을 잘 타오르게 하여 화신이 좋아한다는 관념에 의한 것이므로 싱켄

---

96 В. И. Цинциус, там же, pp.184-185.

97 А. Е. Мазин, Традиционные верования и обряды эвенков-орочонов (кон еп XIX~начало XX в.), Новосибирск.: Наука, 1984, p.27.

[그림 51] 1. 에벤키족 성물보관함 무루춘, 2, 3. 에벤키족의 성스러운 순록 세베키
https://ethno-ornament.livejournal.com/8026.html; Мазин, 1984, p.27.

은 화신 상징성을 가지고 있다. 그런데 이는 심오한 종교적 체험에 의한
것이 아니라 동물 지방을 넣으면 불이 더 잘 타오른다는 현실 경험에
의한 것이므로 이러한 믿음에서는 종교적 특성보다는 자연물로서 불에
대한 관찰자적 특성이 두드러진다.

이처럼 이들의 싱켄에는 화신, 동물의 신, 타이가신에 대한 관념이
복잡하게 혼종·융합되어 있는데 이는 이들이 사냥의 성공이 사냥꾼의
뛰어난 능력이나 훌륭한 사냥 도구에 의한 것이 아니라 인간 너머 존재
들의 도움에 의한 것이라고 믿었기 때문이다. 여기에서는 인간이 지구
와 우주에서 가장 우월하고 뛰어나고 가치있는 존재가 아니기 때문에
생존을 위해서는 인간 너머의 존재들의 도움이 필요하다는 이들의 생
태적 세계관이 발견된다.

이들은 사냥의 흉작이면 싱켄의 책임이라고 생각하여 새로운 싱켄으
로 교체하는데 이 과정이 한 번에 일어나는 것은 아니다. 먼저 싱켄에게
사냥의 흉작을 질책하면서 게으름 피우지 말고 동물 사냥에 더 진심을
다하라고 설득한다. 그래도 사냥이 계속 흉작이면 싱켄에게 더 이상 제
물을 바치지 않을 뿐만 아니라 싱켄에게 바친 장식이나 문양을 떼어내

고, 싱켄을 잘게 잘라버린 뒤 새로운 싱켄으로 교체한다.[98] 이 의식은
옛 싱켄에는 더 이상 신성한 힘이 없으며, 사냥호부·사냥의 보호신으로
서의 역할도 끝났음을 의미하는데, 이들은 이러한 의식을 통해 싱켄을
협박하고, 놀리고, 조롱하면서 희화화 시킨다. 이러한 의식은 싱켄에 결
합되어 있는 화신·타이가신·동물의 신을 향한 것이므로 인간 너머의
존재들도 주어진 역할과 임무를 수행하지 못하면 인간의 놀림과 조롱의
대상이 될 수 있고, 인간으로부터 버림을 받을 수 있다. 이는 인간과
인간 너머의 존재들이 각자에게 주어진 고유한 역할과 임무를 제대로
수행할 때만 인간세계 더 나아가 지구와 우주의 조화·질서·균형이 유
지된다는 이들의 생태적 세계관에 의한 것이다.

② 생활의 보호신으로서 화신의 역할과 상징의미

극동의 에벤족, 에벤키족, 오로크족은 순록 사육과 사냥, 그 외 종족
은 어로와 사냥에 종사하면서 유목이나 반정착 반이동 생활을 하는데
이들이 새로운 곳으로 이주한 뒤 가장 먼저 하는 일은 모닥불을 피워
화신제를 지내는 것이다. 이는 불마다 고유한 화신이 있기 때문에 과거
에 생활했던 곳 모닥불의 화신과 이주한 곳 모닥불의 화신이 다르다는
관념에 근거한다. 이때 화신은 의식의 시공간으로 마을신을 비롯한 주
변의 자연신들을 불러와 인간 ↔ 화신 ↔ 자연신의 네트워크를 구성한
뒤 이들이 바친 제물을 신들에게 나누어준다. 그러면 사람들은 이 지역
을 다스리는 마을신에게 새로 이주한 곳에 거주해도 좋다는 허락을 구
하고 머무는 동안 건강과 평안을 기원한다. 이는 자연의 모든 지역에는
그 지역의 신, 그 지역 사람(동물·식물), 그 지역의 규율과 관습법이 있기

---

98 А. Е. Мазин, там же, p.27.

때문에 그곳에 거주하려면 그 지역 신의 허락을 받아야 한다는 관념에
근거한다. 여기에서는 지구와 우주의 주인은 인간이 아니며 각 세계에
는 그 세계의 주인이 있기 때문에 인간의 이기를 위해 지구와 우주를
개척, 개발해서는 안 된다는 이들의 생태적 세계관이 엿보인다. 순록
사육에 종사하는 사할린섬 네기달족에게 이와 관련된 구비전승이 전해
지고 있다.

> 〈네기달족의 유목지에서의 화신제〉 네기달족은 유목지를 옮기면 가장
> 먼저 모닥불을 피운다. 다음 옆의 나무 가지에 형형색색의 천을 매단다.
> 순록 혀의 끝부분, 고기에서 가장 기름진 부분, 빵, 특별한 술잔에 담긴
> 술을 모닥불에 바친다. 그런 뒤 자신들의 바람을 기원한다. 화신이시여!
> 제물을 바칩니다! 좋을 일이 일어나게 해주세요! 하지만 좋은 일이 지나
> 치게 많으면 안 됩니다. 나쁜 일이 일어나지 않게 해주세요. 모든 것이
> 순리대로 돌아가게 해주세요. 제물을 받으세요. 제물을 받지 않으면 저희
> 에게는 큰 불행입니다.[99]

위 의식은 유목지를 옮긴 뒤 거행하는 네기달족의 화신제인데, 의식
의 세부 요소들은 종족과 씨족에 따라 다소 차이가 나지만 대체로 극동
토착종족 공통의 요소들로 이루어져 있다. 위 의식에서 제장은 유목지
이고, 제당은 모닥불이 설치된 곳이며, 대상은 화신과 마을신이고, 제관
장은 집단에서 가장 연장자이다. 의식은 준비의식, 영신(迎神)과 교신(交
神)의식의 순서로 진행된다.

◎ 준비의식
  새로운 유목지로 옮긴 뒤 모닥불을 피울 곳을 찾고, 제물과 천, 제기 등의

---

99 Архив ИИАЭ ДВО РАН, Ф.1, Оп.2, Д.416, Л.362.

의례용품을 준비한다.

◎ 영신과 교신의식

° 모닥불 피우기

　모닥불은 화신이 깃들일 곳이며 화신을 불러오는 역할, 신들에게 제물을 바치고 신들이 제물을 받는 숭배용 제단의 역할을 한다.

° 천 매달기

　모닥불 옆의 나뭇가지에 형형색색의 천을 매다는데 천은 불·불꽃을 상징하는 메타포이다.

° 헌제의식

　모닥불에 순록 혀의 끝부분, 고기에서 가장 기름지고 맛있는 부위, 빵, 특별한 술잔에 담긴 술 등 자신들에게 가장 귀한 음식들을 제물로 바치는데 이는 제물의 양과 질에 따라 화신의 보상 정도가 달라진다는 관념에 근거한다.

° 연유 닦음

　화신에게 좋은 일이 지나치게 많으면 안 되고, 나쁜 일이 일어나지 않게 해달라고 기원하는 연유 닦음을 하는데 여기에서는 좋은 것이 지나치면 오히려 삶의 균형과 조화가 깨지기 때문에 모든 것은 균형을 이루어야 한다는 이들의 생태적 세계관이 발견된다. 이들은 화신이 제물을 받지 않는 것을 큰 불행이라고 하였는데 이를 자신들에게 도움을 주지 않겠다는 화신의 답변이라고 믿기 때문이다. 이들은 화신의 도움이 없으면 마을신 등 주변 자연신들과의 교류가 불가능하여 새로운 유목지에서 가족의 평온과 건강, 순록 떼의 건강과 번식을 보장받을 수 없다고 믿는다. 이처럼 다른 차원 시공간의 연결자로서 화신은 인간과 신, 신과 신을 연결하여 인간들에게 재액초복을 가져다주는 생활의 보호신이다.

③ 예언자로서 화신의 역할과 상징의미

　극동 토착종족에게 화신은 다른 차원의 시간 연결자로서 과거 ↔ 현재 ↔ 미래를 연결하여 인간에게 행/ 불행을 알려주는 예언자의 역할을

한다. 네기달족은 불꽃의 움직임으로 사냥의 성공을 예측하는데 불꽃이 활을 쏘는 모습이거나 불에서 소총과 비슷한 소리가 들리면 사냥에 성공한다는 징후이고, 불에서 비명소리, 고함소리가 들리면 사냥에 실패한다는 징후이다.[100] 에벤키족에 의하면 화신은 장작 갈라지는 소리로 미래를 알려주는데 아침에 들리면 좋은 징후이고, 밤에 들리면 나쁜 징후이며, 사냥을 나갈 때 들리면 사냥에 실패한다는 징후이고, 불꽃이 사람에게 튀면 사냥에 성공한다는 징후이다.[101] 이들은 불꽃에서 들리는 소리나 불꽃의 모양을 화신이 자신들에게 보내는 일종의 예언이라고 생각하면서 사냥 여부를 결정하였고, 일상의 행/ 불행 등을 점쳤다. 이는 심오한 종교적 체험에 의한 것이 아니라 오랜 기간 불에 대한 관찰과 이들의 현실 경험을 연결시킨 결과이므로 종교적 특성보다는 자연에 대한 관찰자적 특성이 더 두드러진다. 이에 의하면 불은 화신과 인간을 연결하는 매개체로서 인간에게 화신의 생각을 알려주는 대변인의 역할을 하고, 화신은 과거 ↔ 현재 ↔ 미래의 시간 연결자로서 미래를 예견하여 산자들을 도와주는 역할을 한다. 이러한 관념에서 시간은 과거 → 현재 → 미래처럼 단일방향성을 가진 것이 아니라 과거 ↔ 현재 ↔ 미래의 양방향성을 가지므로 지구와 우주의 모든 것은 분리되어 있는 것이 아니라 통합되어 있다.

같은 맥락에서 극동 토착종족에게 불의 변형으로써 재는 사람에게

---

100 В. И. Цинциус, "Воззрения негидальцев, связанные с охотничьим промыслом", Религиозные представления и обряды народов Сибири в XIX~начале XX в., СМАЭ 27, Л.: Наука, 1971, pp.185-186.
101 Г. М. Василевич, Эвенки: Историко-этнографические очерки XVII~начала XX в., Л.: Наука, 1969, p.222; Л. Я. Штернберг, Первобытная религия в свете этнографии, Л.: ИНС, 1936, p.535.

생사나 미래를 알려주는 역할을 한다. 퉁구코첸·몽고이·로소신 지역
의 오로촌족은 장례식 첫날 망자의 머리 근처에 특별한 구조물을 만들
어 불을 피운 뒤 재에 남겨진 흔적으로 미래를 예견하는데 이는 샤먼이
나 혜안(慧眼)을 가진 사람의 영역이다. 이때 재에 맹수의 발자국이 남
아 있으면 망자의 친인척들 중 누군가 곧 죽거나 큰 병에 걸린다는 징
후이고, 각진 형태의 흔적이 남아있으면 좋은 일이 일어날 징후이다.[102]
이들이 맹수의 발자국을 나쁜 징후로 여기는 것은 맹수가 이들에게 공
포의 대상이기 때문이며, 각진 형태를 좋은 일이 일어날 징조라고 믿는
것은 각진 형태는 새의 발자국으로 인간의 영혼 즉 조상령을 상징하기
때문이다. 이 의식에서 화신 숭배는 토템신앙, 조상 숭배, 영혼관 등 시
대가 다른 다양한 층위의 관념들과 혼종·융합되어 있다.

　이와 유사한 의식은 인도 북동 지역의 호족에게도 전파되어 있는데
이들의 의식은 극동 토착종족보다 훨씬 구체적이다. 장례식 첫날 저녁
에 친인척들은 밥그릇과 물주전자를 안방에 가져다놓고 그곳부터 문지
방까지 재를 뿌린 뒤, 두 명은 시신이 화장된 곳으로 가 보습을 두드리
면서 영혼을 집으로 불러들이고, 다른 두 명은 재에 남겨진 영혼의 발자
국을 찾는다.[103] 이와 유사한 모티프는 독일의 민간에서도 전승되는데
이들에 의하면 작은 땅의 사람들은 흩뿌려진 재위에 오리나 거위와 비
슷한 발자국을 남기므로[104] 오리나 거위는 인간의 영혼을 상징한다. 이

---

102 Д. Брандишаускас, "Локальное энвайронментальное знание: Экологиче
ское использование и символизм огня у оленеводов и охотников эвенк
ов-орочон Забайкалья", Огонь, вода, ветер и камень в эвенкийских ланд
шафтах. Отношения человека и природы в Байкальской Сибири, СПб.:
МАЭ РАН, 2016, p.124.

103 에드워드 버넷 타일러, 『원시문화』 2, 유기쁨 옮김, 아카넷, 2018, p.380.

처럼 인간의 영혼이 새 형상이라는 관념은 극동 토착종족을 비롯하여 세계 여러 민족/ 종족에게서 두루 발견된다. 이는 하늘 ↔ 땅 ↔ 물을 자유롭게 오가는 능력으로 인해 새가 이들의 종교적, 신화적 관념에서 상계 ↔ 중계 ↔ 하계, 생 ↔ 사를 연결하는 매개체라는 상징의미를 가지게 되었기 때문이다.

뿐만 아니라 이러한 관념은 현대 서구인에게도 보존되어 있다. 서구에서는 베네치아의 수호성인을 추앙하는 4월 25일 성(聖) 마르코 축일 전야에 길 위에 재를 뿌리면 그해 죽음을 맞이할 사람의 발자국이 보인다고 믿는다.[105] 이러한 의식에서 재는 불의 변형으로서 인간과 화신을 연결하는 역할을 하고, 화신은 과거 ↔ 현재 ↔ 미래의 시간 연결자로서 인간에게 미래를 알려주는 예언자의 역할을 한다. 또한 이러한 의식을 통해 비가시적·비물질적 존재인 영혼은 가시적·물질적 실체를 가진 존재로 전환된다.

(2) 초자연적인 신성한 힘의 보유자로서 화신의 역할과 상징의미

① 초자연적인 신성한 힘의 보유자로서 화신의 기원과 보편성

극동 토착종족은 유목지를 옮기기 전후, 의례 의식 때, 사냥과 어로 전후 천막집, 의복, 가재도구, 샤먼의 징표들과 샤먼의식의 도구들, 사냥과 어로 도구 등을 불을 이용하여 정화하였다. 또 아플 때, 출산 때, 상례 때, 절기 축일 때 불 정화의식은 필수적이었으므로 이들에게 불 정화의식은 특별한 종교의식이 아니라 일상이었다. 이는 불에 깃든 화신이 악령과 불길한 세력들을 퇴치하고, 자신들을 보호해준다는 관념

---

104 에드워드 버넷 타일러, 앞의 책, p.380.
105 에드워드 버넷 타일러, 앞의 책, p.381.

에 의한 것인데 그 근거는 이들의 창세신화에서 찾을 수 있다.

에벤족과 에벤키족의 〈부가와 부닌카〉 신화에서 태초에 우주는 물만 있는 혼돈의 단일체였는데 지고신 부가가 불을 내려 보내 물을 건조시키면서 대지가 만들어졌다.[106] 에벤족과 에벤키족의 〈세베키(헤브키)〉 신화에서 태초에 대지는 말랑말랑하고 잘 갈라져서 누군가 살거나 걸어 다닐 수 없는 상태였는데 지고신 세베키(헤브키)가 불을 내려 보내 단단하게 만들었다.[107] 퉁구스족 남부그룹과 고아시아계 닙흐족 신화에서 태초에 우주는 물만 있는 혼돈의 단일체였는데 3개의 태양이 대지에 내리쬐어 물을 없애면서 지금처럼 단단한 대지가 만들어졌다.[108] 이때 3개의 태양은 불의 변형이므로 불은 지고신의 보조신이자 대지 창조의 도구로써 카오스 상태에 있던 무질서하고 혼돈의 우주를 질서정연하고 체계적인 우주, 정화된 신성한 우주로 바꾸어 인간이 살 수 있는 세계로 만들었다. 따라서 이들에게 불은 코스모스/ 카오스, 성/ 속, 불/ 물, 위/ 아래, 생/ 사, 자연/ 문화의 이원대립을 내포하고 있다. 또한 화신은 이원대립을 경계 짓고 통합하면서 악령과 불길한 세력들을 물리치는 가족과 씨족의 보호신의 역할을 한다. 창조에서의 역할로 인해 화신은 에벤족·에벤키족·우데게족에게는 지고신의 최측근 보조신으로서 천신의 위계에, 오로치족에게는 지고신과 동일 위계에 놓이게 되었다.

이와 유사한 관념은 극동 토착종족 뿐만 아니라 동서고금의 여러 민족/ 종족에게서 발견된다. 중앙아시아의 튀르크족들은 시신에 닿았거

---

106 Г. Спасский, "Забайкальские тунгусы," СВ 17, 1822, pp.54-55.

107 Г. И. Варламова, Двуногий да поперечноглазый, Черноголовый человек -эвенк и его земля дулин буга, Якутск: Розовная чайка, 1991, pp.9-10.

108 В. П. Маргаритов, Об орочах Императорской Гавани, СПб.: О-во изучения Амур. края в г. Владивостоке, 1888, p.28.

나 무언가 불길한 것과 접촉한 사람이나 동물은 두 불 사이를 통과시켜 정화시켰고, 망자의 물건은 불로 정화하기 전까지 다른 물건과 따로 두었다.[109] 이러한 의식은 시신, 망자의 물건 등은 이미 죽음의 시공간에 통합되어 있기 때문에 산자들에게 피해를 줄 수 있다는 관념에 의한 것이다. 극동 토착종족의 상갓집에서는 장례식 첫날부터 사망 7일째 거행되는 초혼식 때까지 계속 불을 밝혀두었다.[110] 이는 화신을 통해 생과 사의 경계 공간, 사이 공간으로서 상갓집에 침투한 악령과 불길한 세력들을 퇴치하고, 산자들을 보호하기 위한 것이다.

과거 힌두교도들은 낮에도 계속 등을 밝혀두었고, 동방정교 문화권에서 전쟁의 수호성인으로 추앙되는 성 데메트리우스(데미트리오, 270~306년경) 축일인 10월 26일 현대 불가리아에서는 마구간과 장작 보관용 헛간에 촛불을 켜놓는다.[111] 이들은 등을 밝히고 촛불을 켜놓음으로써 악령과 불길한 세력들을 퇴치하고, 산자들을 보호할 수 있다고 믿었다. 유사한 관념은 『로마 예식서』의 촛불 축성식에서도 발견되므로 수준 높은 문화를 영위한 로마인들에게도 불의 정화 기능에 대한 믿음이 전파되어 있었다.

〈촛불 축성식〉 놀라운 힘이 이 초들 안에 있다네. 초에 불이 켜지면 폭

---

109 Т. А. Васильева, Культ огня у чжурчжэней, археолгические материалы по древней истроии дальнего востока СССР, А. И. Крушанова (Ред.), Владивосток: АН СССР, 1978, p.95; J. Ruysbroeck, Vilhelms av Ruysbroeck resa genom Asien 1253~1255, utg. Av Jarl Charpentier, Stockholm, 1919, p.153.

110 П. П. Шимкевич, Материалы для изучения шаманства у гольдов, Хабаровск: ТКПГГ, 1896, p.20.

111 에드워드 버넷 타일러, 앞의 책, p.376; J. C. Atkinson, Glossary of Cleveland Dialect, London: Arkose Press, 2015, p.597.

풍도 험한 날씨도 감히 깃들지 못하며, 하늘의 천둥소리도 들리지 않고, 악마도 염탐하지 못하며, 밤에 돌아다니는 도깨비도 무섭지 않고, 서리나 우박도 해치지 못한다네.[112]

위 텍스트는 중세 프로테스탄트 신학자인 나오게오르구스(T. Nao-georgus, 1508~1563년)의 운문역(韻文譯)이다. 이에 의하면 촛불은 폭풍·천둥·서리·우박과 같은 천체현상 뿐만 아니라 도깨비, 악마와 같은 불길한 세력도 퇴치할 수 있다. 현대 러시아 정교도·가톨릭교도·불교도들이 성당과 법당에서 기도할 때 초를 켜는 것도 유사한 믿음에 근거한다.

극동 퉁구스족의 선조인 중세 여진족의 샤이긴 고도 No.118 주거유적지의 주거지는 양쪽에 2개의 화덕이 있고, 그 사이를 사람들이 통과하는 구조인데[113] 이곳을 찾은 손님들은 두 불 사이를 통과하는 의식을 거쳐야 했다. 비잔틴 연대기에 의하면 튀르크족의 대칸(大汗)을 만나러 이르티시강 수원으로 간 유스티니아누스 황제(482~565년)의 사자(使者)는 두 불 사이를 통과한 뒤 비로소 대칸을 만날 수 있었다.[114] 여진족과 튀르크족이 손님이나 사자를 두 불 사이를 통과시키는 것은 화신의 초자연적이고 신성한 힘을 이용해 타자와 미지의 세계에서 온 악령과 불길한 세력들을 퇴치하고, 자신들을 보호하기 위한 것이었다. 이러한 의식에서 불을 지나온 공간은 생과 아의 세계, 화신에 의해 정화된 신성한 세계, 우주의 중심, 소우주이다. 반면 불을 지나오기 전의 공간은 무질

112 에드워드 버넷 타일러, 앞의 책, p.378.
113 Путешествие в восточные страны Плано Карпини и Рубрука, М.: Гос. изд-во геграфической лит., 1957, p.199.
114 С. Шашков, "Исследования и материалы. Шаманство в Сибири", ЗИРГО, 1864, p.35.

서한 혼돈의 세계, 죽음·악령·타자의 세계, 우주의 주변이므로 이러한
의식의 또 다른 목적은 타자를 아의 세계에 통합시키기 위한 것이었다.
따라서 이들의 의례 의식에서 화신의 역할은 독립적으로 작용하기 보
다는 서로 융합되면서 하나의 완전한 체제를 이루고 있다.

　이렇듯 유사한 관념이 세계의 여러 민족/ 종족 사이에 전파되어 있는
것은 자연물로써 불 숭배가 불에 대한 관찰, 즉 고대 불을 이용하여 밤
의 어둠과 맹수의 공격에서 자신들을 지키던 현실 경험에 근거하여 세
계 여러 민족/ 종족 사이에서 동시에 출현하였기 때문이다. 이러한 경
험이 축적되면서 고대인들은 불에는 죽음·악령·불길한 세력을 퇴치할
수 있는 신적 존재가 깃들여 있다는 믿음을 가지게 되었고, 일정 시점
이후 이는 종교적 신념으로 자리 잡았다.

　② 극동 토착종족의 치병의식에서 화신의 역할과 상징의미
　초자연적인 신성한 힘의 보유자로서 화신에 대한 관념은 이들의 치
병의식에서 보다 분명하게 드러난다. 과거 극동 토착종족에게 병은 생
물학적·의학적 현상이 아니라 악령이 인간의 육신을 침범하였거나, 악
령의 공격을 받은 영혼이 육신을 이탈하면서 발생하는 현상이었다. 악
령이 육신을 침범하여 발병한 경우 악령 퇴출만으로 치병이 가능하였
으며, 의식은 샤먼이 아닌 집안의 최연장자가 주도했다. 그런데 탈혼(脫
魂)의 경우 초혼으로 '비어있는' 육신에 영혼을 안착시켜야 하기 때문에
보다 추상적이고 복잡한 사고가 요구되었다. 따라서 샤먼의 참여는 필
수적이었고, 불은 샤먼 의식의 도구였으므로 초자연적인 신성한 힘의
보유자로서 화신에 대한 관념은 샤머니즘 수용 이후 샤먼의 위상과 권
위를 강화하기 위해 출현하였다. 이에 의하면 샤머니즘 수용 이전에는
일반인도 우주 삼계를 오가면서 인간 너머의 존재들(신, 악령)과 직접 교

류할 수 있었다. 이는 이들의 우주관 초기 상계·중계·하계는 명확하게 분리되고 차단된 구조가 아니라 인간이 출입할 수 있는 수많은 경계 공간이 있는 연결된 구조라는 관념에 근거하므로 당시 이들의 시공간 관념은 삼차원에 고정된 것이 아니라 고차원적인 입체구조였다. 하지만 샤머니즘 수용 이후 상계·중계·하계의 경계는 분명해졌으며, 우주는 삼차원으로 경계 지어졌고, 인간과 인간 너머 존재들의 관계는 샤먼이 중재하게 되었다. 이로 인해 인간/ 인간 너머 존재의 관계는 인간/ 샤먼/ 인간 너머 존재의 삼원대립으로 바뀌었고, 샤먼의 위상과 권위는 더욱 강화되었다.

샤먼이 참여하지 않는 치병의식 중 에벤키족 사이에는 로콥틴 의식이 전파되어 있는데 'loko(매달다) + -ptyn(접미사)'의 구조이므로 '무언가를 매다는 의식'의 의미이다. Loko는 (~loho)의 형태로 거의 의미변형 없이 퉁구스제어에 전파되어 있으므로[115] 이 의식은 퉁구스족이 분화되기 전에 출현하였다.

〈에벤키족의 로콥틴 의식〉 의식을 위해 모닥불을 피운다. 모닥불에 동물 지방을 넣어둔다. 여러 개의 유색 천을 긴 띠 모양으로 자른 뒤 한데 묶는다. 유색 천에 동물 지방의 연기를 쏘인 후 집 안에 걸어둔다.[116]

---

115 ССТМЯ 1, p.502; Б. В. Болдырев, Эвенко-русскийсловарь 1, 2, М.: Филиал СО РАН ГЕО, 2000, p.478. 에벤키어에서 -ptyn은 동사에 접미되어 행위 대상을 의미하는 명사를 파생시키는데 예로 ilaptyn(연료, ila는 태우다), avuptyn(수건, av-닦다) 등이 있다.

116 Г. М. Василевич, "Материалы экспедиций по шаманизму", Архив МАЭ РАН, Ф.22, Оп.2, Д.4, Л.305; А. Ф. Анисимов, "Шаманский чум у эвенков и проблема происхождения шаманского обряда", ТИЭ. Новая серия 18, 1952, p.215.

　위 의식에서 제장은 집안이고, 제당은 모닥불이 설치된 곳이며, 대상은 화신이고, 의식은 준비의식, 영신과 교신의식의 순서로 진행된다.

◎ 준비의식
　가족 중 환자가 생기면 동물의 지방, 여러 개의 유색 천 등의 의례용품을 준비한다. 여러 개의 유색 천을 긴 띠 모양으로 자르는데 이는 천을 불, 불꽃의 형상으로 만들기 위한 것이다.

◎ 영신과 교신의식
◦ 모닥불 피우기
　모닥불을 피운 뒤 동물 지방을 넣어두는데 모닥불은 화신을 불러와 인간과 연결하는 역할, 숭배용 제단의 역할을 한다. 화신은 집안에 있는 병의 악령과 불길한 세력들을 퇴치하고, 환자와 가족을 보호하는 역할을 한다.
◦ 천 묶기
　긴 띠 모양으로 자른 여러 개의 유색 천을 한데 묶는데 천은 화신에게 바치는 제물이자 불, 불꽃을 상징하는 메타포이며, 화신이 깃들일 곳으로 모닥불과 유사한 역할을 한다. 유색 천에 동물 지방의 연기를 쏘이는 것은 동물 지방이 불을 잘 타오르게 하여 화신이 좋아한다는 관념에 의한 것이다.
◦ 천 안치
　천을 집 안에 걸어두는데 이는 환자가 완치될 때까지 화신을 집안에 모셔두기 위한 것이다. 집안에 화덕이 있고, 의식을 위해 모닥불을 피웠음에도 이들이 천을 만들어 화신을 별도로 모시는 것은 화덕·모닥불·천에 깃들인 화신이 다른 신들로 역할에서도 차이가 나기 때문이다. 이 의식에서 치병에서 주도적인 역할을 하는 것은 천에 깃들인 화신이다.

　나나이족은 허리와 등이 아프면 대팻밥 일라우로 화신의 형상을 만들어 집안에 안치하거나 산속의 나무 옆에 허리 높이로 박아두는데[117]

---

117 Т. Ю. Сем, Картина мира тунгусов: пантеон (семантика образов и этноку

일라우는 inau(대팻밥/ 닙흐어)의 음성변
형이므로 닙흐족 기원의 관념이다. 대
팻밥은 불·불꽃을 상징하며 화신을 불
러와 인간과 연결하는 역할을 한다. 대
팻밥으로 만든 화신의 형상은 화신이
깃들일 신상이며, 화신은 병의 악령과
불길한 세력을 퇴치하고, 환자와 가족
들을 보호하는 역할을 한다. 신상을 집
안에 안치하는 것은 에벤키족이 천을

[그림 52] 1, 2. 아이누족의 의식용
대팻밥 이나우
https://bigenc.ru/ethnology/text/20
07118. БРЭ 35, Осипов (Ред.),
М.: БРЭ, 2004—2017

집안에 안치하는 것과 동일한 관념에 근거한다. 또 이들이 산속의 나무
옆에 신상을 안치하는 것은 화신을 매개로 마을신, 타이가신(산신) 등을
불러와 치병에 참여시키기 위한 것이다. 신상을 허리 높이까지만 박아
두는 것은 허리와 등이 치료 대상임을 밝히기 위한 것이므로 이는 유사
한 것으로 유사한 것을 치료한다는 관념에 근거한다.[118]

극동 토착종족에 의하면 아이가 울음을 그치지 않는 것은 악령의 공
격으로 아이의 영혼이 놀랐기 때문인데 이때 악령 퇴치 방법은 종족과
씨족에 따라 차이가 난다. 오로크족은 대팻밥으로 감싼 곰 위에 15cm

льтурные связи): историко-этнографические очерки, СПб.: Фил-факуль
тет СПбГУ, 2012, p.433; Л. Я Штернберг, Гиляки, орочи, гольды, негидальц
ы, айны. Классификация, коренного населения Приамурского края, Хаб
аровск: Дальгиз, 1933, p.66.
118 주술은 동정 주술(혹은 모방 주술)과 감염주술로 나누어진다. 동정 주술이란 유사한
   것은 유사한 것들 간에 서로 영향을 주고받는다는 가정 하에 유사한 행위를 하여 유사
   한 일을 일어나게 하는 것이다. 감염 주술은 어떤 사물에 접촉하여 그 힘을 접촉한
   사람 혹은 접촉한 사물에 옮겨놓는 것이다. 제임스 조지 프레이저, 『황금가지 1』, 박규
   태 옮김, 을유문화사, 2005, p.85.

크기의 사람이 앉아있는 복합 신상 데니드
루그를 만들어 아이의 요람에 걸어두는데
대팻밥은 불·불꽃을 상징하므로 화신을
불러오는 역할을 한다. 극동 토착종족에게
곰은 선조 토템이므로 곰은 조상신을, 곰
위에 앉아있는 사람은 인간의 생사를 주관
하는 천신을 상징한다. 신상에서 화신은
오로크족을 조상신, 천신과 연결하는 역할
을 하는데 이는 화신이 곰–선조와 계통적

[그림 53] 오로크족 아이의
치병용 호부 데니드루그
COKM, No.2337-21.

으로 연결되어 있기 때문이다. 원통형 나무 기둥의 뾰족한 끝은 악령을
물리칠 도구의 역할을 하며, 그곳에 새겨진 손·다리·눈·코·입은 아이
자체나 아이의 영혼을 상징한다. 이처럼 아이의 울음을 그치게 하기 위
해 데니드루그와 같은 복합 신상을 만드는 것은 아이의 영혼은 연약하
여 조그만 충격에도 놀라서 육신을 떠나는데 이는 곧 아이의 죽음을
의미하기 때문이다. 이에 의하면 자연친화적 삶의 양태를 유지해 온 극
동 토착종족에게 영유아 사망률은 매우 높았으며 이들은 이를 막기 위
해 많은 노력을 기울였다. 또한 이들은 아이의 탄생을 씨족 조상령의
환생이라고 믿었기 때문에 아이의 죽음은 가족과 씨족에게 큰 불행이
었다. 이 신상에서 화신 숭배는 영혼 숭배, 곰 숭배, 조상 숭배, 천신
숭배 등 시대가 다른 다양한 층위의 관념과 혼종·융합되어 중층구조를
이루고 있다.

　극동 토착종족은 개인의 치병뿐만 아니라 집단 전염병 치료에도 화
신의 힘을 이용하였다. 이들은 전염병은 악령의 집단적·조직적 공격에
의한 것이라고 믿었으며, 전염병이 돌면 부싯돌을 부딪쳐서 불을 피운
뒤 화덕의 불을 바꾸었다.[119] 이들이 화덕의 불을 교체하는 것은 가족과

씨족의 보호신으로서 자신의 역할과 임무를 충실하게 수행하지 못한 화신에게 그에 상응하는 벌을 내린다는 의미이다. 따라서 인간 너머의 존재들도 자신들에게 주어진 임무와 역할을 수행하지 못하면 인간에 의해 퇴출되는 굴욕을 겪을 수 있다. 즉 인간 너머의 존재들은 초자연적인 신성한 힘을 가지고 있기 때문에 인간의 숭배 대상이지만 이것이 인간보다 우월하다는 의미는 아니다. 이는 우주만물은 지구와 우주에서 동등한 지위를 가지고 있으며, 지구와 우주는 주체들의 적극적이고 활발한 교류의 장이라는 이들의 생태적 세계관에 의한 것이다. 이들이 전염병이 돌 때 부싯돌을 부딪쳐서 불을 피우는 것은 악령의 조직적·집단적 공격에 맞서기 위해서는 보다 강력하고 원초적이며 신성한 힘을 가진 불이 필요하다는 관념에 근거한다.

이들은 이러한 의식을 통해 주변 상황이 전도되면서 병의 악령과 불길한 세력들은 퇴치되고 자신들의 바람인 치병이 이루어진다고 믿었다.

③ 극동 토착종족의 출산의식에서 화신의 역할과 상징의미

극동 토착종족은 출산과 함께 아이의 영혼을 보내준 화덕의 화신에 대한 감사의식을 한 뒤 불로 정화의식을 거행하였다. 이는 아이의 출생은 상계 → 중계 굴뚝 → 중계 화덕 → 자궁에 안착 → 출생의 과정을 거친다는 관념에 근거한다. 산모와 가족들은 몸을 깨끗하게 씻은 뒤 모닥불 연기로 정화하였고, 투루칸스크 에벤키족 산모는 알몸으로 불을 세 번 밟은 뒤 입었던 옷을 태웠다.[120] 산모의 남편은 소총·활·화살 등

119 А. И. Мазин, Традиционные верования и обряды эвенков-орочонов (конец XIX~начало XX в.), Новосибирск.: Наука, 1984, p.12.
120 А. И. Мазин, там же, p.60.

의 사냥과 어로 도구, 의복, 몸을 모닥불 연기로 정화하였으며, 삼일 동
안 사냥을 하지 않았는데[121] 모닥불 연기는 불의 변형이다. 일정기간 산
파와 산모는 불 옆에 가면 안 되었고 음식도 준비할 수 없었다. 이러한
의식들은 출산 때 산모의 몸에서 나오는 피는 불결하여 화신이 싫어한
다는 관념에 의한 것인데 이는 피에서 인간이 기원한다는 극동 토착종
족의 관념에는 배치된다.[122] 이들의 출산의식에서 발견되는 세 번, 삼일
등의 숫자는 성수 3숭배에 근거한다.

극동 토착종족 공통의 의식 이외에 종족과 씨족 별로 출산 때 거행되
는 고유한 불 정화의식이 있다. 에벤족과 에벤키족은 출산 삼일 뒤 아이
를 두 개의 가는 나무 기둥 사이로 통과시킨 뒤 철쭉 연기를 쏘이고,
엄마도 철쭉 연기로 정화시키는 말라아힌 의식을 거행한다.[123] 철쭉 연
기는 불의 변형이고, 말라아힌은 maladahun(의식/ 에벤키어)[124] 기원인데
다른 퉁구스어에서는 발견되지 않으므로 이들 고유의 의식이다. 의식
에서 기둥 너머의 공간은 생과 아의 세계, 화신에 의해 정화된 신성한

---

121 А. М. Дегтярев и др., Эвены Момского района Республики Саха (Якутия),
Якутск: Изд-во СО РАН, 2004, p.16.

122 나나이족 신화에 의하면 옛날에 남매가 살았는데 누이가 손가락을 다쳐 그 피가 땅에
흘렀고 이 핏자국으로부터 나나이족의 선조가 된 한 명의 남자와 두 명의 여자가 태어
났다. 또한 나나이족의 첫 선조 구란타는 나무 아래 누워서 나무의 줄기에 달라붙이있
는 여인 먀멜리지를 보고 서로 관계를 맺은 뒤 부부가 되었는데 미후 마을의 나나이족
은 자신들의 기원을 먀멜리지의 핏방울에서 찾는다. I. A. Lopatin, The cult of the dead
among the natives of the Amur Basin, S-Gravenhage: Mouton & co, 1960, p.134; Л.
Я. Штернберг, Гиляки, орочи, гольды, негидальцы, айны. Классификаши
я, коренного населения Приамурского края, Хабаровск: Дальгиз, 1933,
pp.492-494.

123 С. И. Николаев, Эвены и эвенки Юго-Восточной Якутии, Якутск: ЯКИ,
1964, p.146.

124 ССТМЯ 1, p.523.

세계, 소우주, 우주의 중심을 의미한다. 반면 기둥을 넘기 전의 공간은 무질서한 혼돈의 세계, 죽음·악령·타자의 세계, 우주의 주변을 의미한다. 따라서 이 의식에서 기둥은 코스모스/ 카오스, 성/ 속, 생/ 사, 아/ 타, 생/ 사, 중심/ 주변, 자연/ 문화의 이원대립을 내포하고 있으며 화신은 이원대립을 경계 짓고 통합하는 역할을 한다.

출산에서 화신의 역할에 대한 관념은 극동 토착종족뿐만 아니라 서구에도 널리 전파되어 있다. 스칸디나비아 반도의 민족들과 독일인들은 아이가 세례를 받을 때까지 아이 방의 불이 꺼지지 않게 하였고, 산모가 출산 감사 예배를 받으러 갈 때 그 뒤에 불타는 목탄을 던졌는데[125] 목탄은 불의 변형이다. 현대에도 헤브리디스 제도 사람들은 출산 후 산모와 신생아 주위에 불을 켜놓는다.[126]

4. 극동 토착종족 종족별 불 숭배의 특징

극동 토착종족 공통의 불 숭배는 이들 전체를 아우르는 보편성과 종족만의 특수성이 융합되어 하나의 완전한 체계를 이루고 있다.

1) 극동 퉁구스족 북부그룹 불 숭배의 특징

(1) 네기달족 불 숭배의 특징

① 화신의 형상

네기달족의 화신은 포쟈(~푸쟈)이며, 순록사육에 종사하는 사할린섬

---

125 J. C. Atkinson, Glossary of Cleveland Dialect, London: Arkose Press, 2015, p.597.
126 에드워드 버넷 타일러, 앞의 책, p.377.

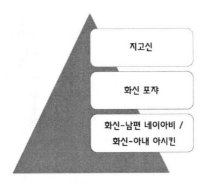

[그림 54] 네기달족 화신의 계층구조

네기달족은 토오 에제니라고도 하는데[127] too는 togo(불)의 네기달식 음성변형이다. 아무르강에서 사할린섬으로 이주한 일부 네기달족은 인접한 에벤키족으로부터 토고를 수용하였는데 네기달어의 음성적 특성에 맞추어 중간음 g가 탈락하였다.

네기달족의 화신은 남성 형상의 포쟈인데 머리 윗부분은 편평하고, 이마는 뾰족하게 돌출되어 있으며, 다리가 없는데[128] 이는 하반신은 불에 가려지고 상반신만 사람들에게 보인다는 관념에 근거한다.

화신 푸쟈는 하위에서 남편화신 네이아비와 아내화신 아시킨으로 나누어진다.[129] 네이아비는 nei(neidal, 아무르강에서 멀리 않은 오렐 호수로 흘러가

127 C. B. Березницкий, Нерчинская экспедиция, СПб.: МАЭ РАН, 2014, p.154.
128 암군강 네기달족에게 화신은 작은 물고기 형상인데 네기달족 사이에 광범위하게 전파되지는 못하였다. C. B. Березницкий, "Система верований, обрядов и культо в негидальцев", Вопросы археологии, истории и этнологии Дальнего Востока, Сб. ст. науч. конф. Дальневосточная историческая наука на пороге XXI века: новые имена, Владивосток, 25~27 марта 1997 г., 1997, pp.31-32.
129 C. B. Березницкий, Нерчинская экспедиция, СПб.: МАЭ РАН, 2014, p.154.

는 강/ 퉁구스제어) + apa(할아버지, 아저씨/ 네
기달어, 몽골 고어(할아버지)), 아시킨은 asi
(여인/ 퉁구스제어) + kin(접미사)의 구조이
다.[130] 네이아비는 '네이달강의 할아버
지'를 의미하며 종족명 네기달은 네이달
강에서 기원하므로 남편화신 네이아비
는 이들의 남성시조신이다. 따라서 네이
아비는 퉁구스어와 몽골어가 결합되어
원래 단어의 의미와는 다른 새로운 의미

[그림 55] 네기달족 남편화신
네이아비(좌), 아내 화신
아시킨(우) Березницкий,
2014, p.154.

가 산출된 혼종적인 단어이다. Apa는 몽골고어에서 기원하는데 이들이
직접 수용하였는지 인접 종족을 통하여 간접적으로 수용하였는지는
불분명하지만 극동에서는 네기달족에게서만 발견되므로 직접 수용하
였다. 그렇다면 역사 기록에는 남겨져 있지 않지만 구비전승·문헌 기
록·고고학 자료 등을 토대로 과거 네기달족과 몽골족의 교류에 대한
분석이 필요하다.

　이처럼 네기달족의 화신이 부부화신으로 분화된 것은 이들 사회의
물질적 발전으로 남녀의 역할 분담이 분명해졌기 때문이지만 닙흐족
부부화신의 영향도 엿보인다. 하지만 네이아비와 아시킨은 극동의 다
른 토착종족의 화신과는 전혀 공통점이 없으므로 이들 고유의 관념이
기층에 자리하고 있다. 즉 초기 이들에게 부부로서 남성화신과 여성화
신에 대한 관념이 있었는데 극동 남부 토착종족으로부터 푸쟈를 수용

---

130 Г. И. Невельской Подвиги русских морских офицеров на Крайнем Восто
ке России 1849~1855. Хабаровск: Хабаров кн.издво. 1969, p.154; ССТМЯ 1,
p.55.

한 뒤 푸쟈가 화신의 상위에 위치하면서 부부화신은 푸쟈의 하위에 위치하게 되었다. 따라서 네기달족의 화신은 자신들 고유의 관념, 닙흐족의 관념, 극동 남부 토착종족의 관념이 복잡하게 융합된 혼종적인 관념이다.

② 종족제 포슬레드냐냐 트로파에서 불 숭배

포슬레드냐냐 트로파(Посленяя тропa, 마지막 오솔길)는 네기달족의 전통 의례로 모든 네기달족이 참가하기 때문에 종족제의 성격을 띠며, 그 목적은 네기달족의 종족정체성, 종족에 대한 소속감과 유대감 강화이다. 포슬레드냐냐 트로파는 러시아어 기원이지만 이는 표층 구조의 요소일 뿐 기층에는 이들 고유의 관념이 자리하고 있다. 포슬레드

[그림 56] 종족제 포슬레드냐냐 트로파에서 화신제
Березницкий, Фадеева, 2014, p.219.

냐냐 트로파는 19세기 중반 마지막으로 거행된 이후 중단되었으나 2000년 이후 에벤키족과 함께 바칼디야프(Bakaldijaf, 친인척과 지인의 만남)로 이름을 바꾸어 다시 개최되면서 사라져 간 전통이 복원되고 있다. 포슬레드냐냐 트로파를 에벤키족과 함께 거행하는 것은 이들이 에벤키족과 암군강 토착민의 혼인으로 출현한 종족이기 때문이다.

과거 포슬레드냐냐 트로파는 험준한 타이가 산악지대에 있어서 사람의 접근이 힘든 하바롭스크주 우딘스크 마을에서 샤먼의 주도로 거행되었는데 이곳은 겨울철 사냥을 마치고 돌아오는 네기달족 사냥꾼들이 가장 먼저 들리는 마을이었다.[131] 이에 의하면 과거 포슬레드냐냐 트로파는 겨울철 사냥이 끝나는 3월 즈음에 거행되었다.

포슬레드냐냐 트로파는 화신제 문냐크(munnjak)로 시작되는데 munnak
(집회, 회합/ 에벤키어, 에벤어)에서 기원하므로[132] 문냐크는 퉁구스족 북부
그룹 고유의 의식이다.

〈네기달족의 종족제 포슬레드냐냐 트로파에서 화신제〉 의례 장소 곳곳
에 네기달족의 전통 춤을 설치한다. 샤먼은 무고를 두드리면서 의례 장소
로 온다. 샤먼이 의례 장소에 도착하면 그의 지시에 따라 모닥불을 피운다.
샤먼은 "화신님! 타오르십시오! 우리에게 온기를 주십시오! 당신이 꺼지지
않게 제물을 바치니 화내지 마십시오. 우리에게 행복과 기쁨을 주십시오!
당신은 우리의 친구이고 믿음직한 형제입니다!"라고 기원한다. 샤먼의 기
원이 끝나면 모두 샤먼의 무고와 무가 소리에 맞추어 모닥불 주위를 원형
으로 돌면서 네기달족의 전통 춤인 원무 하죠를 춘다. 이후 샤먼은 무고를
두드리면서 동물의 소리와 행동을 모방한다. 의례참가자들은 이에 맞춰
모닥불에 제물을 바치고 자작나무 가지에 각양각색의 천을 매단다.[133]

위 의례에서 제장은 마을이며, 제당은 모닥불이 설치된 곳이고, 대상
은 화신이며, 제관장은 샤먼이고, 의례의 주체는 집단이며, 의례는 준비
의식, 영신과 교신의식, 오신(娛神)의식의 순서로 진행된다.

◎ 준비의식
의례 장소 곳곳에 네기달족의 전통 춤을 설치한다. 샤먼은 무고를 두드리
면서 의례 장소로 오는데 이는 자신을 도와 네기달족에게 재액초복을 가
져다줄 보조령을 불러오기 위한 것이다.

131 ИиК негидальцев, p.220.
132 ССТМЯ 1, p.556.
133 ИиК негидальцев, p.219.

◎ 영신과 교신의식

∘ 모닥불 피우기

샤먼이 의례 장소에 도착하면 그의 지시에 따라 모닥불을 피우는데 모닥
불은 상계 ↔ 중계 ↔ 하계를 연결하는 우주의 중심축이자 화신이 깃들
일 곳이다.

∘ 연유 닦음

샤먼은 "화신님! 타오르십시오! 우리에게 온기를 주십시오! 당신이 꺼지
지 않게 제물을 바치니 화내지 마십시오. 우리에게 행복과 기쁨을 주십시
오! 당신은 우리의 친구이고 믿음직한 형제입니다!"라고 기원한다. 샤먼
의 기원문에 의하면 초기 화신제에서 이들의 숭배 대상은 열, 온기, 빛을
주는 불이었으나 이후 이들의 길흉화복, 희로애락을 좌우하는 화신으로
바뀌었다. 샤먼은 화신에게 친구이자 형제라고 하였는데 이는 인간 너머
의 존재들은 인간의 숭배 대상이지만 둘은 동일한 네트워크 속에서 적극
적이고 활발하게 교류하며, 생사고락을 함께하는 공생관계라는 이들의
생태적 세계관에 의한 것이다.

◎ 오신의식

∘ 원무(하죠) 추기

샤먼의 기원이 끝나면 모두 샤먼의 무고와 무가 소리에 맞추어 모닥불
주위를 원형으로 돌면서 네기달족의 전통 춤인 원무 하죠를 추는데 하죠
의 어원은 불분명하다. 태초부터 모든 춤은 재액초복을 이루거나, 망자들
을 기리거나, 지구와 우주의 조화와 질서 확립 등과 같은 인간의 바람을
신들에게 알리기 위한 상징기호였기 때문에 신성한 것이었다. 원무는 가
장 오래된 춤의 하나로 극동뿐만 아니라 세계 여러 민족/ 종족에게서 발
견되는데 원무 상징성은 일률적인 것이 아니라 지역에 따라 달라진다.
농경사회에서 원무는 여성의 생산성으로써 달을 상징하였다. 극동의 퉁
구스족에게도 여성의 생산성은 중요하였지만 일상생활에서 이들에게 절
실한 것은 태양이었으므로 이들의 원무는 태양을 상징한다. 위 의식에서
원무는 불 숭배, 태양 숭배에 의한 것이지만 모닥불 주위를 돌면서 추기
때문에 화신을 즐겁게 해주려는 목적도 있다.

◦ 연유 닦음

샤먼이 무고를 두드리면서 동물의 소리와 행동을 모방하면 의례참가자
들은 이에 맞춰 모닥불에 제물을 바치고, 자작나무 가지에 각양각색의
천을 매달면서 자신들의 기원을 알리는 연유 닦음을 한다. 천은 불·불꽃
을 상징하는 메타포이며, 화신을 즐겁게 해주기 위해 화신에게 바치는
제물이다. 샤먼이 모방하는 동물은 이들의 사냥동물 또는 토템 동물인데
이는 동물의 영혼을 의식의 시공간으로 불러와 인간의 영혼과 연결하여
다음 사냥철 사냥의 성공을 보장하기 위한 것이다.

3월은 이들의 겨울철 사냥이 끝나는 시기이고, 샤먼의 모방의식은 사
냥의 성공을 위한 것이며, 의례 장소는 네기달족 사냥꾼들이 사냥 후
처음 들리게 되는 마을이므로 이들의 종족제 포슬레드냐냐 트로파는
사냥제에서 기원한다. 그런데 포슬레드냐냐 트로파가 화신제에서 시작
되므로 이들의 종족제는 화신제 → 사냥제 → 씨족제(마을제)[134] → 종족
제의 순서로 변형, 발전되어 왔다. 이 의식에서 화신 숭배는 태양 숭배,
마을 숭배, 타이가 숭배 등 시대가 다른 다양한 층위의 관념과 혼종·
융합되어 중층구조를 이루고 있다. 또한 이들이 종족 때에 거행하는 화
신제에는 성/ 속, 아/ 타, 생/ 사, 태양/ 달, 인간/ 신, 인간/ 동물, 신/
동물, 중심/ 주변, 자연/ 문화의 이원대립이 내포되어 있다. 샤머니즘
수용 이전에는 화신이 이원대립을 경계 짓고 통합하였는데 샤머니즘
수용 이후 샤먼이 이 관계에 개입하면서 삼원대립으로 바뀌었다. 하지
만 샤먼이 화신의 역할을 온전히 대체하지 못하면서 샤먼은 네기달족
과 화신을 연결하는 역할만 하였고, 화신의 역할은 여전히 보존되었다.

---

134 극동 토착종족은 씨족별로 혹은 몇몇 씨족이 함께 마을을 이루어 사는데 종종 다른
　　종족의 씨족이 한 마을에 같이 살기도 한다. 하지만 이들은 다른 종족의 씨족제에는
　　참가하지 않기 때문에 이들에게 씨족제는 마을제에 상응한다.

(2) 에벤족 불 숭배의 특징

에벤족의 화신에는 남성화신 토고(토
고 힌켄), 여성화신 토고 무순(토고 무하니,
토고 무라아니)이 있다.[135] 토고 힌켄은
togo + hinkin(타이가신/ 에벤어)의 구조
로 '타이가의 화신'을 의미한다. 힌겐은
음성적·의미적으로 아무르강과 알단강
에벤키족 신화의 si ŋai(번개와 우레 신의
손자, 동물의 신), si ŋk-(사냥의 보호신, 타이

[그림 57] 에벤족 흉복에 그려진
여성화신 Т. Ю. Сем, 2012, p.440.

가신, 사냥호부/ 퉁구스제어)와 연결되므로[136] 토고 힌켄은 타이가 사냥의
성공을 도와주는 남성화신이다. 토고 무순은 togo + musun(자연신/ 에벤
어, 에벤키어)[137]의 구조로 '화신'을 의미한다. 토고 무하닌과 토고 무라아
니는 토고 무순의 음성변형인데 이들과 동일 기원의 에벤키족에게 무
순은 여신을 상징하므로 토고 무순, 토고 무하니, 토고 무라아니는 여성
화신이다. 따라서 에벤족 화신의 출현 순서는 여성화신 토고 무순(토고
무하니, 토고 무라아니) → 남성화신 토고(토고 힌켄)이다.

---

135 А. Ф. Старцев, "Культ огня в охотопромысловой деятельности и бытово
й культуре тунгусо-маньчжурских этносов Нижнего Амура и Приморья",
Религиоведение 4, Благовещенск: АМГУ, 2019, p.76.

136 А. Ф. Анисимов, "Представления эвенков о шингкэн'ах и проблема прои
схождения первобытной религии", СМАЭ 12, p.168; У. Г. Попова, Эвены
Камчатской области. Очерки истории, хозяйства и культуры эвенов Охо
тского побережья (1917~1977), М.: Наука, 1981, p.185; ССТМЯ 2, p.91.

137 ССТМЯ 1, p.561.

(3) 에벤키족 불 숭배의 특징

① 에벤키족 화신의 형상

에벤키족의 화신은 여성(노파)의 형상인데 극히 일부 그룹에게는 남성(노인)의 형상이다. 이들의 화신에는 에네칸 토고(토고, 토고 무순, 토고 무하닌), 드물게 에티칸 세베키, 아티칸 세베키, 쵸고가 있다. 화신 에네칸 토고는 어깨에 목탄자루를 짊어지고 있는 등이 굽은 노파이며, 지고신 부가의 최측근 보조신인데[138] 목탄자루는 철기시대 이후에 추가된 관념이다. 1~3세기 연해주와 만주의 토착민이었던 읍루는 철기문화를 수용하였고, 철제품을 사용하였으며, 극동의 철기문화는 발해(698~926년)에서, 특히 여진족이 세운 금나라에서 큰 발전을 하였다.[139] 12세기 말~13세기 초 고고학 자료에 의하면 여진족의 철제품과 대장 기술은 아주 전문화된 단계에 접어들었다.[140] 이에 근거하여 현대 극동 퉁구스족을 전근대 극동 토착종족인 숙신~읍루~물길~말갈~여진족과 연결시킬 수 있다. 화신 에네칸 토고는 에닌(ɛn'in-, 어머니/ 퉁구스제어) + kan(소유접미사) + togo(불)의 구조로 '불 어머니'를 의미하므로 이들의 여성 시조신이며 불 숭배는 이들의 가장 원초적 신앙의 하나이다. 에닌과 oning(어머니/ 여진어), ana(어머니/ 튀르크 고어)의 음성적 유사성에 근거할 때[141] 에닌은 알타이조어 기원이다. 그런데 토고는 퉁구스조어 기원으

---

138 Т. Ю. Сем, Картина мира тунгусов: пантеон (семантика образов и этнокультурные связи): историко-этнографические очерки, СПб.: Фил-факультет СПбГУ, 2012, p.430.

139 Э. В. Шавкунов, Культура чжурчжэней-удигэ XII~XIII вв. и проблема происхождения тунгусских народов Дальнего Востока, М.: Наука, 1990, p.19.

140 В. Д. Леньков, Металлургия и металлообработка у чжурчжэней в XII веке (По материалам исследований шайгинского городища), Новосибирск: АН СССР, 1974, pp.2-15.

로 퉁구스족 북부그룹의 기층 어휘이므로 에네칸
토고는 알타이조어와 퉁구스조어의 단어가 결합하
여 원래의 의미와 다른 새로운 의미가 산출된 혼종
적인 단어이다.

　토고 무순은 togo + musun의 구조인데 에벤키족
에게 대지모신 둔네 무순, 동물의 신 부가디 무순은
여신이다.[142] 따라서 이들에게 무순은 여성 상징성
을 가진 단어이므로 토고 무순도 여신이다. 토고 무
하닌은 일림페야강 에벤키족 사이에 주로 전파되
어 있는데 무하닌은 무순의 음성변형이므로 토고
무하닌은 토고 무순과 같은 신이다. 이들에 의하면

[그림 58]
에벤키족의
여성화신 에네칸
토고 T. Ю. Сем,
2012, p.429.

토고 무하닌은 번개와 우레의 여신 악디 무하닌, 바람·추위·북극광(北
極光)을 관장하는 북빙양과 바이칼 호수의 여신 무하닌의 가운데에 있
다.[143] 따라서 이들에게 토고 무순, 토고 무하닌은 지구와 우주의 중심
에 있는 여성화신이다.

　트랜스바이칼과 바이칼 호수 지역 에벤키족에게 화신은 에벤키족의
전통 의상을 입고 있는 백발 턱수염의 노인 에티칸 세베키 혹은 노파
아티칸 세베키이다.[144] 에티칸 세베키는 퉁구스제어 etyrken(노인, 부계 혈

---

141 ССТМЯ 2, pp.456-457.

142 Т. Ю. Сем, Картина мира тунгусов: пантеон (семантика образов и этноку
льтурные связи): историко-этнографические очерки, СПб.: Фил-факуль
тет СПбГУ, 2012, p.430.

143 К. М. Рычков, "Енисейские тунгусы", Землеведение 3, М.-Л.: ТТКК°, 1922,
pp.82-83.

144 С. В. Березницкий, Верования и ритуалы коренных народов юга дальнег
о востока: этнокультурные компоненты и современное состояние(втор

통의 남자 친척) + sɛvɛki(천신), 아티칸 세베키는 asi(여인) + kan + sɛvɛki의
구조로[145] '천신-남성조상신', '여성 천신'을 의미하는데 부부는 아니며
에티칸 세베키는 천신의 위계에 있는 이들의 남성시조신이다. 에티칸
세베키, 아티칸 세베키는 각각 남성화신, 여성화신을 의미하므로 이 단
어들은 두 단어의 결합으로 원래의 의미와는 다른 새로운 의미가 산출
된 혼종적인 단어들이다. 이들 자연신의 마지막 단계에서 천신은 최고
의 절대 권력을 지닌 남성, 법, 도덕의 확립자, 최고 공정함의 구현자,
행복, 전쟁과 사냥의 성공을 보장해주는 존재로 분리된다. 따라서 에티
칸 세베키는 이들 자연신 발전의 마지막 단계에서 출현하였으며 이들
화신의 출현 순서는 여성화신 → 남성화신인데 각각 이들의 여성시조
신, 남성시조신을 상징한다. 에벤키족 사이에서 남성화신은 여성화신
과 일정기간 공존하였지만 여성화신의 위상을 넘어서지 못하였고, 일
부 그룹의 국부적 관념에 머물렀다. 이처럼 에벤키족에게 화신은 천신
의 위계에 있거나, 지구와 우주의 중심에 위치하는데 이는 사냥이 주요
생업인 이들에게 사냥의 보호신으로서 화신은 이들의 생사를 좌우하는
최상위의 신이었기 때문이다.

예니세이강 일부 에벤키족의 화신은 죠고(ʒogo)인데 ʒulin(네기달족·나
나이족·우데게족의 성조신) + togo의 합성어이므로 화신-성조신이며, 퉁구
스족 북부그룹과 남부그룹의 관념이 융합된 혼종적인 단어이다. 예니
세이강 에벤키족은 바이칼 호수 에벤키족 기원인데 죠고에 근거할 때
바이칼 호수의 에벤키족은 극동의 에벤키족 뿐만 아니라 다른 토착종

ая половина XIX~XX в.), Диссерт. ...доктора, ИИАЭН ДВО РАН, Владивост
ок, 2005, p.66.
145 ССТМЯ 1, p.55; ССТМЯ 2, p.469.

족들과도 적극적으로 교류하였다. 이에 의하면 이미 고대부터 바이칼 호수 지역~극동 지역 사이에는 교류가 있었고, 일정한 문화네트워크가 존재했다.

② 불의 악령 멜켄

에벤키족에게는 타이가의 썩은 나무토막이나 나무 그루터기에 살면서 사람들에게 해를 끼치는 불의 악령 멜켄(melken, 타이가의 악령/ 에벤키어)이 있다.[146] 이들은 씨족의 관습법이나 규율을 어겨 씨족구성원의 범주에서 제외되면서 하계 씨족 조상령의 마을로 가지 못한 망자의 영혼이 변한 악령들이다. Melken은 'mel(잠에서 깨어나서 돌아다니다/ 에벤키어) + ken(접미사)'[147]의 구조이며 '잠에서 깨어나 돌아다니는 무언가'이므로 유령과 비슷한 존재이다. 멜켄은 melken(유령, 신기루/ 만주어), melgin(불/ 축치어, 코랴크어)과 음성적으로 유사하므로[148] '불'의 의미로 고아시아계 종족과 퉁구스족 사이에 두루 전파되어 있는데 만주어와 에벤키어에서는 '악령·유령·신기루' 등의 의미를 획득하였다. 이들의 멜켄에 관한 관념은 매우 불분명하고 희미하지만 멜켄은 과학적 지식이 없던 고대 타이가에서 발생하는 이해 불가한 상황을 해석하는 과정에서 출현한 관념이다. 멜켄은 현대에는 에벤키족과 만주족 사이에만 아주 협소하게 남아 있는 퇴색된 관념인데 심강 에벤키족 사이에 멜켄에 관한 설화가 보존되어 있다.

---

146 Г. М. Василевич, Эвенки. Историко-этнографические очерки (XVIII~начало XX в.), Л.: Наука, 1969, p.222; А. Н. Мыреева, Эвенкийско-русский словарь, Новосибирск: Наука, 2004, p.84.

147 ССТМЯ 1, p.534.

148 ССТМЯ 1, p.567.

〈심강 에벤키족 사냥꾼과 불의 악령 멜켄〉 아주 오래전의 일이다. 아침에 잠에서 깬 한 에벤키족 사냥꾼이 주위를 둘러보았다. 옆에 있는 다른 종족의 모닥불은 무척 잘 타고 있었는데 자신의 모닥불은 꺼져 있었다. 화가 난 사냥꾼은 쇠 지렛대를 옆에 있는 작은 나무토막에 꽂았다. 다음 날 멜켄이 사냥꾼을 찾아왔다. 그러고는 어째서 자신을 쇠 지렛대로 찔렀냐고 따지면서 죽여 버리겠다고 했다. 실제로 얼마 뒤 이 사냥꾼은 갑자기 죽었다. 사냥꾼의 시체를 발견한 사람들은 누군가 죽인 것이 분명하다고 하였다. 하지만 어디에도 상처는 없었다. 나무토막을 살펴보니 지렛대가 깊게 꽂혀있었다. 사람들은 멜켄이 사냥꾼에게 복수를 한 것이라고 말하였다.[149]

위 설화에 의하면 멜켄은 타이가의 사냥터 주변에서 활동하지만 유령과 같은 존재이기 때문에 사람들의 눈에는 보이지 않는다. 또 멜켄은 사람들에게 심각한 피해를 주지는 않지만 자신에게 피해를 준 사람에게는 죽음에 이르는 복수를 한다. 아침에 잠에서 깨어나 자신의 모닥불은 꺼져 있는데 옆에 있는 다른 종족의 모닥불은 무척 잘 타고 있는 광경을 본 에벤키족 사냥꾼은 화가 나서 쇠 지렛대를 옆에 있는 작은 나무토막에 꽂았다. 그런데 다음 날 멜켄이 찾아와 자신을 찌른 이유를 물었으므로 작은 나무토막은 멜켄의 거처 혹은 멜켄 그 자체를 상징하며 타이가의 나무토막에 날카로운 물건을 꽂으면 멜켄이 다치거나 죽을 수 있다. 멜켄은 사냥꾼에게 죽여 버리겠다고 했는데 얼마 뒤 몸에 아무런 흔적도 남기지 않은 채 사냥꾼이 죽었으므로 멜켄은 자신에게 잘못을 하면 죽음에 이르는 보복을 하지만 그 흔적을 남기지 않는다. 에벤키족은 멜켄에 맞설 수 있는 유일한 존재는 지고신의 최측근 보조

---

149 Г. М. Василевич, Эвенки. Историко-этнографические очерки (XVIII~начало XX в.), Л.: Наука, 1969, p.222.

신인 번개와 우레의 신 악디뿐이라고 믿는데[150] 이는 유사한 것으로 유
사한 것을 물리친다는 원칙에 의한 것이다.

2) 극동 남부 토착종족 불 숭배의 특징

(1) 나나이족 불 숭배의 특징

① 나나이족 화신의 형상

나나이족의 화신은 남성 형상의 포쟈(드물게 타냐)인데 아내, 두 딸과
함께 개를 키우면서 지하나 화덕에 기거한다.[151] 남성화신은 현실 나나
이족처럼 가정을 꾸리고, 개를 기르는데 이는 이들이 현실 자신들의 세
계에 근거하여 신의 세계에 대한 이미지를 구축하였기 때문이다. 남성
화신 포쟈의 최측근 보조신은 아내·두 딸·개인데 아내와 두 딸은 이들
의 삶에 특별한 영향을 미치지 않는 관념적·추상적 신이며 숭배 대상
은 아니다. 개는 인간사회에서처럼 화신의 충실한 보조령인데 이는 이
들이 오래 전부터 개 사육에 종사했고, 개를 숭배하였음을 말해준다.
화신의 아내는 파쟈 마마인데[152] paža + mama(노파, 모계, 부계 여성 친척/
퉁구스제어)의 구조이며, 파자는 포쟈의 음성변형이므로 '불의 노파, 화
신의 아내'를 의미한다. 이에 의하면 과거 파자 마마는 독자적 지위의
여성화신으로서 이들의 여성시조신이었는데 부계씨족사회에 진입한
이후 남성화신이 등장하면서 일정기간 남성화신과 공존하였다. 이후

150 Г. М. Василевич, там же, p.222.
151 Н. Б. Киле, Нанайский фольклор: нингманы, сиохор, тэлунгу, Новосибир
  ск: Наука, 1996, pp.423-425; А. Я. Чадаева, К югу от северного сияния, Хаба
  ровск: ХКИ, 1982, pp.143-144.
152 Н. Б. Киле, там же, pp.423-425.

이들 사회에서 남성의 역할이 증가하고 위상이 높아지면서 여성화신은 남성화신과 혼인을 하였으며 이후 이들의 종교적, 문화적 삶에서 중요하지 않은 관념적·추상적인 신이 되었고, 숭배 대상에서 멀어졌다. 따라서 나나이족 불신의 출현 순서는 여성화신 → 남성과 여성화신의 공존 → 부부화신 → 남성화신이다.

대부분의 나나이족에게 화신은 대지모신의 보조신이지만 일부 나나이족에게 화신은 대지모신과 동일한 신격이므로 이들에게 화신의 위상은 매우 불안정하다. 이는 이들의 신전이 극동의 다른 토착종족과 달리 엄격하게 계층화 되어 있지 않기 때문인데 이러한 특징은 오로크족에게서도 발견된다. 하지만 나나이족은 화신에게 제물을 바치는 꿈을 길몽이라고 믿고, 모든 의례 의식 전후 화신제는 필수적이므로 화신은 이들의 적극적인 숭배 대상이다.

나나이족의 화신을 가리키는 용어에는 타나도 있다. 타나는 토고의 음성변형인데 토고는 에벤족과 에벤키족에게 특징적이므로 사하공화국, 아무르주 등에서 이들과 인접한 그룹에게만 전파된 국부적인 관념이다.

② 화신의 변형으로서 성조신 줄린

나나이족·네기달족·울치족에게는 화신의 변형인 성조신 줄린이 있는데 네기달족, 울치족의 줄린은 나나이족으로부터 수용한 것이다. 나나이족은 사냥을 떠나기 전에는 집을 잘 지켜달라고, 사냥에서 돌아온 뒤에는 집을 잘 지켜줘서 감사하다는 의미로 줄린에게 죽과 술을 바치므로[153] 줄린은 이들과 동고동락하는 친근한 신이다.

---

153 ИиК нанайцев, p.173.

나나이족은 매년 가을 씨족제 때 줄린제를 거행하는데 사마르 씨족
은 타이가에 3개의 장대 토로아를 설치하고, 그 위에 나무판을 얹은 뒤
의식을 거행한다.[154] 토로아는 turu(나무, 장대, 샤먼목, 씨족목/ 퉁구스제어)의
나나이식 음성변형이다. 이 의례는 타이가에서 거행되므로 3개의 장대
는 이들이 중계 3대신으로 숭배하는 신[155] 중 대지모신 나 에제니, 타이
가신(산신) 두엔테, 성조신 줄린을 상징한다. 의례에서 장대는 신들이 강
림하여 나나이족과 교류하는 우주의 중심이자 상계 ↔ 중계 ↔ 하계를
연결하는 우주의 중심축이고, 나무판은 이들이 신들에게 제물을 바치
고, 신들이 제물을 받는 숭배용 제단의 역할을 한다.

줄린은 대개는 사람의 형상이지만 곰, 호랑이, 가끔은 사향고양이,
개, 늑대 등의 동물 혹은 반인반수로 형상화되는데 이 동물들은 각 씨족
의 토템이다. 작소르 씨족의 씨족나무 뿌리에 새겨진 사람 얼굴의 호랑
이, 하바롭스크주 하바롭스크 지역 나나이족 마을의 성석(聖石)에 그려
진 호랑이는 줄린을 상징한다.[156] 따라서 초기 줄린은 동물(주로 호랑이)
형상이었으므로 이들의 줄린 숭배는 토템신앙의 단계에서 출현한 원초
적 관념이다. 하지만 이들은 씨족나무, 마을의 성석에 줄린을 새겨두므
로 줄린은 씨족신(마을신)도 상징한다. 이에 의하면 줄린은 초기에는 씨
족신이었으나 이후 나나이족의 삶의 중심인 집 안으로 들어와 성조신
으로 변형되었으며 이들의 종교적 관념에서 씨족신이 성조신보다 먼저
출현하였다. 줄린은 토테미즘이 샤머니즘에 흡수되는 과정에서 형상의
측면에서는 동물 → 반인반수 → 인간으로, 신의 정체성 측면에서는 씨

---

154 ИиК нанайцев, p.173.
155 나나이족은 대지모신 나 에제니, 해신 테무(혹은 무에 에제니), 타이가신(산신) 두엔테
    를 중계 3대신으로 숭배한다.
156 ИиК нанайцев, p.172.

[그림 59] 1. 나나이족의 줄린제 및 줄린의 신상, 2. 콘돈 마을 나나이족
줄린의 신상, Березницкий, 2005, p.534; Березницкий 1999, p.55.

[그림 60] 시카치알란 나나이족
마을 성석의 호랑이 형상
Т. Ю. Сем, 2012, p.500.

[그림 61] 나나이족의 중계 3대 신
타이가신, 해신, 대지모신
Т. Ю. Сем, 2012, p.446.

족신 → 성조신으로 변형·발전되었다. 줄린은 인간신으로 변형된 뒤에
도 토템과 반인반수 형상을 완전히 밀어내지 못하면서 일정기간 공존
하였지만, 인간 형상이 점점 우위를 차지하면서 토템과 반인반수 형상
은 관념적으로만 남겨지게 되었다. 이처럼 이들 성조신의 형상에서는
인간과 동물의 경계가 불명확할 뿐만 아니라 인간에서 동물로, 동물에
서 인간으로의 변화가 자연스럽게 이루어진다.

　나나이족의 줄린은 조상 숭배와도 긴밀하게 결합되어 있다. 나나이
족은 모두 자신만의 토템 나무를 가지고 있는데 이 나무로 드물게는
바위로 줄린 신상을 만들어 집의 성소 말루 옆에 있는 집의 중앙 기둥
옆에 안치한 뒤 제물을 바친다.[157] 나나이족에게 집의 기둥은 조상령이
깃들인 곳이므로 이 의식에서 줄린은 조상령과 결합되어 있다. 이들은
집의 중앙 기둥을 구시 토라라고 하는데 gusi(n)(외삼촌, 삼촌, 큰아버지/ 퉁
구스제어) + tora의 구조이며[158] 토라는 turu(장대, 씨족목, 샤먼목/ 퉁구스제어)
의 나나이식 음성변형이므로 구시 토라는 '조상령이 있는 집의 기둥'을
의미한다. Gusi는 초기에는 모계 남자 조상령을 의미하였으나 부계 씨
족사회에 접어들면서 부계 조상령으로 의미 확장을 하였다. 립스카야-
발리론드에 의하면 구시 토라에는 모계 남자 조상령이, 출입문에서 가
까운 기둥에는 모계 남자 혈통 족외혼 씨족의 조상령이, 다른 기둥들에
는 부계 조상령들이 깃들어 있다.[159] 이에 의하면 나나이족 사이에는 아

157 И. А. Лопатин, "Тольды амурские, уссурийские и сунгарийские. Опыт
　этнографического исследования", ЗОИАК ВО ПОРГО 17, Владивосток:
　Тип. Управления Внутренних Дел, 1922, p.82.
158 ССТМЯ 1, p.175.
159 С. В. Иванов, Материалы по изобразительному искусству народов Сиби
　ри,М.-Л., 1954, p.86.

(我)씨족 ↔ 모계 족외혼 씨족 ↔ 이들의 모계 족외혼 씨족의 관계가 성립되었고, 과거 이들에게 중요한 것은 모계 혈통이었다. 이처럼 이들의 집 기둥에는 계통이 다른 여러 씨족의 조상령이 깃들여 있으므로 이들에게 족외혼 씨족은 단순한 혼인공동체가 아니라 경제·문화공동체였다.

나나이족의 줄린과 조상 숭배의 결합은 시쿤조사울리구이(Sikunʒosauligui) 의례를 통해 보다 분명하게 알 수 있다. 이들은 새 집으로 이사하면 의무적으로 시쿤조사울리구이 의식을 거행하는데 축어적 의미는 '집들이'이다. 이 의례에 동족의 참가는 의무이고, 의무는 아니지만 족외혼 씨족들도 참가한다.[160] 극동 토착종족의 씨족제, 천신제, 화신제에 족외혼 씨족은 참가할 수 없는데 이 의례에 이들의 참가가 허용되는 것은 숭배 대상이 집의 기둥에 깃든 여러 계통의 조상령들이기 때문이다.

〈나나이족의 시쿤조사울리구이 의례〉 이사할 집으로 가재도구의 대부분을 옮겨놓는다. 이사하는 날 오후 2시 경, 의례를 위해 씨족구성원들이 모이면 대단히 빠른 속도로 의례를 진행한다. 집의 절반 정도에 사람들이 들어차면 아이들은 화덕 주위에, 조금 큰 아이들은 성인 남성들 사이에 앉는다. 성소 말로에 신상 지이입을 놓아둔다. 집 주인은 지이입 옆에 앉는다. 지이입 앞에는 제단을 설치한다. 제단에는 향 10개, 수수, 콩, 약초 뿌리로 만든 죽을 비롯한 여러 종류의 죽이 담긴 제기 10개, 콩이 담긴 제기 10개, 술 3병, 다양한 과일과 열매 등을 진설한다. 지이입 반대편에는 초가 켜진 촛대와 술이 담긴 2개의 술잔을 놓아둔다. 제단 옆에는 나나이족의 전통 예복을 입은 씨족장이 앉는다. 뻐꾸기 형상이 설치된 출입문 오른쪽 기둥에는 샤먼이 앉는다. 집 주인이 일어나 손으로 죽을 떠서

---

160 Л. Я. Штернберг, Первобытная религия в свете этнографии, Л.: ИНС, 1936, p.71.

지이입의 입술에 바른다. 다음 제물을 조금씩 떼어 지이입 앞에 놓아둔다. 뻐꾸기 형상이 설치된 기둥에 한 명씩 다가가서 무릎을 꿇고 앉는다. "기둥이시여, 굳건하게 이 집을 지켜주소서! 우리가 잘 살고 굶지 않게, 아프지 않게, 파멸하지 않게 해주십시오!"라고 기원한다.[161]

위 의례에서 제장은 집이고, 제당은 제장과 결합되어 있으며, 주체는 집단이고, 대상은 조상령들이다. 제관장은 씨족장과 샤먼이 공동으로 맡으므로 이 의례는 샤머니즘 수용 이전에 출현하였으나 수용 이후 샤먼의 세계관에 따라 내용과 절차에서 일정한 변형을 겪었다. 의례는 준비의식, 영신의식, 교신의식의 순서로 진행된다.

◎ 준비의식
이사할 집으로 가재도구의 대부분을 옮겨놓고 이사하는 날 오후 2시 경, 이 집으로 씨족구성원들이 모이면 대단히 빠른 속도로 의례를 진행한다. 이는 성조신은 원칙적으로 받아들이지 않으면 오지 않는 신이기 때문에 되도록 빨리 성조신을 받아들인 뒤 성조신을 통해 조상령들을 이 집에 정주시켜 악령과 액운의 침입을 막기 위해서이다. 아이들은 화덕 주위에 앉는데 인간의 영혼은 굴뚝 → 화덕 → 자궁에 안착의 과정을 통해 중계에 환생하므로 이들에게 화덕의 화신이 인간의 탄생을 관장하는 신, 아이들의 보호신이기 때문이다. 조금 큰 아이들은 성인 남성들 사이에 앉는데 이는 7~8세 쯤 되어 생업에 종사하게 되면 성인의 범주에 포함되기 때문이다.

◎ 영신의식
∘ 신상 안치
출입문 우측 벽 가운데 기둥 옆은 이들이 성소로 숭배하는 말로인데 여기

161 Л. Я. Штернберг, там же, p.71.

에 신상 지이입을 놓아둔다. 지이입은 여성의 가슴을 가진 남성의 형상이
므로[162] 본디 지이입은 여성의 형상이었다. 이에 의하면 초기 지이입은
씨족의 여성시조신을 상징했는데 이들이 부계씨족사회에 진입하면서 남
성의 형상으로 변형되었지만 부분적으로 그 흔적을 보존하고 있다.

나나이족에게는 씨족의 시조나 생전 뛰어난 영웅적 업적으로 인해 사
후 바로 신으로 승격된 조상신 조코토가 있다. 나나이어 ӡo(집) + 코토
(koto)의 구조로 가정의 보호신인데 지이입이 최측근 보조령이다.[163] 지
이입은 줄린이 깃들일 곳이므로 조코토는 줄린보다 상위의 신이다. 의례
에서 줄린은 기둥에 기거하는 조상령들을 의례의 시공간으로 불러와 나
나이족 ↔ 성조신 줄린 ↔ 조상령의 네트워크를 조직한다. 그런 뒤 나나
이족이 바친 제물을 조상령들에게 전달하면서 이들의 요구사항과 바람
을 알려주어 이들에게 재액초복을 가져다주는 역할을 한다.

○ 제단 설치와 제물 진설

지이입 앞에 제단을 설치한 뒤 향 10개, 수수, 콩, 약초 뿌리로 만든 죽을
비롯한 여러 종류의 죽이 담긴 제기 10개, 콩이 담긴 제기 10개, 술 3병을
놓아둔다. 숫자 10은 집 기둥의 수를 상징하는데 기둥은 상계 ↔ 중계
↔ 하계를 연결하는 우주의 중심축이자 모계, 부계 등 계통이 다른 조상
령들의 거처이므로 조상령과 후손을 연결하는 역할을 한다. 이에 의하면
의례의 주신은 성조신 줄린이지만 의례의 대상은 계통이 다른 여러 조상
령들이다. 기둥으로 인해 나나이족의 집은 생과 아의 세계, 우주의 중심,
신에 의해 정화된 세계, 질서 잡힌 신성한 세계, 집 밖은 죽음, 악령, 타자
의 세계, 우주의 주변, 혼돈의 세계가 된다. 이로 인해 나나이족은 자신들
은 신에 의해 정화된 세계, 우주의 중심에 있으며, 자신들은 신의 선택을
받은 존재라는 믿음을 가지게 되므로 이들에게 집의 기둥은 우주론적 역
할과 종교적 역할을 동시에 수행한다. 따라서 나나이족의 집 기둥은 성/
속, 카오스/ 코스모스, 아/ 타, 생/ 사, 중심/ 주변, 문화/ 자연, 선/ 악,

---

162 Л. Я. Штернберг, там же, p.72.
163 Л. Я. Штернберг, там же, p.70.

조상/ 후손의 이원대립을 내포하고 있다.

　3병의 술은 성수 3승배에 근거하며, 향은 불의 변형으로 중국인으로부터 수용하였다. 의례에서 촛불과 불의 변형인 향은 의례의 시공간으로 화신을 불러오는 역할을 한다. 화신은 의례의 시공간에 있는 악령과 불길한 기운을 퇴치하고, 의례참가자들을 보호하는 역할을 한다.

◎ 교신의식
○ 제관장들 착석
제단 옆에는 전통 예복을 입은 씨족장이, 뻐꾸기 형상이 설치된 출입문 오른쪽 기둥에는 샤먼이 앉는데 이는 뻐꾸기가 샤먼의 보조령이기 때문이므로 근저에는 뻐꾸기 숭배가 자리하고 있다. 뻐꾸기 숭배는 일부 오로치족과 우데게족에게서도 발견되는데 이들에 의하면 뻐꾸기는 망자의 영혼을 하계에 통합시키는 역할을 한다.[164]
○ 연유 닦음
뻐꾸기 형상이 설치된 기둥에 한 명씩 다가가서 무릎을 꿇고 앉아 "기둥 이시여, 굳건하게 이 집을 지켜주소서! 우리가 잘 살고 굶지 않게, 아프지 않게, 파멸하지 않게 도와주십시오!"라고 기원하는 연유 닦음을 한다. 현재 이들 사회는 부계 중심의 씨족사회이므로 이 기둥은 부계 조상령들의 거처이며, 뻐꾸기는 샤먼의 보조령으로서 중계와 하계, 조상령들과 후손을 연결하는 역할을 한다.

　의례가 끝나면 이들은 주변 상황이 전도되었고 자신들의 재액초복을 방해하는 악령과 불길한 세력들은 퇴치되었으며, 새집에서 무사평온하게 살게 해달라는 바람이 이루어진다는 믿음을 가지게 된다. 이 의례는 표면적으로는 집들이지만 조상제의 성격을 띠며, 화신 숭배, 성조신 숭배, 뻐꾸기 숭배, 샤머니즘 등 시대가 다른 다양한 관념들이 혼종·융합되어 복잡한 중층구조를 이루고 있다.

------

164 Архив ПЦРГО-ОИАК. Д.11, Л.75-76; Д.27, Л.270-271; Д.28, Л.76-77.

(2) 오로치족 불 숭배의 특징

오로치족의 화신은 붉은 빛을 발산하는 노인 형상의 푸쟈(드물게 타와 에제니)인데 지고신 엔두리와 동일한 위계의 신이므로 이들 신의 피라미드에서 최상층에 위치해 있다. 화신은 아내 푸쟈 마마차니, 두 딸, 개와 함께 화덕 밑에 살기 때문에 가끔 그곳에서 시끄러운 소리와 개 짖는 소리가 들린다.[165] 남성화신은 현실 오로치족처럼 가정을 꾸리고, 개를 기르는데 이는 이들이 현실 자신들

[그림 62] 오로치족의 화신
T. Ю. Сем, 2012, p.432.

의 세계에 근거하여 신의 세계에 대한 이미지를 구축하였기 때문이다. 이에 의하면 남성화신 푸쟈의 최측근 보조신은 아내, 두 딸, 개인데 아내와 두 딸은 이들의 삶에 특별한 영향을 미치지 않는 관념적, 추상적 신으로 숭배 대상은 아니다. 개는 인간사회에서처럼 화신의 충실한 보조령이므로 이들은 오래 전부터 개 사육에 종사했고, 개를 숭배하였다. 화신의 붉은 빛은 불을 상징하는데 이는 색채의 유사성에 근거한 메타포이다.

푸쟈 마마차니는 puǯa(화신) + mamasha(노파, 아내/ 퉁구스 남부그룹의 언어) + ni(소유접미사)의 구조로 '불의 노파, 화신의 아내'를 의미한다. 이에 의하면 과거 오로치족 화신의 아내는 독자적 지위의 화신이었는데 이들이 부계씨족사회로 진입한 이후 남성화신이 등장하면서 일정기간 공존하였다. 이후 이들 사회에서 남성의 역할이 증가하고 그 위상이 높아지

---

[165] В. А. Аврорин, Е. П. Лебедева, Орочские тексты и словарь, Л.: Наука, 1978, p.41; ИиК орочей, p.81.

면서 여성화신은 남성화신과 혼인을 하였다. 시간이 흐르면서 주요 생업에서 어로와 바다동물 사냥의 비중이 점점 커지면서 남성의 권위가 높아지자 남편화신이 화신의 대표성을 가지게 되었다. 그 결과 아내화신은 이들의 종교적·문화적 삶에서 중요하지 않은 관념적인 신이 되었고, 숭배 대상에 멀어졌으며, 불 상징성은 화신의 아내로서의 지위에만 남겨지게 되었다.

하바롭스크주 바닌 지역 스네지니 마을과 닷타 마을 오로치족에 의하면 오로치족 최초의 화신 푸쟈는 여성이었다. 여성화신 푸쟈는 마른 노파로 마을 근처 휴화산에 기거하는데 항상 추위와 배고픔에 시달리기 때문에 늘 모닥불에 장작을 쌓아두고 고기나 술을 바쳐야 하므로[166] 여성화신은 중계신의 위계에 있었다. 여성화신 푸쟈의 보조신은 개미신 익타 아쟈니, 야생 멧돼지 정령, 물총새 정령, 불에 타 죽어 화신의 세계에 편입된 망자의 영혼 등이다. 개미신 익타 아쟈니(ikta aӡani)는 화신의 남편이며 ikta(개미/ 우데게어) + aӡini (εӡεni,신, 정령, 주인/ 퉁구스제어)의 구조이므로 우데게족으로부터 수용한 관념이다. 극동 토착종족에게 에제니는 천신의 의미도 가지고 있으므로 과거 개미신은 독자적 지위의 천신이었으나 중계로 하강하여 여성화신 푸쟈와 혼인한 뒤 그의 보조신이 되었는데 그 이유는 불분명하다.

개미신은 썩은 나무나 개미집에 살며, 야생 멧돼지가 최측근 보조령인데 사람들이 개미집을 위협하거나 썩은 나무나 개미집 근처에서 야생 멧돼지 험담을 하면 이를 들은 야생 멧돼지가 개미신에게 고하고, 개미신이 다시 화신에게 고하여 눈이 부풀어 오르다가 온 몸에 종기가 생기는 벌을 받는다.[167] 여러 명일 경우 동쪽에 위치한 사람부터 벌을

---

166 В. А. Аврорин, Е. П. Лебедева, там же, p.41; ИиК орочей, p.81.

받는데[168] 벌이 동쪽에서 서쪽으로 이동하는 것은 동쪽은 생과 아의 세계, 서쪽은 죽음·악령·타자의 세계이므로 병이 산자의 세계에서 망자·죽음·악령의 세계로 단계적으로 이동함을 의미한다. 여기에서는 인간뿐만 아니라 야생 멧돼지와 같은 비인간 존재들도 감정을 가지고 있기 때문에 지구와 우주공동체의 조화·질서·안녕을 위해서는 이들의 감정도 배려해야 한다는 오로치족의 생태적 세계관이 엿보인다.

물총새 정령이 화신의 보조령이 된 것은 물총새 가슴과 배 부위의 주황색, 암컷 부리의 붉은색 등 불과의 색채적 유사성에 근거한 메타포이다. 물총새 정령의 최측근 보조령은 모닥불 불빛을 찾아오는 나방 톨로키(toloki)인데 이들은 화신에게 사냥이나 어로의 성공을 기원할 때 나방을 잡아 제물로 바친다.[169] 톨로키는 tolo + ki(접미사)의 구조이며 tolo는 togo(불)의 음성변형이므로 톨로키는 나방과 불의 상관관계를 알려주는 단어이다. 이와 유사한 단어로 tabalamǯi(나방/ 오로치어)가 있는데[170] taba + amǯi의 구조이며 taba는 togo의 오로치식 음성변형이다. 따라서 이들에게 나방은 불과 상관관계에 있는데 이는 나방과 불의 인접성에 근거한 환유적 의미확장이다. 토고는 에벤족과 에벤키족의 기층 어휘이므로 톨로키, 타바람지는 에벤족·에벤키족의 관념과 오로치족 고유의 관념이 융합된 혼종적인 단어이다. 그런데 나방에게 화신은 자신의 생사를 주관하는 최고의 신이고, 화신에게 나방은 보조령인데 나방을 화신에게 제물로 바친다는 관념은 다소 모순적이다. 위 내용에

---

167 ИиК орочей, p.81.
168 ИиК орочей, p.81.
169 ССТМЯ 1, p.588.
170 ССТМЯ 2, p.190.

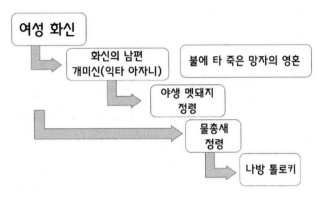

[그림 63] 오로치족 화신의 계층구조

의하면 오로치족 화신의 출현 순서는 여성화신 → 남성화신과 여성화신의 공존 → 부부화신 → 남성화신이다.

오로치족의 화신에는 타와 에제니도 있지만 광범위하게 전파되지는 못하였으며 타와는 토고의 오로치식 음성변형이므로 에벤족·에벤키족과 인접한 그룹에 특징적이다.

(3) 오로크족 불 숭배의 특징

① 오로크족 화신의 형상

오로크속의 화신은 노인 형상의 푸자(드물게 타비 에제니)인데 이들에게 화신은 타이가신(산신) 토오토와 해신 테오무에 비해 그 중요도가 떨어지는 부차적 지위의 신이다. 이는 이들에게 가장 중요한 생업인 사냥에서 화신의 역할이 이 신들보다 미미하다는 관념에 근거한다. 이들에 의하면 타이가신은 타이가동물 사냥을, 해신은 어로와 바다동물 사냥을 도와주는데 화신은 오로크족 사냥꾼과 동물의 영혼을 연결하는 간접적인 방식으로 사냥을 도와준다. 하지만 이들은 사냥하기 전에 "화신

님! 사냥이 잘 되게 해주세요. 하늘과 땅의 동물들이 잘 보이게 해주세
요! 행복을 주세요! 화신님! 잘 타오르세요!"라고 기원하는데[171] 불이 잘
타오르면 화신이 자신들이 바친 제물에 만족한다고 믿는다. 오로크족
의 화신은 다른 극동 토착종족의 화신에 비해 신격은 높지 않지만 씨족
의 규율과 관습을 어긴 사람, 불에 대한 금기를 위반한 사람에게는 벌을
내리므로 이들에게도 화신은 씨족의 보호신이다.

오로크족 사이에는 드물게 화신 타와 에제니도 전파되어 있지만 에
벤키족과 인접한 극히 일부 그룹에 국한된 관념이며, 타와는 토고의 오
로크식 음성변형이다. 퉁구스족 사이에서 에제니는 천신을 의미하기도
하므로 타와 에제니에서 화신은 천신의 위계에 있다. 이들 사이에서 타
와 에제니가 국부적 관념에 머물게 된 이유는 이들에게 화신은 타이가
신, 해신에 비해 신격이 낮은데 타와 에제니는 이 신들보다 신격이 높은
천신이므로 이들의 종교관에 배치되기 때문이다.

② 오로크족의 천신제, 씨족제에서 불 숭배의 특징

오로크족은 천신제, 씨족제 전에 화신제를 거행하는데 이때 화신은
주변 자연신들을 의례의 시공간으로 불러와 오로크족 ↔ 화신 ↔ 자연
신의 네트워크를 조직한 뒤 오로크족이 바친 제물을 전달하면서 이들
의 바람을 자연신들에게 알려주어 이들에게 재액초복을 가져다주는 역
할, 의례의 시공간에 있는 악령과 불길한 세력들을 퇴치하여 이들을 보
호하는 역할을 한다. 오로크족의 천신제, 씨족제 전의 화신제에 대한

---

171 B. Pilsudski, Materials for the Study of the Orok (Uilta) Language and Folklore, Poznan:
Adam Mickewicz university institute of linguistics, 1985, p.53; Ikegami Jiro, Uilta Oral
Literature. Collection of Texts. Hokkaido, Abashiri, 1984, pp.1-2.

구비전승은 소략하여 원형 복원이 힘들기 때문에 이 책에서는 천신제, 씨족제 이후의 화신제에 초점을 맞춘다.

천신제, 씨족제 이후의 화신제는 샤먼의 주도로 샤먼의 집에서 이루 어지므로 이 의식은 샤머니즘 수용 이후에 출현하였다.

〈오로크족의 천신제, 씨족제 이후의 화신제〉 천신제, 씨족제가 끝나면 모두 샤먼의 집으로 이동한다. 샤먼은 끝이 두 갈래로 갈라진 낙엽송으로 집 옆에 장대 투루를 설치한다. 샤먼은 장대에 화신과 수신의 신상을 안 치한다. 장대 옆에는 해신과 타이가신 숭배용 모닥불을 피운다. 제물을 바치면서 기원한다.[172]

위 의식에서 제장은 샤먼의 집 근처이고, 제당은 신상과 모닥불이 설 치된 곳이며, 제관장은 샤먼이고, 대상은 수신·화신·해신·타이가신이 지만 주신은 해신과 타이가신이다. 의식은 준비의식, 영신과 교신의식 의 순서로 진행된다.

◎ 준비의식
샤먼은 장대, 제물 등의 의례용품을 미리 준비해 놓고, 천신제, 씨족제가 끝나면 모두 샤먼의 집으로 이동한다.

◎ 영신과 교신의식
◦ 장대 설치
샤먼은 집 옆에 장대를 설치하는데 장대는 샤먼의 중개로 오로크족과 신의 교류가 이루어지는 우주의 중심이자 상계 ↔ 중계 ↔ 하계를 연결하는

172 Б. А. Васильев, "Основные черты этнографии ороков, Предварительный отчёт по материалам экспедиции 1928 г.", Этнография 7(1), М.-Л.: Гос - и здат, 1929, pp.19-20.

우주의 중심축이다. 두 갈래로 갈라진 장대의 끝은 새의 영혼을 상징하는데 의식에서 새는 상계 ↔ 중계 ↔ 하계, 생 ↔ 사를 연결하는 역할을 한다.

◦ 신상 안치

샤먼은 장대에 화신과 수신이 깃들일 신상을 안치하는데 이때의 화신과 수신은 보편적·총체적·관념적인 화신과 수신이다. 장대 옆에는 모닥불을 피우는데 모닥불은 해신과 타이가신이 깃들일 곳이자 화신을 의식의 시공간으로 불러오는 역할, 오로크족이 신들에게 제물을 바치고 신들이 제물을 받는 숭배용 제단의 역할을 한다. 화신은 해신, 타이가신을 의식의 시공간으로 불러와 오로크족 ↔ 화신 ↔ 해신, 타이가신의 네트워크를 만들어 오로크족이 바친 제물을 전달하면서 이들의 바람을 신들에게 들려주어 이들에게 재액초복을 가져다주는 역할, 의식의 시공간에 있는 악령과 불길한 세력을 퇴치하고 의식참가자들을 보호하는 역할을 한다. 따라서 이 의식에서 모닥불의 화신은 오로크족과 해신·타이가신을 연결하는 역할을 하는 부차적 지위의 신이다.

◦ 연유 닦음

제물을 바치면서 신들에게 자신들의 바람과 요구사항을 전달하는 연유 닦음을 한다. 오로크족 천신제, 씨족제의 주요 숭배 대상은 해신과 타이가신이므로 의식의 목적은 풍어, 모피동물과 바다동물 사냥의 성공, 가족과 씨족의 재액초복 기원이다. 의례가 끝나면 의식참가자들은 주변 상황이 전도됨으로써 자신들의 재액초복을 방해하는 악령과 불길한 세력들은 퇴치되었고, 자신들의 바람이 이루어진다는 믿음을 가지게 된다.

(4) 우데게족 불 숭배의 특징

① 우데게족 화신의 형상

우데게족의 보편적·총체적 화신은 등이 굽은 백발 노파 푸쟈인데 이는 등이 굽은 에벤키족 노파화신의 영향이다. 푸쟈는 하위에서 상계 화신 보 엔둘리, 중계 화신 토 엔둘리로 분화되며, 엔둘리는 엔두리의 음성 변형이므로 이들에게 화신은 천신의 위계에 있다. 보는 bo(buga~boga~

bua~boa~ba, 우주·하늘·지역·나라·땅·세계·
날씨·자연·자연현상/ 퉁구스제어)에서 기원
하므로 상계 화신 보 엔둘리는 우주적
형상이다. 보 엔둘리는 상계 태양 광선
으로 우주만물의 생사여탈권을 쥐고 있
고, 곰 형상의 동물의 신 칸다 마파는 우

[그림 64] 우데게족의 화신 푸쟈
T. Ю. Сем, 2012, p.441.

데게족의 문화영웅 엑지가에게 상계 불
을 가져오게 하는데 이때 달의 노파 비아타 마마가 엑지가를 도와준
다.[173] 비아타 마마는 bi(살다, 존재하다/ 퉁구스제어) + mama(노파·모계·부계
여성 친척/ 퉁구스제어)의 구조이므로 이들의 생사를 주관하는 달신이자
여성시조신인데 이는 오로치족의 영향에 의한 것이다.[174] 이에 의하면
중계 불은 상계에서 기원하는데 이는 동물의 신, 여성시조신, 문화영웅
의 공동 협력에 의한 것이었다.

중계 화신 토 엔둘리에서 to는 togo(불, 모닥불)의 우데게식 음성변형이
며, 토 엔둘리는 푸쟈와 동일한 신이다. 이들이 중계 화신 토 엔둘리를
화신 피라미드 최상층에 있는 푸쟈와 동일한 위계에 위치시키는 것은
이들에게 우주 삼계 중 중계의 삶이 가장 의미 있고 중요하기 때문이다.
또 이들이 화신을 상계와 중계의 화신으로 분리하는 것은 상계와 중계
의 화신이 서로 다른 신으로 인간세계에 미치는 영향력에서도 차이가

---

173 В. К. Арсеньев, Фольклорные материалы, Фольклор удэгейцев ниманку,
 тэлунгу, ехэ. Новосибирск: Наука, 1998, pp.467-471.

174 오로치족의 관념에서 달의 세계는 호랑이 세계나 곰 세계로 나누어지며 각 세계에는
 호수가 있는데 이곳에는 오로치족의 첫 선조이자 인간의 환생을 주관하는 노파가 살고
 있다. С. В. Березницкий, Этнические компонеты верований и ритуалов
 коренных народов Амуро-Сахалинского региона, Владивосток.: Дальна
 ука, 2003, p.19.

나기 때문이다. 푸쟈와 토 엔둘리는 동일한 신인데 푸쟈는 네기달족, 퉁구스족 남부그룹, 타즈족 사이에, 토고는 에벤족과 에벤키족 사이에 전파되어 있으므로 이들의 화신은 에벤족·에벤키족과 퉁구스족 남부 그룹의 관념이 융합된 혼종적인 신이다. 이에 의하면 이들은 에벤족· 에벤키족과 퉁구스족 남부그룹의 문화적 경계지대, 중간지대, 사이지 대에 위치하면서 두 그룹의 문화를 두루 수용하였다.

볼리세우수리강, 이만강 우데게족에게 화신은 거무스름한 피부의 검은 머리 청년인데[175] 우데게족은 인종 계통상 몽골로이드이기 때문에 피부색이 밝은 색과 어두운 색의 중간이다. 이들 남성화신의 검은색 피부는 불의 그을음에 근거한 메타포인데, 이는 이들의 남성화신이 자신들 고유의 관념과 외래의 관념이 융합된 혼종적 화신임을 말해준다. 일부 우데게족에게 화신은 등이 굽은 노인인데[176] 등이 굽은 노파화신과 연결된다. 우데게족의 남성화신들은 공통적으로 인간과 같은 생활을 하며 개를 기른다.[177] 이에 의하면 초기 우데게족의 화신은 여성이었으나 이후 인접 종족들의 영향으로 지역에 따라 다양한 형상의 남성화신이 추가되었다.

② 우데게족 화신의 분화

우데게족의 여성화신 푸쟈는 일정 시간이 지난 뒤 여성화신 푸쟈 마마샤와 남성화신 푸쟈 아쟈니로 분화되었는데 부부는 아니다. 이와 같

175 В. К. Арсеньев, Сквозь тайгу, Арсеньев В. К. Сочинения 4, Владивосток: Примиздат, 1948, p.127; Фольклор удэгейцев: ниманку, тэлунгу, ехэ, Ново сибирск: Наука, 1998, p.32.

176 В. К. Арсеньев, там же, p.32.

177 В. К. Арсеньев, там же, p.32.

은 화신의 분화는 이 시기 이들 사회의 물질적 발전으로 남녀의 역할
분담이 분명하게 나누어졌기 때문인데 이후에도 여성화신 푸쟈 마마샤
가 화신을 대표하였으므로 이들에게 푸쟈와 푸쟈 마마샤는 동일한 신
의 다른 이름이다. 따라서 우데게족에게 여성화신 푸쟈, 중계 화신 토
엔둘리, 여성화신 푸쟈 마마샤는 동일한 신이다.

   남성화신 푸쟈 아쟈니에서 아쟈니는 에제니의 우데게식 음성변형이
다. 푸쟈 아쟈니는 아주 작은 사람의 형상이며, 부인 우헤와 함께 사는
데 우헤는 uhɛ(함께 하다/ 만주어)[178]에서 기원하므로 만주족으로부터 수
용한 관념이다. 이들이 남성화신 푸쟈 아쟈니를 아주 작은 사람의 형상
으로 그리는 것은 여성화신 푸쟈 마마샤와 신격의 차이를 드러내기 위
한 것이다. 따라서 이들에게 푸쟈 아쟈니는 추상적·관념적 신이었으며
적극적인 숭배 대상은 아니었다.

   ③ 우데게족 화신의 독특성
   우데게족에 의하면 화신 푸쟈는 곰 사냥을 즐기는데 타이가에 쓰러
져 있는 곰은 화신의 사냥물이기 때문에 건드리면 화신으로부터 벌을
받는데[179] 이는 화신이 사냥의 보호신이라는 관념에 근거한다. 또 화신

178 Арсеньев: Архив ПФГО, Ф.1, Д.28, p.1048; ССТМЯ 2, p.259; Архив ОИАК Фон
   д В. К. Арсеньева, Оп.1. Д.27. Л.256.
179 Е. А. Гаер, Традиционная бытовая обрядность нанайцев в конце XIX~нач
   але XX в. (к проблеме устойчивости развития традиций), Диссерт. ...Кан
   д. Исторических Наук, ИЭ АН СССР, 1984, p.19; А. Ф. Старцев, "Боги и
   хозяева трёх миров в мировоззрении удэгейцев (по материалам В. К.
   Арсеньева)", Съезд сведущих людей Дальнего Востока: Науч. практич.
   историко-краеведческая конф., посвящ. 100-летию ХКМ (Хабаровск,
   17~18 мая 1994 г.), Хабаровск: ХГПУ, 1994, p.78.

은 곤들매기 눈과 식물성 기물을 특히 좋아하기 때문에[180] 화신에게 이 것들을 제물로 바친다. 화신이 곤들매기의 눈을 좋아하는 이유는 불분 명하지만 곤들매기 숭배에 의한 것이고, 식물성 기름을 좋아하는 이유 는 불이 잘 타오르게 해주기 때문이다.

〈우데게족 노인과 화신〉 한 노인이 물고기를 작살로 잡은 뒤 썩은 나무 위에 올려놓았다. 그런데 갑자기 손이 저리고 아파오더니 손을 쓸 수가 없었다. 노인은 곤들매기를 잡아 그 눈을 화신에게 바쳤다. 그리고 곤들 매기 머리 삶은 물로 손을 씻었다. 다음날 아침, 노인의 손이 깨끗이 나아 있었다.[181]

위 설화에서 우데게족 노인이 썩은 나무 위에 물고기를 올려놓았는 데 손이 저리고 아파오더니 손을 쓸 수가 없었다. 노인은 썩은 나무는 화신의 거처이기 때문에 그 위에 물고기를 올려놓으면 안 된다는 금기 를 어겨 화신으로부터 벌을 받은 것이다. 이처럼 화신은 금기를 어기면 눈병이나 종기뿐만 아니라 손을 못 쓰게 하는 등 다양한 벌을 내린다. 그런데 노인은 화신이 좋아하는 곤들매기 눈을 제물로 바치고, 곤들매 기 삶은 물로 손을 씻은 뒤 완치되었다. 따라서 불에 대한 금기를 어겨 화신으로부터 벌을 받게 되어도 화신이 좋아하는 것을 제물로 바치면 서 용서를 빌면 완치된다. 그런데 화신이 항상 금기의 준수 여부를 엄격 하고 까다롭게 주시하면서 무언가를 요구 하는 것만은 아니다. 화신은

180 Е. А. Гаер, там же, p.19; А. Ф. Старцев, там же, p.78.
181 В. В. Подмаскин, Традиционные народные знания удэгейцев о природе, человеке и обществе во второй половине XIX~XX в. (опыт историко-этн ографического исследования), Диссерт. ...Канд. Исторических Наук, ИИ АЭН ДВО РАН, Владивосток, 1984, p.124.

우데게족에게 위험을 알려주기도 한다.

〈우데게족 노파와 화신〉 이만강의 한 노파가 모닥불 옆에 오랫동안 앉아 모닥불을 바라보고 있었다. 그런데 갑자기 불에서 검은 머리를 한 젊고 거무스름한 피부를 가진 청년의 상반신이 불쑥 튀어나오더니 말했다. "할머니! 조심하세요, 화상을 입을 수 있어요." 청년이 사라진 뒤 옆을 보니 옆구리가 타고 있었다.[182]

위 설화에서 불 위로 불쑥 튀어나와 노파를 화상의 위험에서 구해준 청년은 화신이며, 노파에게 청년의 상반신만 보인 것은 하반신은 불에 가려져 있기 때문이다.

불에 대한 금기는 극동 토착종족 공통이지만 우데게족에게는 다른 토착종족과 구별되는 불에 대한 고유한 금기가 몇 가지 전해지고 있다.

〈우데게족 고유의 불에 대한 금기〉 첫 번째, 타이가 오솔길에 불을 피우면 안 된다. 화신이 사냥꾼을 쫓아내거나 죽일 수 있다. 두 번째, 유목지를 옮길 때는 자작나무 바구니 안에 진흙을 바른 뒤 화덕의 불씨를 담아 가야 한다. 세 번째, 밤에는 불에 전나무 가지를 넣어 연기를 피워야 한다.[183]

첫 번째 금기는 타이가 오솔길은 화신이 다니는 길이기 때문에 이곳

182 А. Ф. Старцев, "Культ огня в охотопромысловой деятельности и бытовой культуре тунгусо-маньчжурских этносов Нижнего Амура и Приморья", Религиоведение 4, Благовещенск: АМГУ, 2019, p.76.

183 В. В. Подмаскин, Традиционные народные знания удэгейцев о природе, человеке и обществе во второй половине XIX~XX в. (опыт историко-этнографического исследования), Диссерт. ...Канд. Исторических Наук, ИИ АЭН ДВО РАН, Владивосток, 1984, p.27.

에 불을 피우면 화신이 다칠 수 있다는 관념에 근거한다. 이를 어기면
화신에 의해 타이가에서 쫓겨나지만 극단적으로는 죽음에 이르는 벌을
받을 수 있다. 이러한 금기는 타이가에서 산불의 위험을 방지함으로써
타이가 생태계의 보존에 일정한 역할을 하였다. 두 번째 금기는 불은
가족과 씨족의 보호신이기 때문에 꺼뜨리면 안 된다는 관념에 근거한
다. 진흙을 바른 자작나무 바구니에 불씨를 담아가는 것은 이러한 방법
이 불씨 보존에 가장 효과적이라는 현실 경험에 의한 것이다. 세 번째
금기는 밤은 악령과 불길한 세력이 활동하는 시간이므로 연기를 피워
이들로부터 산자의 영혼을 보호해야 한다는 관념에 근거한다. 이들이
전나무 가지로 연기를 피우는 것은 이들의 거주지에 전나무가 많이 서
식하기 때문이다.

④ 우데게족 화신의 계층 구조

화신 푸쟈의 최측근 보조신은 남편인 개미신 익테 아쟈니, 두꺼비 정
령 푸쟈 이나이, 불에 타 죽어 화신의 세계에 편입된 망자의 영혼 등이
다. 우데게족에 의하면 화신 푸쟈는 개미신처럼 썩은 나무나 개미집에
사는데[184] 화신과 개미신의 거처가 같은 것은 부부이기 때문이다. 우데
게족 뿐만 아니라 극동 토착종족은 썩은 나무는 애초부터 베지 않지만
부득이하게 베어야 할 경우 미리 화신에게 나무를 떠나달라고 하며, 개
미집은 아예 건드리지 않는데[185] 이는 이로 인해 화신이 다치면 벌을
받게 된다는 두려움에 의한 것이다. 썩은 나무는 그 자체로 타이가에서
일정한 역할을 수행하기 때문에 여기에서는 타이가의 생태계를 보존하

---

184 B. B. Подмаскин, там же, p.126.
185 B. B. Подмаскин, там же, p.126.

고자 하는 이들의 생태적 세계관이 엿보인다. 개미신 익테 아쟈니는
iktɛ(개미/ 우데게어) + aʒani의 구조이므로 우데게족 고유의 관념이다. 이
에 의하면 과거 개미신은 독자적 지위의 천신이었으나 중계로 하강하
여 여성화신 푸쟈와 혼인한 뒤 그의 보조신이 되었는데 이는 오로치족
의 관념과 동일하다.

이만강 우데게족에 의하면 개미신의 보조령은 야생 멧돼지 정령과
물총새 정령이다. 야생 멧돼지 정령은 타이가에서 불이 나면 제일 먼저
알려주기 때문에 개미신의 가장 충실한 보조령인데[186] 이는 야생 멧돼
지의 번개같이 빠른 걸음걸이에 근거한 메타포이지만 여기에서는 산불
에 대한 두려움이 담겨있다. 러시아인들의 극동 진출 이후 무분별한 삼
림 개발로 산불은 과거에 비해 더 잦아졌고, 더불어 이들은 삶의 터전을
잃었기 때문에 산불은 이들의 생존과 직결된 문제였다.

우데게족은 야생 멧돼지 사냥을 할 때는 화신과 개미신의 분노를 두
려워하였고, 야생 멧돼지를 비웃거나 기분 나쁘게 하지 않으려고 하였
다.[187] 사람들이 개미집을 부수거나 그 옆을 지나가면서 야생 멧돼지나
돼지의 험담을 하면 야생 멧돼지가 이를 개미신에게 고하고, 개미신이
다시 화신에게 고하여 눈병이 난 뒤 온 몸에 알 수 없는 종기가 퍼지는
벌을 받게 된다.[188]

186 А. Ф. Старцев, "Культ огня в охотопромысловой деятельности и бытово
й культуре тунгусо-маньчжурских этносов Нижнего Амура и Приморья",
Религиоведение 4, Благовещенск: АМГУ, 2019, p.76.
187 В. В. Подмаскин, Традиционные народные знания удэгейцев о природе,
человеке и обществе во второй половине XIX~XX в. (опыт историко-этн
ографического исследования), Диссерт. ...Канд. Исторических Наук, ИИ
АЭН ДВО РАН, Владивосток, 1984, p.27.
188 С. В. Березницкий, Мифология и верования орочей, СПб.: ПВ, 1999,

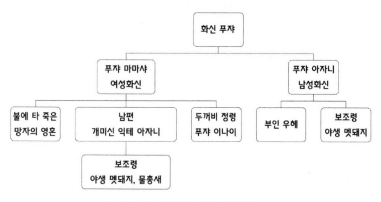

[그림 65] 우데게족 화신의 계층구조

물총새 정령은 여기저기 날아다니면서 사람들이 말하는 것은 듣고
와서 개미신에게, 개미신은 이를 다시 화신에게 고하여 나쁜 말을 한
사람들에게 벌로 심한 화상을 입힌다.[189] 이는 타이가의 여기저기를 바
삐 날아다니는 새의 생태적 특성에 대한 관찰에 근거하며, 화신이 잘못
을 한 사람들에게 벌로 화상을 입히는 것은 불의 특성에 근거한 메타포
이다. 다른 한편 이는 인간뿐만 아니라 개미, 야생 멧돼지, 물총새와 같
은 비인간 존재들도 감정을 가지고 있기 때문에 지구와 우주공동체의
조화와 우주만물의 평화로운 공존을 위해서는 이들의 감정도 배려해야
한다는 우데게족의 생태적 세계관에 의한 것이다.

화신 푸쟈의 보조령인 두꺼비 정령 푸쟈 이나이는 puǯa(화신) + inai(개)

---

pp.36-37.

189 В. К. Арсеньев, Фольклорные материалы, Фольклор удэгейцев ниманку,
   тэлунгу, ехэ, Новосибирск: Наука, 1998, pp.127-128; А. Ф. Старцев, Культур
   а и быт удэгейцев (вторая половина XIX~XX в.), Владивосток: Дальнаука,
   2005, p.291.

의 구조로[190] '화신의 개'의 의미이므로 화신의 세계에서 인간세계의 개 와 같은 역할을 하는데 이는 두꺼비 숭배에 근거한다. 개구리/ 두꺼비 숭배는 극동뿐만 아니라 세계 여러 민족/ 종족에게 두루 전파되어 있다.

〈개구리(두꺼비) 숭배〉 슬라브족은 개 구리는 가정의 불(화덕)을 지켜줄 뿐 아 니라 망자의 영혼이 깃든 존재이기 때문 에 죽이면 안 된다고 믿는다. 남동아시 아의 여러 민족/ 종족에게 개구리는 근 면, 불요불굴의 의지, 용맹함을 상징한 다. 대다수 민족/ 종족에게 개구리는 풍 요의 신, 가정의 수호신, 삶의 수호신, 인류의 선조를 상징한다. 극동 토착종족 은 개구리(혹은 두꺼비)를 불신의 보조 령, 운명의 예언자라고 믿었다. 따라서 개구리와 마주치면 여성은 머릿수건을, 남성은 벨트를 개구리 앞에 깔았다.[191]

[그림 66] 나나이족의 개구리
https://polymerh.ru/bik-nanajskij

우데게족은 두꺼비 정령은 두꺼비 형상으로 사람들 앞에 나타나기 때문에 두꺼비는 잡으면 안 된다고 믿는다.[192] 이는 두꺼비는 화신의 보 조령이기 때문에 두꺼비를 잡다가 두꺼비가 죽거나 다치면 화신에게

---

190 М. Д. Симонов, В. Т. Кялундзюга, Словарь удэгейского языка (корский диалект), Новосибирск: Альфред Ф. Маевич, 1998, p.396.

191 М. П. Дьяконова, Миф в фольклоре эвенков и эвенов (цикл творения мира), Диссерт. ...Кандид. Филолог. Наук, Дагестан. Гос. Пед. Ун-т, Мачх ала, 2016, p.113.

192 А. Ф. Старцев, Этнические представления тунгусо-маньчжуров о приро де и обществе, Владивосток: Дальнаука, 2017, p.75.

벌을 받는다는 두려움에 근거한다.
우데게족 민담에 의하면 어느 날 두
소년이 집 옆에서 작은 작살을 가지
고 놀다가 땅에 던졌는데 어디선가
갑자기 여자 샤먼이 나타나서 작살
을 땅에 던지면 안 된다고 하였다.[193]
이는 작살을 던졌다가 두꺼비가 맞
아서 다치거나 죽으면 화신의 노여
움을 사서 벌을 받을 수 있다는 두려

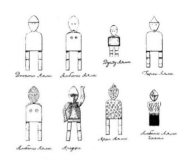

[그림 67] 나나이족 샤먼의
보조령 아야미
https://dzen.ru/a/Y5M0OXXYr3i9x88_
?pulse_user_id=

움에 의한 것이지만 근저에는 두꺼비와 같은 동물을 함부로 다루어서
는 안 되며, 동물들 고유의 생존권을 보호해야 한다는 이들의 생태적
세계관이 자리하고 있다.

우데게족의 화신은 조상령 혹은 샤먼의 보조령 아야미와 결합되어
있는데 이는 나나이족의 영향이다([그림 67] 참고). 아야미는 aja(착하다, 선
하다/ 나나이어)에서 기원하며 '착한 존재'라는 의미인데 우데게족의 아야
미에는 여성과 남성 형상이 있지만 남성 형상만 숭배된다.[194] 이는 남성
형상의 아야미는 화신과 결합하여 이들의 생존을 좌우하는 사냥과 어
로를 도와주지만, 여성 형상의 아야미는 여인들이 가정의 경제를 이끌
어가고 출산하는 것을 도와주는 부차적인 신이라는 관념에 근거하므로

---

193 Архив ОИАК Фонд В. К. Арсеньева, Оп.1. Д.27. Л.256.

194 Л. Я. Штернберг, Гиляки, гольды, орочи, негидальцы, айны. Хабаровск: Дальгиз, 1933, p.464; В. В. Подмаскин, Традиционные народные знания удэгейцев о природе, человеке и обществе во второй половине XIX~XX в. (опыт историко-этнографического исследования), Диссерт. ...Канд. И сторических Наук, ИИАЭН ДВО РАН, Владивосток, 1984, p.27.

아야미는 가부장적 부계씨족사회에서 강화된 관념이다. 아야미는 다른 씨족구성원들에게 보여주면 안 되며 나나이족과 우데게족은 정기적으로 아야미 헌제의식을 하므로 아야미에는 성/ 속, 아/ 타, 선/ 악, 남/ 여, 자연/ 문화의 이원대립이 내포되어 있다.

(5) 울치족 불 숭배의 특징

① 울치족 화신의 형상

울치족의 화신은 노인 형상의 포쟈(드물게 타와 엔두리)이며 아내와 두 딸이 있는데 원래 독신이었으나 혼인을 한 뒤 자신은 타이가에, 아내는 하계의 건조하고 높은 곳에 살게 되었으며[195] 극동 다른 토착종족의 남성화신과 달리 개는 키우지 않는다. 이에 의하면 혼인으로 남성화신은 중계신, 그의 아

[그림 68] 울치족의 화신 포쟈
Т. Ю. Сем, 2012, 427.

내는 하계신이 되었는데 화신의 아내가 하계신이 된 것은 하계신이 여성에서 기원한다는 이들의 신화적 관념에 근거한다.

> 〈콘돌리누와 아주아〉 전나무에는 콘돌리누라는 청년이, 삼나무에는 아주아라는 아름다운 아가씨가 살고 있었다. 둘은 서로의 존재를 몰랐다. 어느 날 콘돌리누는 전나무에서 나와 강을 따라 걸어갔다. 삼나무 근처에 이르른 콘돌리누는 아주아와 만났다. 둘은 혼인을 하였고, 연달아 딸 쌍둥이와 아주 힘이 센 두 아들을 낳았다.[196]

---

195 Н. Б. Киле, Нанайский фольклор: нингманы, сиохор, тэлунгу, Новосибирск: Наука, 1996, pp.423-424.

196 А. М. Золотарев, Родовой строй и религия ульчей, Хабаровск: Дальгиз,

위 신화에서 전나무에서 태어난 콘돌리누가 걸어간 강은 우주강이며, 콘돌리누는 상류에, 아주아는 하류에 살고 있었다. 그런데 우주강 상류는 상계, 하류는 하계를 상징하므로 울치족에게 상계는 남성성, 하계는 여성성을 상징하며, 콘둘리누는 울치족의 남성시조신으로서 천신, 아주아는 여성시조신으로서 하계신을 상징한다.[197]

울치족의 화신에는 타와 엔두리도 있는데 거의 사용되지 않으며, 타와는 토고의 울치식 음성변형이고, 타와 엔두리에서 화신은 천신의 위계에 있다. 이에 의하면 언젠가 이들의 화신에는 퉁구스족 북부그룹과 남부그룹의 요소가 공존하였는데 남부그룹의 요소가 북부그룹의 요소를 밀어내면서 푸쟈가 화신을 대표하게 되었다.

② 울치족의 의례 의식에서 불 숭배의 특징
가. 천신제 에제헤 우일리에서 불 숭배의 특징

울치족은 5월 바다표범 사냥에 앞서, 10월 흑담비 사냥 전, 송혼식 때, 송혼식 이후 천신제 에제헤 우일리를 거행하므로 이들에게 바다표범과 흑담비는 중요한 사냥대상이었고, 송혼식은 필수적인 의례였다. 바다표범은 이들의 의식주에 필요한 모든 것을 제공했는데, 지방은 불을 밝히는 기름으로, 가죽은 옷·신발·가재도구의 재료로 사용되었다. 흑담비는 모피로 인해 오래 전부터 이들의 중요한 사냥대상이었는데 러시아인의 시베리아 진출 이후 현물세를 흑담비 모피로 거두면서 경제적 가치도 뛰어났다.

울치족의 천신제에는 남성만 참가할 수 있고, 돼지를 반드시 제물로

1939, p.167.
197 엄순천, 『극동 토착종족의 우주관과 생태』, 보고사, 2024, p.249.

바쳐야 하며, 같은 마을에 거주하더라도 다른 씨족 구성원들은 천신제
에 대해 알아서도, 참가해서도 안 되었다.[198] 따라서 이들의 천신제는
씨족제와 결합되어 있는데, 극동 토착종족은 같은 씨족끼리 마을을 조
성하여 거주하므로 씨족제는 마을제에 상응한다. 돼지를 제물로 바치
는 것은 퉁구스족 남부그룹 고유의 전통이다. 현대 극동 퉁구스족의 선
조인 읍루는 농업에 종사하였고, 돼지치기를 잘하였으므로[199] 고대부터
극동 퉁구스족은 돼지사육에 종사하였다. 울치족의 천신제에서 화신제
는 씨족제-화신제와 가신제-화신제로 단계적으로 전환된다. 씨족제-
화신제는 천신제 전에 거행되며, 화신은 씨족신과 결합되어 있다. 가신
제-화신제는 천신제가 끝난 뒤 개별 가정에서 거행되며 화신은 성조신
을 비롯한 가택신들과 결합되어 있다. 씨족제-화신제에 관한 구비전승
이 지나치게 단편적이어서 원형 복원이 힘들기 때문에 이 책에서는 가
신제-화신제에 초점을 맞춘다.

　〈울치족의 천신제 중 가신제-화신제〉 천신제가 끝나면 모두 집으로 돌
　아간다. 다른 씨족의 남성들과 출가한 여인들을 초대한다. 집 안에 모닥
　불을 피운다. 모닥불에 철쭉 가지를 넣어 집에 연기가 퍼지게 한다. 집의
　사방에 술을 뿌리면서 기원한다.[200]

위 의식에서 제장은 집이고, 제당은 제장과 결합되어 있으며, 제관장

198 А. М. Золотарев, Родовой строй и религия ульчей, Хабаровск: Дальгиз, 1939, p.87.
199 이덕산(李德山), 란범(欒凡), 『중국동북고민족발전사』, 중국사회과학출판사, 2003.
200 А. М. Золотарев, Родовой строй и религия ульчей, Хабаровск: Дальгиз, 1939, p.87.

은 가장이고, 주요 대상은 가택신들이며, 의식은 준비의식, 영신과 교신
의식의 순서로 진행된다.

◎ 준비의식
천신제가 끝나면 모두 집으로 돌아온다. 의식을 위해 다른 씨족의 남성들
과 출가한 여인들을 초대한다. 화신제에 다른 씨족의 사람들은 참가할
수 없는데 이 의식에는 다른 씨족의 남성들과 출가한 여인들도 참가하므
로 이 의식은 화신제라기보다는 가신제에 화신제가 덧붙여진 형식이다.
미혼의 여성은 씨족제-화신제, 가신제-화신제에 모두 참가할 수 없는데
표면적인 이유는 이들이 혼인으로 다른 씨족에 통합되기 때문이다. 그런
데 타자의 범주에 속하는 다른 씨족의 남성들과 출가한 여인들은 이 의식
에 참가하기 때문에 미혼 여성에 대한 금기는 아/ 타의 경계를 위한 것이
아니라 가부장적 부계씨족사회에서 강화된 관념이다.

◎ 영신과 교신의식
∘ 모닥불 피우기
집 안에 모닥불을 피우는데 모닥불은 화신이 깃들일 곳, 상계 ↔ 중계
↔ 하계를 연결하는 우주의 중심축, 화신과 울치족의 교류가 이루어지는
우주의 중심이다. 화신은 의식의 시공간에 있는 악령과 불길한 세력들을
퇴치하고, 의식참가자들을 보호하는 역할을 한다.
∘ 정화의식
모닥불에 철쭉 가지를 넣어 집에 연기가 퍼지게 하는데 이는 집과 의식참
가자들을 정화하기 위해서이다. 실제로 철쭉은 항산화작용·항염작용·면
역력 강화·항암작용·항우울작용·살균작용을 하는 식물로 알려져 있다.
따라서 이들이 철쭉 가지를 의례 의식에 이용하는 것은 자연물로서 철쭉
에 대한 관찰과 오랜 기간 축적된 현실적 체험이 근저에 놓여있다.
∘ 헌주의식
집의 사방에 술을 뿌리는데 술은 집의 동서남북 사방에 기거하는 가택신
들에게 바치는 제물이다.

◦ 연유 닦음

헌주와 함께 자신들의 바람을 신들에게 기원하는 연유 닦음을 한다.

가신제-화신제를 통해 집은 신에 의해 정화된 성스러운 세계, 질서 잡힌 조직화 된 세계, 소우주, 우주의 중심, 생과 아의 세계를, 집 밖은 정화되지 않은 혼돈의 세계, 죽음·악령·타자의 세계, 우주의 주변을 상징하게 된다. 또한 의식참가자들은 자신들은 우주의 중심, 신에 의해 정화된 세계에 있으며 신의 선택을 받은 존재라는 믿음을 가지게 되므로 의식에서 집은 우주론적 역할과 종교적 역할을 동시에 수행한다. 따라서 이들의 가신제-화신제는 코스모스/ 카오스, 성/ 속, 상계/ 중계, 중계/ 하계, 안/ 밖, 생/ 사, 아/ 타, 중심/ 주변, 자연/ 문화의 이원대립을 내포하고 있다. 가신제-화신제가 끝나면 이들은 주변 상황이 전도되면서 사냥, 어로 등의 생업과 자신들의 재액초복을 방해하는 악령과 불길한 세력들은 퇴치되었고, 자신들과 이런 세력들의 갈등은 해소되었으며, 자신들의 바람이 이루어진다는 믿음을 가지게 된다.

나. 울치족의 곰 의례에서 불 숭배의 특징

곰 의례는 극동 토착종족 공통인데 지금은 상당부분 퇴색되었지만 울치족에게 그 원형이 일정정도 보존되어 있다.

〈울치족의 곰 의례에서 불 숭배〉 곰 우리를 만든다. 대팻밥을 묶은 나뭇가지로 장식한다. 우리 주변에 대팻밥을 묶은 버드나무 장대를 박아 울타리를 만든다. 곰을 우리에 넣어둔다. 며칠 뒤 곰을 끌고 다니면서 지치게 만든다. 버드나무 장대로 만든 침상에 대팻밥을 깔고 곰을 올려놓는다. 우리 옆에 모닥불을 피운 뒤 죽을 만들고 생선을 굽는다. 죽의 첫 숟갈과 생선의 첫 조각을 화신에게 바친다. 그 뒤 모두 모여 식사를 한다.[201]

위 의례에서 제장은 마을이며, 제당은 곰 우리가 설치된 곳이고, 대상은 곰의 영혼이며, 의례는 준비의식, 영신과 교신의식, 송신(送神)의식의 순서로 진행되는데 의례의 전 과정에서 화신이 중요한 역할을 한다.

◎ 준비의식
의례를 위해 곰 우리를 만드는데 곰의 세계관에서 곰 우리는 상계 ↔ 중계 ↔ 하계를 연결하는 우주의 중심축이자 소우주이다. 곰 우리와 울타리에 묶은 대팻밥은 불·불꽃을 상징하며 의례의 시공간으로 화신을 불러오는 역할을 한다. 의례에서 화신은 울치족과 곰의 영혼을 연결하는 역할, 악령과 불길한 세력들을 퇴치하고, 곰과 의례참가자들을 보호하는 역할을 한다.

◎ 영신과 교신의식
◦ 모닥불 피우기
며칠 뒤 곰 우리 옆에 모닥불을 피우는데 이때의 불은 화신을 의례의 시공간으로 불러오는 역할, 울치족이 신들에게 제물을 바치고 신들이 제물을 받는 숭배용 제단의 역할을 한다. 의례에서 화신은 울치족과 곰의 영혼을 연결하는 역할, 곰의 영혼을 타이가 곰의 세계에 통합시키는 역할, 악령과 불길한 기운을 퇴치하고, 의례참가자들을 보호하는 역할을 한다.
◦ 헌제의식
죽과 생선을 준비한 뒤 죽의 첫 숟갈과 생선의 첫 조각을 화신에게 바치는데 화신은 이 제물을 곰의 영혼과 곰신, 타이가신, 동물의 신에게도 전해준다. 이처럼 신들은 곰 의례 때 울치족이 많은 제물을 바친다는 사실을 알고 있기 때문에 자신들의 권력유지를 위하여 이들의 바람이 이루어질 수 있도록 적극적으로 도와준다.
◦ 음복례
모두 모여 식사를 하는데 이는 신들이 흠향(歆饗) 후 여기 남겨둔 복을

201 А. М. Золотарев, там же, pp.110, 115.

함께 받기 위한 것이다.

곰 의례는 몇몇 씨족 단위로 거행되는데 의례의 일차적 목적은 '곰'을 매개로 공동체구성원이 모두 한자리에 모여 공동체의 정체성을 확인하고, 유대감을 강화하기 위한 것이다. 의례의 또 다른 목적은 의례 기간 생업에서 벗어나 남녀노소 모두 같은 시공간에 모여 반복적인 일상을 해체함으로써 카타르시스를 경험하고, 단조로운 공동체의 삶에 리듬을 줌으로써 삶의 재생을 위한 활력을 얻기 위한 것이다.

3) 고아시아계 닙흐족과 계통이 불분명한 타즈족 불 숭배의 특징

(1) 고아시아계 닙흐족 불 숭배의 특징:
화신의 형상과 역할을 중심으로

닙흐족의 화신은 부부이며 남편화신은 투우르 이즈, 아내화신은 투우르 맘인데[202] tuur(불/ 닙흐어) + iz(노인/ 닙흐어), tuur + mam(노파, 아내/ 퉁구스제어)의 구조로[203] '불 할아버지', '불 할머니'를 의미한다. 닙흐족의 남편화신은 닙흐족 고유의 관념이지만 아내화신은 퉁구스족으로부터 수용한 관념이므로 이들의 화신은 '혼종적 화신'이다. 이에 의하면 본디 닙흐족의 화신은 남성이었는데 아무르강을 타고 혹은 대륙을 지나 온 외래신, 내방신인 퉁구스족 기원의 여성화신을 만나 혼인을 하였다.

닙흐족의 화신 부부는 화덕에 기거하며, 키는 사람과 같고, 짧은 곱슬

---

202 Л. Я. Штернберг, Гиляки, гольды, орочи, негидальцы, айны. Хабаровск: Дальгиз, 1933, p.320.

203 Ч. М. Таксами, Словарь нивхско-русский и русско-нивхский, СПб.: Просвещение, 1996, pp.45, 154.

머리이며, 얼굴은 붉은색이고 물고기 가죽으로 만든 옷을 입고 있는 데[204] 화덕에 기거한다는 점은 나나이족·오로치족·타즈족과 유사하다. 닙흐족의 화신은 짧은 곱슬머리이기 때문에 닙흐족처럼 변발이 아니므로 화신은 이들 고유의 관념이 아니라 외래 기원이거나 외래의 영향으로 변형을 겪은 신이다. 붉은색 얼굴은 불의 색에 근거한 메타포이고, 화신이 입고 있는 물고기 가죽으로 만든 옷은 이들의 주요 생업의 하나가 어로임을 말해준다.

닙흐족에게 화신은 가족과 씨족의 보호신, 사냥의 보호신이지만 이들이 중계 3대신으로 숭배하는 타이가신·해신·대지모신보다 신격이 낮다.[205] 이는 이들이 생존과 직결된 최상위의 문제인 어로와 바다동물 사냥, 타이가동물 사냥에서 화신의 역할이 타이가신, 해신보다 미미하다고 생각하기 때문이다. 그런데 화장(火葬)에 근거할 때 극동 토착종족 가운데 불 숭배가 가장 발달한 종족은 닙흐족이므로 이들의 불 숭배는 오랜 기간 거주지의 자연생태환경, 인접 종족의 영향으로 원형적 모습을 상당부분 상실하였다.

닙흐족은 집 안에 타이가신과 해신 숭배용 화덕 2개를 설치하는데 화덕의 화신은 닙흐족과 타이가신·해신을 연결하는 부차적 지위의 신이다. 화신은 타이가신과 해신을 집안으로 불러와 닙흐족 ↔ 화신 ↔ 타이가신·해신의 네트워크를 조직한 뒤 닙흐족이 바친 제물을 신들에게 전달하고, 이들의 바람과 요구사항을 들려주어 재액초복을 가져다 주는 역할, 집 안의 악령과 불길한 세력들을 퇴치하고 가족들을 보호하

---

204 Л. Я. Штернберг, Гиляки, гольды, орочи, негидальцы, айны. Хабаровск: Дальгиз, 1933, pp.320-321.

205 Ч. М. Таксами, "Система культов у нивхов", Памятники культуры народов в Сибири и Севера, СМАЭ 33, Л.: Наука, 1977, p.102.

는 역할을 한다. 화덕으로 인해 닙흐족의 집은 생과 아의 세계, 우주의
중심, 신에 의해 정화된 세계, 질서 잡힌 신성한 세계가 되며, 집 밖은
죽음, 악령, 타자의 세계, 우주의 주변, 혼돈의 세계가 된다. 화덕으로
인해 닙흐족은 자신들은 신에 의해 정화된 세계, 우주의 중심에 있으며,
신의 선택을 받은 존재라는 믿음을 가지게 되므로 이들에게 화덕은 우
주론적 역할과 종교적 역할을 동시에 수행한다. 따라서 닙흐족의 화덕
은 카오스/ 코스모스, 성/ 속, 아/ 타, 생/ 사, 중심/ 주변, 문화/ 자연,
바다/ 땅, 땅/ 타이가, 바다/ 타이가의 이원대립을 내포하고 있으며, 화
신은 이원대립을 경계 짓고 통합하는 역할을 한다.

닙흐족에 의하면 화신은 가끔 동물이나 새로 변신하여 사냥을 도와
주기도 하며, 남편 화신 투우르 이즈가 밤 시간 사냥터에 와서 사냥을
하면 다음 날 사냥에 성공한다고 믿는다.[206] 이들에게 화신 부부의 역할
과 위상은 그 경계가 뚜렷하지 않지만 남편이 이들의 주요 생업인 사냥
을 도와준다는 점, 남편 화신은 토착신이지만 아내 화신은 외래신이라
는 점에 근거할 때 남편 화신이 주요 숭배 대상이다.

(2) 타즈족 불 숭배의 특징

① 타즈족 화신의 형상

타즈족의 화신은 초후예인데 tsohu(불/ 타즈어) + je(爺, 부친, 조부, 외조부,
아저씨, 신, 정령/ 중국 동북방어)의 구조이며[207] tsohu는 푸쟈(포쟈)의 타즈식
음성변형이다. 타즈족의 화신에는 극동 토착종족과 중국인의 관념이

---

206 Л. Я. Штернберг, Гиляки, гольды, орочи, негидальцы, айны. Хабаровск:
    Дальгиз, 1933, pp.320-321.
207 ИиК тазов, p.217.

혼종·융합되어 있는데 중국인의 관념은 표피 층위의 현상일 뿐 관념적 내용은 극동 남부 토착종족에 가깝다. 초후예는 노부부인데 사각형이나 정방형의 화덕 코타이에 살면서 가족의 유대감을 강화하는 역할을 한다.[208] 따라서 이들에게 화신은 화덕의 보호신이자 성조신인데 이는 나나이족의 영향이다. 러시아 연구자들에 의하면 타즈족은 19세기 초중반 이후 우데게족·나나이족·오로치족 여성과 한족·만주족 남성의 혼인으로 출현한 타즈족, 한국인 여성과 한족·만주족 남성의 혼인으로 출현한 포투이즈족으로 구성된 독립된 종족이다.[209] 그런데 타즈족의 주요 생업은 농경이었고, 사냥은 보조 생업이었기 때문에 이들에게 화신의 중요도는 다른 토착종족에 비해 미미하였다. 또한 이들에게는 씨족의 개념이 없었기 때문에 화신의 역할은 극동의 다른 토착종족에 비해 매우 한정적이었다. 하지만 이들도 인접 종족의 영향으로 어로나 사냥의 성공을 기원할 때 화신제를 거행하였으므로 이들에게도 화신은 사냥의 보호신이었다.

코타이의 어원은 불분명하지만 ko(굴뚝/ 만주어) + taja(타다/ 퉁구스제어)의 구조인데,[210] taja는 순 한국어 '타다(ta-da)'와 음성적·의미적으로 유

---

208 ИиК тазов, p.212.

209 Ю. А. Сем, Л. И. Сем, История и культура тазов историко-этнографическ ие очерки (вторая половина XIX~начало XXI в.). Владивосток: Дальнаук а, 2019, p.40.

210 Ю. А. Сем, Л. И. Сем, "Тазы: этническая история, хозяйство и материальн ая культура (XIX~XX вв.)", ТИИАЭ ДВО РАН 10, Владивосток: Дальнаука, 2001, p.84; А. Ф. Старцев, "Мировоззрение тазов Ольгинского района Пр иморского края о природе", Инновационные технологии в науке и обра зовании: материалы IV Междунар. науч.-практич. конф. (Чебоксары, 18 д ек. 2015 г.), Чебоксары: ЦНС Интерактив плюс, 2015, p.60.

사하므로 코타이에는 만주족과 한국인의 관념이 혼종·융합되어 있다. 이는 타즈족의 형성에 한국인 여성이 중요한 역할을 하였기 때문이므로 타즈족 문화의 기층에는 '타다'처럼 한민족 문화가 일정부분 자리하고 있다. 코타이는 타즈족에게 수용된 초기에는 '불이 있는 굴뚝'을 의미했으나 이후 '화신이 기거하는 화덕'으로 의미 변형을 하였다.

② 타즈족 신년제에서 불 숭배의 특징

타즈족의 신전에서 화신은 중요한 신이 아니기 때문에 화신 숭배도 극동의 다른 토착종족에 비해 덜 발달하였다. 하지만 새해 1주일 전 거행되는 신년제 때 화덕 앞에서 화신제를 지내므로 다른 극동 토착종족처럼 이들에게도 화덕은 가족의 일상·문화·종교생활의 중심지이다.

〈타즈족의 신년제에서 화신제〉 가족들이 모두 모여 2개의 종이에 왕관을 그린다. 모두 화덕 앞으로 간다. 왕관이 그려진 종이를 화덕에 넣어 태우면서 새해 소원을 기원한다. 새 종이에 새 화신을 상징하는 왕관을 다시 그린다. 이를 둥근 빵과 함께 화덕 근처에 매단다. 종이로 만든 돈을 화덕에 바치면서 새해 가족의 평안과 안녕을 기원한다.[211]

위 의례에서 제장은 집이고, 제당은 화덕이며, 제관장은 가장이고, 대상은 화신이며, 의례는 준비의식, 영신과 교신의식의 순서로 진행된다.

◎ 준비의식

가족들이 모여 2개의 종이에 왕관을 그린다. 왕관은 화신을 상징하는데 이는 불과 왕관의 외적 유사성에 근거한 메타포이다.

---

211 ИиК тазов, p.293.

◎ 영신과 교신의식

∘ 옛 화신 보내기

모두 화덕 앞에 모여 왕관이 그려진 종이를 화덕에 넣어 태우는데 이는 정신적, 물질적 고통을 상징하는 지난해의 화신을 보내고 새해, 희망, 기대를 상징하는 새 화신을 맞이하기 위한 것이다. 화덕의 불은 의식의 시공간으로 화신을 불러오는 역할, 이들이 화신에게 제물을 바치고 화신이 제물을 받는 숭배용 제단의 역할을 한다. 화신은 이들의 정신적·물질적 고통을 소멸시키고, 미래·희망·재생·부활을 가져다주는 역할, 가족의 유대감을 강화하는 역할, 의례의 시공간에 있는 악령과 불길한 세력들을 퇴치하고, 가족을 보호하는 역할을 한다.

∘ 새 화신 맞이하기

새 종이에 새 화신을 상징하는 왕관을 그리는데 새 화신은 새해의 재생과 부활을 상징한다. 그런 다음 이 종이를 둥근 빵과 함께 화덕 근처에 매다는데 둥근 빵은 태양을 상징하므로 이 의식에서 화신 숭배는 태양 숭배와 결합되어 있다. 다음 종이로 만든 돈을 화덕에 바치면서 가족의 평안을 기원하는데 돈은 화신에게 바치는 제물이지만 동시에 가족의 물질적 풍요를 상징한다.

5. 극동 토착종족의 화신제(火神祭)

의례의 목적은 상황의 전도 혹은 결핍 해소이므로 의례가 끝나면 의례 참가자들은 상황이 바뀌고, 결핍이 해소되면서 자신들의 바람이 현실화된다는 믿음을 가지게 된다. 따라서 의례는 의례 전후의 경계지점, 전이지대(liminal zone)의 기능을 하는데[212] 의례를 매개로 상황은 전이 이전(pre-liminal)과 전이 이후(post-liminal)로 나누어진다. 따라서 의례는

---

212 에드먼드 리치 지음, 『구조분석 입문』, 황보명 옮김, 민속원, 2017, p.109.

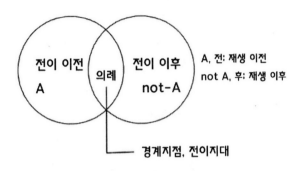

[그림 69] 의례의 속성

종류에 상관없이 통과의례의 형식을 밟게 되는데 엘리아데에 따르면 전이 이후는 재생이 이루어지는 결과 값이다.[213] 극동 토착종족은 식사 전후, 사냥 전후, 유목지를 옮기기 전후, 기쁠 때, 슬플 때, 힘들 때, 노여울 때, 아플 때 화신제를 거행하므로 이들에게 불 숭배는 심오하고 거룩한 종교 의식이 아니라 일상이었다.

1) 극동 토착종족 화신제의 기원과 변형과정

극동 토착종족의 자연 숭배에서 불이 최상층에 위치한 것은 화신이 이들 주요 생업의 하나인 사냥의 성공을 주관하기 때문이다. 생산양식상 기반이 튼튼하지 않는 원시경제에서 사냥의 흉작으로 인한 결과는 매우 가혹했기 때문에 이들은 사냥의 보호신으로서 화신을 정성스럽게 숭배하였다. 화신은 선신이지만 까다로운 면도 있어서 자신의 요구사항이나 불만을 직접 표현하기도 한다. 타오르는 장작에서 갈라지는 소

---

213 Arnold van Gennep, Ttrans by M. B. Vizedom & G. L. Caffee, The Rites of Passage, Chicago: The University of Chicago Press, 1966, p.166.

리가 들리는 것은 화신이 제물 부족 때문에 불만스러워한다는 징표이다. 하지만 화신이 늘 무언가를 요구하기만 하는 것은 아니다. 화신은 우주 삼계의 중개자로서 샤먼의 치병의식을 도와주고, 인간들에게 천신, 자연신, 조상신들의 요구 사항을 알려주기도 한다. 화신의 이러한 역할로 인해 이들은 정기적으로 화신제를 거행하였는데 일점 시점부터 이는 철저하게 이행해야만 하는 종교적 명령으로 바뀌었다.

화신제의 필수요소는 숭배 대상으로서 화신, 의례가 거행되는 제장, 화신이 머무는 제당, 화신을 숭배하면서 화신제를 개최할 주체들, 화신제의 상징성을 표현하는 의례용품 등이다. 이들에게 제장은 의례가 거행되는 곳의 의미를 넘어 자신들과 화신의 교류가 이루어지는 소우주, 우주의 중심이다. 화신제의 주체는 그 성격에 따라 개인 혹은 집단(마을, 씨족)으로 달라진다. 극동 토착종족은 화신제를 거행하면서 화신으로부터 일정한 보상을 받기 위해 선급금의 형태로 제물을 바쳤으므로 이들에게 제물은 신과의 거래에 기반한 최초의 경제활동이었다. 즉 인간으로부터 제물을 받은 화신은 인간에게 일정한 빚을 지게 되는 것이고, 화신이 제물에 상응하는 복을 인간에게 내려주면 이번에는 인간이 화신에게 빚을 지게 되는 것이므로 제물은 인간과 신의 관계를 매개하는 표식이다. 이에 의하면 인간과 인간 너머의 존재들·비인간 존재들은 일방적인 지배-피지배, 받침-받음의 관계가 아니라 공동의 네트워크 속에서 서로의 필요를 충족하기 위해 주고받는 관계이다. 여기에서는 인간과 인간 너머의 존재들·비인간 존재들은 지구와 우주의 조화와 균형을 위해 공통의 네트워크 속에서 상호협력, 상호 보완한다는 이들의 생태적 세계관이 엿보인다.

(1) 극동 토착종족 화신제의 기원

극동 토착종족 화신제의 기원은 여전히 논쟁의 중심에 있지만 우데
계족 신화에서 일정 정도 이에 대한 답을 찾을 수 있다.

> 〈우데계족 소년과 곰〉 곰이 우데계족 소년에게 상처를 입혔다. 그런 뒤
> 곰은 소년에게 화신 푸쟈 마마를 숭배하라고 하면서 화신제를 하기 전에
> 는 아무 것도 해서는 안 된다고 알려주었다. 또 곰은 불을 칼로 찌르거나
> 도끼로 베어서는 안 되고, 나뭇가지로 재를 휘저어서도 안 되고, 물을 붓거
> 나 타다가 만 것들을 불에 넣어도 안 된다고 하였다.[214]

위 설화에서 곰은 우데계족 소년에게 상처를 입힌 뒤 화신 푸쟈 마마
를 숭배하라고 하면서 화신제를 거행하기 전에는 아무 것도 해서는 안
된다고 하였다. 이는 화신제가 이들 사이에서 일상생활 전, 사냥과 어로
등 생업을 시작하기 전, 의례 의식에 앞서 반드시 이행되어야 할 종교적
의무로 자리 잡는 관념적 근거가 되었다. 곰이 소년에게 이러한 요구를
한 것은 인간세계에서 화신의 역할에 의한 것이다. 화신은 초자연적인
신성한 힘을 이용하여 악령과 불길한 세력들을 퇴치하여 산자를 보호
하는 역할, 우주의 상계 ↔ 중계 ↔ 하계를 오가면서 인간 ↔ 화신 ↔
신 혹은 조상령의 네트워크를 만들어 인간에게 재액초복을 가져다주는
역할을 한다. 위 설화에 의하면 곰으로 인해 화신제의 규율과 절차가
자리 잡았으므로 과거 이들에게는 화신제의 규율과 절차가 없었다. 이
처럼 이들에게 곰이 화신제의 규율과 절차를 알려 준 존재로 성화된
것은 곰 숭배에 의한 것이다. 이에 의하면 인간이 지구와 우주에서 가장

---

214 В. К. Арсеньев, 1914-1925. Архив ПФРГО. Ф.1, Оп.1, Д.27, p.675.

우월한 존재, 지구와 우주의 중심에 위치한 존재가 아니며, 비인간 존재
들은 인간보다 열등한 존재가 아니라 오히려 인간에게 자연을 대하는
태도와 의례 의식의 기원을 열어 준 존재이다. 이는 인간과 비인간 존재
들의 상호협력을 통해 인간세계, 궁극적으로 지구와 우주의 균형과 질
서가 유지된다는 이들의 생태적 세계관에 의한 것이다.

(2) 극동 토착종족 화신제의 변형과정

　극동 토착종족 화신제의 변형과정은 에벤키족의 얀잡카자(janӡabkaӡa)
의식을 통해 일정정도 규명할 수 있다. 얀잡카자는 지금은 사라졌지만
janda(큰 모닥불/ 에벤키 고어), jaja(샤먼의식을 하다/ 에벤키 고어)에서 기원하
므로[215] 화신제의 초기 형태이다. 에벤키 고어 janda에 의하면 초기 화
신제는 원시적 형태의 마을을 이루고 살던 몇몇 가족들이 타이가 혹은
마을에 큰 모닥불을 피운 뒤 최연장자의 주도로 거행하였으므로 화신
제는 타이가 숭배 혹은 마을 숭배와 결합되어 있었다. 의례에서 제장은
타이가 혹은 마을이므로 제장이 자연과 결합된 애니미즘적 제장의 모
습을 보여주고 있다. 의례에서 모닥불은 화신이 깃들일 곳, 상계 ↔ 중
계 ↔ 하계를 연결하는 우주의 중심축, 의식의 시공간으로 화신을 불러
오는 역할, 에벤키족이 화신에게 제물을 바치고 화신이 제물을 받는 숭
배용 제단의 역할을 한다. 화신은 마을신을 의식의 공간으로 불러와 에
벤키족 ↔ 화신 ↔ 타이가신·마을신의 네트워크를 만들어 제물을 전달
하면서 타이가 사냥의 성공, 마을 보호를 기원하고 에벤키족에게 재액
초복을 가져다주는 역할, 의식의 시공간에 있는 악령과 불길한 세력들

---

215 ССТМЯ 1, p.341; Б. В. Болдырев, Эвенкийско-русский словарь, Новосиби
рск: СО РАН, 2000, p.425.

[그림 70] 나나이족의 화신제
https://fotografiiarhiv.ru/nanajcev

을 퇴치하고, 의식참가자들을 보호하는 역할, 마을을 정화하는 역할을
한다. 모닥불로 인해 의식참가자들은 자신들은 우주의 중심, 신에 의해
정화된 신성한 세계에 있다는 믿음, 신에 의해 선택받은 사람이라는
믿음을 가지게 되므로 의례에서 모닥불은 종교적 역할과 우주론적 역
할을 동시에 수행하였다. 초기 화신제의 목적은 불분명하지만 불은 이
미 고대부터 이들의 일상·종교·문화생활에서 중심적·핵심적 위치에
있었다.

　Jaja에 의하면 샤머니즘 수용 이후 의례를 샤먼이 주도하면서 제장은
집 안의 작은 모닥불 옆으로 옮겨졌다. 의례 때 샤먼은 모자의 수술이
나 천으로 얼굴을 가리는데[216] 이는 악령이나 불길한 기운으로부터 자
신을 보호하기 위한 것이다. 또 제장이 집밖에서 집안으로 옮겨지면서
화신은 성조신, 가택신과 결합되었다. 따라서 샤머니즘 수용 즈음 이들

---

[216] Г. М. Василевич, Эвенки. Историко-этнографические очерки (ⅩⅧ~нача
ло ⅩⅩ в.), Л.: Наука, 1969, p.222.

에게 성조신, 가택신에 대한 관념이 있
었으며 이들 사이에 신의 출현 순서는
화신 → 마을신 → 성조신·가택신이다.
시간이 흐르면서 화신은 새로 등장하는
자연신들을 자신의 주변으로 끌어들였
고 화신 숭배는 마을신 숭배, 성조신 숭
배, 가택신 숭배, 샤머니즘 등 다양한 시
대의 관념들과 혼종·융합되면서 중층구
조를 이루게 되었다. 에벤키족의 얀잡카
자에 의하면 극동 토착종족의 화신제는
샤머니즘 수용 이전에 출현하였으며 샤
머니즘 수용 이후 많은 변형을 겪었다.

[그림 71] 에벤키족 샤먼의 무복
내몽골 자치구 건허시(根河市)
아오루구야((敖魯古雅) 어원커족
순록문화박물관

이들 사이에 샤머니즘이 전파된 것은 신석기시대 후기인 기원전 2천년
기 즈음이므로 화신제는 최소한 신석기시대 후기 이전의 산물이다. 에
벤키족의 얀잡카자 의례에는 코스모스/ 카오스, 성/ 속, 신/ 인간, 생/
사, 중심/ 주변, 자연/ 문화, 안/ 밖의 이원대립이 내포되어 있는데 초
기에는 화신이 이원대립을 통합하고 경계 짓는 역할을 하였지만 샤머
니즘 수용 이후 샤먼이 부분적으로 이 역할을 대신하게 되었다.

2) 극동 토착종족의 사냥제 - 화신제

주요 생업이 사냥이던 시기, 극동 토착종족에게 사냥 특히 타이가동
물 사냥의 성공은 개인·가족·씨족의 길흉화복과 희로애락을 좌우하는
삶의 최상위에 위치한 문제였다. 따라서 이들 신의 위계는 사냥에서의
역할에 의해 정해졌으며, 사냥의 보호신인 화신은 자연신의 최상층에
위치하였다. 하지만 이후 거주지의 자연생태환경에 근거하여 생업에서

사냥의 비중은 종족·씨족에 따라 달라졌고, 이들의 신전에서 화신의 위계도 바뀌었다. 그럼에도 차원이 다른 시공간을 넘나들면서 인간과 인간 너머의 존재들·비인간 존재들, 인간 너머의 존재들과 인간 너머의 존재들을 연결하여 사냥의 성공을 도와주는 사냥 보호신으로서의 위상은 그대로 보존되었다. 그런데 인간에 대한 화신의 이러한 권력은 어디에서 오는 것일까? 아무르강 상류와 알단강 에벤키족 신화에서 번개와 우레 신의 아들은 부싯돌 심장을 가진 상계 하늘 무사 델로르구나이며, 델로르구나의 아들은 말을 타고 하늘에서 땅으로 내려온 동물의 신 싱나이이고, 싱나이의 아내는 태양의 딸이며, 아들은 화신 토고이다.[217] 따라서 인간에 대한 화신의 권력은 조상들로부터 전해진 것인데 화신이 인간과 비인간 존재들의 영혼을 연결할 수 있는 것은 동물의 신인 아버지에 의한 것이고, 인간과 인간 너머의 존재들, 인간 너머의 존재들과 인간 너머의 존재들을 연결할 수 있는 것은 증조부인 번개와 우레 신에 의한 것이다.

극동 토착종족의 사냥제에서 화신제는 사냥 전 의식, 사냥터에서의 의식, 사냥 후의 의식으로 나누어지는데 모든 의식이 필수적이므로 사냥제는 화신제와 밀접하게 결합되어 있다. 에벤키 고어 siŋkelɛ(사냥의 성공을 위해 사냥 전에 의식을 하다)[218]에 근거할 때 사냥 전 의식이 가장 먼저 출현하였는데 이들의 사냥의식에 샤먼은 참여하지 않기 때문에 사냥제는 샤머니즘 수용 이전에 출현하였다.

---

217 Г. И. Варламова (Кэптукэ), Эпические и обрядовые жанры эвенкийского фольклора, Новосибирск: Наука, 2002, pp.277, 239, 249, 265, 269, 281; Т. Ю. Сем, Картина мира тунгусов: пантеон (семантика образов и этнокультурные связи): историко-этнографические очерки, СПб.: СПбГУ, 2012, p.431.
218 ССТМЯ 2, p.91.

(1) 사냥 전 화신제의 특징과 진행과정

사냥 전 화신제에서 화신의 역할은 마을신을 의식의 공간으로 불러
와 사냥꾼 ↔ 화신 ↔ 마을신의 네트워크를 조직하여 마을신에게 사냥
의 시작을 알리고 사냥의 성공과 사냥터에서의 안전을 보장해주는 것
이다. 한국 속담에 "강원도 간 포수(砲手)"가 있는데 강원도 깊은 산으로
사냥을 나간 포수는 돌아오기 어려웠다는 의미이다.[219] 이는 강원도의
지형이 험준할 뿐만 아니라 흉포한 맹수들이 많아 사냥꾼들이 살아남
기 힘들었음을 말해준다. 이처럼 고대 한반도에서도 사냥은 생사를 넘
나드는 일이었는데 하물며 원시적인 조건에서, 강원도보다 더 험난한
지형에서 사냥이 주요 생업이었던 극동 토착종족에게 사냥의 성공과
안전은 절실했고, 사냥 전 의식은 필수적이었다.

> 〈오로치족의 사냥 전 화신제〉 사냥을 하기 전 마을 인근 타이가로 가서
> 나무를 벤다. 나무를 대패로 잘 다듬어 장대를 만든다. 의식용으로 만들
> 어 놓은 버드나무의 대팻밥 일라우를 장대에 묶은 뒤 장대를 땅에 박는
> 다. 그 옆에 다른 장대들을 박아 담장을 만든다. 그 위에 나무껍질을 덮어
> 장막을 만든다. 그 아래 화신과 대지모신의 신상을 안치한다. 신상의 얼
> 굴에 동물의 지방이나 피를 바른 다음 고기 조각, 담배를 바치면서 사냥
> 의 성공을 기원한다.[220]

위 설화는 오로치족의 사냥 전 화신제인데 종족과 씨족에 따라 차이
는 있지만 극동 토착종족의 보편적 의식이다. 제장은 타이가이며, 제당
은 장막이고, 숭배 대상은 화신과 대지모신이며, 제관장은 사냥꾼(혹은

219 김선풍, 「한국 사냥설화의 상징적 의미」, 『중앙민속학』 11, 2006, p.12.
220 C. B. Березницкий, "Мифология и верования орочей", Фольклор народов
    Маньчжурии 2, СПб.: Пбв., 1999, p.34.

사냥꾼들 중 최연장자)이고, 주체는 개인(집단)이며,²²¹ 의식은 준비의식, 영
신과 교신 의식의 순서로 진행된다.

◎ 준비의식
∘ 장대 설치
마을 인근 타이가로 가서 나무를 벤 뒤 대패로 잘 다듬어 장대를 만드는
데 장대는 상계 ↔ 중계 ↔ 하계의 우주 삼계를 연결하는 우주의 중심축
으로서 우주목, 씨족목을 상징한다.
∘ 장대에 대팻밥 묶기
의식용으로 미리 만들어 둔 대팻밥을 장대에 묶는데 대팻밥은 불, 불꽃을
상징하는 메타포이며 의례의 시공간으로 화신을 불러오는 역할을 하는
데, 이는 유사한 것으로 유사한 것을 불러오기 위한 것이다.
∘ 담장 만들기
장대를 땅에 박은 뒤 그 옆에 다른 장대들을 박아 담장을 만드는데 담장
은 우주목, 씨족목의 상징인 장대를 보호하는 역할을 한다.
∘ 신당 만들기
장대들에 나무껍질을 덮어 장막을 만드는데 장막은 신들이 강림하여 오
로치족 사냥꾼(들)과 교류하게 될 신당을 상징한다. 장막으로 인해 사냥
꾼들은 자신들은 신에 의해 정화된 신성한 세계, 우주의 중심에 있으며
신의 선택을 받은 존재라는 믿음을 가지게 되므로 의식에서 신당은 종교
적 역할과 우주론적 역할을 동시에 수행한다.

◎ 영신과 교신의식
∘ 신상 안치
장막 아래 화신과 대지모신의 신상을 안치하는데 신상은 신이 깃들일 곳
이다. 사냥의식에 대지모신의 신상이 함께 배치되는 것은 대지의 풍요는

---

221 극동 토착종족은 곰 같은 맹수 사냥은 집단으로, 그 외의 사냥은 개인적으로 나가기
때문에 의례의 주체는 사냥 대상에 따라 개인 혹은 집단으로 달라진다.

야생 동물과 가축의 번식을 위한 필요조건이기 때문이며 이로 인해 이들
은 종종 대지모신을 동물의 신과 동일시하였다. 극동 토착종족에게 화신
과 대지모신의 관계는 일률적이지 않지만 오로치족의 사냥 전 화신제에
서 화신과 대지모신이 결합된 것은 불이 지고신의 대지 창조 도구로써
카오스의 우주를 질서 잡힌 체계적이고 신성한 우주로 바꾼 존재라는 이
들의 창세신화에 근거한다.[222]

◦ 연유 닦음

신상에 동물의 지방과 피를 바르고, 고기조각과 담배 등의 제물을 바치면
서 사냥의 성공을 기원하는 연유 닦음을 한다. 이들이 동물 지방을 바치
는 것은 불을 잘 타오르게 하여 화신이 좋아한다는 관념에 의한 것이다.
이들은 제물이 화신의 마음에 들고, 제물을 정성껏 바치면 사냥에 성공한
다고 믿었는데 이에 의하면 인간 너머의 존재들도 인간으로부터 무언가
를 받으면 이에 합당한 보상을 해주므로 제물은 이들 최초의 경제적 사유
활동이었다.

위 의식은 신상이 배치된다는 점에서 모닥불에 바로 제물을 바치는
의식보다 발전된 형태이며, 위 의식에서 화신 숭배는 대지모신 숭배,
삼단세계관 등 시기가 다른 다양한 관념과 혼종·융합되어 복잡한 중층
구조를 이루고 있다. 극동 토착종족은 바다동물 사냥의 성공은 화신이
아니라 해신의 역할이라고 믿기 때문에 이를 위해 대개는 해신제를 거
행하지만 화신제를 거행하기도 한다.

〈우데게족의 바다동물 사냥 전의 화신제〉 바다동물 사냥에 앞서 해안

---

222 Г. И. Варламова, Двуногий да поперечноглазый, Черноголовый человек
-эвенк и его земля дулин буга, Якутск: Розовная чайка, 1991, pp.9-10; В.
П. Маргаритов, Об орочах Императорской Гавани, СПб.: О-во изучения
Амур. края в г. Владивостоке, 1888, p.28.

가에 돌 제단을 설치한다. 제단 옆에 모닥불을 피운다. 모닥불에 곤들매
기 눈알이나 물고기 지방을 바치면서 사냥의 성공을 기원한다. 사냥에
성공하면 연어 눈알을 더 바친다.[223]

위 의식에서 제장은 해안이며, 제당은 제단이 설치된 곳이고, 대상은
화신이며, 제관장은 사냥꾼(혹은 사냥꾼들 중 가장 연장자)이고, 주체는 개인
(혹은 집단)이며, 의식은 준비의식, 영신과 교신의식의 순서로 진행된다.

◎ 준비의식
◦ 제장으로 이동
   바다동물 사냥에 앞서 화신제를 거행하기 위해 해안으로 간다.
◦ 제단 설치
   해안가에 돌 제단을 만드는데 제단은 사냥꾼들이 화신에게 제물을 바치
   고 화신이 제물을 받는 곳이다. 위 의식은 제단이 설치된다는 점에서 모
   닥불에 바로 제물을 바치는 의식보다 발전된 형태이다.

◎ 영신과 교신의식
◦ 모닥불 피우기
   제단 옆에 모닥불을 피우는데 모닥불은 화신이 깃들일 곳이며, 상계 ↔
   중계 ↔ 하계를 연결하는 우주의 중심축이자 의식의 시공간으로 화신을
   불러오는 역할을 한다. 이들에게 바다동물 사냥은 해신의 역할이므로 화
   신은 해신을 의식의 시공간으로 불러와 사냥꾼 ↔ 화신 ↔ 해신의 네트
   워크를 조직하여 해신에게 사냥꾼의 바다동물 사냥의 성공을 기원하는
   역할, 사냥꾼의 영혼 ↔ 바다동물의 영혼을 연결하여 사냥을 도와주는
   역할, 의식의 시공간에 있는 악령과 불길한 세력을 퇴치하고, 사냥꾼을

---

223 В. В. Подмаскин, Духовная культура удэгейцев XIX~XX вв.: историко-эт
нографические очерки, Владивосток: ДВГУ, 1991, p.32.

보호하는 역할을 한다.

◦ 연유 닦음

사냥꾼은 곤들매기 눈알이나 물고기 지방을 화신에게 제물로 바치면서 사냥의 성공을 기원하는 연유 닦음을 한다. 이들이 화신에게 곤들매기 눈알을 제물로 바치는 것은 화신이 곤들매기 눈알을 좋아한다는 관념에 근거하며, 물고기 기름을 바치는 것은 불을 잘 타오르게 하여 화신이 좋아한다는 관념에 근거한다.

의식이 끝나면 사냥꾼(들)은 주변 상황이 전도되면서 악령과 불길한 세력들은 퇴치되었고, 이런 세력들과 자신들의 갈등은 해소되었으며 자신들의 바람인 바다동물 사냥의 성공이 이루어진다는 믿음을 가지게 된다. 또한 이들은 사냥에 성공하면 화신에게 연어 눈알을 더 바치므로 이들의 제물은 무조건적인 것이 아니라 조건적이다. 이는 인간과 인간 너머의 존재들은 일방적, 절대적인 지배와 복종, 받음과 받침, 수직적 상하관계가 아니라 공동의 네트워크 속에서 서로에게 주어진 역할을 제대로 수행하면서 주고받는 관계라는 이들의 생태적 세계관에 의한 것이다.

(2) 사냥터 화신제의 특징과 진행과정

극동 토착종족은 타이가 사냥터에 도착하면 가장 먼저 모닥불을 피워 화신제를 거행하는데 모닥불은 상계 ↔ 중계 ↔ 하계를 연결하는 우주의 중심축이자 화신이 깃들일 곳이다.

〈오로치족 사냥꾼과 화신〉 한 오로치족 사냥꾼이 구르강[224]에서 사냥

---

224 옛 훈가리강.

을 하였다. 오로치족은 사냥터에 도착하면 먼저 모닥불을 피워 화신에게
사냥의 성공을 기원한 뒤 사냥을 하였다. 하지만 그는 그렇게 하지 않았
다. 사냥이 잘 되지 않았다. 누구도 사냥꾼을 도와줄 수 없었다.[225]

위 설화에 의하면 오로치족에게는 사냥터에 도착하면 사냥을 시작하
기 전에 화신제를 거행하는 관습이 있었는데 구르강에서 사냥을 하는
오로치족 사냥꾼은 이 관습을 지키지 않았다. 이로 인해 늘 사냥에 실패
하였지만 사냥의 성패는 인간이 아니라 화신에게 달려있기 때문에 누
구도 도와줄 수가 없었다. 이들이 사냥 전 화신제와 무관하게 사냥터에
서도 화신제를 거행하는 것은 사냥 전 화신제와 사냥터 화신제의 화신
이 서로 다른 신일뿐만 아니라 역할에서도 차이가 나기 때문이다.

〈오로치족 사냥꾼과 화신제〉 예전에는 사냥이 잘 되었다. 그런데 사냥
터를 옮긴 뒤부터 계속 사냥에 실패하였다. 그곳에서는 동물도 새도 찾을
수가 없었다. 사냥꾼은 도무지 이 상황을 이해할 수 없었다. 사냥꾼은 동
행했던 사냥꾼을 통해 아내에게 술을 보내달라고 편지를 보냈다. 사냥꾼
의 아내와 함께 편지를 읽은 사냥꾼의 엄마는 술과 형형색색의 천 조각을
보내주었다. 사냥꾼은 모닥불을 피운 뒤 술을 부으면서 기도했다. "보아
시여, 제물을 바칩니다. 사냥에 성공하게 해주시고 더 이상 저를 힘들게
하지 마세요!" 그러고 나서 형형색색의 천 조각 몇 개를 나무에 묶었다.
그 이후 사냥이 잘 되었다.[226]

위 설화에서 사냥꾼은 사냥터를 옮긴 뒤 계속 사냥에 실패하였는데
집에서 술과 형형색색의 천 조각을 받아 화신제를 거행한 뒤 비로소

---

225 С. В. Березницкий, Мифология и верования орочей, СПб.: ПВ, 1999, p.38.
226 С. В. Березницкий, там же, p.39.

사냥에 성공하였다. 이에 의하면 기존 사냥터와 옮긴 사냥터의 화신이
다르기 때문에 사냥터를 옮기면 그 지역 사냥터의 화신을 위한 의식을
거행해야 한다. 오로치족 사냥꾼은 이를 지키지 않았기 때문에 새로운
사냥터에서 계속 사냥에 실패했던 것이다. 위 설화에서 제장은 타이가
이며, 제당은 모닥불이 피워진 곳이고, 제관장은 사냥꾼이며, 숭배 대상
은 화신이고, 의식은 준비의식, 영신과 교신의식, 오신의식의 순서로 진
행된다.

◎ 준비의식

　사냥꾼은 계속되는 사냥의 실패를 이해할 수 없었지만 화신제를 수행하
　기로 하면서 집에 화신에게 제물로 바칠 술을 보내달라는 편지를 보냈다.
　사냥꾼의 엄마는 사냥꾼이 요청하지 않은 형형색색의 천을 술과 함께 보
　내주었는데 천은 불·불꽃을 상징하므로 사냥꾼의 엄마는 사냥의 실패가
　화신제를 거행하지 않았기 때문이라고 생각하였다.

◎ 영신과 교신의식
◦ 모닥불 피우기

　사냥터에 모닥불을 피우는데 모닥불은 화신이 깃들일 곳이므로 의식의
　시공간으로 화신을 불러오는 역할, 사냥꾼이 제물을 바치고 화신이 제물
　을 받는 숭배용 제단의 역할을 한다. 화신은 대지모신·마을신·타이가신
　(산신) 등 주변의 자연신들을 의식의 공간으로 불러와 사냥꾼 ↔ 화신
　↔ 자연신의 네트워크를 조직한 뒤 사냥꾼이 바친 제물을 나누어주면서
　사냥꾼의 바람을 들려준다. 이때 사냥꾼은 마을신에게는 사냥움집을 설
　치할 장소를 물어보고, 타이가신에게는 사냥 기간 타이가에서의 안전 보
　장을 기원한다. 이들의 사냥은 짧으면 하루에 끝나기도 하지만 사냥철의
　사냥은 보통 수일에서 1~2개월까지 소요되는 긴 여정이었기 때문에 타이
　가에서의 안전은 사냥의 성공 못지않게 중요하였다. 마을신에게 사냥움
　집 설치를 물어보는 것은 타이가세계에는 인간세계와는 독립된 고유한

관습과 질서가 있기 때문에 타이가에서는 그 세계 신의 지시에 따라야 한다는 관념에 의한 것이다. 여기에서는 지구와 우주의 각 세계는 그곳을 다스리는 신, 그곳의 규율과 관습, 그곳 사람들이 있으며 그 세계에 가면 그 세계의 질서와 규칙을 따라야 한다는 이들의 생태적 세계관이 엿보인다. 이러한 세계관에서 자연은 인간의 이기와 행복을 위해 개척·개발·정복해야 할 대상이 아니라, 공존·공감·상호 협력해야 할 운명 공동체이며 인간뿐만 아니라 모든 자연물도 각자 고유의 시잠을 가지고 인간세계를 바라본다.

○ 연유 닦음

화신에게 술을 제물로 바치면서 사냥의 성공을 기원하는 연유 닦음을 하는데 기원문은 사냥의 성공 기원과 자신을 힘들게 하지 말라는 간곡한 명령 내지는 부탁으로 이루어진다. 사냥터에서 화신은 사냥꾼과 동물의 영혼을 연결하여 사냥꾼에게 동물의 종류, 위치, 상태 등을 알려주고 동물에게는 사냥꾼에게 가게 하여 사냥의 성공을 도와준다. 이는 지구와 우주는 인간과 인간 너머 존재들·비인간 존재들의 활발한 교류와 협력의 장이라는 이들의 생태적 세계관에 의한 것이다.

◎ 오신의식

사냥꾼은 모닥불이 있음에도 나무에 형형색색의 천 조각을 묶었는데 이로 인해 사냥터에는 화신제 이후에도 화신이 머물 수 있는 거처가 마련되었다. 페티시즘의 단계와 달리 다신신앙의 단계에서 자연물과 신의 직접적인 관계는 희미해지기 때문에 화신이 늘 불에 머무는 것은 아니다. 하지만 사냥터에 자신의 거처가 있으면 화신이 좋아하므로 이 의식의 또 다른 목적은 화신을 즐겁게 해주기 위한 것이다. 의식이 끝나면 사냥꾼은 주변 상황이 전도되면서 사냥을 방해하는 악령과 불길한 세력들은 퇴치되었고, 자신들과 이런 세력들의 갈등은 해소되었으며, 자신의 바람인 사냥의 성공이 이루어진다는 믿음을 가지게 된다.

위 설화에서 사냥꾼은 화신제를 하면서 극동 토착종족의 화신인 토고나 푸쟈가 아니라 지고신 보아를 찾았는데, 보아는 buga(boga~bua~

boa~bo~ba, 우주·하늘·지역·나라·땅·세계·날씨·자연·자연현상/ 퉁구스제어)에
서 기원한다. 즉 보아는 인간을 둘러싼 모든 환경을 의미하므로 다신신
앙의 초기 단계에서 사냥의 성공은 인간 주변의 모든 자연신 및 우주신
에 의한 것이었다. Boa와 동일 어간의 boatu(사냥하다/ 네기달어·나나이어·
우데게어·오로치어·오로크어·울치어), bogaa(신상/ 네기달어), bogdo(우상/ 네기
달어), bugu(큰 사슴)에 근거할 때[227] 초기 이들에게 사냥의 보호신은 화신
이 아니라 큰사슴 형상의 우주신이었다. 따라서 화신이 이들 사이에서
사냥의 보호신으로 자리 잡은 것은 애니미즘적 세계관이 발전한 보다
이후의 일이다.

(3) 사냥 후 화신제의 특징과 진행과정

사냥 후의 화신제는 사냥의 성공을 도와준 화신에 대한 감사의식이다.

> 〈네기달족의 사냥 후 화신제〉 사냥이 끝나면 사냥움집으로 사냥동물을
> 가지고 온다. 사냥움집에 도착하면 모닥불을 피운다. 사냥동물을 부위별
> 로 조금씩 잘라 화신에게 제물로 바치면서 감사의식을 거행한다. "화신님!
> 우리에게 온기를 주세요! 더 따뜻하게 해주세요! 앞으로도 사냥에 성공하
> 게 해주세요! 가족에게 건강과 행복을 주세요! 순록 떼가 늘어나게 해주세
> 요!" 화신제가 끝나면 식사를 한 뒤 남은 음식들은 모두 불에 바친다.[228]

위 의식에서 제장은 사냥 움집이며, 제당은 모닥불이 설치된 곳이고,
제관장은 사냥꾼이며, 대상은 화신이고, 주체는 개인(혹은 집단)이며, 의
식은 준비의식, 영신과 교신의식, 송신의식의 순서로 진행된다.

---

227 ССТМЯ 2, pp.87, 100, 102.
228 С. В. Березницкий, Нерчинская экспедиция, СПб.: МАЭ РАН, 2014, p.122.

◎ 준비의식

사냥이 끝나면 사냥움집으로 사냥한 동물을 가지고 온다. 겨울철 눈이 너무 많이 쌓이거나 해가 빨리 떨어져서 사냥한 동물을 가져올 수 없는 경우, 사냥터에서 해체하여 간, 콩팥, 혀 등만 가져오고 나머지는 자작나무 껍질로 덮어놓는다.[229]

◎ 영신과 교신의식

◦ 모닥불 피우기

사냥움집에 도착하면 모닥불을 피운다. 모닥불은 화신이 깃들일 곳이다. 불은 의식의 시공간으로 화신을 불러오는 역할, 사냥꾼이 제물을 바치고 화신이 제물을 받는 숭배용 제단의 역할을 한다.

◦ 연유 닦음

사냥동물을 부위별로 조금씩 잘라 화신에게 제물로 바치면서 자신의 바람을 기원하는 연유 닦음을 한다. 사냥꾼은 온기와 열, 사냥의 성공, 가족의 건강과 행복, 순록 떼의 번창을 기원하였다. 이를 통해 이들 불 숭배의 단계적 변형과정을 알 수 있는데 페티시즘 단계에서 이들의 숭배 대상은 열·온기·빛의 원천으로서 불이었다. 다신신앙의 단계에서 숭배 대상은 화신으로 바뀌었고, 사냥꾼의 요구는 사냥의 성공, 가족과 씨족의 건강과 행복, 순록 떼의 번식 및 풍요 등 고차원적인 내용으로 전환되었다. 기원 문에 의하면 사냥 후의 화신제는 다음 사냥의 성공, 가족의 무사안녕, 순록 떼의 번성 등을 보장받기 위한 것이었다.

◦ 음복례

연유 닦음이 끝나면 식사를 하였는데 이는 화신이 흠향 후 음식에 남겨둔 복을 받기 위한 것이다.

◎ 송신의식

식사 후 남은 음식들은 모두 불에 바치는데 이는 사냥의 성공은 화신에

---

229 С. В. Березницкий, там же, p.122.

의한 것이므로 자신에게 필요한 것 이상은 모두 원래 주인에게 돌려주어 야 한다는 관념에 의한 것이다.

쿠루미강 나나이족은 사냥이 끝나면 사냥움집으로 돌아와 모닥불을 피 운 뒤, 죽을 끓여 화신과 사냥터의 마을신 보 오쟈니(bo ožni)에게 바쳤는 데[230] 이는 사냥의 성공에 대한 감사의식이다. 보 오쟈니에서 보는 부가, 오쟈니는 에제니의 음성변형이므로 보 오쟈니는 본디 마을신이 아니라 인간을 둘러싼 모든 자연환경을 다스리는 우주신이었다. 그런데 이들에 게 마을이 우주의 중심, 소우주를 상징하게 되면서 지극히 높은 하늘에 있던 보 오쟈니는 인간 가까이로 내려와 마을신으로 자리 잡았다. 이들이 사냥 후 화신과 사냥터의 마을신에게 제물을 바치는 것은 사냥의 성공은 화신과 사냥터 마을신의 공동 작용에 의한 것이라는 관념에 근거한다.

극동 토착종족의 사냥제-화신제는 사냥 전 화신제, 사냥터에서 화신 제, 사냥 후 화신제의 순서로 거행된다. 의식에서 화신은 마을신·타이 가신·해신 등 자연신들을 의식의 시공간으로 불러와 인간 ↔ 화신 ↔ 자연신의 네트워크를 구성한 뒤 토착종족의 바람을 신들에게 알려주어 재액초복을 가져다주는 역할, 인간과 동물의 영혼을 연결하여 사냥의 성공을 도와주는 역할을 한다. 그런데 이는 인간이 우주 삼계를 오가면 서 자연신들과 직접 교류하던 시기보다 늦은 시기의 관념이므로 이들 에게 인간과 신의 관계는 직접 교류 → 화신의 중개를 통한 교류 → 샤먼의 중개를 통한 교류의 단계로 변형되었다. 또한 극동 토착종족의 사냥제-화신제는 성/ 속, 상계/ 중계, 중계/ 하계, 생/ 사, 신/ 악령, 인 간/ 신, 인간/ 동물, 신/ 동물의 이원대립을 내포하고 있으며 화신은 이

---

230 А. Н. Липский, Элементы религиозно-психологических представлений гольдов (предварительный отчет), Известия гос. ин-та народного образ ования 1, Чита, 1923, pp.35-36.

원대립을 경계 짓고 통합하는 역할을 한다.

3) 극동 토착종족의 신년제와 씨족제에서 화신제

(1) 신년제에서 화신제: 에벤족을 중심으로

에벤족은 1년에 2회 여름철이 시작되는 6월 21일~22일에 여름 신년제 헵제네크, 겨울 사냥철이 시작되는 1월 말에 겨울 신년제 넬텐케 에비네켄을 거행하므로 이들에게 여름 신년제는 여성성, 겨울 신년제는 남성성을 가지고 있다. 그런데 이들의 신년제는 몇몇 씨족 단위로 해당 종족이 거주하는 모든 지역에서 동시에 거행되기 때문에 종족제의 성격을 띤다. 신년제는 극동 토착종족 공통이지만 에벤족에게 그 원형이 잘 보존되어 있다.

① 에벤족 여름 신년제 헵제네크

가. 여름 신년제 헵제네크의 특징

에벤족은 매년 6월 21~22일 밤 마가단주 오호츠크해 타우이만의 게르트네르곳 해변에서 여름 신년제 헵제네크를 거행한다. 헵제네크와 hɛʒɛn(빠르다, 열정적이다/ 네기달어), fɛʒɛ(빠르다, 힘을 모으다/ 나나이어), hodo(인간 형상의 속도(速度)의 신, 속도 신의 신상/ 오로치어)의 음성적 유사성에 근거할 때[231] 의례의 목적은 새해를 맞이하여 삶의 활력을 회복하고 삶의 재생과 부활을 도모하는 것이다. 과거 이들에게 새해는 지금처럼 1월 1일이 아니라 6월 22일이었는데 이 시기 새끼 순록들이 태어나기 때문에 '새끼 순록 탄생제'라고도 하며, 사하공화국 알라이호프 마을의 에벤

---

231 ССТМЯ 1, p.480.

족은 '툰드라의 개화(開花)제(Tuur chubyrgin nechɛ iichɛ)'라고도 한다.[232]

이들이 여름 신년제를 6월 22일에 거행하는 것은 두 가지 이유에 의한 것이다. 첫 번째, 이들에게 7월은 봄이 끝나고 생기와 활력이 넘치는 여름이 시작되는 시기로 이즈음 순록과 같은 동물의 탄생, 꽃과 같은 식물의 부활이 이루어지기 때문이다. 두 번째, 1년 중 유일하게 이날 천문(天門)이 열리면서[233] 직접 천신들을 만나 자신들의 바람을 기원할 수 있기 때문이다. 이는 과거 에벤족이 천신들과 직접 교류했던 흔적이므로 여름 신년제는 샤머니즘 수용 이전에 출현한 의례이다. 이에 의하면 이날은 우주의 상계·중계·하계가 통합의 단일체가 되고, 신·인간·조상령이 하나로 연결되는 성스러운 날이다. 이들의 여름 신년제에는 불 정화의식을 거친 사람만 참가할 수 있는데[234] 이는 신년제가 거행되는 공간은 신에 의해 정화된 성스러운 공간, 우주의 중심이기 때문이다. 이로 인해 참가자들은 불결한 생각을 해서도, 거친 말이나 욕을 해서도, 싸움을 해서도 안 되며, 기쁘고 즐거운 마음을 가져야 한다. 에벤족의 여름 신년제는 샤먼이 주도하는 일출 전의 화신제와 씨족장이 주도하는 일출 후의 화신제와 태양제로 나누어지는데 그 중심에는 불 숭배가 자리하고 있다.

---

232 Г. Н. Варавина, "Культ огня в традиционной культуре народов Севера (на примере эвенов Якутии)", Научные проблемы гуманитарных исследований, Пятигорск: Ин-т регион. проб. РГ на северном Кавказе, 2012, p.21.

233 Г. Н. Варавина, там же, p.21.

234 Г. Н. Варавина, там же, p.21.

나. 일출 전의 화신제

〈에벤족의 여름 신년제 헵제네크에서 일출 전의 화신제〉 6월 21일 밤 집집마다 형형색색의 천을 집 옆의 나무에 매단다. 샤먼의 지시에 따라 모두 의례 공간으로 모인다. 모닥불을 피운 뒤 철쭉 가지를 넣는다. 샤먼은 철쭉 연기로 의례참가자들을 정화시킨다. 자정 무렵 정화의식이 끝난다. 샤먼은 모닥불에 지난해에 정신적, 물질적으로 힘들었던 모든 것들을 태우는 듯한 행동을 취한다. 샤먼의식이 끝나면 2개의 장대나 2개의 나무 사이에 끈 델부르게를 묶는다. 동쪽과 서쪽에 모닥불 굴룬 토곤을 피운다. 모닥불에 만병초를 넣는다.²³⁵

위 의례에서 제장은 해안이고, 제당은 제장과 결합되어 있으며, 제관장은 샤먼이고, 대상은 화신이며, 의례는 정화의식, 부활의식의 순서로 진행된다.

◎ 정화의식
∘ 영신의식
6월 21일 밤 집집마다 형형색색의 천을 집 옆의 나무에 매다는데 이는 의례의 시작을 알리면서 의례의 시공간으로 화신을 불러오기 위한 것이다. 천은 불·불꽃을 상징하며 화신이 깃들일 곳이므로 의례 기간 동안 화신은 언제든지 집 옆에 와서 머물 수 있다. 집 안에 화덕이 있는데도 집 밖에 천을 매다는 것은 화덕의 화신과 집 밖의 화신은 다른 신일뿐만 아니라 역할에서도 차이가 나기 때문이다. 화덕의 화신은 가택신, 조상령과 결합되어 있다면, 집 밖의 불은 신년제의 공간에 있는 자연신들과 결합되어 있다.

235 Т. В. Павлова, Обрядовый фольклор эвенов Якутии (музыкально-этнографический аспект), СПб.: РГПУ, 2001, p.78.

◦ 제장으로 집합

샤먼의 지시에 따라 모두 해안으로 모여 모닥불을 피운 뒤 철쭉 가지를 집어넣는다. 샤먼은 철쭉 연기로 참가자들을 정화시키는데[236] 이는 정화된 상태에서 새해 첫날을 맞이하기 위한 것이다.

◦ 과거 소멸 의식

자정 무렵 정화의식이 끝나면 샤먼은 모닥불에 지난해에 정신적·물질적으로 힘들었던 모든 것들을 태우는 듯한 행동을 취한다. 이는 화신의 초자연적인 신성한 힘을 이용하여 지난해의 불행, 고통, 죄악, 과오, 불결한 모든 것들을 소멸시키기 위한 것이다. 정화의식에서 화신은 에벤족의 새해 안녕과 평안을 방해하는 악령과 불길한 세력들을 퇴치하고, 이들에게 재액초복을 가져다주는 역할을 한다.

◎ 부활의식

정화의식이 끝나면 끈 델부르게를 2개의 장대나 2개의 나무 사이에 묶고, 동쪽과 서쪽에 모닥불 굴룬 토곤을 피운 뒤 만병초를 넣는다.[237] 굴룬 토곤은 gulɛ(집/ 에벤키어)[238] + togo(화신)의 구조이므로 '화신의 집, 화신의 거처'를 의미하며, 만병초 연기는 의식의 시공간에 있는 악령과 불길한 기운을 퇴치하고, 의식참가자들을 보호하는 역할을 한다. 정화의식에서의 모닥불과 부활의식에서의 모닥불은 서로 다른 역할을 한다. 전자의 불은 악령과 불길한 세력들을 퇴치하는 역할을 하고, 후자의 불은 생/ 사, 아/ 타, 동/ 서를 경계 짓고 통합하는 역할을 한다. 의식에서 서쪽의 모닥불은 과거·죽음·악령·타자의 세계와 달, 동쪽의 모닥불은 미래·탄생·생명·아의 세계와 태양을 상징한다. 끈 델부르게는 몽골 고어 dɛlbi(-을 지나가다)에서 기원하므로[239] 몽골족으로부터 수용한 관념이며, 정화된 세

236 Т. В. Павлова, там же, p.78.
237 Т. В. Павлова, там же, p.78.
238 Б. В. Болдырев, Эвенко-русскийсловарь 1, М.: Филиал СО РАН ГЕО, 2000, p.124.
239 ССТМЯ 1, p.232.

계, 재생과 부활의 세계로 들어가는 출입문을 의미한다. 의식에서 델부르
게를 지난 공간은 화신에 의해 정화된 신성한 세계, 질서 잡힌 체계적인
세계, 재생과 부활의 세계, 미래와 희망의 세계, 생과 아의 세계이며 그
전의 공간은 무질서한 혼돈의 세계, 과거와 고통의 세계, 죽음과 타자의
세계이다.

다. 일출 후의 화신제와 태양제

〈에벤족의 여름 신년제 헵제네크에서 일출 후의 화신제와 태양제〉 일
출이 시작되면 의식참가자들은 서쪽의 모닥불을 지나 동쪽의 모닥불로
이동한다. 동쪽의 모닥불을 지나면서 씨족장의 주도로 모두 태양신에게
기원한다. 그 뒤 일출 방향으로 걸어간다.[240]

위 의식에서 제장은 해안이고, 제당은 제장과 결합되어 있으며, 제관
장은 씨족장이고, 주체는 집단이며, 의식은 화신제와 태양제의 순서로
진행된다.

◎ 화신제
일출이 시작되면 의식참가자들은 서쪽의 모닥불을 지나 동쪽의 모닥불
로 이동하는데 이들에게 서쪽은 죽음·악령·타자의 세계, 동쪽은 생과 아
의 세계이다. 따라서 이 의식은 과거, 고통, 불행, 아픔, 질병 등을 죽음의
세계에 통합시킨 뒤 새해, 생명과 부활, 희망과 미래의 세계에 통합하기
위한 것이다.

◎ 태양제
동쪽의 모닥불을 지나면서 씨족장의 주도로 모두 태양신에게 기원한 뒤

---

240 А. А. Алексеев, "Культ огня у эвенов", Илин 3~4, СПб.: ВВМ, 2003, pp.78-80.

일출 방향으로 걸어간다. 일출 방향은 태양신에 의해 정화된 신성한 세
계, 새해·미래·희망·생·아의 세계이며, 그 반대 방향은 과거, 무질서한
혼돈의 세계, 죽음·타자·악령의 세계이다. 이 의식을 통해 의식참가자들
은 화신과 태양신에 의해 정화된 세계에 통합되고, 이 순간 이후 삶은
새로운 순환 구조 속에 놓이게 되므로 이 의식에는 불 숭배와 태양 숭배
가 혼용되어 있다.

에벤족의 여름 신년제에서 일출 전의 의식은 샤먼이, 일출 후의 의식
은 씨족장이 주도하므로 일출 후의 의식이 먼저 출현하였으며 이들의
신년제에서 화신 숭배는 태양신 숭배, 마을신 숭배, 삼단세계관, 샤머니
즘 등 시대가 다른 여러 층위의 관념과 혼종 융합되어 중층구조를 이루
고 있다. 또 이들의 신년제에는 선/ 악, 성/ 속, 생/ 사, 아/ 타, 신/ 구,
과거/ 미래, 행/ 불행, 동/ 서, 자연/ 문화, 달/ 태양의 이원대립이 내포
되어 있다. 일출 전의 의식에서는 화신이, 일출 후의 의식에서는 화신과
태양신이 이원대립을 경계 짓고 통합하는 역할을 한다.

② 에벤족의 겨울 신년제 넬텐케 에비네켄에서 화신제
사하공화국 알라이호프 마을을 비롯한 에벤족은 해안에 인접한 툰드
라에서 겨울 신년제 넬텐케 에비네켄(Neltenke evineken)을 거행한다. 겨울
신년제는 1단계 화신제, 2단계 히르게첸(hirgechen) 자연신 헌제의식의
순서로 진행되는데 이는 이들 신년제의 변형과 발전과정을 보여준다.

〈에벤족의 겨울 신년제 넬텐케 에비네에서 화신제〉 모두 툰드라에 있
는 제장에 모인다. 의례용 춤과 의례용품들을 준비한다. 씨족장의 지시에
따라 철쭉 가지로 모닥불을 피운다. 씨족장은 의례의 시작을 위해 모닥불
연기로 의례용 춤, 의례용품, 의례참가자들을 정화시킨다. 화신, 강신, 마

을신, 대지모신 등 주변의 자연신들에게 순록의 피, 심장, 콩팥, 혀, 연수 등을 제물로 바친다. 자신들의 바람을 기원한다. 의식이 끝나면 남녀노소 함께 어우러져서 원무 헤에디에를 춘다.[241]

위 의례에서 제장은 툰드라이며, 제당은 모닥불이 피워진 곳이고, 주체는 집단이며, 제관장은 씨족장이고, 의례는 준비의식, 영신과 교신의식, 오신의식의 순서로 진행된다.

◎ 준비의식
모두 툰드라의 제장에 모여 의례용 춤과 의례용품들을 준비한다.

◎ 영신과 교신의식
◦ 모닥불 피우기
씨족장의 지시에 따라 철쭉 가지로 모닥불을 피운다. 모닥불은 상계 ↔ 중계 ↔ 하계를 연결하는 우주의 중심축이자 화신이 깃들일 곳이므로 의례의 시공간으로 화신을 불러오는 역할, 숭배용 제단의 역할을 한다.
◦ 정화의식
씨족장은 모닥불 연기로 의례용 춤, 의례용품, 의례참가자들을 정화시키는데[242] 이는 화신을 통해 의례의 시공간에 있는 악령과 불길한 세력들을 퇴치하고 정화된 상태에서 일출을 맞이하기 위한 것이다. 이로 인해 의례의 시공간은 화신에 의해 정화된 성스러운 세계, 질서 잡힌 조직화 된

---

241 Г. Н. Варавина, "Концепт душа в мифоритуальной традиции народов Севера (на примере культуры тунгусоязычных этносов)", Материалы Международного молодежного научного форума 《ЛОМОНОСОВ-2013》, М.: МАКС Пресс, 2013, p.333; Эвенские обрядовые праздники: Хэбденек, Бакылдыдяк, Холиа, Чайрудяк (ЭОП ХБХЧ), Л. А. Савельев (Ред.), Магадан: Новая полиграфия, 2008, p.13.
242 Г. Н. Варавина, там же, p.333.

세계, 생과 아의 세계를 상징하게 된다. 또한 의례참가자들은 자신들은 신의 선택을 받은 존재이며, 신에 의해 정화된 신성한 세계, 우주의 중심에 존재한다는 믿음을 가지게 된다. 반면 의례 밖의 공간은 정화되지 않은 무질서한 혼돈의 세계, 죽음·악령·타자의 세계를 상징한다. 따라서 이들의 겨울 신년제는 성/ 속, 코스모스/ 카오스, 아/ 타, 중심/ 주변, 생/ 사, 신/ 인간, 자연/ 문화, 중심/ 주변의 이원대립을 내포하고 있으며, 화신은 이원대립을 경계 짓고 통합하는 역할을 한다.

◦ 히르게첸 자연신 헌제의식

히르게첸은 화신, 강신, 마을신, 대지모신 등 주변의 자연신들에게 순록의 피, 심장, 콩팥, 혀, 연수 등을 제물로 바치는 의식으로[243] 시대가 다른 다양한 관념들이 복잡하게 혼종·융합되어 있다. 히르게첸과 hirgi(흐르다, 물의 흐름/ 만주어)의 음성적 유사성에 근거할 때[244] 이 의식은 만주족의 수신제에서 기원한다.

◎ 오신의식

의식이 끝나면 남녀노소 함께 어우러져서 원무 헤에디에를 춘다. 과거에는 의례가 거행되는 3일 동안 춤추는 사람들을 교대하면서 춤의 흐름이 끊어지지 않게 하였는데[245] 이는 성수 3숭배에 의한 것이다. 이들에게 원무는 시작과 끝의 무한한 확장성, 삶의 재생과 부활, 자연의 순환과 반복의 연속성을 상징한다.[246]

---

243 Эвенские обрядовые праздники: Хэбденек, Бакылдыдяк, Холиа, Чайруд як, Л. А. Савельев (Ред.), Магадан: Новая полиграфия, 2008, p.13.

244 А. А. Алексеев, Эвены Верхоянья: история и культура (конец XIX 80-е гг.~XX в.), СПб.: ВВМ, 2006, p.150; ССТМЯ 1, p.466.

245 Эвенские обрядовые праздники: Хэбденек, Бакылдыдяк, Холиа, Чайруд як, Л. А. Савельев (Ред.), Магадан: Новая полиграфия, 2008, p.13.

246 김태옥, 「부랴트족 요호르와 야쿠트족 오수오하이 원무(圓舞) 연구」, 『인문사회 21』 9(1), 2018, p.368.

에벤족의 겨울 신년제 넬텐케 에비네켄은 불 정화의식에서 시작하므
로 불 숭배에서 기원하는데 이후 강신 숭배, 마을신 숭배, 대지모신 숭
배 등과 결합되면서 내용과 형식이 복잡해졌다.

6. 극동 토착종족의 불에 대한 금기

극동 토착종족의 신화적 관념에 의하면 이들 사이에 불에 대한 금기
가 자리 잡은 것은 곰에 의한 것이다.

> 〈우데게족 소년과 곰〉 곰이 우데게족 소년에게 상처를 입혔다. 곰은 소
> 년에게 화신 푸쟈 마마를 숭배하라고 하였다. 또 곰은 불을 칼로 찌르거
> 나 도끼로 베거나, 나뭇가지로 재를 휘젓거나, 물을 붓거나, 타다가 만
> 것들을 불에 넣으면 안 된다고 하였다.[247]

위 신화에서 곰은 우데게족의 한 소년에게 상처를 입힌 뒤 불에 대한
금기사항을 알려주었는데 이는 불에 깃들인 화신이 다치거나 노여워할
수 있다는 두려움에 근거하므로 이들의 불에 대한 금기는 다신신앙의
단계에서 출현하였다. 위 신화에서 곰은 극동 토착종족에게 불에 대한
금기를 전해줌으로써 불, 즉 자연생태계를 대하는 태도를 가르쳐 준 존
재이다. 이에 의하면 인간과 비인간 존재들의 상호협력을 통해 인간세
계, 궁극적으로 지구와 우주의 균형과 질서가 유지되는데 여기에서는
곰을 바라보는 인간의 시점이 아닌 인간을 바라보는 곰의 시점이 중심
에 놓여있다.

---

247 В. К. Арсеньев, 1914~1925. Архив ПФРГО. Ф.1, Оп.1, Д.27, p.675.

극동 토착종족 사이에는 화신과 관련된 많은 금기가 있는데 이를 어긴 뒤 벌을 받았다는 모티프의 신화가 두루 전해진다. 화신에 대한 금기는 일정 시점 이후 종교적 명령으로 바뀌었고 철저하게 이행해야 했으며 어길 경우 굶주림, 추위, 죽음 등 엄청난 재앙이 따른다는 믿음을 갖게 되었다.

> 〈나나이족 사냥꾼과 화신〉 사냥에 실패한 한 나나이족 사냥꾼은 이를 화신 탓이라고 생각했다. 개썰매를 타고 집으로 떠나기에 앞서 불을 피워 죽을 끓인 뒤 화신에게 머리가 땅에 닿도록 절을 하면서 말했다. "화신님! 올해 당신이 사냥을 도와주지 않아 빈손으로 돌아가지만 당신을 기분 나쁘게 하지는 않겠소. 내년에 반드시 다시 오겠소!" 그러고 나서 냄비에서 죽을 꺼내 불에 붓고 도끼로 몇 차례 내리쳤다. 사냥꾼은 집으로 가던 중 임시 움막에서 잠을 자다가 꿈을 꾸었다. 꿈에 나타난 화신은 사냥꾼이 죽을 불에 붓고 도끼로 내리치는 바람에 두 딸이 죽었다고 분노했다. 사냥꾼이 다음 해 사냥터에 왔을 때 화신이 다시 꿈에 나타나서 "내 딸들을 죽인 살인자가 왔구나!"라고 했다.[248]

위 신화에서 나나이족 사냥꾼은 사냥의 실패를 화신의 탓으로 돌리면서 불에 뜨거운 죽을 붓고 도끼로 내리친 뒤 집으로 가던 중 임시 움막에서 자게 되었다. 그런데 화신이 꿈에 나타나 사냥꾼의 이런 행동으로 인해 자신의 두 딸이 죽었다면서 분노했다. 이에 의하면 화신은 가족과 함께 불에 살기 때문에 불에 뜨거운 것을 붓거나 도끼 같은 것

---

248 Т. П. Роон, Уйльта Сахалина: Историко-этнографическое исследование традиционного хозяйства и материальной культуры XVIII~середины XX веков, Южно-Сахалинск: СКИ, 1996, p.120; Е. А. Гаер, Традиционная бытовая обрядность нанайцев в конце XIX~начале XX в., М.: Мысль, 1991, p.19.

을 내리치면 화신과 그 가족들이 다치거나 죽을 수 있다. 위 신화에서 화신의 아내는 드러나지 않지만 두 딸이 있으므로 화신은 혼인을 하였고, 화신은 두 딸의 죽음으로 인해 사냥꾼에게 분노를 느끼고 있다. 따라서 인간 너머의 존재들도 혼인을 하고, 자식을 낳는 등 인간과 같은 생활을 하며 분노와 같은 감정을 가지고 있고, 인간에 의해 죽임을 당하기도 한다. 이는 인간 너머의 존재들도, 희노애락의 감정과 생사를 속성으로 가지고 있다는 이들의 생태적 세계관에 의한 것이다.

위 신화에서 화신이 사냥꾼에게 어떤 벌을 내렸는지는 드러나지 않지만 극동 토착종족에게는 화신이 화가 나면 인간에게 벌을 내린다는 모티프가 전해지는데 크게 화신이 불을 떠난다는 모티프와 금기를 어긴 사람이 병에 걸린다는 모티프로 나누어진다.

〈오로크족 여인과 화신〉 한 오로크족 여인이 화덕의 불에게 화가 나서 칼로 불을 찔렀다. 그러자 불이 꺼졌다. 사냥에서 돌아온 남편이 아내를 책망한 뒤 흰 순록을 잡아 심장 조각과 피를 불에 바쳤다. 그러자 화덕에서 불이 다시 타올랐다.

위 신화에서 이유는 알 수 없지만 화덕의 불에게 화가 난 오로크족 여인이 칼로 불을 찌르자 불이 꺼졌는데 이는 금기를 어긴 여인에게 화가 난 화신이 불을 떠났기 때문이다. 이후 남편이 순록의 심장 조각과 피를 바치고 용서를 빌면서 화신의 분노를 잠재우자 화신이 다시 돌아오면서 불이 타올랐다. 위 설화에서 남편이 화신에게 바친 순록의 심장은 순록 그 자체를, 순록의 피는 순록의 영혼을 상징하며 이 의식으로 순록은 화신의 세계에 통합되어 화신을 위해 복무하게 된다. 이에 의하면 샤머니즘 수용 이전에는 평범한 사람도 우주 삼계를 오가면서 신과 교류할 수 있었으며, 이들의 화신제는 샤머니즘 수용 이전 출현하였다.

그런데 어느 순간 이 체제가 무너졌고 샤먼이 출현하여 이 체제를 복원
하였으나 신과 인간의 교류는 샤먼의 특권이 되었고, 샤먼의 권위와 위
상은 더욱 강화되었다. 아무르강, 레나강, 앙가라강 연안과 사하공화국
암벽화에서 발견된 뿔 달린 반인반수 형상, 뿔 달린 토기, 샤먼의 장례
식에 근거할 때[249] 극동 토착종족 사이에 샤머니즘이 전파된 시기는 신
석기시대 후기인 기원전 2천년 기로 추정된다. 따라서 이들 화신 숭배
의 기원은 기원전 2천년 기 이후로는 내려올 수 없다.

> 〈에벤키족 여인과 화신〉 어느 날 두 에벤키족 여인이 불 옆에서 동물
> 가죽을 다듬고 있었다. 그런데 불 근처에서 갑자기 요란한 소리가 나더니
> 불꽃이 일었다. 이에 화가 난 한 여인이 장대를 들어 불을 때려 꺼뜨렸다.
> 잠시 후 여인이 옆을 보니 한 남자가 상처를 입은 채 땅에 누워있었다.
> 이후 여인의 집과 마을의 모든 불이 꺼졌다. 여인은 샤먼에게 도움을 청
> 했다. 며칠 동안 샤먼이 화신제를 거행하자 비로소 불이 되살아났다.[250]

위 신화에서 불 근처에서 요란한 소리가 나면서 불꽃이 일자 화가
난 여인이 장대로 불을 때린 뒤 옆을 보니 한 남자가 상처를 입고 땅에
누워있었는데 이 남자는 화신이었다. 위 신화는 화신이 남성 형상인 트
랜스바이칼과 바이칼 호수 지역 에벤키족 사이에 주로 전파되어 있다.
이후 여인의 집뿐만 아니라 마을의 모든 불이 꺼졌는데 이는 여인의

---

249 А. П. Окладников, Неолитические памятники Нижней Ангары (от Серов
о до Братска), Новосибирск: Наука, 1976, pp.98-99.

250 Д. Брандишаускас, "Локальное энвайронментальное знание: Экологиче
ское использование и символизм огня у оленеводов и охотников эвенк
ов-орочон Забайкалья", Огонь, вода, ветер и камень в эвенкийских ланд
шафтах. Отношения человека и природы в Байкальской Сибири, СПб.:
МАЭ РАН, 2016, p.121.

행동에 분노한 화신이 여인의 집과 마을을 떠났기 때문이다. 이처럼 한 개인의 행동은 가족, 마을, 씨족 등 집단 전체에 피해를 주기 때문에 이들의 불에 대한 금기는 개인의 안위뿐만 아니라 집단의 삶과도 긴밀하게 연결되어 있었다. 친자연적 생활방식으로 살아가는 이들에게 불의 소멸은 매우 가혹한 형벌일 뿐 아니라 가족과 씨족의 보호신이 사라지는 큰 재앙이었다. 〈오로크족 여인과 화신〉과 달리 〈에벤키족 여인과 화신〉에서는 샤먼의식을 통해서 불을 부활시켰는데 이는 샤머니즘 수용 이후 샤먼이 부분적으로 화신제를 주도하였음을 말해준다.

　〈오로치족 사냥꾼과 화신〉 한 오로치족 사냥꾼이 구르강에서 사냥을 하였다. 오로치족은 사냥을 하기 전에 화신에게 기도를 하는데 그는 그렇게 하지 않았다. 사냥이 잘 되지 않았다. 누구도 도와줄 수가 없었다. 엄청 화가 난 그는 다음 날 아침 집으로 돌아가기로 마음먹었다. 아침에 일어나서 철제 냄비에 죽을 끓여 화신에게 바친 뒤 화를 참지 못하고 칼로 모닥불을 찔렀다. 개를 썰매에 묶고 집으로 달려갔다. 점심도, 저녁도 먹지 않고 밤에도 쉬지 않고 달려 집에 도착했다. 그런데 며칠 뒤부터 아프기 시작했다.
　사냥꾼의 아내가 샤먼을 불러왔다. 샤먼은 의식을 시작했고 아내는 샤먼에게 남편이 아픈 이유를 물었다. 샤먼은 그가 사냥터에서 칼로 불을 찌르는 바람에 심하게 다친 화신이 화가 나서 벌을 내린 것이라고 했다. 샤먼은 화신이 사냥꾼을 쫓아왔지만 아다 절벽 근치에서 뒤처지는 바람에 끝까지 쫓아오지 못했다고 했다. 사냥꾼의 아내는 심히 놀랐다. 샤먼은 자신의 집으로 돌아갔다. 아내는 샤먼의 말이 사실이냐고 남편에게 물었다. 남편이 그렇다고 대답을 했다. 그러자 아내는 남편에게 화신이 벌을 내려 아픈 것이라고 했다.
　다음 날 사냥꾼의 아내는 다시 샤먼을 데리고 와서 치병의식을 했다. 샤먼은 사냥꾼의 아내에게 풀로 개 형상과 사람의 형상 2개를 만든 뒤 사람의 형상들을 개에 태워 화덕에 바치라고 하였다. 사냥꾼의 아내는

샤먼이 시키는 대로 했다. 샤먼은 차를 마신 뒤 집으로 돌아갔다. 다음 날 아침 사냥꾼은 훨씬 몸이 좋아져서 자리에서 일어났다. 사냥꾼의 아내는 샤먼을 찾아 가서 이 사실을 말했다. 샤먼은 아내에게 사냥꾼이 직접 사냥터에 가서 화신에게 용서를 구하면서 키우는 개를 제물로 바치라고 했다. 사냥꾼의 아내는 샤먼의 말을 남편에게 전했다. 사냥꾼은 샤먼이 시키는 대로 했다. 이후 사냥꾼은 완전히 건강을 되찾았다.[251]

위 신화에서는 사냥의 보호신으로서 화신의 역할, 화신과 인간 및 화신과 샤먼의 관계, 치병에서 화신의 역할, 화신의 종류 등이 구체적으로 드러나고 있다. 위 신화에서 오로치족 사냥꾼이 사냥에 실패한 것은 사냥 전 화신제를 하지 않았기 때문이므로 사냥 전 화신제는 이들에게 필수적인 의식이었다. 따라서 화신제를 거행하지 않으면 그에 상응하는 벌을 받게 되는데 대개 그 벌은 사냥의 실패이다. 위 신화에서 사냥의 실패를 화신 때문이라고 생각한 사냥꾼은 화를 참지 못하고 칼로 모닥불을 찌른 뒤 집으로 돌아왔는데 며칠 뒤부터 아프기 시작했다. 샤먼에 의하면 사냥꾼의 병은 화신의 분노로 인한 것이므로 칼과 같은 날카로운 물건으로 불을 찌르면 화신이 다치거나 죽을 수 있기 때문에 화신의 분노를 불러오게 된다. 화신은 화가 나면 불을 떠나는 소극적 행동으로 대응하기도 하지만 위 설화처럼 불을 괴롭힌 사람을 병에 걸리게 하는 등 적극적인 행동으로 대응하기도 한다.

사냥꾼의 아내는 치병의식을 거행할 때 샤먼이 시키는 대로 풀로 개를 타고 있는 사람의 형상 2개를 만들어 화덕에 바쳤는데 개와 사람은 샤먼의 보조령들이며 개는 샤먼을 하계로 인도하는 역할을 하므로 이들에게 개는 중계와 하계를 연결하는 중개자이다. 극동 토착종족에게

---

251 С. В. Березницкий, Мифология и верования орочей, СПб.: ПВ, 1999, p.38.

병은 영혼이 육신을 떠났기 때문에 발생하는 현상이므로 샤먼은 보조
령들과 함께 하계로 가서 육신을 떠난 사냥꾼의 영혼을 찾아 육신에
안착시켜야 한다. 그런데 사냥꾼이 완전히 건강을 회복한 것은 샤먼이
시키는 대로 사냥꾼이 직접 사냥터에 가서 화신에게 용서를 구하면서
개를 제물로 바친 이후이므로 화덕과 사냥터 모닥불의 화신은 서로 다
른 신이다. 즉 사냥꾼 아내가 거행한 화신제는 가족의 보호신으로서 화
신에 대한 의식이었고, 사냥꾼이 거행한 화신제는 사냥의 보호신으로
서 화신에 대한 의식이었으므로 내용, 의미, 결과에서 차이가 난다.

이처럼 화신제를 거행하지 않거나 화신이나 그 가족을 다치게 하는
행위, 화신을 모독하는 행위는 화신의 노여움을 불러온다. 그로 인해
화신이 불을 떠나거나 다양한 병에 걸리게 되는데 종종 두통, 눈병, 종
기, 위장병에 걸리며 가끔 죽음에 이르기도 한다. 이러한 죄는 친인척,
아이들, 손자, 증손자에게까지 그 화(禍)가 미치기도 한다. 불이 났을 때
어른이 죽으면 자신의 죄로 인한 것이고, 아이들이 죽으면 어른들이 지
은 죄를 아이들이 대신 받는 것이며, 집의 화재는 씨족의 전통을 지키지
않았기 때문에 받는 벌이다.[252] 이러한 규율은 씨족공동체에 대한 소속
감 강화, 개인적·집단적 삶의 규율 유지, 씨족의 질서와 균형 유지 및
자연생태계 보호에서 지대한 역할을 하였다.

극동 토착종족의 불에 대한 금기는 불 자체에 대한 것이 아니라 화신
에 대한 금기이지만 이들의 생태적 자연관 형성에 큰 영향을 미쳤다.
종족별로 다소 차이는 있지만 극동 토착종족에게는 다음과 같은 불에

---

252 А. Ф. Старцев, "Культ огня в охотопромысловой деятельности и бытово
й культуре тунгусо-маньчжурских этносов Нижнего Амура и Приморья",
Религиоведение 4, Благовещенск: АМГУ, 2019, p.77.

대한 금기가 있는데 이들은 이를 철저하게 지킨다.

첫 번째, 바늘처럼 날카로운 물건들을 불 가까이에 대거나, 이것들로 불을 찌르거나, 이것들을 불 안에 집어넣으면 안 된다. 화신이 다칠 수 있다. 여진족 샤이긴 고도 주거 유적지의 화덕에서 날카로운 물건이 발견되지 않았으므로[253] 이러한 금기는 이미 중세 이전부터 극동 토착종족 사이에 전파되어 있었다.

두 번째, 지팡이로 불을 거칠게 휘젓거나 칼로 불을 베면 안 된다. 화신이 다칠 수 있다.

세 번째, 불에 가시를 넣으면 안 된다. 가시가 목에 걸려 화신이 다칠 수 있다.

네 번째, 불에 전나무, 소나무, 도토리나무의 방울을 넣으면 안 된다. 수지가 나와서 화신의 눈이 멀 수 있다. 이는 수지가 불에 들어가면 불이 꺼진다는 자연물로서 불에 대한 관찰에 근거한다.

다섯 번째, 불에 막 꺾은 버드나무를 집어넣으면 안 된다. 화신의 눈을 찌를 수 있다.

여섯 번째, 불에 물을 부으면 안 된다. 화신이 물을 많이 마시게 되면 불이 안 타오른다. 이는 물과 불의 대립적 관계에 대한 관념에 근거한다.

일곱 번째, 모닥불 옆에서 칼이나 날카로운 도구로 나무를 다듬으면 안 된다. 화신이 눈을 다칠 수 있다.

여덟 번째, 모닥불 옆에서 장작을 패면 안 된다. 화신이 다리를 다칠

---

253 Т. А. Васильева, Культ огня у чжурчжэней, археолгические материалы по древней истроии дальнего востока СССР, А. И. Крушанова (Ред.), Вла дивосток: АН СССР, 1978, p.95.

수 있다.

아홉 번째, 불에 침을 뱉으면 안 된다. 침이 묻은 화신이 화가 나서 입술이나 혀에 종기가 생기는 벌을 내린다. 이는 침과 입술, 혀의 인접 성에 근거한 환유적 의미 확장이다.

열 번째, 사냥터에서 잘 때 불의 가장자리에서 장대를 흔들거나 한 쪽 끝이 모닥불 안에 있는 장작의 다른 쪽 끝에 머리를 대고 누우면 안 된다. 또 그 장작을 도끼나 칼로 베거나 그 위에서 고기, 물고기, 작 은 나무들을 다듬으면 안 된다. 화신이 다칠 수 있다.

열한 번째, 타다 만 장작을 가지고 놀거나 막대기로 재를 휘저으면 안 된다.[254] 화신이 아직 그곳을 떠나지 않았을 경우 화신이 다칠 수 있다.

열두 번째, 불에 깨끗하지 않은 것들을 집어넣으면 안 된다. 불이 더 러워지기 때문에 화신이 화를 낸다. 하지만 나나이족, 울치족, 우데게족 은 불에서 불필요한 물건뿐만 아니라 불결한 것들도 태운다.[255]

열세 번째, 불에 새나 동물의 피를 부으면 안 된다. 피가 화신을 더럽 히기 때문에 화신이 화를 낸다.

열네 번째, 불 옆에서 불에 대한 험담을 하거나 욕을 하면 안 된다. 화신은 사람의 말을 알아듣기 때문에 화를 낸다. 이는 화신이 사람과 같은 인격체라는 관념에 근거한다.

열다섯 번째, 불은 씨족의 규칙과 관습을 지키면서 피워야 한다. 이는 화신이 씨족의 보호신이기 때문이다.

***

254 С. В. Березницкий, Мифология и верования орочей, СПб.: ПВ, 1999, p.37.
255 С. В. Березницкий, там же, p.38.

극동 토착종족 사이에서 불을 가리키는 용어에는 토고(togo), 푸쟈 (puʒa~poʒa), 눌(nul), 갈(gal)이 있는데 토고와 푸쟈가 대표적이다. 토고는 퉁구스조어 기원으로 모든 퉁구스족 사이에 전파되어 있으나 에벤족과 에벤키족을 제외한 종족들은 거의 사용하지 않으므로 에벤족과 에벤키족의 기층 어휘이다. 푸쟈는 알타이조어 기원으로 네기달족, 퉁구스족 남부그룹, 타즈족 사이에 전파되어 있으며 극동 남부지역의 기층 어휘이다. 고아시아계 닙흐족은 불을 투우르(tuur)라고 하는데 토고와 푸쟈의 중간 형태이다. 토고와 푸쟈는 불을 의미하지만 화신도 의미하는데 토고는 대개 에제니(eʒeni, 신·정령·주인/ 퉁구스제어) 혹은 엔두리(enduri, 신·정령·천신/ 퉁구스제어)와 결합하여, 푸쟈는 단독으로 화신을 의미한다. 따라서 토고는 불 숭배의 페티시즘 단계에서, 푸쟈는 다신신앙 단계에서 출현하였으며 토고가 푸쟈보다 이른 시기의 관념이다.

불과 화신을 가리키는 용어에 근거할 때 극동 토착종족은 에벤족·에벤키족/ 닙흐족/ 네기달족·퉁구스족 남부그룹·타즈족의 형태로 문화 네트워크가 형성되어 있었다. 이에 의하면 닙흐족은 퉁구스족 북부와 남부그룹의 문화적 경계 지대, 사이 지대에 위치하였고, 타즈족은 퉁구스족 남부그룹과 인접하여 생활하면서 이들의 문화 요소들을 적극적으로 수용하였다.

현대 극동 퉁구스족의 선조인 중세 여진족의 화신이 여성이었던 점, 극동 토착종족들이 지금도 불을 불어머니, 불할머니라고 부르는 점에 근거할 때 극동 토착종족 최초의 화신은 여성이었다. 여성화신은 지금은 거의 퇴색된 관념이지만 에벤키족과 우데게족의 화신은 여전히 여성이고, 오로치족에게는 여성화신에 대한 관념이 국부적으로 남아있다. 극동 토착종족의 화신은 여성화신 → 남성화신과 여성화신의 공존 → 부부화신 → 남성화신의 발전과정을 거쳤다.

여성화신과 남성화신이 공존하는 모습은 우데게족에게서 발견된다. 우데게족의 첫 화신은 여성화신 푸쟈였는데 언젠가 여성화신 푸쟈 마마샤와 남성화신 푸쟈 아쟈니로 분화되면서 여성화신과 남성화신이 공존하게 되었다. 하지만 이들은 부부는 아니었으며 여전히 여성화신이 우위에 있었다. 이처럼 여성화신은 일정기간 남성화신과 공존하였는데 생업에서 남성의 역할이 커지고, 남성의 위상이 높아지면서 여성화신은 남성화신과 혼인을 하였다. 이후 남성화신이 여성화신의 지배권까지 모두 흡수하면서 여성화신은 이들의 종교적·문화적 삶에서 중요하지 않은 관념적·추상적인 신이 되면서 숭배 대상에서 멀어졌고, 불 상징성은 화신의 아내로서의 지위에만 남겨졌다.

부부화신은 네기달족, 닙흐족, 타즈족에게 특징적인데 타즈족은 19세기 중반에 출현한 종족이므로 이들의 부부 화신에 대한 관념은 닙흐족으로부터 수용한 것이다. 닙흐족과 타즈족의 부부화신은 이들의 일상·종교·문화생활의 중심에 있는 화덕에 자리 잡았는데 이는 화신이 이들의 삶에 적극 개입하였으며, 씨족과 가족의 보호신으로서 적극적인 숭배 대상이 되었음을 의미한다.

남성화신은 닙흐족과 타즈족을 제외한 극동의 모든 토착종족 사이에 전파되어 있는데 나나이족, 울치족, 오로치족의 남성화신은 노인이며 혼인을 하어 아내, 두 딸과 함께 개를 기르면서 지하 혹은 화덕 밑에 살고 있다. 울치족의 남성화신은 본디 독신이었으나 혼인을 한 뒤 중계 타이가에 살게 되었으므로 남성화신이 혼인을 한 것은 남성화신과 여성화신 공존 이후의 일이다. 볼리세우수리강, 이만강 우데게족의 남성화신은 거무스름한 피부의 검은 머리 청년이고, 대다수 우데게족의 남성화신은 등이 굽은 노인이다.

극동 토착종족에게 불은 가족과 씨족정체성을 상징하면서 아/ 타의

경계와 통합표지의 역할을 하는데 이들의 개인적, 집단적 삶의 근간은 씨족이었으므로 이들에게 중요한 것은 씨족의 정체성, 씨족의 불이었다. 아/ 타의 경계와 통합표지로써 불은 성/ 속, 아/ 타, 선/ 악, 원/ 근, 조상/ 후손, 선/ 후, 상계/ 중계, 중계/ 하계, 생/ 사, 자연/ 문화의 이원 대립을 내포하고 있으며 화신은 이원대립을 경계 짓고 통합하면서 자연과 인간 사회를 분화, 통합하는 역할을 한다. 의례 의식에서 불은 씨족정체성의 상징이자 화신을 불러와 토착종족과 연결하는 역할, 신들에게 제물을 바치고 신들이 제물을 받는 숭배용 제단의 역할을 한다.

극동 토착종족은 유목지를 옮기기 전후, 의례 의식 때, 사냥과 어로 전후 천막집, 의복, 가재도구, 샤먼의 징표들과 샤먼의식의 도구들, 사냥과 어로 도구 등을 불로 정화하였다. 또 아플 때, 출산 때, 상례 때, 절기 축일 때도 불 정화의식을 하였으므로 이들에게 불 정화의식은 특별한 종교의식이 아니라 일상이었다. 이때 정화의 역할을 하는 것은 불이 아니라 화신이므로 이들에게 화신은 초자연적인 신성한 힘으로 악령과 불길한 세력을 퇴치하고, 산자들을 보호하는 가족과 씨족의 보호신이었다.

극동 토착종족에게 화신은 사냥의 보호신이기 때문에 이들의 사냥제는 화신제와 긴밀하게 결합되어 있다. 이들은 사냥 전, 사냥터에서, 사냥 후 반드시 화신제를 거행하는데 모든 의례가 필수적이다. 의례에서 화신은 마을신·타이가신·해신 등 자연신들을 의식의 시공간으로 불러와 인간 ↔ 화신 ↔ 자연신의 네트워크를 만든 뒤 토착종족의 바람을 신들에게 알려주어 재액초복을 가져다주는 역할, 인간과 동물의 영혼을 연결하여 사냥의 성공을 도와주는 역할을 한다. 그런데 이는 인간이 우주 삼계를 오가면서 자연신들과 직접 교류하던 시기보다 늦은 시기의 관념이므로 이들에게 인간과 신의 관계는 직접 교류 → 화신의

중개를 통한 교류 → 샤먼의 중개를 통한 교류의 단계로 변형되었다.
또한 극동 토착종족의 사냥제-화신제는 성/ 속, 상계/ 중계, 중계/ 하
계, 생/ 사, 신/ 악령, 인간/ 신, 인간/ 동물, 신/ 동물의 이원대립을 내
포하고 있는데, 화신은 이원대립을 경계 짓고 통합하면서 사냥을 도와
주는 역할을 한다.

III. 극동 토착종족의 물 숭배

물은 고대 원시사회에서도, 유목사회에서도, 농경사회에서도, 산업문
명의 사회에서도, 현대의 인터넷 스마트폰 사회에서도 인간뿐만 아니
라 동·식물, 심지어 바위, 절벽 등 무생물체까지 포함하여 우주만물의
생존을 위해 필수적인 요소이다. 이로 인해 인간은 자연스럽게 물을 숭
배하게 되었으므로 물 숭배는 인류의 가장 보편적이고 원초적인 신앙
의 하나이다.

1. 극동 토착종족 물 숭배의 기원과 특수성

극동 토착종족을 비롯한 세계 여러 민족/ 종족 사이에 전파된 물 숭
배의 기원을 명확하게 규명할 수는 없지만 자연현상으로서 물의 특성
에 대한 관찰에 근거한다. 한없이 고요하고 잔잔한 수면은 인간에게 심
리적, 정서적 평온함을 안겨주지만 홍수, 폭풍우, 해일, 태풍과 같은 자
연현상은 인간의 모든 것을 앗아가는 가공할 위력으로 인간을 공포에
몰아넣는다. 자연물로서 물의 이런 특성에 근거하여 인간은 물을 숭배

하게 되었다.

또한 물은 한순간도 멈추지 않고 끊임없이 모양을 바꾸면서 인간이 알 수 없는 미지의 세계로 흘러가지만 그 본성과 목적지를 잃지 않고 다시 최초의 기원지로 되돌아온다. 인간은 물의 이런 특성에 근거하여 물에 영원한 생명력, 만물의 기원, 원향(原鄕)으로의 회귀, 윤회의 의미를 부여하였다.

엘리아데에 의하면 물은 만물의 기원이자 원천이며 모든 존재가능성의 모태이고, 모든 형태에 선행하며, 모든 창조를 떠받치고 있다.[256] 『관자·수지편(管子·水地篇)』(기원전 7세기 경)의 "물이란 무엇인가? 만물의 근원이자 모든 생명체의 종갓집이다.(水子何也? 萬物之本原 諸生之宗室也.)"[257]에 의하면 현대의 엘리아데를 차치하더라도 고대 중국 한족들도 물을 만물의 근원이자 생명의 씨앗으로 간주하였다. 물에 대한 이러한 관념이 동서고금의 여러 민족/ 종족에게서 발견되는 것은 물 숭배가 특정 민족/ 종족이나 특정 지역에서 기원한 뒤 다른 지역이나 민족/ 종족으로 전파된 것이 아니라 자연현상으로서 물에 대한 관찰에 뿌리를 두고 여러 지역에서 동시에 발생했기 때문이다.

극동 토착종족 물 숭배의 기원은 이들의 신화적 관념에서 찾을 수 있다.

1) 인간 혹은 인간 생명의 근원으로써 물

에벤족에 의하면 지고신은 물을 이용해 인간, 동물, 새를 만들었고,

---

256 미르치아 엘리아데, 『신화와 현실』, 이은봉 옮김, 한길사, 2011, p.265.
257 전영숙, 「한국과 중국의 창세 및 건국신화 속에 깃든 물 숭배 관념」, 『한중인문학연구』 24, 2008, p.253.

에벤키족에 의하면 지고신이 동쪽에서 철, 서쪽에서 물, 남쪽에서 불, 북쪽에서 흙을 가지고 와서 흙으로는 살과 뼈, 쇠로는 심장, 물로는 피, 불로는 체온을 만들었다.[258] 에벤족 신화에서 물은 인간의 근원이자 동물과 새의 근원이므로 물은 모든 유기체의 근원이자 원천이다. 에벤키족 신화에서 물은 육신의 구성물질로 생명 유지에 필수적인 피의 근원인데 이는 물과 피의 물질적 특성의 유사성에 근거한 메타포이다. 모티프의 차이는 있지만 공통점은 물은 지고신의 인간 창조의 질료이며, 인간 혹은 인간 생명의 원천이라는 점이다. 이는 이들 물 숭배의 근거가 되었지만 이로 인해 수신은 지고신의 하위에 위치하게 되었다.

물이 인간 혹은 인간 생명의 근원이라는 원질생성(原質生成論, hylo-genies)과 유사한 모티프의 신화는 극동 토착종족뿐만 아니라 동서고금의 여러 민족/ 종족에게 전파되어 있다. 중국 이족(彝族) 신화 "인류의 조상은 물에서 왔다. 우리의 선조도 물에서 태어났다.(人祖來自水, 我祖水中生.)"[259]에서 인간은 물에서 기원하므로 물은 내부에 인간 생명의 씨앗과 근원을 내포하고 있다.

물이 인간 혹은 인간 생명의 근원이라는 원질생성론은 이후 물이 수태를 관장하는 신이 하강하는 곳이라는 모수(母水) 숭배로 변형되었다. 고대 카렐리아족, 몰도바족, 에스토니아인, 체레미스족, 핀우고르족에게는 모수 숭배가 있었고, 알타이계 타타르족의 불임의 여인들은 연못 옆에 무릎을 꿇고 앉아 기도하였다.[260] 한국의 민간에서도 여인들은 이

258 В. А. Тураев, История и культура эвенов, СПб.: Наука, 1997, p.112; Г. Спасский, "Тунгусы", СВ 17, СПб.: ТДНП, 1822, p.34.
259 劉堯漢, 『中國文明源頭初探』, 雲南: 雲南人民出版社, 1985, p.37.
260 Holmberg-Harva, Die Wassergottheiten der finnisch-ugrischen Volker, Helsinki: Druckerei der finnischen Literatur-Gesellschaft, 1913, pp.120, 126.

른 새벽 장독대에 정화수를 떠놓고 삼신할미에게 수태를 기원하였으며, 신라 문성왕 시대 범일국사(梵日國師, 810~889년)가 태어났다는 연못의 물을 마신 뒤 태기가 있었다는 전설이 전해진다.[261] 그런데 모수 숭배와 관련된 이러한 의식은 본질적으로 물 숭배가 아니라 물에 깃들여 인간의 탄생을 주관하는 천신에 대한 숭배이다. 이러한 의식에서 물은 원질 생성론의 물과 달리 직접적인 숭배 대상은 아니며 인간과 천신들의 접촉이 이루어지는 곳, 인간과 천신들을 연결하는 매개체이다.

2) 대지와 수계지형물의 근원으로서 물

(1) 대지의 근원으로서 물

극동 토착종족의 창세신화에서 태초에 우주는 물만 있는 카오스 상태였는데 그 물에서 대지가 만들어졌으므로 물은 창조의 근원, 우주의 총체, 잠재성의 본원을 상징한다.

〈네기달족의 대지 기원신화〉 태초에는 바다밖에 없었다. … 아비새가 바다 밑에서 진흙을 가지고 와서 대지를 만들었다.[262]

〈에벤족의 대지 기원신화〉 태초에는 물밖에 없었다. 헤브키와 아링카가 있었다. 어느 날 헤브키가 거위들에게 물 밑에 가서 대지를 만들 진흙을 가져올 수 있냐고 물었다. 거위들은 물에 들어가면 죽을 수 있기 때문에 가져올 수 없다고 대답했다. … 헤브키는 아비새에게 진흙을 가져올

---

261 표인주, 「민속에 나타난 '물(水)'의 체험주의적 해명」, 『비교민속학』 57(1), 2015, p.185.
262 Т. Ю. Сем, Традиционные представления негидальцев о мире и человеке, Религиоведческие исследования в этнографических музеях : сб. науч. тр., Л.: ГМЭ, 1990, p.92.

수 있냐고 물었다. 아비새는 아주 조금은 가져올 수 있다고 대답했다. 헤
브키는 조금이라도 있으면 대지를 만들 수 있으니 가져오라고 했다. …
한참의 시간이 흐른 뒤 아비새가 진흙 한 줌을 부리에 물고 와서 헤브키
에게 진흙을 둘 장소를 물었다. … 아비새가 헤브키에게 물어볼 때 아링
카가 아비새의 부리에서 진흙을 훔쳤다. 헤브키가 아링카에게 호통을 치
는 바람에 진흙이 아링카의 입에서 떨어졌다. 떨어진 진흙이 갈라지면서
계곡과 산들이 솟아올랐고 대지가 만들어졌다.²⁶³

〈에벤키족의 대지 기원신화〉 태초에 두 형제가 살고 있었는데 세상에
는 물만 있었다. 못된 형은 위에, 착한 동생은 아래에 살고 있었으며 그들
사이에는 물이 있었다. 어느 날 물오리가 잠수를 한 뒤 부리에 진흙을
가지고 와서 물 위로 던졌다. 그러자 대지가 생기더니 점점 커졌다.²⁶⁴

〈나나이족의 대지 기원신화〉 아주 오래 전의 일이다. 주위는 온통 물뿐
이었다. 그렇게 무척 오랜 시간이 흘렀다. 이후 물의 흐름이 위로 솟구쳤
다. 흐름은 거품을 만들면서 물을 끌고 다녔다. 바람이 불어와 거품을 이리
저리 끌고 다녔다. 거품이 점점 커지면서 강한 소용돌이가 만들어졌다.
소용돌이는 거품이 땅으로 변할 때까지 아주 강하게 휘감으면서 싸고돌았
다. 바람이 강해질수록 물은 더 세차게 흘렀고 소용돌이는 더 강하게 돌았
다. 대지가 점점 커지더니 지금처럼 거대하고 광활해졌다.²⁶⁵

〈네기달족의 대지 기원신화〉에서 태초의 우주는 바다만 있는 카오스

263 В. А. Роббек, Фольклор эвенов Березовки (образцы шедевров), Якутск:
ИПМНС СО РАН, 2005, pp.205-206.
264 А. И. Мазин, Традиционные верования и обряды эвенков-орочонов (кон
ец XIX~начало XX в.), Новосибирск: Наука, 1984, p.20.
265 Ю. А. Сем, "Мифологические представления нанайцев о природе и чело
веке", Генезис и эволюция этнических культур в Сибири, Новосибирск,
1986, p.31.

상태였고, 창조주는 알 수 없지만 창조의 집행자는 아비새이며, 창조의
질료는 바다 밑의 진흙이다. 또한 진흙은 생명의 상징인 물, 자연물 성장의
모태인 흙, 생명의 성장에 필수적인 불(온기, 열) 삼원소의 통합체이다.[266]

〈에벤족의 대지 기원신화〉에서 태초의 우주는 물만 있는 카오스 상태
였고, 창조주는 지고신 헤브키, 창조의 집행자는 아비새, 창조의 질료는
진흙이다. 〈에벤족의 대지 기원신화〉에서 지고신 헤브키가 물밑에서 대
지를 만들 진흙을 가져오라고 하자 거위는 죽을 수도 있다고 거절하였
으나 아비새가 죽음을 무릅쓰고 물밑에서 진흙을 가져옴으로써 대지가
만들어졌다. 이에 의하면 물위는 생(生), 물 아래는 사(死)를 상징하므로
물은 창조의 근원이자 원천일 뿐만 아니라 생과 사의 경계를 나누고
통합하는 역할을 한다.

〈에벤키족의 대지 기원신화〉에서 태초의 우주는 물만 있는 카오스 상
태였고, 창조주는 드러나지 않지만 창조의 집행자는 물오리, 창조의 질
료는 진흙이다. 물은 악의 본성인 못된 형과 선의 본성인 착한 동생 사
이에 있으므로 물은 선과 악의 경계를 나누고 통합하는 역할을 한다.
하지만 악의 본성이 대지 창조에 방해가 되지 않기 때문에 선은 좋은
것·창조, 악은 나쁜 것·파괴라는 이원론적 대립은 발견되지 않는다. 이
는 선이 악보다 우월한 가치를 지닌 것도, 선은 좋은 것·창조, 악은 나
쁜 것·파괴가 아니라 선과 악의 조화와 통합 속에서 지구와 우주의 조
화와 균형이 이루어진다는 이들의 생태적 세계관에 의한 것이다. 이들
은 본디 선과 악을 이분법적 대립관계로 바라보지 않았기 때문에 이는
늦은 시기 기독교의 영향이다.

---

266 M. Хасанова, A. Певнов, Негидальцы: язык и фольклор, p.228, http://hdl.
handle.net/2115/57373. 검색일: 2022.07.05.

〈나나이족의 대지 기원신화〉에서 태초의 우주는 물만 있는 카오스 상
태였고, 창조의 질료는 물, 창조의 집행자는 바람이며, 소용돌이는 바람
의 보조령으로서 땅의 근원인 거품을 감싸서 보호하는 역할을 한다.
〈나나이족의 대지 기원신화〉에서 창조주는 드러나지 않지만 극동 토착
종족에게 바람의 신은 지고신의 최측근 보조신이므로 창조주는 지고신
이다. 이로 인해 지고신 → 바람의 신 → 수신(물의 변형인 소용돌이) →
대지모신의 계층구조가 만들어지는데 극동 토착종족의 종교적 관념에
서 수신은 대지모신과 동일한 위계의 신이거나 그 하위 신이다. 〈나나
이족의 대지 기원신화〉에서 바람이 더 강하게 불수록 소용돌이가 더 강
하게 돌면서 대지가 만들어졌으므로 바람은 물과 대지에 대한 지배권
을 가지고 있는데, 이는 이후 바람의 신이 천신으로서 수신과 대지모신
보다 우월한 지위에 놓이는 근거가 되었다.

이처럼 극동 토착종족의 창세신화에서 물은 대지의 근원이므로 이들
의 물 숭배는 대지 숭배와 결합되어 있으며, 물에서 만들어진 대지는
모든 창조의 모델이자 우주의 중심, 소우주이다. 위 신화들에서 물은
성/ 속, 카오스/ 코스모스, 생/ 사, 건/ 습, 대지/ 물, 물/ 불, 선/ 악, 위/
아래의 이원대립을 내포하고 있는데 이는 대지의 완성을 통해 지구와
우주의 조화와 균형을 이루기 위한 생산적·필연적·창조적인 대립이다.

(2) 수계지형물의 근원으로써 물

극동 토착종족 신화에는 물에서 대지가 만들어진 뒤 이 대지를 근원
으로 수계지형물이 만들어졌다는 모티프가 전해진다.

〈에벤족의 강과 호수 기원신화〉 태초에 대지가 만들어졌다. 그런데 대
지는 동물도, 사람도, 아무 것도 없는 허허벌판이었다. 지고신 헤브키는

대지에 거인들을 내려 보냈다. 헤브키는 거인이 굶어죽을까 걱정되었다. 그래서 이번에는 대지에 매머드를 내려 보냈다. 매머드는 엄청나게 거대하고 무거웠으며 눈 위를 걷듯이 땅 위를 걸어 다녔다. 매머드가 걸어 다닌 곳은 호수가 되었고, 다른 곳은 강이 되었다.[267]

〈에벤키족의 강과 호수 기원신화〉 대지가 만들어졌다. 지고신 부가는 대지에 매머드를 살게 하였다. 뱀은 지고신의 이런 처사가 마음에 들지 않았다. 뱀은 매머드를 쫓아내기를 원했다. 그들은 하계로 떨어질 때까지 치열하게 싸웠다. 하계에서 둘은 화해를 했고, 하계 수호신이 되었다. 그들이 싸울 때 던진 흙더미는 산이 되었고, 흙을 파낸 곳은 강과 호수가 되었다.[268]

〈나나이족의 강 기원신화〉 나나이족의 지고신 엔두리는 독수리이다. 그런데 사방이 진흙과 진창이어서 쉴 곳이 없었다. … 하늘을 날던 독수리는 쉴 곳을 만들기 위해 아래로 내려왔다. 독수리는 진흙을 가지고 하늘로 올라가서 밑으로 던졌다. 그러자 언덕, 구릉, 강이 생겼다.[269]

〈에벤족의 강과 호수 기원신화〉에서 지고신 헤브키는 거인을 위해 대지에 매머드를 내려 보냈는데 매머드의 육중한 무게로 인해 대지에 호수와 강이 만들어졌으므로 강과 호수의 창조주는 지고신 헤브키, 창조의 집행자는 매머드, 강과 호수의 모체는 대지이다. 〈에벤키족의 강과 호수 기원신화〉에서 뱀이 매머드와 싸울 때 흙을 파낸 곳은 강과 호수가

267 В. А. Роббек, Фольклор эвенов Березовки (образцы шедевров), Якутск: ИПМНС СО РАН, 2005, p.214.

268 А. И. Мазин, Традиционные верования и обряды эвенков-орочонов (кон ец XIX~начало XX в.), Новосибирск: Наука, 1984, p.20.

269 А. Я. Чадаева, Древний свет. Сказки, легенды, предания народов Хабаро вского края, Хабаровск: ХКИ, 1990, p.150.

되었으므로 강과 호수의 창조주는 지고신 부가, 창조의 집행자는 뱀과 매머드, 강과 호수의 모체는 대지이다. 위 두 신화에서 매머드는 상계에서 중계로 내려온 뒤 다시 하계로 가서 하계신이 되었는데 이는 매머드가 이들의 숭배 대상에서 멀어지는 과정을 보여준다. 〈나나이족의 강 기원신화〉에서 지고신 독수리가 진흙을 던져 언덕과 구릉을 만들 때 강이 함께 만들어졌으므로 강의 창조주는 지고신인 독수리, 모체는 대지의 변형인 진흙과 진창이다.

위 신화들에서 강과 호수의 신화적 상상력의 원천은 뱀과 매머드의 육중한 무게와 힘, 독수리의 위력적인 힘에 근거한 메타포이다. 그런데 강과 호수의 창조는 지고신의 계획적인 사건이 아니라 매머드가 대지를 걸어 다닐 때 우연히, 뱀과 매머드가 싸울 때 우연히, 독수리가 쉴 곳을 만들 때 우연히 만들어졌다. 따라서 극동 토착종족에게 대지의 창조는 필요성을 자각한 지고신의 계획에 의한 것이었다면, 강과 호수 등 수계지형물의 창조는 우연한 사건이었다. 이로 인해 이들에게 대지는 신에 의해 만들어진 체계적이고 질서 잡힌 조직화 된 세계, 신에 의해 정화된 신성한 세계, 생과 아의 세계로 자리 잡았다. 반면 강, 호수 등 수계지형물은 혼돈과 무질서의 세계, 악령의 세계, 타자와 죽음의 세계를 상징하게 되었다.

위 신화에서 대지가 강, 호수와 같은 수계지형물의 모체가 된 것은 대지가 물에서 기원하기 때문이므로 극동 토착종족의 수계지형물 숭배는 물 숭배, 대지 숭배와 결합되어 있다. 이들의 창세신화에서 중계의 구조와 질서는 물 → 대지 → 강, 호수 등 수계지형물 창조의 과정을 거쳐 완성되었으므로 물은 만물의 근원이자 원천이다. 또한 위 신화들에서 물 숭배는 지고신 숭배, 천신 숭배, 뱀·메머드·독수리 숭배 등 토템신앙, 삼단세계관 등 시대가 다른 여러 층위의 관념들과 혼종·융합

되어 중층 구조를 이루고 있다.

3) 극동 토착종족 물 숭배의 특수성

(1) 땅 사람과 바다 사람의 관계

극동 토착종족에 의하면 중계는 현실 자신들의 세계인 땅의 세계, 물 (바다)의 세계, 타이가(산)의 세계로 수평 분할되어 있다. 물의 세계에서 는 바다가 가장 중요한데 이는 이들이 오랫동안 태평양, 오호츠크해 등 바다와 인접하여 생활하였기 때문이다. 이러한 관념은 주요 생업이 타 이가동물 사냥과 순록사육인 퉁구스족 북부그룹보다는 주요 생업에서 어로의 비중이 큰 퉁구스족 남부그룹과 고아시아계 닙흐족 사이에서 두드러진다.

이들에게 물의 세계 중 바다세계가 가장 중요하듯이 수신 중에서는 해신이 가장 중요한데 해신은 바다를 비롯한 모든 수중생태계 최고의 신이다. 또한 물(바다)세계에는 물(바다) 사람들이 자신들만의 고유한 관 습, 규율, 질서 속에서 씨족마을을 이루면서 살고 있다. 땅 사람들은 바 다 사람들과 항시적으로 교류하면서 가끔 혼인 관계를 맺기도 한다. 땅 사람들은 이들과 우호적 관계를 유지하기 위해 수중생태계의 규율과 금기를 엄격하게 지키는데 이는 이들의 수중생태계를 대하는 태도에 지대한 영향을 미쳤고, 이들 생태적 세계관의 근간이 되었다.

> 〈땅의 우데게족과 바다 사람들의 만남〉 바다 사람들이 땅의 우데게족 마을을 찾아왔다. 자신들은 테무 씨족 출신이며 사냥을 하러 왔다고 했 다. … 바다 청년과 땅의 청년은 여동생들을 교환하였다. 얼마 뒤 이들 사이에서 붉은 머리카락의 딸이 태어났다.[270]

위 신화에서 땅의 우데계족 마을을 찾아온 바다 사람들은 테무 씨족 출신인데 테무는 해신을 의미하므로 이들은 해신과 혈연적 계통 관계에 있다. 바다 사람들이 땅의 세계에 온 목적은 사냥이었으므로 바다 사람들도 산 짐승, 들짐승 사냥을 한다. 바다 청년과 땅의 청년은 여동생을 교환하였는데 이는 둘의 혼인을 의미하므로 이들은 족외혼 관계에 있었다. 이에 의하면 바다 사람과 땅 사람은 거주지와 외형은 다르지만 서로 같은 본성을 공유하고 있으며, 바다 사람이나 땅 사람 모두 마음만 먹으면 언제든지 다른 세계의 사람으로 변신하여 그들의 사회를 찾아가서 교류할 수 있었다. 위 신화에서 땅 사람과 바다 사람 사이에 갈등이나 반목은 존재하지 않았는데 이는 이들의 관습, 세계관, 문화 등이 유사하여 상대의 '낯섦, 이질감'이 배척의 대상이 아닌 극복의 대상이었기 때문이다. 혼인 이후 바다 사람들은 땅 사람들의 어로와 바다동물 사냥을, 땅 사람들은 바다 사람들의 타이가동물 사냥을 도와주면서 자연스럽게 경제·문화공동체를 구성하였다. 이는 현실에서 이들 족외혼 씨족들의 관계가 단순한 혼인공동체가 아니었음을 말해준다.

〈해신의 딸과 결혼한 가난한 닙흐족 어부〉 가난한 닙흐족 어부가 저녁 어스름에 작은 물고기 한 마리를 잡았다. 어부는 배를 해변에 대어놓고 집으로 가려고 하였다. 그때 바다표범이 해변으로 올라왔다. … 바다표범은 누워서 힘겹게 숨을 몰아쉬고 있었다. … 어부가 물고기를 주자 그것을 먹고 생기를 되찾은 바다표범은 물속으로 사라졌다. 바다표범이 있던 자리에 모랫길이 생겼다. 어부는 모랫길을 따라 걸어갔다. … 길은 어떤 집의 지붕 위에 닿아 있었다. … 어부는 밑으로 내려갔다. 그곳에는 해신 톨리즈가 있었다. 바다표범은 해신의 딸이었다. 바다표범은 해신의 명령

270 Арсеньев: Архив ПФГО, Ф.1. Оп.1, Д.27, Л.1190-1193.

에 따라 어부와 혼인을 하였다. 그 뒤 함께 어부의 마을로 와서 행복하게 살았다. 어부는 항상 어로와 바다동물 사냥에 성공하였다.[271]

위 신화에서 어부는 해변에서 힘겹게 숨을 몰아쉬고 있는 해신의 딸인 바다표범에게 물고기를 주어 생기를 되찾아 집으로 돌아갈 수 있게 도와주었다. 바다표범은 아버지인 해신의 명령으로 어부와 혼인한 뒤 닙흐족 마을에 와서 살았는데 두 사람 사이에 갈등관계는 보이지 않는다. 혼인 이후 어부는 항상 어로와 바다동물 사냥에 성공하였는데 이는 아내가 된 바다표범이 도와주었기 때문이다.

이처럼 바다 사람들은 외형은 인간과 다르지만 언제든지 인간으로 변신하여 인간과 혼인을 할 수 있었는데, 이는 인간과 바다표범의 내면에 동일한 본성이 내재되어 있기 때문이다. 그런데 바다 사람들은 인간과 달리 초월적이고 신성한 힘을 가지고 있기 때문에 인간들의 어로와 바다동물 사냥을 도와줄 뿐만 아니라 악령이나 불길한 세력으로부터 보호해줄 수 있었다. 이는 이들의 주물 숭배를 통해서도 알 수 있다. 나나이족 사이에서 모캐 가죽으로 만든 사냥용 장갑은 호랑이의 공격을 막아주는 호부, 농어의 뼈와 가시는 악령을 물리치는 신성한 힘을 가진 호부였으며, 유아 사망이 잦은 가정에서는 농어 가죽으로 신생아의 신발을 만들었다.[272] 이는 모캐와 농어 숭배에 의한 것으로 알타이계와 고아시아계 종족 공통의 관념이다. 포드카멘나야 퉁구스카강과 니즈나야 퉁구스카강 에벤키족은 인간의 기원을 모캐에서 찾는데 모캐 숭배는 몽골계 부랴트족과 고아시아계 케트족에서도 발견된다. 유물,

---

271 『시베리아설화집: 니브흐인 이야기』, 엄순천 편역, 지만지, 2018, pp.21-24.

272 П. П. Шимкевич, "Обычаи, поверья и предания гольдов", ЭО 3, 1897, p.135.

유적, 설화에 근거할 때 이는 신석기시대 초 어로에 종사했던 앙가라강 유역의 시베리아 토착종족에게서 주변의 다른 종족에게로 전파되었다.[273] 이들의 농어 숭배는 주나라 무왕(武王)이 정벌을 위해 바다를 건널 때 농어가 배 위로 뛰어올랐고, 이후 정벌에 성공하면서 농어가 길한 물고기로 숭배되기 시작한 중국의 영향[274]도 배제할 수 없다. 이처럼 인간의 기원을 물고기(모캐)에서 찾는 것은 자연이 인간 존재의 근원이며 인간은 자연에서 기원한다는 이들의 생태적 세계관에 의한 것이다.

극동 토착종족에게 땅 사람이 물고기와 바다동물들과 같은 바다 사람과 혼인도 하고 경제·문화공동체를 이룰 수 있는 것은 같은 본성을 공유하는 '사람'이기 때문이다. 이는 인간과 인간 너머의 존재들, 비인간 존재들은 외형과 거주지는 다르지만 동일한 속성을 지니고 있으며 지구와 우주는 이들의 적극적이고 활발한 교류의 장이라는 이들의 생태적 세계관에 의한 것이다.

(2) 바다 세계의 분화와 통합의 역사

인간이 홀로 고립되어 살 수 없기 때문에 씨족마을을 이루고 살 듯 바다 사람들도 씨족마을을 이루고 살며 인간처럼 서로 혼인을 하고, 가정을 이루고, 부를 나누어 가진다. 울치족 사이에는 바다세계 씨족들의 분화와 통합에 관한 신화가 전해진다.

〈가까운 바다마을과 먼 바다마을 사람들〉 아주 오래 전 바닷가에 두

273 А. Ф. Анисимов, Родовое общество эвенков (тунгусов), Л.: ИНС, 1936.
274 임여호, 임여호 박사의 신자산어보, 길조(吉兆)의 물고기 농어 http://www.nhanews.com/news/articleView.html?idxno=43203. 검색일: 2023.01.11.

형제가 살았다. 둘은 사이가 좋지 않았다. 형은 동생을 미워했다. 어느
날 형은 동생에게 날개하늘나리를 캐러 섬에 가자고 했다. 섬에 도착한
형은 동생을 그곳에 버려두고 홀로 떠났다. 동생은 슬피 울었다. 밤에 꿈
속에서 누군가 동생에게 자신의 집으로 오라고 하였다. 잠에서 깬 동생은
꿈에서 목소리가 들렸던 곳으로 갔다. 조금 걸어가니 집이 보여 들어갔
다. 한 여인이 있었는데 이렇게 말했다. "형이 당신을 죽이려 했군요. 울
지 마세요. 나와 함께 살아요."

동생과 바다 여인은 부부가 되었다. 그런데 아내는 매일 어딘가로 나갔
다. 남편이 어디에 가느냐고 묻자 아내는 놀이를 하러간다고 했다. 아내
는 남편에게 자신이 놀이를 하는 모습을 절대 보면 안 된다고 하였다.
놀이에서 돌아올 때마다 아내는 신선한 고기를 가지고 왔다. 어느 날 남
편은 아내에게 어떤 놀이에 갔다 오는지 얘기해달라고 졸랐다. 아내가
말했다. "가까운 바다마을 사람들과 함께 동물 사냥을 한 뒤 고기를 가져
오는 거예요. 그런데 당신이 이 놀이를 보면 놀이가 망쳐질 거예요. 그러
니 절대 바다 사람들의 놀이를 엿보면 안 됩니다."

아내의 충고에도 남편은 참지 못하고 아내의 뒤를 밟았다. 해변에서
젊은 사람들이 칼을 가지고 놀면서 동물 사냥을 하고 있었다. 그들 가운
데 아내도 있었다. 그들은 남편의 존재를 눈치 챘다. 그러자 모두 범고래
로 변신한 뒤 바닷속으로 사라졌다. 아내가 남편에게 다가와서 말했다.
"가까운 바다마을 사람들은 당신이 자신들의 동물 사냥을 방해했다고 화
를 낼 거예요. 그리고 당신은 그들의 적으로 몰릴 거예요." 며칠 뒤 아내
는 남편에게 동물 사냥을 망친 것에 화가 난 가까운 바다마을 사람들이
자신들의 관습을 위반했다는 죄목으로 남편을 재판에 세울 것이라고 말
하면서 남편을 죽일 수도 있다고 했다. 남편은 울면서 아내에게 도와달라
고 했다. 그러자 아내가 말했다. "섬의 끝자락으로 가세요. 거기에 가면
돌로 만든 굴뚝이 있을 거예요. 굴뚝에 머리를 집어넣고 내려가세요. 그
곳에 나의 아버지가 살고 있어요. 그분은 먼 바다마을의 씨족장이에요.
그분에게 도움을 청하세요."

남편은 장인의 집으로 가서 지난 일을 낱낱이 들려주었다. 장인이 말했
다. "도와주기가 어렵겠네. 아마 자네를 죽일 걸세. 이 사람들은 잔인하고

우리에게도 매우 악의적이네. 하지만 방법이 하나 있긴 하네. 자네에게 신들의 이야기가 적힌 에렌테를 주겠네. 그것을 가지고 가까운 바다마을 씨족장의 집으로 가게. 그곳에 가면 많은 사람들이 모여 있을 걸세. 그들은 자신들의 사냥을 망쳤다는 죄목을 씌워 자네를 심문할 거네. 그러면 자네는 에렌테와 자네의 목숨을 바꾸자고 한 뒤 가까운 바다마을 사람들을 한 명도 빠짐없이 모두 모아달라고 하게. 그들이 모두 모이면 에렌테를 주고 빨리 그곳을 떠나게."

남편은 에렌테를 가지고 가까운 바다마을 씨족장의 집을 찾아갔다. 정말로 그곳에는 많은 사람들이 모여 있었고, 남편을 심문하였다. "당신의 죄를 말해보시오." 남편이 말했다. "나는 당신들의 관습을 몰랐습니다. 그래서 당신들의 사냥을 방해하였습니다. 그런데 나를 죽인다고 한들 당신들에게 무슨 이익이 있겠습니까? 내 목숨 대신 에렌테를 받으십시오." 가까운 바다마을 사람들은 이에 동의하였고, 모든 사람들이 에렌테를 바라보았다. 그러자 남편이 말했다. "내가 목숨 대신 무엇을 당신들에게 주었는지 잘 보십시오." 남편은 에렌테를 그들에게 주고 밖으로 나왔다. 그들이 에렌테를 열자마자 집이 불타올랐고, 모두 그 자리에서 죽었다. 그렇게 가까운 바다마을 사람들은 모두 죽었고 먼 바다마을 사람들만 남게 되었다.[275]

위 신화에서 형에 의해 섬에 버려진 동생은 먼 바다마을 씨족장의 딸과 혼인을 하였고, 땅 사람과 먼 바다마을 사람들은 족외혼 관계에 놓이게 되었다. 아내는 매일 가까운 바다마을 사람들과 함께 놀이를 한 뒤 신선한 고기를 가져왔는데 이를 남편이 보면 안 된다고 하였다. 따라서 이 놀이는 극동 토착종족의 천신제, 씨족제, 화신제를 다른 씨족의 사람들이 알아서도, 참여해서도 안 되는 것과 같은 이치이므로 이 놀이

---

275 С. Н. Сипин, "Труды и быт женщины пани (ульчи)", Тайга и тундра 2, 1930, p.105.

에는 성/ 속, 아/ 타, 생/ 사, 문화/ 자연의 이원 대립이 내포되어 있다. 남편은 아내의 충고에도 아내와 가까운 바다 사람들의 놀이를 보기 위해 몰래 아내의 뒤를 따라 갔다. 해변에서 칼을 가지고 동물 사냥을 하던 가까운 바다마을 사람들은 남편이 나타나자 범고래로 변신하여 바닷속으로 사라졌으므로 바다 사람들은 범고래의 형상이다. 아내는 가까운 바다마을 사람들이 자신들의 사냥을 방해한 죄로 남편을 재판에 세울 수도, 죽일 수도 있다고 하였으므로 이들에게도 규율과 법규가 있고 이를 어기면 법적 절차에 따라 땅 사람인 인간이라도 죽음에 이르는 형벌을 내릴 수 있다.

위 신화에 의하면 언젠가 바다마을은 적대적인 두 씨족으로 나누어져 있었는데 가까운 바다마을 사람들은 잔인하며 먼 바다마을 사람들에게 악의를 가지고 있었다. 그런데 가까운 바다마을 사람들에게 죽임을 당하게 된 남자가 장인의 조언에 따라 에렌테를 이용하여 이들을 모두 죽였다. 이로써 남자는 목숨을 건지게 되었고, 바다에는 먼 바다마을 사람들만 남겨지면서 바다마을은 하나의 씨족으로 통합 되었다.

가까운 바다마을 사람들이 남편이 준 에렌테를 열자 집이 불타올랐으므로 에렌테는 '불'의 속성을 가지고 있으며, 남편이 가까운 바다마을 사람들을 죽이고 목숨을 구할 수 있었던 것은 '불'로 인한 것이었다. 이에 의하면 이들에게 불은 악령과 불길한 세력들을 퇴치하고 인간을 보호하는 역할을 한다. 에렌테와 ɛrɛj(고통, 벌을 주다/ 에벤키어, 에벤어), ɜrɛj(고통/ 야쿠트어)[276]의 음성적 유사성에 근거할 때 에렌테는 '고통을 주는 무언가'를 의미하며 튀르크족과 극동 토착종족의 관념이 융합된 혼종적인 단어이다. 위 신화에서는 원/ 근, 바다/ 육지, 생/ 사, 성/ 속, 아/ 타,

---

276 ССТМЯ 2, p.467.

물/ 불, 선/ 악, 위/ 아래의 이원 대립이 발견되며 바다(물) 숭배는 불 숭배와 융합되어 있다.

2. 극동 토착종족 수신의 특징 및 계층구조

극동 토착종족의 수신에는 수중생태계 최고의 신인 해신과 그 하위 신인 남성해신 나무 에제니, 여성강신 숙쟈 에제니, 그리고 이들 하위의 다양한 정령들이 있다. 이들의 수신에는 용신 무두르도 있는데, 용신은 해신의 하위신은 아니다.

1) 극동 토착종족의 해신

(1) 수중생태계 최고의 신

극동 토착종족 최고의 해신을 가리키는 용어는 종족에 따라, 같은 종 족 내에서도 씨족에 따라 차이가 있지만 음성변형 등의 외적 요소들을 제거하면 무에, 테무, 타이훌진으로 보편화할 수 있다. 극동 토착종족에 게 해신은 지고신의 하위신인데 바다뿐만 아니라 강, 호수, 연못, 계곡 등 중계 모든 수중생태계를 다스리는 최고의 권력자다. 이는 이들의 삶 에서 바다가 차지하는 중요성으로 인한 것이지만 일정 정도 중국인과 한국인 해양관의 영향도 엿보인다. 중국 후한(後漢) 때 허신(許愼, 58경~ 147년 경)이 편찬한 『설문해자(說文海字)』에 의하면 "바다는 천지로써 백 천을 받아들이는 존재이다(海天池也 呂納百川者)".[277] 이때 천지는 하늘

---

277 신명호, 「조선시대 國祀로서의 三海 祭祀와 그 유래」, 『인문사회과학연구』 19(1), 2018, p.242.

연못이 아니라 '우주 연못'을 의미하며, 백 천은 백 개의 물이 아니라 수많은 물을 의미하므로 고대 중국인들은 바다를 천지사방의 물이 모이는 곳이라고 생각하였다. 이들이 바다를 이렇게 생각하게 된 근거는 당나라 시기 사해(四海) 제사 때 올리는 축문에서 찾을 수 있다.

> 〈사해 제사 축문〉 동해의 신은 백천의 조종으로서 만물을 촉촉하게 양육함이 몹시 넓습니다. 감덕을 영험하게 모아, 동방을 촉촉하게 적셔, 만물을 윤택하게 하고 만민을 기르니, 공덕이 세상에 미쳤습니다. 서해의 신은 물을 모이게 함이 넓고 영험하고, 감덕이 깊고 넓어, 서쪽을 윤택하게 하니 … 공덕이 세상에 미쳤습니다. 남해 신은 이곳 남쪽 변방을 휘돌게 하니, 만물이 크고 영험하게 모입니다. 감덕이 깊고 크며, … 공덕이 세상에 미쳤습니다. 북해 신은 … 감덕을 영험하게 모아 북쪽에 자리하여, 만물을 윤택하게 하고 만민을 기르니, 공덕이 세상에 미쳤습니다. 東海曰 維神 百川朝宗 涵育深廣 靈鍾坎德 潤衍震宗 滋物養民 功被于世… 西海曰 維神 灝靈所鍾… 坎德深廣… 滋物養民 功被于世 南海曰 維神 環茲奧壤 物鉅靈鍾 坎德深大… 功被于世 北海曰… 遐遠莫卽鍾靈坎德 奠位陰方 潤物養民 功被于世.[278]

위 기사에 의하면 바다는 지상의 모든 물을 받아들이는 곳이며, 바다의 공덕은 감덕에 있는데, 주역에 의하면 감(坎)은 '구덩이, 물, 북쪽'을 의미한다.[279] 즉 바다가 천지 사방의 모든 물을 받아들일 수 있는 것은 낮고 거대하고 텅 빈 구덩이이기 때문이다. 이러한 관념은 조선시대 조선인들에게서도 발견되는데 당시 삼해 제사의 축문에는 "해신은 백곡의 왕이다.(海神百谷之)"[280]라고 기록되어 있다. 곡(谷, 골짜기)에 근거할

---

278 『大明集禮·吉禮』, 「專祀嶽鎭海瀆天下山川城隍」, 祝板. 신명호, 앞의 논문, p.243.
279 신명호, 앞의 논문, p.243.

때 조선시대 삼해신의 공덕은 천지사방의 모든 물을 받아들일 수 있는 낮은 골짜기에 의한 것이며 谷은 중국의 坎에 해당된다.

극동 토착종족에게 해신이 수중생태계 최고의 신으로 자리 잡게 된 것은 바다가 천지사방의 모든 물이 모이는 곳, 또 이 물들이 다시 강, 호수 등으로 회귀하면서 대지의 풍요와 생산성을 보장해준다는 관념에 근거하므로 조선의 谷과 중국의 坎의 관념과 연결된다. 그런데 해신의 중요도는 종족과 씨족에 따라 달라지는데 타이가 삼림지대와 그와 인접한 강, 호수가 주요 생활 영역인 에벤족과 에벤키족에게 해신의 중요도는 바다와 인접한 퉁구스족 남부그룹과 고아시아계 닙흐족에 비해 현저히 떨어진다. 물론 퉁구스족 북부그룹의 에벤족과 에벤키족 중 오호츠크해 연안에 거주하는 일부 그룹에게는 해신이 중요하지만 종족 전체의 세계관에 영향을 미칠 정도는 아니었다.

(2) 극동 토착종족의 해신을 가리키는 용어

① 무에

무에(무에 엔두리, 무에 에제니)는 mu(물/ 퉁구스제어), muh(물/ 여진어)에서 기원하므로[281] 퉁구스족 기층 어휘이며, 퉁구스족이 분화되기 전에 출현한 관념이다. 현재 무에는 퉁구스족 남부그룹은 사용하지 않고, 에벤족과 에벤키족에게만 남아있는 국부적인 관념이다. 무에는 에벤족과 에벤키족에게는 바다, 강, 호수 등 모든 수중생태계를 다스리는 최고의 수신이지만 그 형상이 매우 불분명하고 희미하며, 의례 의식에서는 퉁구스족 남부그룹의 해신 테무로 대체되기도 하므로 해신보다는 보편적,

---

280 『大明集禮·吉禮』 祝板. 참고: 신명호, 앞의 논문, p.248.
281 ССТМЯ 1, p.549.

총체적 수신에 가깝다. 무에는 바다보다는 큰 강이나 큰 호수에 대한 지배권을 가지고 있는데 이는 퉁구스족 최초의 기원지가 바다가 아닌 큰 강이나 큰 호수 인근이었음을 말해준다. 무에의 형상에 대해 알려진 바는 없지만 무에에서 기원하는 퉁구스족 공통의 수신 무쟈인(mužain, 퉁구스제어)이 인간 형상이므로 무에도 인간의 형상이었다.

이처럼 무에의 원형적 모습이 불분명한 것은 무에를 숭배하는 에벤족과 에벤키족에게 물이 적극적인 숭배 대상이 아니었기 때문이지만 전승과정에서 실전된 측면도 존재한다. 에벤족과 에벤키족의 주요 생업은 타이가동물 사냥과 순록사육이었고, 보조적으로 어로에도 종사했지만 20세기 초까지도 이들은 어로를 경시하였다. 퉁구스족 남부그룹은 북부그룹과 분화된 이후 바다에 인접하면서 총체적·보편적 수신이 아닌 자신들의 삶에 직접적인 영향을 미치는 해신을 숭배하게 되었다. 하지만 무에를 완전히 퇴출하지는 못하였고, 무에의 변형인 무쟈인을 해신의 하위신으로 남겨두었다.

② 테무

테무는 temu(해신, 수신, 물고기와 바다동물의 신/ 네기달어, 퉁구스족 남부그룹 언어)의 의미이며 te(~tege, 앉다, 자리를 잡다, 살다, 특정 직책을 맡다/ 퉁구스제어) + mu(물/ 퉁구스제어)의 구조이다.[282] 따라서 테무의 축어적 의미는 '물과 관련된 특정 직책을 맡고 있는 존재'이다. 테무는 네기달족과 퉁구스족 남부그룹 사이에 테무~토오무~테오무의 어형으로 전파되어 있는데 19세기 말 부터는 테무 엔두리(enduri), 테무 에제니(eʒeni)라고도 하였다.[283] 테무는 에벤족과 에벤키족에게서는 발견되지 않기 때문에 퉁구

---

[282] ССТМЯ 2, p.227.

스족이 남부그룹과 북부그룹으로 분화된 이후 생성된 퉁구스족 남부그룹의 기층 어휘이며, 네기달족은 테무를 퉁구스족 남부그룹으로부터 수용하였다. 의미상 초기 퉁구스족 남부그룹 사이에서 테무는 무에를 대신하여 총체적·보편적 수신을 의미하였으나 거주지의 자연환경에 맞추어 해신으로 의미 확장을 하면서 수중생태계의 최고 권력자가 되었고, 이들의 적극적인 숭배 대상으로 자리 잡았다.

③ 타이훌진

타이훌진은 닙흐족과 일부 네기달족, 오로치족, 오로크족 사이에 전파되어 있으며 음성변형으로 타이훈자, 타이고치, 타이르나즈, 톨리즈도 있는데 신격과 역할은 테무와 동일하다. 타이훌진은 퉁구스족 북부그룹의 에벤족과 에벤키족, 남부그룹의 나나이족, 우데게족, 울치족에게서는 발견되지 않는다. 타이훌진은 tajgur(강, 호수의 깊은 곳, 심연/ 닙흐어)에서 기원하므로[284] 닙흐족 고유의 관념이며, 다른 종족은 타이훌진을 닙흐족으로부터 수용하였다. 타이훌진은 의미상 초기에는 강이나 호수의 신을 의미하였으나 이들의 생업에서 바다의 중요성이 커지면서 해신으로 의미 확장을 하였으므로 닙흐족의 초기 기원지는 바다와 인접한 곳이 아닌 강, 호수 인근이었다. 현재 닙흐족에게 타이훌진은 신화에만 단편적으로 남아있는 희미하고 흐릿한 신이다.

---

283 ССТМЯ 2, p.234.
284 Ч. М. Таксами, Словарь нивхско-русский и русско-нивхский, СПб.: Про
    свещение, 1996, p.73.

(3) 극동 토착종족 해신의 형상

극동 토착종족의 해신은 물고기, 범고래, 바다표범, 반인반수, 인어아가씨와 같은 반인반어(半人半魚), 노파, 노인과 노파의 공존, 부부, 노인 등 다양한 모습이다. 이는 해신에 대한 관념이 오랜 시간에 걸쳐 이들 사회의 물질적 조건 및 역사적 발전, 그에 따른 세계관과 신앙체계의 변화 등에 맞추어 변형·발전되어 왔음을 말해준다.

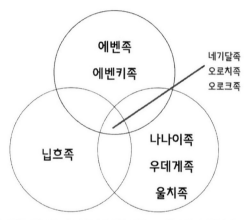

[그림 72] 해신의 용어에 근거한 극동 토착종족의 문화네트워크

① 동물 해신과 반인반수, 반인반어 해신

동물 해신은 토템신앙에 근거하므로 이들 해신의 가장 초기 관념이며 물고기, 범고래, 바다표범 등 다양한 모습이지만 바다표범이 가장 널리 전파되어 있다. 물고기 해신은 이들의 주요 생업이 어로이던 시기 퉁구스족 남부그룹과 고아시아계 닙흐족을 중심으로 발전된 관념이다. 반인반수, 반인반어 해신은 토테미즘이 샤머니즘에 흡수되는 과정에서 자연신이 토템신에서 인간신으로 변형되는 과도기의 산물이다. 현재 동물과

반인반수, 반인반어 해신은 상당부분 퇴색되었을 뿐만 아니라 이에 대한 구비전승도 단편적, 파편적이어서 그 실체 규명이 쉽지 않다.

〈우데게족의 해신〉 해신 테무 혹은 테무 오쟈니는 범고래이다. 따라서 범고래가 나타나면 바다에 성냥, 담뱃잎, 설탕 조각 등을 제물로 바쳐야 한다.[285]

〈오로크족 노인과 바다표범 해신〉 바다표범 사냥을 하던 오로크족 노인이 바다표범에게 이끌려 바다 깊은 곳으로 가게 되었다. 다음 날 아침, 잠에서 깨어보니 낯선 집 안이었다. 그런데 옆에는 화려한 색의 바다표범이 앉아있었다. 바다표범은 자신을 해신 테오무라고 소개하였다.[286]

〈우데게족의 해신〉에서 우데게족의 해신 테무(테무 오쟈니)는 범고래 형상이며 오쟈니는 에제니의 우데게식 음성변형이다. 해신으로서 범고래 해신은 당시 오호츠크해나 태평양에 범고래가 서식하였고, 이들

[그림 73] 오로크족의 해신
СОКМ. Инв. No.3044-5.
Березницкий, 2005, p.551.

이 범고래 사냥에 종사했음을 말해준다. 〈우데게족의 해신〉에서 구체적으로 드러나지는 않지만 범고래 해신은 바다를 떠도는 노천신이며, 혼인은 하지 않았다. 또 이들은 범고래가 나타나면 바다에 제물을 바치므로 이 시기 이들 사이에 해신제의 규율이나 절차는 존재하지 않았다.

〈오로크족 노인과 바다표범 해신〉에서 오로크족 노인이 만난 해신 토

285 В. К. Арсеньев, Лесные люди удэхейцы, Владивосток: Книжное дело, 1926, p.33.
286 Т. И. Петрова, Язык ороков (ульта), Л.: Наука, 1967, pp.142-143.

오무는 바다표범인데 동일한 모티프가 에벤족과 에벤키족을 제외한 극
동 토착종족 사이에 두루 전파되어 있으므로 이들의 일상·종교·문화
생활에서 바다표범은 중요한 위치에 있었다. 또 바다표범 해신은 혼인
은 하지 않은 독신인데 범고래 해신과 달리 바다를 떠돌다가 바다 깊은
곳에 집을 짓고 정주신이 되었으므로 범고래보다 이후에 출현하였다.

② 여성(할미) 해신

여성해신에 대한 극동 토착종족의 구비전승은 매우 단편적이어서 그
기원이나 내용을 구체적으로 파악하기는 힘들다. 하지만 아무르강 상
류 나나이족, 오로크족, 일부 우데게족, 일부 울치족, 닙흐족의 구비전
승을 통해 개괄적인 분석뿐만 아니라 한반도 할미해신과의 비교도 가
능하다.

> 가. 아무르강 상류 나나이족에 의하면 사할린섬 근처 오호츠크해 어딘
> 가에 물고기 부자인 노파 도로 마마가 산다. 도로 마마는 집에 물고
> 기 비늘을 보관하고 있다가 가끔 바다에 던져 사람들의 어로를 도와
> 준다.[287]
> 나. 오로크족의 해신은 노파인데 먼 북쪽 바다에서 바다표범과 함께
> 산다.[288]
> 다. 일부 울치족의 해신은 노파이다.[289]

287 А. В. Смоляк, "Представления нанайцев о мире", Природа и человек в
религиозных представлениях народов сибири и севера (вторая полови
на XIX~начало XX в.), Л.: Наука, 1976, p.143.
288 Л. Я. Штернберг, Гиляки, орочи, гольды, негидальцы, айны, Хабаровск:
Дальгиз, 1933, p.430; И. С. Поляков, "Путешествие на Сахалин в 1881~1882
гг.", ИРГО 21(1-2), 1883, p.88.

　라. 닙흐족의 해신은 노파인데 바다 밑에 있는 풀로 만든 움집에서 혼
　　자 산다. 노파 해신은 물고기 알이나 가죽을 바다에 던져 닙흐족의
　　어로와 바다동물 사냥을 도와준다.[290]

　가~라에 근거하여 극동 토착종족의 여성해신에 대한 보편적인 관념
을 유추할 수 있다.
　첫 번째, 극동 토착종족의 여성해신은 나이가 지긋한 노파이다.
　두 번째, 나에서 오로크족 여성해신은 바다표범과 함께, 라에서 닙흐
족 여성해신은 풀로 만든 움집에서 혼자 살고 있으므로 여성해신은 혼
인을 하지 않은 독신이다.
　세 번째, 가에서 상류 나나이족의 여성해신은 물고기 비늘을, 라에서
닙흐족의 여성해신은 물고기 알이나 가죽을 바다에 던져 어로와 바다
동물 사냥을 도와준다. 따라서 여성해신은 물고기 비늘, 알, 가죽을 물
고기와 바다동물로 변신시키는 신통력이 있으며, 이를 이용하여 토착
종족의 어로와 바다동물 사냥을 도와준다.
　네 번째, 나나이족의 도로 마마는 doro(관습, 법/ 나나이어·오로치어·오로
크어·울치어)[291] + mama(노파·모계·부계 여성 친척/ 퉁구스제어)의 구조로 '관
습, 법을 지키는 노파'를 의미하므로 극동 토착종족의 여성해신은 씨족
의 관습법과 질서의 수호자이다. 이에 의하면 여성해신이 출현했을 당
시 이들은 모계씨족사회에 살고 있었고, 여성해신의 출현은 씨족의 여

289 Т. И. Петрова, Ульчский диалект нанайского языка, М.-Л.: Учпедгиз, 1936,
　　pp.85, 97-99.
290 Л. Я. Штернберг, Материалы по изучению гиляцкого языка и фольклора,
　　СПб.: ИАН, 1908, p.168.
291 Архив ИИАЭ ДВО РАН. Ф.1, Оп.2, Д.416, Л.181, 188.

성 지도자를 신격화하기 위한 것이었다.

다섯 번째, 나에서 오로크족의 여성해신은 먼 북쪽 바다에 살고 있으므로 뚜렷한 거처 없이 바다를 떠도는 노천신이며, 가에서 나나이족의 여성해신은 오호츠크해 어딘가의 집에서, 라에서 닙흐족의 여성해신은 바다 가운데 집에서 정착생활을 한다. 따라서 극동 토착종족의 여성해신은 노천신에서 바다 가운데 집을 짓고 정착생활을 하는 정주신으로 변형되었지만 바다를 건너와 인간과 가까운 해안이나 해변으로 다가오지는 않았다. 이에 의하면 여성해신은 이들의 적극적인 숭배 대상이 아니었는데 이는 여성해신이 출현할 당시 이들의 생업에서 어로보다 타이가동물 사냥이 더 중요했음을 말해준다.

여섯 번째, 나에서 오로크족의 여성해신과 함께 있는 바다표범은 여성해신의 보조령이므로 인간 해신이 출현하면서 동물 해신들은 이들의 신전에서 퇴출된 것이 아니라 그대로 남아 인간 해신의 보조령이 되었다.

여성해신은 극동, 한반도, 중국 등지에서 두루 발견되는데 김열규는 한반도 동·서해안지역에 전승되는 선문대할망이나 개양할미를 '물할머니', '수고(水姑)'라고 부르면서 북방유라시아 일대의 노파신과 연결시킨다.[292]

극동 토착종족의 여성해신은 중국의 마고(麻姑) 여신, 동일 계통의 한반도 제주도의 선문대할망과 변산반도 죽막동 수성당의 개양할미와 비교할 수 있다. 중국의 마고 여신은 상당한 미모를 가진 젊은 여성으로 손은 긴 새발모양이고, 윗머리는 쪽지고, 나머지 머리는 늘어트리고 있었는데 18~19세기 청말(淸末)에 이르러 할미로 변형되었다.[293] 말레이

───────────────

292 김열규, 『한국의 신화』, 일조각, 1983, p.115.

시아 사원에서 발견된 마고는 미모의 젊은 아가씨인데[294] 이는 중국 마
고 여신과 흡사하므로 중국의 영향에 의한 것이다. 그런데 극동 토착종
족의 여성해신과 한반도 설화의 마고는 젊은 미모의 여성이 아니라 나
이가 지긋한 할머니이므로 중국의 마고와는 상당한 차이가 있다. 또 한
반도의 할미해신 중 선문대할망은 해신의 역할도 하지만 산신의 성격
이 강하고, 개양할미는 해신의 성격이 강한데 극동 토착종족의 할미해
신에서 산신의 특성은 발견되지 않기 때문에 극동 토착종족의 여성해
신은 한반도의 개양할미와 더 유사하다.

극동의 여성해신과 한반도 개양할미는 인간세계에서의 역할도 비슷
하다. 극동의 여성해신은 어로와 바다동물 사냥을 도와주며, 개양할미
는 어로를 도와줄 뿐만 아니라 깊은 곳을 메우고 위험한 곳에 표시를
하여 어부들의 생명을 보호해준다. 하지만 극동 여성해신과 한반도 개
양할미 사이에는 차이점도 적지 않다. 첫 번째, 극동의 할미해신은 도로
마마라는 이름을 가지기도 하지만 대개는 무명인 반면 한반도의 할미
해신은 개양할미처럼 이름을 가지고 있다.

두 번째, 한반도의 개양할미는 거구로 굽나막신을 신고 서해바다를
걸어 다닐 정도로 키가 크지만[295] 극동 여성해신의 신체(神體)는 알려진
바가 없다. 그런데 극동 토착종족들은 인간세계의 프리즘을 통해 신들
세계의 이미지를 구축하였기 때문에 여성해신은 사람과 같은 비슷한

---

293 徐華龍, 「麻姑為海上神仙考」, 『常州工學院學報』, 上海文藝出版社, 2013, p.25; 리전
  닝, 「한·중 마고여신 비교 연구: 문헌기록의 수용양상을 중심으로」, 『아시아문화연구』
  36, p.64.
294 송화섭, 「한국과 중국의 할미해신 비교연구」, 『도서문화』 41, 2013, p.173.
295 박미라, 「한국 水神 신앙의 변천: 여성 신격을 중심으로」, 『원불교사상과 종교문화』
  95, 2023, p.367.

[그림 74] 수성당의 개양할미 당신도(좌);
말레이시아 사원의 마고 아가씨(우) 송화섭, 2013, pp.167, 173.

체격이며 개양할미와는 신체에서 두드러진 차이가 난다.

세 번째, 극동의 여성해신은 혼인을 하지 않는 독신으로 자식은 없다. 하지만 [그림 74(좌)]를 통해 알 수 있듯이 개양할미는 여덟 명의 딸을 낳아 일곱 명의 딸을 각 섬에 시집보내고, 막내딸은 품에 안고 있으므로[296] 혼인을 하였고, 가정이 있다.

네 번째, 극동의 여성해신은 초기에는 바다를 떠돌아다니다가 바다 가운데 정주하였다. 하지만 개양할미는 인간과 가까운 해변 굴에 정착한 정주신이므로[297] 개양할미는 인간에게 친근한 존재이지만, 극동의 여성해신은 인간과 친근한 존재는 아니었다.

다섯 번째, 변산반도 죽막동 해안마을 사람들은 지금도 수성당의 할미를 잘 받들어야 풍어가 이루어지고 바다에서 풍랑의 위험을 면할 수 있다고 믿기 때문에 음력 정월 보름날이면 개양할미를 위무하는 마을제를 지낸다.[298] 그런데 극동 토착종족 사이에서 여성해신에 대한 의례

---

296 송화섭, 앞의 논문, p.167.
297 송화섭, 앞의 논문, p.183.

[그림 75] 『한국민족문화대백과사전』
전라북도 부안군 변산면 죽막동의 해신당
https://encykorea.aks.ac.kr/Article/E00243
57 검색일: 2024.01.20.

의식은 발견되지 않으므로 한반도의 할미해신과 달리 극동 토착종족의
여성해신은 이들의 숭배 대상에서 멀어진 신이다. 이러한 차이에도 불
구하고 할미해신은 극동 남부지역과 한반도 일대의 특징이므로 과거
이 지역에는 해양문화의 요소로서 '할미해신'을 공유하는 문화집단이
있었다.

③ 여성해신과 남성해신의 공존 혹은 부부해신
극동 토착종족의 여성해신은 남성해신으로 변형되면서 여성과 남성
해신이 공존하거나 부부해신의 과도기 단계를 거쳤다.

> 가. 울치족 두반 씨족은 해신제 때 "테무 아버지, 테무 어머니, 우리를
> 잊지 마세요. 우리에게 용철갑상어, 연어를 보내주시고 행복을 주
> 세요"라고 기원한다.[299]
> 나. 한 울치족 남자가 바다를 헤매던 중 해안가 절벽 꼭대기의 집을
> 발견하였다. 남자는 그 집으로 갔다. 집 안에는 백발의 노인과 노파

---

298 송화섭, 앞의 논문, p.174.
299 Е. А. Гаер, Древние бытовые обряды нанайцев, Хабаровск: ХКИ, 1991,
　　pp.39-40.

가 있었다. 노인과 노파는 자신들을 해신이라고 소개하였다.[300]

가에서 울치족 두반 씨족은 해신제 때 테무 아버지, 테무 어머니에게 기원하는데 부부인지는 불분명하지만 둘 다 기원의 대상이므로 바다의 지배권을 공동으로 분할하고 있는 독자적인 해신들이다. 가에서 해신의 거처는 드러나지 않지만 노천신이거나 각자 자신의 지배권이 미치는 바다 어딘가에 거주하고 있다.

나에서 울치족 남자가 절벽 꼭대기의 집에서 만난 노인과 노파는 자신들을 해신이라고 소개하였는데 같은 집에 기거하므로 부부해신이며, 신격은 동일하다. 이에 의하면 남성해신과 여성해신은 초기에는 독자적 지위의 신으로 부부는 아니었고, 바다를 공동으로 분할 지배하였고, 인간 세계 가까이로 다가오지는 않았다. 반면 부부해신은 인간과 가까운 해안의 절벽으로 이동하여 정주신이 되었고, 인간과 보다 활발하게 교류하게 되었는데 이는 이 단계에서 해신이 이들의 적극적인 숭배 대상이 되었음을 말해준다.

④ 남성해신

가. 남성해신의 형상

극동 토착종족의 구비전승에 의하면 남성해신은 동물 → 반인반수 (반인반어) → 인간의 과정을 거치면서 변형·발전되었다.

〈오로치족의 해신 토오무〉 오로치족의 해신 토오무는 초록색 턱수염의

---

300 А. М. Золотарев, Родовой строй и религия ульчей, Хабаровск: Дальгиз, 1939, pp.186-188.

백발노인인데 범고래로 변신하기도 한다. 해신의 최측근 보조령은 아내
인 토오무 마마차니이다.[301]

〈해신의 손녀와 혼인한 닙흐족 청년〉 어느 날 외삼촌들이 암놈과 수놈
물고기를 조카에게 주었다. 엄마가 수놈은 저녁 식사에 내놓고 암놈은
큰 솥에 담아 두었다. 그런데 한밤중에 솥에서 팔딱팔딱 물고기가 물을
치는 소리가 들렸다. 청년은 살며시 일어나 솥을 열어 보았다. 물고기가
살아 있었다. 물고기가 사람의 말을 하였다. "나는 물고기가 아니라 해신
의 딸이야. 나를 놓아주면 네가 원하는 모든 것을 줄게." 청년은 물고기를
솥에서 꺼내 바닷가로 달려가 놓아주었다.[302]

〈해신의 딸과 결혼한 가난한 닙흐족 어부〉 가난한 어부가 저녁 어스름
에 작은 물고기 한 마리를 잡은 뒤 배를 해변에 대어놓고 집으로 가려고
하였다. 그때 바다표범이 해변으로 올라왔다. 바다표범은 눈처럼 온몸이
흰색이었다. 바다표범은 누워서 힘겹게 숨을 몰아쉬고 있었다. 옆구리에
는 상처가 있었다. 어부는 바다표범에게 물고기를 주었다. 그것을 먹고
생기를 되찾은 바다표범은 물속으로 사라졌다. 바다표범이 있던 자리에
모랫길이 생겼다. 어부는 모랫길을 따라 걸어갔다. … 길은 어떤 집의 지
붕 위에 닿아 있었다. 어부는 굴뚝 안을 들여다보았다. 집은 무척 컸다.
화덕 옆 침상에는 노인이 앉아 있었다. 인기척을 느낀 노인은 들어오라고
손짓을 했다. 어부는 밑으로 내려갔다. 노인은 해신 톨리즈였고, 바다표
범은 해신의 딸이었다.[303]

〈오로치족의 해신 토오무〉에서 해신 토오무는 백발노인인데 혼인을

301 В. А. Аврорин, Е. П. Лебедева, Орочские тексты и словарь, Л.: Наука, 1978,
   p.225; ССТМЯ 2, p.118; С. В. Березницкий, Мифология и верования орочей,
   СПб.: ПВ, 1999, p.36.
302 『시베리아설화집: 니브흐인 이야기』, 엄순천 편역, 지만지, 2018, p.116.
303 『시베리아설화집: 니브흐인 이야기』, 앞의 책, pp.21-24.

하여 아내가 있으며, 외형은 인간이지만 범고래로 변신하기도 하므로 인간신으로 변형된 이후에도 토템적 본성에서 완전히 벗어나지 못하였다. 이는 토템신이 인간신으로 변형된 이후에도 토템신앙이 이들 종교적 관념의 기층에 자리 잡은 채 오랫동안 보존되어 왔음을 말해준다. 해신의 아내 토오무 마마차에서 토오무는 테무의 오로치식 음성변형이며, mamacha(노파, 아내/ 퉁구스족 남부그룹 언어)는 mama(노파, 모계, 부계 여자친척/ 퉁구스제어)에서 기원하므로 초기 해신의 아내는 독자적 지위의 해신이었다. 그런데 이들 사회가 부계씨족사회로 진입하면서 남성해신이 등장하였고 둘은 수중생태계를 공동 지배하였지만 이들의 생업에서 어로와 바다동물 사냥의 비중이 커지고, 남성의 지위가 높아지면서 남성해신과 혼인을 하게 되었다. 그런데 남성해신이 바다의 지배권을 독점하면서 아내가 된 여성해신은 이들의 숭배 대상에 멀어졌다. 오로치족은 의례 의식 때 해신의 아내에 대한 의식은 거행하지 않기 때문에 이들에게 해신의 아내는 인간세계에서의 역할이 미미한 관념적·추상적인 신이다.

〈해신의 손녀와 혼인한 닙흐족 청년〉에서 해신에게 딸이 있으므로 해신은 혼인을 하였고, 해신의 딸은 물고기이지만 인간의 말을 하므로 반인반어 형상이다. 이에 의하면 해신도 인간과 물고기의 속성을 동시에 가지고 있다.

〈해신의 딸과 결혼한 가난한 닙흐족 어부〉에서 어부가 만난 해신은 인간이지만 딸은 바다표범이므로 해신은 바다표범 → 반인반수 → 인간의 과정을 거쳤다. 이 설화에서 해신의 집에는 굴뚝이 있으며 굴뚝은 출입구의 역할을 하는데 이는 과거 닙흐족이 수혈식(竪穴式) 가옥에 거주했음을 말해준다. 〈해신의 손녀와 혼인한 닙흐족 청년〉과 〈해신의 딸과 결혼한 가난한 닙흐족 어부〉에서 해신은 가족들과 함께 바다 깊은

곳에서 정주생활을 한다. 〈해신의 딸과 결혼한 가난한 닙흐족 어부〉에
서 해신은 바다 깊은 곳이 아니라 해수면 바로 아래에 정주하였으므로
인간세계 가까이로 옮겨왔는데 이는 해신이 인간과 더 친밀한 신이 되
었음을 의미하므로 앞의 두 신화보다 늦은 시기의 관념이 반영되어 있
다. 그런데 위 신화들에 의하면 해신과 해신의 딸들이 물고기나 바다동
물의 모습을 보존하고 있는 것은 토템신들이 인간신으로 변형된 이후
에도 일정기간 토템적 본성을 보존하였음을 말해준다.

> 가. 나나이족의 해신 테무는 노인이며 사할린섬 근처 오호츠크해 어딘
>   가에 살고 있다. 해신의 최측근 보조령은 나무 에제니와 무 암바니
>   (무 갈니, 간니히/ 수사자의 영혼이 변한 정령)이다.[304]
> 나. 일부 오로치족은 해신 토오무의 아내를 고아시아계 닙흐족의 해신
>   인 타이훈자라고 부른다.[305]
> 다. 우데게족 해신 테무(혹은 기니히)는 백발노인이다. 해신의 최측근
>   보조령은 수사자의 영혼이 변한 간니히와 마마샤 다바니이다.[306]
> 라. 울치족의 해신은 울치족과 비슷하게 생긴 거구의 백발노인이다. 해
>   신은 해안가 절벽 꼭대기의 집에서 아내와 함께 살고 있다.[307]
> 마-1. 닙흐족 청년 아즈문은 … 오호츠크 해에 이르렀다. 갈매기에게

304 А. В. Смоляк, "Представления нанайцев о мире", Природа и человек в
   религиозных представлениях народов Сибири и Севера (вторая полови
   на XIX- начало XX в.), Л.: Наука, 1976, p.144.
305 В. А. Аврорин, П. Лебедева, Орочские тексты и словарь, Л.: Наука, 1978,
   p.225
306 В. К. Арсеньев, Сквозь тайгу. Арсеньев В. К. Сочинения 4, Владивосток:
   Примиздат, 1948, pp.72-73.
307 А. М. Золотарев, Родовой строй и религия ульчей, Хабаровск: Дальгиз,
   1939, pp.186-188; Е. А. Гаер Древние бытовые обряды нанайцев, Хабаровс
   к: ХКИ, 1991, pp.39-40.

해신이 사는 곳을 묻자 먼 바다의 섬에 산다고 알려주었다. …
해신은 절벽처럼 큰 거구의 백발노인이었는데 아내와 함께 살고
있었다. 해신의 집 안은 닙흐인의 집과 똑같았다. 침상들, 화덕,
벽, 기둥 등 집안 곳곳에 물고기 가죽이 걸려있었다. … 해신의
섬에 사는 청년들은 범고래, 아가씨들은 바다표범이었다.[308]

마-2. 닙흐족의 해신은 거구의 백발노인인데 목이 없어서 머리가 어깨
에 붙어있다. 해신은 고래수염으로 만든 큰 천막집에서 아내들,
친인척들과 함께 살고 있다.[309]

마-3. 젊은 닙흐인 4명과 노인 1명이 바다사냥을 나갔다. … 바다 가운
데 절벽이 보여 그곳으로 다가갔다. 절벽의 문이 열리더니 방이
나왔다. … 문이 열리면서 머리가 없는 거구의 노인이 들어왔다.

마-4. 바다를 떠돌던 아버지와 아들은 사람의 손을 닮은 큰 해변이 보
여 그곳으로 배를 몰아갔다. 해변에는 엄청나게 큰 거구의 노인
이 앉아 있었다.[310]

가~마를 통해 극동 토착종족의 남성해신에 대한 보편적인 관념을 유
추할 수 있다.

첫 번째, 극동 토착종족의 남성해신은 나이가 든 백발노인이며, 라에
의하면 외모는 토착종족과 비슷하고, 마-1에서 해신의 집 안에는 닙흐
인의 집처럼 침상들, 화덕, 벽, 기둥이 있고 거기에는 물고기 가죽이 걸
려있으므로 생활양태는 토착종족과 유사하다. 마-1의 화덕에 근거할
때 해신도 불을 사용하며, 물고기 가죽에 근거할 때 닙흐족처럼 해신에
게도 물고기는 의식주의 모든 것을 제공해주는 존재이다. 이처럼 해신

---

308 『시베리아설화집: 니브흐인 이야기』, 앞의 책, pp.125-143.
309 А. Кириллов, Гиляки, Древняя и новая Россия, СПб.: Хромолитография
В. Грацианского, 1881, p.270.
310 『시베리아설화집: 니브흐인 이야기』, 앞의 책, p.5.

이 토착종족과 유사한 삶의 방식을 영위하는 것은 이들이 현실 인간세계의 프리즘을 통해 신화적 상상력의 세계인 신의 세계에 대한 이미지를 구축해 나갔기 때문이다.

두 번째, 라와 마에서 울치족과 닙흐족의 남성해신은 거구이므로 극동 토착종족의 남성해신은 거구이다. 거구의 해신은 인도 비슈누신화, 중국의 관음보살신화에 등장하지만[311] 모두 여성해신이다. 또한 극동의 남성해신에서는 힌두신앙과 관음보살의 요소는 전혀 보이지 않기 때문에 연결이 힘들다. 그런데 극동 토착종족의 남성해신이 거구가 된 것은 여성해신이 남성해신으로 변형될 때 한반도 거구 할미해신의 영향을 받은 것으로 보인다.

세 번째, 나-1, 2, 라, 마-1, 2에서 오로치족, 울치족, 닙흐족의 해신은 아내와 함께 살고 있으므로 극동 토착종족의 남성해신은 혼인을 하여 가정을 이루고 있다. 한반도의 민간에도 임경업(서산, 당진, 태안, 강화), 최영(개성), 남이(남이), 사도세자(신안), 마태장군(안산), 서로서천국(제주도) 등의 남성해신이 전승된다. 이들은 내방 여신과 혼인하여 부부신으로 배향되기도 하므로[312] 극동 토착종족 남성해신의 생활 양태와 유사한 점이 있다. 그런데 극동 토착종족 남성해신의 이름은 보통명사에서 기원하는 반면, 한반도 남성해신은 역사적 실존 인물을 신격화하였다. 따라서 극동과 한반도의 남성해신은 서로 다른 기원을 가지며 서로 다른 발전과정을 거쳤다.

---

311 비슈누는 세 걸음으로 우주를 창조하는 거인인데 남인도의 관음성지인 포탈락카(Potalak)에서 동지나해를 건너 중국 주산군도 보타산에 온 관음보살이므로 보타산의 남해관음은 힌두신 비슈누와 불교의 관음보살이 결합한 할미해신이다. 송화섭, 앞의 논문, p.182.

312 송화섭, 「서해안 해신신앙 연구」, 『도서문화』 23, 2004, p.76.

네 번째, 나-1에 의하면 일부 오로치족은 해신 토오무의 아내를 타이 훈자라고 하는데 타이훈자는 닙흐족 해신의 하나이다. 따라서 오로치 족 해신의 아내는 닙흐족이 거주하는 사할린섬과 오호츠크해에서 태평 양쪽으로 내려온 내방 여신이다. 이곳에 온 여성해신은 초기에는 이곳 을 다스리던 남성해신과 바다를 공동 지배하였으나 이들이 가부장적 부계씨족사회로 진입하고, 이들 사회에서 남성의 역할이 커지면서 남 성해신의 위상이 높아지자 그와 혼인을 하여 아내가 되었다. 혼인 이후 인간세계에 대한 여성해신의 역할까지 흡수한 남성해신은 수중생태계 최고의 지배자, 최고의 권력자가 되었으며 적극적인 숭배 대상이 되었 다. 하지만 해신의 아내가 된 여성해신은 점차 이들의 숭배 대상에서 멀어졌고, 신전에만 이름을 올리는 관념적·추상적인 신이 되었다. 이렇 듯 여성해신이 권력에서 밀려난 것은 이들 사회의 변화에 의한 것도 있지만 남성해신은 토착신이지만 여성해신은 외래신이기 때문이다.

다섯 번째, 남성해신은 하위의 다양한 신들과 수직적 위계 구조 속에 놓여있는데 이는 남성해신이 이들 사회에 계층 구조가 정착된 이후 강 화된 관념임을 말해준다. 극동 토착종족의 보편적 관념에서 해신의 최 측근 하위신에는 바다세계의 지배권을 가진 남성해신 나무 에제니, 강 세계의 지배권을 가진 여성강신 숙쟈 에제니가 있다. 이에 의하면 최고 의 해신으로서 남성해신은 바다와 강, 남성과 여성의 경계를 나누고 통 합하는 역할을 한다.

여섯 번째, 마-2에서 닙흐족의 해신이 사는 큰 천막집은 씨족마을을 상징하며, 해신에게는 아내가 여럿이므로 바다세계는 일부다처제의 사 회인데 이는 과거 언젠가 닙흐족 사이에 일부다처제가 존재했음을 말 해준다. 또 해신이 고래수염으로 만든 천막집에 사는 것으로 미루어 과 거 이들은 고래 사냥에 종사했다.

일곱 번째, 가에서 나나이족의 남성해신은 오호츠크해 어딘가에 기거하므로 뚜렷한 거처 없이 바다 위를 떠도는 노천신이다. 마-1, 2, 3에서 닙흐족의 해신은 바다의 섬, 바다 가운데 절벽에 정착하였고, 라의 울치족과 마-4에서 닙흐족의 해신은 해안으로 이동하여 바다가 훤히 내려다보이는 절벽 꼭대기에 정주하였다. 따라서 극동 토착종족의 남성해신은 노천신 → 바다 가운데 정착 → 바다 이동 → 해안 정주신의 단계를 거치면서 인간세계 가까이로 이동하였고, 인간과의 교류가 보다 활발해졌으며, 적극적인 숭배 대상이 되었다. 이러한 남성해신의 이동은 해신의 역할 변화에 의한 것으로 초기 해신의 주된 역할은 어로를 도와주는 것이었다. 그런데 비록 원시적일지라도 사냥도구 및 선박 제작 기술이 점차 발달하면서 원해에서의 어로와 바다동물 사냥이 가능해졌고, 해신의 역할에 바다동물 사냥의 성공과 바다에서의 안전보장이 추가되었기 때문이다.

여덟 번째, 마-2에서 닙흐족의 해신은 목이 없어서 머리가 어깨에 붙어있고, 마-3에서는 머리가 없는 기괴한 모습인데 이유는 불분명하지만 해신의 권위와 위상을 강화시키기 위해 누구도 본 적 없는 해저생물체에 대한 상상력을 해신에게 투영한 흔적이다.

⑤ 극동 토착종족의 여성해신과 남성해신의 차이점

극동 토착종족의 여성해신과 남성해신은 나이가 든 백발의 노인과 노파라는 공통점이 있지만 다음과 같은 차이점이 발견된다.

첫 번째, 여성해신은 아무르강 상류 나나이족의 도로 마마처럼 이름을 가지기도 하지만 대개는 무명이고 신체는 불분명한데, 남성해신은 테무, 타이훌진 등의 이름을 가지고 있고 거구이다. 즉 남성해신은 여성해신과 달리 뚜렷한 신격과 신체를 가지고 있으므로 남성해신이 보다

이후의 산물이다.

두 번째, 여성해신은 독신이다. 하지만 남성해신은 토템적 본성을 벗어나지 못한 경우에도 혼인을 하여 아내와 함께 살고 있으며 자식이 있는 경우 대개는 딸인데 그 이유는 불분명하다.

세 번째, 여성해신들은 바다를 떠돌다가 바다 한가운데 집을 짓고 정착하였다. 하지만 남성해신들은 바다가 훤히 보이는 해안가 절벽으로 올라와 정주신이 되었다. 이는 남성해신에 이르러 이들의 삶에서 바다의 중요성이 이전 시기에 비해 더 커졌고, 인간세계에서 해신의 역할도 더 강화되면서 해신이 적극적인 숭배 대상이 되었음을 말해준다.

네 번째, 여성해신은 하위 신들과 계층구조를 이루고 있지 않지만 남성해신은 뚜렷한 위계 구조의 최상층에 위치하면서 수중생태계를 바다와 강의 세계로 분할하고 통합하는 역할을 한다. 이는 남성해신이 등장할 무렵 이들 사회가 보다 체계적인 구조를 갖춘 위계화 된 부계씨족사회로 진입하였음을 말해준다.

이상의 내용에 의하면 동물해신, 여성해신, 남성과 여성해신의 공존 단계에서 해신은 노천신이거나 인간과 가까운 곳이 아닌 바다 가운데 정착하였으므로 극동 토착종족의 적극적인 숭배 대상은 아니었다. 부부 해신은 인간과 가까운 해안가에 정주하였는데 이후 아내는 관념적·추상적인 신으로 강등되었고, 숭배 대상에서 멀어졌는데 이는 해신의 아내가 토착신이 아니라 외래신, 내방신이기 때문이다. 해신 발전의 마지막 단계에서 남성해신은 수중생태계의 권력을 장악하였으며 인간과 가까운 곳, 바다가 훤히 보이는 해안가 절벽으로 올라와 정주신이 되면서 이들의 적극적인 숭배 대상으로 자리 잡았다.

(4) 극동 토착종족 해신의 역할

극동 토착종족에게 해신의 역할은 이들 사회의 물질적·정신적 변화에 따라 꾸준히 변형되어 왔지만 주된 역할은 풍어와 바다동물 사냥의 성공 및 바다에서의 안전 보장, 재액초복을 가져다주는 가족과 씨족의 보호신, 자연을 대하는 태도를 알려준 자연생태계의 보존자, 해신제의 기원과 규율을 알려준 존재[313]이다. 따라서 이들에게 해신은 단순한 종교적 숭배 대상이 아니라 자연철학, 생태윤리를 전해준 존재이다.

① 가족과 씨족의 보호신

〈울치족 두반 씨족의 해신제〉 울치족 두반 씨족은 해신제 때 "테무 아버지, 테무 어머니, 우리를 잊지 마세요. 우리에게 용철갑상어, 연어를 보내주시고 행복을 주세요!"라고 기원한다.[314]

〈닙흐족 남자들과 해신〉 거구의 남자가 들어왔다. "나는 해신이다. 물고기 가죽의 1/4을 바다에 던지면 물고기가 조금밖에 없을 것이다. 반을 던지면 그보다 더 많아질 것이고, 다 던지면 모래알처럼 넘쳐날 것이다."[315]

〈닙흐족 청년 아즈문과 해신 타이르나즈〉 아주 오래전의 일이다. 바다동물 사냥과 어로가 흉년이 들면서 마을 사람들 모두 죽을 위기에 처했다. 닙흐족 청년 아즈문은 해신 타이르나즈를 찾아가기로 결심했다. … 타이르나즈는 침상에 누워 자고 있었다. 입에 물고 있는 파이프의 불은 꺼져

---

313 해신의 역할 중 '해신제의 기원과 규율을 알려준 존재'는 해신제에서 다루기로 한다.

314 E. A. Гаер, Древние бытовые обряды нанайцев, Хабаровск: ХКИ, 1991, pp.39~40.

315 A. M Золотарев., Родовой строй и религия ульчей, Хабаровск: Дальгиз, 1939, p.97.

가고 있었다. 연기도 나오지 않았다. 아즈문은 파이프를 당겼다. 타이르나 즈는 아무 소리도 듣지 못한 채 드르렁 드르렁 태평하게 코를 골았다.[316]

〈울치족 남자와 해신제〉 언젠가 가을에 일곱 명의 울치족 남자들이 먼 바다로 바다표범 사냥을 나갔다가 길을 잃었다. … 모두 죽고 한 남자만 살아남았다. 남자는 우연히 노인과 노파가 살고 있는 절벽 위의 집으로 가게 되었다. … 남자가 노인에게 말했다. "어떻게 하면 고향에 갈 수 있 는지 알려주세요. 도와주세요."[317]

〈울치족 두반 씨족의 해신제〉에서 어부들은 해신에게 용철갑상어와 연어를 보내달라고 기원하므로 이들 어로의 주요 어종은 용철갑상어와 연어이고, 해신은 두반 씨족의 생존과 직결된 풍어를 보장해주는 존재 이다. 〈닙흐족 남자들과 해신〉에서 해신은 물고기 가죽의 1/4을 바다에 던지면 물고기가 조금밖에 없을 것이고, 반을 던지면 그보다 더 많아질 것이며, 다 던지면 모래알처럼 넘쳐난다고 하였다. 따라서 해신은 물고 기 가죽을 물고기로 변신시키는 신통력을 이용하여 닙흐족의 생존과 직결된 어로를 도와주는 존재이다.

〈닙흐족 청년 아즈문과 해신 타이르나즈〉에서 타이르나즈는 타이휼 진의 다른 이름이다. 바다동물 사냥과 어로가 흉년이 들어 마을 사람들 이 모두 죽을 위기에 처하자 아즈문은 해신을 찾아가기로 마음먹었으 므로 해신은 어로와 바다동물 사냥을 도와주는 존재이다. 아즈문이 해 신을 찾아갔을 때 해신은 아무 것도 모른 채 코를 골면서 자고 있었으 므로 아즈문의 마을에 흉년이 든 것은 해신이 자신의 임무를 잊고 있었

---

316 『시베리아설화집: 니브흐인 이야기』, 앞의 책, pp.125-143.
317 А. М Золотарев., Родовой строй и религия ульчей, Хабаровск: Дальгиз, 1939, pp.186-188.

기 때문이다. 이처럼 해신은 가끔 실수로 토착종족을 굶주림의 고통에
몰아넣기도 한다. 그런데 해신의 실수를 닙흐족 청년 아즈문이 바로잡
으면서 마을 사람들이 굶주림의 고통과 죽음의 공포에서 벗어나게 되
었다. 이는 인간 너머의 존재들은 완전한 존재, 신성불가침의 절대적
존재가 아니라 인간처럼 불완전하고 실수도 하는 존재이며, 인간과 인
간 너머 존재들은 공동 네트워크 속에서 상호보완, 상호교류하면서 지
구와 우주의 조화·질서·균형을 유지해간다는 이들의 생태적 세계관에
의한 것이다.

〈울치족 남자와 해신제〉에서 울치족 남자가 만난 노인과 노파는 해
신이며, 남자는 노인에게 고향으로 돌아가는 방법을 알려달라고 하였
다. 따라서 해신은 바다에서의 안전한 이동을 보장해주는 존재인데 해
신의 이러한 역할은 보다 늦은 시기에 추가된 것이다. 위 설화들에 의
하면 가족과 씨족의 보호신으로서 해신은 토착종족의 생존과 직결된
어로와 바다동물 사냥의 성공을 도와주고, 바다에서의 안전한 이동을
보장해주는 존재이다. 그런데 특히 극동 남부지역 토착종족들에게 어
로와 바다동물 사냥은 삶의 최상위에 위치한 문제였기 때문에 이들에
게 해신은 최고의 신이었다.

② 자연생태계의 질서 보존자

〈울치족 남자와 해신제〉 … 노인과 노파가 말했다. "이 호수의 물고기
들은 나의 보물들이네. … 우리는 물고기를 조금씩 땅의 사람들, 타이가
동물들에게도 보내주어 그들을 먹여 살리고 있지. 그런데 땅 사람들은
많은 물고기를 필요 이상으로 잡아서 괴롭히고 마구 먹어치우네. 우리가
물고기를 많이 보내주면 땅 사람들은 더 많이 잡겠지. 그러면 더 많은
물고기들이 사라질 거네. 내년에는 물고기를 조금만 보내줄 생각이네. 물

고기가 모자라서 굶어죽을 지경이 되면 땅 사람들에게 내가 한 말을 전하
게 …"318

위 신화에서 울치족 남자가 만난 노인과 노파는 해신들인데 물고기
들을 자신들의 보물이라고 하였으므로 해신은 물고기를 아주 소중하게
여긴다. 그런데 해신들의 눈에 비친 인간들은 물고기를 잡아서 괴롭히
는 존재, 필요 이상으로 물고기를 잡는 탐욕스러운 존재 즉 자연생태계
에 대한 예의를 갖추지 못한 존재들, 자연 생태계의 질서와 균형을 깨뜨
리는 존재들이다. 또 해신들은 자신들은 땅 사람들뿐만 아니라 동물들
에게도 물고기를 보내주어 생존을 보장해준다고 하였다. 이는 인간만
이 유일하게 지구와 우주에서의 생존권을 가진 존재가 아니라 동물과
같은 비인간 존재들도 인간과 동등한 생존권을 가진 존재라는 이들의
생태적 세계관에 의한 것이다.

해신은 인간들은 물고기를 필요 이상으로 잡고 괴롭히기 때문에 자신
들이 물고기를 많이 보내주면 인간들은 더 많이 잡을 것이고, 더 많은
물고기들이 사라질 거라면서 내년에는 물고기를 조금만 보내줄 것이라
고 하였다. 이는 자신들의 필요와 욕구를 위해 자연을 무분별하게 파괴
하는 인간의 행동 양태에 대한 인간 너머 존재들의 반격이자 항거이다.

(5) 극동 토착종족 해신의 생활양태

〈오로크족 노인과 바다표범 해신〉 어느 날 바다표범 사냥을 하던 오로
크족 노인이 바다표범에게 이끌려 바다 깊은 곳으로 가게 되었다. 다음

---

318 А. М Золотарев., там же, pp.186-188.

날 아침 노인이 잠에서 깨어보니 낯선 집 안이었다. 옆에는 화려한 색의
바다표범이 앉아있었다. 주위를 둘러보았다. 집에는 문이 없었다. 집 안
은 밝고 따뜻했다. 화덕에서 불이 타고 있었고, 그릇, 바다표범 가죽이
있었다. 노인은 이곳이 어디인지 알 길이 없었다. 노인은 분명 바다표범
이 자신을 죽일 것이라고 생각했다. 바다표범은 노인에게 왜 자신을 죽이
려했는지 물었다. 사람의 말을 하는 바다표범에게 놀란 노인이 바다표범
에게 사람인지 바다표범인지 물었다. 바다표범은 자신은 해신 테오무라
고 하였다. 바다표범은 노인에게 기르는 곰을 자신에게 바치면 죽이지
않겠다고 하였다. 또 노인에게 바다에 담배와 열매 등의 제물을 바치면
어로와 바다표범 사냥을 도와주겠다고 했다.[319]

위 신화에서 노인은 바다표범 해신에게 이끌려 바다 깊은 곳에 있는
해신의 집으로 가게 되었는데 집은 밝고 따뜻했으며, 화덕에는 불이 타
고 있었으므로 해신도 불을 사용한다. 화덕의 불에는 해신의 가족과 씨
족의 보호신인 화신이 깃들여 있으며 해신의 세계에도 불 숭배가 전파
되어 있다. 집 안에는 그릇과 바다표범 가죽이 있었으므로 해신은 오로
크족처럼 그릇을 사용하며 바다표범 가죽을 의복, 가재도구 등의 소재
로 사용한다. 해신은 노인에게 기르는 곰을 자신에게 주면 죽이지 않고
어로와 바다표범 사냥을 도와주겠다고 했는데 그 이유는 불분명하다.
하지만 이들은 자신들 현실 세계의 프리즘을 통해 신들 세계에 대한
이미지를 구축해나갔으므로 이는 곰 사육, 곰 축제를 위한 것이다. 또
해신은 노인에게 바다에 담배와 열매 등의 제물을 바치면 어로와 바다
동물 사냥을 도와주겠다고 했는데 이는 해신도 오로크족처럼 담배를
피우고, 열매를 먹지만 바다에서는 이것들을 구할 수 없기 때문이다.

319 Т. И. Петрова, Язык ороков (ульта), Л.: Наука, 1967, pp.142-143.

〈울치족 남자와 해신제〉 언젠가 가을 울치족 남자 7명이 먼 바다로 바
다표범 사냥을 나갔다가 길을 잃었다. 바다 위를 헤매다가 모두 죽고 한
명만 살아남았다. 해안가 절벽 꼭대기에 집이 보였다. 밤이 되자 집에 불
이 켜졌다. 남자는 해안가에 배를 정박한 뒤 그 집으로 갔다. 집 안에는
백발의 노인과 노파가 있었다. … 노인과 노파는 식사는 했냐고 물었다.
못했다고 하였다. 그러자 갈고리로 솥에서 삶은 생선을 꺼내 주었다.[320]

위 신화에서 밤이 되자 해안가 절벽 꼭대기의 집에 불이 켜졌으므로
해신의 세계에서도 어둠을 밝히기 위해 불을 사용한다. 또 울치족 남자
에게 솥에서 삶은 생선을 꺼내주었으므로 해신도 불을 사용하여 음식
을 만든다. 이처럼 바다표범의 모습인 해신은 인간과 동일한 속성을 가
지고 있는데 이는 극동 토착종족의 바다동물, 물고기에 대한 태도 및
윤리관의 형성에 지대한 영향을 주었다.

(6) 극동 토착종족 해신의 계층구조

해신이 남성해신으로 변형되면서 물의 세계에는 위계화 된 계층 구조
가 자리 잡았고, 남성해신 나무 에제니가 다스리는 바다의 세계와 여성
강신 숙쟈 에제니가 다스리는 강의 세계로 나누어졌으며, 최고의 해신
은 이 두 세계를 경계 짓고 통합하는 역할을 하였다. 이에 의하면 이들에
게 바다는 남성성, 강은 여성성을 상징하며, 이들 해신의 계층 구조에는
위/ 아래, 바다/ 강, 남성/ 여성의 이원대립이 발견된다.

---

320 А. М. Золотарев, Родовой строй и религия ульчей, Хабаровск: Дальгиз,
      1939, pp.186-188.

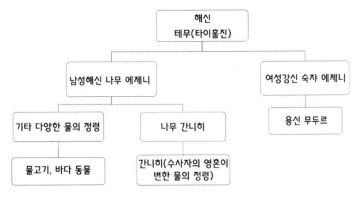

[그림 76] 극동 토착종족 수신의 계층구조

① 해신 나무 에제니

가. 해신 나무 에제니의 특징

나무 에제니는 해신의 하위 신으로 lamu(~lam~namu, 바다, 대양/ 퉁구스
제어)에서 기원한다. 에벤키족은 바이칼 호수, 북빙양, 태평양을 라무,
바다표범을 라무첸이라고 부르므로 나무는 바다와의 관련성을 지시하
는 단어이다. 따라서 나무 에제니는 수중생태계 중 바다에 대한 지배권
을 가지고 있으며, 바다의 다양한 초월적 존재들, 바다동물·물고기 등
을 다스리면서 바다의 세계를 통합하고 경계 짓는 역할을 하는데 나무
에제니의 이러한 권력은 해신 테무로부터 나온 것이다.

대다수 극동 토착종족에게 나무 에제니는 노인이지만 일부 나나이족
과 울치족에게는 범고래인데[321] 이는 자연신이 동물의 형상이었던 시기

---

321 Т. Ю. Сем, Картина мира тунгусов: пантеон (семантика образов и этноку
льтурные связи): историко-этнографические очерки, СПб.: Фил-факуль

의 흔적이다. 따라서 지금은 전해지지 않지만 나무 에제니는 동물 →
반인반수 → 인간의 과정을 거치면서 변형·발전되어 왔다. 극동 토착
종족에게 나무 에제니는 적극적인 숭배 대상이었기 때문에 이들은 정
기적으로 풍어, 바다동물 사냥의 성공, 가족과 씨족의 재액초복을 기원
하면서 나무 에제니 의식을 거행하였는데 의식에 씨족구성원들의 참여
는 의무였으므로 나무 에제니 의식은 씨족제(마을제)와 결합되어 있었
다. 이들은 의식 때 작은 통나무배를 만들어 정체가 불분명한 바다 생
물, 거북이, 넙치, 물 곰, 호랑이 한 쌍, 표범의 신상을 봉안하는데[322] 모
두 이들의 토템 동물들이며, 배는 신당을 상징한다. 이들은 해신 나무
에제니에게 바다동물 뿐만 아니라 호랑이, 표범 등 타이가(산) 동물의
신상을 바치므로 나무 에제니 의식은 바다 숭배에서 비롯된 해양문화
의 한 요소이지만 타이가 숭배, 토템신앙, 씨족신(마을신) 숭배 등 시대가
다른 다양한 층위의 관념이 혼종·융합되어 중층구조를 이루고 있다.

나. 나무 에제니의 하위 정령: 나무 간니히와 간니히

나무 간니히는 lamu + ganihi(수사자의 영혼이 변한 물의 정령/ 오로치어, 우
데게어)의 구조로[323] 나무 에제니의 하위 정령이자 간니히의 상위 정령인
데 나무에 근거할 때 주로 바다의 세계에 통합된 간니히를 다스린다.

간니히는 gal(곰, 호랑이, 야생 멧돼지로 인한 상처, 불, 물에 의해 얻게 된 강력하
고 초월적인 힘)[324]에서 기원하며, 퉁구스족 북부그룹과 나나이족에게 특

тет СПбГУ, 2012, p.511.
322 Т. Ю. Сем, там же, p.511.
323 Архив МАЭ РАН, Ф.12, Оп.1, No.124, Л.3.
324 ССТМЯ 1, p.138.

징적이다. 지역, 종족, 씨족에 따라 갈루(~갈릭다, 칼리마) 등의 음성변형
이 있으며 극동 토착종족은 물로 인해 얻은 갈의 위력이 가장 강력하다
고 믿는다. 간니히는 수사로 인해 물의 세계에 통합되면서 정령이 된
영혼들로 바다를 지배하는 나무 간니히의 하위 정령들이지만 바다뿐만
아니라 호수, 강 등 모든 수중생태계에 깃들여있는데 이는 이들의 사망
장소와 관련이 있다.

간니히는 과거에는 가족·씨족의 일원이었으므로 다른 물의 정령들
과 달리 그 기원이 매우 분명하며 조상령과 자연신의 속성을 동시에
가지고 있다. 따라서 이들은 다양한 수신들과 가족·씨족, 수중생태계와
땅의 세계를 연결하여 가족과 씨족의 어로와 바다동물 사냥을 도와주
고, 가족과 씨족에게 재액초복을 가져다주는 역할을 한다. 이로 인해
간니히는 가족과 씨족들의 숭배 대상인데 수사자가 있는 가정과 씨족
에서는 봄가을 정기적으로 강이나 바다에서 수사자 위령제를 거행한
다.[325] 수사자 위령제에 샤먼은 참여하지 않으므로 수사자 위령제는 샤
머니즘 수용 이전에 출현한 의식이며, 여기에는 물 숭배, 조상 숭배, 영
혼 숭배가 복잡하게 혼종·융합되어 있다. 간니히로 인해 인간, 수중생
태계, 특히 바다세계 그리고 우주에는 지고신 → 해신 → 나무 에제니
→ 나무 간니히 → 간니히 → 인간의 영혼의 계층 구조가 만들어진다.

간니히의 모습은 종족에 따라 다양한데 일부 종족에 의하면 거북이,
물 곰, 뱀, 물고기, 바다표범, 일부 종족에 의하면 긴 머리에 물고기 꼬
리를 한 반인반어 형상인데[326] 인간의 모습은 발견되지 않는다. 그 이유

325 E. A. Гаер, Древние бытовые обряды нанайцев, Хабаровск: ХКИ, 1991,
pp.34-37.
326 Архив МАЭ РАН, Ф.12, Оп.1, No.124, Л.3.

는 불분명하지만 간니히는 물의 세계에 통합된 뒤 물사람의 형상인 물
고기나 바다동물로 변하기 때문이다.

일부 오로치족에 의하면 간니히들은 하계 테무 부니로 가는데[327] 테
무 부니는 tɛmu(해신) + buni(하계 씨족 조상령의 마을)의 구조이며 '해신의
지배를 받는 하계 씨족 조상령의 마을'이다. 이에 의하면 수사자들의
영혼은 물의 세계에 통합된 이후 씨족마을에서 살지만 천신이 아닌 해
신의 지배를 받기 때문에 중계 씨족으로의 환생은 불가능하다. 그럼에
도 이들이 간니히의 하계를 설정한 것은 수사자의 영혼을 위무하기 위
한 것이다. 이들은 자살을 제외한 모든 수사는 개인의 잘못이나 실수에
의한 것이 아니라 가족이나 씨족이 해신제나 강신제의 절차나 규율, 수
중생태계의 질서와 금기를 지키지 않았기 때문에 발생하는 비극이라고
믿는다. 수사자가 발생하면 가족과 친인척들에게는 많은 금기가 뒤따
르기 때문에 수사자의 발생은 정신적·육체적으로 무척 힘든 사건이지
만 이러한 관념으로 인해 이들은 모든 금기를 철저하게 지킨다.

오로치족과 울치족은 시신을 찾지 못한 수사자의 영혼을 무 갈니(혹
은 무 간니히)라고 하는데[328] mu(물/ 퉁구스제어) + gal의 구조이므로 시신을
찾지 못하여도 수사자들의 영혼은 갈로 인해 물의 세계에 통합되며 위
령제의 대상이 된다. 이들에 의하면 무 갈니는 긴 머리에 물고기 꼬리를
한 반인반어 형상이며 자신들의 권위를 건드리지 않는 한 사람들을 괴
롭히지 않는다.[329] 그렇다면 무 갈니는 자신들의 권위를 건드리면 인간

---

327 С. В. Березницкий, Мифология и верования орочей, СПб.: ПВ, 1999, p.42.

328 Б. А. Васильев, Архив МАЭ РАН. Ф.12, Оп.1, No.124, Л.3.

329 А. В. Смоляк, "О некоторых старых традициях в современном быту ульче
     й", Бронзовый и железный век Сибири, Новосибирск: АН СССР, 1974.

에게 해를 끼치므로 가족과 씨족을 보호해주는 간니히와는 성격이 다소 다르다. 이에 의하면 극동 토착종족의 관념에서 물에서 자살한 사람의 영혼을 제외한 모든 수사자는 물의 세계에 통합되지만 시신의 유무에 따라 사후 영혼의 특성이 달라진다.

시신의 유무와 상관없이 수사자가 발생하면 가족이나 친인척도 갈을 가지게 되면서 생/ 사, 땅/ 바다, 중계/ 하계의 경계 지점에 위치하게 되어 다른 사람의 두려움의 대상이 된다. 또한 갈은 사람에게 해롭지는 않지만 다른 사람에게 옮겨갈 수 있기 때문에 이들과 다른 사람의 교류는 엄격하게 제한된다.[330] 타이가(산)에서의 사냥에도 잠재적 위험은 존재하지만 바다에서의 어로와 사냥은 예측 불가능한 많은 위험 요소가 도사리고 있다. 따라서 원시적 어로와 사냥도구를 사용하고 날씨 예측을 본능적 감각에 의존하는 이들 사회에서 수사자의 발생은 필연적이었다. 또한 그 수도 적지 않았기 때문에 위령제의 대상인 간니히와 무갈니의 수도 상당히 많았다.

② 강신 숙쟈 에제니

숙쟈 에제니는 해신의 하위 신이며 sugӡa(sus-, 여성 수신/ 튀르크어) + εӡεni(~아쟈니~오쟈니, 신·주권자/ 퉁구스족 남부그룹의 언어)의 구조로[331] 축어적 의미는 '여성수신'이지만 퉁구스족 사이에서는 여성강신을 의미한다. Sugs- 어간의 퉁구스어 단어에는 sugӡana(물고기/ 퉁구스제어), sugӡε (수신제/ 네기달어, 나나이어, 오로크어, 우데게어, 울치어), sukduhεn(하늘, 호흡, 영

---

330 А. В. Смоляк, там же, 1974.

331 В. А. Аврорин, Е. П. Лебедева, Орочские тексты и словарь, Л.: Наука, 1978, p.225.

혼, 정령/ 퉁구스제어), suk3i(정령이 제물을 받다, 하늘로 올라가다/ 퉁구스제어) 등
이 있다.[332] 이처럼 sus는 튀르크어에서 퉁구스제어에 수용된 뒤 영혼이
나 물과 관련된 단어의 파생에 기여하였으며, 퉁구스족이 북부와 남부
그룹으로 분화된 뒤 남부그룹 사이에서 '수신제'를 의미하게 되었다. 그
런데 현재 퉁구스족 남부그룹 사이에서 숙쟈 에제니는 강신을 의미하
므로 숙쟈 에제니는 튀르크계와 퉁구스계 관념이 융합되어 원 의미와
는 다른 새로운 의미가 산출된 혼종적인 단어이다.

　퉁구스족 남부그룹에게 숙쟈 에제니는 강의 창조주이자 강과 물고
기를 다스리는 여성강신인데 오로치족에게는 사람의 머리를 한 거대
한 물고기인 반인반어 형상도 보존되어 있다.[333] 따라서 지금은 실전되
었지만 숙쟈 에제니는 동물 → 반인반어·반인반수 → 인간의 변형과
정을 거쳤다. 우데게족 신화에서 숙쟈 에제니는 대지에 강을 만들기 위
해 용신(龍神) 무두르(~무둘리~모둘리) 위에 앉아 마법의 회초리를 이용하
여 대지로 용을 몰아갔는데 이때 용이 지나간 곳에는 강이 생겼고, 회
초리를 내리친 곳은 강의 지류가 되었다.[334] 이는 용의 길고 구불구불
한 몸체와 강의 길이와 모양의 유사성에 근거한 메타포이다. 이 신화에
서 대지에 강과 강의 지류가 만들어진 것은 대지가 물에서 기원하였고,
대지 내부에 물이 있기 때문이므로 지금은 전해지지 않지만 다른 퉁구
스족처럼 우데게족에게도 〈물에서 대지창조 신화〉가 전파되어 있었

332 Г. П. Снесарев, "По следам Анахиты", СЭ 4, 1971, pp.153-165; ССТМЯ 2, p.119.

333 В. А. Аврорин, Е. П. Лебедева, Орочские тексты и словарь, Л.: Наука, 1978, p.225.

334 В. В. Подмаскин, Духовная культура удэгейцев XIX~XX вв.: историко-эт нографические очерки, Владивосток: ДВГУ, 1991, p.119.

다.[335] 이처럼 숙쟈 에제니가 강의 창조주라는 모티프는 숙쟈 에제니가
강신으로서 강과 물고기들을 지배할 수 있는 관념적 근거가 되었다. 위
신화에서 숙쟈 에제니의 창세를 도운 용은 숙쟈 에제니의 하위 신이므
로 이들 사이에는 지고신 → 해신 → 강신 숙쟈 에제니 → 용신 무두르
→ 인간의 계층 구조가 만들어진다.

또 다른 우데계족 신화에 의하면 폭포수 옆에서 자고 있는 사람들의
꿈에 숙쟈 에제니가 나타나 배의 코에 나무로 만든 물오리를 매단 뒤
강으로 가라고 하여 시키는 대로 했더니 사람들 앞에 물고기가 떼로
나타났다.[336] 이때 배의 코에 매단 물오리는 하늘 ↔ 땅 ↔ 물을 오가면
서 상계 ↔ 중계 ↔ 하계를 연결하는 중개자, 지고신의 명령으로 물 밑
에서 진흙을 가져와 대지를 창조한 물오리를 상징한다. 위 두 신화에서
숙쟈 에제니는 용을 이용해 강과 강의 지류를 만들었고, 사람들에게 물
고기를 보내주었으므로 수계지형물의 창조주이자 강과 물고기를 지배
하는 여성강신이다.

고대부터 아무르강과 그 지류에서 생활하는 극동 퉁구스족 남부그룹
에게 강에서의 어로는 중요한 생업이었으므로 이들에게 숙쟈 에제니는
중요한 수신이었으며, 숙쟈 에제니 의식은 선택이 아니라 필수였다. 오
로치족에게 숙쟈 에제니는 해신의 아내인 토오무 마마차니의 하위 신
인데 이들은 수신제 때 숙쟈 에세니에게는 담배, 명이 나물을 헌제하지
만 토오무 마마차니에 대한 의식은 거행하지 않는다.[337] 이는 토오무 마

335 태초에 우주는 물만 있는 카오스 상태였는데 그 물에서 대지가 만들어졌다는 모티프는
극동 토착종족뿐만 아니라 세계 여러 민족/ 종족에게서 두루 발견된다.
336 В. В. Подмаскин, Духовная культура удэгейцев XIX~XX вв.: историко-эт
нографические очерки, Владивосток: ДВГУ, 1991, p.119.
337 С. В. Березницкий, Мифология и верования орочей, СПб.: ПВ, 1999, p.36.

마차니는 숙쟈 에제니보다 위계는 높지만 이들의 생업에서 뚜렷한 역
할을 하지 않는 추상적·관념적 신이기 때문이다. 따라서 이들에게 중
요한 것은 신격이 아니라 자신들의 생존과 직결된 어로를 도와주는 신,
자신들의 삶과 밀접하게 관련된 신이었다.

우데계족은 어로 전에 끝이 두 갈래로 갈라진 장대를 해안에 세운
뒤 그 앞에 편평한 돌을 놓고 숙쟈 에제니 헌제의식(강신제)을 거행한
다.[338] 이 의식에서 제장은 해안이고, 제당은 장대와 돌이 놓인 곳이며,
의식의 주체는 개인(혹은 집단)이고, 제관장은 어로를 나가는 남자(들) 중
가장 연장자이다. 의식에서 장대는 상계 ↔ 중계 ↔ 하계를 연결하는
우주의 중심축, 강신 숙쟈 에제니가 강림하여 우데계족과 교류하는 우
주목, 씨족목을 상징한다. 장대 앞의 편평한 돌은 우데계족이 숙쟈 에제
니에게 제물을 바치고, 숙쟈 에제니가 제물을 받는 숭배용 제단의 역할
을 한다. 숙쟈 에제니에 대한 우데계족의 관념은 피이강 인근의 사람을
닮은 두 개의 절벽 사자수 마마샤 숭배에서 더욱 분명하게 드러난다.[339]
이들에 의하면 해신 테무는 바다를 지키기 위해 사자수 마마샤 절벽을
사람으로 변신시켰다. 사쟈수 마마샤는 saǯasu + mamasha(노파, 아내/ 퉁
구스족 남부그룹 언어)의 구조이며 사쟈수는 sugǯa의 음성변형이고, 절벽
은 숙쟈 에제니 그 자체 혹은 숙쟈 에제니의 거처를 상징한다. 이처럼
숙쟈 에제니는 바다가 훤히 보이는 절벽에서 우데계족의 어로, 바다동
물 사냥, 바다에서의 안전을 보장해주는 존재, 우데계족과 친밀한 존재
로 자리 잡게 되었다. 그런데 이는 우데계족 사회의 평안과 안정을 통해

338 В. К. Арсеньев, В горах Сихотэ-Алиня. Сочинение 3, Владивосток: Прим
    издат, 1947, p.171; Архив ПФРГО, Ф.1. Оп.1. Д.27, Л.726.
339 В. К. Арсеньев, там же, p.217.

지구와 우주의 조화와 균형을 꾀하려는 해신에 의한 것이었다.

③ 물의 악령들

극동 토착종족에 의하면 모든 수중생태계에는 악
령이 있는데 이들도 해신의 지배를 받기 때문에 해
신의 하위 정령들이다. 이는 선이 악보다 우월한 가
치를 가진 것도 아니고, 선은 좋은 것·창조, 악은
나쁜 것·파괴를 상징하는 것도 아니며, 선악의 대
립과 조화 속에 지구와 우주의 균형과 질서가 유지
된다는 이들의 생태적 세계관에 의한 것이다. 악령
들은 어로와 바다동물 사냥을 방해하기도 하고, 바
다나 강 깊은 곳으로 사람들을 유인하여 죽이기도
하는데 이들을 아무르강 하류 나나이족은 무 암바
니, 갈리 암바니, 우데게족은 테무 암반소, 오로치
족은 강케라고 한다.[340] 용어는 다르지만 이들은 물

[그림 77]
닙흐족의 물의 악령
톨 밀리카
Островский,
1997, p.177.

에 빠져 자살한 사람들의 영혼이 변한 악령들이다. 이들은 자신들이 사
망한 모든 곳에 깃들일 수 있으며 수사자의 영혼이 변한 간니히, 시신을
찾지 못한 수사자의 영혼인 무 갈니와 대척관계에 있다.

극동 토착종족에게 자살은 씨족의 관습법을 위반한 행위이기 때문에
이들은 사후 씨족구성원의 범주에서 제외되어 구천을 떠도는 악령으로
변하게 되며 더 이상 가족과 씨족의 보호를 받을 수 없다. 따라서 이들은
가족과 씨족에게 원한을 품고 있으며 어떤 식으로든 복수를 하려 한다.
이에 의하면 이들에게 씨족의 관습법은 사후의 운명까지 좌우하는 최고

---

340 ССТМЯ 1, p.37.

의 법이었고, 씨족은 이들 삶의 근간이었다. 이 악령들은 샤먼이 아니라 일반인도 퇴치할 수 있으므로 이들의 물의 악령에 대한 관념은 샤머니즘 수용 이전에 출현하였다.

무 암바니는 mu(물) + amba(ni)(악령/ 퉁구스제어), 갈리 암바니는 gali + amba(ni), 테무 암반소는 tɛmu + amban(so)의 구조이며 각각 '물의 악령', '물의 세계에 통합되어 갈을 가지게 된 악령', '해신의 세계에 통합된 악령'의 의미이다. 암바는 '악령'의 의미로 퉁구스제어에 두루 전파되어 있는데 anpan(강하다, 크다/ 여진어)에서 기원하고, 강케는 gaŋku(교활하다/ 만주어)에서 기원하므로[341] 물의 악령은 극동 퉁구스족 고유의 관념이다.

나나이족은 어로 철 세 개의 씨족이 강가에 모여 자신들이 잡은 첫 물고기를 장대에 꿰어 바치면서 갈리 암바니, 무 암바니 위령제를 거행하는데[342] 세 개의 씨족은 족외혼 관계에 있는 경제·문화공동체이다. 이들이 악령 위령제를 거행하는 이유는 이 악령들은 더 이상 씨족구성원은 아니지만 과거에는 씨족구성원이었으므로 부분적으로 조상령의 속성을 가지고 있기 때문이다. 또한 이들을 위무하여 씨족에게 가진 원한을 해소시킴으로써 가족과 씨족에게 미치는 피해를 막기 위해서이다. 여기에서는 선신과 선령은 절대 선의 강하고 창조적인 존재이고, 악신과 악령은 절대 악의 파괴적인 존재가 아니라 이들의 조화와 대립에 의해 지구와 우주의 조화와 균형이 유지된다는 이들의 생태적 세계관이 엿보인다.

341 ССТМЯ 1, p.37.
342 П. П. Шимкевич, "Обычаи, поверья и предания гольдов", ЭО 3, 1897, p.139.

2) 극동 토착종족의 뱀신과 용신

뱀과 용 숭배는 동서고금에 두루 전파되어 있는 보편적인 관념이다. 뱀과 용은 고대부터 동서양 신화의 중요한 모티프였는데 지금도 그 힘을 잃지 않고 인간의 문화적 상상력에 많은 영향력을 미치고 있다. 고대부터 뱀에 대한 인간의 관심은 매우 지대하였는데 뱀은 용처럼 승천하고, 천기(天氣)를 관장하는 능력은 없다. 하지만 인간과 가까운 곳에 실재하면서 인간에게 약이 되기도 하고, 인간을 도와주기도 하지만 치명적인 독으로 인간들을 위협하기도 하고, 죽이기도 하였다. 또한 뱀은 한 번에 많은 알을 낳기 때문에 다산과 창조력을, 허물을 벗는 습성에 근거하여 치유와 부활을 상징하며, 그리스신화에서 꼬리를 문 뱀 오로보로스는 영원불멸의 삶을 상징한다.

용은 상상의 동물인데 동양에서는 고대부터 왕이나 황제, 불법(佛法)을 상징하는 지고의 숭배 대상이었지만 일상에서도 많이 등장하는 친밀한 신이었다. 세계에서 용 숭배가 가장 발달한 중국인들은 용의 모형을 가지고 용춤(舞龍)을 추었고, 용의 동작을 따서 무술 용권(龍卷)을 만들었으며, 용은 연극의 주제에도 등장하였고, 약과 음식명에 용자를 붙여 신비하고 효용이 뛰어남을 상징적으로 나타내었으며, 마을 입구의 용산(龍山)에서는 용신제를 지냈다.[343] 중국의 이러한 용 문화는 한반도에도 영향을 주었고, 한국인들은 기우제 때 용을 불러오기 위해 용산에 불을 지르거나 용소(龍沼)를 휘저었다.[344]

뱀과 용 숭배는 아시아문화권에 널리 전파되어 있지만 숭배 대상의

---

343 정연학, 「용과 중국문화」, 『용, 그 신화와 문화: 세계편』, 서영대 엮음, 민속원, 2002, p.3.
344 정연학, 위의 논문, p.38.

비중에 따라 뱀 문화권과 용문
화권으로 나눌 수 있다. 한반
도와 중국은 용문화권, 남인
도~인도차이나반도~중국의
남해안~제주도 해역의 남해문
화권은 뱀 문화권에 속한다.[345]
한반도와 중국에는 미치지 못
하지만 극동 토착종족에게도
뱀과 용 숭배가 전파되어 있
다. [그림 78]처럼 에벤키족에

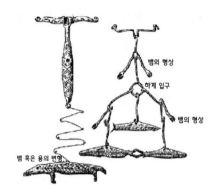

[그림 78] 에벤키족 샤먼 로스톨로프 무복의
뱀과 용 형상의 호부
Анисимов, 1958, p.174.

게도 뱀과 용 숭배가 공존하는데 대체로 뱀 숭배는 극동 토착종족 사이
에 두루 전파되어 있지만, 용 숭배는 극동 남부지역에 특징적이다.

(1) 극동 토착종족의 뱀 숭배

① 뱀의 어원 및 뱀 숭배의 기원

극동 토착종족 사이에서 뱀을 가리키는 단어에는 kul-어간의 kulin
(~kula~kola, 뱀/ 퉁구스제어), kylang(뱀/ 닙흐어)이 있는데[346] '굵은 뱀'을 의
미하는 한국어 구렁이와 음성적, 의미적으로 유사하다. 오로치족은 뱀
신 욱구마는 뱀의 세계를 다스리는 거대한 붉은 뱀인데 대샤먼과 같은
힘을 가지고 있으며, 그가 자고 있는 사람 위를 세 번 지나가면 장수(長
壽)한다고 믿는다.[347] 욱구마는 거대한 뱀이므로 구렁이에 상응하는데

---

345 송화섭, 「제주도 뱀 신화와 뱀 신앙의 문화 계통 연구」, 『탐라문화』 60, 2019, p.224.
346 ССТМЯ 1, p.428; Ч. М. Таксами, Словарь нивхско-русский и русско-нивхс
кий, СПб.: Просвещение, 1996, p.136.

대샤먼과 같은 초월적 힘을 가진 신성한 존재, 인간에게 복을 가져다주는 존재이다. 욱구마는 집터에 살면서 집에 부를 가져다주는 존재로 숭배되는 한반도의 업구렁이와 음성적·의미적으로 유사하므로 연결이 가능하다.

극동 토착종족 사이에 뱀 숭배가 전파된 시기를 명확하게 규명하기는 어렵지만 이들의 우주관에 근거할 때 신석기시대로 추정된다. 이들의 우주관에서 우주의 형상은 우주알 → 우주뱀 → [매머드] → 우주사슴 → 가지가 많은 뿔을 가진 사슴의 순으로 발전하였다.[348] 라리체프는 우주뱀의 출현 시기를 구석기시대라고 주장하지만[349] 구석기인들과 현대 극동 토착종족 간 계통 관계 해명의 불가능, 장신구, 노동 도구와 같은 유물의

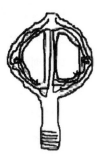

[그림 79] 나나이족의
관념 속 우주알
1. Чернецов, 1958,
p.150.

부재, 의례 의식 관련 유적의 빈약함으로 라리체프의 주장은 설득력이 떨어진다.[350] 우주뱀의 출현 시기를 명확하게 규명하기는 어렵지만 우주알이 구석기시대와 신석기시대의 경계에서 출현하였으므로[351] 우주

347 ССТМЯ 1, p.428; В. А. Аврорин, Е. П. Лебедева, Орочские тексты и словарь. Л.: Наука, 1978, p.238.
348 엄순천, 『극동 토착종족의 우주관과 생태』, 보고사, 2024, p.55.
349 В. Е. Ларичев, "Скульптурное изображение женщины и лунно-солнечный календарь поселения Малая Сыя (семантика образа и реконструкция способа счисления времени на раннем этапе палеолита Сибири," Известия СО АН СССР. Серия: История, философия, филология 3(1), 1984, pp.20-31.
350 엄순천, 앞의 책, p.55.
351 엄순천, 앞의 책, p.55.

뱀은 이보다는 늦은 시기의 산물이다. [그림 79]의 φ자 문양은 뱀에 의
해 양분된 우주알을 상징하는데 청동기시대 혹은 철기시대인 기원전
1,000년 기 즈음의 것이지만 유사한 문양이 시베리아 신석기시대 유물
에서도 발견된다.[352] φ자 문양에 의하면 우주알 내부에는 우주뱀의 싹
이 자라고 있는데 일정 시간이 지난 뒤 뱀은 알을 깨고 나와 우주의
형상인 우주뱀으로 자리 잡게 된다. φ자 문양은 우주뱀이 우주알을 밀
어내고 숭배 대상으로 자리 잡아가는 과정을 보여주므로 신석기시대
극동 지역에는 뱀 숭배가 전파되어 있었다.

극동 토착종족 뱀 숭배의 기원
은 이들이 해신제 때 사용하는 제
기를 통해서도 일정부분 규명이
가능하다. 이들은 해신제 때 [그
림 80]처럼 한 개 혹은 한 쌍의 제
기를 사용하는데 [그림 80] (1)처

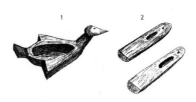

[그림 80] 울치족의 제기
Березницкий, 2004: p.594.

럼 제기가 한 개일 경우 제기의 앞에 물오리 형상을, [그림 80] (2)처럼
제기가 쌍으로 이루어질 경우 제기의 앞에 뱀의 목과 머리 형상을 박아
둔다.([그림 80] (2)에서 뱀의 목과 머리는 떨어져 나갔다)[353] 의례에서 뱀은 땅과
바다의 세계를 오가면서 인간과 해신을 연결하는 역할, 해신에게 인간
의 바람과 요구사항을 전달함으로써 풍어, 바닷길의 안전, 가족과 씨족
의 보호 등 토착종족들에게 재액초복을 가져다주는 역할을 한다. 그런
데 이들의 해신제에 샤먼은 참여하지 않기 때문에 해신제는 극동 토착

---

352 아리엘 골란, 『선사시대가 남긴 세계의 모든 문양』, 정석배 옮김, 푸른 역사, 2004,
   p.139.
353 А. М. Золотарев, Родовой строй и религия ульчей, Хабаровск: Дальгиз,
   1939, p.93.

종족 사이에 샤머니즘이 전파된 신석기시대 후기(기원전 2천년 기) 이전
에 출현하였으며 이들의 뱀 숭배도 신석기시대 후기 이전의 산물이다.

중국 어룡(魚龍) 토템의 발생지이자 뱀 숭배의 중심지인 저장성(浙江
省) 저우산군도(舟山群島)의 어룡 토템은 신석기시대에 기원한 것으로
추정되는데[354] 어룡토템은 뱀 숭배에서 기원하므로 뱀 숭배는 이보다
이른 시기의 산물이다. 힌두교의 고대서사시『마하바라타』에 의하면
인도의 뱀 숭배는 베다시대(기원전 2천년 기~600년경) 이전 남아시아 지역
의 사신(蛇神) 숭배 종족에게서 기원하였다.[355] 그렇다면 신석기 시대 아
시아문화권의 여러 민족/ 종족 사이에 뱀 숭배가 널리 전파되어 있었는
데 그 이유는 무엇일까? 뱀은 알을 깨고 나오지 못하면 그 안에서 죽음
을 맞이하기 때문에 생의 완성을 위해 스스로의 힘으로 알을 깨고 나와
야 하므로 불굴의 '생명력'을 상징한다. 또한 뱀은 성장하는 동안 고통
과 죽음의 위협을 무릅쓰면서 계속해서 스스로 허물을 벗지 못하면 그
안에 갇혀 죽어야 하므로 '불멸, 부활'을 상징한다.[356] 뱀의 이러한 생태
적 특성은 인간에게 생명력, 불멸, 부활의 신비감을 주면서 숭배 관념을
불러왔다. 따라서 뱀 숭배는 특정 지역에서 기원하여 주변 지역으로 전
파된 것이 아니라 뱀의 생태적 특성에 대한 관찰에 근거하여 신석기시
대 초~신석기시대 후기 이전 아시아문화권의 여러 민족/ 종족 사이에
서 동시에 출현하였다. 그런데 거주지의 자연환경에 따라 뱀의 종류,
습성 등 생태적 특성이 확연히 다르기 때문에 뱀 숭배의 관념적 기원은

---

354 김도, 「중국 주산군도 배 숭배에 대한 현장 조사」, 『독도연구』 17, 22014, p.344.

355 공만식, 「초기 불교경전에 나타난 Nāga의 성격에 관한 고찰」, 『불교학보』 47, 2007,
pp.7-36; 조지프 캠벨, 『신의 가면 동양 신화』, 이진구 옮김, 까치, 1999, p.197; 베로니
카 이온스, 『인도 신화』, 임웅 옮김, 범우사, 2004, p.25.

356 엄순천, 앞의 책, pp.57-58.

유사해도 지역, 민족/ 종족에 따라 다른 식의 발전 과정을 거쳤다. 이로
인해 거주지의 지형생태적 특성에 따라 일부 지역에서는 바다뱀, 일부
지역에서는 산천뱀, 일부 지역에서는 호수와 연못의 뱀이 적극적인 숭
배 대상이 되었다.

② 뱀의 상징의미와 역할
가. 신화적 관념에서 뱀의 상징의미와 역할
극동 토착종족의 신화에서 뱀은 대지와 강을 창조하여 지구와 우주
의 질서와 체계를 확립한 존재인데 세부 내용은 종족에 따라 차이가
있지만 이들 공통의 모티프이다.

> 〈에벤키족의 뱀-창조주〉 태초에 물과 하늘만 있었다. 물에는 뱀과 그
> 의 보조인 개구리가 살고 있었다. 뱀은 개구리에게 물속의 진흙을 가져와
> 대지를 만들어 달라고 하였다. 개구리는 뱀이 시키는 대로 물속에서 진흙
> 을 가져와 대지를 만들었다.[357]

위 신화에서 태초 우주에는 뱀과 그의 보조인 개구리만 살고 있었으
므로 뱀과 개구리는 지구와 우주 최초의 생물체이다. 뱀에게 이러한 이
미지가 부여된 것은 뱀이 약 1억 3천만 년 전 지구에 등장하여 현재까
지 살고 있는, 지구에서 가장 오래된 동물의 하나이기 때문이다. 위 신
화에서 뱀은 하늘이 아닌 물에 살고 있었으므로 뱀은 태생적으로 '물'의
속성을 가지고 있었는데 이는 찐득한 액체만 있는 무정형의 알에서 기
원하는 뱀의 생태적 특성과 연결된다. 위 신화에서 태초 우주는 물과

---

357 А. И. Мазин, Традиционные верования и обряды эвенков-орочонов (кон
ец XIX~начало XX в.), Новосибирск: Наука, 1984, p.20.

하늘만 있는 혼돈의 단일체였는데 뱀의 부탁으로 개구리가 물속에서 진흙을 가져와 대지를 만들었다. 따라서 뱀은 대지를 만들어 인간이 출현할 수 있는 전제조건을 만들었고, 혼돈의 우주를 질서 잡힌 조화로운 우주로 바꾼 창조주이다. 따라서 인간은 출현과 동시에 뱀을 숭배하게 되었으며, 이들에게 뱀은 우주 최초의 신이자 토템이었다.

〈에벤키족의 지고신 부가와 뱀〉 지고신 부가는 대지가 만들어지자 매머드를 대지에 내려 보냈다. 뱀은 지고신의 이런 처사가 마음에 들지 않았다. 뱀은 매머드를 쫓아내려고 했다. 그들은 하계로 떨어질 때까지 치열하게 싸웠다. 하계에서 둘은 화해를 했고, 함께 하계의 수호신이 되었다. 이들이 싸울 때 던진 흙더미는 산, 흙을 파낸 곳은 강과 호수가 되었다.[358]

〈에벤키족의 매머드와 뱀 그리고 출룩디의 전투〉 에벤키족에 의하면 태초 대지에는 매머드와 뱀을 비롯한 몇몇 동물만 살고 있었다. 어느 날 외눈, 외팔, 외발의 신화적 생물체 출룩디가 나타나서 이들을 공격했다. 매머드와 뱀은 함께 출룩디에 맞서 싸웠다. 이후 매머드가 있던 곳은 호수와 늪, 매머드가 출룩디에게 흙을 던진 곳은 산이 되었다. 매머드를 도와주기 위해 뱀이 기어 다닌 곳은 강이 되었다.[359]

〈에벤키족의 지고신 부가와 뱀〉에서 뱀은 대지에 기거하므로 중계를 대표하는 중계신인데 이는 뱀이 대지의 창조주라는 신화적 관념에 근거한다. 〈에벤키족의 지고신 부가와 뱀〉에서 지고신은 대지가 만들어지자 매머드를 대지에 내려 보냈는데 이것이 마음에 들지 않았던 뱀은

---

358 А. И. Мазин, там же, p.20.

359 А. Ф. Анисимов, Религия эвенков в историко-генетическом изучении и проблемы происхожения перевобытных верования, М.-Л: АН СССР, 1958, p.135.

매머드를 중계에서 쫓아내기 위해 매머드와 전투를 하였다. 이는 중계
신의 자리를 놓고 뱀과 매머드가 다투는 과정, 인간들의 숭배 대상에서
퇴출되지 않으려는 뱀과 매머드의 피눈물 나는 혈전의 과정을 보여준
다. 이에 의하면 극동 토착종족의 관념에서 우주의 형상이 우주뱀에서
우주사슴으로 변형되기 전 일정기간 매머드가 우주의 형상이었다.[360]
뱀과 매머드는 전투 중 함께 하계로 갔으므로 비슷한 시기 극동 토착종
족의 숭배 대상에서 멀어졌다. 하지만 이들 사이에서 우주의 형상은 우
주뱀 → [매머드] → 우주사슴의 변형 과정을 거쳤으므로 뱀이 매머드
보다 먼저 숭배 대상에서 퇴출되었다.

〈에벤키족의 지고신 부가와 뱀〉에서 뱀과 매머드는 하계로 가서 하계
의 수호신이 되었다. 뱀을 중심에 둘 경우 에벤키족 신화에서 뱀 답다르
는 하계 3층에 기거하고, 오로크족의 하계신 카라우 암반은 뱀의 꼬리
에 머리가 3개 달린 엄청나게 사나운 개로 변신한다.[361] 이처럼 뱀은 매
머드와의 전투 중 '우연히' 하계신이 되었지만 이는 상계·중계·하계의
체계와 질서를 완성하여 지구와 우주의 조화와 균형을 만들기 위한 창
조적·필연적·생산적인 과정이었다. 〈에벤키족의 지고신 부가와 뱀〉에
의하면 뱀과 매머드의 전투 당시 이미 하계가 존재하고 있었는데 극동
토착종족의 종교적 관념에서 하계는 신석기시대 후기인 기원전 2천년
기 즈음 샤먼에 의해 개척되었다. 따라서 뱀과 매머드가 극동 토착종족
의 숭배 대상에서 퇴출되면서 하계의 수호신이 된 것은 샤머니즘 전파
이후이다. 〈에벤키족의 지고신 부가와 뱀〉에서 뱀과 매머드의 전투 도

---

360 엄순천, 앞의 책, p.61.

361 Б. О. Пилсудский, Из поездки к орокам о. Сахалина в 1904 г., Южно Сахал
инск: ИМГГ ДВО АН СССР, 1989, p.54.

중 중계에 산, 강, 호수가 만들어졌으므로 뱀과 매머드는 산, 강, 호수의 창조주이며, 초기에 뱀은 산천신이었다.

에벤키족의 〈매머드와 뱀 그리고 출륙디의 전투〉에서 대지에는 뱀과 매머드 이외에 몇몇 동물들과 외눈, 외팔, 외발의 신화적 생물체인 출륙디가 살고 있었으므로 〈에벤키족의 지고신 부가와 뱀〉보다 늦은 시기의 관념을 반영하고 있다. 뱀, 매머드, 출륙디가 전투를 벌인 목적은 지상권 장악이었는데 전투 이후 매머드가 있던 곳은 호수와 늪, 매머드가 출륙디에게 흙을 던진 곳은 산, 매머드를 도와주기 위해 뱀이 기어다닌 곳은 강이 되었다. 이는 매머드의 육중한 힘과 무게, 뱀의 길이에 근거한 메타포이다. 전투 결과 산, 호수, 늪의 지배권은 매머드, 강의 지배권은 뱀이 가져갔고, 뱀은 산천신에서 강신으로 변형되었다. 극동 토착종족에게 뱀은 대지와 강의 창조주(우주신) → 산천신(중계신) → 강신(중계신) → 하계신의 위상을 거치면서 이들의 주요 숭배 대상에서 멀어져갔다.

나. 종교적 관념에서 뱀의 상징의미와 역할

ㄱ. 샤먼의 보조령으로서 우주 삼계의 연결자

극동 토착종족의 종교적 관념에서 뱀은 하계의 수호신이자 샤먼의 보조령으로서 상계 ↔ 중계 ↔ 하계를 연결하는 역할을 한다. 나나이족의 하계 도르킨에는 우주목(씨족목, 샤먼목) 포도호모가 자라는데 뿌리에는 뱀, 기둥에는 두꺼비와 도마뱀이 살고 있다.[362] 포도호모의 기둥은 중계, 뿌리는 하계를 상징하므로 뿌리의 뱀은 하계 샤먼의 보조령, 기둥의 두꺼비와 도마뱀은 중계 샤먼의 보조령이며, 이들은 포도호모를 이

---

362 ССТМЯ 1, p.88.

용해 우주 삼계를 자유롭게 통행하면서
샤먼을 도와준다. [그림 81] (1)에서 오
로치족 묘표(墓標)의 가운데에는 뱀이 그
려져 있고, [그림 81] (2) 닙흐족 묘표 윗
부분에는 두 마리 뱀이 똬리를 틀고 있
으며, [그림 81] (3) 울치족 묘표의 윗부
분에는 똬리를 튼 한 마리의 뱀이 새겨
져 있다. 묘표의 뱀은 망자의 영혼을 하
계로 인도하는 역할을 하는데 뱀은 하계

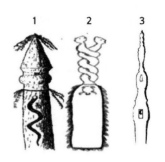

[그림 81] 묘표: 1. 오로치족,
2. 닙흐족, 3. 울치족
Березницкий, 2004, pp.547,
570, 572.

가 있는 아래쪽이 아닌 상계가 있는 위쪽을 향하고 있다. 따라서 뱀은
샤먼의 보조령으로서 상계 ↔ 중계 ↔ 하계를 오가면서 망자의 영혼의
하계 통합뿐만 아니라 중계 씨족으로의 환생을 도와주는 역할을 동시
에 수행한다. 샤머니즘 수용 이후 뱀은 이들의 적극적 숭배 대상에서
퇴출되었지만 샤먼의 보조령으로서 수평적 포월(匍越)과 수직적 비상
(飛上)을 통해 상계 ↔ 중계 ↔ 하계의 경계를 넘나들면서 서로 다른 차
원의 세계들이 품고 있는 비밀을 알고 있는 신비의 존재로 자리 잡았
다.[363] 뱀에 대한 이러한 관념은 땅과 지하뿐만 아니라 나무의 위아래를
자유롭게 오가는 뱀의 생태적 특성에 근거하므로 여기에서는 심오한
종교적 체험보다는 자연에 대한 관찰자의 특성이 엿보인다. 이러한 세
계관에서 우주만물은 삼차원의 평면이 아니라 위·아래의 방향성, 과거
·현재·미래의 시간성이 해제된 고차원의 입체적 구조에 놓이게 된다.

ㄴ. 지고신의 보조신으로서 번개와 우레의 신

---

363 엄순천, 앞의 책, p.59.

극동 토착종족은 번개·우레·폭풍우의 신을 통칭하여 악디라고 하는데 대개는 번개와 우레의 신을 가리킨다. 악디는 샤머니즘 수용 이후 샤먼의 보조령이 되었는데 극동 퉁구스족 북부그룹에게 악디는 불타는 눈을 가진 강철 독수리, 머리는 곰, 몸은 사람, 날개는 독수리인 복합적인 형상, 거대한 새, 불을 내뿜는 뱀 등 다양한 모습이다.[364] 그런데 극동 남부지역 토착종족에게는 대체로 뱀의 형상이므로 악디는 퉁구스족이 북부와 남부그룹으로 분화된 이후 서로 다른 발전과정을 거쳤다.

우데게족에게 악디는 날개와 다리가 있고 입에서 불을 내뿜는 뱀의 형상이며, 울치족에게 악디는 푸른 호수 옆의 거목(巨木)에 기거하며 귀와 눈에서는 불길을 내뿜고, 산을 돌아다니면서 우레를 치는 날개 달린 삼두(三頭) 뱀의 형상이다.[365] 이들이 악디를 뱀에 비유하는 것은 뱀의 번개 같이 빠른 공격, 둘로 갈라져서 빠르게 날름거리는 뱀의 혀와 빠르고 길며 여러 갈래로 갈라지는 번개의 빛줄기의 유사성에 근거한 메타포이고, 3개의 뱀 머리는 성수 3숭배에 의한 것이다. 따라서 극동 퉁구스족 남부그룹의 번개와 우레의 신으로서 뱀에 대한 관념에서는 심오한 종교적 체험보다는 자연현상으로서 번개와 우레에 대한 관찰자의 특성이 두드러진다. 그런데 번개와 우레는 비를 동반하므로 이들에게 뱀은 궁극적으로 날씨와 비를 조절하여 대지에 물을 공급하는 강우생풍(降雨生風)의 신이다. 농경민에게 강우생풍의 신은 황권, 왕권, 지배

---

364 А. И. Мазин, Традиционные верования и обряды эвенков-орочонов (кон ец XIX~начало XX в.), Новосибирск: Наука, 1984, p.15.

365 Н. Б. Киле, Нанайский фольклор: нингманы, сиохор, тэлунгу, Новосиб.: Наука, 1996, pp.185-190; В. В. Подмаскин, Духовная культура удэгейцев XIX~XX в. Историко-этнографические очерки, Владивосток: ДВУ, 1991, p.128; А. Вальдю, Сказки бабушки Лайги, Хабаровск: ХКИ, 1972, pp.14-18.

권력의 유지와 관련된 중요한 신이다. 사냥, 어로, 목축에 종사하는 퉁구스족 남부그룹과 고아시아계 닙흐족에게도 강우생풍은 중요하지만 농경민과 비교할 때는 매우 제한적이었다. 따라서 이들은 강우생풍의 신으로서의 뱀보다는 불의 속성을 가진 번개와 우레의 신으로서 뱀을 더 숭배하였다.

ㄷ. 종족과 씨족의 시조신

퉁구스족 남부그룹과 고아시아계 닙흐족에게는 종족과 씨족의 시조신으로서 뱀 숭배가 발견되지만 퉁구스족 북부그룹에게서는 발견되지 않는다. 따라서 뱀 숭배는 이들이 분화되기 전의 관념이지만 종족과 씨족의 시조신으로서 뱀 숭배는 퉁구스족이 분화된 이후 출현한 관념이다. 또 나나이족 신화에서 문화영웅 하다우는 불을 내뿜는 뱀의 형상인데[366] 혼돈의 우주를 질서 잡힌 우주로 바꾼 존재, 이들의 남성시조신이자 첫 샤먼이므로 종족과 씨족의 시조신으로서 뱀 숭배는 샤머니즘 수용 이후의 산물이다. 종족과 씨족의 시조신으로서 뱀 숭배는 한반도의 제주도, 중국, 대만의 배만족(排灣族), 인도의 나가족과 나가니족 등에게서도 발견된다.

〈제주도의 삼성시조신화(三姓始祖神話)〉 지금의 진산 북쪽 기슭에 있는 구덩이 모흥(毛興)에서 세 신인(神人)이 솟아나왔다. 첫째는 양을나, 둘째는 고을나, 셋째는 부을나이다. … 하루는 붉은 석함이 동햇가로 떠내려 왔다. 세 신인은 가까이 가서 석함을 열어보았다. 석함 안에는 푸른 옷을 입은 세 명의 아가씨, 망아지, 송아지와 오곡의 종자 등이 들어있었

366 Н. Б. Киле, там же, pp.185-190.

다. … 세 신인들은 이 아가씨들과 혼인하였다.[367]

위 신화에서 제주도 고(高)씨, 양(梁)씨, 부
(夫)씨의 선조들은 땅에서 솟아나왔고, 바다를
따라 해안에 떠내려 온 석함 속에 있던 세 아
가씨와 혼인하였다. 제주도에 전파되어 있는
석함에 담긴 뱀이 바닷가에 떠내려 왔다는 '석
함표착신화(石函漂着神話)'에 근거할 때 아가
씨들은 외래의 바다뱀인데 제주도에 와서 삼
성의 여성시조신이 되었다.

[그림 82]
중국의 복희여와도
이철, 2021, 책 표지.

중국 한족은 고대부터 복희와 여와 남매를
민족의 시조로 숭배했는데 복희여와도(伏羲女
媧圖)에 의하면[368] 이들의 상반신은 서로 분리
된 인간의 모습이지만 하반신은 하나로 꼬여

있는 뱀의 형상이다. 일부 연구자들에 의하면 꼬여있는 뱀은 탯줄을 상
징하므로 복희와 여와 남매의 신성한 출산 능력을 의미하고, 일부 연구
자들에 의하면 나선형으로 꼬여 있는 수정란의 DNA를 상징한다.[369] 이
처럼 꼬여있는 뱀은 다양한 의미로 해석되지만 중요한 것은 뱀이 중국
한족의 남녀시조신이라는 점이다.

대만의 배만족은 "뱀들이 자라서 사람으로 변해 우리 조상이 되었다
(此蛇長成化爲人, 爲吾等之祖先)"[370]고 믿는다. 뱀의 성별은 불분명하지만

367 新增東國輿地勝覽』濟州牧 건치연혁조. 재인용: 송화섭, 앞의 논문, p.205.
368 참고: 이철, 『맞얽힘: 맞선 둘은 하나다』, 움직이는 책, 2021, 책 표지.
369 이영선, 「원형(原型)적 산물로서의 뱀 상징」, 『모래놀이상담연구』 12(1), 2016, p.96.
370 潘江東, 『白蛇故事硏究』, 臺灣學生書局, 1980, p.14.

이들 사이에 부계 조상 숭배가 두드러지게 발달한 점으로 미루어 남성 시조신이다. 인도의 뱀신에는 남신 나가와 여신 나기니가 있다. 나가는 인도 북부 나가족의 남성시조신인데 이들은 이란 고원지대에서 기원한 몽골족과의 혼혈 인종이며, 나기니는 남인도의 여성시조신이다.[371] 그런데 뱀이 극동 남부 토착종족, 대만의 배만족, 인도 북부의 나가족에게는 남성시조신, 중국에서는 남녀시조신, 제주도와 남인도의 나가니족에서는 여성시조신이다. 이처럼 종족의 시조신으로 뱀의 성 정체성이 민족/ 종족에 따라 달라지는 것은 남근을 연상시키지만 동시에 삼키는 존재로서 여성의 성기를 연상시키기도 하는 뱀의 이중적 이미지를 민족/ 종족에 따라 달리 받아들였기 때문이다. 다른 한편 이는 민족/ 종족에 따라 종족과 씨족의 시조신으로서 뱀 숭배를 받아들인 시기가 달랐음을 말해준다.

오랫동안 토착신앙을 보존해 온 민족/ 종족의 자연신은 토테미즘이 샤머니즘에 흡수되는 과정에서 토템신 → 반인반수 → 여성 인간신 → 여성과 남성 인간신의 공존 → 남성 인간신으로 변형되었다. 따라서 극동 남부지역, 대만, 인도

[그림 83] 남인도 쿱갈 지역의 뱀신당
송화섭, 2019, p.222.

북부 나가족의 남성시조신으로서 뱀은 이들의 자연신이 남신으로 변형된 이후의 관념을 반영하고 있다. 제주도와 남인도의 여성시조신으로서 뱀은 자연신이 여신이었던 시기, 중국의 남녀시조신으로서 뱀은 여

---

371 이영선, 위의 논문, p.95; 송화섭, 앞의 논문, p.222; 윤용복, 「인도의 용 신앙」, 『용, 그 신화와 문화: 세계편』, 서영대 엮음, 민속원, 2002, p.19.

신에서 남신으로 변형되는 시기의 관념이 반영되어 있다. 이에 의하면 남성시조신으로서 뱀 숭배는 몽골~극동 등 북방문화권에, 여성시조신으로서 뱀 숭배는 제주도~인도의 남방해양문화권에 특징적이며 중국에는 북방문화권과 남방해양문화권의 특징이 혼종·융합되어 있다. 그런데 극동 토착종족의 kulin과 한반도 구렁이의 음성적·의미적 유사성에 근거하여 북방의 뱀문화권을 몽골~극동 남부지역~한반도(제주도 제외)로 확대시킬 수 있다.

(2) 극동 토착종족의 용 숭배

한반도에서 용은 해신의 하나로 용왕의 지위까지 승격되었지만 극동 토착종족에게 용은 다양한 수신의 하나이며, 퉁구스족 북부그룹보다는 남부그룹과 고아시아계 닙흐족에게 특징적이다.

① 용 숭배의 기원과 발전과정

극동 토착종족 사이에서 용을 가리키는 무두르(mudur, 무둘리~모둘리~모두르/ 네기달어, 퉁구스족 남부그룹어, 만주어)는 mu(r/d)(물/ 퉁구스 조어)에서 기원하므로 이들에게 용은 '수신'이다. 동일 어간의 단어로 muhturh(용/ 여진어), muduri(용/ 만주어)가 있으므로[372] 무두르는 이미 중세 이전부터 용신을 의미하였다. 무두르의 어근 mu(물)과 한국어 물(水)의 조어 '붇'의 유사성,[373] 『훈몽자회(訓蒙字會)』에 용의 한국 고유어로 기록된 '미르'와 무두르의 음성적 유사성에 근거할 때 무두르~미르는 극동 남부지역과 한반도의 기층 어휘이다. 권상노에 의하면 한반도의 용 숭배는 중국

---

372 CCTMЯ 1, p.225; CCTMЯ 2, p.257.
373 CCTMЯ 1, pp.548, 549, 550; 『한국문화 상징사전』, 동아출판사, 1992, p.485.

의 용 숭배보다 오래되었으며, 한국어로 용이 '미리'이니 용 숭배가 아
니라 '미리 숭배'가 적합한 표현이고, 한반도는 삼면이 바다이므로 용
숭배는 해신신앙의 하나였다.[374] 극동 토착종족도 바다에 인접해 있었
지만 이들에게 해신으로서 용의 역할은 미미하였으며 이들의 용 숭배
는 해신신앙의 일환이 아니라 보편적인 수신신앙의 하나였다. 따라서
극동 남부지역과 한반도 용 숭배는 기원은 동일할지라도 일점 시점 이
후 다른 식의 변형과정을 밟았다.

용 숭배의 기원은 여전히 논쟁의 중심에 있지만 대다수 연구자들은
용의 몸체가 뱀의 형상이고, 용은 상상의 동물이지만 뱀은 현실의 동물
이라는 점을 들어 용의 기원을 뱀에서 찾는다. 한반도의 민간에는 "뱀
이 오백년 살면 이무기가 되고, 이무기가 오백년 살면 용이 된다.", "뱀
이 용 되어 큰 소리 친다.", "용이 살았던 연못에는 유난히 뱀이 많이
나온다." 등의 속담이 있다. 또 성어 용두사미(龍頭蛇尾)는 머리는 용, 꼬
리는 뱀이므로 용과 뱀이 한 몸인 생물체를 연상시킨다. 이처럼 한국인
들은 뱀이 자라서 용이 된다거나, 용과 뱀이 서로 불가분의 관계라고
믿었는데 이는 상상의 동물인 용에 대한 이미지를 현실의 동물인 뱀에
근거하여 발전시켜나갔기 때문이다. 이처럼 용이 뱀에서 유래한 흔적
으로는 중국의 갑골문에 새겨진 용(龍)자와 뱀(巳), 뱀(蛇)의 유사성, 『시
경(詩經)』(기원전 5세기경)에 용은 살무사(蝮)의 변형이라고 기록된 점, 영
어 dragon은 산스크리트어 drigvescha(뱀)에서 기원하고, 멕시코의 고대
도시 테오티우아칸에 용을 의미하는 '깃털 달린 뱀의 신전'이 있는 점
등을 들 수 있다.[375]

---

374 권상노, 「韓國古代信仰의 一斑: 미리(龍)신앙과 미륵(彌勒)신앙에 대하여」, 『佛敎學
報』 1, 1963, pp.88-96.

중국의 원이뒤(聞—多)는『복희고(伏羲考)』에서 "용은 큰 뱀이고, 뱀은
작은 용인데 용은 어느 생물계에도 존재하지 않는 허구적인 생물체로
오직 토템에서만 존재하므로 용 토템은 뱀 토템의 미약한 단위들을 융
합 동화시킨 결과"라고 하였다.[376] 그렇다면 용은 현실의 동물인 뱀의
형상에 변형을 가한 뒤 성화시켜 동물 가운데 최상의 권위를 부여받게
된 상상의 동물이다. 고고학 자료에 의하면 신석기시대 이후 뱀 토템이
쇠퇴하면서 용 토템이 시작되었으므로[377] 용 토템은 뱀 토템을 근간으
로 발전된 관념이다. 즉 일정한 역사적 시점에서 뱀 토템을 가진 집단
이 강력한 세력으로 등장하면서 주변의 약소 세력을 통합한 뒤 뱀을
중심으로 여러 집단의 토템들을 융합하여 뱀보다 강력한 그리고 용과
같이 위엄 있는 토템을 만들어 내었다. 그런데 용의 이미지가 다양하
고, 뱀과 용이 달리 숭배되기도 하기 때문에 기원이 다르다는 주장도
적지 않지만 뱀 기원설을 뛰어넘을 수 있는 근거를 제시하지는 못하고
있다.

러시아 연구자들 사이에서 극동 토착종족 용 숭배의 기원은 여전히
논쟁적인데 베레즈니츠키를 비롯한 대다수 연구자들은 중국 기원이라
고 주장한다.[378] 과거 극동 토착종족은 용은 상상의 동물이며 중국에는
있지만 극동 지역에는 없기 때문에 누구도 본 적이 없다고 믿었으므

---

375 강영경, 「한국 고대사회에서의 용의 의미」, 『용, 그 신화와 문화: 한국편』, 서영대 엮음,
    민속원, 2002, p.115; 조르쥬 나타프, 『상징 기호 표지』, 김정란 옮김, 열화당, 1987,
    p.50; 정연학, 앞의 논문, p.45.
376 聞—多, 「伏羲考」, 『聞—多全集: 神話與詩』, 開明書店, 1948, 頁83.
377 孫皖怡, 『白蛇故事研究』, 전남대학교 박사학위 논문, 2004, p.4.
378 С. В. Березницкий, Этнические компоненты верований и ритуалов коре
    нных народов Амуро-Сахалинского региона, Владивосток: Дальнаука,
    2003, p.319.

로[379] 이들의 용 숭배는 일정부분 중국의
영향에 의한 것이다. 샵쿠노프는 무두르
와 중국어 용(龍) 사이에 음성적 유사성
이 발견되지 않는 점, 현대 극동 퉁구스
족의 선조인 여진족의 샤이긴 고도 No.7
주거지에서 발견된 말을 탄 뱀 머리 기사
(騎士) 형상을 들어 극동의 용은 중국이
아니라 인도유럽 기원이라고 주장한다.[380]

[그림 84] 20세기 초 에벤키족
샤먼의 거울에 새겨진 말을 탄
기사 РЭМ, колл. No.717-1a.

『논형·험부』(1세기). 당나라 현종 때 영창군 황하 강변에 기이한 말이
나타났는데 기린의 비늘, 뱀의 꼬리, 곱슬거리는 털, 동그란 눈을 하고
있었고, 몸에는 수염이 달려 있었다. 현종이 다스린 지 20년이 되는 해
봉선과 교제(郊祭)를 지낼 때 수십 명의 신하들이 그 말과 함께 갔다. 훗
날 현종이 서쪽으로 행차를 나갔을 때 함양 서쪽에 이르자 그 말은 위수
로 들어가 용이 된 뒤 자취를 감추었다.[381]

『태평광기』 권 425 「녹이기·왕종랑」(10세기). 여러 마리의 용이 물 위로
나왔다가 한강으로 들어갔다. 큰 놈은 몇 길, 작은 놈은 한 길이 조금 넘었다.

379 А. В. Смоляк, "Представления нанайшев о мире", Природа и человек в
религиозных представлениях народов сибири и севера (вторая полови
на XIX~начало XX в.), Л.: Наука, 1976, p.142.

380 Э. В. Шавкунов, Культура чжурчжэней-удигэ XII~XIII вв. и проблема про
исхождения тунгусских народов Дальнего Востока, М.: Наука, 1990,
pp.159-167.

381 『論衡·驗符』. 明皇時, 得異馬于河, 其狀龍鱗, 虺尾, 拳毛, 環目, 出鬐居, 帝閑二十
年, 從封禪郊籍, 和響者數十. 后帝西行, 馬至咸陽西入渭水化爲龍, 泳遊去, 不知所
從. 원문 재인용: 전영숙, 「한국과 중국의 창세 및 건국신화 속에 깃든 물 숭배 관념」,
『한중인문학연구』 24, 2008, p.270.

말이나 당나귀의 모습이었으며 다섯 방위의 상징 색을 띄고 있었다.[382]

『논형·험부』에서 말은 기린, 뱀, 실체가 불분명한 동물들이 결합된 복합적 형상인데 물로 들어가 용으로 변한 뒤 자취를 감추었고, 『태평광기』에서 용은 물 밖에서는 말이나 당나귀, 물속에서는 용으로 변한다. 이에 의하면 중국의 용은 물의 속성을 가진 복합적 형상으로 말이나 당나귀의 모습을 보이기도 하는데 이러한 관념은 『주례·하관·수인(人周禮·夏官·廋人)』의 "팔척 이상의 말을 용이라 부른다(馬八尺以上爲龍)"에서도 찾을 수 있다.[383] 그렇다면 샵쿠노프의 주장과 달리 여진족의 주거유적지에서 발견된 말을 탄 뱀 머리 기사는 인도유럽이 아닌 중국의 영향에 의한 것이지만 일방적이고, 무조건적인 수용은 아니었다.

중국에서 용은 초기에는 수신으로서 강신의 하위 신이었는데, 춘추시대 이후 기우(祈雨)에서 중요한 역할을 담당하면서 용신으로 승격되었고, 동한(東漢)대 인도 불교와 함께 '용왕'의 개념이 들어왔다.[384] 용왕은 용신을 인격화한 것으로 용신보다 한 걸음 발전된 관념인데 중국의 용왕 관념은 한반도를 비롯한 동아시아로 전파되었다. 용의 이러한 지위 변화는 한반도와 중국의 물질 및 정신문화의 발전에 의한 것으로 농경이 주된 생업이었던 이들 사회에서 농업 생산력이 발전하면서 물이 지배 권력의 유지와 밀접한 관련을 가지게 되었기 때문이다. 이들은 수신이던 용을 단순히 비를 내리는 존재가 아니라 비를 만드는 존재로 변형시킨 뒤 왕권·황권과 결합시켰고, 왕조의 정통성과 신성성 강화를

---

382 『太平廣記』卷425, 「錄異記·王宗郞」. 有群龍出水上, 行入漢江, 大者數丈 少者丈餘 如五方之色, 有如馬驢之形. 원문 재인용: 전영숙, 위의 논문, p.270.

383 정연학, 앞의 논문, p.40.

384 경서근, 『황해의 한·중 용왕신앙 연구』, 목포대 박사학위 논문, 2013, p.15.

위해 용손(龍孫) 의식을 지배체제의 근간으로 내세웠다.

용은 뱀 토템 → 용 토템 → 용신 → 용왕의 순서로 발전했는데 용왕은 용신이 왕권·황권과 결합할 수 있는 사회에 특징적인 관념이다. 극동 토착종족은 국가 단위의 사회를 경험하지도, 왕이나 황제가 존재하지도 않았기 때문에 용을 용왕 단계까지 발전시키지 않았다. 따라서 이들에게 용은 한반도나 중국만큼의 위상을 가진 신이나 숭배 대상은 아니었기 때문에 용 숭배도 한반도나 중국에 비해 제한적이었다.

② 극동 남부 토착종족 용의 유형, 형상 및 상징의미와 역할
가. 극동 토착종족 용의 유형

극동 토착종족의 용은 그 유형이 매우 불분명하고 유동적이지만 우데게족의 관념에 근거하여 4개의 유형으로 분류할 수 있다. 첫 번째 유형은 두헤 무두르인데 dusε(호랑이/ 오로치어, 오로크어, 울치어) + mudur의 구조이고, 앞발과 날개를 가지고 있는 타이가의 용(山龍)이다.[385] 두헤 무두르는 하늘 ↔ 땅 ↔ 물, 상계 ↔ 중계 ↔ 하계를 자유롭게 오가는 우주적 형상이며 타이가 숭배, 호랑이 숭배, 물 숭배와 결합되어 있다. 극동 토착종족에게 용은 수신인데 두헤 무두르는 타이가의 용이므로 용보다는 뱀의 이미지에 가깝다. 이들에게 뱀도 수신이지만 현실에서 뱀은 산·바다·강·호수·늪 등 모든 자연계에 존재하므로 물뱀·타이가뱀(산뱀)·바다뱀·강뱀 등 다양한 이미지로 변주될 수 있다. 이들은 현실세계의 프리즘을 통해 신들 세계의 이미지를 구축해나갔기 때문에 두헤 무두르는 타이가 뱀(산뱀)의 이미지에 근거한다.

두 번째 유형은 울리 무두르인데 ul(-강 깊은 곳/ 에벤키어) + mudur의

---

385 ССТМЯ 1, 226; Арсеньев: Архив ПФГО, Ф.1. Оп.1, Д.27, Л.772.

구조이며 강에 기거하면서 강을 다스리는 강룡(江龍)인데 날개는 없
고,[386] 지배 영역도 강으로 한정되어 있기 때문에 인간세계에 대한 지배
력이 두헤 무두르보다 약하다. 뱀과 용의 결정적인 차이는 '승천' 여부
인데 울리 무두르는 날개가 없어 승천을 할 수 없으므로 강뱀의 이미지
에 근거하며 강 숭배, 물 숭배와 결합되어 있다.

세 번째 유형은 테무 무두르인데 temu(해신/ 퉁구스족 남부그룹 언어) +
mudur의 구조이며 해신 테무의 보조령인 해룡(海龍)이다. 테무 무두르
는 쌍두 도마뱀과 비슷하게 생겼으므로[387] 바다뱀의 이미지에 근거하며
바다 숭배, 해신 숭배, 도마뱀 숭배와 결합되어 있다. 한반도와 중국의
해룡은 최고의 해신인 용왕을 상징하지만 테무 무두르는 이들 최고의
해신인 테무의 다양한 하위 해신의 하나이다.

네 번째 유형은 무두르 중 가장 나이가 많
은 루누왕인데[388] 음성적으로 중국의 용왕
(龍王)과 비슷하므로 중국 기원이다. 이들이
중국의 용을 별개의 유형으로 분류하는 것
은 이들의 용 숭배가 중국의 일방적인 수용
이 아니었음을 말해준다.

이에 의하면 두헤 무두르, 울리 무두르, 테
무 무두르는 극동 남부 토착종족 기원이며
각각 타이가뱀, 강뱀, 바다뱀의 이미지에 근
거하므로 이들의 용 숭배는 뱀 숭배와 융합

[그림 85] 1, 2: 중국인의 용
Алимов, 1998, p.5.

386 Арсеньев: Архив ПФГО, Ф.1. Оп.1, Д.27, Л.772.
387 Арсеньев: Архив ПФГО, Ф.1. Оп.1, Д.27, Л.772.
388 Арсеньев: Архив ПФГО, Ф.1. Оп.1, Д.27, Л.772.

되어 있다. 이로 인해 베레즈니츠키를 비롯한 러시아의 대다수 연구자들은 극동 토착종족의 용 숭배를 용사신앙(龍蛇信仰)이라고 주장한다. 고대 중국의 용 숭배도 뱀 숭배와의 경계를 오갔는데 『사기·보삼황본기(史記·補三皇本紀)』에 의하면 복희씨는 인두사신(人頭蛇身)이었고, 『산해경(山海經)』에 의하면 뇌신 희(羲)는 인두용신(人頭龍身)이었다.[389] 이처럼 동일 인물이 문헌에 따라 때로는 용으로 때로는 뱀으로 달리 기록된 것은 중국 한족의 용 숭배가 뱀 숭배와 융합된 혼종적 관념이었기 때문이다. 이러한 점에서 극동 남부 토착종족과 중국인들의 용 숭배 사이에서 부분적으로 유사성이 발견된다.

[그림 86] (1~7)에서 뱀과 용은 우주를 상계·중계·하계로 나누면서 동시에 생과 아의 세계인 동쪽과 죽음과 타자의 세계인 서쪽으로 나누고 있다. [그림 86] (1) 나아이족 샤먼의 무복과 [그림 86] (5) 오로치족 샤먼의 양탄자에는 용만, [그림 86] (4) 우데게족 샤먼 무복에는 뱀만 그려져 있다. [그림 86] (2, 3) 나나이족 샤먼의 무복과 무고에는 뱀과 용이 같이 그려져 있고, [그림 86] (6, 7) 울치족 샤먼 무복의 앞쪽에는 뱀이, 뒤쪽에는 용이 그려져 있다. 또 나나이족의 일부 그룹에게 번개의 신은 뱀이나 독수리, 우레의 신은 용의 형상이므로[390] 극동 퉁구스족 남부그룹에게 용과 뱀은 부분적으로 유사한 역할을 하지만 달리 숭배되었다. 따라서 이들의 용 숭배에서 발견되는 용사신앙적 요소는 이들이 자신들 고유의 뱀 숭배에 근거하여 외래의 요소가 강한 용 숭배를 융합시키는 과정에서 발생한 현상이다. 즉 이들은 자신들 기층에 있는 뱀

---

389 김낙철, 「배형 傳奇에 나타난 용과 뱀의 관계성 고찰」, 『중어중문학』 67, 2017, p.8.
390 П. П. Шимкевич, "Некоторые моменты из жизни гольдов и связанная с жизнью суеверий", Этнографическое обозрение 3, 1897, pp.1-20.

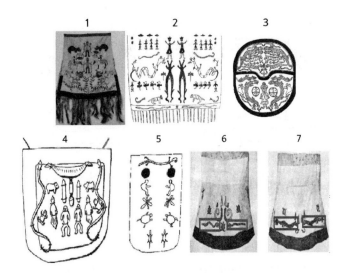

[그림 86] 1. 나나이족 샤먼 무고의 용, 2. 우데게족 샤먼 무복의 용,
3. 무고의 용, 4, 무복의 뱀, 5. 오로치족 샤먼 양탄자의 용,
6, 7. 울치족 샤먼 무고 앞면의 뱀과 뒷면의 용
https://ar.culture.ru/en/museum/gosudarstvennyy-muzey-istorii-religii;
Березницкий, 2005, p.563, 566, 569; Архив МАЭ РАН, Д.42, Л.43-45.

숭배에 중국 용 숭배의 요소를 덧칠하면서 자신들만의 독특하고 혼종
적인 용 숭배관을 만들어갔다.

나. 극동 토착종족의 용의 형상

극동 토착종족의 관념에서 용의 형상은 샤먼의 무복이나 무고에서
찾을 수 있는데 [그림 87] (1, 2) 나나이족 용의 몸체는 뱀과 비슷하며
비늘로 덮여 있고, 머리에는 사슴이나 순록의 뿔이 달려있으며, 등의
가시들은 물고기 지느러미를 연상시킨다. [그림 87] (1) 용의 꼬리는 순
록, [그림 87] (2) 용의 꼬리는 도마뱀의 꼬리와 비슷하며, [그림 87] (1)
용의 머리는 뱀, [그림 87] (2) 용의 머리는 낙타 머리를 연상시킨다. [그

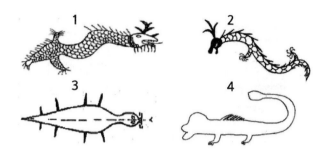

[그림 87] 1, 2. 나나이족의 무두르, 3. 오로치족의 무두르, 4. 우데게족의 무두르
Березницкий, 2005, p.577; Архив МАЭ РАН, Д.42, Л.43-45.

림 87] (1, 2) 나나이족의 용은 중국 용의 다양한 특징들을 결합시킨 뒤 우스꽝스럽게 비틀어놓은 형상이다. 비늘과 지느러미에 의하면 이들의 용은 물의 속성을 가지고 있지만 사슴이나 순록의 뿔로 인해 땅과 물의 기운을 동시에 가지고 있는 복합적 생물체임을 알 수 있다.

[그림 87] (3) 오로치족의 용은 정체가 매우 불분명하지만 머리는 뱀, 몸체는 악어와 비슷하며, 머리의 윗부분은 접시 같고 그 위의 문양은 불을 연상시키므로 이들에게 용은 물과 불의 대립과 통합의 생물체이다. [그림 87] (4) 우데게족의 용은 도마뱀과 비슷한데 머리는 낙타를 연상시키고, 등에는 물고기 지느러미가 달려있으며, 꼬리는 끝부분을 완만하게 그려놓은 호랑이 꼬리와 유사하므로 타이가·땅·물의 속성이 융합된 복합적 생물체이다.

극동 토착종족 용의 형상이 이렇게 다양한 것은 중국의 영향에 의한 것인데 중국의 용은 시대에 따라 그 모습이 계속 변하다가 송대(宋代)에 이르러 악어, 도마뱀, 뱀 등 파충류의 모습이 주를 이루면서 지금과 같은 모습으로 정착하였다.[391] 『이아익·석룡(爾雅翼·釋龍)』에 의하면 용의 뿔은 사슴, 머리는 낙타, 눈은 토끼, 목은 뱀, 배는 대합, 비늘은 물고

기, 발톱은 매, 발바닥은 호랑이, 귀는 소를 닮았다.(龍角似鹿, 頭似駝, 眼似兎, 項似蛇, 腹似蜃, 鱗似魚, 爪似鷹, 掌似虎, 耳似牛)[392] 즉 중국의 용은 현실에 존재하는 여러 동물들의 특징을 결합시킨 복합 생물체로 하늘·땅·지하·바다·강의 기운이 결합된 우주적 형상이다. [그림 86, 87]에 의하면 극동 토착종족의 용은 중국의 영향을 받았지만 중국의 용과 같은 위엄은 찾아볼 수 없으며 다소 우습고, 유치하고, 소박하고, 간결하고, 기이하지만 친밀감을 준다.

다. 극동 토착종족 용의 상징의미와 역할

〈우데게족의 숙쟈 아쟈니와 용〉 숙쟈 아쟈니는 대지에 강을 만들기로 마음먹었다. 숙쟈 아쟈니는 용 위에 앉아 마법의 회초리로 용을 대지로 몰아갔다. 이후 용이 지나간 곳에는 강이 생겼고, 회초리를 내리친 곳은 강의 지류가 되었다.[393]

위 신화에서 숙쟈 아쟈니(에제니)는 강의 창조주인 강신이자 최고의 수신인 해신 테무(타이훌진)의 하위 신인데 숙쟈 아쟈니가 용을 대지로 몰 때 용이 지나간 곳에 강이 생겼으므로 용은 강신의 강의 창조도구이다. 이처럼 극동 토착종족에게 뱀과 용은 강의 창조와 관련이 있는데 이는 구불구불한 강의 흐름과 뱀과 용의 기어가는 모습의 유사성에 근거한 메타포이다. 그런데 뱀은 강의 창조주로서 강신이지만, 용은 강신

---

391 정연학, 앞의 논문, p.45.

392 정연학, 앞의 논문, p.43.

393 В. В. Подмаскин, Духовная культура удэгейцев XIX~XX вв.: историко-эт нографические очерки, Владивосток: ДВГУ, 1991, p.119.

의 강 창조의 도구이므로 이들 자연신의 위계에서 용이 뱀보다 하위에
있다. 이는 이들에게 뱀은 인간 가까이에서 인간과 항시적으로 교류하
는 친밀한 신이었지만 용은 그 형체가 불분명하고 인간과의 교류가 불
가능한 관념적인 신이었기 때문이다. 이에 의하면 이들에게 중요한 것
은 비가시적이고 관념적인 신이 아니라 자신들의 삶과 밀접한 관련이
있는 현실적인 신이었다.

극동 토착종족의 종교적 관념에서 용의 또 다른 상징의미는 샤먼의
보조령으로서 상계 ↔ 중계 ↔ 하계를 오가면서 악령과 불길한 세력을
퇴치하고 인간을 보호하는 것이다. 이는 연기, 바다동물, 뱀 모양의 구
름 등 다양한 형상으로 변신할 수 있는 용의 천변만화하는 능력에 근거
한다.[394] 나나이족은 중국인으로부터 용이 그려진 직물이나 일상용품을
구입하여 어피(魚皮)로 만든 옷, 자작나무껍질로 만든 일상용품, 샤먼의
징표들에 붙여두었다.[395] 우데게족은 [그림 88] (1)처럼 용 형상을 집 지
붕 위에 설치하였는데 이와 유사한 풍습은 한반도와 중국에서도 발견
된다. 한반도에서는 궁궐의 기둥에 용문을 새겨두었고, [그림 88] (2, 3)

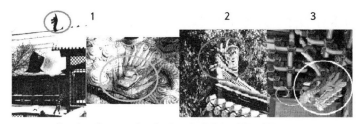

[그림 88] 1. 크라스니 야르 우데게족 마을 집의 무두르
Архив МАЭ РАН, Д.42, Л.43-45; 2,3. 경기도 파주 용암사

---

394 В. В. Подмаскин, там же, p.119.
395 С. В. Иванов, "Орнаментирование куклы у ольчей", СЭ 6, 1936, p.64.

처럼 사찰의 지붕 모서리에는 용 상징을 걸어두었으며, 중국의 저장성에서는 용문을 문 위에 걸어놓았다가 새해가 되면 바꾸었다.[396] 이러한 의식을 통해 이들은 자신들은 용신의 보호를 받는 신성한 존재, 자신들의 집은 용신에 의해 정화된 신성한 곳, 우주의 중심이라는 믿음을 가지게 되었다. 따라서 이들에게 용은 성/ 속, 선/ 악, 중계/ 하계, 생/ 사, 아/ 타, 안/ 밖의 이원대립을 내포하고 있었다.

③ 극동 토착종족과 한반도, 중국 용 숭배의 차이점

극동 토착종족과 한반도, 중국의 용 숭배 사이에는 유사한 점이 많지만 사회역사적 배경의 차이로 인해 관념적 내용에서는 많은 차이가 난다. 첫 번째, 한반도와 중국에서 용은 우주의 규칙적인 물의 순환을 관장하는 강우생풍의 신이다. 『삼국사기 · 신라본기』에 의하면 두 마리 용이 경주 우물 가운데 보인 뒤 폭풍우, 번개, 우레가 남문에 들이쳤고, 중국 『관자(管子)』에서 용은 물을 만나면 신적인 능력을 발휘하며, 『여씨춘추(呂氏春秋)』에서 용은 비를 부르는 존재이다.[397] 이처럼 한반도의 신라사회와 중국에서 용은 물에 기거할 뿐만 아니라 물을 만드는 창조적 · 생산적 존재였다. 따라서 농경이 주요 생업이었고, 물이 생존과 직결된 최상위의 문제였던 이들에게 용은 적극적인 숭배 대상이었다. 그런데 극동 토착종족에게 강우생풍의 신은 용이 아니라 뱀이었으며, 그마저도 뱀의 여러 역할의 하나에 불과하였다. 이는 극동 토착종족의 주

---

396 김도, 앞의 논문, p.344; Архив МАЭ РАН, Д.42, Л.43-45; 2,3.https://photoinlive. tistory.com/23.

397 『三國史記 · 新羅本紀』一. 赫居世. 六十年 秋九月. 二龍見於金城井中, 暴雷雨 震城 南門. 재인용: 조법종, 「한국 고대사회의 용 관련 문화」, 『사학연구』 65, 2002, p.6.

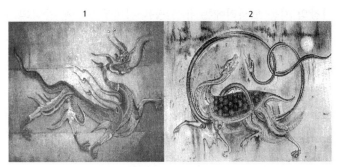

[그림 89] 고구려 강서대묘의 청룡도(좌)와 현무도(우)
http://desert.tistory.com/6564

요 생업은 사냥, 어로, 목축이었으며 이들에게도 만물의 생장을 촉진하
는 물은 중요하였지만 한반도와 중국처럼 절실하지는 않았고, 수신으
로서 용의 중요성도 한반도와 중국에는 미치지 못하였기 때문이다.

두 번째, 한반도와 중국 사회의 기본 조직은 국가였고, 물은 국가 지
배 권력의 유지와 밀접한 관련이 있었으며, 강력한 전제군주제를 확립
하기 위해 물은 왕권·황권과 결합되었다. 하지만 극동 토착종족은 국
가 단위의 사회에 살지 않았고, 왕이나 황제가 존재하지 않았기 때문에
물을 지배 권력과 연결시키지 않았다.

세 번째, 한반도와 중국에서 용은 숭배 대상일 뿐만 아니라 선조 토템
이었는데 이들은 왕조의 정통성과 신성성 강화를 위해 용손 의식을 지
배 이념으로 내세웠다. 중국의 하상조(夏商朝)는 용을 최초로 토템 지배
체제로 운영하여 황실과 같은 근원으로 삼았으며, 한고조의 모친은 용
에 의해 잉태된 뒤 한고조를 낳았다.[398] 신라 박혁거세의 아내인 알영은
우물에 나타난 용의 오른쪽 옆구리에서 태어났고,[399] 고려 왕건의 조부

---

398 정연학, 앞의 논문, p.50.

인 작제건은 용왕의 딸과 결혼하여 아들 용건을 낳았으며, 용건은 고려 태조 왕건을 낳았으므로 왕건은 용손이다. 하지만 극동 토착종족에게 용은 숭배 토템일 뿐 선조 토템은 아니었고, 절대 권력이 없었던 이들에게 용손 의식은 무의미했기 때문에 용의 권위와 상징의미는 한반도와 중국에 비해 제한적이었다.

네 번째, 한반도와 중국에서 최고의 해신은 용왕이었지만 극동 토착종족에게 최고의 해신은 인간의 모습을 한 거구의 남신 테무(타이훌진)이며, 용은 다양한 수신의 하나였다. 이로 인해 이들에게는 용신만을 주신으로 모시는 의식은 존재하지 않았고, 용신은 대지모신, 화신, 타이가신보다 위계가 낮았다. 또한 한반도와 중국의 어촌에서는 정기적으로 용왕제를 지냈고, 중국의 대다수 소수종족은 지금도 용왕제를 거행하고 있다. 극동 토착종족도 해신제 때 용신제를 거행하였지만 필수는 아니었고, 해신제 때 거행되는 여러 의식의 하나였다.

(3) 용의 변형인 푸이무르와 시무르

극동의 네기달족, 퉁구스족 남부그룹, 만주족 사이에는 빛이 들지 않는 아주 어두운 호수·연못·늪의 바닥에 사는 물의 악령 푸이무르와 시무르에 대한 관념이 전파되어 있다. 이들 사이에서 푸이무르와 시무르의 이미지는 불분명하고 희미할 뿐만 아니라 종족과 씨족에 따라 다소 차이가 난다. 이는 푸이무르와 시무르가 상상의 생물체일 뿐만 아니라 출현 이후 종족과 씨족에 따라 다양한 관념을 흡수하면서 변형되었기

---

399 『三國史記』卷 1「新羅本紀 1·赫居世居四干 5年」. 午年 春正月 龍見於閼英井 右脇 誕生女兒 老嫗見而異之 收養之以井名 名之 及長有德容 始祖聞之 納以爲妃 有賢 行能內轉 時人謂之二聖.

때문이다.

① 푸이무르와 시무르의 기원

푸이무르와 시무르의 기원을 분명하게 규명할 수는 없지만 아무르강 하류 나나이족 신화에서 푸이무르는 용의 아들이므로[400] 푸이무르는 용에게서 기원한다. 시무르는 물의 세계에서 푸이무르와 대립과 통합의 관계에 놓여있고, 그 형상이 용과 비슷하므로 시무르도 용에게서 기원한다. 그런데 극동 토착종족에게 용은 선신이지만 푸이무르와 시무르는 악령이고, 용으로부터 물의 속성을 물려받았지만 물을 지배, 관리할 능력은 없으며, 바다나 강과 같은 큰물로는 나올 수 없고 호수·늪·연못 등 어둡고 작은 물에만 기거한다. 푸이무르와 시무르는 물과 불의 속성을 모두 가지고 있는데 극동 토착종족에게 불은 뱀(악디)의 속성이므로 푸이무르와 시무르는 용에게서 기원하지만 뱀의 속성도 가지고 있다. 이들에게 뱀의 불은 악령과 불길한 세력을 퇴치하고 인간을 보호하는 역할을 하지만 푸이무르와 시무르의 불은 인간과 다른 동물들을 공격할 때 사용하는 무기이므로 부정적인 가치를 지니고 있다. 이처럼 푸이무르와 시무르는 용으로부터는 물의 속성을, 뱀으로부터 불의 속성을 이어받았으므로 물과 불의 대립과 통합의 생물체이다.

극동 토착종족 사이에서 용이 악령 푸이무르와 시무르로 분화된 것은 인간에게 약이 되기도 하고 독으로 인간을 위협하기도 하는 뱀의 이중성에 근거하지만 중국 사회에서 용의 지위 하락도 일정정도 영향을 주었다. 과거 바닷속 용궁에 살면서 인간이 감히 범접할 수 없는 절

---

400 А. Я. Чадаева, Древний свет. Сказки, легенды, предания народов Хабаровского края (Хабаровск: Хабаровское книжное изд-во, 1990, p.74.

대 지존의 상징이었던 용이 배형(裵鉶)의 『전기(裵鉶傳奇)』(9세기경, 당대)
에서는 강·호수·연못, 심지어 마을 우물 속에서 살게 되었다. 또한 과
거의 권위와 영광은 현저하게 약화되었으며, 활동 영역은 축소되었고,
여느 정괴(精怪)나 괴물처럼 인간이 통제하고 제압할 수 있는 존재로 평
가절하 되었다.[401]

　〈금강선〉 어느 날 금강선은 협산사 금쇄담 옆에서 석장을 흔들며 물에다
대고 큰 소리로 주문을 외웠다. 그러자 갑자기 물이 갈라지고 바닥이 보였
다. 금강선은 병을 깨끗이 씻고 병 주둥이를 벌려 그 안에 미꾸라지 한
마리를 넣어 두었다. 그 미꾸라지는 길이가 세 마디를 넘었는데 병 속에서
날뛰고 있었다. 금강선은 승려들에게 말하였다. "이것은 용이다. 나는 해문
에 갈 것이다. 그러니 이것을 잘 고아서 고약으로 만들어라. 나중에 발에
바르면 바다를 건너는 것이 마치 평지를 밟는 것과 같을 것이다."[402]

인간의 도전을 받아 위세가 위축된 용은 〈금강선(金剛仙)〉에서는 사람
에게 붙잡혀 병에 갇힌 미꾸라지처럼 초라한 모습으로 변하였고, 용의
명예와 자존심은 철저하게 무너졌다. 이에 더하여 인간에 의해 고약으
로 만들어지는 신세가 되었으며, 과거 해신으로서의 권위는 용으로 만
든 고약을 바르면 바다를 쉽게 건널 수 있는 것에만 남겨졌다. 중국 사
회에서 용의 지위 히락은 극동 토착종족의 용이 악령 푸이무르와 시무
르로 분화되는데 일정정도 영향을 주었다. 이로 인해 이들의 용은 중국
의 용과 달리 과거의 위세와 영광을 지속적으로 보존할 수 있었다. 반면

401 김낙철, 앞의 논문, p.6.
402 「金剛仙」. 乃于峽山寺金鎖潭畔, 搖錫大呼而咒水. 俄而水辟見底矣. 以澡瓶張之, 有
　一泥鰍魚, 可長三寸許, 躍入瓶中, 語衆僧曰, "此龍矣. 吾將至海門, 以藥煮爲膏, 塗
　足, 則渡海若履坦途. 재인용: 김낙철, 앞의 논문, p.7.

푸이무르와 시무르는 용을 대신하여 인간의 공포의 대상이자 놀림과
퇴치의 대상이 되었다.

② 푸이무르와 시무르의 특징

가. 호수의 악령 푸이무르

푸이무르는 hu(湖) + mu(r)(물/ 퉁구스제
어)의 구조이므로 '호수의 악령'이며 극동
퉁구스족과 중국인의 관념이 결합된 혼
종적인 관념이다. 나나이족에 의하면 푸
이무르는 메기 형상의 거대한 수중 동물

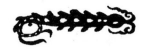

[그림 90] 나나이족의 푸이무르
Березницкий 2005, p.577.

이다.[403] 나나이족 호제르 씨족에 의하면 푸이무르는 길이는 8m가 넘고,
배처럼 거대하며 머리는 넓은 자작나무껍질 대야 같고, 호수 주변의 모
든 풀을 태워버리며, 사람과 배를 보면 잡아먹는데 예전에는 많은 사람
들이 푸이무르를 보았고, 죽이기도 했다.[404]

메기는 한국인의 상상 속에서 용이 되기 전 단계인 이무기의 변형이
다. 한국인들에게 이무기는 담수에서만 살며 구렁이가 500년 묵으면 이
무기가 되고, 이무기가 500년 묵은 뒤 하늘에서 내린 일정한 조건을 충
족하면 여의주를 받아 하늘로 승천하여 용이 되는데 대개는 용이 되지

---

403 А. Я. Чадаев, Древний свет. Сказки, легенды, предания народов Хабаров
ского края, Хабаровск: ХКИ, 1990, p.74. 나나이족에게는 밑에서 돌과 풀이 불타
고 있는 호수에 사는 매우 뚱뚱한 악령 푸무 암바가 있는데 푸이무르의 변형이다.

404 А. Я. Чадаева, там же, pp.74~75; А. В. Смоляк, "Представления нанайшев
о мире", Природа и человек в религиозных представлениях народов
сибири и севера (вторая половина XIX~начало XX в.), Л.: Наука, 1976,
p.142.

못한다. 이무기는 사람들에게 위협적이지만 결국 사람들에게 죽임을
당하므로 공포의 대상이자 동시에 놀림과 퇴치의 대상이다. 중국, 일본,
인도 등 아시아문화권에도 이무기와 비슷한 생물체가 있지만 한반도의
이무기와는 다소 차이가 있다. 중국인들에게 이무기는 용의 새끼인 교
룡(蛟龍)이거나, 불의 속성을 가진 황룡(黃龍)이므로 푸이무르와의 유사
성은 발견되지 않는다. 푸이무르와 이무기의 공통점은 담수에 산다는
점, 인간에게 공포감을 주지만 놀림과 퇴치의 대상이라는 점, 신화에서
용의 아들이라는 점이다. [그림 90] 나나이족의 관념 속 푸이무르는 앞
부분은 부분적으로 메기를 연상시키지만 머리에는 순록의 뿔을 상징하
는 식물문이 그려져 있고, 꼬리는 뱀, 몸통은 지네 혹은 악어와 비슷한
복합적 형상이다. [그림 90]에서 순록 뿔, 악어를 연상시키는 몸통은 푸
이무르가 일정정도 중국 용의 영향을 받았음을 말해준다.

　나나이족 호제르 씨족의 신화에 의하면 한 아가씨가 아이를 낳아 호
수에 던졌는데 푸이무르가 이 아이를 삼킨 뒤 뱃속에서 길렀고, 이후
이 아이는 호수의 악령이 되었다.[405] 아가씨가 아이를 호수에 던진 것은
아이의 죽음을 의미하는데 이 아이는 이후 호수의 악령이 되었으므로
호수의 악령은 인간 기원이다. 위 신화에 의하면 푸이무르는 호제르 씨
족구성원의 양육의 모(母)이며, 둘은 친족관계에 있기 때문에 피해를 주
기보다는 상호 협력해야 하는 경제·문화공동체이다. 이처럼 인간과 악
령이 같은 공동체에 속할 수 있는 것은 절대 선과 절대 악은 존재하지
않고, 선과 악의 공존과 조화 속에서 지구와 우주의 질서와 균형이 유지
된다는 이들의 생태적 세계관에 의한 것이다.

---

405 Н. Б. Киле, Нанайский фольклор: нингманы, сиохор, тэлунгу, Новосибир
　　ск: Наука, 1996, p.409.

나. 호수와 늪의 악령 시무르

시무르(~시무~히무~힘무)는 호수와 늪의 악령인데, 네클류도프(С. Ю. Н еклюдов)에 의하면 이란의 악령 앙그로 마이뉴(Aŋgro Mainju)의 소그드식 음성변형인 심누(simnu)에서 기원하며 위구르족의 불교신화를 거쳐 몽골족에게 '괴물'의 의미로 전파되었다.[406] 하지만 시무르는 si(악령의 거처/ 우데게어)[407] + mu(r/d)(물/ 퉁구스제어)의 구조이므로 '물의 악령'을 의미하는 퉁구스족 기원의 관념이다.

〈두 아들을 잃은 네기달족 아버지와 힘무〉 암군강 지역 축차기르 호수의 깊은 곳에 도마뱀과 비슷하게 생긴 큰 배만한 크기의 무시무시한 악령 힘무가 살고 있다. 어느 날 힘무가 두 아들을 잡아먹었다. 아이들의 아버지는 복수를 하기로 결심하였다. 아버지는 큰 자작나무 껍질로 통을 만들어 호수에 던졌다. 나무통을 사람으로 착각한 힘무는 얼른 집어삼켰다. 가벼운 나무껍질 때문에 힘무는 호수 깊은 곳으로 내려갈 수 없었다. 이로 인해 아버지는 힘무를 쉽게 죽일 수 있었다.[408]

위 설화에서 힘무는 시무르의 음성 변형이고, 호수 깊은 곳에 기거하며, 도마뱀과 비슷하게 생겼지만 배처럼 거대한 크기인데, 네기달족 아이 두

[그림 91] 네기달족의 힘무
Березницкий, 2005, p.578.

---

406 С. Ю. Неклюдов, Мифы народов мира 2, М.: Советская энциклопедия, 1992, p.647.

407 ССТМЯ 2, p.73.

408 С. В. Березницкий, Этнические компоненты верований и ритуалов коре нных народов Амуро-Сахалинского региона, Владивосток: Дальнаука, 2003, p.44.

명을 잡아먹었으므로 인간에게 대단한 피해를 주는 악령이다. 하지만 힘무는 아이들의 아버지가 자신을 죽이기 위해 호수에 던져둔, 자작나무껍질로 만든 나무통을 사람으로 착각하고 집어삼킬 만큼 어리석어서 일반인도 죽일 수 있다. 위 설화와 달리 [그림 91] 네기달족의 관념 속 힘무는 악어와 매우 비슷한 모습인데 극동에는 악어가 서식하지 않기 때문에 이는 초기 중국 용의 영향이다.[409] 따라서 시무르는 극동 퉁구스족 기원이지만 이후 중국의 요소가 덧칠해진 혼종적인 관념이다.

나나이족에 의하면 시무르는 하바롭스크주 아무르 지역과 나나이 지역의 볼로니 호수에 기거하는 거대한 물고기 모양의 뱀인데 정기적으로 헌제의식을 해야 하며, 쿠루미강 나나이족에 의하면 시무르는 연꽃이 자라는 지하 호수에 기거하는데[410] 이는 중국 불교의 영향이다. 오로치족에 의하면 시무르는 배만한 크기의 거대한 뱀으로 온 몸이 붉은색이어서 불에 타고 있는 것 같고, 불을 내품어 사람이나 거대한 큰사슴을 죽인 뒤 잡아먹는다.[411] 우데게족에게 시무르는 늪에 사는 거대한 뱀인데 사람들에게 해를 끼치지 않으며 누구도 본 적이 없지만 늪 가장자리의 편평한 깊은 구덩이는 시무르의 발자국이고, 늪에 가면 시무르의 포효소리, 시무르에게 잡아먹히는 동물들의 울부짖음을 들 수 있으며, 울치족에게 시무르는 불을 내품는 거대한 뱀이다.[412] 극동 토착종족에게

409 중국에서는 용의 기원을 악어에서 찾기도 하는데 이는 갑골문에 나타난 용의 다리와 큰 얼굴, 몸체에 가죽이 있는 점이 뱀이 아닌 악어를 연상시키기 때문이다. 何新, 「中國神龍之謎的揭破」, 『神龍之謎』, 延邊大學出版社, 1988, p.300.
410 А. Я. Чадаева, Древний свет. Сказки, легенды, предания народов Хабаровского края, Хабаровск: ХКИ, 1990, p.133.
411 Б. А. Куфтин, "О шаманизме орочей. Побережье Татарского пролива. 1927 г.," Архив МАЭ РАН, Ф.12, Оп.1, No.49, Л.31.
412 Б. А. Куфтин, там же, Л.31.

시무르는 도마뱀, 악어, 거대한 뱀의 경계를 오가지만 대개는 거대한 뱀이며, 푸이무르와는 다른 생물체이지만 담수에 산다는 공통점을 가지고 있다. 극동 토착종족은 용은 신으로 숭배하였지만 푸이무르와 시무르는 신으로 숭배하지도 않았고, 어떤 종교적 관념과도 연결시키지 않았으며 용과 엄격하게 구분하였다. 이들의 푸이무르와 시무르에는 성/ 속, 생/ 사, 선/ 악, 위/ 아래, 해수/ 담수, 명/ 암, 물/ 불, 넓음/ 좁음의 이원대립이 내포되어 있다.

3. 극동 토착종족의 수신제

극동 토착종족은 풍어와 바다동물 사냥의 성공을 기원하면서 담배·꽃·나뭇가지·천 조각·고기 조각 등을 강이나 바다에 제물로 바쳤고, 정기적으로 수신제(水神祭)·해신제(海神祭)·강신제(江神祭)를 거행하였다. 그 양태는 다르지만 유사한 의식이 이들 뿐만 아니라 세계 여러 민족/ 종족에게서 발견된다. 강을 건널 때 서아프리카의 마사이족은 풀 한 움큼을, 중앙아프리카의 바간다족은 커피 씨 한 줌을 바쳤고, 그리스에서는 극심한 가뭄이 들면 리카이오스신의 사제가 아르카디아 리카이오스 산 중턱의 하그노 샘에 참나무 가지를 제물로 바쳤다.[413] 이들은 물에 제물을 바치면서 인간들이 바치는 천 한 조각, 고기 한 조각, 풀 한 움큼, 커피 한 줌, 나뭇가지 한 줄기도 신들은 기꺼운 마음으로 받고 이에 보답을 한다고 믿었다.

호메로스(기원전 800년경~750년경, 그리스)에 의하면 트로이인은 살아있

---

413 미르치아 엘리아데, 『성과 속』, 이은봉 옮김, 한길사, 1998, p.283.

는 말을 스카만데르강에 제물로 바쳤고, 펠페우스는 스페르케이오스 샘에 50마리의 양을 공물로 바쳤으며 킴브리족·프랑크족·게르만족· 슬라브족 등 인도유럽인들에게도 유사한 전통이 있었다.[414] 트로이인을 비롯한 유럽인들이 물에 '피의 희생 제물'을 바친 것은 이들의 요구사항 은 극동이나 아프리카 토착종족과 달리 지배 권력의 유지와 연결된 가 뭄 해소나 전쟁의 승리와 같은 고차원적인 요구였기 때문이다. 즉 이들 은 요구사항과 제물의 양과 질이 정비례한다고 믿었으며, 신들도 제물 에 합당한 보상을 해준다고 믿었다. 이처럼 이들은 요구사항에 비해 제 물이 불충분하면 신들이 요구사항을 들어주지 않거나 벌을 준다고 믿 었는데 이후 이는 종교적 신념으로 자리 잡았다.

극동 토착종족은 고대부터 태평양과 오호츠크해 연안, 아무르강과 그 지류들에 거주하였는데 이는 이들 물질 및 정신문화의 근간이 되었 다. 거주지의 자연생태환경으로 인해 이들은 다양한 수신들을 위한 수 신제를 거행하였다. 따라서 수신제는 이들 거주지의 자연생태조건에서 기원한 수계(水系)문화의 요소다. 하지만 이들의 마을은 산악 타이가를 끼고 있고, 타이가동물 사냥도 이들 주요 생업의 하나였기 때문에 이들 의 수신제는 산악 타이가문화의 요소와 혼종·융합되어 있다. 이들의 수신제는 해당 종족과 씨족의 세계관, 종족과 씨족의 문화정체성을 알 려주는 문화코드이지만 시대의 흐름에 따라 그 형태가 많이 변용되었 고, 고유의 특성들이 상당부분 퇴색되었다. 그럼에도 퉁구스족 남부그 룹 사이에 그 원형이 부분적으로 보존되어 있기 때문에 이를 통해 극동 토착종족 해신제의 기원, 제의과정 및 내용을 유추할 수 있다.

---

414 M. P. Nilsson, Geschichte der grieschischen Religion, München: C. H. Beck sche Verlagsbuchhandlung, 1941, p.220.

극동 토착종족의 수신제는 크게 해신 테무(타이훌진)가 주요 숭배 대상인 해신제와 강신(숙쟈 에제니)이 주요 숭배 대상인 강신제로 나누어진다.

1) 극동 토착종족 수신제의 특징

극동 토착종족의 수신제는 거주지의 자연생태환경과 생업의 특성이 종교적 의미와 융합되어 하나의 완전한 체계를 이루고 있으므로 성과 속, 자연과 문화의 대립과 통합 속에 존재한다.

(1) 수신제의 필수요소와 상징의미 및 역할

극동 토착종족 수신제의 필수요소는 숭배 대상으로서 해신 테무와 그 하위 신인 남성해신 나무 에제니, 여성강신 숙쟈 에제니 등의 수신, 의례가 거행되는 제장, 수신이 머무는 제당(해신당 혹은 강신당), 수신을 숭배하면서 수신제를 개최할 주체들, 수신제의 상징성을 표현하는 의례용품 등이다.

① 제장과 주체의 상징의미와 역할

극동 토착종족의 수신제에서 제장은 해안 혹은 강가인데 이는 제장이 자연과 융합된 고대 애니미즘적 다신교의 흔적이다. 이들에게 제장은 의례가 거행되는 곳의 의미를 넘어 자신들과 수신들의 교류가 이루어지는 소우주, 우주의 중심이다. 수신제의 주체는 개인 혹은 집단인데 이는 이들이 원해에서의 어로와 바다동물 사냥은 집단으로, 인근해에서 어로와 바다동물 사냥은 개인 혹은 집단으로 수행하기 때문이다.

② 의례용품의 상징의미와 역할

의례용품은 수신제의 문화상징성을 표현하는 매개체로 수신 숭배용 도구이지만 산자들에 의해 만들어지기 때문에 산자의 세계관을 담고 있다. 수신제의 의례용품은 종족과 씨족에 따라 차이가 있지만 제물, 제기, 장대, 대팻밥은 극동 토착종족 공통이다.

가. 제물의 상징의미와 역할

극동 토착종족은 수신제를 거행하면서 수신들로부터 일정한 보상을 받기 위해 선급금의 형태로 제물을 바쳤으므로 제물은 신과의 거래에 기반한 이들 최초의 경제활동이었다. 이들은 수신들이 수신제의 대가로 풍어와 바다표범 사냥의 성공을 도와주지만 제물의 양과 질에 따라 보상 정도가 달라진다고 믿었다. 이에 의하면 제물은 현재와 미래를 연결하는 매개체이며, 제물을 받은 수신은 인간에게 빚을 지는 것이고, 이 제물에 합당한 보상을 하면 인간이 다시 수신에게 빚을 지게 되므로 제물에서 수신과 인간은 관점을 바꾸어 가면서 사회적 위치와 권력 관계를 교환한다.

한편 수신들은 인간이 바친 제물을 하위 신과 자신이 다스리는 수중 생태계의 사람들에게 나누어주기 때문에 제물은 수신들의 권력의 원천이었고, 수신들의 권력 유지를 위해 반드시 필요하였다. 이러한 관념의 근저에는 인간과 인간 너머의 존재는 일방적인 지배-피지배, 받침-받음의 관계가 아니라 서로 주고받는 관계이며, 인간과 수신뿐만 아니라 우주만물의 적극적인 상호교류에 의해 지구와 우주의 조화와 균형이 유지된다는 이들의 생태적 세계관이 자리하고 있다.

제물은 그 특성상 흔적이 남지 않으며 시대의 변화에 따라 변형되지만 기본적인 골격은 오랫동안 유지된다. 극동 퉁구스족 남부그룹의 수

신제에는 수수, 콩, 약초뿌리를 넣어서 만든 죽이, 닙흐족의 수신제에는 물고기(특히 연어), 바다표범 지방, 월귤나무 열매나 까마귀 열매로 만든 냉각수프 모스가 필수적인 제물이다. 수수와 콩은 하늘과 땅의 기운으로 성장하고, 약초뿌리에는 지하의 기운이, 물고기와 바다표범 지방에는 바다의 기운이 응축되어 있으므로 죽과 냉각수프는 우주 상징성을 지닌다. 따라서 이들의 제물에는 자연과 우주의 조화를 통해 인간세계의 질서와 풍요를 이루고자 하는 이들의 자연철학과 생태적 세계관이 담겨있다.

극동 토착종족 수신제의 제물에서 가장 두드러진 특징은 희생 제의인데 희생제물은 수신으로부터 자신들의 바람이나 요구사항을 받아내기 위한 최고 수준의 제물이었다. 오로크족 신화에서 해신은 곰을, 울치족 신화에서 해신은 순록을 요구하였으며, 나나이족은 어로가 흉년이면 토끼를, 퉁구스족 남부그룹은 정기적 수신제 때 2~3년에 한 번씩, 울치족은 어로의 흉년으로 인한 비정기적 강신제-풍어제 우투 우투우 의식 때, 닙흐족은 해신제 때 항상 개를 희생 제물로 바친다. 희생 제의는 자신들에게 귀중한 것, 자신들이 숭배하는 것을 폭력적인 방법으로 해체하여 성화시킴으로써 신(聖)과 인간(俗)의 영역이 다르다는 것을 보여주기 위한 의식이다.

희생 제물로 바쳐진 동물들은 수신의 세계에 통합된 뒤 해당 동물로 부활하여 수신들의 보조령으로서 신과 인간, 땅과 물의 세계를 연결하는 역할을 한다. 따라서 이 동물들은 수신들의 세계에서도 종교적·문화적으로 중요한 위치에 놓여있는데 이는 곰, 순록, 토끼, 개 숭배 등 이들의 토템신앙에 근거한다. 이들의 신화에서 곰과 순록은 선조토템이며, 개는 중계와 하계를 연결하는 존재이므로 이들에게 동물들은 과거 언젠가는 자신들의 아버지, 어머니였다. 이들은 희생 제물을 해체한 뒤 심장, 피

등은 수신들에게 바치고, 고기는 함께 시식한다. 이는 신들이 흠향 후 여기에 남겨둔 복을 공유함으로써 함께 재액초복을 이루기 위한 것이다. 또한 이들은 이러한 의식을 통해 수신들이 주도하는 공동체의 일원이 되었다는 믿음, 자신들도 성화된 존재라는 믿음을 가지게 된다.

나. 제기의 상징의미와 역할

극동 토착종족 사이에서 수신제용 제기를 가리키는 용어는 종족마다 다르지만 이들에게 제기는 단순히 제물을 담는 그릇이 아니라 인간이 수신에게 제물을 바치고 수신이 제물을 받으면서 수신과 인간의 교류가 이루어지는 소우주, 우주의 중심이다. 본디 이들은 바다와 강에 바로 제물을 바쳤으므로 제기는 이들의 종교관이 보다 고차원적이고 추상적인 단계로 접어든 이후의 산물이다. 따라서 제기는 의례로서 수신제가 발전하는 과정에서, 또 인간에 대한 수신의 권력이 강화되고, 권위와 위상이 높아지는 과정에서 출현하였다.

제기는 수신이 흠향하는 그릇인데 극동 토착종족은 씨족 단위로 씨족의 규율과 원칙에 따라 제기를 만들었기 때문에 제기는 씨족정체성의 표지로써 씨족의 유대감과 소속감 강화, 씨족의 규율 강화와 질서 유지에 지대한 역할을 하였다. 수신제용 '씨족의 제기'는 씨족에서 수사자가 발생할 때만 만들기 때문에 그 수가 매우 석었지만 개인이 함부로 만들 수 없었다. 씨족의 제기는 씨족구성원들이 같은 마을에 거주할 경우 가장 나이가 많은 사람이 보관하며, 서로 다른 마을에 거주할 경우 평범한 제기를 사용한다.[415] 평범한 제기는 수신의 세계를 오가면서 인

---

415 А. М. Золотарев, Родовой строй и религия ульчей, Хабаровск: Дальгиз, 1939, p.92.

간과 수신을 연결할 수 있는 능력이 떨어지기 때문에 씨족의 제기에
비해 주술 효과가 미약하다.

또한 이들은 제기를 비롯한 의례용품을 타자의 눈에 띠지 않는 성물
보관창고에 보관한다. 주희(朱熹)의 〈가례(家禮)〉에는 제기는 목적에 따
라 따로 준비하여 사당 밖에 주고(廚庫)를 세워 보관하고, 자물쇠를 채
워 다른 목적에 사용하지 않도록 규정하고 있으며, 〈예기·곡례(禮記·曲
禮)〉에는 제기를 일상에서 사용하거나, 남에게 보여주거나, 빌려서 사용
하면 안 된다고 기록되어 있다.⁴¹⁶ 따라서 이들의 제기에서는 중국 제례
의 영향이 엿보이지만 이는 표층 구조의 현상일 뿐 기층에는 이들 고유
의 세계관이 자리하고 있다.

다. 장대와 대팻밥의 상징의미와 역할

극동 토착종족은 수신제가 거행될 제장에 버드나무로 장대를 설치하
는데⁴¹⁷ 이는 버드나무 숭배에 의한 것이다. 이들이 버드나무로 장대를
만드는 이유는 물가에 주로 서식하는 생태적 특성에 근거하여 버드나
무가 '물' 상징성을 가지게 되었기 때문이다. 수신인 하백(河伯)의 딸이
자 고구려 시조 주몽의 모친으로 버드나무의 상징인 부여의 유화(柳花)
부인은 지금도 발해부근에서 여신으로 봉안되기도 한다.⁴¹⁸ 한반도 민
간에는 고려 태조 왕건이 나주를 지나갈 때 우물가의 아가씨(유씨 부인)
에게 물을 청하니 아가씨가 물을 담은 바가지에 버드나무 잎을 띄워주

---

416 김정열, 「산자를 위한 죽은 이의 그릇: 중국 상주시대 청동예기의 성격과 그 변화」,
   『미술사학』 27, 2013, p.330.
417 수신제에서 장대는 다른 나무로 대체해도 무방하다.
418 강명혜, 「강지역 주민의 의식구조적 특성 및 원형: 홍천강 지역을 중심으로」, 『온지논
   총』 37, 2013, p.383.

었다는 설화가 전승되고 있다. 이에 의하면 물 상징으로서 버드나무 숭배는 극동 남부지역~한반도 공통의 문화소이다.

이들의 수신제에서 장대는 단순한 나무가 아니라 다양한 상징의미를 가지고 있는 성목이며 장대의 숫자는 수신제의 유형, 특징, 수신에 참가할 신의 종류 등에 따라 달라진다. 수신제에서 장대는 상계 ↔ 중계 ↔ 하계를 연결하는 우주의 중심축이자 해신과 강신 등의 자연신들이 강림하여 토착종족과 교류하는 우주의 중심인 우주목·씨족목이다. 이러한 점에서 이들의 장대는 한반도의 용왕제나 영등굿 때 용왕이 강림하는 물국대와 유사하다.

[그림 92] 2018년 두모포
별신굿의 물국대
문혜진, 2018, p.268.

장대로 인해 의례참가자들은 자신들은 우주의 중심, 신에 의해 정화된 신성한 세계에 있으며, 신의 선택을 받은 존재라는 믿음을 가지게 되므로 수신제에서 장대는 종교적 역할과 우주론적 역할을 동시에 수행한다.

극동 토착종족은 장대에 대팻밥을 묶어두는데 대팻밥은 불·불꽃을 상징하는 메타포이며, 의례의 시공간으로 화신을 불러와 인간과 연결하는 역할을 한다. 이때 화신은 의식의 시공간으로 해신, 강신, 마을신, 대지모신 등 자연신들을 불러와 인간 ↔ 화신 ↔ 자연신의 네트워크를 만든 뒤 토착종족들이 바친 제물을 전해주면서 이들의 바람과 요구 사항을 들려주어 재액초복을 가져다주는 역할, 의례의 시공간에 있는 악령과 불길한 세력을 퇴치하고 의례참가자들을 보호하는 역할을 한다.

(2) 수신제에 나타난 신성충돌회피 원리

극동 토착종족의 수신제에 여성의 참가는 금기시 되었다. 이는 최고
의 수신인 해신이 여성의 불결함, 여성의 생리 혈을 싫어한다는 관념에
의한 것인데 이는 여성의 피에서 자신들이 기원한다는 신화적 관념에
배치된다. 한반도에서도 '부정(不淨)'이라고 하여 해신제에 여성은 참가
할 수 없는데 부정은 '불결하다'가 아니라 '맞지 않다'를 의미한다. 따라
서 부정한 상황은 자연의 주기율에 따른 세시 순환형 시간과 통과의례
에 해당하는 인간의 직선형 시간이 충돌할 때 발생하며 이를 피하기
위해 부정이라는 관념을 적용하여 신성충돌회피(神聖衝突回避) 원리라
고 한다.[419] 한반도의 민간신앙에 의하면 여성의 피에서 인간이 탄생하
였고, 바다의 생명력은 달과의 인력(引力)에 의한 조류(潮流)에 있다.[420]
여성의 피(생리 혈)에서 인간이 탄생하였다는 모티프는 극동 토착종족과
한반도에 공통적이므로 이들의 수신제나 한반도의 해신제에 여성이 참
여할 수 없었던 것은 해신이 여성 생리 혈의 불결함을 싫어했기 때문이
아니라 인간과 자연의 시간관이 충돌하는 것을 방지하기 위한 신성충
돌회피에 의한 것이었다. 특히 달은 여성성을, 여성의 생리주기는 달의
순환 주기를 상징하기 때문에 달의 영향을 받는 수신제나 해신제에 여
성의 참여는 쉽게 결정할 수 없는 문제였는데 이는 극동과 한반도뿐만
아니라 수계문화권에 속하는 민족/ 종족 공통의 관념이다.

419　나경수, 「줄다리기와 강강술래의 주술 – 종교적 의미」, 『광주·전남의 민속연구』, 민속
　　원, 1998, pp.53-56.

420　송기태, 「한국 전통 항해신앙에 대한 시론적 접근: 선신(船神), 당신(堂神), 해신(海神)
　　의 관계를 주목하여」, 『남도민속연구』 31, 2015, p.188.

2) 극동 토착종족의 해신제

극동 토착종족에게 바다는 자신들과의 일상적인 교섭이 이루어지는 내해(內海)/ 인근해(隣近海)와 자신들이 접근할 수 없는 미지의 공간이지만 원망(願望)의 세계인 외해(外海)/ 원해(遠海)로 나누어졌다. 이는 감정적으로 친밀감과 희망/ 두려움과 공포의 대립을 낳았고, 이들에게 바다는 코스모스/ 카오스, 성/ 속, 내/ 외, 원/ 근, 아/ 타, 인간/ 신, 생/ 사, 친(親)/ 원(遠), 자연/ 문화의 대립적 공간이었다.

극동 토착종족에게 해신제는 필수적인 의례였는데 중국과 한반도에도 해신제가 존재했다. 중국 춘추시대의 『공양전·희공삼십일년(公羊傳·僖公三十一年)』의 "세 번의 망제는 무엇인가? 바라는 제사이다. 그렇다면 어디에 제사를 지내는가? 태산, 물, 바다에 제사를 지낸다.(三望者何？望祭也. 然則曷祭？ 祭泰山, 河, 海.)"[421]에 근거할 때 최소한 기원전 6세기경 한족도 해신을 숭배했으며 해신제를 지냈다. 한반도의 대표적인 해신제 유적지는 전라북도 부안군 변산면 죽막동 해안 절벽에 있는데 가장 오래된 유적은 3세기 후반 마한 시대의 것이다.[422] 또 삼국시대 신라에는 사해를 다스리는 해신들에 대한 사해 제사가 있었는데, 고려시대와 조선시대에는 삼해 제사로 이어지다가 대한제국 시기에는 다시 사해 제사로 부활되었다.[423] 한반도의 사해제사는 중국의 영향에 의한 것이지만 해신제는 해양문화의 특징이기 때문에 바다에 인접한 민족/ 종족에게서 두루 발견된다. 이에 의하면 고대 중국~한국~극동 지역에는

---

421 경서근, 『황해의 한·중 용왕신앙 연구』, 목포대 박사학위 논문, 2013, p.16.

422 『한국민족문화대백과사전』, https://encykorea.aks.ac.kr/Article/E0024357 검색일: 2024. 01.20.

423 경서근, 위의 논문, p.16.

해신제가 존재했으며 극동 지역과 한반도의 해신제는 일정정도 중국의 영향을 받았다. 하지만 할미(노파)해신의 존재, 해신이 노천신 → 바다 가운데 정주신 → 해안은 정주신의 변형과정을 거쳤다는 유사점에 근거할 때[424] 고대 극동~한반도에는 중국과는 변별적인 해양문화의 코드를 공유하는 문화집단이 있었다.

극동 토착종족의 해신제는 이들의 문화 보편성과 개별 종족과 씨족의 문화적 특수성을 알려주는 문화코드이지만 시대의 흐름에 따라 그 형태가 많이 변형되었고, 고유의 특성들이 상당부분 퇴색되었다. 하지만 퉁구스족 남부그룹의 울치족과 고아시아계 닙흐족의 해신제에는 그 원형이 부분적으로 보존되어 있기 때문에 이들을 통해 극동 토착종족 해신제의 기원, 제의과정 및 내용을 유추할 수 있다.

(1) 해신제의 기원

극동 토착종족 사이에 해신제가 기원한 시기나 이유를 명확하게 규명하기는 어렵다. 그런데 쿠루미강 나나이족을 제외한 대다수 극동 토착종족의 해신제에 샤먼은 참여하지 않기 때문에 해신제는 샤머니즘 수용 이전에 출현한 의식이다. 우데게족 설화에 의하면 과거 우데게족은 바닷가에 살면서 물고기와 바다동물만 먹었다.[425] 극동 토착종족은 우주만물은 영혼을 가지고 있다고 믿었는데 우데게족의 설화처럼 생존

---

424 엄순천, 「극동 토착종족 해신(海神)의 특징과 계층구조」, 『동방문화와 사상』 15, 2023, p.239.

425 В. В. Подмаскин, Традиционные народные знания удэгейцев о природе, человеке и обществе во второй половине XIX~XX в. (опыт историко-этн ографического исследования), Диссерт. Канд. Исторических Наук, ИИА ЭН ДВО РАН, Владивосток, 1984. p.248.

을 위해 어로와 바다동물 사냥을 할 수밖에 없었다. 이는 물고기와 바다 동물에 대한 두려움을 낳았고, 어로와 바다동물 사냥 전후 물고기와 바다동물의 영혼을 위무하는 의식을 거행하였다. 다신신앙의 단계에 접어들어 해신제를 거행하게 되면서 이러한 원초적 의식들은 해신제에 흡수되었다.

① 의례로서 해신제의 기원

극동 토착종족의 신화에 의하면 해신제는 해신의 요구로 출현하였으므로 해신제는 해신 숭배의 산물이며 해신을 성화시키기 위한 장치였지만 궁극적인 목적은 자연과 인간세계의 조화를 통해 지구와 우주의 균형과 질서를 유지하기 위한 것이었다.

> 〈오로크족 노인과 해신제의 기원〉 어느 날 바다표범 사냥을 하던 오로크족 노인이 바다표범에게 이끌려 바다 깊은 곳으로 가게 되었다. 다음 날 아침 노인이 잠에서 깨어보니 낯선 집 안이었다. 옆에는 화려한 색의 바다표범이 앉아있었다. … 바다표범은 자신을 해신 테오무라고 하였다. 노인은 자신이 사냥하려던 바다표범이 해신이라는 사실에 무척 놀랐다. … 바다표범은 노인에게 곰을 주면 죽이지 않겠다고 하였다. 또 바다에 열매와 담배 등의 제물을 바치면 어로와 바다표범 사냥을 도와주겠다고 했다. 노인은 그렇게 하겠다고 하였다. 다음 날 노인은 해신과 함께 집으로 와서 자신이 기르던 곰을 해신에게 주었고, 바다에 열매와 담배 등의 제물을 바쳤다. 이후 노인은 어로와 바다표범 사냥에 계속 성공하면서 부자가 되었다.[426]

---

426 Т. И. Петрова, Язык ороков (ульта), Л.: Наука, 1967, pp.142-143.

위 신화에서 노인은 바다표범 사냥 중 바다표범에 이끌려 깊은 바닷
속 낯선 집으로 가게 되었는데 바다표범이 해신이라는 말을 듣고 무척
놀랐으므로 당시 오로크족에게는 해신 숭배가 전파되어 있었다. 하지만
해신제는 오로크족 노인의 바다표범 사냥 → 바다표범에 이끌려 해신의
집에 도착 → 해신과 노인의 대화 → 해신이 자신에게 곰을 바치고 바다
에 열매와 담배를 바칠 것을 요구 → 노인과 해신의 오로크족 마을로
귀환 → 노인은 해신에게 곰을 바침 → 해신은 바다세계로 귀환 → 노인
은 바다에 열매와 담배를 바침 → 노인은 어로와 바다표범의 사냥에
성공의 과정을 거치면서 출현하였다. 따라서 이들의 신화적 관념에서
해신제의 출현은 노인과 해신의 '우연한' 조우에 의한 것이었다.

위 신화에서 노인은 바다에 제물을 바쳤으므로 제장은 해안이며, 제
당은 제장과 결합되어 있고, 해신의 주체는 개인이므로 위 신화는 이들
사회에서 씨족이 기본 조직으로 자리 잡기 전, 이들 초기 해신제의 모습
을 보여주고 있다. 이러한 흔적은 현재 이들이 개인 혹은 가족 단위로
수행하는 비정기적 해신제에서 찾을 수 있다.

위 신화에서 해신은 노인에게 기르던 곰을 바치라고 요구했는데 그
이유는 불분명하다. 하지만 이들은 자신들 현실세계의 프리즘을 통해
해신 세계의 이미지를 만들어나갔으므로 이는 곰 사육 혹은 곰 축제를
위한 것이었으며 그 근저에는 곰 숭배가 자리하고 있다. 곰은 해신의
세계에 통합된 이후 해신의 보조령이 되어 오로크족과 해신, 해신의 세
계와 곰의 세계를 연결하는 역할을 하므로 곰은 해신의 세계에서 종교
적·문화적으로 중요한 위치에 있다. 그런데 곰이 해신의 세계에 통합
된다는 것은 곰의 죽음을 의미하므로 곰은 일종의 희생 제물이었으며
극동 토착종족의 해신제는 초기부터 희생 제의와 결합되어 있었다.

해신이 요구한 열매는 극동에 많이 서식하는 월귤나무 열매나 까마

귀 열매 등인데 열매는 하늘·땅·지하의 기운을 받아 탄생하였으므로 우주 상징성을 지니며, 담배는 중국인으로부터 수용하였으므로 이후에 추가된 제물이다. 하지만 극동 토착종족의 해신제에서 담배는 필수적인 제물인데 닙흐족 신화에서 해신 타이르나즈는 담배 파이프를 입에 문 채 자고 있었으므로[427] 이들이 담배를 제물로 바치는 것은 해신이 담배를 좋아한다는 관념에 근거한다. 극동 토착종족의 자연신 중 해신만 담배를 피우는데 이들은 왜 해신이 담배를 피운다고 상상하게 되었을까? 그 이유는 불분명하지만 이들은 이를 통해 물과 불의 대립과 통합을 도모한 것으로 추정된다.

위 신화에 의하면 극동 토착종족 해신제의 규율 중 헌제의식이 가장 먼저 출현하였다. 해신제 이후 노인은 어로와 바다표범 사냥에 계속 성공하면서 부자가 되었는데 이는 해신제의 대가로 해신이 노인의 어로와 바다표범 사냥을 도와주었기 때문이다.

② 해신제에서 의례용품 사용의 기원

〈울치족 남자와 해신제의 기원〉 언젠가 가을 울치족 남자 일곱 명이 먼 바다로 바다표범 사냥을 나갔다가 길을 잃었다. 바다 위를 헤매다가 모두 죽고 한 명만 살아남았다. 해안가 절벽 꼭대기에 집이 보였는데 밤이 되자 집에 불이 켜졌다. 남자는 해안가에 배를 정박한 뒤 그 집으로 갔다. 집 안에는 백발의 노인과 노파가 있었다. 남자가 말했다. "어떻게 하면 고향에 갈 수 있는지 알려주세요. 제발 도와주세요." 노인은 남자에게 고향에 갈 수 있게 도와주겠다면서 이렇게 말했다. "나는 땅 사람들이 물고기를 잡을 수 있도록 바다, 계곡, 강에 물고기를 보내주는 해신이네.

---

427 『시베리아 설화집: 니브흐인 이야기』, 앞의 책, pp.125-143.

나무로 다양한 신상과 제기 오호마를 만들어 제물과 흰 순록을 담아 바치
면 우리에게 전해질 것이네. 그 대가로 땅 사람들의 어로와 바다동물 사
냥을 도와주겠네. 고향에 돌아가면 사람들에게 내가 한 말을 꼭 전하게."
　　남자는 노인에게 제발 고향에 갈 수 있게 도와달라고 간청했다. 노인은
남자의 고향은 멀지 않은 곳에 있으며 제기를 타면 금방 갈 수 있을 것이
라고 말했다. 남자는 제기를 보면서 배도 아닌 이 작은 제기를 타고 어떻
게 큰 바다를 지나 고향에 갈 수 있냐고 물었다. 노인이 말했다. "두려워
하지 말게. 자네가 집에 무사히 도착할 때까지 내가 계속 지켜볼 것이네.
빨리 제기에 앉게. 고향에 도착하면 내가 한 말을 잊지 말고 사람들에게
전하게. 그리고 이 제기에 흰 순록을 실어 반드시 나에게 보내게. 내가
한 말을 이해했는가?" 남자가 대답했다. "이해했습니다. 하지만 흰 순록
을 잡을 수 있을지는 알 수 없습니다."
　　노인이 제기를 두드리자 제기는 바다로 떠났다. 바다에는 큰 파도가
일었고 뒤에는 태양이 떠올랐다. 제기는 계속 앞으로 나아갔다. 저녁 무렵
큰 절벽이 보였는데 그 옆에 사람들이 모여 있었다. 아침녘 남자는 절벽
옆에 도착했는데 남자의 고향이었다. 제기를 들고 마을로 가자 모든 마을
사람들이 남자 주위로 모여들었다. … 남자는 해신이 자신에게 한 이야기
를 마을사람들에게 들려주었다. 마을사람들은 함께 신상과 제기를 만들어
제물을 바쳤고, 흰 순록을 잡은 뒤 남자가 타고 왔던 제기에 순록의 심장과
피를 실어 바다로 보내면서 풍어와 바다표범 사냥의 성공을 기원하였다.
가을에도 겨울에도 어로와 바다동물 사냥은 아주 성공적이었다.[428]

　　위 신화에서 울치족의 해신제는 바다표범 사냥을 위해 울치족 남자
일곱 명의 외해 출항 → 바다를 표류하다 여섯 명 사망, 한 명 생존 →
남자와 해신의 조우 → 해신은 신상과 제기를 만들어 제물을 바칠 것을

428　А. М. Золотарев, Родовой строй и религия ульчей, Хабаровск: Дальгиз,
1939, pp.186-188.

요구 → 남자의 귀환 → 마을사람들이 함께 해신제 거행 → 마을 사람들은 가을에도 겨울에도 어로와 바다동물 사냥에 성공의 과정을 거치면서 출현하였다. 위 신화에서 제장은 해안이며, 제당은 제장과 결합되어 있고, 해신제의 주체는 집단이며, 대상은 해신이므로 위 신화는 해신제의 주체가 개인에서 집단으로 변형되는 과정, 해신제가 마을제와 결합되는 과정을 보여주고 있다. 위 신화에서 울치족은 해신의 요구에 따라 나무로 신상과 제기를 만들어 제물을 바쳤는데 신상과 제기는 해신 숭배용 도구이므로 이는 인간에 대한 해신의 권력이 이전 시기에 비해 커졌음을 의미한다. 마을사람들은 함께 제기를 만들어 제물을 바친 뒤 흰 순록을 잡아 남자가 타고 왔던 제기 오호마에 순록의 심장과 피를 실어 해신에게 보냈는데 이는 울치족 해신제의 기원이 되었다.

울치족의 제기 오호마(ohoma, 수신제용 제기/ 울치어)는 한 개 혹은 한 쌍으로 이루어지는데 한 개의 경우 [그림 93] (1)처럼 제기의 한쪽 끝에 물오리의 머리를 박아 물오리와 물고기가 결합된 형태로 만들거나

[그림 93] 울치족의 제기 오호마
Березницкий, 2005, p.603.

[그림 93] (2)처럼 물고기 혹은 바다표범 형상으로 만드는데 제기는 이 동물들의 영혼을 상징한다. [그림 93] (1)의 제기는 물오리로 인해 상계 ↔ 중계 ↔ 하계, 하늘 ↔ 땅 ↔ 바다를 오가면서 울치족 ↔ 해신 혹은 천신을 연결하는 중개자의 역할을 한다. [그림 93] (1)의 제기에서 우주는 수직 배열되므로 여기에서는 우주 삼단세계관의 요소가 발견된다. 한 쌍의 제기의 경우 앞에 뱀의 목과 머리 형상을 박아두는데[429] 뱀은

---

429 А. М. Золотарев, там же, p.93.

물오리와 동일한 역할을 하지만 두 마리의 뱀으로 인해 우주는 생과
아의 세계, 땅의 세계, 울치족의 세계인 동쪽과 죽음·악령·타자의 세
계, 해신의 세계인 서쪽으로 분할된다. 따라서 한 쌍의 제기는 우주의
수평과 수직구조가 융합된 안정적인 모델이므로 한 쌍의 제기가 한 개
의 제기보다 이후에 출현하였다. 물오리와 뱀은 샤먼의 보조령이므로
이들의 제기에서는 샤머니즘의 요소가 발견되지만 이는 관념적일 뿐
실제 해신제에 샤먼은 참여하지 않는다.

남자는 제기 오호마를 타고 큰 바다를 건너 집으로 돌아왔고, 제기
오호마는 마을사람들이 해신에게 제물로 바친 흰 순록의 심장과 피를
해신의 세계에 가져다주었다. 따라서 제기 오호마는 울치족과 해신의
세계를 오가면서 울치족과 해신을 연결하는 역할을 하는 우주적 형상
이다. 울치족은 순록 사육에 종사하지 않는데 위 신화에서 해신이 순록
을 희생제물로 요구한 것은 순록 숭배에 의한 것이다. 이에 의하면 순록
사육과 무관하게 극동 토착종족의 의례 의식에서 순록은 중요한 위치
에 있었는데 이는 순록 사육에 종사하는 퉁구스족 북부그룹의 영향이
다. 해신에게 바친 순록의 심장은 순록 그 자체를, 피는 순록의 영혼을
상징하며, 해신의 세계에 통합된 뒤 순록으로 부활하여 해신의 보조령
으로서 울치족과 해신, 땅의 세계와 바다세계를 연결하는 역할을 한다.
따라서 해신의 세계에서도 순록은 종교적·문화적으로 중요한 위치에
있었다. 그런데 남자가 흰 순록을 잡을 수 있을지 알 수 없다고 하였으
므로 흰 순록은 매우 희귀한 존재이며, 이로 인해 숭배의미는 더욱 커졌
다. 이후 해신제에 대가로 해신이 이들의 어로와 바다동물 사냥을 도와
주면서 이들은 가을에도 겨울에도 어로와 바다동물 사냥에 성공하였다.

위 신화에서 모든 마을 사람들이 함께 해신제를 거행하였으므로 초
기 해신제에는 여성도 참가하였으며 여성에 대한 금기는 이후에 추가

된 관념이다. 위 신화의 해신제에서 해신 숭배는 순록 숭배, 타이가신
(산신) 숭배, 대지모신 숭배, 마을신 숭배, 삼단세계관, 샤머니즘 등 시대
가 다른 여러 층위의 관념들과 혼종·융합되어 복잡한 중층구조를 이루
고 있다.

③ 극동 토착종족 해신제의 규율과 원칙의 기원

〈닙흐족 남자들과 해신제의 기원〉 젊은 닙흐족 남자 4명과 노인 1명이
바다표범 사냥을 나갔다. 먹구름이 끼어 오랫동안 바다 위를 떠다녔다.
… 바다 가운데 절벽이 보여 그곳으로 다가갔다. 절벽의 문이 열리더니
방이 나왔다. 방으로 들어가는 순간 이들이 타고 왔던 보트가 홀연히 사
라졌다. 방에는 연어, 용철갑상어가 노니는 통이 있었고, 옆에는 갈고리
가 있었다. 갈고리로 연어와 용철갑상어를 잡아먹고 침상에 누웠다. 그때
문이 열리면서 머리가 없는 거대한 사람이 들어왔다. "잘 먹었나?" "예,
잘 먹었습니다." "알았네. 그러면 연어와 용철갑상어를 잡아먹으면서 계
속 이곳에 머무르게. 나쁜 일은 일어나지 않을 거네." 그렇게 일주일이
지나갔다. 다시 거인이 들어왔다. "자, 이제 고향의 풍경을 보여줄 테니
그것을 본 뒤 집으로 돌아가게." 이들의 눈앞에 자신들의 고향 풍경이 펼
쳐졌다. 이들이 죽었다고 생각한 가족과 친인척들이 바다에 제물을 바치
고 있었다. 이들이 가만히 보니 가족과 친인척들이 해신에게 제물을 바치
는데 열매는 모두 시들어 있었고, 물고기는 꼬챙이에 아무렇게나 꽂혀
있었으며, 여인들의 머리카락이 군데군데 섞여 있었다. 거인이 말했다.
"나는 해신 톨이즈네. … 내게 맛이 없는 열매를 바치거나 더러운 제기에
제물을 바치면 물고기를 조금만 보내줄 것이네." 잠시 후 이들은 해신의
도움으로 제기를 타고 무사히 고향에 돌아왔고, 해신이 말한 대로 제물을
바쳤다. 이후 이들은 항상 어로와 바다동물 사냥에 성공하였다.[430]

---

430 Е. А. Крейнович, Нивхгу. Загадочные обитатели Сахалина и Амура, М.:

위 신화에 의하면 닙흐족의 해신제는 닙흐족 남자들의 바다표범 사
냥 → 기상 악화로 바다에 표류 → 남자들과 해신의 조우 → 해신은
남자들의 가족과 친인척(씨족)의 수사자 위령제 공개 → 해신은 해신제
의 규율과 원칙 요구 → 남자들의 귀환 → 해신의 요구대로 가족과 친
인척이 함께 해신제 거행 → 어로와 바다동물 사냥의 성공의 과정을
거치면서 발전하였다. 위 설화에서 제장은 해안가 절벽이며, 제당은 제
장과 결합되어 있고, 해신제의 주체는 집단이며, 대상은 해신이고, 해신
제는 마을제와 결합되어 있다.

위 신화에서 바다를 표류하던 닙흐족 남자들이 절벽으로 다가가자
문이 열리면서 연어와 용철갑상어가 노니는 통이 있는 방이 나왔다. 그
런데 이곳은 해신의 집이었으므로 위 신화의 해신은 해안가 절벽에 정
착한 정주신이다. 해신은 남자들에게 가족과 친인척들이 이들을 위해
수사자 위령제를 거행하는 광경을 보여주었다. 열매는 모두 시들어 있
었고, 물고기는 꼬챙이에 아무렇게나 꽂혀 있었으며, 여인의 머리카락
이 군데군데 섞여 있었으므로 이들에게 해신제의 원형으로서 수사자
위령제는 존재했으나 규율이나 원칙이 없었다. 그러고 나서 해신은 자
기에게 맛이 없는 열매를 바치거나, 더러운 제기에 제물을 바치면 물고
기를 조금만 보내줄 것이라고 하였다.

마을로 돌아온 남자들은 해신의 말을 가족과 친인척들에게 전했고,
모두 함께 해신의 요구대로 의례를 거행하였는데 이는 수사자 위령제
가 해신제에 통합되는 과정을 보여준다. 또한 이 과정에서 이들 사이에
는 다음과 같은 해신제의 규율과 원칙이 정해졌다. 첫 번째, 신선하고
맛있는 열매만 제물로 바쳐야 한다. 두 번째, 깨끗한 제기를 사용해야

AH CCCP, 1973, p.414.

한다. 닙흐족의 제기에는 평범한 망자와 일상 의례를 위한 톨루이르와 수사자의 영혼을 위한 체르토보가 있다.[431] 이 제기들은 물고기, 바다동물, 새의 형상인데 이는 물고기나 해당 동물의 영혼을 상징한다. 이들에게는 바다표범과 아비새 형상의 제기가 특히 의미가 있는데 바다표범은 이들의 중요한 사냥동물이고, 아비새는 생 ↔ 사, 상계 ↔ 중계 ↔ 하계, 바다 ↔ 땅을 연결하는 역할을 하기 때문이다. 세 번째, 해신제를 하는 날은 머리카락이 제물에 들어갈 수 있기 때문에 머리를 빗으면 안 된다. 네 번째, 물고기를 꼬챙이에 반듯하게 꽂아야 한다.

(2) 극동 토착종족 해신제의 유형

극동 토착종족의 해신제는 거행 시기의 규칙성에 따라 비정기적 해신제와 정기적 해신제로 나누어진다. 이들의 해신제에 대한 구비전승이 매우 단편적·파편적이고, 현재는 거의 퇴색되어 그 원형이 남아있지 않기 때문에 제의 과정과 내용을 구체적으로 규명하기는 힘들다. 하지만 울치족과 닙흐족의 해신제에 근거할 때 극동 토착종족의 해신제는 준비의식 → 영신과 교신의식 → 송신의식 → [감사의식]의 순서로 거행되었다. 극동 토착종족은 타이가동물 사냥 후 사냥 전의 의식과 유사하게 감사의식을 거행하므로 어로와 바다표범 사냥 후에도 그 전의 해신제와 유사한 내용과 절차로 해신제를 거행하였다.

---

431 Ч. М. Таксами, "Представления о природе и человеке у нивхов", Природа и человек в религиозных представлениях народов Сибири и Севера(в торая половина ⅩⅨ~начало ⅩⅩ вв.), Л.: Наука, 1976, p.207.

① 극동 토착종족의 비정기적 해신제

극동 토착종족의 비정기적 해신제는 어로와 바다표범 사냥 전 혹은 어로와 바다표범 사냥이 흉작일 때 개인이나 가족 단위로 해안가에서 거행되므로 가족제의 성격을 지닌다. 거행 시기는 상황에 따라 유동적이며, 의식의 목적에 따라 해신제-풍어제, 해신제-바다표범 사냥제로 나누어진다.

가. 어로와 바다표범 사냥 전의 비정기적 해신제

〈나나이족과 울치족의 비정기적 해신제-풍어제〉 여름철 어로 시작 전 열매, 담배 등의 제물을 준비하여 해안으로 간다. 해안에 두 개의 장대를 설치한다. 장대에 가끔 천신 상기야 마파의 얼굴을 그려 넣기도 한다. 장대를 통해 제물을 바치면서 풍어를 기원한다.[432]

위 의식에서 제장은 해안이고, 제당은 장대가 설치된 곳이며, 주체는 가족(개인 혹은 집단)이고, 대상은 해신이지만 천신이 추가되기도 한다. 제관장은 해신제의 주체가 집단이면 어로에 나가는 사람 중 가장 연장자가 된다. 의식은 준비의식, 영신과 교신의식의 순서로 진행된다.

◎ 준비의식

여름 철 어로가 시작되기 전 열매, 담배 등의 제물을 준비하여 남자(들)만 해안으로 가는데 열매는 극동 토착종족 공통의 월귤나무 열매, 까마귀 열매 등이며, 담배는 해신이 담배를 좋아한다는 관념에 근거한다.

---

432 А. В. Смоляк, Шаман: личность, функции, мировоззрение: Народы Нижнего Амура, М.: Наука, 1991, p.20.

◎ 영신과 교신의식
◦ 장대 설치
해안에 버드나무로 두 개의 장대를 설치하는데 이는 해신이 깃들일 신상
을 상징한다. 위 텍스트에서는 드러나지 않지만 장대에 불·불꽃을 상징
하는 대팻밥을 묶어두는데 불은 의식의 시공간으로 화신을 불러오는 역
할을 한다. 화신은 의식의 시공간으로 해신, 천신을 불러와 나나이족/ 울
치족과 연결하는 역할, 의식의 시공간에 있는 악령과 불길한 세력들을
퇴치하고 의식참가자들을 보호하는 역할을 한다. 의식에서 두 개의 장대
는 해신의 세계로 들어가는 출입문을 상징하는데 장대 너머의 공간은 바
다와 해신의 세계, 죽음·악령·타자의 세계, 우주의 주변, 장대를 넘기 전
의 공간은 땅의 세계, 생과 부활의 세계, 나나이족과 울치족의 세계, 우주
의 중심을 상징한다. 따라서 장대는 성/ 속, 땅/ 바다, 아/ 타, 신/ 인간,
생/ 사, 중심/ 주변, 자연/ 문화의 이원대립을 내포하고 있다. 장대에 천
신 상기야 마파의 얼굴을 그려 넣기도 하므로 이들에게 상기야 마파는
타이가동물 사냥의 보호신이지만 풍어 신의 역할도 한다. 그런데 앞의
〈오로크족 노인과 해신제의 기원〉, <울치족 남자와 해신제의 기원>, <닙
흐족 남자들과 해신제의 기원>에서 장대와 대팻밥은 보이지 않으므로 장
대와 대팻밥은 해신 숭배가 발전하면서 아/ 타, 땅/ 바다, 인간/ 신에 관
념이 보다 확고해진 뒤에 출현하였다.
◦ 연유 닦음
장대를 통해 제물을 바치면서 자신들의 바람인 풍어를 해신에게 기원하
는 연유 닦음을 한다.

의식이 끝나면 이들은 주변 상황이 전도되면서 자신들의 풍어를 방
해하는 악령과 불길한 세력은 퇴치되었고, 자신들과 이런 세력들의 갈
등은 해소되었으며, 자신들의 바람인 풍어가 이루어진다는 믿음을 가
지게 된다. 어로 전에 거행하는 나나이족/ 울치족의 비정기적 해신제가
동일한 점, 상기야가 나나이어에서만 발견되는 점에 근거할 때 울치족

의 비정기적 해신제는 나나이족의 영향을 강하게 받았다. 나나이족과
울치족의 비정기적 해신제에서 해신 숭배는 천신 숭배, 화신 숭배, 삼단
세계관 등 시대가 다른 다양한 층위의 관념들이 혼종·융합되어 복잡한
중층구조를 이루고 있다.

> 〈오로치족의 비정기적 해신제-바다표범 사냥제〉 바다표범 사냥 전날
> 해신에게 제물로 바칠 산(山)마늘과 담배를 준비한다. 산마늘과 담배를
> 가지고 해안으로 간다. 산마늘을 작은 조각으로 잘라 담배와 함께 바다에
> 넣는다. 사냥꾼이 해신에게 기원한다. "해신이시여! 나는 지금 배를 타고
> 바다표범 사냥을 갑니다. 나를 바다의 악령이 괴롭히거나 해치지 않을
> 것입니다. 바다에 가면 좋은 일만 있을 것입니다. 파도도 치지 않고 바람도
> 불지 않을 것입니다. 나는 죽지 않을 것입니다. 나를 가엽게 여겨주세요!"[433]

위 의식에서 제장은 해안이며, 제당은 제장과 결합되어 있고, 주체는
개인 혹은 집단이며, 대상은 해신이고, 의식은 준비의식, 영신과 교신의
식의 순서로 진행된다.

◎ 준비의식
◦ 제물 준비
  바다표범 사냥 전날 해신에게 제물로 바칠 산마늘과 담배를 미리 준비하
  는데 산마늘을 바치는 것은 이들 거주지에 산마늘이 많이 서식하기 때문
  이며, 담배를 바치는 것은 해신이 담배를 좋아한다는 관념에 근거한다.
◦ 제장으로 이동
  산마늘과 담배를 가지고 남자들만 해안으로 간다.

---

433 C. B. Березницкий, Мифология и верования орочей, СПб.: ПВ, 1999, pp.36.
    42.

◎ 영신과 교신의식
∘ 헌제의식
해안에 도착하여 산마늘을 작은 조각으로 잘라 담배와 함께 해신에게 바친다.
∘ 연유 닦음
사냥꾼들은 바다사냥의 성공과 바다에서의 무사안전을 해신에게 기원하는 연유 닦음을 한다. 사냥꾼들의 기원문에서는 바다표범 사냥의 성공보다는 바다에 가면 좋은 일이 기다리고 있을 것이라는 희망과 기대, 바다에서의 죽음에 대한 두려움이 더 두드러진다. 이는 바다표범 사냥은 원해 / 외해의 척박하고 위험한 조건에서 이루어지는데 이들에게 원해/ 외해는 희망과 기대/ 공포와 두려움, 친/ 원, 생/ 사, 아/ 타의 대립적 공간이기 때문이다.

의식이 끝나면 사냥꾼들은 주변 상황이 전도되면서 자신들의 바다사냥을 방해하는 악령과 불길한 세력은 퇴치되었고, 자신들과 이런 세력들의 갈등은 해소되었으며 자신들의 바람인 바다에서의 안전, 바다표범 사냥의 성공이 이루어진다는 믿음을 가지게 된다.

나. 어로와 바다표범의 흉작으로 인한 비정기적 해신제

〈나나이족의 비정기적 해신제-풍어제〉 어로가 계속하여 흉작이면 열매, 담배 등의 제물을 준비하여 해안으로 간다. 해안에 3개의 장대를 설치한다. 장대 앞에는 작은 제단을 설치한 뒤 제물을 진설한다. 이때 삶은 토끼 머리는 필수적인 제물이다. 그리고 나서 해신에게 풍어를 기원한다.[434]

---

434 А. В. Смоляк, Шаман: личность, функции, мировоззрение: Народы Нижнего Амура, М.: Наука, 1991, p.18.

위 의식에서 제장은 해안이고, 제당은 장대와 제단이 설치된 곳이며, 주체는 개인(혹은 집단)이고, 대상은 해신·타이가신·대지모신이지만 주신은 해신이다. 제관장은 의식의 주체가 집단이면 어로에 나가는 사람 중 가장 연장자가 되며, 의식은 준비의식, 영신과 교신의식의 순서로 진행된다.

◎ 준비의식
나나이족은 어로가 계속 흉작이면 월귤나무 열매나 까마귀 열매, 담배 등의 제물, 대팻밥, 삶은 토끼 머리 등을 준비하여 남자(들)만 제장으로 간다. 이들은 어로가 흉년이 든 것은 기후나 생태계의 변화 등이 아니라 풍어를 방해하는 악령이나 불길한 세력들에 의한 것이거나, 자신들이 해신제의 규율과 절차를 제대로 지키지 않았거나, 해신제를 성실하게 수행하지 않았기 때문이라고 믿는다.

◎ 영신과 교신의식
∘ 장대 설치
해안에 3개의 장대를 설치하고, 불·불꽃을 상징하는 대팻밥을 묶는다. 3개의 장대는 이들이 중계 3대 신으로 숭배하는 해신·타이가신(산신)·대지모신이 깃들일 신상을 상징한다. 대팻밥은 의식의 시공간으로 화신을 불러오는 역할을 한다. 화신은 해신, 타이가신(산신), 대지모신을 의례의 시공간으로 불러와 나나이족 ↔ 화신 ↔ 해신, 타이가신(산신), 대지모신의 네트워크를 만든다. 이때 화신은 의례참가자들이 바친 제물을 이 신들에게 전해주면서 이들의 바람인 풍어를 알

[그림 94] 나나이족의 해신제
Березницкий, 2004, p.550.

려주고 이들에게 재액초복을 가져다주는 역할, 의식의 시공간에 있는 악
령과 불길한 기운을 퇴치하여 의례참가자들을 보호하는 역할을 한다.
◦ 제단 설치
제단은 이들이 신들에게 제물을 바치고 신들이 제물을 받는 공간으로 우
주의 중심, 소우주를 상징한다. 이 의례는 제단이 설치된다는 점에서 바
다에 바로 제물을 바치는 의례보다 발전된 형태이다.
◦ 제물 진설
열매, 담배 등의 제물을 제단에 진설하며, 어로가 흉작일 때 토끼 희생
제의는 필수인데 이는 토끼 숭배에 의한 것이다. 이들의 관념에서 상계는
9층인데, 샤먼의 세계인 4층에는 샤먼의 보조령인 멧돼지, 하늘토끼가 살
고 있으므로[435] 이들에게 토끼는 천신의 위계에 있다. 이들의 토끼 숭배
에서는 샤머니즘의 요소가 발견되지만 이는 관념적일 뿐 토끼 숭배는 샤
머니즘 수용 이전에 출현한 관념이다. 이 의식에서 해신 숭배는 타이가신
숭배, 대지모신 숭배, 토끼 숭배 등 시대가 다른 여러 층위의 관념들이
혼종·융합되어 복잡한 중층 구조를 이루고 있다.
◦ 연유 닦음
의식의 주신인 해신에게 자신들의 바람인 풍어를 기원하는 연유 닦음을
한다.

의식이 끝나면 이들은 주변 상황이 전도되면서 자신들의 풍어를 방
해하는 악령과 불길한 세력은 퇴치되었고, 자신들과 이런 세력들의 갈
등은 해소되었으며 자신들의 바람인 풍어가 이루어진다는 믿음을 가지
게 된다.

〈닙흐족의 비정기적 해신제-바다표범 사냥제〉 한 명의 노인은 검은색
의 마른 개를 데리고 해안으로 온다. 또 다른 한 명의 노인은 냉각수프

---

435 К. Д. Логиновский, 1898, Архив РАН, Ф.282, Оп.1, Д.8.

모스, 말린 연어, 담배, 자작나무껍질로 만든 작은 숟가락이 든 통을 가지고 와서 물 옆에 내려놓는다. 해안에 삼나무와 어린 낙엽송으로 만든 장대를 박은 뒤 서로 연결한다. 장대에 대팻밥 이나우를 걸어둔다. 다시 장대의 대팻밥을 벗겨내 개의 목에 감싸고 말린 풀 다발을 그 아래 묶으면 대팻밥과 풀로 인해 독특한 모양의 목걸이가 만들어진다. 그런 다음 개의 목에 올가미를 매고 끝을 장대의 맨 밑에 묶는다. 자작나무껍질로 만든 숟가락으로 개에게 냉각수프를 조금 떠먹인 뒤 말린 생선을 작은 조각으로 잘라 먹인다. 이후 한 사람이 개의 양 볼을 세게 누르고, 세 사람이 개의 앞발, 뒷발, 꼬리를 잡은 뒤 자신의 쪽으로 힘껏 잡아당기면 개는 죽음에 이른다.

개를 제물로 바친 뒤 나무 조각으로 냉각수프를 손바닥 크기만큼 잘라낸다. 날개하늘나리 몇 뿌리를 잘라낸 냉각수프에 박은 뒤 담뱃잎으로 덮는다. 이것들을 말린 우엉 줄기로 묶은 뒤 해안에서 10m 떨어진 바다에 던진다. 이후 이 나무 조각으로 다시 냉각수프를 잘라내 바다에 던지면서 "제물을 바칩니다. 우리가 당신에게 무엇인가를 더 바칠 거라고는 기대하지 마십시오"라고 말한다. 나무 조각은 해안에 남겨둔다. 냉각수프가 담긴 제기는 집으로 가지고 오는데 집에 도착할 때까지 말을 하면 안 된다. 일부는 해안에 남아 개 의식을 마무리한다. 개의 목에 걸린 올가미를 벗겨낸 뒤 낯이 바다를 바라보게 놓아둔다. 개의 앞 다리와 뒷다리를 사방으로 펼쳐둔다. 대팻밥과 풀로 만든 목걸이의 끝은 개의 배 밑에 찔러 둔다. 잠시 뒤 개의 머리와 다리는 잘라 내어 내장과 함께 해안에 놓아두고, 대팻밥과 풀로 만든 목걸이는 나무 밑동에 걸어둔다. 가죽은 가져오고, 고기는 함께 삶아 먹는다.[436]

위 텍스트에서 제장은 해안이며, 제당은 제장과 결합되어 있고, 주체

---

436 E. A. Крейнович, Нивхгу. Загадочные обитатели Сахалина и Амура, М.: АН СССР, 1973, pp.408-410.

[그림 95] 닙흐족 전통음식 냉각수프 모스
월귤나무 열매(좌), 까마귀 열매(우) https://dzen.ru/a/XeYfP0OGPwCyBETj

는 집단이며, 대상은 해신이고, 제관장은 씨족장이다. 의식은 준비의식, 영신과 교신의식, 송신의식의 순서로 진행된다.

◎ 준비의식
　◦ 냉각수프 모스 만들기
　　닙흐족의 해신제에서 가장 중요한 제물은 냉각수프 모스다. 모스는 musi (가루, 음식/ 만주어), musen(찐 가루/ 여진어) 기원이므로[437] 퉁구스족의 전통음식이고, 닙흐족의 모스는 퉁구스족 남부그룹으로부터 수용한 것이다. 여인들은 연어 등 말린 물고기를 전날 미리 물에 불려 놓고, 의례가 거행되는 날 아침 성물보관창고에 있던 절굿공이와 나무판을 집안으로 가지고 와서 냉각수프를 만든다.[438] 먼저 물고기의 껍질을 벗겨 물에 끓인 뒤 바다표범 지방과 월귤나무 열매나 까마귀 열매 등을 섞어서 굳히면 하얀색의 냉각수프가 만들어진다.[439] 냉각수프에서 물고기와 바다표범은 바다(물), 열매는 땅의 기운을 상징하고, 이것들의 성장에는 하늘의 기운이 필수적이므로 이들에게 냉각수프는 단순한 제물이 아니라 하

---

437 ССТМЯ 1, p.79.
438 Е. А. Крейнович, Нивхгу. Загадочные обитатели Сахалина и Амура, М.: АН СССР, 1973, p.414.
439 Нивхская кухня. Мос. https://dzen.ru/a/XeYfP0OGPwCyBETj. 검색일: 2024.01.10.

늘·땅·바다의 기운이 응축된 소우주이다. 이때 성물 보관창고에 있던 의식용 통과 제기도 집안으로 가져오는데 수사자가 있는 가정에서는 수사자용 제기 체르토보(혹은 우이기라니 니크르)를 가져온다.[440]

∘ 제장으로 이동

냉각수프가 굳으면 제기, 자작나무 껍질로 만든 작은 숟가락, 말린 연어, 담뱃잎, 날개하늘나리, 대팻밥, 말린 풀 다발, 나뭇가지 등을 의식용 통에 넣어 개와 함께 해안으로 가지고 가서 물 옆에 내려놓는다. 이에 대한 씨족 단위의 규율은 있지만 닙흐족 전체를 아우르는 엄격한 규율은 존재하지 않으므로 이들

[그림 96] 닙흐족 해신제의 제물
http://www.kykhkykh.org/1626-na-sak
haline-vnov-ublazhali-khozyaina-morya

에게 중요한 것은 종족정체성이 아니라 씨족정체성이었다. 노인이 데리고 오는 마른 검은색 개는 바다표범 사냥의 흉년으로 자신들이 힘든 처지에 놓여있음을 해신에게 알리기 위한 것이므로 이들에게 검은색은 부정적 가치를 지닌다.

◎ 영신과 교신의식

∘ 해신의 세계로 들어가는 출입문 만들기

삼나무와 어린 낙엽송으로 두 개의 장대를 만들어 해안에 박는데 이는 해신이 깃들일 신상을 상징한다. 그런 다음 두 개의 장대를 연결하여 해신의 세계로 들어가는 출입문을 만들고 불·불꽃을 상징하는 대팻밥을 걸어두는데 불은 의식의 시공간으로 화신을 불러오는 역할을 한다. 화신은 의례의 시공간으로 해신을 불러와 닙흐족 ↔ 화신 ↔ 해신의 네트워크를 만든다. 여기에서 화신은 닙흐족이 바친 제물을 해신에게 전달하면

---

440 Е. А. Крейнович, Нивхгу. Загадочные обитатели Сахалина и Амура, М.: АН СССР, 1973, p.414.

서 이들의 바람인 바다표범 사냥의 성공을 들려주는 역할, 의례의 시공
간에 있는 악령과 불길한 세력들을 퇴치하고 의식참가자들을 보호하는
역할, 개의 영혼을 해신의 세계에 통합시키는 역할을 한다. 이때 장대 너
머의 공간은 바다와 해신의 세계, 죽음·악령·타자의 세계, 우주의 주변,
혼돈과 무질서의 세계, 장대를 넘기 전의 공간은 땅의 세계, 생과 부활의
세계, 닙흐족의 세계, 우주의 중심, 신에 의해 정화된 질서 잡힌 세계를
상징한다. 따라서 장대는 코스모스/ 카오스, 성/ 속, 아/ 타, 땅/ 바다,
신/ 인간, 생/ 사, 중심/ 주변, 선/ 악, 자연/ 문화의 이원대립을 내포하
고 있다.

◦ 개 희생 제의

낙엽송의 대팻밥을 벗겨내 개의 목에 감싸는데 이는 화신의 중개로 해신
과 개의 영혼을 연결시켜 개를 해신의 세계에 통합시키기 위한 것이다.
이후 개는 해신의 보조령이 되어 닙흐족과 해신, 땅의 세계와 바다세계를
연결하는 역할을 한다. 그런 다음 대팻밥 아래에 말린 풀 다발을 묶어
독특한 모양의 목걸이를 만드는데 목걸이는 해신에게 바치는 제물이지
만 개의 관점에서는 생과 사의 경계표지이다.

개에게 냉각수프와 말린 생선(대개는 연어)을 작은 조각으로 잘라 먹
이는데 이것은 개가 현생에서 먹는 마지막 음식으로 해신의 세계에 가는
동안 허기로 지치지 않게 하기 위한 것이다. 하지만 여기에는 개가 허기
가 지면 해신에게 바치는 냉각수프를 먹어치울 수 있다는 염려도 담겨있
다. 이 개는 해신의 세계에 통합된 뒤 본래 모습으로 부활해야 하기 때문
에 칼이나 몽둥이와 같은 도구는 사용하지 않고 자신들만의 독특한 방식
으로 죽인다.

바다표범 사냥이 흉년일 때 거행하는 비정기적 해신제에서 개 희생 제
의는 필수적이지만 항상 개를 죽이는 것은 아니고 유사한 의식으로 대체
하기도 한다. 이때 개의 귀를 자르고 풀로 만든 꾸러미와 나뭇가지로 피
를 닦은 뒤 함께 묶어서 바다에 던진다.[441] 개의 귀와 피는 개의 영혼을

441 E. A. Крейнович, там же, p.414.

상징하므로 해신의 세계에 통합된 뒤 개로 부활하여 해신의 보조령으로서 인간과 해신, 땅의 세계와 바다의 세계를 연결하는 역할을 한다. 이 의식으로 이 개는 이미 해신의 세계에 통합되었기 때문에 살아 있는 동안 가족들은 이 개를 먹어도, 팔아도 안 되며 신성한 존재로 숭배해야 하고, 늙으면 죽여서 해신에게 바쳐야 한다.

◦ 헌제의식

냉각수프를 나무 조각으로 잘라 날개하늘나리 몇 뿌리를 박고 담뱃잎을 덮어 꾸러미를 만드는데 이렇게 하면 한반도의 용왕제나 영등굿의 띠배와 비슷한 꾸러미가 만들어진다. 띠배는 한반도의 경기도·충청도·전라도의 서해안, 전라도와 경상도의 남해안 그리고 제주도 지역에서 용왕제 때 제물을 바치기 위해 만드는 꾸러미이다.[442] 닙흐족은 꾸러미를 해안에서 10m 떨어진 곳에 던지는데 닙흐족은 꾸러미가 빠른 속도로 먼 바다를 향해 흘러가면 해신이 기꺼운 마음으로 제물을 받은 뒤 자신들을 도와줄 것이라고 믿는다. 한국인들도 띠배가 물에 잘 뜨면 용왕이 풍어를 도와준다고 믿는다. 이는 특별한 문화 코드라기보다는 이러한 현상을 신의 섭리와 연결시키려는 인간 인지의 보편성에 의한 것인데 극동 토착종족과 한반도의 해안가 주민들 사이에서 두루 발견되므로 해양문화권에 속하는 민족/종족의 공통된 관념이다. 이 나무 조각으로 냉각수프를 잘라 바다

[그림 97] 한국 용왕제나 영등굿의 띠배(좌); 극동 토착종족의 해신제 꾸러미(우)
문혜진, 2018, p.258; https://sakhalin.info/news/76329

---

442 문혜진, 「부산별신굿의 해신(海神)과 해신제(海神祭): 2018년 두모포별신굿」, 『항도부산』 36, 2018, p.268; 하효길, 「무속의례와 배」, 『한국무속학』 3, 2001, pp.106-108.

에 던지면서 자신들이 무엇인가를 더 바칠 거라고 기대하지 말라고 한다. 이는 바다표범 사냥이 흉년인 것은 해신이 본연의 임무를 게을리 했기 때문이라는 질책, 이로 인해 더 이상 제물을 바치지 않겠다는 경고이다. 이처럼 인간뿐만 아니라 인간 너머의 존재들도 지구와 우주의 조화와 균형 유지를 위해 주어진 본연의 임무와 역할을 제대로 수행하지 못하면 인간에게 질책을 당할 수 있다. 뿐만 아니라 해신은 인간이 바친 제물을 하위 신들과 물고기, 바다동물 같은 바다(물) 사람들에게 나누어주므로 제물은 이들에 대한 해신의 권력의 원천이다. 따라서 제물을 받지 못한다는 것은 해신의 권위와 위상 약화를 의미한다. 이는 인간과 인간 너머의 존재들, 비인간 존재들은 공동의 네트워크 속에서 또 동등한 위치에서 서로를 위해 무언가를 요구하고 주고받으면서 지구와 우주의 조화와 균형을 유지해 간다는 이들의 생태적 세계관에 의한 것이다. 헌제의식이 끝나면 냉각수프를 잘랐던 나무 조각을 해안에 남겨두는데 이는 나무 조각은 이미 해신의 세계에 통합되었기 때문에게 산자들에게 피해를 줄 수 있다는 관념에 의한 것이다.

◦ 음복례

의식이 끝나면 냉각수프가 담긴 제기를 집으로 가지고 오는데 이것은 해신이 흠향 후 여기에 남겨둔 복을 해신제에 참가하지 못한 가족들과 공유하여 재액초복을 이루고, 가족공동체의 유대감을 강화하기 위한 것이다. 이들은 집에 도착할 때까지 말을 하지 않는데 이는 말에도 영혼이 있기 때문에 말로 인해 해신이 자신들에게 준 복이 달아나거나 그 복을 주변의 악령이나 불길한 세력들에게 빼앗길 수 있다는 두려움에 의한 것이다.

◎ 송신의식

◦ 해신의 세계로 개의 통합

일부는 남아서 개 희생 제의를 마무리하면서 해신을 떠나보낸다. 개의 목에 있는 올가미를 벗겨낸 뒤 개의 낯을 바다를 향하게 하는데 이는 개에게 해신의 세계를 가르쳐 주어 해신의 세계에 빨리 통합시키기 위한 것이다. 개의 배 밑에 찔러둔 목걸이의 끝은 개를 해신의 세계로 인도하는 역할을 한다. 의식 때 개의 목에서 벗겨낸 대팻밥과 목걸이를 나무의

밑동에 걸어두는 것은 나무의 정상은 상계, 기둥은 중계, 뿌리는 하계를
상징하는데 해신은 하계신이라는 관념에 근거한다.

② 극동 토착종족의 정기적 해신제

극동 토착종족의 정기적 해신제는 1년에 1회 혹은 2회 봄가을 씨족
단위로 아무르강 기슭이나 해안에서 거행되므로 씨족제(마을제)와 결합
되어 있다. 종족이나 씨족에 따라 차이가 있지만 해신제를 1년에 1회
거행할 경우 연어의 모천(母泉) 이동이 끝나고 연어잡이가 마무리 되는
10월 말~11월 초의 가을에 거행한다. 1년에 2회 거행할 경우 바다표범
사냥이 시작되는 3월 말 즈음인 봄철의 결빙기와 10월 말~11월 초 즈
음인 늦가을의 해빙기에 거행한다.[443] 따라서 이들 정기적 해신제의 목
적은 봄철에는 바다표범 사냥의 성공 기원, 가을철에는 연어잡이 성공
에 대한 감사의식이다. 그런데 오로크족은 봄철 정기적 해신제를 바다
표범 사냥 이후인 5월에 거행하므로 인접한 다른 종족들과는 다소 차이
가 있다. 극동 토착종족은 정기적 해신제를 1년에 1회 거행할 경우 가
을철에만 거행하므로 본디 이들의 정기적 해신제는 1년에 1회 가을철
연어잡이 성공에 대한 감사의식이었으나 이후 바다표범 사냥의 성공을
기원하는 봄철 의식이 추가되면서 2회로 확대되었다. 따라서 해신제 초
기 이들의 중요한 생업은 연어잡이였고, 다른 물고기 잡이나 바다표범
사냥은 이후에 추가된 생업이다.

극동 토착종족의 정기적 해신제는 주기적 순환성과 공동체구성원이
모두 참여한다는 점에서 한반도 해안지역의 별신굿과 연결되므로 이들

---

443 E. A. Гаер, Традиционная бытовая обрядность нанайцев в конце XIX~нач
але XX в. (к проблеме устойчивости развития традиший), Диссерт. ...Кан
д. Исторических Наук, ИЭ АН СССР, 1984, p.43.

의 정기적 해신제는 해양지역에 특징적인 문화 코드이다. 한반도 동해
안의 별신굿은 부산 해운대 민락동에서부터 강원도 고성까지, 동해안
해안 마을에서 매년 혹은 몇 년에 한 번씩 정기적으로 거행된다.[444] 기
록에 의하면 1977년에는 동해안의 118개 마을에서, 2006년에는 99개
마을에서 무관의 주도로 별신굿이 거행되었다.[445]

가. 나나이족의 정기적 해신제

나나이족의 정기적 해신제는 1년에 2회 봄가을 아무르강 기슭에서
거행되는데 이들이 해신제를 강에서 거행하는 것은 아무르강이 해신의
세계인 오호츠크해로 흘러간다는 관념에 의한 것이므로 이는 심오한
종교적 체험에 의한 것이 아니라 거주지의 지형 조건에 대한 관찰에
의한 것이다.

〈나나이족의 봄철 정기적 해신제〉 마을의 모든 남자들은 제기에 제물
을 담아 아무르강 기슭에 모인다. 강기슭에 대팻밥 일라우를 묶은 장대
3개를 설치한다. 장대 끝에 사람의 얼굴을 새긴다. 그 앞에 무릎을 꿇고
앉아 절을 한다. 장대에 수수·콩·약초 뿌리로 만든 죽, 열매, 풀을 바친
다. 남은 제물은 가운데 장대에서 강에 집어넣는다. 그러고 나서 "해신
테무시여! 제물을 바칩니다! 제물을 받으십시오! 당신의 개에게 말린 연
어를 바칩니다! 어로와 바다표범 사냥을 도와주십시오!"라고 기원한다.
제물은 강을 따라 아래쪽으로 흘러간다. 제물을 바친 뒤 제물을 담아갔던

444 심상교, 「영남 동해안지역 강신제의 연행특성과 축제성」, 『한국무속학』 10, 2005,
    pp.131-180; 박경신, 「동해안별신굿에 대하여」, 『사회비평』 28, 2001, pp.265-273.
445 李杜鉉, 「東海岸 別神굿─慶北 二加里와 白石洞의 事例를 중심으로」, 『韓國文化人
    類學』 13, 韓國文化人類學會, 1981, p.159; 최성진, 『동해안 별신굿의 계면굿 연구』,
    대구대학교 석사학위논문, 2006, pp.23-26.

통이나 제기에 얼음조각이나 물을 넣어 집으로 가지고 온다. 가족들과
함께 나누어 마신다.[446]

위 의례에서 제장은 강가이며, 제당은 장대가 설치된 곳이고, 대상은
해신이며, 주체는 집단이고, 의례는 준비의식, 영신과 교신의식, 송신의
식의 순서로 진행된다.

◎ 준비의식
　해신제를 위해 수수·콩·약초 뿌리로 만든 죽, 열매, 풀 등의 제물을 준비
한다. 제물을 제기에 담고, 대팻밥, 말린 연어와 함께 의례용품 보관함에
넣어 마을의 남자들만 제장인 아무르강 기슭으로 간다.

◎ 영신과 교신의식
◦ 장대 설치
　제장에 장대 3개를 설치하고, 대
팻밥 일라우를 묶는데 3개의 장대
는 이들이 중계 3대 신으로 숭배
하는　해신·타이가신(산신)·대지
모신을 상징하는 신상이다. 의식
때 이들은 장대 끝에 사람의 얼굴
을 새기기도 하므로 이 의식에는
이들의 자연신이 토템신에서 벗어
나 인간신으로 변형된 이후의 관
념이 반영되어 있다.

[그림 98] 2015년 나나이족의 해신제
https://fotostrana.ru/user/post/781249
00/821938160/

446 E. A. Гаер, Традиционная бытовая обрядность нанайцев в конце XIX~нач
　　але XX в. (к проблеме устойчивости развития традиций), Диссерт. ...Кан
　　д. Исторических Наук, ИЭ АН СССР, 1984, p.33.

◦ 헌제 의식

장대 앞에 무릎을 꿇고 앉아 절을 하므로 이들에게는 한국인처럼 의례 의식 때 절을 하는 풍습이 있었다. 장대에 수수·콩·약초 뿌리로 만든 죽, 열매, 풀을 바치고, 남은 제물은 가운데 장대에서 강에 집어넣으므로 가운데 장대가 해신을 상징한다.

◦ 연유 닦음

해신에게 자신들의 바람을 기원하는 연유 닦음을 하는데 기원문에 의하면 이들 정기적 해신제의 목적은 풍어와 바다표범 사냥의 성공이다. 이들은 제물이 빠른 속도로 강 아래쪽으로 흘러가면 해신이 제물을 기꺼이 받은 뒤 자신들의 바람을 들어줄 것이라고 믿는다. 또한 이들은 해신의 보조령인 개에게도 말린 연어를 제물로 바치는데 이는 개가 해신의 보조령으로서 나나이족과 해신의 세계를 연결하는 역할을 한다는 관념에 의한 것이며 그 근저에는 개 숭배가 자리하고 있다.

◎ 송신의식과 음복례

◦ 귀가

의례가 끝나면 제기나 의례용품 보관함에 얼음조각이나 물을 넣어 집으로 가지고 오는데 이것들은 해신이 주는 선물로 물고기의 영혼을 상징한다. 이들은 이후 이것들이 물고기로 환생하여 자신들에게 돌아와 풍어를 이루게 해준다고 믿는다.

◦ 음복례

얼음조각이나 물을 가족들과 함께 먹는데 이는 신들이 흠향 후 여기에 남긴 복을 해신제에 참가하지 못한 가족과 함께 받으면서 가족공동체의 유대감을 강화하기 위한 것이다.

나. 오로크족의 봄철 정기적 해신제

오로크족의 정기적 해신제는 1년에 2회 봄가을에 거행되는데 봄에는 바다표범 사냥 이후인 5월, 가을에는 바다에서 모천으로 연어 이동이 끝난 10월 말에 거행된다. 이들의 봄철 해신제는 다른 토착종족과 달리

바다표범 사냥의 성공에 대한 감사의식이다.

<오로크족의 봄철 정기적 해신제> 의례를 위해 바다표범을 사냥하여 해골을 깨끗이 씻어 말려둔다. 의례가 거행되는 날 어둠이 내려앉으면 마을의 남자들은 모두 함께 해안에 있는 배로 해골을 가지고 간다. 해골에 찐 밥, 말린 양딸기, 날개하늘나리 등으로 만든 제물을 넣는다. 그다음 해골의 콧구멍에 대팻밥을 꽂는다. 차례대로 해골을 바다에 넣는다. 봄철 의식은 바다표범이 앉아 있는 얼음덩어리를 해변으로 끌어내어 바다표범 사냥을 하면서 끝이 난다.[447]

오로크족의 봄철 정기적 해신제는 다른 토착종족에 비해 바다표범 사냥의 목적이 두드러진다. 위 의례에서 제장은 배이며, 제당은 제장과 결합되어 있고, 대상은 해신이며, 주체는 집단이고, 제관장은 의례참가자들 중 가장 연장자이며, 의례는 준비의식, 영신과 교신의식, 송신의식으로 순서로 진행된다.

◎ 준비의식
° 바다표범 해골 준비
의례를 위해 미리 바다표범을 사냥하여 해골을 깨끗이 씻어 말려둔다. 해골은 바다표범의 영혼을 상징하며 다음 사냥철 바다표범으로 환생하여 오로크족에게 돌아와 바다표범 사냥의 성공을 도와준다.

----

447 Л. В. Озолиня, Орокско-русский словарь, Новосибирск: СО РАН, 2001, p.367; В. В. Подмаскин, Мифологический словарь: коренные малочисленные народы Дальнего Востока России, Владивосток: Дальнаука, 2013, p.186; В. Н. Васильев, "Отчёт о командировке к гилякам и орокам", Отчёт Русского музея за 1911 г., СПб., 1914, p.12.

◦ 제장에 집합

의례가 거행되는 날 어둠이 내려앉으면 마을의 남자들은 모두 함께 해안의 배로 해골을 가지고 간다. 의례를 밤에 거행하는 것은 해신은 하계신이며, 중계와 하계는 반대의 속성을 가지고 있기 때문에 중계가 밤이면 해신이 다스리는 하계는 낮이라는 관념에 의한 것으로 극동 토착종족 공통이다.

◎ 영신과 교신의식

◦ 해신의 밥 만들기

해골에 찐 밥, 말린 양딸기, 날개하늘나리 등으로 만든 제물을 집어 넣는데 이는 해신의 밥으로 다른 극동 퉁구스족 남부그룹의 수수·콩·약초뿌리를 넣어 만든 죽에 상응한다.

◦ 바다표범 해골을 해신의 세계에 통합시키기

바다표범 해골의 콧구멍에 대팻밥을 꽂은 뒤 차례대로 바다에 넣는데 대팻밥은 불·불꽃을 상징한다. 불은 의례의 시공간으로 화신을 불러오는 역할을 하며, 화신은 해신과 바다표범의 영혼을 연결하여 바다표범을 해신의 세계에 통합시키는 역할을 한다.

◎ 송신의식

봄철 의식은 바다표범이 앉아 있는 얼음덩어리를 해변으로 끌어낸 뒤 바다표범 사냥을 하면서 끝이 나는데 이는 바다표범 사냥의 성공에 대해 감사를 드리면서 해신을 보내는 의식이다.

오로크족의 봄철 정기적 해신제에는 바다표범 사냥의 목적이 두드러지며, 의례에서 해신 숭배는 화신 숭배, 바다표범 숭배, 삼단세계관, 영혼관 등 시대가 다른 다양한 관념들이 혼종·융합되어 복잡한 중층구조를 이루고 있다.

다. 울치족의 가을철 정기적 해신제 보이시 날라우

울치족은 1년에 2회 봄가을에 정기적으로 아무르강 기슭에서 해신제 보이시 날라우를 거행한다. 보이시 날라우는 울치어 voisi(물에 바치다) + njalau(의식)의 구조로[448] '물에 무언가를 바치는 의식'을 의미하므로 본디 총체적·보편적 수신을 위한 의례였으나 해신제로 변형되었다. 보이시 날라우는 두 단어의 융합으로 원 의미와는 다른 새로운 의미가 산출된 혼종적인 단어이다. 보이시 날라우는 울치족 기원이지만 관념적 내용과 절차는 다른 극동 토착종족의 해신제와 동일하다.

〈울치족의 가을철 정기적 해신제 보이시 날라우〉 나무로 해신 테무, 성조신 마시, 산신 두엔테, 강신 칼가마, 용신 모둘리, 반인반수의 곰신 망기, 바람의 신 보초의 신상과 두꺼비 두 마리를 만들어 불·불꽃을 상징하는 대팻밥으로 감싼다. 버드나무 가지로 만든 함에 해신 테무, 성조신 마시, 산신 두엔테를 앞에, 다른 신들은 그 뒤에 봉안한 뒤 성소 말루에 놓아둔다. 냉각수프 모스, 수수·콩·약초 뿌리로 만든 죽을 비롯한 여러 종류의 죽을 만들고, 날개하늘나리 등의 풀을 준비한다. 버드나무로 강가의 제장으로 가져갈 망기와 보초의 신상을 아홉 개씩 더 만든다. 풀 에우하히를 꺾어 놓고 어둠이 지기를 기다린다. 완전히 어둠이 내려앉으면 제물들을 제기 오호마에 담은 뒤 보초와 망기의 신상들, 얼음을 깨는 쇠 지렛대, 풀 날개하늘나리와 에우하히, 말린 연어 꼬리 등 모든 의례용품을 썰매에 싣고 남자들만 제장으로 간다. 강에 얼음구멍을 뚫고 구멍 왼쪽에 풀 날개하늘나리와 에우하히, 망기와 보초의 신상들, 제물이 담긴 제기 오호마를 놓아두며 해신에게는 대팻밥으로 감싼 물고기 모양의 얼음 조각을 더 바치는데 일부 씨족들은 전나무나 버드나무 가지도 바친다. 가장

---

448 А. М. Золотарев, Родовой строй и религия ульчей, Хабаровск: Дальгиз, 1939, p.92

나이가 많은 노인이 말린 연어 꼬리를 얼음 구멍에 넣으면서 "해신 테무시여! 도와주세요. 올 겨울 풍어를 도와주세요. 아이들, 여인들, 우리 모두 건강하게 도와주세요. 제발 물고기를 많이 잡게 도와주세요! 해신 테무시여! 아주 풍족하게 먹을 수 있도록 도와주세요!"라고 기원한다. 노인이 제물을 들어 얼음 구멍에 넣으면 참가자들 모두 차례차례 같은 의식을 두 차례 반복한다. 제기에 물고기 꼬리와 물고기 모양으로 자른 얼음 조각이나 물을 담아 집으로 돌아온다. 불이나 화덕을 지피지 않은 어둠 속에서 미리 준비해 둔 불·불꽃을 상징하는 대팻밥을 신상과 자신을 비롯한 가족들에게 묶고, 얼음 조각이나 물을 보면서 해신에게 감사인사를 한 뒤 얼음이 녹을 때쯤 불을 켠다. 얼음조각이나 물을 가족들과 나누어 마신다. 각 가정의 의식이 끝나면 이웃을 초대하여 제기에 담긴 제물을 대접한다. 이때는 평소 사용하던 숟가락이 아니라 미리 만들어 둔 의식용 나무 숟가락을 사용하며 의식이 끝나면 버린다. 의식이 끝난 뒤 제물의 일부는 신상과 함께 상자에 넣어두고, 일부는 곰에게 주며, 일부는 대팻밥과 함께 다른 마을에 거주하는 출가한 딸이나 여동생에게 보낸다.[449]

위 의례에서 제장은 집과 강이며, 제당은 집의 성소 말루와 강의 얼음 구멍이고, 주체는 집단이며, 제관장은 가장 나이가 많은 노인 대개는 씨족장이고, 대상은 해신이며, 의례는 집에서의 의식과 강에서의 의식으로 순차적으로 전환된다. 위 의례는 제장이 집과 강, 제당이 집의 성소 말루와 강 얼음구멍의 이중구조라는 점에서 이들 해신제의 변형 과정을 보여주고 있다. 위 의례에서 강은 아무르강인데 이들이 해신제를 아무르강에서 거행하는 것은 아무르강이 해신의 세계인 오호츠크해나 태평양으로 흘러간다는 관념에 의한 것이다.

---

449 А. М. Золотарев, там же, p.92; А. Ф. Старцев, Культура и быт удэгейцев (вторая половина XIX~XX в.), Владивосток: Дальнаука, 2005, p.75; Архив ОИАК Фонд В. К. Арсеньева, Оп.1, Д.27, Л.256.

◎ 집에서의 의식

집에서의 의식에서는 강에서의 의식을 위한 준비의식에 초점이 주어져 있다.

◦ 신상 제작

나무로 해신 테무, 성조신 마시, 산신 두엔테를 비롯한 다양한 신상과 두꺼비 형상을 만든다. 이 신들은 울치족이 중계 3대 신으로 숭배하는 신들이며, 두꺼비 형상은 두꺼비 숭배에 의한 것이다.[450]

◦ 신상 안치

신상들을 대팻밥으로 감싼 뒤 버드나무 가지로 만든 함에 해신 테무, 성조신 마시, 산신 두엔테를 앞에, 다른 신들은 그 뒤에 봉안하고, 성소 말루에 놓아둔다. 의례에서 성소 말루는 상계 ↔ 중계 ↔ 하계를 연결하는 우주의 중심축, 신들에 의해 정화된 신성한 곳, 소우주, 우주의 중심이며 코스모스/ 카오스, 성/ 속, 아/ 타, 중심/ 주변, 생/ 사, 상계/ 중계, 중계/ 하계, 땅/ 바다, 자연/ 문화의 이원 대립을 내포하고 있다.

◦ 강에서의 의식을 위한 준비 의식

- 제물 준비

냉각수프 모스, 수수·콩·약초 뿌리로 만든 죽을 비롯한 여러 종류의 죽을 만들고, 날개하늘나리 등의 풀을 준비한다. 퉁구스족 남부그룹에게는 수수·콩·약초로 만든 죽, 닙흐족에게는 냉각수프 모스가 필수적인 제물인데 울치족은 이 두 가지 제물을 모두 바치므로 이들의 해신제에는 퉁구스족 남부그룹과 닙흐족의 요소가 혼종·융합되어 있다.

- 추가 신상 제작

버드나무로 강으로 가져갈 망기와 보초의 신상을 아홉 개씩 더 만드는데 이는 망기는 곰신으로서 이들의 선조 토템이기 때문이므로 조상 숭배에 근거한다. 또 보초는 바람의 신이지만 번개와 우레의 신도 동시에 의미하므로 이들 생업에 절대적인 영향을 미치는 날씨의 신이기 때문

---

450 А. Ф. Старцев, Культура и быт удэгейцев (вторая половина XIX~XX в.), Владивосток: Дальнаука, 2005, p.75; Архив ОИАК Фонд В. К. Арсеньева, Оп.1, Д.27, Л.256.

이다. 신상을 아홉 개씩 만드는 것은 성수 3의 배수로서 성수 9숭배에 의한 것이다.[451]

- 풀 에우하히 준비

풀 에우하히를 꺾어 놓고 어둠이 지기를 기다리는데 풀 에우하히는 극동에 많이 서식하는 허브의 일종이다.

◎ 강에서의 의식

준비의식, 영신과 교신의식, 송신의식의 순서로 진행된다.

◦ 준비의식

- 제장으로 출발

완전히 어둠이 내려앉으면 제물들을 제기 오호마에 담은 뒤 보초와 망기의 신상들, 얼음을 깨는 쇠 지렛대, 풀 날개하늘나리와 에우하히, 말린 연어 꼬리 등 모든 의례용품을 썰매에 싣고 남자들만 제장으로 간다. 이들이 해신제를 밤에 거행하는 것은 오로크족과 동일한 관념에 의한 것이다.

- 제당 준비

강에 얼음구멍을 뚫는데 여기에는 고대 얼음 구멍을 뚫어 어로를 했던 흔적, 초기 이들 가을철 해신제의 흔적이 남아있다.

◦ 영신과 교신의식

- 신상 안치

얼음구멍 왼쪽에 풀 날개하늘나리와 에우하히, 망기와 보초의 신상들, 제물이 담긴 제기 오호마를 놓아두는데 이는 오른쪽은 생과 부활의 세계, 울치족의 세계, 왼쪽은 죽음·악령·타자·해신의 세계라는 관념에 근거하여 이것들을 해신의 세계에 통합시키기 위한 것이다.

---

451 에벤키족에 의하면 하계에는 아홉 샤먼의 마을이 있고, 네기달족과 나나이족의 상계는 9층 구조이며, 에벤족의 샤먼들은 주술 능력에 따라 상계와 하계 7, 9, 12층까지 갈 수 있다. 나나이족의 상계 9층에는 천신들의 마을이 있고, 울치족의 〈메르겐의 우주 삼계 연결〉에서 메르겐은 하계를 갈 때 9개의 산을 지나갔다. 엄순천, 『극동 토착종족의 우주관과 생태』, 보고사, 2024, p.315.

- 해신 헌제의식

  해신에게는 대팻밥으로 감싼 물고기 모양의 얼음 조각을 더 바치는데 얼음 조각은 물고기의 영혼을 상징하고, 대팻밥은 불·불꽃을 상징하는 메타포로 화신을 불러오는 역할을 한다. 의식에서 화신은 물고기의 영혼을 해신의 세계에 통합시키는 역할을 하며 이후 해신은 이들을 다시 울치족에게 돌려보내 풍어를 도와준다. 일부 씨족은 전나무나 버드나무 가지도 바치는데 이는 해신에게는 바다에서 구할 수 없는 것을 바쳐야 한다는 관념에 근거한다. 따라서 이들의 제물에는 바다와 땅의 조화, 인간과 인간 너머 존재들, 비인간 존재들의 순환을 통해 지구와 우주의 조화와 균형을 유지하려는 이들의 생태적 세계관이 담겨있다.

- 연유 닦음

  가장 나이가 많은 노인 대개는 씨족장이 말린 연어 꼬리를 얼음 구멍에 넣으면서 풍어를 기원한다. 말린 연어 꼬리는 해신의 개에게 바치는 제물인데 개는 해신의 보조령으로서 울치족과 해신, 땅의 세계와 바다의 세계를 연결하는 역할을 한다. 그다음 노인이 제물을 들어 얼음 구멍에 넣으면 참가자들 모두 차례차례 같은 의식을 두 차례 반복한다.[452] 첫 번째 의식은 보편적·총체적 수신으로서 테무, 두 번째 의식은 최고의 수신으로서 해신 테무에 대한 의식이다.

○ 송신의식

  귀가, 감사의식, 음복례, 이웃 초대, 제물 공유의 순서로 진행된다.

- 귀가

  제기에 물고기 꼬리와 물고기 모양으로 자른 얼음 조각이나 물을 담아 집으로 돌아오는데 이것들은 해신이 주는 선물로 물고기의 영혼을 상징하며 다음 어로 철 이들에게 돌아와 풍어를 이루게 해준다.

- 감사의식

  집으로 돌아와 불이나 화덕을 지피지 않은 상태에서 해신에 대한 감사

---

452 А. М. Золотарев, Родовой строй и религия ульчей, Хабаровск: Дальгиз, 1939, p.92.

의식을 거행하는데 이는 불을 켜거나, 화덕을 지피거나, 여인들이 얼음을 보면 물고기들이 떠난다는 관념에 의한 것이다. 이때 물과 불은 이원대립 관계에 놓이며, 여인들에 대한 금기는 표면적으로는 해신이 여인의 불결함, 여인의 생리 혈을 싫어한다는 관념에 의한 것이다. 해신에 대한 감사인사는 말에도 영혼이 있기 때문에 주술 효과를 발휘하여 이후 풍어를 도와준다는 관념에 근거한다.

- 음복례

얼음 조각이나 물을 가족들과 나누어 마시는데 이는 신들이 흠향 후 여기에 남겨둔 복을 해신제에 참가하지 못한 가족들과 공유하여 재액초복을 이루고, 가족공동체의 유대감을 강화하기 위한 것이다.

- 이웃 초대

각 가정에서의 의식이 끝나면 이웃을 초대하여 제기에 담긴 제물을 대접하는데 이는 이웃과도 신들이 제물에 남겨둔 복을 공유하기 위한 것이다. 그런데 이들의 이웃은 대개는 같은 씨족구성원들이므로 궁극적으로는 씨족공동체의 유대감을 강화하기 위한 것이다. 이 의식 때는 평소 사용하던 숟가락이 아니라 이 의식을 위해 만든 나무 숟가락을 사용하는데 의식이 끝나면 버린다. 이것은 이 숟가락은 이미 해신의 세계에 통합되었기 때문에 산자들에게 피해를 끼칠 수 있다는 관념에 의한 것이다.

- 제물 공유

의식이 끝난 뒤 신상과 함께 제물을 상자에 넣어두는데 이 제물은 상자에 봉안된 여러 신들에게 바치는 것이다. 제물의 일부는 곰에게 주는데 이는 곰신에게 바치는 제물이므로 곰 숭배에 의한 것이다. 제물의 일부는 대팻밥과 함께 다른 마을에 거주하는 출가한 딸이나 여동생에게 보내는데 이는 해신이 주고 간 복을 공유하여 재액초복을 이루기 위한 것이므로 이 의식에서 제물과 대팻밥은 이들 공동체의 유대감을 강화하는 역할을 한다. 혼인으로 타자의 범주에 속하게 된 딸이나 여동생에 대한 의식은 이들 사회에서 족외혼 씨족들은 단순한 혼인공동체가 아니라 경제·문화공동체였음을 알려준다.

울치족의 해신제는 집/ 강의 이중구도 속에 통합되어 있으며 의례에
서 해신 숭배는 토템신앙, 애니미즘, 조상 숭배, 성조신 숭배, 삼단세계
관, 영혼관 등 시대가 다른 여러 층위의 관념들이 혼종·융합되어 중층
구조를 이루고 있다. 이는 이들의 해신제가 오랜 기간 다양한 관념들을
흡수하면서 변형·발전되었음을 말해준다.

라. 닙흐족의 가을철 정기적 해신제 톨이즌드

닙흐족은 해신제는 톨이즌드, 해신제가 거행되는 날은 톨비즈구(해신
제의 날)라고 하는데 tolyz(해신/ 닙흐어)에서 기원하며[453] 다른 극동 토착
종족처럼 1년에 봄가을 2회 거행한다.

〈닙흐족의 가을철 정기적 해신제 톨이즌드〉 해안에 도착하면 수사자용
제기 체르토보에 담긴 제물을 먼저 바다에 넣고 다른 제기들에 담긴 제물
을 바다에 넣는다. 봄철 의례에는 완두콩, 풀 니오글베우크를 제물로 더
바치는데 과거에는 이것들을 물고기알, 삼나무 열매와 함께 삶아서 죽처
럼 만들어 바쳤다. 제물들이 먼 바다로 떠내려가면 지난 해신제 때 버드
나무 가지를 쌓아둔 곳으로 이동하여 가지들의 끝을 둥근 모양과 두 갈래
진 모양으로 자른 뒤 전자에는 남성, 후자에는 여성의 형상들을 붙여놓는
다. 풀 니오니기오니를 꺾어 준비해 간 나뭇가지, 담뱃잎을 묶는데 날개
하늘나리 뿌리 서너 개를 더 묶기도 하여 각자 자신들의 제물 꾸러미를
만든다. 개 희생 제의가 끝나면 모두 건어물 조각을 들어 바다에 던지면
한 사람이 '키아! 키아!'라고 소리친다. 참가자 모두 자신의 제물꾸러미를
냉각수프에 넣고 흔들어 바다 멀리 던진 뒤 순가락으로 제기에 담긴 냉각
수프를 잘라 바다에 던진다. 이때 한 사람이 씨족구성원의 수만큼 끝이

---

453 E. A. Крейнович, Нивхгу. Загадочные обитатели Сахалина и Амура, М.:
АН СССР, 1973, p.415.

뾰족한 긴 버드나무 가지를 준비하여 참가자들의 의식용 통과 제기에 넣어 냉각수프를 묻힌 뒤 풀 덮인 해안에 꽂아둔다. 사람들은 제기의 눈이 바다를 향하게 한다. 잠시 후 모두 제기를 들고 풀 덮인 해안으로 이동하여 제기의 눈을 마을 쪽으로 돌려놓는다. 봄철에는 얼음 장벽에 동물 암수 형상의 나뭇가지 응아 시니아이를 더 꽂아둔다. 의례가 끝나면 모두 모여 냉각수프를 먹는데 자신이 속한 씨족구성원의 냉각수프를 먹은 뒤 다른 씨족구성원들의 냉각수프를 먹는다.[454]

위 의례에서 제장은 해안이고, 제당은 제장과 결합되어 있으며, 주체는 집단이고, 대상은 해신이며, 제관장은 씨족장이고, 의례는 준비의식,[455] 영신과 교신의식, 송신의식의 순서로 진행된다.

◎ 영신과 교신의식
　◦ 헌제의식
　　씨족의 규율과 절차에 따라, 수사자용 제기 체르토보에 담긴 제물을 먼저 바다에 바친 뒤 다른 제기들에 담긴 제물을 바다에 바치는데, 이는 수사자의 영혼은 해신의 세계에 통합된 물(바다) 사람들로 닙흐족 ↔ 수사자 영혼 ↔ 해신의 네트워크를 만들어 가족이나 씨족의 바람이나 요구사

[그림 99] 2023년 포로나이스크시 해안에서 개최된 닙흐족의 해신제 https://m.ok.ru/group/54429581377791/topic/155423512985855?_aid=topicMore

항을 해신에게 전달하는 역할을 하기 때문이다. 그런데 수사자의 영혼은

----

454 E. A. Крейнович, там же, p.414-415.
455 준비의식은 바다표범 사냥이 흉작일 때 거행되는 비정기적 해신제와 동일하므로 여기에서는 생략한다.

과거 이들의 씨족구성원이었던 조상령이므로 이 의식의 근저에는 조상
숭배가 놓여있다. 봄철에는 완두콩, 풀 니오글베우크를 제물로 더 바치는
데 과거에는 이것들을 물고기알, 삼나무 열매와 함께 삶아서 죽처럼 만들
어 바쳤다.⁴⁵⁶ 죽에서 완두콩과 풀은 하늘과 땅의 기운으로, 바다의 물고
기는 바다의 기운으로 성장하고, 삼나무는 암수 한 그루이므로 죽은 하늘
·땅·바다의 기운이 응축되어 있을뿐만 아니라 음양의 조화까지 이루어
진 우주를 상징한다. 니오글베우크는 n'ogl + beuk(소유접미사)의 구조이
며 어원은 불분명하지만 nogd'(좋은 향기가 나다/ 닙흐어), n'ogla(향기/
닙흐어)⁴⁵⁷와 음성적 유사성에 근거할 때 닙흐족의 거주지에 많이 서식하
는 향기가 나는 허브의 일종이다.

∘ 다산(多産) 의식
제물들이 먼 바다로 떠내려가면 지난 해신제 때 버드나무 가지를 쌓아둔
곳으로 이동하여 가지들의 끝을 둥근 모양과 두 갈래진 모양으로 자른
뒤 전자에는 남성, 후자에는 여성의 형상들을 붙여놓는다. 형상들은 각각
남성과 여성을 상징하므로 이 의식의 목적은 다산기원이다.

∘ 제물 꾸러미 만들기
풀 니오니기오니를 꺾어 준비해 간 나뭇가지, 담뱃잎을 묶는데 날개하늘
나리 뿌리 서너 개를 더 묶기도 하여 각자 자신들의 제물 꾸러미를 만든
다. 풀 니오니기오니의 어원은 불분명하지만 해안에 많이 서식하며 유연
성과 탄력성이 뛰어나 이들이 의례 의식 때 끈 대신 사용하는 우엉 줄기
와 유사한 풀이다.

∘ 개 희생 제의⁴⁵⁸와 해신의 세계에 개의 통합
개 희생 제의가 끝나면 모두 건어물 조각을 들어 바다에 던지는데 이때
한 사람이 '키아! 키아!'라고 소리친다. Kia! kia!는 닙흐족이 개를 몰 때
사용하는 감탄사이고, 건어물 조각은 개에게 바치는 제물이므로 이 의식

456 Е. А. Крейнович, там же, p.414.
457 Ч. М. Таксами, Словарь нивхско-русский и русско-нивхский, СПб.: Про
свещение, 1996, p.52.
458 개 희생 제의는 바다표범 사냥이 흉작일 때 거행하는 닙흐족의 비정기적 해신제 참고.

은 개를 해신의 세계에 통합시키기 위한 것이다.

◎ 송신의식
◦ 헌제의식
　참가자 모두 자신의 제물꾸러미를 냉각수프에 넣고 흔든 뒤 바다 멀리 던지고 나서 숟가락으로 제기에 담긴 냉각수프를 잘라 바다에 던진다. 이들은 이것들이 먼 바다로 빠른 속도로 떠내려가면 해신이 기꺼이 제물을 받고 복을 줄 것이라고 믿는다.
◦ 얼음 장벽 만들기
　한 사람이 씨족구성원의 수만큼 끝이 뾰족한 긴 버드나무 가지를 준비하여 참가자들의 의식용 통과 제기에 넣어 냉각수프를 묻힌 뒤 풀 덮인 해안에 꽂아둔다. 이렇게 하면 버드나무 가지 주변으로 얼음 장벽이 만들어지면서 바다표범으로부터 사냥꾼을 가려주는 보호막이 만들어진다. 얼음 장벽이 없으면 바다표범에게 몰래 다가가 사냥을 할 수가 없기 때문에 이 의식은 봄철 바다표범 사냥을 쉽게 하기 위한 것이므로 종교적 요구가 아닌 현실적 필요에 의한 것이다.
◦ 해신과 땅의 세계에 제기 통합
　이때 참가자들은 제기의 눈이 바다를 향하게 하는데 이는 제기를 해신의 세계에 통합시키기 위한 것이다. 잠시 후 모두 제기를 들고 풀이 덮인 해안으로 이동하여 제기의 눈을 마을 쪽으로 돌려놓는데 이는 제기를 다시

[그림 100] 2018년 포로나이스크시 해안에서 개최된 닙흐족의 해신제
https://sakhalin.info/news/76329

자신들의 세계인 땅의 세계에 통합시키기 위한 것이다. 따라서 이 의식에서
는 성/ 속, 땅/ 바다, 신/ 인간. 아/ 타, 생/ 사의 이원 대립이 발견된다.

◦ 바다표범의 다산의식

봄철에는 얼음 장벽에 동물 암수 형상의 나뭇가지 응아 시니아이를 더
꽂아두며, 수컷 형상은 버드나무, 암컷 형상은 사시나무로 만든다. 이에
의하면 이들에게 버드나무는 남성, 사시나무는 여성을 상징하는데 그 이
유는 불분명하지만 나무의 외형과 이 나무들이 자웅이체라는 점에 근거
한 메타포이다. 응아(ŋa)는 '동물/ 닙흐어'[459]를 의미하는데 이들에게 의
미 있는 바다동물은 바다표범이므로 동물 형상은 바다표범을 상징하며
이 의식의 목적은 바다표범의 다산 기원이다.

◦ 음복례

의례가 끝나면 모두 모여 냉각수프를 먹는데 자신이 속한 씨족구성원의
냉각수프를 먹은 뒤 다른 씨족구성원들의 냉각수프를 먹기 때문에 이들
의 음복례에서는 아/ 타의 이원대립이 발견된다. 냉각수프를 나누어 먹
는 것은 흠향 후 해신이 냉각수프에 남긴 복을 공유하면서 씨족공동체의
유대감을 강화하기 위한 것이다.

◦ 귀가와 집에서의 의식

해안에서의 의식이 끝나면 냉각수프가 담긴 통과 제기를 가지고 집으로
돌아와서 해신제에 참가하지 못한 가족들과 함께 나누어 먹는다. 이는
해신이 흠향 후 여기에 남겨놓은 복을 공유하면서 함께 재액초복을 이루
고 가족공동체의 유대감을 강화하기 위한 것이다.

닙흐족의 가을철 정기 해신제에서는 자신들의 다산 기원, 바다표범
의 다산 기원, 사냥의 성공을 위한 얼음 장벽 설치 등 현실적 필요성이
두드러지게 발견된다. 또한 닙흐족의 정기적 해신제에서 해신 숭배는
화신 숭배, 바다표범 숭배, 개 숭배, 조상 숭배, 영혼관, 삼단세계관 등

---

459 Ч. М. Таксами, там же, p.54.

시대가 다른 다양한 관념들과 혼종·융합되어 복잡한 중층구조를 이루고 있다. 이들은 정기적 해신제가 끝나면 주변 상황은 전도되었고, 자신들의 재액초복을 방해하는 악령과 불길한 세력들은 퇴치되었으며, 자신들과 이런 세력들의 갈등은 해소되었고, 자신들의 바람이 이루어진다는 믿음을 가지게 된다.

마. 극동 토착종족 정기적 해신제의 역할 및 특징

마-1. 극동 토착종족 정기적 해신제의 역할

극동 토착종족의 정기적 해신제는 현재까지도 전승되고 있는데 이는 공동체 내에서 다음과 같은 역할을 담당하기 때문이다.

첫 번째, 씨족의 정체성과 유대감을 강화하는 역할을 한다. 이들의 정기적 해신제는 인근 지역에 거주하는 몇몇 씨족 단위 혹은 개별 씨족 단위로 거행되므로 의례를 통해 씨족공동체의 통합이 이루어지면서 자연스럽게 씨족의 정체성을 확인할 수 있다. 또한 의례를 통해 씨족구성원 개개인의 의식이 결합하여 씨족공동체의 정체성이 발전되면서 이는 이들 무의식의 영역에 자리한 씨족의 세계관이 강화된다. 뿐만 아니라 의례에서는 씨족구성원 모두 동등한 자격으로 참가하여 풍어와 바다동물 사냥의 싱공, 재액초복 등 공통의 염원을 기원하기 때문에 씨족공동체의 유대감이 강화된다.

두 번째, 삶의 재생과 부활의 역할을 한다. 의례 기간 모두 같은 시공간에 모여 반복적인 일상에서 벗어나 신화적 시공간으로 회귀함으로써 그동안 쌓인 긴장과 스트레스를 해소할 수 있고, 단조로운 공동체의 삶에 리듬을 줌으로써 삶의 재생과 부활을 위한 활력을 얻을 수 있다.

세 번째, 정화의 역할을 한다. 의례 기간을 신성한 기간으로 설정하여

다양한 금기사항을 함께 지킴으로써 씨족구성원들은 인간 너머의 존재
들에게 더욱 가까이 다가갈 수 있다는 믿음, 자신들은 신에 의해 선택받
은 신성한 존재라는 믿음을 가지게 된다.

네 번째, 씨족공동체의 질서와 안정을 유지하는 역할을 한다. 이들은
정기적 해신제가 끝나면 주변 상황이 전도되었고, 자신들의 재액초복
을 방해하는 악령과 불길한 세력들은 퇴치되었으며, 자신들과 이런 세
력들의 갈등은 해소되었고, 자신들의 바람이 이루어진다는 믿음을 가
지게 된다. 그 결과 씨족구성원들은 심리적·정서적 평안을 찾게 되며
동시에 씨족공동체의 질서와 안정이 유지된다.

마-2. 극동 토착종족 정기적 해신제의 특징

극동 토착종족 정기적 해신제의 특징에는 신성성·완전성·융합성·
기복성·모방성·회귀성 등이 있는데 이것들은 서로 독립되어 있는 것
이 아니라 혼종·융합되어 있다.[460] 이들 정기적 해신제의 핵심은 신성
성이지만 신성성이 의례 전체를 지속적으로 압도하면서 지배하지는 않
는다. 오히려 기복성·융합성이 더 강해 신성성이 뒤로 밀려나서 배경
화 된 상태로 의례가 진행된다.

첫 번째, 신성성에는 상황의 신성성과 일상성의 해체에서 오는 신성
성이 있다. 상황의 신성성은 숭배 대상의 신들에 대한 제의가 가지는
신성성과 씨족공동체의 재액초복, 무사평안 등을 함께 기원하는 데서
오는 신성성이 있다. 신들에 대한 제의에는 숭배의 의미뿐만 아니라 신
들에게 개인 및 씨족공동체의 삶을 의탁하려는 속성이 결합되어 있기

---

460 심상교, 「영남 동해안지역 강신제의 연행특성과 축제성」, 『한국무속학』 10, 2005,
    p.175.

때문에 신성성은 기복성·융합성과 결합된다. 일상성의 해체에서 오는 신성성은 의례의 시공간을 일상과는 분리된 '성스러운 섬'으로 설정한 뒤 그곳에 개인과 씨족공동체를 위치시키는 데서 오는 신성성이다.

두 번째, 완전성은 완전한 세계, 우주의 중심, 신에 의해 정화된 신성한 세계에서 살고자 하는 바람이다. 따라서 의례 기간 씨족구성원들은 이 목적을 달성하기 위해 모두 전심전력을 다한다.

세 번째, 융합성은 씨족공동체의 통합에 대한 바람과 절대적 존재에 더 가까이 가려는 개인적 욕구가 합쳐지는 것이다.[461] 정기적 해신제의 목적은 씨족공동체의 유대감 강화지만 개인의 내밀한 곳에는 의례를 통해 인간 너머의 존재들에 더 가까이 다가가려는 바람, 인간의 세계와 인간 너머 존재들의 세계에 가로 놓인 경계를 허물고 무한의 영역에 접촉하려는 바람이 자리하고 있다. 정기적 해신제에서는 이러한 개인적 바람과 씨족공동체의 통합에 대한 바람이 하나로 융합된다.

네 번째, 회귀성은 존재의 근원으로 돌아가려는 것으로 의례의 시공간에 있는 세속성/ 카오스를 제거하고, 존재의 근원인 신성성/ 코스모스로 돌아가 자신들을 새롭게 순환시키게 된다.

다섯 번째, 모방성은 의례에 참가하여 신화적 상황을 모방하는 것이다. 의례를 통해 신화시대 자신들의 역사를 재현하고, 신·문화영웅·선조들의 행위를 반복하면서[462] 신화석 관념이 현실에서도 이루어진다는 믿음을 가지게 된다. 따라서 정기적 해신제에서 모방성은 신성성·회귀성과 결합된다.

---

461 심상교, 앞의 논문, p.175.
462 미르치아 엘리아데, 『신화와 현실』, 이은봉 옮김, 한길사, 2011, p.79.

3) 극동 토착종족의 강신제

늦은 시기 극동 토착종족의 대열에 합류한 에벤족, 에벤키족, 사할린 섬의 오로크족, 20세기 중반 출현한 신생 종족인 타즈족을 제외한 종족들은 고대부터 아무르강과 그 지류들에 거주하였다. 이로 인해 이들의 일상·종교·문화적 삶에서 강은 중심적·핵심적 위치에 있었고, 해신보다는 못하지만 강신도 중요한 숭배 대상이었다. 이들의 신화에서 최고의 강신은 해신의 하위 신이자 강의 창조주인 숙쟈 에제니인데 이들에게 지구와 우주 최고의 강은 아무르강이므로 숙쟈 에제니는 아무르강의 강신에 상응한다.

극동 토착종족은 아무르강의 강신을 비롯한 다양한 강신들에게 의탁하여 자신들의 바람을 이루고자 강신제를 거행했다. 이들의 강신제는 어로 전에 주기적으로 거행하는 정기적 강신제와 어로가 흉년일 때 거행하는 비정기적 강신제로 나누어진다. 정기적 강신제의 주신은 강신 특히 아무르강의 강신이며, 비정기적 강신제의 대상은 풍어를 방해하는 존재에 따라 달라진다.

(1) 극동 토착종족의 정기적 강신제

정기적 강신제의 목적은 풍어이며, 거행 시기는 다소 유동적이지만 연중 생업 패턴과 주기에 따라 예측 가능하다. 이들의 어로는 원해가 아니면 가족 단위로 이루어지기 때문에 의례의 주체는 가족의 규모에 따라 개인 혹은 집단으로 달라진다.

① 울치족의 정기적 강신제

〈울치족의 정기적 강신제〉 어로 전날 수수·콩·약초뿌리를 넣은 죽 등

의 제물을 준비한다. 제물과 버드나무 장대, 대팻밥 등의 의례용품들을 가지고 아무르강 기슭으로 간다. 버드나무 장대 2개를 잘 대패질하여 강가에 설치하고, 위에는 대팻밥을 묶는다. 강에 제물을 바치면서 "아무르강의 강신이시여, 타이가신이시여, 천신이시여! 우리에게 풍어를 보장해 주세요!"라고 기원한다. 잠시 강가에 머물면서 신들의 답을 기다린다. 언덕 위에 독수리가 나타나면 신들이 풍어를 보장해주겠다고 화답을 한 것이다.[463]

위 의례에서 제장은 강가이고, 제당은 장대가 설치된 곳이며, 주체는 개인 혹은 집단이다. 의례 대상은 아무르강의 강신, 타이가신, 천신이지만 이들 거주지의 특성과 의례의 목적에 근거할 때 주신은 아무르강의 강신이다. 의례는 준비의식, 영신의식, 교신의식, 송신의식의 순서로 진행된다.

◎ 준비의식
˚ 제물 준비
　수수·콩·약초뿌리를 넣은 죽 등의 제물을 준비한다.
˚ 제장에 집합
　어로에 나갈 남자(들)은 제물과 버드나무 장대 2개와 대팻밥 등 의례용품들을 가지고 아무르강 기슭으로 간다.
˚ 장내 실치
　아무르강 기슭에 잘 대패질한 버드나무 장대 2개를 설치하는데 장대는 아무르강 강신이 깃들일 곳이자 아무르강 강신의 세계로 들어가는 문을

---

463 А. В. Смоляк, Шаман: личность, функции, мировоззрение: Народы Нижнего Амура, М.: Наука, 1991, pp.123-124; Н. В. Мартынова, Д. Р. Слипецкая, "Феномен материальной и духовной культуры этноса ульчи: традиции, прошлое и настоящее", The scientific heritage 72, 2021, p.5.

상징한다. 장대 너머의 공간은 아무르강 강신의 세계, 죽음·악령·타자의
세계, 우주의 주변, 혼돈과 무질서의 세계, 장대를 넘기 전의 공간은 울치
족의 세계, 땅의 세계, 생과 부활의 세계, 우주의 중심, 신에 의해 정화된
질서 잡힌 신성한 세계를 상징한다. 따라서 의례에서 장대는 코스모스/
카오스, 성/ 속, 아/ 타, 땅/ 강, 신/ 인간, 생/ 사, 선/ 악, 중심/ 주변,
자연/ 문화의 이원대립을 내포하고 있다.

◦ 대팻밥 묶기

장대 위에는 대팻밥을 묶는데 대팻밥은 불·불꽃을 상징하는 메타포이며
의례의 시공간으로 화신을 불러오는 역할을 한다. 화신은 아무르강의 강
신·타이가신·천신을 의례의 시공간으로 불러와 울치족과 연결하는 역
할, 의례의 시공간에 있는 악령과 불길한 세력들을 퇴치하여 의례참가자
들을 보호하는 역할을 한다.

◎ 영신의식, 교신의식, 송신의식

◦ 연유 닦음

강에 제물을 바치면서 "아무르강의 강신이시여, 타이가신이시여, 천신이
시여! 우리에게 풍어를 보장해주세요!"라면서 의례의 목적과 자신들의
바람을 신들에게 기원하는 연유 닦음을 한다. 이들은 풍어를 아무르강의
강신뿐만 아니라 타이가신, 천신에게도 기원하는데 풍어는 하늘·타이가·
강의 기운이 응집된 상태에서, 또 천신 타이가신·강신의 공동 협력에 의
해서만 가능하다는 관념에 근거한다. 여기에서는 지구와 우주만물은 유
기적으로 연결되어 있기 때문에 풍어는 인간과 인간 너머의 존재들, 비인
간 존재들의 상호협력이 필요하다는 이들의 생태적 세계관이 엿보이다.

◦ 신의 답변

연유 닦음이 끝나면 제장에 머물면서 신들의 답을 기다리는데 언덕 위에
독수리가 나타나면 풍어를 보장해주겠다고 신들이 회답을 보낸 것이다.
이는 다음과 같은 과정에 따라 이루어진다. 화신은 아무르강의 강신·타
이가신·천신을 의례의 시공간으로 불러와 울치족 ↔ 화신 ↔ 자연신의
공동 네트워크를 조직한 뒤 울치족이 바친 제물을 나누어주면서 이에 대
한 보상으로 풍어를 보장해주는 문제를 논의한다. 이때 신들의 판단 기준

은 의례 의식의 규율과 원칙의 준수 여부, 요구사항과 제물의 적합성 등이다. 그런데 신들은 풍어가 되면 이들이 더 많은 제물을 바친다는 것을 알고 있고, 자신들의 권력 강화를 위해서는 인간들의 제물이 필요하기 때문에 풍어를 보장하는 방향으로 합의한다. 그런 다음 신들은 자신들과 울치족 사이에서 중개자의 역할을 할 독수리를 불러 울치족에게 자신들의 결정 사항을 전달하게 한다.

울치족은 독수리가 등장하는 순간 신화적 관념이 현실에서 이루어진다는 믿음, 풍어를 방해하는 악령과 불길한 세력들이 퇴치되고 이런 존재들과의 갈등에서 벗어날 수 있다는 믿음을 가지게 되므로 독수리의 등장은 이들의 정신적·심리적 긴장을 해소시키는 계기가 된다. 의례에서 독수리는 울치족 ↔ 자연신들, 땅 ↔ 아무르강 ↔ 타이가 ↔ 하늘을 오가면서 자연신들의 결정 사항을 울치족에게 전달하는 역할을 한다. 이는 독수리 숭배에 근거하는데 종족과 씨족에 따라 차이가 있지만 독수리 숭배는 극동 토착종족 뿐만 아니라 세계 여러 민족/ 종족 공통의 관념이다.

통구스족 북부그룹과 일부 나나이족 신화에서 독수리는 지고신의 최측근 보조신인 번개와 우레의 신 악디이며, 통구스족 남부그룹에게 독수리는 대지의 창조주이고,[464] 극동의 모든 토착종족에게 독수리는 샤먼의 보조령이다. 초기 이들의 신화적 관념에서 숭배 대상은 아비새, 물오리 등의 물새였는데 샤머니즘 수용 이후 독수리와 같은 맹조로 대

---

464 А. И. Мазин, Традиционные верования и обряды эвенков-орочонов (конец XIX~начало XX в.), Новосибирск: Наука, 1984, p.15; А. Я. Чадаева, Древний свет. Сказки, легенды, предания народов Хабаровского края, Хабаровск: ХКИ, 1990, p.150; А. Я. Чадаева, К югу от северного сияния, Хабаровск: ХКИ, 1982, p.81.

체되었으므로 이들의 독수리 숭배는 샤머니즘 수용 이후 강화된 관념이다. 고대 페르시아인은 우주목을 독수리 나무라고 부르기도 했으며, 메소포타미아인들의 둥근 인장에는 우주목 꼭대기에 앉아있는 독수리가 그려져 있고, 아이슬란드의 팽나무 가지 끝에도 독수리가 앉아 있다.[465] 이처럼 세계 여러 민족/ 종족이 독수리를 숭배하는 것은 독수리가 하늘을 지배하는 맹조로서 인간의 무한한 상상력의 원천인 상계의 힘을 상징하기 때문이다.

울치족의 정기적 강신제에서 강신 숭배는 타이가신 숭배, 천신 숭배, 화신 숭배, 독수리 숭배 등 시대가 다른 다양한 관념들과 혼종·융합되어 복잡한 중층구조를 이루고 있다.

② 나나이족의 정기적 강신제 이울레 두엔테

아무르강 상류 나나이족은 8월 정기적으로 용철갑상어의 풍어를 위해 이울레 두엔테 의례를 거행한다. 이울레 두엔테는 ila(불을 피우다/ 퉁구스제어) + duɜnte(타이가, 산/ 나나이어)[466]의 구조로 '타이가(산)에서 불을 피우다'는 의미이므로 본디 화신에게 타이가 사냥의 성공을 기원하던 사냥의식이었다. 이에 의하면 나나이족의 강신제는 사냥의식에서 기원하였으며, 이들 최초의 생업은 타이가동물 사냥이었고, 화신 숭배는 강신 숭배보다 이른 시기의 관념이다.

〈나나이족의 이울레 두엔테 의례〉 일몰이 시작되면 용철갑상어잡이에

---

465 우노 하르바, 『샤머니즘의 세계: 알타이 민족들의 종교적 표상』, 박재양 옮김, 보고사, 2014, p.85.
466 С. Н. Оненко, Нанайско-русский словарь, М.: Русский язык, 1980, p.40.

나갈 남자들은 잘 대패질한 버드나무
장대와 대팻밥을 가지고 아무르강 기
슭으로 가서 장대를 설치한다. 버드
나무 장대에 대팻밥 6~9개를 묶는다.
완전히 어둠이 내려앉으면 집으로 돌
아온다. 수수·콩·약초뿌리를 넣은

[그림 101] 나나이족 수신의 형상
Т. Ю. Cем, 2012, p.510.

죽과 고기 세 조각 등의 제물을 준비한 뒤 제기에 담아 아무르강 기슭으
로 돌아간다. 장대 옆에 제물을 진설한다. 용철갑상어의 풍어를 아무르강
의 강신에게 기원하면서 제물을 강에 던진다. 남은 제물은 집으로 가지고
와서 가족들과 함께 먹는다.[467]

위 의례에서 제장은 강가이며, 제당은 장대가 설치된 곳이고, 대상은
아무르강의 강신이다. 용철갑상어는 집단 단위로 이루어지므로 주체는
집단이고, 의례는 준비의식, 영신과 교신의식, 송신의식의 순서로 진행
된다.

◎ 준비의식
◦ 버드나무 장대 설치
일몰이 시작되면 용철갑상어잡이에 나갈 남자들은 잘 대패질한 버드나무
장대와 대팻밥을 가지고 아무르강 기슭으로 간다. 이들이 일몰이 시작된
이후 의례를 거행하는 것은 강신은 하계신인데 중계와 하계는 반대의 속
성을 가지고 있다는 관념에 의한 것이다. 즉 이들은 중계가 밤이면 하계는
하계 사람들이 활동하는 낮이기 때문에 이에 맞추어 의식을 거행해야 한
다고 믿는데 이는 극동 토착종족 공통의 관념이다.
　장대는 상계 ↔ 중계 ↔ 하계를 연결하는 우주의 중심축, 의례 대상인

467 Т. Ю. Cем, Картина мира тунгусов: пантеон (семантика образов и этноку
льтурные связи): историко-этнографические очерки, СПб.: Фил-факуль
тет СПбГУ, 2012, p.508.

아무르강 강신의 신상, 아무르강 강신이 강림하여 나나이족과 교류·소통하게 될 우주목·씨족목을 상징한다. 장대로 인해 의례참가자들은 자신들은 우주의 중심, 신에 의해 정화된 신성한 곳에 있으며 신의 선택을 받은 존재라는 믿음을 가지게 되므로 의례에서 장대는 종교적 역할과 우주론적 역할을 동시에 수행한다.

◦ 대팻밥 묶기

버드나무 장대에 대팻밥 6~9개를 묶는데 대팻밥의 개수는 성수 3의 배수로서 성수 6과 9숭배에 의한 것이다. 대팻밥은 불·불꽃을 상징하는 메타포이며 의례의 시공간으로 화신을 불러오는 역할을 한다. 화신은 아무르강의 강신을 의례의 시공간으로 불러와 나나이족 ↔ 화신 ↔ 아무르강 강신의 네트워크를 만든다. 이때 화신은 나나이족이 바친 제물을 아무르강의 강신에게 전해주면서 이들의 바람인 용철갑상어의 풍어를 알려주는 역할, 의례의 시공간에 있는 악령과 불길한 기운을 퇴치하여 의례참가자들을 보호하는 역할을 한다.

아무르강의 강신은 이 제물들을 다시 자신의 하위 신들과 강 사람들에게 나누어준다. 나나이족에게 강신의 하위 신에는 인간 형상의 아도, 봄이 되면 샘에서 바다로 나오는 거대한 연어 형상의 맘카, 머리를 길게 기른 바다제비 형상의 노인인데 바다 가운데 절벽에서 담배를 피우는 속다가 엔두리 무두르 등이 있다.[468] 아도의 실체는 불분명하지만 인간 기원 정령이며, 맘카는 연어의 정령으로 나나이족의 연어잡이를 도와주는 역할을 한다. 속다가 엔두리 무두르는 sokda(sogginda, 샤먼의식을 하다/ 오로치어) + εnduri(신, 정령, 천신/ 퉁구스제어) + 무두르(mudur, 용신/ 네기달어, 퉁구스족 남부그룹어, 만주어)의 구조이다.[469] 극동 퉁구스족 남부그룹의 신화에서 용신 무두르는 강신 숙쟈 에제니 하위 신이다. 따라서 속다

468 А. В. Смоляк, Ульчи (Историко-этнографические очерки), М.: Наука, 1966, p.143; Т. Ю. Сем, Картина мира тунгусов: пантеон (семантика образов и этнокультурные связи): историко-этнографические очерки, СПб.: Фил -факультет СПбГУ, 2012, p.511.
469 ССТМЯ 2, p.103.

가 엔두리 무두르는 바다 가운데 절벽에 기거하지만 해신이 아니라 강신의 하위 신이며, 샤먼과 같은 능력을 지닌 복합적 형상의 용신이다. 이에 의하면 나나이족의 강신들은 물고기, 반인반수(반인반어), 인간의 형상인데 이는 토테미즘이 샤머니즘에 흡수되면서 이들의 자연신이 토템신 → 반인반수 → 인간신으로 변형되는 과정을 보여준다.

◦ 귀가 및 제물 준비

완전히 어둠이 내려앉으면 집으로 돌아와서 죽과 고기 등의 제물을 준비한 뒤 제기에 담아 다시 아무르강 기슭으로 간다. 고기를 제물로 바치는 것은 강신에게는 강에 없는 것을 바쳐야 한다는 관념에 의한 것이고, 세 조각의 고기를 바치는 것은 성수 3숭배에 의한 것이다. 따라서 이들의 제물에는 자연과 우주의 조화를 통해 인간세계 및 지구와 우주의 질서와 풍요를 이루고자 하는 이들의 자연철학과 생태적 세계관이 담겨있다.

◎ 영신의식과 교신의식

◦ 제물 진설

버드나무 장대 옆에 제물을 진설한다.

◦ 연유 닦음

아무르강의 강신에게 의례의 목적과 자신들의 염원인 용철갑상어잡이의 성공을 기원한다.

◎ 송신의식

◦ 헌제의식

제물을 강에 바치면서 신을 떠나보내는데 이들은 제물이 강을 따라 빨리 떠내려가면 아무르강의 강신이 기꺼이 제물을 받은 뒤 용철갑상어의 풍어를 보장해줄 것이라고 믿는다.

◦ 음복례

의례가 끝나면 남은 제물을 집으로 가지고 와서 가족들과 함께 나누어 먹는데 이는 아무르강의 강신이 흠향 후 제물에 남겨놓은 복을 가족들과 공유함으로써 함께 재액초복을 이루고, 가족공동체의 유대감을 강화하기 위한 것이다.

의례가 끝나면 이들은 주변 상황이 전도되면서 어로를 방해하는 악
령과 불길한 세력들이 퇴치되었고, 자신들과 이 세력들과의 갈등은 해
소되었으며, 자신들의 바람인 용철갑상어의 풍어가 이루질 것이라는
믿음을 가지게 된다.

(2) 극동 토착종족의 비정기적 강신제

비정기적 강신제는 어로가 흉년일 때 거행하는데 의식의 목적은 어
로를 방해하는 악령과 불길한 세력들을 퇴치하거나 마을을 떠도는 수
사자의 영혼을 물의 세계에 통합시키기 위한 것이다. 어로의 흉년은 인
간이 예측할 수 없는 자연재해이기 때문에 비정기적 강신제의 시기는
유동적이다. 이들에게 어로의 흉년은 개인의 문제가 아니라 씨족 전체
의 생존을 위협하는 불행이었기 때문에 비정기적 강신제에 씨족구성원
의 참여는 의무였다. 따라서 비정기적 강신제는 씨족제(마을제)와 결합
되어 있으며 의례의 주체는 집단이다.

① 울치족의 비정기적 강신제 우투 우투우
가. 우투 우투우 의례의 특징
울치족은 가을철 어로가 흉년이었으면 겨울 초입 우투 우투우 의례
를 거행한다. 우투 우투우의 어원은 불분명하지만 ugtu(만나다/ 몽골 고
어), uktu(만나다/ 에벤키어, 네기달어, 오로치어, 오로크어), uktu(통곡, 슬픔/ 만주
어)[470]에 근거할 때 신들에게 자신들의 처지를 읍소하면서 풍어를 기원
하는 의례이며, 몽골·퉁구스 조어 기원이다. 현재 하바롭스크주 울치지

---

[470] ССТМЯ 2, p.254.

[그림 102] 하바롭스크주 울치지역의 울치족 코이마 마을과 코이민 절벽
https://collection.kunstkamera.ru/entity/OBJECT/83479?ysclid=lu5dgvdmcn159252286

역 코이마 마을의 울치족에게 우투 우투우 의례가 가장 잘 보존되어 있다.[471]

〈코이마 마을 울치족의 우투 우투우 의례〉 마을의 남자들은 모두 코이민 절벽으로 간다. 절벽으로 가는 도중 장대와 신상을 만들 버드나무 가지를 준비한다. 절벽에 도착하면 버드나무 가지를 잘 대패질하여 장대 2개를 만들어 절벽에 설치한다. 장대 위에는 대팻밥을 묶는다. 성조신 마시와 바람의 신 보초의 신상을 한 개씩 만들고, 십자가 모양의 신상들을 만들어 위에 거칠게 사람의 얼굴을 새긴다. 신상들에 대팻밥을 두른 뒤 자신들이 성소로 숭배하는 사람의 집을 닮은 바위 옆에 안치한다. 절벽에서 흰 개를 죽여 나무에 매단 뒤 그 피를 신상에 바른다. 잠시 후 개를 땅에 묻는다. 다음 수수·콩·약초뿌리로 만든 죽·술·담배 등의 제물을 신상 앞에 진설한다. 세관장이 절벽 끝에서 강으로 제물을 던지면 모두 바위 옆에 무릎을 꿇고 앉아 기원한다. "대지모신이시여! 제물을 받으십시오. 당신만이 굶주림에 처한 우리를 구해줄 수 있습니다. 당신에게 우리의 행복을 기원합니다. 제발 문을 열어주세요. 제발 아무르강에 물고

---

471 코이마 마을의 의례는 아직도 전통의 요소들이 잘 보존되어 있을 뿐만 아니라 다른 씨족이나 마을의 의식과 거의 동일하기 때문에 이 책에서는 우투 우투우를 중심으로 울치족의 비정기적 강신제를 살펴본다.

기를 보내주세요. 안 그러면 우리 모두 굶어 죽을 것입니다." 그다음 신
상들의 입에 죽과 월귤나무 열매를 바르고, 술을 뿌린 뒤 남은 술은 함께
마신다.

아무르강으로 내려가 얼음구멍을 뚫고, 옆에는 바위 옆에 안치했던
신상들과 동일한 신상들을 안치한다. 얼음구멍 옆에 무릎을 꿇고 앉아
죽·담배·술·쓰레기·거미줄을 강물에 넣으면서 기원한다. "강신들이시
여! 우리는 이미 굶어죽을 것이라고 말했습니다. 이것이 우리에게 남은
마지막 음식입니다. 우리는 이것들을 조금씩 갉아먹으면서 어렵게 목숨
을 이어가고 있습니다. 제발! 우리가 바치는 제물을 받으시고 우리에게
물고기를 보내주세요!" 다음 신상의 입에 제물을 바른다. 남은 담배와 술
은 참가자들끼리 나눈 뒤 집으로 돌아간다.[472]

우투 우투우 의례에는 마을의 모든 남자들이 참가하므로 씨족제(마을
제)의 성격을 띤다. 의례는 절벽에서 거행되는 전반부의 내당제(內堂祭)와
강에서 거행되는 후반부의 외당제(外堂祭)로 나누어진다. 제관장은 씨족
구성원들 중 최연장자 혹은 씨족장이며, 주체는 집단이다. 제관장은 생기
복덕법(生氣福德法)에 따라 길일을 택일하여 공동체구성원들에게 알려준
다. 의례 전날 미리 수수·콩·약초뿌리로 죽을 만들고, 술·담배·마하레
브 벚꽃·월귤나무 열매 등의 제물과 희생 제의로 바칠 흰색 개를 준비한
다. 더불어 각자 자신의 집 창고에서 거미줄과 쓰레기들을 모아 둔다.

나. 내당제: 절벽에서의 의식

내당제의 숭배 대상은 대지모신, 성조신 마시, 바람의 신 보초, 강신
과 그 하위 신들로 다양하지만 주신은 대지모신이다. 내당제의 제장은

---

472 А. М. Золотарев, Родовой строй и религия ульчей, Хабаровск: Дальгиз, 1939, pp.94-95.

코이민 절벽이고, 제당은 바위인데 바위는 상계 ↔ 중계 ↔ 하계를 연결하는 우주의 중심축이자 신과 울치족의 교류가 이루어지는 우주의 중심이다. 울치족은 바위로 인해 자신들은 신의 선택을 받은 존재이며 우주의 중심에 존재한다는 믿음을 가지게 되므로 의례에서 바위는 우주론적 역할과 종교적 역할을 동시에 수행한다. 의례는 준비의식, 영신과 교신의식의 순서로 진행된다.

◎ 준비의식
° 제장으로 집합 및 장대 설치
마을의 남자들은 모두 코이민 절벽으로 가는데 도중에 장대를 만들 버드나무 가지를 준비한다. 버드나무 가지를 잘 대패질하여 장대 두 개를 만들고, 위에는 대팻밥을 묶은 뒤 절벽에 설치한다. 두 개의 장대는 신들의 세계로 들어가는 문을 상징하므로 장대 너머의 공간은 신들의 세계, 죽음·악령·타자의 세계, 우주의 주변, 혼돈의 세계이며, 장대를 넘기 전의 공간은 울치족의 세계, 생과 부활의 세계, 우주의 중심, 신에 의해 정화된 질서 잡힌 신성한 세계이다. 따라서 장대는 카오스/ 코스모스, 성/ 속, 생/ 사, 아/ 타, 선/ 악, 신/ 인간, 중심/ 주변, 자연/ 문화의 이원대립을 내포하고 있다. 장대에 묶은 대팻밥은 불·불꽃을 상징하는 메타포이며 화신을 의식의 시공간으로 불러오는 역할을 한다. 의례에서 화신은 울치족의 세계와 신들의 세계를 경계 짓고 통합하는 역할을 한다.
° 신상 제작
성조신 마시와 바람의 신 보초 등 여러 신의 신상을 만드는데 내당제의 주신인 대지모신의 신상은 만들지 않으므로 바위가 대지모신의 신상을 대신한다. 내당제 숭배 대상의 신 중 성조신은 각 가정의 길흉화복을 다스리고, 재액초복을 가져다주는 가택신인데 이 의례에서 성조신은 개별 성조신을 대표하는 총체적·보편적·집합적 성조신이다. 십자가 모양의 신상들 위에 거칠게 새긴 사람의 얼굴은 의식에 참가하게 될 아무르강의 강신과 그 하위 신들을 상징한다. 따라서 이 의례에는 울치족 사이에서 강신과

그 하위 신들이 인간의 형상으로 변형된 이후의 관념이 반영되어 있다.

◦ 신상 안치

모든 신상에 대팻밥을 두른 뒤 바위 옆에 안치한다. 대팻밥은 불·불꽃을 상징하는 메타포이며 화신을 의례의 시공간으로 불러오는 역할을 한다. 화신은 의례의 시공간으로 자연신들을 불러와 인간 ↔ 화신 ↔ 자연신의 네트워크를 만든 뒤 자연신들에게 울치족이 바친 제물을 전해주고 이들의 바람을 전달하는 역할, 의례의 시공간에 있는 악령과 불길한 세력을 퇴치하고, 신들과 의례참가자들을 보호하는 역할을 한다. 내당제 때는 대지모신을 상징하는 바위 옆에 신상들을 안치하므로 내당제의 주된 목적은 마을 보호이다.

◎ 영신과 교신의식

◦ 개 희생 제의

흰색 개를 죽인 뒤 나무에 매달고 그 피를 신상에 바르는데 피는 개의 영혼을 상징하며, '흰색' 개를 제물로 바치는 것은 흰색이 지닌 '신성함, 숭고함'의 상징의미로 인한 것이다. 개를 나무에 매단 뒤 다시 땅에 묻는 것은 개를 내당제의 주신인 대지모신의 세계에 통합시키기 위한 것이다. 의식이 끝나면 개는 대지모신의 보조령이 되어 울치족과 대지모신의 세계를 연결하는 역할을 한다. 이에 의하면 과거 이들은 해신제뿐만 아니라 어로의 흉년으로 인한 강신제 때도 개 희생 제의를 거행하였다. 따라서 이들에게 어로의 흉년은 자신들이 숭배하는 개를 희생 제물로 바칠 만큼 절박한 문제였다.

◦ 제물 진설

죽·술·담배 등의 제물을 신상 앞에 진설한다.

◦ 연유 닦음

제관장이 절벽 끝에서 강으로 제물을 던지면 모두 바위 옆에 무릎을 꿇고 앉아 의식의 목적과 자신들의 바람을 대지모신에게 기원한다. 이때 이들은 대지모신에게 문을 열어달라고 하는데 이 문은 아무르강에 있는 신화적 문으로 문이 열리면 물고기들이 아무르강으로 나와 울치족의 세계로 오면서 풍어가 이루어진다. 그런데 이 문을 여닫는 것은 아무르강 강신의

영역인데 이를 대지모신에게 기원하는 것은 강신이 이들이 중계 3대 신
으로 숭배하는 타이가신·대지모신·해신(혹은 화신)보다 신격이 낮기 때
문이다.
◦ 헌제의식
신상의 입에 죽과 월귤나무 열매를 바르고 술을 뿌리는데 이는 신들에게
바치는 제물이다.
◦ 음복례
남은 술은 함께 마시는데 이는 신들이 흠향 후 술에 남겨놓은 복을 공유
하여 함께 재액초복을 이루고, 공동체의 유대감을 강화하기 위한 것이다.

내당제가 끝나면 이들은 주변 상황이 전도되면서 마을을 떠돌면서
풍어를 방해하던 악령과 불길한 세력들은 퇴치되었고, 자신들과 이런
세력들의 갈등은 해소되었으며, 자신들의 바람인 풍어가 이루어질 것
이라는 믿음을 가지게 된다.

다. 외당제: 아무르강에서의 의식

[그림 103] 울치족의 비정기적
강신제에서 외당제
Березницкий, 2005, p.602.

외당제의 주신은 아무르강의 강신이며, 제장은 아무르강이고, 제당은
얼음구멍이며, 의식은 준비의식, 영신과 교신의식의 순서로 진행된다.

◎ 준비의식

모두 아무르강으로 내려가서 얼음구멍을 뚫는데 이 의식은 고대 얼음구멍을 뚫어 어로를 했던 시기의 흔적을 반영하고 있다.

◎ 영신과 교신의식

◦ 제당 마련과 신상 안치

얼음구멍 옆에 내당제 때 바위 옆에 안치했던 신상들과 동일한 신상들을 안치하므로 내당제와 외당제는 주신은 다르지만 숭배 대상의 신은 동일하다.

◦ 연유 닦음

모두 얼음구멍 옆에 무릎을 꿇고 앉으면 제관장이 죽·담배·술·쓰레기·거미줄을 얼음구멍에 넣으면서 의례의 목적과 자신들의 바람을 강신들에게 기원한다. 기원문에서 제관장은 '강신들'을 찾으므로 주신은 아무르강의 강신이지만 의례의 대상은 아무르강 강신과 그 하위 신들이다. 이들이 쓰레기와 거미줄을 제물로 바치는 것은 어로의 흉년으로 인해 자신들이 절박한 처지에 놓여있음을 신들에게 알리기 위한 것이다.

◦ 음복례

신상의 입에 제물을 바르고, 남은 담배와 술은 참가자들끼리 나눈 뒤 집으로 돌아간다. 이는 신들이 흠향 후 여기에 남겨놓은 복을 의례에 참가하지 못한 가족들과 공유하여 함께 재액초복을 이루고, 가족의 유대감을 강화하기 위한 것이다.

우투 우투우 의례는 대지모신이 주신인 내당제에서 아무르강 강신이 주신인 외당제로 단계적으로 전환되므로 내당제가 외당제보다 먼저 출현하였고, 대지모신 숭배가 강신 숭배보다 이른 시기의 관념이다. 우투 우투우는 대지모신, 성조신, 바람의 신, 강신, 최초의 선조로서 절벽 숭배,[473] 바위 숭배, 개 숭배 등 시기가 다른 다양한 관념들이 혼종·융합된 복잡한 의례이다. 또 내당제의 주된 목적은 마을 보호이고, 외당제의 주된 목적은 풍어이므로 우투 우투우는 내당제와 외당제가 융합되어

하나의 완전한 체계를 이루고 있다.

② 나나이족의 비정기적 강신제 체

수사자가 있는 가정과 씨족에서는 주기적으로 수사자 위령제를 거행한다. 그런데 부득이한 사정으로 오랫동안 수사자 위령제를 지내지 못했는데 어로가 흉년이면 수사자의 영혼이 마을을 떠돌면서 어로를 방해하기 때문이라고 믿는다.[474] 이럴 경우 나나이족은 어로를 중단하고, 수사자의 영혼을 물의 세계로 통합시키는 위령제 체를 거행한다. 그런데 수사자의 영혼은 과거 언젠가 이들 씨족구성원이었던 조상령들이므로 근저에는 조상 숭배가 자리하고 있다.

〈나나이족의 비정기적 강신제 체〉 수사자의 영혼의 거처 파뇨를 만들어 아무르강 기슭에 안치한다. 수수·콩·약초뿌리를 넣은 죽, 나무 조각, 물고기 등의 제물, 제기, 여러 개의 버드나무 장대, 대팻밥 등의 의례용품을 준비한다. 장대 꼭대기에는 대팻밥을 묶는다. 의례가 거행되는 날 강가에서 수사자의 집까지 이어지는 길 양쪽에 장대들을 박는다. 강가 바로 옆의 장대 2개는 다른 장대보다 굵은 나무로 만든다. 이런 식으로 오솔길을 만든 뒤 제물을 바친다. 수사자의 영혼이 장대에 깃들면 강으로 끌고

473 최초의 선조로서 절벽 신화는 울치족 사이에서는 실전되었지만 오로치족에게는 선승되고 있으므로 과거 극동 토착종족에게는 유사한 모티프의 신화가 있었다. 〈오로치족의 하다우와 닷타 마을의 절벽 신화〉 대지는 아직 없었다. 지고신 보아 엔두리는 하다우를 보내 인간, 대지, 강, 동물, 식물을 만들었다. 하다우는 아내와 함께 절벽으로 변했지만 아무도 이 사실을 몰랐다. 이들은 닷타 마을에 아주 오랫동안 서있었다. 오로치족은 이들의 후손들이다. С. В. Березницкий, Мифология и верования ороче й, СПб.: ПбВ, 1999, p.152.

474 Е. А. Гаер, Традиционная бытовая обрядность нанайцев в конце XIX~нач але XX в.(к проблеме устойчивости развития традиций), Диссерт. ...Кан д. Исторических Наук, ИЭ АН СССР АН СССР, 1984, p.45.

가면서 "수사자의 영혼이시여! 가장 먼저 잡은 연어를 당신에게 바치겠습니다! 어로를 방해하지 마세요! 제물을 받으세요! 제발 어로를 방해하지 마세요! 이 오솔길을 따라 당신의 세계로 가세요. 당신에게 나무 조각과 쓰레기를 바칩니다!"라고 기원한다. 의례가 끝난 뒤 장대들은 그곳에 놓아두었다가 불에 태운다.[475]

위 의례에서 제장은 강에서 수사자의 집으로 이어지는 모든 공간이고, 제당은 제장과 결합되어 있으며, 제관장은 씨족장이다. 씨족장이 생기복덕법에 따라 길일을 택일하여 알려주면 모두 함께 의례를 준비한다. 의례는 준비의식, 영신의식, 교신의식, 송신의식의 순서로 진행된다.

◎ 준비의식
° 의례용품 준비
의례 전날 제물, 제기, 여러 개의 버드나무 장대, 대팻밥 등의 의례용품을 준비하고, 장대 꼭대기에는 대팻밥을 묶는데 대팻밥은 불·불꽃을 상징하는 메타포이며 의례의 시공간으로 화신을 불러오는 역할을 한다. 화신은 의례의 시공간으로 수사자의 영혼을 불러와 나나이족과 연결하여 이들의 바람을 알려주는 역할, 의례의 시공간에 있는 악령과 불길한 세력을 퇴치하고 의례참가자들을 보호하는 역할, 수사자와 장대를 하계에 통합시키는 역할을 한다.
° 영혼의 오솔길 만들기
의례가 거행되는 날 강가에서 수사자의 집으로 이어지는 길 양쪽에 장대들을 박아 수사자의 영혼이 오가게 될 오솔길을 만드는데, 장대의 숫자는 강에서 수사자 집까지의 거리에 따라 달라진다. 의례에서 오솔길은 마을을 떠도는 수사자의 영혼을 유인하여 보다 쉽게 강의 세계에 통합시키는

---

475 Е. А. Гаер, там же, p.45.

역할을 한다. 강가 바로 옆의 장대 2개를 다른 장대보다 굵은 나무로 만드는 것은 이 장대들은 수사자의 영혼을 강으로 데리고 가는데 사용되기 때문이다. 이 의례에서 오솔길 밖은 아의 세계, 생과 부활의 세계, 질서 잡힌 신성한 세계, 우주의 중심, 오솔길은 수사자의 세계, 죽음·악령·타자의 세계, 우주의 주변, 혼돈의 세계이다. 따라서 오솔길은 카오스/ 코스모스, 성/ 속, 생/ 사, 아/ 타, 물/ 땅, 안/ 밖, 선/ 악, 자연/ 문화, 중심/ 주변, 조상/ 후손의 이원대립을 내포하고 있다.

◎ 영신과 교신의식
◦ 헌제 의식
수사자의 영혼에게 제물을 바치면서 수사자의 영혼이 장대에 깃들기를 기다린다.
◦ 연유 닦음
수사자의 영혼이 장대에 깃들면 강으로 데리고 가면서 의례의 목적과 자신들의 바람인 풍어를 기원한다. 이들의 기원문 속에서 '당신의 세계'는 수사자의 영혼이 기거하는 세계로 바다, 강, 호수, 연못 등 사망 장소에 따라 달라진다. 이들은 수사자의 영혼에게 나무 조각과 쓰레기를 바친다고 하였는데 쓰레기는 물고기를 의미한다. 이는 물고기는 인간의 말을 알아듣기 때문에 직접적으로 물고기라고 말하면 물고기의 기분이 상한다는 관념에 의한 것이다. 이로 인해 이들은 물고기를 다른 코드화된 단어로 대체하는데 이는 물고기는 외형과 거주지는 다르지만 인간과 같은 인격체이며 감정을 가지고 있기 때문에 인간의 감정을 배려하듯 그들의 감정도 배려해야 한다는 이들의 생태적 세계관에 의한 것이다.

◎ 송신의식
의식이 끝난 뒤 장대들을 제장에 놓아두면서 수사자의 영혼을 떠나보낸다. 이후 장대들을 불에 태우는데 이는 이 의식으로 장대들은 중계와 하계, 생과 사의 경계 지점에 놓이게 되어 산자들에게 피해를 줄 수 있기 때문에 수사자의 영혼과 함께 물의 세계에 통합시키기 위한 것이다.

[표 24] 극동 남부 토착종족의 정기적, 비정기적 강신제의 차이점과 공통점

	정기적 강신제	비정기적 강신제
의례의 주신	아무르강의 강신	아무르강의 강신, 대지모신, 수사자의 영혼 등
거행 시기	어로 전	어로가 흉년일 때
거행 목적	풍어 기원	풍어 기원
의례 주체	한 명 혹은 집단	집단
제관장	가장	씨족장(씨족장들 중 최연장자)
제장	아무르강 기슭	의례의 목적에 따라 유동적
제당	유동적	의례의 목적에 따라 유동적
의례용품	버드나무 장대, 대팻밥, 제물, 제기 등	버드나무 장대, 대팻밥, 제물, 제기 등
샤먼의 참여	참여 안함	참여 안함

Ⅳ. 극동 토착종족의 불과 물 숭배의 융합
: 종족제를 중심으로

극동 토착종족의 종족제는 단순한 의례가 아니라 불 숭배와 물 숭배가 혼용된 종합적·총체적인 의례이다. 극동 토착종족의 종족제는 인접하여 거주하는 몇몇 씨족 단위로 거행되지만 같은 시기, 같은 내용과 절차로 종족 전체에서 거행되므로 본질은 종족제이다. 종족제는 종족에 따라 거행 시기가 달라지는데 네기달족은 겨울 사냥이 끝나는 3월 즈음, 에벤키족은 4월 중순~5월 중순 사이에 거행한다. 또한 이들의 종족제는 매년 혹은 몇 년에 한 번 씩 동일한 시기에 개최되므로 주기적 순환성을 가지고 있으며 그 근저에는 종족과 씨족공동체의 재생, 부활,

불멸의 삶에 대한 염원이 자리하고 있다. 이들의 종족제는 주로 강가에서 개최되므로 물 숭배가 근간을 이루지만 의례 전후 화신제를 거행하므로 이들의 종족제에는 불과 물 숭배가 융합되어 하나의 완전한 체계를 이루고 있다.

1. 에벤키족의 종족제 이케닙케에서 불과 물 숭배

에벤키족은 4월 중순에서 5월 중순 사이 초승달이 뜨는 날부터 시작하여 1주일 동안 '삶의 부활'이란 의미의 새해맞이 이케닙케(Iekɛnibkɛ) 의례를 거행하는데 이들의 전통의례 중 규모가 가장 크다. 그런데 이들의 거주지는 예니세이강~오호츠크해로 매우 광활하여 종족구성원 전체가 한 공간에 모이는 것이 불가능하였기 때문에 인접하여 거주하는 몇몇 씨족 단위로, 이 씨족들의 유목지가 교차하는 강 수원에서 거행하였다. 이케닙케는 iekɛ(노래, 에벤키족의 노래를 부르면서 춤을 추다/ 에벤키어)[476] 에서 기원하며 의례의 목적은 지고신으로부터 성스러운 힘 무순을 받아 자연의 부활과 풍요, 개인 및 공동체의 평안과 안녕, 종족과 씨족공동체의 정체성과 유대감 강화 및 영원불멸을 기원하는 것이다.[477] 그런데 의례를 샤먼이 주도하지 않기 때문에 이케닙케는 샤머니즘 수용 이전에 출현한 에벤키족 고유의 의례이다. 이케닙케는 소비에트 연방 시절 폐지되었다가 1994년부터 사하공화국 이엔그라 에벤키족 민족문화자치구에서 다시 거행되고 있다.

---

476 ССТМЯ 1, p.304.
477 엄순천, 「에벤키족의 사계절과 이케닙케 새해맞이 순록축제」, 『알타이민족의 축제』, 신아사, 2018, p.109.

1) 에벤키족의 종족제 이케닙케에서 불 숭배

에벤키족의 종족제 이케닙케는 불 정화의식에서 시작된다.

〈에벤키족의 종족제 이케닙케에서 불 숭배〉 의례 장소 곳곳에 에벤키족 전통 춤과 정화도구 치칩가운을 설치한다. 씨족장들의 지시에 따라 철쭉가지를 넣어 모닥불을 피운다. 씨족장들은 철쭉 연기로 참가자들을 정화시키는 올가니 의식을 거행한다.[478]

[그림 104] 에벤키족의 정화도구. 1. 솔립칸, 2. 살가트, 3. 욱둑칸

의례의 제장은 강가이며, 제당은 제장과 결합되어 있고, 제관장은 씨족장(들)이며, 의례의 주체는 집단이고, 의례는 준비의식, 영신과 교신 의식, 오신의식의 순서로 거행된다.

◎ 준비의식

의례 장소 곳곳에 에벤키족 전통 춤과 정화도구 치칩가운[479]을 설치하는데 의례에는 정화도구를 지난 사람만이 참가할 수 있다. 이는 종족제에는

------

478 Г. М. Василевич, Эвенки. Историко-этнографические очерки (XVIII~нача ло XX в.), Л.: Наука, 1969, p.222.

479 정화도구의 용어와 형태는 지역이나 씨족에 따라 다르지만 그 역할은 동일하다. https://dela.ru/lenta/240764/; https://news.myseldon.com/ru/news/index/216167519; http://yakutiakmns.org/archives/7674. 검색일: 2023.01.10.

[그림 105] 2016년 이엔그라 에벤키족 민족문화자치구에서 개최된 이케닙케 축제
중 불 정화의식 올가니 https://primamedia.ru/news/720736/

신에 의해 정화된 사람만이 참가할 수 있다는 관념에 근거하므로 이 의식
에서 화신은 악령과 불길한 세력을 퇴치하는 정화의 역할을 한다.

◎ 영신과 교신의식
◦ 모닥불 피우기
씨족장들의 지시에 따라 씨족별로 철쭉가지를 넣어 모닥불을 피우는데
모닥불은 화신이 깃들일 곳이자, 화신을 의례의 시공간으로 불러오는 역
할, 상계 ↔ 중계 ↔ 하계를 연결하는 우주의 중심축, 에벤키족이 신들에
게 제물을 바치고 신들이 제물을 받는 숭배용 제단의 역할을 한다. 화신
은 마을신, 타이가신 등 자연신들을 의례의 시공간으로 불러와 에벤키족
↔ 화신 ↔ 자연신의 네트워크를 만들어 에벤키족에게 재액초복을 가져
다주는 역할, 악령과 불길한 기운을 퇴치하고, 의례참가자들을 보호하는
역할을 한다.
◦ 정화의식
씨족장들은 철쭉 연기로 참가자들을 정화시키는 올가니 의식을 거행하
는데 올가니는 ollon(불 위에 매달다/ 퉁구스제어)에서 기원한다.[480] 이에
의하면 초기 이들의 이케닙케에서 화신제는 불 위에 무언가를 매다는 의

---

[480] Г. М. Василевич, Эвенки. Историко-этнографические очерки (XVIII~нача
ло XX в.), Л.: Наука, 1969, p.222; ССТМЯ 2, p.14.

식이었으나 이후 정화의식으로 변형되었다. 올가니 의식으로 의례참가자들은 자신들은 신에 의해 선택받은 존재이며 신에게 더 가까이 다가갈 수 있다는 믿음을 가지게 된다.

2) 에벤키족의 종족제 이케닙케에서 물 숭배

에벤키족의 주요 생업은 사냥과 순록사육이고, 보조 생업은 어로다. 20세기 초 일림페야강 에벤키족 마을을 답사한 리치코프에 의하면 에벤키족의 생업에서 어로는 큰 의미가 없으며 대다수가 보조 생업으로 어로에 종사하였지만 그리 좋아하지 않았는데 일부 노인층은 어로를 경멸하였다.[481] 사냥이 흉작일 때는 어로의 중요성이 커졌고, 오호츠크해 연안, 아무르강과 큰 호수 지역에 거주하는 그룹들에게는 어로가 중요한 생업이었지만 이들에게도 수신은 타이가신이나 대지모신보다 신격이 낮았다. 현재 사하공화국 이엔그라 에벤키족 민족문화자치구에서는 이케닙케 의례 때 물 숭배의 일환으로 네륨그리강 연안에서 강신제를 거행하지만 이는 종족제에서 거행되는 여러 의식의 하나이다. 종족제 이케닙케에서 강신제의 제장은 강가이고, 제당은 제장과 결합되어 있으며, 주체는 집단이며, 숭배 대상은 보편적·총체적 수신인 무에이다.

에벤키족에 의하면 무에의 대표적인 하위 신은 무지가인데 에벤키족에게 무에는 추상적·관념적인 신으로 적극적인 숭배 대상은 아니다. 하지만 무지가는 적극적인 숭배 대상인데 mu(물/ 퉁구스제어)에서 기원한다. 이들은 치병의식 때, 어로와 바다동물 사냥에 거듭 실패할 때, 수사자가 발생할 때 샤먼의 지시에 따라 나무로 무지가의 신상을 만들어

---

481 К. М. Рычков, "Енисейские тунгусы", Землевеление 1~2, 3~4, М.-Л.: ТТКК°, 1917, 1922.

[그림 106] 2016년(좌), 2022년(우) 이엔그라 에벤키족 민족문화자치구에서
개최된 이케닙케 축제의 수신제
http://www.neruadmin.ru/news/nerungri/detail.php?ID=10717&phrase_id=160337;
https://ya.ru/video/preview/10682274029907753247

제물을 바친다.[482] 따라서 이들에게 무지가는 치병뿐만 아니라 어로와
바다동물 사냥의 성공을 도와주고, 수사자의 영혼을 물의 세계에 통합
시키는 역할을 하는 다기능의 신이다. 에벤키족에 의하면 무지가의 머
리와 몸통은 메기 형상이며, 다리는 짧고, 몸통에는 갈비뼈를 상징하는
아홉 개의 홈이 새겨져 있다.[483] 무지가는 퉁구스족 남부그룹의 용신 무
두르(mudur)와 음성적으로 유사하고, 메기는 한국인의 관념 속에서 용
이 되기 전 단계인 이무기이므로 무지가는 용과 관련이 있다. 따라서
무지가는 퉁구스족 북부그룹과 남부그룹의 관념이 융합되면서 원래 의
미와는 다른 새로운 의미가 산출된 혼종적인 단어이다. 그런데 이들이
무에가 아닌 그 하위 신인 무지가를 숭배하는 것은 이들에게 중요한
것은 추상적·관념적 신이 아니라 자신들의 삶과 밀접한 관련이 있고,
항시적으로 자신들을 도와주는 구체적인 신이기 때문이다.

---

482 Макаренко: Архив РЭМ, 1913, Ф.6, Оп.1, Д.215, Л.37; Д.216, Л.16-17.
483 Макаренко, там же, Л.16-17.

2. 극동 남부 토착종족의 종족제 운니에서 불과 물 숭배의 융합

종족제 운니(~운지)의례는 극동 퉁구스족 남부그룹 공통인데 종족에 따라 의식의 내용과 절차의 차이는 있지만 거행 시기, 목적, 거행 횟수 등은 동일하다. 이는 이들이 인접하여 거주하면서 문화적, 계통적으로 서로 밀접하게 교류하였음을 말해준다. 종족제 운니는 1년에 2회, 봄에는 해빙기(解氷期)에, 가을에는 결빙기(結氷期)에 거행된다. 이들에게 해빙기는 어로의 시작, 결빙기는 바다표범 사냥의 시작과 관련이 있으므로 종족제는 이들의 생업 주기에 맞추어 행해졌다. 운니는 uni(강/ 퉁구스족 남부그룹 언어)[484]에서 기원하므로 본디 종족제가 아니라 강신제였으며, 운니에서 강신제는 씨족장이 주관하므로 강신제는 샤머니즘 수용 이전에 출현하였다. 이들의 종족제 운니에는 타이가신, 대지모신, 마을신, 씨족신 등 다양한 자연신들이 참가하므로 강신제는 출현 이후 시대가 다른 다양한 층위의 관념들을 흡수하면서 오랜 기간에 걸쳐 종족제로 변형·발전되어 왔다. 운니에 의하면 이들은 초기 타이가에 인접한 강이나 계곡에서 씨족(마을) 단위로 생활하였으며, 강은 이들의 일상생활 및 종교적, 문화적 삶에서 중요한 위치에 있었다.

종족제 운니는 3일 동안 거행되는데 이는 성수 3숭배에 의한 것이고, 의례 기간 어로와 사냥, 다툼이나 분쟁은 금지되며 기분 상했던 일들을 모두 잊고, 서로의 행복과 평안을 기원한다.[485] 이에 의하면 종족제 운니의 목적은 신성한 기간을 설정하여 공동체구성원들이 함께 금기를 지킴으로써 공동체를 정화, 재생하기 위한 것, 단조로운 공동체의 삶에

---

484 ССТМЯ 2, p.277.

485 В. В. Подмаскин, Духовная культура удэгейцев XIX~XX вв.: историко-эт нографические очерки, Владивосток: ДВГУ, 1991, p.46.

리듬을 주고 반복적인 일상을 해체하여 삶의 활력을 되찾기 위한 것,
서로 간에 쌓인 긴장과 갈등을 해소함으로써 공동체의 유대감을 강화
하기 위한 것이다. 이 책에서는 종족제 운니에서 불 숭배는 오로치족을
중심으로, 물 숭배는 우데게족을 중심으로 살펴본다.

1) 오로치족의 종족제 운니에서 불 숭배

오로치족의 종족제 운니는 1단계 화신제와 2단계 샤먼 보조령 헌제
의식의 순서로 진행된다. 이들이 종족제를 화신제에서 시작하는 것은
악령과 불길한 세력들을 퇴치한 정화된 상태에서 의례를 거행하기 위
한 것이다. 또 2단계 샤먼 보조령 헌제의식은 화신제의 연장이기 때문
에 불 숭배가 중요한 위치에 있다.

(1) 1단계 화신제

〈오로치족의 종족제 운니에서 화신제〉 모두 강가에 모여 샤먼의 지시
에 따라 모닥불을 피운다. 샤먼은 무고를 두드리면서 기원한다. "모든 것
이 순조롭게 해주시고, 아무도 아프지 않고, 아무도 악령을 만나지 않게
해주세요. 아무도 화내지 않고, 아무도 상처받지 않고, 아무도 욕이나 거
친 말을 하지 않게 해주세요. 자연신이시여! 우리에게 평안을 주세요! 범
고래시여! 우리에게 평안을 주세요!"라고 기원한다.[486]

위 의식에서 제장은 강가이고, 제당은 모닥불이 설치된 곳이며, 제관장
은 샤먼인데 극동 토착종족의 화신제에 샤먼은 참여하지 않으므로 샤먼
이 제관장의 역할을 하게 된 것은 샤머니즘 수용 이후의 일이다. 의식의

---

486 ИиК нанайцев, p.101.

대상은 자연신이고, 주체는 집단이며, 의식은 준비의식, 영신과 교신의식
의 순서로 진행된다.

◎ 준비의식
  모두 제장인 강가에 모인다.

◎ 영신과 교신의식
∘ 모닥불 피우기
  샤먼의 지시로 모닥불을 피우는데 모닥불은 상계 ↔ 중계 ↔ 하계를 연
  결하는 우주의 중심축이자 화신이 깃들일 곳이며 동시에 의례의 시공간
  으로 화신을 불러오는 역할, 숭배용 제단의 역할을 한다.
∘ 샤먼의 보조령 불러오기
  샤먼은 신들과 교류하기 위해 무고를 두드리면서 보조령들을 불러온다.
  그런데 샤머니즘 수용 이전에는 오로치족과 신들이 직접 교류하였으나
  샤머니즘 수용 이후 이 관계에 샤먼이 개입하면서 오로치족 ↔ 샤먼 ↔
  샤먼의 보조령 ↔ 자연신의 다자(多者) 관계로 변형되었다.
∘ 연유 닦음
  샤먼은 자연신과 해신인 범고래에게 오로치족의 바람을 기원한다. 샤먼
  은 "모든 것이 순조롭게 해주시고, 아무도 아프지 않고, 아무도 악령을
  만나지 않게 해주세요. 아무도 화내지 않고, 아무도 상처받지 않고, 아무
  도 욕이나 거친 말을 하지 않게 해주세요. 자연신이여! 우리에게 평안을
  주세요! 범고래시여! 우리에게 평안을 주세요!"라고 기원한다. 따라서 이
  들에게 삶의 최고의 가치는 물질적 풍요, 사회적 지위, 명예가 아니라 삶
  의 평안, 공동체의 유대감과 화합이었다.

(2) 2단계 샤먼 보조령 헌제의식

〈오로치족의 종족제 운니에서 샤먼 보조령 헌제의식〉 화신제가 끝나면

모두 샤먼의 집으로 이동한다. 샤먼은 의식을 위해 보조령의 신상을 미리 만들어둔다. 샤먼은 보조령들의 신상에 돼지, 개, 수탉, 황새 등의 제물을 바치고, 그 피를 신상과 장대 투에 묶어 둔 종이에 바른다. 샤먼은 손에 불타는 철쭉가지를 들고 기둥 투 주위를 아홉 번 돈다. 그다음 장대 옆에 무릎을 꿇고 앉아 보조령들에게 씨족구성원들의 평안, 행복, 건강을 기원한다. 의식이 끝나면 개는 장대 투 근처의 땅에 묻고, 수탉은 장대에 매단다. 돼지는 삶아서 함께 나누어 먹는다.[487]

위 의식에서 제장은 샤먼의 집이고, 제당은 신상이 안치된 곳이며, 제관장은 샤먼이고, 주체는 집단이며, 대상은 샤먼의 보조령들이고, 의식은 준비의식, 영신과 교신의식, 송신의식의 순서로 진행된다. 이들이 샤먼 보조령 헌제의식을 하는 것은 샤먼은 보조령들이 없으면 천신, 자연신과의 교류가 불가능하여 이들에게 재액초복을 가져다줄 수 없기 때문이다. 따라서 이들의 종족제는 샤먼 보조령으로 인해 천신 ↔ 자연신 ↔ 샤먼 보조령 ↔ 샤먼 ↔ 인간 ↔ 천신의 순환구조가 만들어진다.

◎ 준비의식
샤먼은 의식을 위해 보조령의 신상을 미리 만들어둔다. 화신제가 끝나면 모두 샤먼의 집으로 이동한다. 의식에서 샤먼의 집은 성스러운 공간, 정화된 공간, 소우주, 우주의 중심, 생과 오로치족의 세계, 우주의 중심축이며, 집밖은 정화되지 않은 무질서한 혼돈의 공간, 죽음·악령·타자의 세계, 우주의 주변을 상징한다.

487 ИиК нанайцев, p.101.

◎ 영신과 교신의식

◦ 헌제의식

샤먼은 보조령들의 신상에 돼지, 개, 수탉, 황새 등의 제물을 바치고, 그 피를 신상과 장대 투에 묶어 둔 종이에 바르는데 돼지를 제물로 바치는 것은 퉁구스족 고유의 전통이다. 수탉을 제물로 바치는 것은 만주족의 영향이며,[488] 오로치족은 오래 전부터 개 사육에 종사하면서 개를 숭배 했으므로 개를 바치는 것은 이들 고유의 의식이다. 장대 투는 turu(기둥, 장대, 샤먼목/ 알타이제어)의 오로치식 음성변형이다. 이 의식에서 장대 는 상계 ↔ 중계 ↔ 하계를 연결하는 우주의 중심축이자 샤먼 보조령들 의 중개로 신들이 강림하여 오로치족과 교류하는 우주목·씨족목을 상징 한다.

◦ 정화의식

샤먼은 손에 불이 붙은 철쭉가지를 들고 장대 주위를 아홉 번 도는데, 이는 우주의 중심축으로써 장대를 정화하기 위한 것이다. 이때 철쭉 연기 는 불의 변형이며, 샤먼이 기둥을 아홉 번 도는 것은 성수 3의 배수로서 성수 9숭배에 의한 것이다.

◦ 연유 닦음

장대 옆에 무릎을 꿇고 앉아 샤먼의 보조령들에게 씨족구성원들의 바람 을 기원한다.

◎ 송신의식과 음복례

◦ 개와 수탉의 통합

신들을 떠나보내면서 개는 땅에 묻고, 수탉은 장대에 매다는데 이는 개는 하계신, 수탉은 천신에게 바치는 제물이기 때문이며 이 의식으로 개는 하계, 수탉은 천신의 세계에 통합된다. 이 의식의 근저에는 개와 수탉 숭 배가 자리하고 있는데 퉁구스족 신화에서 개는 중계와 하계를 연결하는

---

488 만주족 「니샨 샤먼(尼山薩滿)」 신화에서 서르구다이 피양고의 목숨을 구하러 하계에 간 여자 샤먼 니샨은 하계신 일문한의 보조령 몽골다이 낙추에게 개와 닭을 주고서 피양고를 구해 중계로 돌아왔다.

존재이다.[489]

∘ 음복례

돼지는 삶아서 함께 나누어 먹는데 이는 샤먼의 보조령들이 여기에 남겨 둔 복을 공유하면서 재액초복을 이루고, 씨족공동체의 유대감을 강화하기 위한 것이다.

2) 우데게족의 종족제 운지에서 물 숭배

극동 남부 토착종족은 중족제 운니(운지) 때 물 숭배의 일환으로 강신제를 거행하는데 제장은 거주지에 따라 달라진다. 우데게족을 중심에 둘 경우 연해주 그룹은 우수리강 지류인 호르강·비킨강·볼샤야 우수르카강의 강가에서, 하바롭스크주 그룹은 아무르강 우측 지류인 아뉴이강·훈가리강·우르미강의 강변에서 거행하는데 모두 아무르강의 지류이므로 의례의 주신은 아무르강 강신이다. 제관장은 의례에 참가한 씨족장들 중 최연장자가 맡는다. 제관장이 생기복덕법에 따라 길일을 택일한 뒤 공동체구성원들에게 알려주면 함께 고기, 생선, 마하레브 벚꽃 등의 제물과 버드나무 장대, 대팻밥, 제기 등의 의례용품들을 준비한다.

---

489 〈하계에 갔다 온 네기달족 남자〉 어느 날 집을 나갔던 개가 썩은 생선 꼬치를 가지고 배가 부른 상태로 돌아왔다. 남자는 다음 날 개의 뒤를 따라갔다. 개는 한참을 가더니 어떤 동굴로 기어들어 갔다. 처음에는 어두웠지만 조금 지나니 넓고 멋진 오솔길이 나왔고 곧 밝은 빛이 비쳤다. 곧이어 사람들과 모닥불이 보였다. 모닥불 옆에는 생선 꼬치가 쌓여있었다. ...남자는 생선 꼬치와 말린 생선을 허리춤에 묶은 뒤 개를 따라 집으로 돌아왔다. 그런데 생선들이 모두 썩어있었다. М. Хасанова, "Путь души в мир мертвых по представлениям народов Амура", Структура, функция и семантика погребального обряда народов Сибири: Этнографические очерки, Л. Р. Павлинская (Ред.), СПб.: Наука, 2007, p.136.

〈우데게족의 종족제 운지에서 강신제〉 첫째 날, 둘째 날 의식은 동일하
다. 일몰이 시작되면 남녀노소 모두 자신들 마을 근처의 강가에 모인다.
여인들은 모닥불을 설치한다. 남자들은 대팻밥으로 배를 장식한 뒤 칼로
배의 횡목에 자신들의 전통 문양을 새기고, 코에는 물오리 형상을 설치한
다. 남녀노소 모두 자신들의 북과 방울을 들고 모닥불 주위에 모인다. 모
닥불 주위를 돌면서 북소리에 맞추어 여인들은 손에 든 작은 방울 2개를
머리 위로 올렸다가 무릎 아래로 내려놓았다 하는 동작을 반복하고, 남자
들은 곰 사냥을 모방한 춤을 춘다. 셋째 날 봄철에는 선미에 동족 중 북을
가장 잘 두드리는 사람이 앉아 강을 따라 우데게족 마을을 차례차례 돈
다. 마지막 마을 사람들은 우데게족 전통의상을 입고, 버드나무 장대 주
위에서 춤을 추면서 사람들을 맞이하는데 남자들은 북을 들고, 철로 만든
20~25개의 뿔이 달린 허리띠를 매고 있다. 마을 순회가 끝나면 첫째 날
의례가 시작되었던 곳에 모여 함께 강가를 걷는다. 모두 함께 삶은 생선
과 마하레브 벚꽃을 곁들인 고기를 먹고, 노래를 부르고, 악기를 연주하
면서 의례는 끝이 난다.[490]

(1) 첫째 날, 둘째 날

첫째 날, 둘째 날 의식은 강가에서 거행되므로 제장은 강가이고, 제당
은 배이며, 의례는 준비의식, 영신과 오신의식의 순서로 진행된다.

◎ 준비의식
◦ 모닥불 피우기
  일몰이 시작되면 남녀노소 모두 마을 근처의 강가에 모이고, 여인들은
  모닥불을 설치하는데 이는 고대부터 이들 사회에서 불의 보존과 보호가
  여인들의 몫이었음을 말해준다. 모닥불은 화신이 깃들일 곳인데 화신은

---

490 В. В. Подмаскин, Духовная культура удэгейцев XIX~XX вв.: историко-эт
    нографические очерки, Владивосток: ДВГУ, 1991, p.45.

의례의 시공간으로 마을신·타이가신·강신 등의 자연신들을 불러와 우
데게족 ↔ 화신 ↔ 자연신의 네트워크를 만든다. 그런 다음 우데게족이
바친 제물을 신들에게 전달하면서 우데게족의 바람을 알려주어 재액초
복을 가져다주는 역할, 의례의 시공간에 있는 악령과 불길한 세력을 퇴치
하여 의례참가자들을 보호하는 역할을 한다.

◦ 제당 장식

남자들은 대팻밥으로 배를 장식한 뒤 칼로 배의 횡목에 자신들의 전통
문양을 새기고, 코에는 물오리 형상을 설치하는데[491] 의례에서 배는 자연
신들과 인간의 교류가 이루어지는 제당이다. 배에 장식한 대팻밥은 불·
불꽃을 상징하는 메타포로 화신을 불러오는 역할을 하는데 배의 화신과
강가 모닥불의 화신은 서로 다른 신이며 역할에서도 차이가 난다. 배의
화신은 배에 있는 악령과 불길한 기운을 퇴치하고, 배의 사람들을 보호하
는 역할을 한다. 배의 코에 설치한 물오리는 상계 ↔ 중계 ↔ 하계, 하늘
↔ 땅 ↔ 강을 오가면서 우데게족과 신들, 신과 신들을 연결하는 역할을
한다. 배에 새긴 문양은 악령과 불길한 세력을 퇴치하는 호부의 역할, 우
데게족의 바람을 신들에게 알리는 상징기호의 역할을 한다.

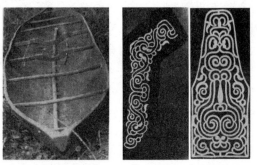

[그림 107] 우데게족의 전통 배 욱다(좌)와 전통 문양(우)
Подмаскин, 1991, pp.75, 80

491 С. В. Иванов, "Орнаментика, религиозные представления и обряды, связ
анные с амурской лодкой", СЭ 4~5, 1935, p.64.

◎ 영신의식과 오신의식

。 모닥불 주위에 집합

남녀노소 모두 자신들의 북과 방울을 들고 모닥불 주위에 모이는데 극동 토착종족은 샤먼이 아니어도 자신만의 북을 가지고 있을 뿐만 아니라 능수능란하게 다룬다. 이에 의하면 과거 이들에게 북은 신들과 소통할 수 있는 매개체였으며 샤머니즘 수용 이전에는 북을 이용하여 모든 사람들이 신들과 소통할 수 있었다. 방울도 북과 유사한 역할을 하였지만 북에 비해 그 중요도가 떨어지는데 북은 둥근 테두리, 순록가죽으로 만든 표면, 손잡이, 북채 그리고 여기에 새겨진 다양한 문양으로 인해 우주 상징성을 지니고 있기 때문이다. 샤머니즘 수용 이후 일반인과 신의 교류는 불가능해졌고, 북은 샤먼의 필수적인 징표가 되었으며, 샤먼은 인간과 신의 소통을 중개하는 특별한 계급으로 자리 잡았고, 샤먼의 권위와 위상은 더욱 강화되었다. 이로 인해 북은 의례 의식에서 인간과 신들을 연결하는 역할이 아닌 예술적·심미적·오락적 욕구를 충족시키는 역할을 담당하게 되었다.

。 원무 추기

모닥불 주위를 돌면서 북소리에 맞추어 여인들은 작은 방울 2개를 머리 위로 올렸다가 무릎 아래로 내려놓았다 하는 동작을 반복하고, 남자들은 곰 사냥을 모방한 춤을 추는데 남녀 춤의 차이는 일상에서 역할의 차이에 의한 것이다. 이에 의하면 이들 사회에서 여성들에게는 불의 보호와 보존, 남성들에게는 사냥이 중요한 역할이었다. 운지의례에서 원무는 태양 숭배에 근거하지만 자신들의 바람을 화신의 중개로 주변의 자연신들에게 전

[그림 108] 우데계족의 북춤
https://ya.ru/video/preview/82
606718620160024

달하고, 화신과 그 주위에 모인 여러 신들을 즐겁게 해주기 위한 것, 또 자신들의 심미적·예술적·오락적 욕구를 충족하여 육체적·심리적·정신적 긴장을 완화하기 위한 목적도 있다.

(2) 셋째 날

셋째 날 의식은 영신과 교신의식, 송신의식의 순서로 진행된다.

◎ 영신과 교신의식
∘ 마을 순회

봄철에는 배를 타고, 늦가을에는 개썰매를 타고 강을 따라 우데게족의
모든 마을을 돌면서 재액초복을 기원하는데 교통수단의 차이는 계절별
자연환경의 차이에 의한 것이다. 봄철에는 배의 선미(船尾)에 동족들 중
북을 가장 잘 치는 사람이 앉는데 이는 북을 두드려 강신·타이가신·마을
신 등 주변의 자연신들을 의식의 시공간으로 불러오기 위한 것이다.

이들이 우데게족의 모든 마을을 순회하는 것은 의례의 시공간에 초대
된 신들이 주는 풍어·건강·평안 등의 복을 거주 지역·남녀노소·빈부의
차이를 떠나 모두 공평하게 받아 함께 재액초복을 이루고, 종족과 씨족공
동체의 유대감을 강화하기 위한 것이다. 마지막 마을 사람들은 버드나무
장대 주위에서 춤을 추면서 사람들을 맞이하는데 버드나무 장대는 상계
↔ 중계 ↔ 하계를 연결하는 우주의 중심축이자 우데게족과 신의 교류가
이루어지는 우주목·씨족목을 상징한다. 또 남자들의 허리띠에 매달린 철
로 만든 20~25개의 뿔은 악령과 불길한 세력들을 퇴치하는 무기의 역할
을 하므로 샤머니즘 수용 이전에는 일반인도 무기를 이용하여 이러한 세
력들을 퇴치할 수 있었다.

◎ 송신의식
∘ 연유 닦음

마을 순회 의식이 끝나면 첫째 날 의례가 시작되었던 곳에 모여 함께 강
가를 걸으며 신들을 떠나보내는데 이때 신들에게 풍어, 사냥의 성공, 가
축의 다산, 가족과 씨족의 건강과 행복을 기원한다.
∘ 음복례

모두 함께 삶은 생선과 마하레브 벚꽃을 곁들인 고기를 먹고, 노래를 부
르고, 악기를 연주하면서 의례는 끝이 난다. 음복례는 의례에 참가한 신

들이 흠향 후 여기에 남겨놓은 복을 함께 공유하면서 공동체의 유대감을
강화하기 위한 것이다.

의례가 끝나면 우데게족은 신들에 의해 주변 상황이 전도되면서 악
령과 불길한 세력들은 퇴치되었고, 자신들과 이런 세력들과의 갈등은
해소되었으며, 자신들의 바람이 이루어진다는 믿음을 가지게 된다.

극동 남부 토착종족의 종족제 운니에서 강신제는 씨족장들 중 가장
연장자가, 화신제는 샤먼이 주도하는데 이들의 강신제, 화신제에 본디
샤먼은 참여하지 않았다. 따라서 강신제는 원형적 모습을 보존하고 있
지만 화신제는 샤머니즘 수용 이후 많은 변형을 겪었음을 알 수 있는데,
샤먼이 화신제의 주도권을 가져간 것은 이들의 일상 및 종교적 삶에서
화신이 중요한 위치에 있었기 때문이다.

3. 닙흐족의 종족제 톨아르지에서 불과 물 숭배의 융합

닙흐족은 1년에 2회 봄철에는 얼음이 녹기 시작할 때 강가에서, 늦가
을에는 얼음이 언 직후 강의 얼음구멍 옆에서 종족제 톨아르지를 거행하
는데 닙흐어 tol(물) + arʒi(의례 의식)의 구조이다.[492] 의례의 명칭과 절차는
다르지만 목적은 극동 퉁구스족 남부그룹의 종족제 운니와 유사하며
인접한 몇몇 씨족 단위로 거행되지만 본질은 종족제이다. 과거 아무르주
닙흐족은 아무르강 기슭에서, 사할린섬 닙흐족은 포로나이강 기슭에서

---

492 Ч. М. Таксами, "Представления о природе и человеке у нивхов", Природ
а и человек в религиозных представлениях народов Сибири и Севера(в
торая половина XIX~начало XX вв.), Л.: Наука, 1976, p.206.

거행하였는데 지금은 포로나이강 기슭에서 거행된다. 따라서 제장은 강가이며, 봄철의 제당은 제장과 결합되어 있고, 늦가을 제당은 얼음구멍 옆이다. 의례의 주체는 집단이고, 제관장은 여러 씨족장들 중 최연장자가 맡는다. 의례는 준비의식, 영신과 교신의식의 순서로 진행된다.

〈닙흐족의 늦가을 종족제 톨아르지〉 제관장이 의례 날짜를 알려준다. 씨족구성원들은 냉각수프 모스, 말린 연어 꼬리 등의 제물을 준비한다. 의례가 거행되는 날 성물보관창고에 있던 제기를 가지고 나온다. 모든 의례용품을 가지고 제장에 모인다. 남자들은 얼음구멍을 뚫는다. 제관장은 제기에 제물을 담아 얼음구멍 옆에 진설한다. 그 뒤 얼음구멍에 말린 연어 꼬리를 집어넣으면서 자신들의 바람을 신들에게 기원한다. 의례가 끝나면 잠시 제장에 머문다. 이후 냉각수프 모스가 담긴 제기를 가지고 집으로 돌아온다.[493]

◎ 준비의식
ㅇ 택일
의례가 거행되기 며칠 전 씨족장은 생기복덕법에 따라 길일을 택일하여 씨족구성원들에게 알린다.
ㅇ 제물 및 의례용품 준비
씨족구성원들은 냉각수프 모스, 말린 연어 꼬리 등의 제물을 준비한다.
ㅇ 제기 준비
의례가 거행되는 날 성물보관창고에 있던 제기를 가지고 나온다.
ㅇ 제장에 집합

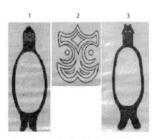

[그림 109] 1. 제기 톨루이르,
2. 제기 머리 부분의 문양,
3. 수사자용 제기 체르토보
Крейнович, 1973, pp.403, 413.

---

493 Ч. М. Таксами, там же, p.207.

씨족구성원들 모두 강기슭에 모이면 강으로 들어가서 얼음구멍을 뚫는다.

◎ 영신과 교신의식
◦ 제물 진설
제관장은 제기에 제물을 담아 얼음구멍 옆에 진설한다.
◦ 연유 닦음
제관장은 얼음구멍에 말린 연어 꼬리를 집어넣으면서 자신들의 바람을
신들에게 기원한다. 말린 연어 꼬리는 강신의 개에게 바치는 제물인데
이는 개가 강신의 보조령으로서 닙흐족과 강신의 세계를 연결하는 역할
을 한다는 개 숭배에 의한 것이다.

◎ 송신의식
의례가 끝난 뒤 잠시 제장에 머물면서 신들을 떠나보낸다. 그다음 냉각수
프가 담긴 제기를 가지고 집으로 오는데 이는 신들이 흠향 후 여기에 남
겨둔 복을 의례에 참가하지 못한 가족들과 공유하면서 함께 재액초복을
이루고, 가족공동체의 유대감을 강화하기 위한 것이다.

4. 극동 토착종족 종족제의 역할 및 특징

극동 토착종족의 종족제에는 거주지의 자연생태적 특성, 세시풍속,
종교적 의미가 융합되어 하나의 완전한 체계를 이루고 있으므로 이들
의 종족제는 종교와 세속, 성과 속, 자연과 문화의 대립과 통합 속에
존재한다.

1) 극동 토착종족 종족제의 역할

극동 토착종족의 종족제는 공동체 내에서 다음과 같은 역할을 담당한다.
첫 번째, 종족공동체의 정체성과 유대감을 강화하는 역할을 한다. 아

주 멀리 떨어진 지역에 거주하는 사람들도 종족제에 참가하기 때문에 종족구성원들이 한자리에 모이면서 종족공동체의 통합이 이루어지고 자연스럽게 종족정체성을 확인하게 된다. 또한 의례에서 남녀노소, 빈부 격차는 무력화되고 모두 동등한 자격으로 풍어, 사냥의 성공, 재액초복 등 공통의 염원뿐만 아니라 서로의 평안과 안녕을 기원하기 때문에 공동체의 유대감이 강화된다. 이처럼 종족제를 통해 종족구성원 개개인의 의식이 모이면서 종족공동체의 정체성이 형성, 발전되고 이러한 과정이 되풀이 되면서 이들 무의식의 영역에 자리한 종족 고유의 세계관은 더욱 강화된다.

두 번째, 정신적 해방 및 삶의 재생과 부활의 역할을 한다. 의례 기간 생업을 잠시 중단하고, 남녀노소 모두 같은 시공간에 모여 일상과 단절된 생활을 하면서 먹고, 마시고, 노래 부르고, 춤을 춘다. 이처럼 의례 기간 동일한 세시와 생업패턴으로 이루어지는 반복적 일상을 해체하고 인간 너머 존재들의 세계에 더 가까이 다가감으로써 개인적, 집단적으로 정신적 해방을 체험한다. 더불어 유목, 사냥, 어로의 사이클로 이루어진 단조로운 공동체의 삶에 리듬을 줌으로써 삶의 재생과 부활을 위한 활력을 얻을 수 있다.

세 번째, 정화의 역할을 한다. 의례 기간을 신성한 기간으로 설정하여 다양한 금기사항을 함께 지킴으로써 개인 및 종족공동체를 성화시킨다.

네 번째, 공동체의 질서와 안정을 유지하는 역할을 한다. 모든 사람들이 의례의 주체이고, 신은 누구에게나 공평하게 복을 내려주기 때문에 자신도 그 복을 받게 된다는 믿음을 가지게 된다. 이를 통해 종족구성원들은 심리적·정서적 평안을 찾고, 이런 개개인의 평안이 합쳐지면서 종족공동체의 질서와 안정이 유지된다.

다섯 번째, 유무형의 전통문화를 보존, 전승하는 역할을 한다. 의례

기간 전통의 춤, 노래, 악기, 복식, 음식 등을 재현함으로써 전통문화의 소실을 막을 수 있다.

여섯 번째, 힐링의 기능을 한다. 다양한 종교적·예술적·오락적 의식을 통해 그동안 쌓인 개인적·집단적인 육체적·정신적·심리적 긴장과 갈등을 해소시킬 수 있다.

2) 극동 토착종족 종족제의 특징

극동 토착종족 종족제의 특징에는 신성성, 완전성, 융합성, 기복성, 놀이성, 모방성, 회귀성 등이 있는데 이것들은 서로 독립되어 있는 것이 아니라 혼종·융합되어 있다.[494] 이들 종족제의 핵심은 신성성이지만 신성성이 의례 전체를 지배하거나 억압하지는 않는다. 오히려 놀이성·기복성·융합성이 더 강해 신성성이 배경화된 상태로 의례가 진행된다.

첫 번째, 신성성에는 상황의 신성성과 일상성의 해체에서 오는 신성성이 있다. 상황의 신성성은 숭배 대상의 신들에 대한 제의가 가지는 신성성과 공동체의 재액초복, 무사평안 등을 함께 기원하는 데서 오는 신성성이 있다. 신들에 대한 제의에는 숭배의 의미뿐만 아니라 신들에게 개인 및 공동체의 삶을 의탁하려는 속성이 결합되어 있기 때문에 신성성은 기복성·융합성과 결합되어 있다. 일상성의 해체에서 오는 신성성은 의례의 시공간을 일상과는 분리된 '성스러운 섬'으로 성화시킨 뒤 그곳에 개인과 종족공동체를 위치시키는 데서 오는 신성성이다.

두 번째, 완전성은 완전한 세계, 우주의 중심, 신에 의해 정화된 신성

---

494 심상교, 「영남 동해안지역 강신제의 연행특성과 축제성」, 『한국무속학』 10, 2005, p.175.

한 세계에서 살고자 하는 바람이다. 따라서 의례 기간 의례참가자들은 이 목적을 달성하기 위해 함께 전심전력을 다한다.

세 번째, 융합성은 종족공동체의 통합에 대한 바람과 절대적 존재에 더 가까이 가려는 개인적 욕구의 결합이다.[495] 종족제의 목적은 공동체의 유대감 강화이지만 개인의 내밀한 곳에는 인간 너머의 존재들에게 더 가까이 다가가려는 바람이 자리하고 있다. 이러한 개인적 바람이 종족공동체의 통합에 대한 바람과 합쳐지는 것이 이들 종족제의 본질이다. 종족제에서 인간 너머의 존재들은 유한한 시간성을 가진 인간과 무한한 시간성을 가진 우주를 연결하는 역할을 하므로 의례에서 참가자들은 무한한 우주에 위치하게 된다.

네 번째, 회귀성은 존재의 근원으로 돌아가려는 특성으로 신성성과 관련이 있다. 의례의 시공간에 있는 세속성/ 카오스를 제거하고, 존재의 근원인 신성성/ 코스모스로 돌아가 개인 및 종족공동체를 새롭게 순환시킬 수 있다.

다섯 번째, 놀이성은 전통의 춤, 경기, 놀이 등에 직접 참여하여 즐기면서 육체적·정신적·심리적 긴장을 해소하는 것이므로 힐링의 기능과 연결된다.

여섯 번째, 모방성은 의례에 참가하여 신화적 상황을 모방하는 것이다. 의례를 통해 신화시대 자신들의 역사를 재현하고, 신·문화영웅·선조들의 행위를 반복하면서[496] 신화적 관념이 현실에서도 이루어진다는 믿음을 가지게 된다. 즉 의례에서 상계·중계·하계의 공간적 경계와 과거·현재·미래로 이어지는 시간적 경계는 허물어지고 참가자들은 무한

---

495 심상교, 앞의 논문, p.175.
496 미르치아 엘리아데, 『신화와 현실』, 이은봉 옮김, 2011, 한길사, p.79.

의 영역에 접촉하게 된다.

5. 극동 토착종족의 물에 대한 금기

극동 토착종족은 인간에게는 주어진 물고기와 바다동물의 양이 정해져 있는데 그 범위를 넘어서 약탈적으로 포획하면 신의 노여움을 산다고 믿었다.

> 〈나나이족 한 가족의 최후〉 언젠가 볼로니 호수 지역의 시미강 지류에 한 가족이 어로를 하면서 살고 있었다. 어느 해 여름 물고기가 다른 해와 비교가 안 될 정도로 엄청나게 많이 잡혔다. 이들은 물고기를 마구 잡아 죽을 만들어 진흙에 섞은 뒤 집의 벽과 바닥에 칠하였다. 집의 벽과 바닥은 반짝반짝 빛이 났다. 그런데 갑자기 물고기들이 모두 사라졌다. 이후로 이들은 다시는 물고기를 잡지 못하였다. 결국 가족은 모두 굶어죽었다. 얼마 후 이 마을에는 약탈적 어로와 사냥에 대해 아주 엄격한 마을신이 나타났다. 사람들은 이 신이 지난 번 굶어죽은 가족의 가장이라고 믿었다. 그리고 그를 시미 노인 혹은 시미 마파라고 불렀다.[497]

위 설화에서 어느 해 여름 물고기가 많이 잡히자 가족들은 자신들에게 필요한 양 이상의 물고기를 잡아 죽을 만든 뒤 진흙에 섞어 집의 벽과 바닥에 칠하였다. 그런데 이후 물고기가 모두 사라지면서 가족들은 더 이상 물고기를 잡을 수 없었고 결국 굶어죽었다. 이는 이들이 필요

---

[497] E. A. Гаер, Традиционная бытовая обрядность нанайцев в конце XIX~начале XX в. (к проблеме устойчивости развития традиций), Диссерт. ...Канд. Исторических Наук, ИЭ АН СССР АН СССР, 1984, p.44.

이상으로 물고기를 잡아 시미강 강신의 노여움을 샀기 때문이므로 자연
의 규율과 법칙을 거스르면 신은 죽음에 이르는 벌을 내리기도 한다.
이는 자연을 함부로 포획하거나 자연의 세계에 함부로 침범하여 동·식
물의 생존을 위협해서는 안 된다는 이들의 생태윤리, 생태적 세계관에
의한 것이다. 얼마 뒤 이 마을에 약탈적 어로와 사냥에 대해 아주 엄격한
마을신이 나타났는데 사람들은 이 마을신이 지난번에 약탈적 어로로
신의 노여움을 사서 죽은 가족의 가장이라고 믿었다. 그런데 마을신이
이렇게 엄격한 태도를 취하는 것은 자신과 같은 실수를 되풀이하지 않
도록 사람들에게 알려주기 위한 것이다.

위 설화처럼 극동 토착종족 사이에는 오래 전부터 물에 대한 금기가
전해지고 있는데 이는 물 자체에 대한 것이 아니라 수신에 대한 것이므
로 물에 대한 금기는 다신신앙의 단계에서 출현하였다.

첫 번째, 물고기와 바다동물은 수신의 자식들이기 때문에 약탈적으
로 잡거나 함부로 대하면 수신이 분노한다. 이는 자연과 우주만물을 대
하는 이들의 생태윤리, 생태도덕과 연결되는데 근저에는 비인간 존재
들도 인간처럼 가정을 이루고, 자식을 낳고, 자식에 대한 애착을 느끼
며, 희로애락의 감정을 가지고 있고, 그러한 감정을 표현한다는 이들의
생태적 세계관이 자리하고 있다.

두 번째, 물 근처에서 시끄럽게 하거나 물에 대고 욕을 하면 이를 들
은 수신들과 물 사람들이 화가 나서 어로와 바다동물 사냥을 방해한다.
이는 자연과 우주만물에 대한 예의의 문제로 인간을 대하듯 인간 너머
의 존재들, 비인간 존재들을 대할 때도 예의를 지켜야 한다는 이들의
생태적 세계관에 의한 것이다. 첫 번째, 두 번째 금기는 이들의 자연생
태계를 대하는 태도에 많은 영향을 주었고, 이는 씨족의 질서유지, 개인
적 규율 강화에도 지대한 역할을 하였다.

세 번째, 극동 토착종족은 기형의 물고기는 어로의 성공을 도와주는 호부로 수신이 보내주었기 때문에 잘 보관해야 한다고 믿었다. 하류 나나이족은 이러한 물고기를 잡으면 타이가의 통나무집에 보관하였다.[498] 유사한 관념은 닙흐족에게서도 발견되는데 등에 혹이 난 물고기는 어로를 방해하지만 꼬리 때문에 척추가 옆으로 구부러진 물고기는 어로를 도와준다고 믿었다.[499] 이는 심오한 종교적인 체험에 의한 것이 아니라 자연물로서 물고기에 대한 관찰에 근거하지만 근저에는 비록 기형일지라도 고유의 생존권을 가지고 있다는 관념이 자리하고 있다.

***

극동 토착종족 사이에서 수신을 가리키는 용어에는 무에(무에 에제니·무에 엔두리), 테무(테무 엔두리), 타이홀진(타이훈자·타이고치·타이르나즈), 나무(나무 에제니·나무 간니히), 간니히, 숙쟈 에제니, 무두르 등이 있다. 무에는 mu(물/ 퉁구스제어)에서 기원하므로 퉁구스족이 분화되기 전 이들 최고의 수신은 무에였다. 그런데 분화 이후 바다가 생업에서 중요한 역할을 하게 된 퉁구스족 남부그룹은 해신 테무를, 닙흐족과 일부 네기달족, 오로치족, 오로크족은 해신 타이홀진을 최고의 수신으로 숭배하였다. 에벤족과 에벤키족에게 바다의 중요성은 다른 종족에 비해 미미하였기 때문에 이들은 해신 테무와 타이홀진이 아닌 보편적, 총체적 수신으로서 무에를 숭배하였다. 이 중 테무·무에·나무 에제니·나무 간니히·간니히는 퉁구스족, 타이홀진은 고아시아계 닙흐족, 숙쟈 에제니는 튀르

498 А. В. Смоляк, Шаман: личность, функции, мировоззрение: Народы Нижнего Амура, М.: Наука, 1991, pp.158, 159.

499 А. В. Смоляк, там же, pp.158, 159.

크족과 퉁구스족 혼종의 관념이다. 따라서 이들의 수신에 대한 관념은 이들 고유의 요소를 기층으로 다양한 시기 계통이 다른 여러 종족의 관념과 혼종·융합되면서 변형, 발전되어 왔다.

극동 토착종족의 해신은 물고기, 범고래, 바다표범, 반인반수, 인어아가씨와 같은 반인반어, 노파, 노인과 노파의 공존, 부부, 노인 등 다양한 모습인데 동물해신 → 반인반수, 반인반어 해신 → 여성해신 → 여성해신과 남성해신의 공존 → 부부해신 → 남성해신으로 변형·발전되어 왔다. 이는 해신에 대한 관념이 오랜 시간에 걸쳐 이들 사회의 물질적 조건 및 역사적 발전, 그에 따른 세계관과 신앙체계의 변화 등에 맞추어 부단히 변형·발전되어 왔음을 말해준다. 극동 토착종족의 동물 해신에는 범고래 해신과 바다표범 해신이 있는데 범고래 해신은 바다를 떠도는 노천신이고, 바다표범 해신은 바다 가운데 집을 짓고 사는 정주신인데 모두 혼인을 하지 않은 독신이다.

여성해신은 극동·중국·한반도 등지에서 두루 발견되는데 극동 지역의 여성해신은 노파(할미)이며 사람들의 어로와 바다동물 사냥을 도와준다는 점에서 한반도의 개양할미와 유사하다. 그런데 극동의 여성해신은 대개는 무명이고, 보통 체격이며, 독신이고, 바다 가운데서 기거하며, 적극적인 숭배 대상은 아니다. 하지만 한반도의 개양할미는 이름이 있고, 거구이며, 자식들이 있고, 해변 굴에 기처하며, 지금도 숭배 대상이다. 이러한 차이에도 불구하고 과거 극동 남부~한반도에는 해양문화의 한 요소로써 '할미해신'을 공유하는 문화집단이 있었다고 유추할 수 있다.

동물해신, 여성해신, 남성과 여성해신의 공존 단계에서 해신은 노천신이거나 바다 가운데 정착하였으므로 극동 토착종족의 적극적인 숭배 대상은 아니었다. 그런데 부부해신은 인간과 가까운 해안가에 정주하

면서 이전 시기보다 인간에게 친밀한 신으로 자리잡았다.

남성해신은 이들 자연신 발달의 최종단계에서 출현하였으며 수중생태계의 최고 권력자인데 거구의 백발노인이며, 외모는 토착종족과 비슷하다. 또한 혼인을 하여 아내와 함께 살고 있고, 하위의 다양한 신들과 수직 위계 구조 속에 놓여있다. 해신은 노천신 → 바다 가운데 정착 → 바다 이동 → 해안 정주신의 단계를 거치면서 인간세계 가까이로 이동하였는데 이는 해신이 이들의 적극적인 숭배 대상으로 변형되는 과정을 보여준다. 남성해신이 권력을 장악한 뒤 수중생태계는 남성해신 나무 에제니가 다스리는 바다의 세계와 여성강신 숙쟈 에제니가 다스리는 강의 세계로 나누어졌으며, 해신은 이 두 세계를 경계 짓고 통합하면서 수중생태계의 조화와 질서를 유지하는 역할을 하였다.

극동 토착종족에게 해신은 어로와 바다동물 사냥의 성공 및 바다에서의 안전을 보장해주는 가족과 씨족의 보호신, 자연을 대하는 태도를 알려준 자연생태계의 보존자, 해신제의 기원과 규율을 정착시킨 존재이다. 따라서 이들에게 해신은 단순한 종교적 숭배 대상이 아니라 자연철학, 생태윤리를 전해준 존재이다.

극동 토착종족 특히 남부지역의 종족들은 다양한 수신들을 위한 수신제를 거행하였는데 이들의 수신제는 거주지의 자연생태조건에서 기원한 수계문화의 요소다. 이들의 수신제는 크게 해신 테무(타이훌진)가 주요 숭배 대상인 해신제와 강신(숙쟈 에제니)이 주요 숭배 대상인 강신제로 나누어진다. 또한 이들의 해신제는 거행 시기의 규칙성에 따라 비정기적 해신제와 정기적 해신제로 나누어지는데 비정기적 해신제는 어로와 바다표범 사냥 전 혹은 어로와 바다표범 사냥이 흉작일 때 개인이나 가족 단위로 해안가에서 거행되므로 가족제의 성격을 지닌다. 거행시기는 상황에 따라 유동적이며, 의식의 목적에 따라 해신제-풍어제,

해신제-바다표범 사냥제로 나누어진다.

정기적 해신제는 1년에 1회 혹은 2회 봄가을 씨족 단위로 아무르강 기슭이나 해안에서 거행되므로 씨족제(마을제)와 결합되어 있다. 종족이나 씨족에 따라 차이가 있지만 해신제를 1년에 1회 거행할 경우 연어의 모천 이동이 끝나고 연어잡이가 마무리 된 10월 말~11월 초의 가을에 거행한다. 1년에 2회 거행할 경우 바다표범 사냥이 시작되는 봄철인 3월 말의 결빙기와 늦가을인 10월 말~11월 초 해빙기에 거행된다.[500] 따라서 이들 정기적 해신제의 목적은 봄철에는 바다표범 사냥의 성공 기원, 가을철에는 연어잡이 성공에 대한 감사를 표하기 위한 것이었다.

극동 토착종족의 강신제는 정기적 강신제와 어로가 흉년일 때 거행하는 비정기적 강신제로 나누어진다. 강신제의 숭배 대상은 강신·대지모신·타이가신 등 주변의 자연신들이지만 정기적 강신제의 주신은 강신 특히 아무르강 강신이다. 비정기적 강신제의 대상은 풍어를 방해하는 존재에 따라 달라지며, 의식의 목적은 어로를 방해하는 악령과 불길한 세력들을 퇴치하거나 마을을 떠도는 수사자의 영혼을 물의 세계에 통합시키기 위한 것이다.

종족제 운니(~운지)는 극동 퉁구스족 남부그룹 공통이며 주로 강가에서 개최되므로 물 숭배가 근간을 이루지만 의례 전후 화신제를 거행하므로 이들의 종족제에서는 불과 물 숭배가 융합되어 하나의 완전한 체계를 이루고 있다. 또한 이들의 종족제는 매년 동일한 시기에 개최되므로 주기적 순환성을 가지고 있으며, 그 근저에는 종족과 씨족공동체의

---

500 Е. А. Гаер, Традиционная бытовая обрядность нанайцев в конце XIX~начале XX в. (к проблеме устойчивости развития традиций), Диссерт. ...Канд. Исторических Наук, ИЭ АН СССР, 1984, p.43.

재생, 부활, 불멸의 삶에 대한 염원이 자리하고 있다. 자연 숭배를 중심에 둘 경우 극동 토착종족은 에벤족·에벤키족 / 닙흐족 / 우데계족 / 네기달족·나나이족·울치족 / 오로치족·오로크족 사이에 긴밀한 문화네트워크가 조성되어 있었다.

IV부

총론

I. 극동 토착종족 애니미즘 개괄과 문화 네트워크

1. 극동 토착종족 애니미즘 개괄

극동 토착종족 사이에 언제 어떤 이유로 애니미즘이 전파되었는지는 불분명하다. 하지만 과학적 지식이 아주 빈약했던 고대, 끊임없는 자연의 위협과 그로 인한 불가해한 문제들, 지속적으로 자신들에게 닥쳐오는 불행들과 이런 상황에서 벗어날 수 없다는 공포 속에서 이들은 인간의 한계를 절감하였다. 이들은 노동도구나 무기도 이러한 한계 상황에서 자신들을 구해줄 수가 없다는 사실을 깨달았고, 이를 극복하기 위해 거대한 우주에 소우주로시 인간인 나를 합치시키려는 시도를 하였다. 이때 이들에게 필요한 것은 개인이 아니라 집단의 힘이었으며 이들은 집단의 확고부동한 발전을 위해 확실한 정신적 기반이 필요하다고 자각하였다. 그 결과 이들은 애니마티즘을 비롯한 다양한 관념들을 혼종·융합하여 애니미즘을 만들어냈다. 즉 사회적·개인적 노동의 경험 부족, 역사적 제한성으로 인해 주변 세계에 대한 인지체계 정립, 자연현상의 인과 관계 규명, 자연현상에 대한 객관적 이해가 불가능했던 시기

이러한 모든 문제들을 인간 너머의 존재들, 비인간 존재들의 힘에 의존하여 해결하려는 과정에서 이들 사이에 애니미즘이 출현하였다. 따라서 이들에게 애니미즘은 단순한 전통 신앙이 아니라 이들이 지구와 우주에서 살아가는 삶의 방식, 우주만물과 소통하고 관계 맺는 방식에 관한 생태적인 세계관의 전형이었다.

1) I부 <극동 토착종족 개관>

I부에서는 알타이계 퉁구스족 북부그룹의 네기달족, 에벤족·에벤키족과 남부그룹의 나나이족·오로치족·오로크족·우데게족·울치족, 고아시아계 닙흐족, 계통이 불분명한 타즈족에 대해 살펴보고 있다. 네기달족은 거주 지역에 따라 암군강 상류의 상류 네기달족, 암군강 하류의 하류 네기달족의 2개 그룹으로 나누어지는데 아무르강 하류 그룹을 아무르강 네기달족으로 따로 분리하여 3개 그룹으로 나누기도 한다.

에벤족은 에벤키족과 동일 기원의 종족인데 씨족명의 형태적 특성, 기본 생업인 순록사육 방법의 차이 등에 근거하여 독자적인 종족으로 간주되지만 문화적 특성은 극동 토착종족 중 에벤키족과 가장 비슷하다. 에벤키족은 16세기부터 러시아의 기록에 등장하며, 소규모 씨족 단위로 유목생활을 하면서 시베리아 여러 지역에 흩어져 타이가동물 사냥과 순록사육에 종사하였다. 에벤키족은 방언에 근거하여 북부그룹(일림페야강, 예르보고촌 지역), 남부그룹(심강, 바이칼 호수 북부 지역, 포드카멘나야 퉁구스카강, 네파, 비팀-네르친스크 혹은 바운트-탈로치), 동부 그룹(비팀-올렉마강, 알단 강 상류, 우추르-제야강, 셀림진-부레야강-우르미강, 아얀강-마이강, 투구르강-추미칸강, 사할린섬)으로 나누어진다.

나나이족은 극동 퉁구스족 중 가장 규모가 크며, 주요 생업은 어로와 타이가동물 사냥이지만 개 사육이 중심이 된 목축과 밭농사도 널리 전

파되어 있다. 이들은 어로를 위해 정착 생활을 하지만 사냥을 위해 계절형 이동생활도 병행하기 때문에 자신들을 유목민이라고 생각한다. 19세기 말 나나이족은 거주 지역에 따라 아무르강 상류, 아무르강 하류, 고린강, 쿠르강, 볼로니 호수, 우수리강의 6개 그룹으로 나누어졌는데 이 중 아무르강 상류와 하류 그룹의 규모가 가장 컸다.

오로치족은 19세기 말 거주지에 근거하여 아무르, 훈가리, 툼닌, 연해주(하딘), 코피의 5개 그룹으로 나누어졌는데 씨족, 문화적 특성, 방언 등에서 차이는 있지만 동일 종족임을 부정할 만큼은 아니었다. 오로치족은 계절형 유목생활을 했는데 시호테알린 산맥까지 유목 범위에 포함되었기 때문에 이들의 활동 범위는 상당히 넓었고, 이는 이들의 종족과 문화정체성에 적지 않은 영향을 주었다. 오로크족은 고아시아계 닙흐족, 퉁구스계 에벤키족과 함께 사할린섬 3대 토착종족에 속하는데 이들은 17세기경 사할린섬 토착민과 대륙 퉁구스족의 혼인으로 출현한 종족이다.

우데게족은 19세기 중반 동쪽에서는 태평양 연안, 서쪽에서는 우수리강 우측 지류인 호르강·비킨강·이만강(볼리세우수리강) 중류, 북쪽과 북서쪽에서는 아무르강 지류인 아뉴이강·구르강(1973년 이전에는 훈가리강)·우르미강·연해주의 사마르가강 등 시호테알린 산맥의 양 경사면, 우수리강 우측 지류와 아무르강 연안에 주로 거주하였고, 거주 지역에 따라 7개 그룹으로 나누어졌다. 사할린섬에도 소수가 거주하는데 이들은 아무르강에서 이주하였기 때문에 별도의 그룹으로 분류하지는 않는다. 울치족은 하바롭스크주 울치 지역 두디 마을, 불라바 마을, 콜리촘 마을, 몽골 마을, 우흐타 마을, 티르 마을에 거주하며 중심지는 약 700명이 거주하는 불라바 마을이다.

닙흐족은 아무르강 하류와 사할린섬의 토착종족으로 종족 계통상 고

아시아계, 언어 계통상 고립어에 속하기 때문에 극동에서 '인종의 섬', '언어의 섬'과 같은 위치에 놓여있다. 현재 닙흐족은 거주 지역, 문화, 언어적 특성에 따라 아무르, 사할린 동부, 사할린 서부, 미몹스코-알렉산드로프, 리만의 5개 그룹으로 나누어진다.

타즈족은 종족 계통은 불분명하지만 언어 계통상 중국 동북방언으로 분류되는데 스스로는 중국인이라고 생각하지 않는다. 타즈족은 1830년대 연해주 우수리 지역에 등장한 한족·만주족 남성과 우데게족·나나이족·오로치족 및 한국인 여성들의 혼인으로 출현한 종족이다. 종족명 타즈는 퉁구스어 taʒa(혼인으로 연결된 친인척/ 퉁구스제어)에서 기원하므로 타즈족이 혼인에 의해 출현한 종족임을 알려주는 용어이다. 타즈족은 19세기 한국사, 한국인의 극동 디아스포라와 깊은 관련이 있으며, 기층에는 한국문화가 자리하고 있다.

2) Ⅱ부 <극동 토착종족의 영혼관>

극동 토착종족 영혼관의 핵심은 만물영혼관, 영육이원관, 영혼불멸관인데 이들에게 중요한 것은 영혼의 유무나 위무가 아니라 영혼의 윤회를 통한 인간과 우주만물의 영원불멸이다. 고대 자연의 위협으로 인해 항상 생사의 기로에 놓여있던 이들은 집단만이 생존의 유일한 방법이라고 믿었다. 이로 인해 이들은 개인은 죽지만 씨족은 영속하면서 자신들을 보호해준다는 강한 믿음을 가지게 되었고, 이들에게 씨족은 최고의 가치, 최고의 선으로 자리 잡았다. 그런데 씨족의 존속을 위해서는 씨족 전체성 안에 초월적 힘이 내재되어 있어야만 했는데 고대 이들에게는 무(無)에서 영혼을 만들어내는 전지전능한 신의 관념이 없기 때문에 새로 탄생하는 영혼들은 조상령들의 화신이어야 했고, 영혼은 오직 영혼에서 만들어질 수밖에 없었다. 영혼관 초기 이들에게는 윤회를 통해 씨

족의 영속성을 이어갈 1개의 영혼만이 필요했으나 이후 물질적·정신적 변화와 발전으로 인간의 영혼은 종족·씨족에 따라 1~4개가 되었다. 하지만 이 영혼들 중 1개는 씨족의 영속성을 이어갈 불멸하는 조상령이었고, 그 외의 영혼들은 육신보다 조금 더 살다가 완전히 사라졌다.

극동 토착종족에게 인간의 주요 영혼은 새영혼 오미(오이곤~오메~오미아~오모로~온), 그림자영혼 하냔(하냔~히냔~파냐~하냐), 육신의 영혼 베옌(나나이족은 욱수키), 숨영혼 에게(에르게니~엑게) 등인데 영혼의 수는 종족, 씨족에 따라 달라진다. 하지만 오미와 하냔은 퉁구스족 공통이므로 오미와 하냔은 퉁구스족이 분화되기 이전에 출현하였다. 오미는 태아와 1세(극히 드물게 3세) 이전 아이의 영혼이며 새(오로치족과 우데게족에게는 새와 나비)의 형상이므로 오미는 토템적 본성을 가지고 있다.

하냔은 자신이 속한 사람과 외모도, 성격도 비슷하기 때문에 토템적 본성은 은폐되고, 인간의 특성이 드러나므로 새영혼 오미가 그림자영혼 하냔보다 이른 시기의 관념이다. 하냔은 이들 사이에서 토템신앙이 퇴색되고 인간이 이들 세계관의 중심에 놓이면서 출현하였다. 하지만 이들에게는 여전히 무에서 영혼을 만들어내는 신에 대한 관념이 희미하였기 때문에 오미와 하냔은 동일한 조상령의 화신이어야 했다. 따라서 오미와 하냔은 시공간에 따른 변신형일 뿐 동일한 영혼이다. 에벤족, 에벤키족, 나나이족의 영혼관에서 오미와 하냔은 시공간 차원의 변화에 따라 오미 → 하냔 → 오미로 변신하면서 상계 ↔ 중계의 윤회를 통해 씨족의 영속성을 이어가므로 오미와 하냔이 전파될 당시 이들에게 하계와 죽음에 대한 관념은 불분명하였다. 이들의 종교적 관념에서 하계와 죽음은 샤먼에 의해 개척되었으므로 오미와 하냔은 샤머니즘 이전의 산물이다. 반면 이외의 종족들에게 오미와 하냔은 시공간 차원의 변화에 따라 오미 → 하냔 → 오미로 변신하면서 상계 → 중계 →

하계 윤회를 통해 씨족의 영속성을 이어간다. 닙흐족은 영혼 탄이 속성
변화 없이 상계 → 중계 → 하계의 윤회를 통해 씨족의 영속성을 이어
간다. 따라서 네기달족, 오로치족, 오로크족, 우데게족, 울치족, 닙흐족
사이에 영혼관이 본격적으로 전파된 것은 하계와 죽음에 대한 관념이
전파된 이후 즉 샤머니즘 수용 이후이다.

종족 별 인간의 주요 영혼에 대한 관념을 살펴보면 네기달족에게 인
간의 주요 영혼은 새영혼 오미와 그림자영혼 하난 2개인데 오미와 하난
은 시공간 차원의 변화에 따른 변신형이며 동일한 조상령의 화신이므
로 이들에게 조상령 이외 인간의 영혼은 존재하지 않는다. 이들의 영혼
관에 의하면 오미와 하난은 오미 → 하난 → 오미로 변신하면서 상계
→ 중계 → 하계의 윤회를 통해 씨족의 영속성을 이어간다.

에벤족과 에벤키족에게 인간의 주요 영혼은 새영혼 오미, 그림자영
혼 하난(히냔), 육신의 영혼 베옌 3개이다. 오미와 하난은 시공간 차원의
변화에 따른 변신형으로 동일한 조상령의 화신이므로 이들에 의하면
인간에게는 조상령 이외 육신의 영혼 베옌 1개의 영혼이 더 있다. 베옌
은 토템적 본성은 없고, 일생을 육신과 함께 하다가 사후 하계 씨족 조
상령의 마을로 이동하여 불멸한다. 이들에게는 상계로 가서 씨족의 영
속성을 이어가는 영혼과 하계로 가서 영원불멸의 삶을 살아가는 영혼
이 별개로 존재하는데 베옌은 하계와 죽음을 전제로 하므로 샤머니즘
수용 이후 샤먼적 세계관에 의해 출현한 영혼이다. 따라서 베옌은 오미,
하난보다 늦은 시기에 출현한 영혼이며, 이들 사이에서 영혼의 출현 순
서는 오미 → 하난 → 베옌이다.

나나이족에게 인간의 주요 영혼은 새영혼 오미아, 그림자영혼 파냐,
육신의 영혼 욱수키, 숨영혼 에르게니 4개인데 오미아와 파냐는 시공간
차원의 변화에 따른 변신형이며 동일한 조상령의 화신이므로 이들에게

는 조상령 이외에 욱수키와 에르게니 2개의 영혼이 더 있다. 오미아와 파냐는 오미아 → 파냐 → 오미로 변신하면서 상계 ↔ 중계의 윤회를 통해 씨족의 영속성을 이어간다. 육신의 영혼 욱수키는 사후 하계 씨족 조상령의 마을로 가서 영원불멸하므로 에벤족과 에벤키족의 육신의 영혼 베옌에 해당한다. 숨영혼은 퉁구스족 남부그룹에 공통된 관념인데 씨족의 영속성과도 관련이 없고, 토템적 본성도 없으며, 사후 소멸되므로 다른 영혼에 비해 인간세계에서의 역할이 미미하다. 그런데도 이들이 숨영혼을 인간의 주요 영혼에 포함시킨 것은 늦은 시기 숨, 호흡을 영혼과 동일시하는 인접한 고아시아계 닙흐족의 영향에 의한 것이다. 이에 의하면 나나이족 사이에서 영혼의 출현 순서는 오미아 → 파냐 → 욱수키 → 에르게니이다.

오로치족에게 인간의 주요 영혼은 새영혼 오모로, 그림자영혼 하냐, 숨영혼 엑게 3개인데 오모로와 하냐는 시공간 차원의 변화에 따른 변신형이며 동일한 조상령의 화신이므로 이들에게는 조상령 이외에 숨영혼 에게가 더 있다. 오모로와 하냐는 오모로 → 하냐 → 오모로로 변신하면서 상계 → 중계 → 하계의 윤회를 통해 씨족의 영속성을 이어간다.

오로크족에게 인간의 주요 영혼은 새영혼 온, 도로, 그림자영혼 파냐 3개인데 시공간 차원의 변화에 따른 변신형이며 동일한 조상령의 화신이므로 이들에게 조상령 이외의 영혼은 존재하지 않는다. 온, 도로, 파냐는 온 → 도로 → 파냐 → 온으로 변신하면서 상계 → 중계 → 하계의 윤회를 통해 씨족의 영속성을 이어간다.

우데게족에게 인간의 주요 영혼은 새영혼 오메, 그림자영혼 하냐, 숨영혼 에게 3개인데 오메와 하냐는 시공간 차원의 변화에 따른 변신형으로 동일한 조상령의 화신이므로 이들에게는 조상령 외에 숨영혼 에게가 더 있다. 오메와 하냐는 오메 → 하냐 → 오메로 변신하면서 상계

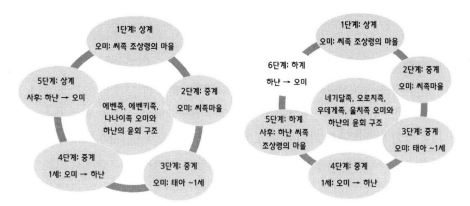

[그림 110] 에벤족, 에벤키족, 나나이족 영혼의 윤회 구조(좌);
네기달족, 오로치족, 우데게족, 울치족 영혼의 윤회 구조

→ 중계 → 하계의 윤회를 통해 씨족의 영속성을 이어간다.

울치족에게 인간의 영혼은 새영혼 오미, 그림자영혼 파냐, 숨영혼 에게 3개인데 오미와 파냐는 시공간 차원의 변화에 따른 변신형으로 동일한 조상령의 화신이므로 이들에게는 조상령 외에 숨영혼 에게가 더 있다. 오미와 파냐는 오미 → 파냐 → 오미로 변신하면서 상계 → 중계 → 하계의 윤회를 통해 씨족의 영속성을 이어간다.

닙흐족에게 인간의 영혼은 탄(~테흔) 1개인데 숨과 동일시되며 사후 화장을 한 뒤 남자의 영혼은 3년, 여자의 영혼은 4년 동안 상계에서 거주하다가 샤먼이 주도하는 송혼식 이후 하계 씨족 조상령의 마을로 이동하여 환생을 준비한다. 따라서 이들에게 조상령 이외의 영혼은 존재하지 않고, 이들의 영혼은 토템과도 무관하기 때문에 이들의 영혼관은 토템신앙이 일정정도 퇴색된 뒤에, 또 샤머니즘이 전파된 뒤에 출현하였다.

새영혼 오미와 그림자영혼 하냔이 상계 ↔ 중계를 윤회하면서 씨족

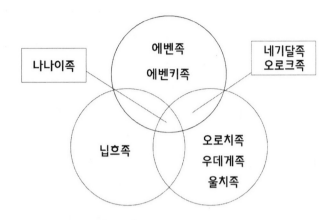

[그림 111] 영혼관에 근거한 극동 토착종족의 문화적 친연관계

의 영속성을 이어간다는 점, 하계 씨족 조상령의 마을로 가서 영원불멸의 삶을 누리는 육신의 영혼이 별개로 존재한다는 점에서 에벤족·에벤키족·나나이족 사이에서 유사성이 발견된다. 오미와 하냔이 상계 → 중계 → 하계를 윤회하면서 씨족의 영속성을 이어간다는 점, 조상령 이외의 영혼은 존재하지 않다는 점에서 네기달족·오로크족·닙흐족 사이에서 유사성이 발견된다. 그런데 네기달족과 오로크족의 영혼관에서 영혼은 부분적으로 토템적 본성을 가지고 있지만 닙흐족의 영혼관에서 영혼의 토템직 본성은 매우 불분명하고 희미하므로 네기달족·오로크족과 닙흐족의 영혼관은 서로 다른 기원을 가지며, 서로 다른 발전과정을 거쳤다.

인간의 영혼에 숨영혼 에르게니(에게~엑게)가 포함된다는 점에서 나나이족·오로치족·우데게족·울치족·닙흐족 사이에서 유사성이 발견되며, 영혼 오미의 토템적 본성이 새와 나비라는 점에서 오로치족과 우데게족 사이에서 유사성이 발견된다. 이처럼 극동 토착종족의 영혼관은

공통의 요소를 기층으로 종족의 특성에 맞게 변형·발전되면서 매우 복잡한 양상을 띠게 되었다. 그런데 토템신앙이 비교적 잘 보존된 종족의 영혼관은 매우 모호하여 영혼은 때와 장소에 따라 다양한 형태를 띠지만, 토템신앙이 퇴색될수록 영혼의 모호함은 사라지고 영혼의 특성이 명확히 드러난다. 따라서 극동 토착종족의 영혼관은 토템신앙이 일정 정도 퇴색된 사회의 특징을 보여주고 있다.

영혼관에 의하면 나나이족은 에벤족·에벤키족과 퉁구스족 남부그룹·납흐족의 경계지대, 사이지대에 위치하였고, 퉁구스족 남부그룹은 납흐족과 인접하여 거주하였으며 서로 간에 문화 교류·충돌·융합·혼종이 빈번하였다.

3) Ⅲ부 <극동 토착종족의 자연 숭배>

Ⅰ장 <극동 토착종족의 불 숭배>에서는 불 숭배의 기원과 특징, 불과 화신을 가리키는 용어 및 형상, 불과 화신의 역할과 상징의미, 화신제의 기원과 변형과정, 불에 대한 금기를 살펴보았다. 불 숭배는 극동 토착종족의 자연 숭배 중 가장 오래된 관념의 하나이며 이들 숭배 체계에서 가장 중요하고 핵심적인 자리에 놓여있다. 이들 불 숭배의 기원을 명확하게 규명하기는 어렵지만 불 자체를 숭배하는 페티시즘의 단계에서 불에 깃든 신적인 존재를 숭배하는 다신신앙의 단계로 발전되었다. 다신신앙 단계의 불 숭배에서 중요한 것은 개인의 삶이 아니라 자연과 분리 불가능한 가족, 씨족 등 집단의 삶이었다.

고대 원시적 삶의 양태를 유지하면서 타이가동물 사냥을 주요 생업으로 삼았던 극동 토착종족에게 사냥의 성공은 물질적 풍요 및 개인, 가족, 씨족의 희로애락과 직결된 삶의 최상위에 위치한 문제이며 다른 문제들은 그 하위에 위치하였다. 이로 인해 사냥의 보호신인 화신은 자연신의

최상층에, 이들 종교적 신념의 가장 중심에 위치하게 되었다. 반면 사냥에서의 역할이 화신보다 미미한 대지모신·강신·타이가신(산신) 등은 그 주변에 위치하게 되었다. 그런데 일정 시점에 이르러 바다 인근이나 아무르강 하류에 거주하면서 해양문화, 강 문화, 타이가 산악문화의 요소를 모두 가지게 된 나나이족, 사할린섬 오로크족, 닙흐족 사이에는 어로와 바다동물 사냥이 또 다른 주요 생업으로 자리 잡았다. 이로 인해 화신의 비중은 타이가동물 사냥이 주업이었던 시기에 비해 상대적으로 축소되면서 화신의 위계는 불안정해졌고, 종족, 씨족에 따라 화신의 위계가 달라졌다. 에벤족·에벤키족·우데게족의 화신은 천신의 위계에, 오로치족의 화신은 지고신과 동일 위계에, 네기달족·나나이족·오로크족·울치족·닙흐족·타즈족의 화신은 대지모신·해신·타이가신의 하위의 신이거나 동일한 위계에 위치하게 되었다.

극동 토착종족 사이에서 불을 가리키는 용어에는 토고(togo), 푸쟈(puǯa~poǯa), 눌(nul), 갈(gal)이 있는데 토고와 푸쟈가 대표적이며, 눌과 갈은 종교적 의미에서만 제한적으로 사용되었다. 토고는 퉁구스조어 기원으로 모든 퉁구스족 사이에 전파되어 있으나 에벤족과 에벤키족을 제외한 종족들은 거의 사용하지 않으므로 에벤족과 에벤키족의 기층 어휘이다. 푸쟈는 알타이조어 기원으로 네기달족, 퉁구스족 남부그룹, 타즈족 사이에 전파되어 있으며 극동 남부지역의 기층 어휘이다. 고아시아계 닙흐족은 불을 투우르(tuur)라고 하는데 토고와 푸쟈의 중간 형태이다. 토고와 푸쟈는 불을 의미하지만 화신도 의미하는데 토고는 대개 에제니(eǯeni, 신, 정령, 주인/ 퉁구스제어) 혹은 엔두리(enduri, 신, 정령, 천신/ 퉁구스제어)와 결합하여, 푸쟈는 단독으로 화신을 의미한다. 따라서 토고는 불 숭배의 페티시즘 단계에서, 푸쟈는 다신신앙 단계에서 출현하였으며 토고가 푸쟈보다 이른 시기의 관념이다. 불과 화신을 가리키는 용어에

근거할 때 극동 토착종족은 에벤족·에벤키족/ 닙흐족/ 네기달족·퉁구
스족 남부그룹·타즈족의 형태로 문화 네트워크가 형성되어 있었다. 이
에 의하면 닙흐족은 퉁구스족 북부와 남부그룹의 문화적 경계 지대, 사
이 지대에 위치하였고, 타즈족은 퉁구스족 남부그룹과 인접하여 생활하
면서 이들의 문화 요소들을 적극적으로 수용하였다.

　극동 토착종족의 화신은 여성화신 → 남성화신과 여성화신의 공존
→ 부부화신 → 남성화신의 발전과정을 거쳤다. 여성화신은 지금은 거
의 퇴색된 관념이지만 에벤키족과 우데계족의 화신은 여전히 여성이고,
오로치족에게도 이에 대한 관념이 국부적으로 남아있다. 남성과 여성
화신의 공존 혹은 부부화신은 여성화신에서 남성화신으로 변형되는 과
도기의 모습이다.

　부부화신은 네기달족·닙흐족·타즈족에게 특징적인데 타즈족은 19
세기 중반에 출현한 종족이므로 이들의 화신에 대한 관념은 닙흐족으
로부터 수용한 것이다. 닙흐족과 타즈족의 부부화신은 이들의 일상·종
교·문화생활의 중심에 자리한 화덕에 자리 잡았는데 이는 화신이 이들
의 삶에 적극 개입하였으며, 씨족과 가족의 보호신으로서 적극적인 숭
배 대상이 되었음을 의미한다.

　남성화신은 닙흐족과 타즈족을 제외한 극동의 모든 토착종족 사이에
전파되어 있는데 나나이족·울치족·오로치족의 남성화신은 노인이며
혼인을 하여 아내, 두 딸과 함께 개를 기르면서 지하 혹은 화덕 밑에
살고 있다. 울치족의 남성화신은 본디 독신이었으나 혼인을 한 뒤 중계
타이가에 살게 되었으므로 부부화신 이전에 남성화신과 여성화신이 일
정기간 공존하였다. 볼리세우수리강, 이만강 우데계족의 남성화신은
거무스름한 피부의 검은 머리 청년이고, 대다수 우데계족의 남성화신
은 등이 굽은 노인이다.

극동 토착종족에게 불은 가족과 씨족정체성을 상징하면서 아/ 타의 경계와 통합표지의 역할을 하는데 이들의 개인적·집단적 삶의 근간은 씨족이었으므로 이들에게 중요한 것은 씨족의 정체성, 씨족의 불이었다. 아/ 타의 경계와 통합표지로써 불은 성/ 속, 아/ 타, 선/ 악, 원/ 근, 조상/ 후손, 선/ 후, 상계/ 중계, 중계/ 하계, 생/ 사, 자연/ 문화의 이원대립을 내포하고 있다. 화신은 이 이원대립을 경계 짓고 통합하면서 자연과 인간 사회를 분화·통합하는 역할을 한다. 의례 의식에서 불은 씨족정체성의 상징이자 화신을 불러와 토착종족과 연결하는 역할, 신들에게 제물을 바치고 신들이 제물을 받는 숭배용 제단의 역할을 한다.

극동 토착종족에게 화신은 사냥의 보호신이기 때문에 이들의 사냥제는 화신제와 긴밀하게 결합되어 있었다. 이들은 사냥 전, 사냥터에서, 사냥 후 반드시 화신제를 거행하는데 모든 의례가 필수적이다. 의례에서 화신은 마을신·타이가신·해신 등 자연신들을 의식의 공간으로 불러와 인간 ↔ 화신 ↔ 자연신의 네트워크를 만든 뒤 토착종족의 바람을 알려주어 재액초복을 가져다주는 역할, 인간과 동물의 영혼을 연결하여 사냥의 성공을 도와주는 역할을 한다. 그런데 이는 인간이 우주 삼계를 오가면서 자연신들과 직접 교류하던 시기보다 늦은 시기의 관념이므로 이들에게 인간과 신의 관계는 직접 교류 → 화신의 중개를 통한 교류 → 샤민의 중개를 통한 교류의 단계로 변형되었다.

II장 〈극동 토착종족의 물 숭배〉에서는 물 숭배의 기원과 극동 토착종족 물 숭배의 특수성, 수신의 특징 및 계층구조, 수신제로서 해신제와 강신제, 종족제 운니에서 불과 물 숭배의 융합 등에 대해 살펴보고 있다. 극동 토착종족의 물 숭배는 물 자체를 숭배하는 페티시즘 단계에서 모든 수계 자연물에 신이 깃들여있다는 다신신앙의 단계로 발전되어

갔다. 이 단계에서 수신들의 수는 무수히 많아졌고, 최고의 수신인 해신을 정점으로 다양한 하위신들의 계층구조가 만들어졌다.

극동 토착종족 사이에서 수신을 가리키는 용어에는 무에(무에 에제니, 무에 엔두리), 테무(테무 엔두리), 타이홀진(타이훈자, 타이고치, 타이르나즈), 나무(나무 에제니, 나무 간니히), 간니히, 숙쟈 에제니, 무두르 등이 있다. 무에는 mu(물/ 퉁구스제어)에서 기원하므로 퉁구스족이 분화되기 전 이들 최고의 수신은 무에였다. 그런데 분화 이후 바다가 생업에서 중요한 역할을 하게 된 퉁구스족 남부그룹은 해신 테무를, 닙흐족과 일부 네기달족, 오로치족, 오로크족은 해신 타이홀진을 최고의 수신으로 숭배하였다. 에벤족과 에벤키족에게 바다의 중요성은 다른 종족에 비해 미미하였기 때문에 이들은 해신 테무와 타이홀진이 아닌 보편적·총체적 수신으로써 무에를 숭배하였다. 이 중 테무·무에·나무 에제니·나무 간니히·간니히는 퉁구스족, 타이홀진은 고아시아계 닙흐족, 숙쟈 에제니는 튀르크족과 퉁구스족 혼종의 관념이다. 따라서 이들의 수신에 대한 관념은 이들 고유의 요소를 기층으로 다양한 시기 계통이 다른 여러 종족의 관념과 혼종·융합되면서 변형·발전되어 왔다.

극동 토착종족의 해신은 물고기, 범고래, 바다표범, 반인반수, 인어아가씨와 같은 반인반어, 노파, 노인과 노파의 공존, 부부, 노인 등 다양한 모습인데 동물해신 → 반인반수, 반인반어 해신 → 여성해신 → 여성해신과 남성해신의 공존 → 부부해신 → 남성해신으로 변형, 발전되었다. 이는 해신에 대한 관념이 오랜 시간에 걸쳐 이들 사회의 물질적 조건 및 역사적 발전, 그에 따른 세계관과 신앙체계의 변화 등에 맞추어 변형·발전되어 왔음을 말해준다. 극동 토착종족의 동물 해신에는 범고래 해신과 바다표범 해신이 있는데 범고래 해신은 바다를 떠도는 노천신이고, 바다표범 해신은 바다 가운데 집을 짓고 사는 정주신인데 모두

혼인을 하지 않은 독신이다.

여성해신은 극동·중국·한반도 등지에서 두루 발견되는데 극동 지역의 여성해신은 노파(할미)이며 사람들의 어로와 바다동물 사냥을 도와준다는 점에서 한반도의 개양할미와 유사하다. 극동의 여성해신은 대개는 무명이고, 보통 체격이며, 독신이고, 바다 가운데서 정주하고 있으며, 적극적인 숭배 대상은 아니다. 하지만 한반도의 개양할미는 이름이 있고, 거구이며, 자식들이 있고, 해변 굴에 거처하며, 지금도 숭배 대상이다. 이러한 차이에도 불구하고 과거 극동 남부~한반도에는 해양문화의 한 요소로써 '할미해신'을 공유하는 문화집단이 있었다고 유추할 수 있다.

동물해신, 여성해신, 남성과 여성해신의 공존 단계에서 해신은 노천신이거나 바다 가운데 정착하였으므로 아직 토착종족의 적극적인 숭배대상은 아니었다. 그런데 부부해신은 인간과 가까운 해안가에 정주하였는데 이는 부부해신이 이들의 숭배 대상으로 자리 잡아가는 과정을 보여준다. 이들 사회에서 남성의 위상이 높아지면서 남성해신이 수중생태계의 권력을 장악하면서 해신의 아내는 관념적·추상적인 신으로 강등되었고, 숭배 대상에서 멀어졌는데 여기에는 남성해신은 토착신이지만 해신의 아내는 외래신, 내방신이라는 점도 영향을 미쳤다.

남성해신은 이들 자연신 발달의 최종단계에서 출현하였으며 수중생태계의 최고 권력자인데 거구의 백발노인이며, 외모는 토착종족과 비슷하다. 또한 혼인을 하여 아내와 함께 살고 있고, 하위의 다양한 신들과 수직 위계 구조 속에 놓여있다. 해신은 노천신 → 바다 가운데 정착 → 바다 이동 → 해안 정주신의 단계를 거치면서 인간세계 가까이로 이동하였는데 이는 해신이 이들의 적극적인 숭배 대상으로 변형되는 과정을 보여준다.

남성해신이 권력을 장악한 뒤 수중생태계는 남성해신 나무 에제니가 다스리는 바다의 세계와 여성강신 숙쟈 에제니가 다스리는 강의 세계로 나누어졌으며, 최고의 남성해신은 이 두 세계를 경계 짓고 통합하면서 수중생태계의 조화와 질서를 유지하는 역할을 하게 되었다. 극동 토착종족에게 해신은 어로와 바다동물 사냥의 성공 및 바다에서의 안전을 보장해주는 가족과 씨족의 보호신, 자연을 대하는 태도를 알려준 자연생태계의 보존자, 해신제의 기원과 규율을 전해준 존재이다. 따라서 이들에게 해신은 단순한 종교적 숭배 대상이 아니라 자연철학, 생태윤리를 전해준 존재이다.

뱀과 용 숭배는 극동 토착종족이 오랫동안 향유한 전통신앙의 하나인데 이들 사이에서 뱀을 가리키는 kulin(~kula~kola, 뱀/ 퉁구스제어), kylang(뱀/ 닙흐어)과 한반도의 구렁이, 오로치족의 뱀신 욱구마와 한반도 업구렁이의 음성적·의미적 유사성에 근거할 때 극동 토착종족의 뱀 숭배는 한반도의 구렁이 숭배와 연결된다. 극동 토착종족에게 용을 가리키는 무두르는 용의 순 한국어로 기록된 '미르'와 음성적으로 유사하므로 무두르~미르는 극동 남부지역과 한반도의 기층 어휘이며, 과거 극동 남부지역~한반도에는 용(무두르~미르) 숭배를 공유하는 문화집단이 있었다. 하지만 서로 다른 사회체제를 받아들이면서 이들의 용 숭배는 다른 식으로 변형·발전되었다. 한반도는 중국의 영향으로 용이 왕권과 결합하면서 용왕의 단계까지 발전하였으나 극동 토착종족에게 용은 한반도만큼의 위상을 가진 신이나 숭배 대상은 아니었으며, 용 숭배의 발전도 한반도에 비해 제한적이었다.

극동 토착종족 특히 남부지역의 종족들은 다양한 수신들을 위한 수신제를 거행하였는데 이들의 수신제는 거주지의 자연생태조건에서 기원한 수계문화의 요소다. 극동 토착종족의 수신제는 크게 해신 테무(타

이훌진)가 주요 숭배 대상인 해신제와 강신(숙쟈 에제니)이 주요 숭배 대상인 강신제로 나누어진다. 극동 토착종족의 해신제는 기상 악화나 다른 이유로 바다사냥을 나간 남자들과 해신이 '우연히' 조우하면서 해신의 요구로 출현하였다. 그런데 바다동물 사냥은 대개는 원해에서 이루어지므로 〈오로크족 노인과 해신제〉, 〈울치족 남자와 해신제의 기원〉, 〈닙흐족 남자들과 해신제〉에 의하면 해신제는 원해에서의 활동이 증가하면서 발생한 필연적인 의식이었다. 이들 해신제는 의례로서 해신제(개인적인 의식) → 신상과 제기와 같은 의례용품 사용(집단 의례) → 해신제의 규율과 원칙 확립(집단 의례)의 과정을 거치면서 변형·발전되었다. 극동 토착종족의 해신제는 거행 시기의 규칙성에 따라 비정기적 해신제와 정기적 해신제로 나누어진다. 비정기적 해신제는 어로와 바다표범 사냥 전 혹은 어로와 바다표범 사냥이 흉작일 때 개인이나 가족 단위로 해안가에서 거행되므로 가족제의 성격을 지닌다. 거행 시기는 상황에 따라 유동적이며, 의식의 목적에 따라 해신제-풍어제, 해신제-바다표범 사냥제로 나누어진다.

정기적 해신제는 1년에 1회 혹은 2회 봄가을 씨족 단위로 아무르강 기슭이나 해안에서 거행되므로 씨족제(마을제)와 결합되어 있다. 종족이나 씨족에 따라 차이는 있지만 해신제를 1년에 1회 거행할 경우 연어의 모천 이동이 끝나고 연어잡이가 마무리 되는 10월 말~11월 초의 가을에 거행한다. 1년에 2회 거행할 경우 바다표범 사냥이 시작되는 봄철인 3월 말의 결빙기와 늦가을인 10월 말~11월 초의 해빙기에 거행된다.[1]

1 E. A. Гаер, Традиционная бытовая обрядность нанайцев в конце XIX~начале XX в. (к проблеме устойчивости развития традиций), Диссерт. ...Канд. Исторических Наук, ИЭ АН СССР, 1984, p.43.

따라서 이들 정기적 해신제의 목적은 봄철에는 바다표범 사냥의 성공 기원, 가을철에는 연어잡이 성공에 대한 감사의식이다. 이에 의하면 이들의 정기적 해신제는 1년에 1회 가을철 연어잡이 성공에 대한 감사의식에서 출발하였으나 이후 바다표범 사냥의 성공을 기원하는 봄철 의식이 추가되면서 2회로 확대되었다. 따라서 해신제 초기 이들의 중요한 생업은 연어잡이였고, 다른 물고기잡이나 바다표범 사냥은 이후에 추가된 생업이다.

극동 토착종족의 강신제는 정기적 강신제와 어로가 흉년일 때 거행하는 비정기적 강신제로 나누어진다. 강신제의 숭배 대상은 강신·대지모신·타이가신 등 주변의 자연신들이지만 정기적 강신제의 주신은 강신 특히 아무르강 강신이다. 비정기적 강신제의 대상은 풍어를 방해하는 존재에 따라 달라지며, 의식의 목적은 어로를 방해하는 악령과 불길한 세력들을 퇴치하거나 마을을 떠도는 수사자의 영혼을 물의 세계에 통합시키기 위한 것이다.

종족제 운니(~운지)는 극동 퉁구스족 남부그룹 공통인데 종족에 따라 의례의 내용과 절차의 차이는 있지만 거행 시기, 목적, 거행 횟수 등은 같다. 이들의 종족제는 주로 강가에서 개최되므로 물 숭배가 근간을 이루지만 의례 전후 화신제를 거행하므로 이들의 종족제에서 불과 물 숭배는 융합되어 하나의 완전한 체계를 이루고 있다. 종족제 운니는 1년에 2회, 봄에는 해빙기에, 가을에는 결빙기에 거행된다. 이들에게 해빙기는 어로의 시작, 결빙기는 바다표범 사냥의 시작과 관련이 있으므로 종족제는 이들의 생업 주기에 맞추어 행해졌다. 운니는 uni(강/ 퉁구스족 남부그룹 언어)[2]에서 기원하므로 본디 종족제가 아니라 강신제였으며 이

---

2 ССТМЯ 2, p.277.

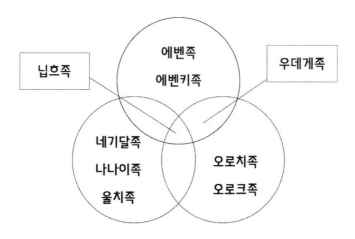

[그림 112] 자연 숭배에 근거한 극동 토착종족의 문화적 친연관계

후 불 숭배 혹은 화신제와 결합되면서 종족제로 확대되었다.

이에 의하면 이들은 초기 타이가에 인접한 강이나 계곡에서 씨족(마을) 단위로 생활하였으며, 강은 이들의 일상생활 및 종교적·문화적 삶에서 중요한 위치를 차지하고 있었다. 이들의 종족제는 매년 동일한 시기에 개최되므로 주기적 순환성을 가지고 있으며, 그 근저에는 종족과 씨족공동체의 재생, 부활, 불멸의 삶에 대한 염원이 자리하고 있다. 자연 숭배를 중심에 둘 경우 극동 토착종족은 에벤족·에벤키족 / 닙흐족 / 우데게족 / 네기달족·나나이족·울치족 / 오로치족·오로크족 사이에 긴밀한 문화네트워크가 조성되어 있었다.

극동 토착종족의 애니미즘에 근거할 때 나나이족과 닙흐족은 이들의 문화네트워크에서 구심점 역할을 하였다. 에벤족과 에벤키족은 다른 종족들과는 구별되는 자신들만의 독자적인 문화를 가지고 있으며 퉁구스족이 북부와 남부그룹으로 분화된 뒤 에벤족과 에벤키족은 타이가

산악문화의 요소를, 퉁구스족 남부그룹은 닙흐족의 영향으로 수계문화
의 요소를 강하게 가지게 되었다.

II. 애니미즘에 나타난 극동과 한반도의 문화적 유사성

1. 영혼관에 나타난 유사성

극동 퉁구스족의 관념에서 인간의 주요 영혼에는 새영혼 오미, 그림
자영혼 하냔, 육신의 영혼 베옌(혹은 욱수키), 숨영혼 에게(엑게~에르게니)
가 있고, 고아시아 닙흐족의 관념에서는 탄이 있는데 이 영혼들은 부분
적으로 한국인의 관념 속 생명령과 개체령에 대응된다.

생명령은 태양의 움직임과 함께 각양각색으로 변할 뿐 아니라 사람
의 모습을 그대로 복제한 듯한 그림자에 대한 의문을 해결하는 과정에
서 출현하였다는 점에서 극동 퉁구스족의 그림자영혼 하냔에 대응된다.
그런데 생명령은 생명 유지와 정신활동을 제어하는 영혼으로 인간의
숨, 피 등과 관련이 있다는 점에서 피를 영혼의 거처로 간주하는 닙흐
족, 숨 영혼을 인간의 주요 영혼에 포함시키는 극동 남부 퉁구스족의
관념과 유사하다. 또 생명령은 비개성적·비개별적이고, 육신과 분리 불
가능하며, 사후 육신이 소멸되면 같이 사라진다는 점에서 극동 남부 퉁
구스족의 숨 영혼, 닙흐족의 탄과 연결된다. 숨 영혼은 퉁구스족 남부그
룹에 공통된 관념인데 이들이 숨 영혼을 인간의 영혼에 포함시킨 것은
숨·호흡을 영혼과 동일시하는 닙흐족의 영향이므로 궁극적으로 생명
령은 닙흐족의 영혼관과 연결된다.

개체령은 개개인 육신의 내부에서 감정·의지·인식을 지배하는 영혼

인데 육신과 상대적 독립성을 가지고 있다. 극동 토착종족에 의하면 그림자영혼 하냔은 선할 수도 있고, 악할 수도 있으며, 일생을 육신과 함께 하지만 잠을 잘 때, 병에 걸릴 때, 기절할 때는 육신을 떠나기도 하므로 육신과 상대적 독립성을 가지고 있다. 개체령은 육신이 소멸된 뒤에도 존속하는 불멸의 영혼이므로 퉁구스족의 새영혼 오미, 닙흐족의 탄에 대응되지만 이 영혼들은 개체령과 달리 죽을 때 이외에는 육신과 분리 불가능하다.

한국인의 영혼관과 극동 토착종족의 영혼관에서는 인간과 동물의 경계 짓기/ 경계 허물기라는 차이가 발견된다. 한국인의 관념 속 생명령과 개체령에서 영혼은 인간의 본성을 가지고 있기 때문과 인간과 자연 사이에는 커다란 장벽이 설치되어 있다. 그런데 극동 퉁구스족의 새영혼 오미와 인간의 형상인 그림자영혼 하냔은 시공간 차원의 변화에 따른 변신형으로 동일한 조상령의 화신으로서 동일한 영혼이므로 이들의 영혼관에서 인간과 동물의 경계는 없으며 인간은 동물과 동일한 속성을 공유한다.

이외에도 극동 토착종족과 한국인에게는 백골영혼관이 전파되어 있다. 극동 토착종족은 사망 1년~2년 후 송혼식을 거행한 뒤 배 모양의 작은 통나무 관을 만들어 망자의 백골을 추려 넣는 육탈 의식을 거행한다. 이는 뼈에는 영혼이 깃들여있는데 사후 육신이 소멸되고 영혼이 상계나 하계로 이동한 뒤에도 백골의 영혼은 중계에 계속 남아있다는 관념에 근거한다. 이러한 관념의 기원은 불분명하지만 사후 소멸되는 육신의 다른 부위와 달리 그 모습이 계속 보존되는 백골의 특성에 근거한다. 실제로 백골은 망자에 대해 많은 정보를 제공해준다. 고고학자들은 백골을 분석하여 망자의 생전 삶의 양태를 추정하고, 범죄학자들은 백골에서 추출된 DNA에 대한 염기서열분석(STR)을 통해 망자의 신원을

알아낸다. 이처럼 백골은 사후 소멸되는 육신이나 비가시적이며 관념
적·추상적인 영혼과 달리 수만 년의 세월이 흐른 뒤에도 계속 남아서
망자의 존재를 일깨워준다.

함경남도 함흥 지역에서 전승되는 〈황천혼시〉에 근거할 때 한반도에
도 백골 숭배가 널리 전파되어 있었다.

> 〈황천혼시(黃泉魂詩)〉 송남동이, 이동이, 사마동이 삼형제가 농사를 짓
> 기 위해 밭을 갈다가 흙 속에서 백골을 발견하였다. 이들은 속적삼을 벗
> 어 백골을 집으로 모셔와 방문 앞에 모셔두고 아침, 점심, 저녁마다 제물
> 을 올렸다. 그러다 보니 세간이 바닥났다. 이렇게 5, 6년을 지냈다. 어느
> 날 밤 백골이 눈물을 흘리며 울었다. 삼형제가 잠에서 깨어나 옷을 차려
> 입고, 백골에게 극진히 세 번 절을 올린 뒤 우는 이유를 물었다. 백골은
> 사흘 뒤 염라대왕이 보낸 저승사자들이 삼형제를 데리러 올 것이라고 하
> 였다. 백골은 검은 소를 잡아 서른 세 개의 쟁반에 담아 긍왕산 다리 위에
> 많은 음식과 함께 차려 놓은 뒤 다리 아래에 숨어있으라고 했다. 그다음
> 저승사자들이 그것을 먹은 뒤 돌아앉아 신발을 신을 때 앞에 가서 세 번
> 절을 올리면서 살려 달라고 빌라고 하였다. 삼형제는 백골이 시키는 대로
> 하여 죽음을 모면하였다.[3]

〈황천혼시〉에서 밭에서 백골을 발견한 삼형제가 백골을 가져와 집에
모셔둔 것은 백골 숭배에 의한 것이다. 또 백골은 저승사자들이 삼형제
를 데리러 올 것이라면서 삼형제에게 저승사자들을 피할 수 있는 방법

---

3 〈황천혼시〉는 1926년 3월 함경남도 함흥군 운전면 본궁리에 사는 김쌍돌이(金雙石伊)
가 구술한 자료를 손진태가 채록하여 『조선신가유편(朝鮮神歌遺篇)』에 수록한 것이
유일한데 '황천곡(黃泉曲)' 혹은 '삼 형제의 노래'라고도 한다. 「황천혼시」, 『한국민속
대백과사전: 무속신앙』, 국립민속박물관, https://folkency.nfm.go.kr/topic/directory/
220 검색일: 2024.06.01.

을 알려주었다. 이는 백골은 상계 ↔ 중계 ↔ 하계, 생 ↔ 사를 오가면서
그 세계에서 일어나는 일을 꿰뚫어볼 수 있는 신성한 힘을 가지고 있어
서 죽음도 물리칠 수 있다는 백골 숭배에 의한 것이다. 백골의 주인은
언젠가 이들의 조상이었기 때문에 백골 숭배는 조상 숭배와 결합되어
있다. 극동 토착종족과 한반도 주민들 사이에 백골 숭배가 전파된 것은
사후 하계(저승)에서 자신들의 영속성을 이어가면서 불멸하는 영혼과
중계(지상)에서 자신들을 지켜줄 영혼이 필요했기 때문이다.

2. 자연 숭배에 나타난 유사성

1) 산악타이가 문화의 요소로서 불 숭배에 나타난 유사성

극동 토착종족 사이에서 불/ 화신을 의미하는 puʒa는 한국어 pur
(~bul, hul, ula/ 불)와 유사한데 튀르크어 ort, 몽골어 porʒɛ, 일본어 pɛr와
도 연결된다. 푸쟈는 알타이조어 pul(pur, 불·불길·열기·타다) 기원이므로
한민족과 선(先)알타이족은 계통적, 문화적으로 일정한 관련이 있었다.
극동 토착종족 사이에서 '붉다'를 의미하는 xola(네기달어), hula(에벤키어,
에벤어), xaolgæ(나나이어), xolomukta(오로치어), xulalŋgi(우데게어), fylaka
(만주어), fûh-lâh-kiāŋ(여진이)는 puʒa(불)에서 기원하는데 한국어 pulda
(bulda, 붉다)와 음성적, 의미적으로 유사하다. 따라서 극동 토착종족과
한반도 주민들에게 색채어 '붉다'의 체험적 근거는 '불'이다. 이처럼 의
미론적 범주화 내용에서 공통점이 발견된다는 것은 이들 세계 인식의
틀이 유사하다는 것을 암시한다. 즉 과거 언젠가 극동~한반도에는
puʒa~pur(불)와 그에 대한 체험적 근거를 공유하는 문화집단이 있었다.

2) 해양문화의 요소로서 할미해신에 나타난 유사성

해양문화권에서 해신의 존재는 필수적인데 극동·한반도·중국, 더 나아가 동남아 등지에는 여성해신이 두루 전파되어 있다. 중국과 말레이시아의 여성해신은 아리따운 아가씨 마고인데 말레이시아의 마고는 중국의 영향에 의한 것이다. 극동 남부지역과 한반도 여성해신은 나이가 지긋한 할미인데 한반도에서는 제주도의 선문대할망과 황해안에 위치한 변산반도 죽막동 수성당의 개양할미가 대표적이다. 선문대할망은 해신의 역할도 하지만 산신의 성격이 강하고, 개양할미는 해신의 성격이 강한데 극동 남부토착종족의 할미해신은 해신의 특성만 가지고 있으므로 한반도의 개양할미와 더 유사하다.

이러한 유사성에도 불구하고 극동 남부토착종족과 한반도 할미해신 사이에는 몇 가지 차이가 발견된다. 첫 번째, 극동의 할미해신은 도로마마라는 이름이 있지만 대개는 무명인 반면 한반도의 할미해신은 개양할미처럼 이름을 가지고 있다. 두 번째, 극동의 할미해신은 혼인을 하지 않는 독신이고 자식이 없지만 개양할미는 혼인을 하였고 여덟 명의 딸이 있다. 세 번째, 극동의 할미해신은 바다를 떠돌아다니는 노천신에서 바다 가운데 정착한 정주신으로 변형되었지만 개양할미는 본디 해안가 굴에 정착한 정주신이었다. 따라서 극동의 할미해신은 인간의 삶과 밀접한 관련이 있거나 인간의 삶에 큰 영향을 미치는 신은 아니었지만 한반도의 개양할미는 인간과 적극 교류하면서 인간의 삶에 직접적인 영향을 미치는 신이었다.

네 번째, 변산반도 죽막동 해안마을 사람들은 지금도 수성당의 개양할미를 잘 받들어야 풍어가 이루어지고 바다에서 풍랑의 위험을 면할 수 있다고 믿으면서 음력 정월 보름날 개양할미를 위로하는 마을제를 지내므로 지금도 개양할미는 적극적인 숭배 대상이다. 하지만 극동 토

착종족 사이에서 할미해신에 대한 의례 의식은 발견되지 않으므로 할미해신은 이들의 적극적인 숭배 대상은 아니었다. 이러한 차이에도 불구하고 할미해신은 중국·동남아시아 해양문화와 극동·한반도의 해양문화를 경계 짓는 중요한 요소이다. 따라서 할미해신에 근거하여 과거 극동 남부지역~한반도에는 해양문화의 코드로서 할미해신을 공유하는 문화집단이 있었다고 추론할 수 있다.

3) 뱀과 용 숭배에 나타난 유사성

뱀과 용 숭배는 극동 북부지역보다는 남부지역 토착종족에게 특징적이다. 극동 토착종족 사이에서 kulin(~kula~kola, 뱀/ 퉁구스제어), kylang(뱀/ 닙흐어)은 '굵은 뱀'을 의미하는데 한국어 구렁이와 음성적·의미적으로 유사하다. 또 거대한 뱀 형상인 오로치족의 뱀신 욱구마는 집터에 살면서 집에 부를 가져다주는 존재로 숭배되는 한반도의 업구렁이와 음성적·의미적으로 유사하므로 극동 남부 토착종족과 한반도 주민들은 문화적·역사적으로 무관하지 않았음을 알 수 있다. 이는 극동 토착종족 사이에서 용을 가리키는 무두르(mudur/ 네기달어, 퉁구스족 남부그룹의 언어, 만주어)는 『훈몽자회(訓蒙字會)』(조선 중종 22년, 1527년, 최세진)에 용의 순 한국어 기록된 '미르'와의 음성적, 의미적 유사성을 통해서도 알 수 있다.

하지만 극동 남부지역의 토착종족과 한반도의 용 숭배에서는 뚜렷한 차이가 발견된다. 첫 번째, 극동 남부지역의 토착종족에게 용은 해신이 아니라 수신의 하나였으므로 이들의 용 숭배는 해신신앙의 일환이 아니라 보편적인 수신신앙의 하나였다. 두 번째, 한반도에서는 용을 최고의 해신으로서 숭배하였고, 용은 용왕으로까지 승격되었다. 하지만 극동 남부 토착종족에게 용은 강신 숙쟈 에제니의 하위 신이었으며 용왕의 개념도 존재하지 않았다. 용왕은 용신을 인격화한 것으로 용신보다

한 걸음 발전된 관념인데 농경이 주된 생업이었던 한반도에 농업 생산
력이 발전하면서 물은 지배 권력의 유지와 밀접한 관련을 가지게 되었
다. 그 결과, 수신이던 용은 단순히 비를 내리는 존재가 아니라 강우생
풍의 존재로 승격되면서 왕권과 결합되었다. 극동 토착종족은 국가 단
위의 사회를 경험하지도, 왕이 존재하지도 않았기 때문에 용을 용왕 단
계까지 발전시킬 필요가 없었다. 따라서 이들에게 용은 한반도만큼의
위상을 가진 신이나 숭배 대상은 아니었으며 용 숭배도 한반도에 비해
제한적이었다. 극동 남부지역과 한반도의 용 숭배에서 발견되는 차이
는 이들 사회의 정치·경제·지형 조건의 차이에 의한 것이었다. 하지만
용을 가리키는 무두르~미르에 근거하여 과거 극동 남부지역~한반도
에는 용 숭배를 공유하는 문화집단이 있었다고 유추할 수 있다.

4) 버드나무 숭배에 나타난 유사성

극동 토착종족은 수신제가 거행될 제장에 버드나무로 장대를 설치하
는데 이는 버드나무 숭배에 의한 것이다. 현대 극동 토착종족의 선조인
만주족의 창세신화 〈우처구우러본(烏車姑烏勒本)〉 혹은 〈천궁대전(天宮大
戰)〉에는 창세신으로서 버드나무 여신 아부카허허(阿布佧赫赫)와 남신
아부카엔다오리가 등장하며 지금도 만주족 사이에는 버드나무 숭배가
보존되어 있다.

> 〈아부카허허와 창세〉 오래 전 아부카허허와 악령 엘루리의 전투 중 많
> 은 신들이 죽었다. 아부카허허가 하는 수 없이 하늘로 날아올라 도망가려
> 고 할 때 악령 엘루리가 쫓아가서 손으로 그의 사타구니를 잡아챘다. 이
> 때 잡아 챈 것이 아부카허허의 몸을 덮고 있는 버들잎이었는데 이 버들잎
> 이 인간 세상으로 떨어지면서 인류 만물이 생겨났다.[4]

〈아부카엔다오리(阿布佧恩道里)와 창세〉 오래 전 하늘과 땅이 막 생겨
났을 때 아부카엔다오리가 허리띠에 두른 천에서 얇은 버들잎 몇 개를
떨어뜨리자 버들잎 위에 날벌레, 포유동물, 인간이 생겨났고 이 세상에
인간이 살기 시작하였다.[5]

위 만주족 신화들에 의하면 여신 아부카허허의 몸을 덮고 있던 버들
잎에서, 남신 아부카엔다오리의 허리띠에 두른 천의 버들잎 위에 인간
을 비롯한 우주만물이 생겨났으므로 만주족에게 버드나무는 우주만물
의 기원이자 우주만물이 기원할 수 있는 토대였다.

버드나무 숭배는 고구려 건국신화에서도 발견된다. 이규보의 『동국
이상국집』 권3 〈동명왕편〉에 의하면 하백의 딸이자 고구려 시조 주몽
의 어머니인 유화부인은 주몽이 부여를 탈출하여 고구려를 건국할 수
있게 도와주었다.[6] 이로 인해 부여에서는 죽었지만 고구려인에게는 시
조신으로 숭배되었고, 지금도 발해부근에서 여신으로 봉안되기도 한다.
유화는 한반도에서는 고려의 작제건과 결혼하여 왕륭(王隆)을 낳은 서
해 용녀(龍女), 태조왕건과 결연하는 버드나무 아래의 유씨(柳氏)부인,
조선의 태조 이성계와 혼인하는 유엽처자(柳葉妻子),[7] 연산군 시절 홍문
관 교리 이장곤이 귀양길에 도망칠 때 이장곤을 살려내는 '유기장집 처
자' 등 시공간을 초월하여 다양한 모습으로 나타난다. 이종주에 의하면
유화는 버드나무 신격이 지상적 존재로 사실화, 역사화 되면서 생겨났

---

4 吳世旭, 「萬物有靈-滿族的動植物信仰」, 『滿族民間信仰(淸文化叢書)』, 沈陽出版社,
   2004, p.22.
5 김경화, 『고구려 柳花의 기원』, 인하대학교 대학원 한국학과 석사학위 논문, 2010, p.19.
6 『한국민족문화대백과사전』, 한국학중앙연구원, https://encykorea.aks.ac.kr/Article/E
   0016437. 검색일: 2024.07.01.
7 김경화, 위의 논문, p.7.

으며 버드나무 천모 아부카허허 혹은 버드나무 시조모 포도마마(佛多媽媽)의 다른 이름이다.[8] 주채혁에 의하면 버드나무 숭배는 시베리아 유목민족/ 종족에서 기원하는데 고구려의 유화, 몽골의 알랑고아, 만주족의 퍼굴런(佛古倫)은 모두 이들의 문화적 전통에 아래 형성된 버드나무 숭배의 일환이다.[9]

그런데 이들은 왜 버드나무를 숭배하게 되었을까? 유목 이동생활을 하는 극동 토착종족에게 물은 풀과 더불어 생존의 필요조건인데 버드나무는 물을 알려 주는 지표수로 척박한 땅에서도 물이 숨은 곳에 뿌리를 내려 자란다. 버드나무는 땅 속 깊은 곳에 숨어 있는 수맥에 가까워지면 가지를 구부리거나, 미세한 떨림을 전하는데 극동 토착종족은 버드나무의 이런 생태적 특성에 근거하여 '물'을 상징하는 성목으로 버드나무를 숭배하였다. 또한 물가에 자라는 특성으로 인해 버드나무는 이들에게 생과 사의 경계표지로 자리 잡게 되었다.

이외에 버드나무 꽃은 이들에게 봄을 알려주는 역할을 하였는데, 생태학적으로도 버드나무는 음력 2월 봄기운이 돌 무렵 싹을 틔운다. 이에 근거할 때 극동 토착종족을 비롯한 시베리아 민족/ 종족들의 버드나무 숭배는 버드나무의 생태적 특성에 대한 관찰에 근거하는데 이러한 숭배관은 한반도에까지 전파되었다. 이상의 내용에 의하면 과거 극동~한반도에는 산악타이가문화의 코드로서 puǯa~pur(불)와 그에 대한 체험적 근거를 공유하는 문화집단이 있었고, 극동 남부지역~한반도에는 해양문화의 코드로서 할미해신, 수계문화의 코드으로서 뱀과 용 숭배, 버드

8   이종주, 「東北亞的聖母柳花—中國東北與朝鮮半島的柳花神崇拜」, 『社會科學戰線』 1(103), 黑龍江城社會科學院文學研究所, 2001, pp.168-184.
9   주채혁, 「부르칸(不咸)이즘과 柳花, 그 母胎回歸 신앙연구」, 『백산학보』 59, 2001, pp.27-51.

나무 숭배를 공유하는 문화집단이 있었다.

III. 극동 토착종족의 애니미즘에 나타난 생태적 세계관

극동 토착종족의 애니미즘에 의하면 인간뿐만 아니라 타이가, 강, 바다와 같은 자연지형, 태양, 달, 별 등의 천체, 곰, 호랑이, 나무, 풀 등의 동·식물, 딱정벌레, 개미와 같은 곤충, 천둥, 번개, 비, 우박 등의 천제현상, 말(言語)이나 스토리텔링 같은 무형물, 씨족과 같은 사회제도에 이르기까지 우주만물에는 영혼 혹은 신적 존재가 깃들여 있다. 그런데 이들의 애니미즘에서 중요한 것은 영혼의 유무가 아니라 우주만물은 고유한 생명력과 힘을 가진 주체적인 존재이며 공동의 네트워크 속에서 상호 교섭, 상호작용한다는 것이다. 그레이엄 하비에 의하면 애니미즘은 주위의 존재들을 존중하면서 살아가는 사람들의 문화이고, 팀 잉골드에 의하면 매순간 달라지지만 영속하는 환경 속에서 다른 생명체의 존재를 민감하게 지각하고 행동하며 살아가는 삶의 방식이다.[10] 따라서 애니미즘은 원시적 발전단계에 있는 인류 종의 미개하고 야만적인 미신이 아니라 우주만물의 '관계성'을 중심에 둔 사유체계이자 삶의 철학이다. 그런데 이들이 추구하는 관계성은 추상적·이론적 관계성이 아니라 구체적·실용적·실천적 행위로서의 관계성이다.

극동 토착종족의 애니미즘이 이와 같은 특징을 가지게 된 것은 이들

---

10 Graham Harvey, "Animals, Animists and Academics", Zyon 41(1), 2006, p.1; Tim Ingold, "Rethinking the Animate, Re-Animating Thought", Ethnos 71(1), 2006, p.10.

삶의 조건에서 기인한다. 강, 바다, 타이가 등 자연에서 생존의 모든 것을 해결했던 이들에게 인간세계를 바라보는 다양한 비인간존재들의 시점은 매우 중요하였고, 비인간존재들이 관계맺음하면서 상호작용하는 방법을 알아내어 자연생태계를 이해해야만 했다. 따라서 이들에게 애니미즘은 생존을 위해 인간과 자연세계의 원리를 해석하는 과정에서 출현한 합리적인 사유체계였다. 이로 인해 이들의 애니미즘에서는 동기가 없어 보이는 즉흥적, 즉자적인 현상들도 기계의 작동 원리처럼 확고하게 뚜렷한 원인과 결과의 범위 안에서 발생한다. 또 인간과 자연은 동등한 지위에서, 때로는 자연이 더 우위에서 상호 교섭하는데 자연이 인간보다 더 도덕적이고, 더 윤리적이며, 더 실천적이다.

애니미즘은 공간 층위에서는 민족/ 종족, 국가/ 지역을, 시간 층위에서는 과거/ 현재, 현재/ 미래를 통합한다. 그런데 현재와 같은 생태위기 시대에서는 공간성이 아니라 지속가능한 미래를 위한 시간성에 초점을 두면서 애니미즘을 사라진 문화의 흔적이 아니라 미래 생태문명을 위한 자원과 보고로, 생태위기를 극복할 수 있는 대안문화로 재해석해야 한다.

1. 생태적 세계관의 모태로서 대칭성의 세계관

극동 토착종족의 애니미즘적 세계관은 [그림 112] 뫼비우스의 띠나 뫼비우스의 띠의 입체적 변용인 클라인의 병[11]과 같이 시작/ 끝, 앞/ 뒤, 안/ 밖, 표면/ 심층의 구분이 없기 때문에 방향이나 차원을 정할 수 없

---

11 https://100.daum.net/multimedia/86_29600036_i2.jpg. 검색일: 2024.08.20.

는 고차원의 입체로 모델화할 수 있
다. 근대 이후 서구의 지성을 압도한
합리주의적 세계관은 고차원의 입체
적 사고를 억압하면서 모든 것을 삼
차원의 평면 속으로 집어넣었다. 하
지만 극동 토착종족은 뫼비우스의
띠나 클라인의 병과 같은 고차원의

[그림 112] 뫼비우스의 띠와
클라인의 병

입체구조에서 작동하는 사고가 지구와 우주, 인간과 자연의 원리를 설
명하는데 더 적합하다고 생각하였다. 따라서 이들의 애니미즘적 세계
관에서 영혼과 신들 사이에는 완전한 복(復)논리가 성립되어 있었으며
신=영혼과 같은 현상이 무의식과 의식의 경계에서 끊임없이 발생하였
다. 고차원의 입체적 사고는 삼차원의 평면적 사고와 달리 무의식에 자
리한 대칭성의 세계관에 따라 움직이기 때문에 과거 → 현재 → 미래처
럼 앞으로만 향해 가는 시간개념, 과거/ 현재/ 미래의 시간 구분, 부분/
전체, 시작/ 끝, 안/ 밖의 이분법적 사고, 동서남북의 방향성, 인간/ 신/
동물의 구분, 주위 세계와 분리된 자아가 없는 통합적이고 전체적인 사
고이다.

  그런데 뫼비우스의 띠를 중심선을 따라 자르면 안팎의 구별이 있는
하나로 이어진 커다란 고리가 생긴다. 자르기 전에서는 안팎의 이동이
자유로웠지만 자른 다음 그 사이에 뛰어넘을 수 없는 강력한 장벽이
설치되면서 안팎의 이동은 불가능해진다. 러시아문화 수용으로 기독교
의 유일신 관념이 유입되면서 뫼비우스의 띠는 단순한 고리로 변형되
었고, 이들의 세계관에 시작/ 끝, 앞/ 뒤, 안/ 밖, 아/ 타, 동/ 서/ 남/
북의 경계가 출현하였다. 동시에 이들 애니미즘의 내용과 구조에 상당
한 변형이 찾아오면서, 인간 주위에 머물면서 항시적으로 인간과 교류

하던 인간 너머의 존재들은 인간의 의식의 표면에서 자취를 감추었고, 인간 세계와 멀리 떨어진 산, 타이가, 바다, 하늘 등 자연의 깊고 심원한 곳으로 떠났다. 대신 지고신처럼 인간이 보거나 만날 수 없는 베일에 싸인 비밀스럽고 준엄한 신들이 출현하였다. 또 언제든지 원하면 인간은 동물로, 동물은 인간으로, 신은 동물이나 인간으로 변할 수 있었는데 이들 사이에 뛰어넘을 수 없는 강력한 장벽이 설치면서 서로의 교류는 불가능해졌다. 이는 대칭성의 세계관에 따라 작동하던 것들이 비대칭성의 세계관을 따르면서 대칭성의 사고를 억압하게 되었기 때문이다.

하지만 이들의 신화적 세계관에서는 누구든 원하면 우주를 자유롭게 오가고, 인간은 동물로, 동물은 인간으로, 신은 인간이나 동물로 변신할 수 있었다. 곰돌이 푸, 쥐목에 속하는 친칠라를 이미지화 한 피카츄, 개구리중사 뽀로로가 변함없이 세계적으로 사랑받는 것은 인간의 마음속에는 지금도 인간이 동물이 되고, 동물이 인간이 되는 과정이 끊임없이 일어나고 있기 때문이다. 따라서 문명사회에 살고 있던, 자연사회에 살고 있던 인간의 무의식의 깊은 곳에는 대칭성의 세계관이 침잠되어 있다. 따라서 현재의 생태위기를 극복하기 위해서는 대칭성의 세계관을 무의식의 심층에서 의식의 표면으로 가져와 생태적 세계관으로 재탄생시켜야 한다.

2. 극동 토착종족의 영혼관과 생태적 세계관

태곳적부터 자연은 인간과 지속가능한 열린 관계를 희망하였지만 인간중심주의에 경도된 인류는 자연을 공생공영의 관계가 아닌 개발·개척의 도구로 바라보면서 지금의 생태위기를 자초하였다. 하지만 극동 토착종족의 영혼관에 의하면 이들은 지금까지도 자연과 지속가능한 열

린 관계를 지향하고 있다. 이들의 영혼관에서 인간을 비롯한 우주만물
은 가시적이고 유한한 본체와 비가시적이며 불멸하는 영혼으로 이루어
진 이원체계이다. 우주만물이 생사의 순환을 반복하면서 영원불멸하는
것은 영혼이 있기 때문이므로 이들에게 중요한 것은 소멸하는 본체가
아니라 불멸하는 영혼이다.

　이들은 해신제가 끝난 뒤 귀가할 때까지 말을 하지 않는데 이는 말을
하면 말의 영혼이 떠나면서 해신이 자신들에게 준 복이 함께 달아나거
나 그 복을 주변의 악령이나 불길한 세력들에게 빼앗길 수 있다는 두려
움에 근거한다. 나나이족은 붕어를 잡을 때는 "주인님! 웅덩이에서 올
라오십시오!"라며 정중하게 권유한다.[12] 또 용철갑상어가 그물에 걸리
면 지금까지 그의 삶의 여정을 들려주면서 물위로 올라오게 한 뒤 작살
로 잡았으며, 얼음낚시를 할 때는 물고기들과 이야기를 나누면서 낚시
바늘을 두려워하지 말라고 설득하였다.[13] 이러한 의식을 통해 이들은
말과 스토리텔링에 있는 영혼이 주술효과를 발휘하여 어로의 성공을
도와준다고 믿었다. 이러한 행동은 이들이 미개하고 야만적이기 때문
이 아니라 우주만물을 자신만의 고유한 시점을 가진 주체적인 존재로
바라보기 때문인데 여기에서는 종교적인 요소보다 비인간존재를 인간
과 동등한 지위에 위치시키는 생태적인 삶의 태도가 더 두드러진다. 이
러한 관념은 이들의 자연생태계를 대하는 태도뿐만 아니라 타자에 대
한 행동양태에도 영향을 미치면서 씨족공동체의 규율과 질서유지에 지
대한 역할을 하였다. 따라서 이들에게 애니미즘은 단순한 신앙이 아니

---

12 А. В. Смоляк, "Представления нанайцев о мире", Природа и человек в
    религиозных представлениях народов Сибири и Севера(вторая полови
    на XIX~начало XX вв.), И. С. Вдовин (Ред.), Л.: Наука, 1976, p.143, 144.
13 А. В. Смоляк, там же, pp.143, 144.

라 생태철학이자 사회질서 유지를 위한 사회 규범이었다.

1) 인간의 영혼관과 생태적 세계관

극동 토착종족의 관념에서 인간의 주요 영혼에는 새영혼 오미(오이곤~오메~오미아~오모로~온), 그림자영혼 하냔(하냐~히냔~파냐), 육신의 영혼 베옌(혹은 욱수키), 숨영혼 에게(엑게~에르게니) 등이 있는데 오미와 하냔은 극동 토착종족 공통이다. 오미는 새(오로치족과 우데게족에게는 새와 나비) 형상인데 출생 전에는 상계 씨족 조상령의 마을에 기거하다가 환생을 위해 중계 씨족마을로 온다. 중계에 온 오미는 굴뚝을 통해 집 안에 들어간 뒤 화덕을 지나 여성의 자궁에 안착하는데 1세가 되면 인간-자신과 동일한 모습인 그림자영혼 하냔으로 변신한다. 이에 의하면 오미는 인간의 모습으로 태어나지만 1세까지는 동물의 범주에 속하며, 1세 이후 비로소 인간의 범주에 속하게 된다. 또 사후 그림자영혼 하냔은 새영혼 오미로 변신하여 상계 씨족의 기원지로 가서 환생을 준비하므로 인간과 새(동물)는 생사의 흐름에 따라 서로의 경계를 자유롭게 넘나든다. 이는 인간과 동물은 서로의 세계를 이어주는 연결통로를 통해 자유롭게 오가면서 변신할 수 있다는 대칭성의 세계관에 의한 것이므로 이들에 의하면 인간과 동물은 동등한 위치에서 주체적으로 관계를 맺는다.

이러한 이들의 영혼관은 신화적 세계관에서는 쉽게 발견된다.

〈오로치족 남매와 화신의 출현〉 옛날에 오로치족 남매가 살았다. 남동생은 타이가에서 사냥을 했고, 누나는 집에서 수를 놓았다. 남동생이 사냥을 나간 사이 곰이 집에 와서 누나를 타이가로 데리고 갔다. … 타이가를 돌아다니던 남동생은 새끼 곰 두 마리를 데리고 다니는 암곰을 만났다. 남동생은 활을 쏘아 암곰을 죽였다. 새끼 곰 두 마리를 집으로 데리고 와서 기둥에

묶어둔 뒤 사냥을 떠났다. 집에 돌아오니 새끼 곰 두 마리가 화덕 아래에 구멍을 판 뒤 그 안으로 들어가서 화신으로 변해있었다.[14]

〈오로치족 남매와 화신의 출현〉에서 남동생이 사냥을 나간 사이 곰이 누나를 데리고 갔는데 이는 혼인을 위한 것이었다. 이처럼 곰과 인간의 혼인이 가능한 것은 곰의 내면에는 인간의 본성이, 인간의 내면에는 곰의 본성이 내재되어 있기 때문이다. 타이가를 돌아다니던 남동생이 만난, 새끼 곰 두 마리를 데리고 다니는 암곰은 누나이므로 곰-남편과 혼인하여 가정을 이루고 살면서 인간-아내는 점차 곰의 본성을 가지게 되었고 결국 곰으로 변하였다. 이처럼 인간이 곰으로, 곰이 인간으로 변할 수 있는 것은 이들의 무의식에는 인간과 비인간존재들의 세계 사이에 이어주는 연결통로가 있다는 대칭성의 세계관에 의한 것이다.

〈오로치족 남매와 화신의 출현〉에서 새끼 곰 두 마리가 죽음을 택하여 화덕 아래로 들어간 것은 외삼촌의 어머니 살해와 자신들의 납치로 인한 것이다. 이와 같은 새끼 곰들의 행동은 인간의 입장이 아니라 곰의 입장이 되어 자신들의 어머니가 친족에게 살해당하고 자신들이 납치되면 이렇게 행동했을 것이라는 상상력에 의한 것이다. 이처럼 애니미즘적 세계관에서 이들에게 중요한 것은 자연을 바라보는 인간의 시점이 아니라 인간을 바라보는 자연의 시점, 자연의 주체적 의지였다. 위 신화에서 화신은 곰-남자와 인간-여자의 혼인 → 새끼 곰들의 탄생 → 인간-외삼촌에 의한 어머니 살해 → 새끼 곰들은 인간세계로 이동(납치) → 새끼 곰들의 죽음과 화신으로 변신의 과정을 거치면서 출현하였다.

---

14 В. А. Аврорин, Е. П. Лебедева, Орочские тексты и словарь, Л.: Наука, 1978, p.243.

새끼 곰들이 화덕 아래로 들어가 화신이 되면서 화덕을 경계로 인간과 인간 너머 존재의 세계는 분리되었지만 화덕을 통해 언제든지 오갈 수 있었다. 〈오로치족 남매와 화신의 출현〉에 의하면 인간/ 비인간/ 인간 너머의 존재는 동등한 위치에서, 각자의 시점에서 상대를 바라보면서 관계를 맺는다. 여기에서는 이들 무의식에 침잠되어 있는 대칭성의 사고와 생태적 세계관의 융합이 발견된다.

그런데 샤머니즘 수용과 기독교 유입의 영향으로 대칭성의 세계관에 조금씩 균열이 생기면서 인간의 영혼은 인간의 모습만, 동물의 영혼은 동물의 모습만 가지게 되었고, 토템신은 반인반수를 거쳐 인간신으로 변형되었다. 하지만 비대칭성의 세계관이 대칭성의 세계관을 완전히 압도하지 못하면서 토템과 반인반수는 샤먼 보조령의 형상에 남겨졌고, 인간의 영혼은 부분적으로 동물(새)의 모습을 보존하게 되었다.

2) 동·식물의 영혼관과 생태적 세계관

(1) 동·식물의 영혼관에 나타난 인간과 동물의 관계성

극동 토착종족에 의하면 곰이 겨울을 보내기 위해 본향으로 회귀하는 연어를 잡아먹음으로써 영양분을 몸에 축적하는 것, 아무르강에서 태어난 연어가 오호츠크해로 가서 살다가 곰에게 잡아먹힐 줄 알면서도 아무르강 상류로 돌아와 알을 낳는 것, 출산 후 어미 순록이 새끼 순록에게 자신을 잘 기억시키고 자신과의 원만한 관계 정립을 위해 무리와 분리되어 혹은 무리와 50~100m 이상의 거리를 둔 상태에서 새끼 순록과 둘만 지내는 것은 영혼의 작용에 의한 것이다. 날개하늘나리가 7~8월이 되면 꽃을 피웠다가 지지만 다음 해 어김없이 다시 꽃을 피우는 것, 나무들이 뿌리로 연결된 네트워크를 통해 실시간으로 세상의 정

보를 교환하는 것,[15] 타이가에 설치해 둔 올가미가 동물을 잡는 것, 바닷물이나 강물이 바위를 때려 돌로 만들고, 돌을 다시 자갈로 만들고, 자갈을 다시 모래로 만드는 것은 영혼의 작용에 의한 것이다. 이들은 본능에 의한 즉자적·즉흥적·원초적인 것처럼 보이는 우주만물의 행위가 영혼의 작용에 의한 일정한 사유의 결과라고 믿었다. 이처럼 이들의 애니미즘에서는 근대 서구인의 우주만물에 대한 태도와는 전혀 다른 대안적 사고방식이 발견된다.

이처럼 극동 토착종족은 동·식물에게 영혼이 있다고 믿었지만 생존을 위해 그 생명을 취할 수밖에 없었다. 동물을 중심에 둔다면 사냥은 표면적으로 인간이 고기와 가죽을 얻기 위해 동물의 생명을 취하는 것이다. 하지만 이들의 세계관에서는 동물신(곰이나 호랑이)의 명령으로 동물들이 인간에게 자신의 고기와 가죽을 내어준 뒤 본원으로 돌아가는 것이다. 이는 행위 주체로서 동물과 같은 비인간 존재들의 의지, 동기, 시점을 인정하는 태도이다. 하지만 이들에게 인간과 동물의 관계적인 상호작용은 동물의 죽음으로 끝나서는 안 되었고, 영혼의 전수를 통해 동물 종의 지속적인 재생산이 이루어져야 했다. 이는 궁극적으로 자신들의 생존을 위한 것이었지만 이들은 이를 위해 동물의 환생과 관련된 다양한 금기를 만들어냈으며 환생의식을 거행하였다. 사냥할 때 동물의 영혼을 다치게 하면 안 되었고, 해체 후 곰이나 순록의 뼈는 모두 모아 특별한 창고에 보관하였다. 또한 해마다 처음 사냥한 흑담비는 모닥불 연기 위에서 세 번 돌렸고, 처음 사냥한 다람쥐는 가슴에 앞다리를 묶어 불에 구웠다.[16] 이와 같은 사냥의 규율과 절차를 거친 동물의 영혼

15 페터 볼레벤, 『나무 다시 보기를 권함』, 강영옥 옮김, 더숲, 2019, p.162.
16 В. К. Арсеньев, Сквозь тайгу. М.: Географиз, 1949, p.323; Архив ИИАЭ ДВО

은 상계로 갔다가 다시 중계로 환생하지만 그렇지 않은 동물의 영혼은 하계로 가기 때문에 환생이 불가능할 뿐만 아니라 하계 악령과 결탁하여 자신의 운명을 고통스럽게 만든 인간에게 복수를 한다. 이에 더하여 이러한 사냥 규율과 절차를 지키지 않은 사냥꾼은 동물의 신으로부터 벌을 받는데 심한 경우 죽음에 이를 수도 있으므로[17] 이들에게는 인간 종의 지속적인 재생산만큼 동물 종의 지속적인 재생산도 중요했다. 그런데 이들은 동물 종의 지속적인 재생산은 오롯이 인간에게 달려있다고 믿었으며 이는 이들의 자연생태계를 대하는 태도와 자연생태계 보호에 큰 역할을 하였다.

동물의 입장에서 본다면 사냥은 인간들이 자신들의 고기, 지방, 가죽을 가져가는 것이지만 동물들은 기꺼운 마음으로 모든 것을 내어주었다. 하지만 이로 인해 같은 계곡에서 물고기를 잡았고, 같은 산과 들에서 열매를 따먹으면서 수천 년 동안 맺어온 인간과 자신들의 깊은 유대관계가 깨지는 것을 원하지 않았다. 동물은 특정한 규율과 의례(환생의식)를 통해 인간들과 자신들의 관계가 회복되고 지속되기를 희망하였다. 즉 동물은 인간 종의 지속적인 재생산을 위해 자신의 고기와 가죽을 내어주어야 했고, 인간은 동물 종의 지속적인 재생산을 위해 사냥의 규율과 절차를 엄격하게 지키고, 환생의식을 거행해야 했으므로 인간과 동물은 서로에 대해 윤리적·도덕적·물질적인 권리·의무·책임을 가지고 있다.

РАН, Д.522, Л.76.

17 А. И. Мазин, Традиционные верования и обряды эвенков-орочонов (конец XIX~начало XX в.), Новосибирск: Наука, 1984, p.27.

(2) 동·식물 영혼관에 나타난 자연에 대한 관찰자의 특징

동·식물 영혼관은 종족이나 지역에 따라 다소 차이가 나는데 일림페야강 에벤키족은 집 순록처럼 인간에게 유용한 동물은 새영혼 오미를 가지고 있지만 식물, 곤충, 물고기, 새, 파충류에게는 영혼이 없다고 믿었다.[18] 이는 극동 토착종족의 만물영혼관에 배치될 뿐만 아니라 새영혼을 동물의 영혼으로 간주한다는 점에서 이들 고유의 관념이 아니라 인접한 예니세이강의 사모예드족, 우랄족, 튀르크족의 영향이다. 그런데 일부 극동 토착종족과 세계 여러 지역의 토착민은 동물은 영혼이 있지만 식물에게는 영혼이 없다고 생각하는데 그 이유는 무엇일까?

식물은 자력으로 움직일 수 없는 수동적 존재지만 동물은 자력으로 움직이는 능동적인 행위자일 뿐만 아니라 고대부터 그 힘을 인간의 생산 활동에 보태기도 하였고, 파수꾼의 역할을 하기도 하였으며, 반려동물이 되어 정서적 안정을 가져다주기도 하는 등 인간의 삶에 깊숙이 들어와 있었기 때문이다. 정말로 식물은 수동적이고 감정도 사고력도 없는 존재일까? 티끌만한 나무의 꽃가루들은 바람이 불면 거대한 구름에 실려 수 킬로미터 떨어진 곳에 있는 같은 수종의 나무에게 날아가 암꽃을 만나 결합한다.[19] 과실수, 피나무, 아카시아나무 등 모든 나무들은 꽃을 피울 때 곤충을 유인하기 위해 향기를 내뿜는다.[20] 이처럼 나무는 유전자 혼합을 통한 종의 지속석인 재생산을 바라면서 비록 바람의 힘을 이용하지만 멀리 떨어진 곳까지 날아가고, 향기를 내뿜으므로 식물들도 능동적 행위자이다. 물론 이는 특별한 사유과정에서 도출된 행

---

18 К. М. Рычков, Енисейские тунгусы, Землеведение 1~2, 1922, p.87.
19 페터 볼레벤, 앞의 책, p.147.
20 페터 볼레벤, 앞의 책, p.161.

위가 아니라 무의식적이고 본능적인 행위에 가깝다고 반론할 수 있다. 하지만 같은 종의 나무들끼리는 싸우지 않고, 똘똘 뭉쳐서 서로 도와주며, 아픈 나무가 있으면 건강한 나무가 뿌리 네트워크를 통해 당을 흘려 보내고, 나무좀의 습격을 받은 나무는 고통에서 벗어나기 위해 수피로 일종의 방어물질을 방출할 뿐만 아니라 향기로 이웃 나무들에게 위험 경고 메시지를 보낸다는 사실은[21] 식물에 대한 기존의 통념을 뒤엎는다. 이에 의하면 식물은 사고력, 고통과 같은 감정, 동료들에 대한 공감 능력을 가지고 있는데 일찍이 식물의 이런 특성을 파악한 대다수 극동 토착종족은 식물도 영혼을 가지고 있다고 믿었으므로 이들의 애니미즘 은 오랜 기간 자연에 대한 관찰에 근거한다.

극동 토착종족의 관념에서 동·식물은 그림자영혼 하냔만 가지고 있 는데 동물의 하냔에 대한 관념은 구체적이지만 식물의 하냔에 대해서 는 알려진 바가 거의 없다. 이는 이들의 주요 생업은 사냥이고 채집은 보조생업이었으며 동물이 식물보다 이들의 삶에서 더 큰 비중을 차지 하고 있었기 때문이다. 이들에 의하면 동물의 하냔은 인간의 하냔처럼 자신이 속한 동물과 같은 모습이며, 잠을 잘 때 몸을 벗어나 여행을 다 니기도 하는데 이 시간이 길어지면 악령이 몸을 점령하기도 한다. 이로 인해 자고 있을 때 사냥한 동물 고기를 먹으면 자는 동안 동물의 몸에 들어온 악령이 인간의 육신으로 옮겨와 병에 걸리거나 죽을 수 있다. 이는 자고 있는 동물 사냥에 대한 금기를 낳았는데 여기에는 현실적인 다른 이유가 존재한다. 겨울잠을 자고 있는 곰은 장대로 굴을 쑤시거나 크게 소리를 질러 굴 밖으로 유인하지 않으면 사냥이 불가능하다. 따라 서 자는 동물 사냥에 대한 금기는 자는 동물 사냥의 어려움이라는 이들

---

21 페터 볼레벤, 앞의 책, pp.87, 161.

의 체험에 근거하므로 이들의 자연에 대한
금기에는 합리적인 이유가 존재한다.

　극동 토착종족은 일부 동물의 하나는 딱
정벌레로 형상화하는데 큰사슴의 영혼은 청
동 딱정벌레, 곰의 영혼은 발가락이 많은 검
은색 딱정벌레, 송어의 영혼은 초록색 작은
딱정벌레 형상이다.[22] 이들은 이런 딱정벌레
는 사냥의 성공을 도와준다고 믿으면서 이

[그림 113] 딱정벌레
BBC 사이언스, 2021, p.95.

런 딱정벌레를 발견하면 상자에 넣어 보관하였다. 그런데 이들은 왜 큰
사슴, 곰, 숭어처럼 자신들이 숭배하는 동물의 영혼을 딱정벌레로 형상
화하게 되었을까? 딱정벌레는 전체 동·식물계 종수의 1/4, 곤충의 1/3
을 차지할 만큼 매우 번성하고 있으며, 전 세계적으로 그 종류가 40만
종에 달하고, 인간은 존재하지도 않았던 1억만 년 전의 백악기에 이미
지구에 존재하였으며, 0.5mm도 안 되는 솜털 같은 날개를 이용하여 민
들레 씨앗처럼 날아다닌다.[23] 그렇다면 딱정벌레는 인간보다 지구와 우
주의 역사에 대해 훨씬 많은 것을 알고 있고, 하늘 ↔ 땅 ↔ 지하를 자유
롭게 왕래하며, 번식력이 지구의 생물체 중 가장 뛰어나다. 이들은 이러
한 딱정벌레의 특성에 근거하여 딱정벌레를 상계 ↔ 중계 ↔ 하계, 생
↔ 사의 매개체, 불굴의 생명력으로 숭배하게 되었고, 자신들이 숭배하
는 동물의 영혼을 딱정벌레로 형상화 하게 되었으므로 이는 오랜 기간
자연물로서 딱정벌레에 대한 관찰에 근거한다.

22 В. К. Арсеньев, Сквозь тайгу. М.: Географгиз, 1949, p.325.
23 "사진 속 딱정벌레는 호박에 9,900만 년이나 갇혀있었다.", 『BBC 사이언스』, 2021, 10
　　월호, p.95.

극동 토착종족에게 동·식물 영혼의 거처는 매우 중요한데 이는 사냥과 채집 때 동·식물의 영혼이 다치면 환생이 불가능하고 이러한 일이지속되면 동·식물 종의 멸종으로 이어질 수 있는데 이는 자신들의 생존과 직결된 문제였기 때문이다. 극동 토착종족은 동물의 영혼은 대개는 생사를 좌우하는 부위에 있지만 동물의 종류에 따라 달라진다고 믿었다. 하지만 식물의 영혼은 대체로 뿌리에 있다고 믿었는데 이는 뿌리가 식물의 생사를 좌우한다는 관념에 근거한다. 옆에 나란히 있던 두그루 나무 중 한 그루가 죽으면 살아있는 나무가 뿌리 네트워크를 통해당과 영양분을 전해주면서 죽은 나무가 되살아나 최대 200년까지 살기도 한다.[24] 따라서 뿌리는 식물들의 사회·문화적 네트워크이자 생사를좌우하는 부위이므로 식물의 영혼이 뿌리에 있다는 극동 토착종족의관념은 오랜 기간 자연물로서 식물에 대한 관찰에 근거한다.

극동 토착종족은 모피 동물의 영혼은 코끝에 있다고 믿기도 하는데이는 이들에게 코가 동물의 영혼이 출입하는 부위이기 때문이다. 이로인해 이들은 사냥 후 코를 잘라 비밀스러운 곳에 보관하거나 호부처럼지니고 다녔으며, 오로치족은 동물의 가죽을 벗길 때 코는 그대로 두었고, 타즈족은 곰 사냥을 하면 가장 먼저 코를 자른 뒤 끈에 매달아 인적이 드문 창고 모퉁이에 걸어두었다.[25] 이들은 털에 특별한 색이나 점이있는 모피동물은 이곳에 영혼이 있고, 발굽달린 동물의 영혼은 아래턱, 작은 동물의 영혼은 귀 끝이나 가죽 아래, 순록의 영혼은 앞니, 곰의영혼은 발·발톱·아래 송곳니, 맹조의 영혼은 발, 침엽수림에 서식하는새의 영혼은 멀떠구니에 있다고 믿기도 한다.[26] 이는 영혼이 생사를 주

24 페터 볼레벤, 앞의 책, p.203.
25 С. В. Березницкий, Мифология и верования орочей, СПб.: ПВ, 1999, p.25.

관하는 부위에 있다는 이들의 전통적인 관념에 배치되므로 동물 영혼
의 거처에 대한 이들의 관념은 일률적이지 않을 뿐만 아니라 매우 혼란
스럽다. 이에 의하면 식물의 영혼관과 달리 동물의 영혼관은 오랜 기간
거주지의 자연환경, 인접종족의 영향으로 많은 변형을 겪었는데 그만
큼 이들에게 동물의 영혼관은 중요한 문제였다.

이들은 동물의 영혼이 있는 부위와 털에는 신성하고 초월적인 힘이
깃들여있다고 믿으면서 호부로 지니고 다녔지만[27] 호랑이 털은 엄격하
게 금기시 되었다. 이는 이들에게 호랑이가 산신으로 숭배되는 토템이
었기 때문인데 이들의 호랑이에 대한 태도는 영화 〈데르수 우잘라〉
(1975년, 구로사와 아키라 감독)에서 잘 드러난다. 타이가에서 호랑이를 만
난 데르수 우잘라(막심 문주크 扮)는 무심결에 호랑이를 총으로 쏘아 죽
인 뒤 자신이 호랑이신(산신)으로부터 벌을 받게 될 것이라고 두려워한
다. 이처럼 이들이 호랑이를 제외한 동물의 영혼이 있는 부위나 털을
호부로 지니고 다니는 것은 인간은 전 생애에 걸쳐 자신의 내면에 있는
동물과 상호작용하는데 이 동물의 속성을 지속적으로 유지하거나 관계
적 조우에서 추출된 사람의 일부를 되찾기 위해서였다. 이는 이들 무의
식의 저변에는 여전히 인간이 동물이 되고, 동물이 인간이 되는 대칭성
의 세계관이 활발하게 작동하고 있음을 말해준다.

26 А. И. Мазин, Традиционные верования и обряды эвенков-орочонов (кон
    ец XIX~начало XX в.), Новосибирск: Наука, 1984, p.27.
27 С. В. Березницкий, Мифология и верования орочей, СПб.: ПВ, 1999, p.25.

3. 극동 토착종족의 애니미즘에 나타난 통합적 세계관

1) 우주와 대지의 통합 기제로서 혼인

(1) 우주 통합의 기제로서 혼인

극동 토착종족에게 우주는 수많은 부분들이 복잡하게 얽혀있는 역동적인 시스템이자 끊임없이 순환하는 거대한 생태계이다. 고차원의 입체구조에서 작동하는 대칭성의 세계관이 이들 무의식의 저변에 흐르던 시기, 우주의 상계·중계·하계는 통합의 단일체였다. 각 세계에는 그 세계만의 관습, 규율, 질서가 있고, 그 세계를 다스리는 신과 그 세계 사람들이 씨족마을을 이루면서 살아간다. 상계에는 태양-사람, 달-사람, 별-사람, 바람-사람, 번개-사람 등, 중계에는 인간-사람, 곰-사람, 새-사람, 연어-사람, 뱀-사람, 나무-사람, 풀-사람 등, 하계에는 악령-사람 등이 있다. 각 세계의 사람들은 서로를 이어주는 연결통로를 통해 다른 세계의 사람들과 항시적으로 교류하였고, 서로 우호적 관계를 유지하기 위해 다른 세계의 규율과 금기를 엄격하게 지켰다.

> 〈수다쟁이 달의 여인〉 어느 날 한 닙흐족 남자가 달에 올라갔다가 물통을 어깨에 메고 있는 여인과 가깝게 지냈다. 남자가 집으로 돌아오니 일가친척 모두 이 사실을 알고 있었다. 달 여인이 이 일을 모두에게 떠들어 댔기 때문이다.[28]

> 〈하계 아가씨와 혼인한 닙흐족 청년〉 한 닙흐족 청년은 땅 밑의 굴속으로 들어갔다. 곧 어두워지더니 잠시 후 빛이 비쳐왔다. 계속 걸어 강기슭

---

28 Ч. М. Таксами, "Представления о природе и человеке у нивхов", Природа и человек в религиозных представлениях народов Сибири и Севера(вторая половина XIX~начало XX вв.), Л.: Наука, 1976, p.208.

에 이르렀다. … 큰 마을에 도착했다. … 청년은 집안으로 들어갔다. 침상 끝에는 매우 아름다운 아가씨가 앉아 있었다. … 청년은 죽음을 택하여 아가씨와 혼인하기로 마음먹었다.[29]

〈수다쟁이 달의 여인〉에서 남자는 달로 가서 달의 여인과 가깝게 지냈고, 〈하계 아가씨와 혼인한 닙흐족 청년〉에서 하계에 간 닙흐족 청년은 하계 아가씨와 혼인하기로 마음먹었다. 이들의 신화적 세계관에서 인간은 상계, 하계를 자유롭게 오가면서 신적 존재인 달의 여인, 하계 아가씨와 가깝게 지내기도 하고 사랑에 빠지기도 하는데 이는 각 세계를 이어주는 연결통로가 있었기 때문이다. 이로 인해 이들에게 상계와 하계, 선과 악은 가치론적인 이원대립의 관계가 아니라 공존하는 관계였고, 생과 사의 경계는 의미가 없었다. 이처럼 극동 토착종족은 우주 통합을 위해 인간과 인간 너머 존재의 혼인 모티프를 적극적으로 사용하였는데 이들에게 혼인은 상계·중계·하계의 우주 삼계를 통합하고, 지구와 우주의 균형·질서·조화를 유지하기 위한 최고의 선이었다.

아무르강 상류와 알단강 에벤키족 신화에서 번개와 우레 신의 아들은 부싯돌 심장을 가진 상계 하늘 무사 델로르구나이며, 델로르구나의 아들은 말을 타고 하늘에서 대지로 내려온 동물의 신 싱나이고, 싱나이의 아내는 태양의 딸이며, 아들은 화신 토고이다.[30] 위 신화에서 번개와 우레의 신 → 하늘 무사 델로르구나 → 동물의 신 싱나이 → 화신 토고의 혈연적 계통 관계가 만들어진다. 위 신화에서 동물의 신 싱나이는

---

29 Е. А. Крейнович, Нивхгу. Загадочные обитатели Сахалина и Амура, М.: АН СССР, 1973, pp.375-376.

30 Г. И. Варламова (Кэптукэ), Эпические и обрядовые жанры эвенкийского фольклора, Новосибирск: Наука, 2002, p.277.

하늘에서 대지로 내려왔지만 태양의 딸과 혼인을 하였으므로 하늘과 대지, 상계와 중계 사이에 경계는 없었으며 우주는 통합의 단일체였다. 또한 시공간의 차원이 다른 상계와 중계 존재들의 혼인으로 대지에는 인간과 동고동락하면서 인간에게 재액초복을 가져다주는 화신과 같은 존재가 출현하였는데 이러한 사고는 주변 세계와 대칭 관계를 유지하려는 사회에서만 가능하다.

　샤머니즘 수용 이후 우주 삼계가 분리되면서 천신으로부터 우주 통행의 권리를 부여받은 샤먼만이 우주 통행이 가능해졌다. 하지만 이는 종교적 관념일 뿐 신화적 관념에서 우주 삼계의 출입은 자유로웠으므로 샤머니즘 수용 이후에도 우주는 은밀한 통로에 의해 서로 연결되어 있었다. 이러한 통로는 뚜렷한 특징이 있는 바위, 나무, 호수나 강의 소용돌이, 절벽의 틈, 굴 같은 곳인데 이곳에는 인간의 눈에는 보이지 않지만 인간 너머의 존재들이 기거하고 있다. 이들은 이쪽과 저쪽 세계의 경계공간에 자리 잡고, 이쪽과 저쪽 세계를 오가면서 동·식물의 생사와 성장을 주관하였고, 동·식물을 인간에게 보내주었다. 그렇다면 인간에게 보여지는 모든 동·식물은 신에 의해 움직이는 존재이므로 엄밀한 의미에서 생명이 있는 모든 곳이 초월로 통하는 통로이다. 이는 이들 사이에 풀 한 포기, 물 한 방울을 비롯하여 모든 자연이 소중하다는 생태적 세계관이 자리 잡게 되는 근거가 되었다. 기독교 수용 이후 우주 삼계는 비연속적인 시공간으로 완전히 분리되면서 다른 세계로의 출입은 불가능해졌는데 이는 의식의 표면에 있는 비대칭성의 세계관이 무의식에 침잠된 대칭성의 세계관을 억압하게 되었기 때문이다.

(2) 대지 통합의 기제로서 혼인

　중계(대지)는 토착종족이 거주하는 땅세계, 바다동물·물고기들이 거

주하는 물세계(바다세계), 타이가동물들이 거주하는 타이가세계로 나누
어진다. 이 세계들은 시공간적으로 서로 연결되어 있었기 때문에 마음
만 먹으면 언제든지 인간은 동물로, 동물은 인간으로 변신한 뒤 서로의
세계를 찾아가서 혼인을 하거나, 우호를 다지거나, 협력관계를 맺거나,
서로의 부를 나누어가질 수 있었다.

  〈땅과 바다 사람의 혼인〉 바다 사람들이 땅의 우데게족 마을을 찾아왔
  다. 자신들은 테무 씨족 출신이며 사냥을 하러 왔다고 했다. … 바다 청년
  과 땅의 청년은 여동생들을 교환하였다. 얼마 뒤 이들 사이에서 붉은 머
  리카락의 딸이 태어났다.[31]

  〈땅과 타이가 사람의 혼인〉 타이가의 신은 두엔테 에제니이다. 어느 날
  그는 키가 크고 건장한 남자의 모습으로 울치족 여인에게 나타나서 타이
  가 두엔테 나니 씨족의 남자와 혼인하라고 하였다. 그렇게 하면 자신이
  울치족의 타이가사냥을 도와주겠다고 하였다.[32]

 〈땅과 바다 사람의 혼인〉에서 땅의 우데게족을 찾아온 바다 사람들은
바다동물(대개는 바다표범)이며, 〈땅과 타이가 사람의 혼인〉에서 울치족
여인과 혼인을 하게 될 타이가 두엔테 씨족의 사람은 타이가동물(대개는
곰이나 호랑이)이다. 이에 의하면 땅세계, 물(바다)세계, 타이가세계는 시
공간적으로 연속되어 있을뿐만 아니라 서로의 의사소통에 문제가 없으
므로 동물들도 인간의 말을 하였고, 인간도 동물의 말을 하였으며, 서로

31 В. К. Арсеньев, 1914~1925. Архив ПФРГО. Ф.1, Оп.1, Д.27, Л.1190~1193.
32 Н. В. Мартынова, Д. Р. Слипецкая, "Феномен материальной и духовной
культуры этноса ульчи: традиции, прошлое и настоящее", The scientific
heritage 72, 2021, p.4.

의 필요에 의해 혼인관계를 맺었다. 바이칼 호수부터 사하공화국 남부, 부분적으로 동부까지 상당히 넓은 지역에 전파된 토르가네이 신화에서 토르가네이는 곰-아버지와 인간-어머니의 혼인으로 태어난 무사이 다.[33]

이들에게 혼인은 상계 ↔ 중계 ↔ 하계, 땅 ↔ 타이가 ↔ 물(바다)세계를 연결하여 우주와 대지를 통합시키고, 인간과 자연의 열린 관계를 지속적으로 보장해주는 최고의 선이었다. 〈수다쟁이 달의 여인〉과 〈하계 아가씨와 혼인한 닙흐족 청년〉에서 중계 청년과 상계, 하계 여인의 만남이 서로에게 어떠한 영향을 주었는지 분명하게 드러나지 않는다. 하지만 〈땅과 바다 사람의 혼인〉과 〈땅과 타이가 사람의 혼인〉에서는 혼인 이후 타이가 사람, 바다 사람은 땅 사람의 타이가동물 사냥, 어로와 바다동물 사냥을, 땅 사람은 타이가 사람에게는 어로와 바다동물 사냥을, 바다 사람에게는 타이가동물 사냥을 도와주면서 자연스럽게 경제·문화공동체를 구성하였다. 이에 의하면 이들에게는 추상적·관념적인 상계, 하계 사람과의 혼인보다 자신들의 생존과 직결된 바다, 타이가 사람과의 혼인이 더 중요하였다. 혼인 이후 이들 사이에서 갈등이나 반목은 발견되지 않는데 이는 관습, 세계관, 문화 등이 유사하여 상대의 '낯섦, 이질감'이 배척의 대상이 아닌 극복의 대상이었기 때문이다. 여기에서는 인간과 우주만물은 동등한 주체로서 상호 교섭한다는 이들의 생태적 세계관이 발견된다.

혼인 모티프에 의하면 인간과 자연은 법적·윤리적·도덕적 관계로 맺어져 있으며 서로에 대해 지극히 책임감 있게 행동하였다. 이러한 관

33 Исторический фольклор эвенков. Сказания и предания, Г. М. Василевич (сост.), Л.: Наука, p.353.

념으로 인해 극동 토착종족은 동·식물의 생활권을 침입하여 그들의 생
존권을 위협하는 행위는 하지 않았는데 이는 이들의 자연생태계 보호
에 큰 역할을 하였다. 이처럼 이들은 혼인을 통해 생태계에 대한 배려와
인간이 지켜야 할 생태윤리를 합리적으로 결합시키고 있을 뿐만 아니
라 혼인에 잠재된 사랑·이해·공감의 미덕을 동물, 신의 영역까지 확대
하여 우주적 가치로 승화시키고 있다.

2) 지구와 우주 이원대립의 통합자로서 자연

극동 토착종족의 영혼관에서 새영혼 오미는 상계 씨족나무에 둥지를
짓고 새끼를 기르는데 암컷의 수는 수컷의 수에 맞추어 엄격하게 제한
되는데[34] 이는 음양의 조화를 위한 것이다. 이들에게 수중생태계 최고
의 해신인 테무는 남성해신 나무 에제니가 다스리는 바다의 세계와 여
성강신 숙쟈 에제니가 다스리는 강의 세계를 경계 짓고 통합하면서 수
중생태계의 조화와 질서를 유지하는 역할을 한다. 따라서 테무는 수중
생태계의 음양, 바다와 강의 조화와 균형을 조절하는 존재이다.

극동 토착종족에 의하면 물에서 자살한 사람의 영혼은 무 암바니, 갈
리 암바니, 테무 암반소와 같은 악령으로 변하는데 나나이족은 어로 철
세 개의 씨족이 강가에 모여 자신들이 잡은 첫 물고기를 장대에 꿰어
바치면서 이 악령들에 대한 위령제를 거행한다.[35] 이는 이 악령들이 더
이상 씨족구성원은 아니지만 부분적으로 조상령의 속성을 가지고 있기
때문이지만 이들의 관념에서 선신은 절대 선의 강하고 창조적인 존재,

34 Н. А. Липская-Вальроид, "Материалы к этнографии гольдов", СЖС 3~4, 1925, pp.145-16.

35 П. П. Шимкевич, "Обычаи, поверья и предания гольдов", ЭО 3, 1897, p.139.

악령은 절대 악의 파괴적인 존재가 아니라 선과 악의 조화와 생산적 대립에 의해 지구와 우주의 조화와 균형이 유지되기 때문이다.

이처럼 이들은 음양과 같은 생물학적 이원대립, 바다/ 강과 같은 자연적 이원대립, 선악과 같은 가치론적 이원대립을 통합함으로써 삶의 도덕적 원칙과 윤리적 규율 확립하고자 하였다. 그런데 이들의 세계관에서 이러한 규율을 추동하는 권력은 인간이 아닌 천신, 해신과 같은 자연에게 있었다. 이들 사회의 최고 권력자인 씨족장은 씨족 사회의 규율·관습·도덕을 유지하고, 분쟁을 조정하면서 씨족의 삶에 평화를 가져다주는 역할만 하였으므로 인간사회에는 이러한 권력이 없었다.

〈오로크족 노인과 해신제의 기원〉 어느 날 바다표범 사냥을 하던 오로크족 노인은 바다표범에게 이끌려 바다 깊은 곳으로 가게 되었다. 다음 날 아침 … 바다표범은 자신을 해신 테오무라고 소개하였다. … 바다표범은 노인에게 곰을 주면 죽이지 않고, 바다에 열매와 담배 등의 제물을 바치면 어로와 바다표범 사냥을 도와주겠다고 했다. 노인은 그렇게 하겠다고 하였다.[36]

〈우데게족 소년과 곰〉 곰이 우데게족 소년에게 상처를 입혔다. 곰은 소년에게 화신 푸쟈 마마를 숭배하라고 하였다. 또 곰은 불을 칼로 찌르거나 도끼로 베어서도, 나뭇가지로 재를 휘저어서도, 불에 물을 붓거나 타다가 만 것들을 넣어도 안 된다고 하였다.[37]

〈오로크족 노인과 해신제의 기원〉에 의하면 바다표범-해신의 요구로 노인이 바다에 열매와 담배를 바치면서 이들 사이에 해신제가 시작

36 Т. И. Петрова, Язык ороков (ульта), Л.: Наука, 1967, pp.142-143.
37 В. К. Арсеньев, 1914~1925. Архив ПФРГО. Ф.1, Оп.1, Д.27, Л.675.

되었으므로 바다표범은 인간에게 의례 의식의 기원을 열어준 존재이다. 〈우데게족 소년과 곰〉에 의하면 곰은 우데게족 소년에게 불에 대한 금기사항을 알려주었으므로 곰은 이들에게 불을 비롯한 자연생태계를 대하는 태도를 가르쳐 준 존재이다. 이처럼 극동 토착종족에게 의례이나 다양한 금기를 통해 공동체를 통합하고 질서를 유지할 수 있는 권력은 바다표범, 곰 등 자연에게 있었다. 이러한 세계관에 근거하면 자연을 지배할 수 있는 인간은 무한권력은 본래적인 것이 아니며, 인간이 지구와 우주의 중심이라는 근대의 비생태적 사고는 전면 부정된다.

4. 극동 토착종족의 우주만물-사람관

극동 토착종족은 인간뿐만 아니라 동·식물, 곤충들, 바위 같은 자연물, 바람·천둥·비 같은 자연현상, 신과 같은 인간 너머 존재를 모두 사람으로 간주하는데 이들은 인간-사람과 비슷한 것이 아니라 인간-사람과 사회·기술·종교적 세계를 공유하는 진짜 사람이다. 우주만물-사람은 보다 큰 우주에 존재하는 주체성을 가진 사회적 존재이며, 인간-사람처럼 자기 인식 능력과 자기 결정 능력을 가지고 있다. 극동 토착종족에 의하면 우주만물-사람은 서로의 특성을 공유하면서 끊임없는 상호작용과 순환 속에서 지구와 우주의 균형과 질서를 유지해 나가므로 인간과 자연이 분리된 이후에도 이들은 인간과 자연이 하나가 되는 대칭성의 세계관, 생태적 세계관을 지속적으로 유지해왔다.

사람이란 무엇인가? 『표준어국어대사전』에 의하면 사람은 언어를 사용하여 의사소통을 하며, 희로애락 등 감정을 가지고 있고, 사회적 규범과 가치를 공유하면서 사회적 역할을 수행하는 존재이다.[38] 박갑수의 『우리말 우리문화』에 의하면 한국어에서는 15세기 문헌에서부터

보이는데 살(生) + 음(접미사)의 구조로[39] '살아있는 존재'라는 의미이다. 그런데 극동 토착종족의 사람이 한국어 사전에 명시된 것보다 훨씬 범위가 넓다는 점에 근거할 때 사람 개념은 고정불변된 것이 아니라 시대와 사회에 따라 달라지며, 사회·정치적, 문화·상징적 상호작용을 통해 생성되는 맥락적·가변적인 것이다.

　데카르트는 동물은 몸은 있지만 사고력이나 감정이 없기 때문에 사람이 아니라고 주장하였는데 이후 오랫동안 데카르트의 인간중심주의적 사람관은 서구의 이성을 지배하였다. 현대 서구인의 사고에서 사람은 유사하게 경계 지어진 타자와의 관계에 있는 불가분적이고, 자기결정적인 사회적 존재이며, 모든 사람은 개인이므로 항상적인 개인성과 개인정체성이 관계적 정체성(집단정체성)보다 우위에 있다.[40] 그런데 극동 토착종족의 곰-사람, 바위-사람, 별-사람, 달-사람, 인간-사람, 신-사람, 씨족-사람은 서구인의 시각으로 정립된 사람 개념의 수정과 인간-사람과 세계의 관계성에 대한 근본적인 재고찰을 요구한다.

　인간을 중심에 둘 경우 극동 토착종족에게 사람은 무엇인가? 극동 토착종족에 의하면 태어났다고 무조건 사람이 되는 것은 아니며 주어진 조건이 충족될 때 비로소 인간-사람이 되는데 그 기준은 나이다.

　　〈에벤키족 노파 뉴구르목과 후루고촌〉 어디에선가 짹짹 새 우는 소리가 들렸다. … 노파 뉴구르목이 집으로 달려가니 새가 사람으로 변해있었

---

38 국립국어원 『표준국어대사전』, https://stdict.korean.go.kr/main/main.do. 검색일: 2024. 03.28.

39 유기쁨, 『애니미즘과 현대세계』, 눌민, 2023, p.167.

40 크리스 파울러, 『고고학과 인류학을 통해 본 사람다움』, 우정연 옮김, 서경문화사, 2018, pp.15, 23.

다. … 다음 날 아이는 한 살 된 아이만큼 자라있었다. … 노파 눈구르목은
아이에게 후루고촌이라는 이름을 지어주었다.[41]

〈에벤키족 노파 눈구르목과 후루고촌〉에서 노파가 아이가 한 살 된
아이만큼 자라자 후루고촌이라는 이름을 지어주었는데 이는 새(동물)의
본성을 벗어나 인간-사람으로서의 정체성을 가지게 되었음을 의미한
다. 이들은 1세가 되어 새영혼 오미가 인간 형상의 그림자영혼 하냔으
로 변하게 되면 비로소 인간-사람의 범주에 포함된다고 생각한다. 이
에 의하면 이들의 관념에서 새(동물)-사람과 인간-사람은 시기에 따른
변신형일 뿐 동일한 본성을 가지고 있으므로 인간=동물의 관계가 성립
된다. 그런데 1세가 기준인 것은 1세가 되면 말을 하게 되어 인간-사람
공동체에서 자신의 의사표현이 가능하기 때문이므로 이들의 애니미즘
적 세계관에서 사람이 된다는 것은 특정 방식으로 세계에 개입하게 된
다는 것, 타자와 관계를 맺을 수 있다는 것을 의미한다.

이들의 애니미즘적 세계관에서 동물-사람과 인간-사람이 본성을 공
유하는 동일한 본성을 가지고 있다면 신-사람은 어떤 존재일까? 나나
이족, 오로치족, 울치족의 남성화신 포쟈(푸쟈)는 아내, 두 딸과 함께 개
를 기르면서 지하 혹은 화덕 밑에 살고 있다. 닙흐족의 해신은 거구의
백발노인인데 목이 없어서 머리는 어깨에 붙어있으며, 고래수염으로
만든 큰 천막집에서 아내들, 친인척들과 함께 살고 있다.[42] 사마르가강
우데게족은 바람과 폭풍우가 심하게 치는 날 움집 꼭대기에 창을 꽂아

----

41 Исторический фольклор эвенков. Сказания и предания, М.: Наука, 1966,
p.235.

42 А. Кириллов, Гиляки, Древняя и новая Россия, СПб.: Хромолитография
В. Грацианского, 1881, p.270.

두거나, 바람과 폭풍우를 도끼로 자르는 의식을 수행한다.[43] 이들은 이러한 의식을 수행하면서 창과 도끼로 인해 바람이 두 조각으로 갈라지고, 쪼개지면서 그 힘이 약해져 결국 죽음에 이른다고 믿었는데 죽는 것은 바람이 아니라 바람의 신이다. 나나이족 신화에서 사냥의 실패를 화신의 탓이라고 생각하여 죽을 끓여 불에 붓고 도끼로 불을 몇 차례 내리친 사냥꾼의 꿈에 화신이 나타나 사냥꾼 때문에 자신의 두 딸이 죽었다고 분노하였다.[44] 이들에 의하면 신-사람은 인간-사람과 비슷한 것이 아니라 인간-사람처럼 혼인을 하고, 자식을 낳고, 친인척들과 씨족마을 이루어 살고, 분노와 같은 감정을 가지고 있고, 생사를 속성으로 가지고 있는 진짜 사람이다. 뿐만 아니라 닙흐족에 의하면 화신은 가끔 동물이나 새로 변신하여 사냥을 도와주므로[45] 인간-사람, 신-사람, 동물-사람은 서로의 세계를 이어주는 연결통로를 통해 자유롭게 오가면서 변신할 수 있다. 이처럼 이들은 인간과 자연이 분리된 이후에도 오랫동안 인간과 자연이 통합된 대칭성의 세계관을 유지하였는데 이는 이들의 자연생태계 보호에 지대한 역할을 하였다.

극동 토착종족의 관념에서 씨족과 같은 사회제도도 사람인데 이는 씨족이 특정 행위의 주체가 되어 다른 존재들(씨족, 사람)과 관계맺음을

43 В. В. Подмаскин, Традиционные народные знания удэгейцев о природе, человеке и обществе во второй половине XIX~XX в. (опыт историко-этнографического исследования), Диссерт. ...Канд. Исторических Наук, ИИ АЭН ДВО РАН, Владивосток, 1984, p.249.

44 Т. П. Роон, Уйльта Сахалина: Историко-этнографическое исследование традиционного хозяйства и материальной культуры XVIII-середины XX веков, Южно-Сахалинск: СКИ, 1996, p.120.

45 Л. Я. Штернберг, Гиляки, гольды, орочи, негидальцы, айны. Хабаровск: Дальгиз, 1933, pp.320-321.

할 수 있는 능력을 가지고 있다고 간주되기 때문이다. 씨족은 단수-사람이면서 동시에 집단-사람이며, 씨족-사람에는 여러 관계로 이루어진 다수의 단수-사람이 있는데 모든 사람은 동등하다. 즉 씨족은 상이한 척도에서 한 사람이며 한 사람은 씨족과 척도 분열적으로 동등하다. 피아노협주곡에서는 피아노와 관현악의 협연에 의해, 합창에서는 합창단원들의 하모니에 의해 전체적인 선율이 만들어지면서 작품이 완성되듯 단수-사람이 모여 집단-사람의 완전성, 전체성이 만들어진다. 이에 의하면 극동 토착종족에게 사람은 고유한 시점을 가진 주체적인 존재로서 종 상호 간 그리고 종을 횡단하여 관계맺음을 할 수 있는 능력을 가진 존재이므로 '살아있는 존재'라는 의미를 넘어선다. 따라서 이들의 애니미즘적 사람관은 기존 사람관에 대한 수정을 요구하면서 동시에 애니미즘을 관계생태학으로 재해석할 수 있는 가능성을 열어준다.

****

극동 토착종족의 애니미즘은 근대화 이후 내용과 구조면에서 상당한 변형을 겪었지만 이들 무의식의 기층에서 현재까지도 그 맥이 이어지고 있다. 애니미즘은 지구와 우주는 서로 분리될 수 없고, 상호작용하는 다양한 관계망을 가진 존재들의 운명공동체이며, 우주만물은 고유한 생존권과 존엄성을 가지고 있다는 전제에서 출발한다. 이들의 애니미즘에 의하면 지구와 우주는 단순한 개체들의 합집합이 아니라 끊임없이 진화하는 복잡하고, 역동적이고, 통합적인 생명체이므로 우주만물은 서로의 존재조건이다. 인간이 세계와 마주하면서 세계를 경험하듯이 비인간존재들도 자신들의 고유한 시점에서 지구와 우주 바라보면서 세계를 경험한다. 즉 애니미즘은 자연을 성화(聖化)시켜 무조건 숭배하

기 위한 신앙이 아니라 인간과 우주만물의 관계에 관한 사유체계이다. 그리고 그 근저에는 지구와 우주의 역사는 인간이 아니라 우주만물의 상호작용, 상호교섭에 의해 만들어졌고 만들어지고 있다, 만들어질 것이라는 대칭성의 세계관, 생태적 세계관이 자리하고 있다.

극동 토착종족 애니미즘 연구는 인간의 기억이 미치지 않는 아득히 먼 과거에 대한 낭만과 향수에 젖어 이들의 문화를 돌아보기 위한 것이 아니라 이들의 무의식에 침잠해 있는 '대칭성의 세계관'을 의식의 표면으로 가져와 현재의 생태위기에 맞게 재해석하고 생태적 세계관의 모델을 추출하기 위해서다. 이들의 애니미즘에 의하면 '인간은 자연생태계를 보호해야 한다'가 아니라 '인간은 자신을 보호해주는 자연생태계의 일부다'이며, '지구가 아프다'가 아니라 '인간은 죽을 것이고 이후에도 지구는 존속할 것이다. 죽는 것은 인간이다'이다.

현재 생태위기의 일차적 원인은 산업혁명 이후 서구 자본의 적극적인 팽창정책에 의한 것이지만 모든 인류는 생태위기를 마주하면서 살아가야만 한다. 따라서 인류의 지속적인 생존을 위해 애니미즘을 통해 우주만물의 존재 양식에 관심을 기울이면서 종을 횡단하여 서로 협력할 수 있는 방안, 인류의 공생공영을 위한 대안적 삶의 방안, 인간이 지구·우주와 공진화할 수 있는 새로운 삶의 양태를 도출해내야 한다. 이를 위해 애니미즘은 고도로 발달한 과학기술과 초글로벌화 된 자본주의사회에서 바람직한 역할을 할 수 있는 새로운 지성으로 재탄생되어야 한다. 인류는 현재의 생태위기를 과학기술이 해결해 줄 것이라고 믿지만 생태위기는 과학기술만이 아니라 인문학적 해결방안도 함께 요구한다. 따라서 인문학 연구자들은 생태위기 시대에 맞는 인간-사람의 조건에 대한 답을 다시 찾아야만 한다.

1. 문서보관소

- Архив ДВО ВНИИОЗ: Архив Дальневосточный Отдел Всероссийск ого Научно-Исследовательского Института Охотничьего Хозяйств а и Звероводства
- Архив ИИАЭ ДВО РАН: Архив Институт Истории, Археологии, Этн ографии Народов Дальнего Востока Дальневосточного Отделени я Российской Академии Наук
- Архив МАЭ РАН: Архив Музей Археологии и Этнографии им. Петр а Великого (Кунсткамера) Российской Академии Наук
- Архив ОИАК: Архив Общество Изучения Амурского Края
- Архив ПЦРГО-ОИАК: Архив Приморский Центр Русского Географ ического Общества-Общество Изучения Амурского края
- Архив РАН СПб. Филиал: Архив Российской Академии Наук Санкт -Петербургский Филиал
- Архив РЭМ: Архив Российский Этнографический Музей
- ГАРФ: Государственный Архив Российской Федерации.
- ГАХК: Государственный Архив Хабаровского Края
- НА СОКМ: Научный Архив Сахалинского Областного Краеведческ ого Музея
- РГАДА: Российский Государственный Архив Дрених Атов
- РГИА ДВ: Российский Государственный Исторический Архив Дал ьнего Востока

2. 박물관

- ГМЭ: Государственный Музей Этнографии
- МАЭ: Музей Антропологии и Этнографии им. Петра Великого (Кун сткамеры) Российской Академии Наук, г. СПб.
- МАЭ ИИАЭ ДВО РАН: Музей Археологии и Этнографии Иститута Истории, Археологии, Этнографии Народов Дальнего Востока Да льневосточного Отделения Российской Академии Наук, г. СПб.
- МСИИ: Музей Советского Изобразительного Искусства, г. Комсом ольск-на-Амуре
- ПГОМ: Приморский Государственный Объединённый Музей им. В. К. Арсеньева, г. Владивосток
- РЭМ: Российский Этнографический Музей, г. СПб.
- ХКМ: Хабаровского Краеведческого Музея им. Н. И. Гродекова, г. Хабаровск

3. 문헌 자료

1) 1차 문헌

(1) 사전류

- Аврорин В. А., Лебедев Е. П., Орочские тексты и словарь, Л.: Наук а, 1978.
- Болдырев Б. В., Эвенко-русский словарь 1~2, М.: Филиал СО РАН ГЕО, 2000.
- Грифанова А. Х., Словарь удэгейско-русский и русско-удэгейски й, СПб.: Дрофа, 2002.
- Крючкин Ю., Большой современный русско-монгольский-монгол ьско-русский словарь, М.: АСТ, Восток-Запад, 2006.
- Леонтович С., Краткий русско-орочский словарь с грамматическо й заметкой, Записки общества изучения Амурского края 2, Владив осток: Тип. Н. В. Ремезова, 1896.

- Мифологический словарь, Е. М. Мелетинский (Ред.), М.: Советская энциклопедия, 1990.
- Мыреева А. Н., Эвенкийско-русский словарь, Новосибирск: Наука, 2004.
- Озолиня Л. В., Орокско-русский словарь, Новосибирск: СО РАН, 2001.
- Озолиня Л. В., Федяева И. Я., Орокско-русский и русско-орокско словарь, Южно-сахалинск: СКИ, 2003.
- Оненко С. Н., Нанайско-русский словарь, М.: Русский язык, 1980.
- Петрова Т. И., Нанайско-русский словарь (около 8000 слов), Л.: Госучпедгиз Минпроса РСФСР, 1960.
- Протоддьяконов А. П., Краткий русско-орочский словарь, Казань: Православ. миссионер. о-во, 1888.
- Роббек В. А., Роббек, М. Е., Эвенско-русский словарь, Новосибирск: Наука, 2004.
- Сравнительный словарь тунгусо-маньчжурских языков (ССТМЯ) 1, 2, В. И. Цинциус (Ред.), Л.: Наука, 1975, 1977.
- Таксами Ч. М., Словарь нивхско-русский и русско-нивхский, СПб.: Просвещение, 1996.
- Цинциус В. И., Ришес Л. Д., Эвенско-русский словарь, Л.: Учпедгиз, 1957.

(2) 총서류
- История и культура негидальцев: историко-этнографические очерки (ИиК негидальцев), Старцев А. Ф. (Ред.), Владивосток: Дальнаука, 2014.
- История и культура эвенов: историко-этнографические очерки (ИиК эвенов), Тураев В. А. (Ред.), СПб.: Наука, 1997.
- История и культура Дальневосточных Эвенков: историко-этнографические очерки (ИиК ДВ Эвенков), СПб.: Наука, Тураев В. А. (Ред.), 2010.

• История и культура нанайцев: историко-этнографические очерки (ИиК нанайцев), Тураев В. А. (Ред.), СПб.: Наука, 2008.
• История и культура орочей: историко-этнографические очерки (ИиК орочей), Тураев В. А. (Ред.), СПб.: Наука, 2001.
• История и культура уйльта (ороков) Сахалина: историко-этнографические очерки (XIX~XXI вв.) (ИиК уйльта), Подмаскин В. В. (Ред.), Владивосток: Дальнаука, 2021.
• История и культура удэгейцев (ИиК Удэгейцев), Крушанова А. И. (Ред.), Л.: Наука, 1989.
• История и культура ульчей в XVII~XX вв.: историко-этнографические очерки (ИиК Ульчей), Иващенко Л. Я. (Ред.), СПб.: Наука, 1994.
• История и культура нивхов: историческо-этнографические очерки (ИиК нивхов), Тураев В. А. (Ред.), СПб.: Наука, 2008.
• История и культура тазов: историко-этнографические очерки (вторая половина XIX~начало XXI в.) (ИиК тазов), Старцев А. Ф. (Ред.), Владивосток: Дальнаука, 2019.

2) 2차 문헌

(1) 국내 문헌

• 강명혜, 「강지역 주민의 의식구조적 특성 및 원형: 홍천강 지역을 중심으로」, 『온지논총』 37, 2013.
• 강영경, 「한국 고대사회에서의 용의 의미」, 『용, 그 신화와 문화: 한국편』, 서영대 엮음, 민속원, 2002.
• 경서근, 「황해의 한·중 용왕신앙 연구」, 목포대 박사학위 논문, 2013.
• 골란 아리엘, 『선사시대가 남긴 세계의 모든 문양』, 정석배 옮김, 푸른 역사, 2004.
• 공만식, 「초기 불교경전에 나타난 Nāga의 성격에 관한 고찰」, 『불교학보』 47, 2007.
• 게라르두스 반 델 레에우, 『종교현상학 입문』, 손봉호 외 옮김, 왜관: 분도출판사, 1995.
• 권상노, 「韓國古代信仰의 一瞥: 미리(龍)신앙과 미륵(彌勒)신앙에 대하여」, 『佛教學報』 1, 1963.

- 김경화, 「고구려 柳花의 기원」, 인하대학교 대학원 한국학과 석사학위 논문, 2010.
- 김낙철, 「배형 傳奇에 나타난 용과 뱀의 관계성 고찰」, 『중어중문학』 67, 2017.
- 김도, 「중국 주산군도 배 숭배에 대한 현장 조사」, 『독도연구』 17, 2014.
- 김선풍, 「한국 사냥설화의 상징적 의미」, 『중앙민속학』 11, 2006.
- 김열규, 『한국의 신화』, 일조각, 1983.
- 김용규, 『혼종문화론: 지구화 시대의 문화연구와 로컬의 문화적 상상력』, 소명출판사, 2013.
- 김정열, 「산자를 위한 죽은 이의 그릇: 중국 상주시대 청동예기의 성격과 그 변화」, 『미술사학』 27, 2013.
- 김태옥, 「부랴트족 요호르와 야쿠트족 오수오하이 원무(圓舞) 연구」, 『인문사회 21』 9(1), 2018.
- 나경수, 「줄다리기와 강강술래의 주술 – 종교적 의미」, 『광주·전남의 민속연구』, 민속원, 1998.
- 나타프 조르쥬, 『상징 기호 표지』, 김정란 옮김, 열화당, 1987.
- 뒤르켐 에밀, 『종교생활의 원초적 형태』, 민혜숙, 노치준 옮김, 한길사, 2020.
- 리전닝, 「한·중 마고여신 비교 연구: 문헌기록의 수용양상을 중심으로」, 『아시아문화연구』 36, 2014.
- 문혜진, 「부산별신굿의 해신(海神)과 해신제(海神祭): 2018년 두모포별신굿」, 『항도부산』 36, 2018.
- 박미라, 「한국 水神 신앙의 변천: 여성 신격을 중심으로」, 『원불교사상과 종교문화』 95, 2023.
- 베로니카 이온스, 『인도 신화』, 임웅 옮김, 범우사, 2004.
- 배영기, 「한국인의 수사상 고찰」, 『단군학연구』 15, 2006.
- 서영대 외, 『용, 그 신화와 문화: 세계편』, 2002, 민속원.
- 孫皖怡, 『白蛇故事硏究』, 전남대학교 박사학위 논문, 2004.
- 송기태, 「한국 전통 항해신앙에 대한 시론적 접근: 선신(船神), 당신(堂神), 해신(海神)의 관계를 주목하여」, 『남도민속연구』 31, 2015.
- 송화섭, 「한국인의 용신앙과 미륵신앙」, 『한국문화의 전통과 불교』, 2000.
- _____, 「서해안 해신신앙 연구」, 『도서문화』 23, 2004.
- _____, 「한국과 중국의 할미해신 비교연구」, 『도서문화』 41, 2013.
- _____, 「제주도 뱀 신화와 뱀 신앙의 문화 계통 연구」, 『탐라문화』 60, 2019.
- 『시베리아설화집: 니브흐인 이야기』, 엄순천 편역, 지만지, 2018.

- 신명호, 「조선시대 國祀로서의 三海 祭祀와 그 유래」, 『인문사회과학연구』 19(1), 2018.
- 심상교, 「영남 동해안지역 강신제의 연행특성과 축제성」, 『한국무속학』 10, 2005.
- 엄순천, 『잊혀져가는 흔적을 찾아서: 퉁구스족(에벤키족)의 씨족명과 문화 연구』, 서강대출판부, 2016.
- _____, 『시베리아 설화집: 예벤키인 이야기』, 지식을 만드는 지식, 2017.
- _____, 「에벤키족의 사계절과 이케닙케 새해맞이 순록축제」, 『알타이민족의 축제』, 신아사, 2018.
- _____, 「극동 지역 우데게족의 상례(喪禮) 고찰」, 『다문화콘텐츠연구』 41, 2022.
- _____, 「극동 토착종족의 불 숭배: 기원과 용어 및 형상」, 『슬라브학보』 38(4), 2023.
- _____, 「타즈족의 형성 과정 및 문화 혼종성」, 『순천향 인문과학논총』 40(4), 2021.
- _____, 「극동 토착종족 해신(海神)의 특징과 계층구조」, 『동방문화와 사상』 15, 2023.
- _____, 『극동 토착종족의 우주관과 생태』, 보고사, 2024.
- 우노 하르바, 『샤머니즘의 세계: 알타이 민족들의 종교적 표상』, 박재양 옮김, 보고사, 2014.
- 유흥태, 『페르시아의 종교. 조로아스터교, 미트라교, 마니교, 마즈닥교』, 살림, 2010.
- 윤용복, 「인도의 용 신앙」, 『용, 그 신화와 문화: 세계편』, 서영대 엮음, 민속원, 2002.
- 엘리아데 미르치아, 『종교형태론』, 이은봉 옮김, 한길사, 1996.
- 엘리아데 미르치아, 『이미지와 상징』, 이재실 옮김, 까치, 1998.
- _____, 『성과 속』, 이은봉 옮김, 한길사, 2005.
- _____, 『신화와 현실』, 이은봉 옮김, 한길사, 2011.
- 이영선, 「원형(原型)적 산물로서의 뱀 상징」, 『모래놀이상담연구』 12(1), 2016.
- 이종주, 「東北亞的聖母柳花—中國東北與朝鮮半島的柳花神崇拜」, 『社會科學戰線』 1(103), 黑龍江城社會科學院文學研究所, 2001.
- 이찬수, 「고대 인도의 영혼관: 초기 대승불교를 중심으로」, 『동아시아의 영혼관』, 경인문화사, 2006.
- 이철, 『맞얽힘: 맞선 둘은 하나다』, 움직이는 책, 2021.

- 전영숙, 「한국과 중국의 창세 및 건국신화 속에 깃든 물 숭배 관념」, 『한중인문학연구』 24, 2008.
- 정연학, 「용과 중국문화」, 『용, 그 신화와 문화: 세계편』, 서영대 엮음, 민속원, 2002.
- 조법종, 「한국 고대사회의 용 관련 문화」, 『사학연구』 65, 2002.
- 주채혁, 「부르칸(不咸)이즘과 柳花, 그 母胎回歸 신앙연구」, 『백산학보』 59, 2001.
- 최성진, 『동해안 별신굿의 계면굿 연구』, 대구대학교 석사학위논문, 2006.
- 최운식, 「설화를 통해서 본 한국인의 영혼관」, 『동아시아의 영혼관』, 경인문화사, 2006.
- _____, 『한국의 민담 1』, 시인사, 1999.
- 최원오, 「동아시아 구비서사시에 나타난 영혼관 비교」, 『동아시아의 영혼관』, 경인문화사, 2006.
- 캠벨 조지프, 『신의 가면 동양 신화』, 이진구 옮김, 까치, 1999.
- 타일러 에드워드 버넷, 『원시문화 2』, 유기쁨 옮김, 아카넷, 2018.
- 페터 볼레벤, 『나무 다시 보기를 권함』, 강영옥 옮김, 더숲, 2019.
- 표인주, 「민속에 나타난 '물(水)'의 체험주의적 해명」, 『비교민속학』 57(1), 비교민속학회, 2015.
- 프레이저 제임스 조지, 『황금가지』 1, 박규태 옮김, 을유문화사, 2005.
- 하효길, 「무속의례와 배」, 『한국무속학』 3, 2001.
- 『한국문화 상징사전』, 동아출판사, 1992.

(2) 국외 문헌
- 聞一多, 「伏羲考」, 『聞一多全集: 神話與詩』, 開明書店, 1948.
- 潘江東, 『白蛇故事研究』, 臺灣學生書局, 1980
- 徐華龍, 「麻姑為海上神仙考」, 『常州工學院學報』 Vol31, 上海文藝出版社, 2013.
- 吳世旭, 「萬物有靈-滿族的動植物信仰」, 『滿族民間信仰(淸文化叢書)』, 沈陽出版社, 2004.
- 劉堯漢, 『中國文明源頭初探』, 雲南: 雲南人民出版社, 1985.
- 李德山, 欒凡, 『中國東北古民族發展史』, 北京: 中國社會科學出版社, 2003.
- 何新, 「中國神龍之謎的揭破」, 『神龍之謎』, 延邊大學出版社, 1988.
- Albert F., Die Waldmenshen Udehe: Forschungreisen in Amur und Ussurigebief, Darmstadt: C. W. Zeske Verlag, 1956.

- Alonso de la Fuente J. A., The Ainu Languages: Traditional Reconstruction, Eurasian Areal Linguistics, and Diachronic (Holistic) Typology, PhD in philol. sci. diss, Euskal Herriko Unibertsitatea, 2012.
- Atkinson J. C., Glossary of Cleveland Dialect, London: Arkose Press, 2015.
- Boas F., "The Folklore of Eskimo", The Journal of American Folklore 17, 1904.
- Bogoras W., "The boik-Lore of North eastern Asia as compared with that of North Western America", American Anthropologist, 1902.
- Dussel Enrique, "World-System and Trans-Modernity", Napantla: Views from South 3(2), Durham: Duke Univ. Press, 2002Whitehed A. N. 2021, Science and Modern World, Angelico Press.
- Eliade Mircea, Tratat de istorie a religiilor, Bucureşti: Humanitas, 1995.
- Holmberg-Harva, Die Wassergottheiten der finnisch-ugrischen Volker, Helsinki: Druckerei der finnischen Literatur-Gesellschaft, 1913.
- Ikegami Jiro, Uilta Oral Literature. Collection of Texts. Hokkaido, Abashiri, 1984.
- Jha Hemanta K., 1996, Hindu-Buddhist Festivals of Nepal, New Delhi: Nirala.
- Laperous F. G., A vouage rouhd the world in the years 1785, 1786, 1787 and 1788. In 3 vol. London, Vol.2, 1788.
- Liebrecht F., Zeitschrift Für Romanische Philologie 5, 1873.
- Lopatin I. A., The cult of the dead among the natives of the Amur Basin, Florida: Mouton & Co., 1960.
- Nilsson M. P., Geschichte der grieschischen Religion, München: C. H. Beck sche Verlagsbuchhandlung, 1941.
- Pilsudski B., Materials for the Study of the Orok (Uilta) Language and Folklore, Poznan: Adam Mickewicz university institute of linguistics, 1985.
- Ravenstein E. G. The Russian on the Amur, its discovery, conquest and colonization, London: Trübner and co., 1861.
- Ruysbroeck J., Vilhelms av Ruysbroeck resa genom Asien 1253-1255, utg. Av Jarl Charpentier, Stockholm, 1919.
- Shirokogoroff S. M., Social organization of the northen tungus, Shanghai. 1929.
- _____, Psychomental Complex of the Tungus, Peking: Catholic University Press, 1935.

- Spencer B., Gillen F. J., The northern tribes of central Australia, New York: The Macmillan Company, 1904.
- Wittfogel K. A., "Feng Chia-sheng. History of Chinese Society Liao (907~1125)", Transaction of the American Philosophical Society. New seria 36, Phildelphia, 1949.

- Аврорин В. А., Лебедев Е. П., Орочские сказки и мифы, Новосибирск: Наука, 1966.
- _____, "Инцест в фольклоре орочей и классификационная система родства", Известия СО АН СССР 1, 1979.
- Алексеев А. А., "Культ огня у эвенов", Илин 3~4, СПб.: ВВМ, 2003.
- Алексеев А. А., Эвены Верхоянья: история и культура (конец XIX~80-е гг. XX в.), СПб.: ВВМ, 2006.
- Алексеев В. П., "К краниологии орочей (материалы к этногенезу)", Записки ПФГО СССР, Владивосток 1(24), 1965.
- Алексеева С. А., "Космологические представления эвенов", Илин 3, 2002.
- Алимов И. А., Срединное государство: Введение в традиционную культуру Китая, М.: Муравей, 1998.
- Анисимов А. Ф., Родовое общество эвенков (тунгусов), Л.: ИНС, 1936.
- _____, "Представления эвенков о шингкэн'ах и проблема происхождения первобытной религии", СМАЭ 12, 1949.
- _____, "Шаманские духи по воззрениям эвенков и тотемические истоки идеологии шаманства", СМАЭ 13, 1951.
- _____, "Шаманский чум у эвенков и проблема происхождения шаманского обряда", ТИЭ. Новая серия 18, 1952.
- _____, Религия эвенков в историко-генетическом изучении и проблемы происхождения первобытных верований, М.-Л.: АН СССР, 1958.
- _____, Космологические представления народов Севера, М.-Л.: АН СССР, 1959.

- Арсеньев В. К., Краткий военно-географический и военно-статис
  тический очерк Уссурийскогокрая 1901—1911 гг., Хабаровск: ТШП
  ВО, 1912.
- _____, "Китайцы в Уссурийском крае", ЗРГО 10(1), Хабаров
  ск, 1914.
- _____, "По Уссурийскому краю (Дерсу Узала)", Путешестви
  е в горную область Сихотэ-Алинь. Владивосток: Типография Эхо,
  1921.
- _____, Дерсу Узала. Из воспоминаний о путешествии по
  Уссурийскому краю в 1907 г. Владивосток: Свободная Россия, 1923.
- _____, 1914–1925. Архив ПФРГО. Ф.1, Оп.1, Д.27.
- Арсеньев В. К., Лесные люди удэхейцы, Владивосток: Книжное де
  ло, 1926.
- _____, В горах Сихотэ-Алиня. Арсеньев В. К. Сочинения
  3, Владивосток: Примиздат, 1947.
- _____, Сквозь тайгу, Арсеньев В. К. Сочинения 4, Владиво
  сток: Примиздат, 1948.
- Ахметьянов Р. Г., Общая лексика духовной культуры народов Сре
  днего Поволжья, М.: Наука, 1981.
- Беликов В. И., Перехвальская Е. В., "Язык тазов", Языки народов
  России. Красная книга, Нерознак В. П. (Ред.), М.: Academia, 2002.
- Белобородова К. П., Железная птица. Нанайские сказки, Хабаровс
  к: ХКИ, 1982.
- Бельды Р. А., Булгакова Т. Д., Нанайские сказки, Norderstedt: Verlag
  der Kulturstiftung Sibirien, SEC Publications, 2012.
- Бердников, 1910: Архив РЭМ, Ф.6, Оп.4, Д.1, p.11.
- Березницкий С. В., "Шаманский обряд благодарения духов", Росси
  я и АТР 2, Владивосток, 1997.
- _____, Мифология и верования орочей, СПб.: ПВ, 1999.
- _____, "Образ дерева в системе верований и ритуало
  в коренных народов амуро-сахалинского региона (к проблеме вз
  аимодействия этносов и культур)", Традиционная культура народ

ов Севера, Сибири и Дальнего Востока, Е. С. Губерштро, Л. Е. Фет
исова (Ред.), Владивосток: ООО Вит, 2002.

- Березницкий С. В., Этнические компонеты верований и ритуалов
коренных народов Амуро-Сахалинского региона, Владивосток.:
Дальнаука, 2003.

- _____, Верования и ритуалы коренных народов юга
дальнего востока: этнокультурные компоненты и современное со
стояние (вторая половина XIX~XX в.), Дисс. д-ра. истор. наук., ИИ
АЭН ДВО РАН, 2005.

- Березницкий С. В., Фадеева Е. В., "Бытовые обряды и обычаи неги
дальцев", История и культура негидальцев: историко-этнографич
еские очерки, Владивосток: Дальнаука, 2014.

- Бим-Бад Б. М., Педагогический энциклопедический словарь, М.: Б
РЭ, 2002.

- БРЭ 35, Осипов Ю. С. (Ред.), М.: БРЭ, 2004~2017. https://bigenc.ru/
ethnology/text/2007118.

- Боголюбский И. С., Краткий очерк народов Амурского края, СПб.:
Тип. С. Добродеева, 1890.

- Богораз В. Г., "Древние переселения народов в северной Евразии
и Америке", СМАЭ, Л. 1927.

- _____, Чукчи II: Религия, Л.: Издательство Главсевморпути,
1939.

- Бошняк Н. К., "Путешествия в Приамурском крае. Путешествие на
Сахалин", МС 2, 1858.

- _____, "Экспедиции в Нриамурском крае", МС 3, 1859.

- Браиловский С. Н., Тазы или yguhэ, СПб.: ТКМ, 1902.

- Брандишаускас Д., "Локальное энвайронментальное знание: Экол
огическое использование и символизм огня у оленеводов и охотн
иков эвенков-орочон Забайкалья", Огонь, вода, ветер и камень в
эвенкийских ландшафтах. Отношения человека и природы в Бай
кальской Сибири, СПб.: МАЭ РАН, 2016.

- Бугаева Т. Г. "Общие основы и лексические модели в словах, обоз

начающих признак 'красный' в тунгусо-маньчжурских и других а лтайских языках." Проблемы общности алтайских языков, Л.: Нау ка, 1971.

- Бэкер Й., "Шаманские небеса (маньчжурская мифология и изучени е звезд Амурского бассейна)", Записки Гродековского музея 8, Хаб аровск, 2004.

- Вальдю А., Сказки бабушки Лайги, Хабаровск: ХКИ, 1972.

- Варавина Г. Н., "Культ огня в традиционной культуре народов Сев ера (на примере эвенов Якутии)", Научные проблемы гуманитарн ых исследований 7, Пятигорск: Ин-т регион. проб. Российской го с. на северном Кавказе, 2012.

- Варавина Г. Н., "Концепт душа в мифоритуальной традиции наро дов Севера (на примере культуры тунгусоязычных этносов)", Мате риалы Международного молодежного научного форума 《ЛОМОН ОСОВ-2013》, М.: МАКС Пресс, 2013.

- _____, Концепт души в традиционном мировоззрении ту нтусоязычных народов Якутии: традиции и современность. Диссе рт. ...Канд. Исторических Наук, Институт гуманитарных исследов аний и проблем малочисленных народов Севера РАН, 2014.

- Варламова Г. И. (Кэптукэ), Двуногий да поперечноглазый, Черног оловый человек-эвенк и его земля дулин буга, Якутск: Розовная чайка, 1991.

- _____, "Душа-судьба Майн", Полярная звезда 2, 1996.

- _____, Эпические и обрядовые жанры эвенкийского фол ьклора, Новосибирск: Наука, 2002.

- _____, Мировоззрение эвенков: Отражение в фольклоре, Новосибирск: Наука, 2004.

- Василевич Г. М., Сборник по эвенкийскому (тунгусскому) фолькло ру, Л.: Учпедгиз, 1936.

- _____, "Материалы по религиозным представлениям эве нков", Архив МАЭ РАН, Ф. 22, No.1(37), 1943.

- _____, Исторический фольклор эвенков. Сказания и пре

дания, М.: Наука, 1966.

• Василевич Г. М., Эвенки. Историко-этнографические очерки (XVIII~начало XX в.), Л.: Наука, 1969.

• _____, "Дошаманские и шаманские верования эвенков", Советская этнография 5, 1975.

• _____, "Материалы экспедиций по шаманизму", Архив МАЭ РАН, Ф.22, Оп.2, Д.4, Л.305

• Васильев Б. А., "Основные черты этнографии ороков, Предварите льный отчёт по материалам экспедиши 1928 г.", Этнография 7(1), М.-Л.: Гос-из-дат, 1929.

• _____, Архив МАЭ РАН. Ф.12, Оп.1, No.124, Л.3.

• Васильев В. Н., "Отчёт о командировке к гилякам и орокам", Отчёт Русского музея за 1911 г., СПб., 1914.

• Васильев В. П., "Записки о Нингуте", Записки РГО 2, СПб., 1857.

• Васильева Т. А., "Культ огня у чжурчжэней", Археологические мате риалы по древней истроии дальнего востока СССР, Владивосток: АН СССР, 1978.

• Вязовская В. В., Научный каталог этнографических коллекций Сах алинского краеведческого музея: поступления 1960~1973 гг., Южн о-Сахалинск: ИМГГ ДВО АН СССР, 1975.

• Гаер Е. А., Традиционная бытовая обрядность нанайцев в конце XIX~начале XX в. (к проблеме устойчивости развития традиций), Диссерт. ...Канд. Исторических Наук, ИЭ АН СССР АН СССР, 1984.

• _____, Древние бытовые обряды нанайцев, Хабаровск: ХКИ, 1991.

• _____, Традиционная бытовая обрядность нанайцев в конце XIX~начале XX в., М.: Мысль, 1991.

• _____, Древние бытовые обряды нанайцев, Хабаровск: ХКИ, 1991.

• Гапанович И. И., Россия в Северо-Восточной Азии 1. Колонизация Севера в прошлом и настоящем, Пекин: б. и., 1933.

• Гасанова Г. Т., Самар Р. А. "Традиционные представления и веров

ания нанайцев", Записки гродековского музея 6, Хабаровск: ХКМ, 2003.

- Геннадьевич Ф. А., Коллективные представления нивхского этнос а: взаимодействие человека, социума и природы (вторая половин а XIX~XX вв.), Диссерт. ...Канд. Исторических Наук, ХГПУ, 2002.
- Глен П. П., Шмидт Ф., "Отчет о путешестви по острову Сахалину", ТСЭРГО 1, СПб., 1868.
- Голубцов И., "Религия, обряды и нравы племен, живущих по запа дному берегу Татарского пролива, по низовью реки Амур и части ю по западному берегу Охотского моря", Домашняя беседа для на родного чтения 34, СПб., 1859.
- Голубкова О. В., Душа и природа: Этнокультурные традиции слав ян и финно-угров, Новосибирск: Изд-во Института археол.огии и этнографии СО РАН, 2009.
- Гонтмахер П. Я., Нивхи: Этнографические тетради, Хабаровск: ХГ ПУ, 1999.
- Городцов В. А., Подчеремский клад, Советская археология 2, М.-Л.: АН СССР, 1937.
- Груздева Е. Ю., "Нивхский язык", Языки мира. Палеоазиатские язы ки, М.: РАН, 1997.
- Дегтярев А. М. и др. Эвены Момского района Республики Саха (Як утия), Якутск: Изд-во СО РАН, 2004.
- Деревянко Е. И. Племена Приамурья. I тысяч, нашей эры. Очерки этнической истории и культуры, Новосибирск: Наука, 1981.
- Долгих Б. О., Родовой и племенной состав народностей Севера Средней Сибири, Диссерт. ...Канд. Исторических Наук, М., 1946.
- _____, "О населении басейнов рек Оленека и Анабары", СЭ 2, 1952
- _____, "Племена и роды коренного населения Забайкалья и южного Прибайкалья", КСИЭ 17, М., 1953.
- _____, "Этнографический состав населения Якутского уезда в 17 веке", КСИЭ 24, М., 1955.

• Долгих Б. О., "Этнический состав и расселение народов Амура в XVII в. по русским источникам", Сборник статей по истории Даль него Востока, М.: АН СССР, 1958.

• _____, Родовой и племенной состав народов Сибири в XVII веке, М.: АН СССР, 1960.

• _____, Племя у народов севера. Общественной строй у нар одов Северной Сибири, М., 1970.

• Егорова А. И., "Элементы полового символизма в традиционной культуре якутов", ЭО 4, 1996.

• Ермолова Н. В., Эвенки Приамурья и Сахалина. Формирование и культурно-исторические связи XVII~начало XX вв., Автореф. Диссе рт. ...Канд. Исторических Наук, Л.: ЛГУ, 1984.

• Звиденная О. О., Новикова Н. И., Удэгейцы: охотники и собират и реки Бикин (Этнологическая экспертиза 2010 года), М.: Стратеги я, 2010.

• Золотарев А. М., Пережитки тотемизма у народов Сибири, Л.: ИН С, 1934

• _____, "Новые данные о тунгусах и ламутах 18 веке", Ист орик-марксист 2, М.: Правда, 1938.

• _____, Родовой строй и религия ульчей, Хабаровск: Дал ьгиз, 1939.

• _____, Родовой строй и первобытная мифология, М.: На ука, 1964.

• Иванов С. В., Орнаментика, религиозные представления и обряд ы, связанные с амурской лодкой, СЭ 4~5, 1935.

• _____, "Орнаментирование куклы у ольчей", СЭ 6, 1936.

• _____, "Медведь в религиозном и декоративном искусстве народностей Амура", Сборник статей, М.-Л., 1937.

• _____, "Материалы по изобразительному искусству народо в Сибири в XIX~XX начале века", ТИЭ 22, М.-Л.: АН СССР, 1954.

• _____, Орнамент народов Сибири как исторический источ ник (по материалам XIX в.~начала XX вв.): Народы Севера и Дальн

его Востока, М.-Л.: АН СССР, Л, 1963.

• Иванов С. В., "Представления нанайцев о человеке и его жизненн ом цикле", Природа и человек в религиознных представлениях народов Сибири и Севера (второая половина XIX~начало XX в.), 1976.

• Ильяшевич О. А., Традиционная жизнедеятельность орочей и ее трансформации в XX~XXI веках, Дисс. кан-та. культурологии, Ком сомольск-на-Амуре: ГОУ ВПО ДВГГУ, 2006.

• Иохельсон В. И., "Заметки о населении Якутской области в истори ко-географическом отношении", Землеведение 2, 1895, pp.137.

• _____, "Этнологические проблемы на северных берегах Тихого океана", ИИРГОИИРГО 43, 1907.

• Иохельсон В. И., "Археологические исследования на Камчатке", И ИРГО 62(3~4), 1930.

• Карлов В. В., "Социальная и этническая структура енисейских эве нков в 17~18 веках", СЭ 1, 1971.

• _____, Эвенки в 17~начале 20 в. (Хозяйство и социальная структура), М.: МГУ, 1982.

• Киле А. С., Искусство нанайцев: вышивка, орнамент. Традиции и новации, Хабаровск: Российский Медиа Альянс, 2004.

• Киле Н. Б., "Лексика, связанная с религиозными представлениями нанайцев", И. С. Вдовин (Ред.), Природа и человек в религиозных представлениях народов Сибири и Севера(вторая половина XIX~ начало XX вв.), Л.: Наука, 1976.

• _____, Нанайский фольклор: нингманы, сиохор, тэлунгу, Нов осибирск: Наука, 1996.

• Кириллов А., Гиляки, Древняя и новая Россия, СПб.: Хромолитогр афия В. Грацианского, 1881.

• Козьминский И. И. "Возникновение нового культа у гольдов", Сб. этнографических материалов, Л.: ЭО ГФ ЛГУ, 1927.

• Ковалеский С. А., О роли огня в погребально-поминальной обряд ности населения ирменской культурно-исторической общности

юга Западной Сибири, Известия алтайского гос. университета 4(2), 2010.

- Кормушин И. В., Удыхейский (удэгейский) язык. Материалы по этн ографии. Очерк фонетики и грамматики. Тексты и переводы. Сло варь, М.: Наука, 1998.

- Крейнович Е. А., "Гиляцко-тунгсо-маньчжурские языковые паралл ели", Доклады и сообщения института языкознния АН СССР 8, 1955.

- _____, Нивхгу. Загадочные обитатели Сахалина и Амур а, М.: АН СССР, 1973.

- Кубанова Т. А. 1992. Ритуальная скульптура нанайцев (из собрания МСИИ). Каталог. Комсомольск-на-Амуре: МИСИИ.

- Кулемзин В. М., "Своеобразие эмоциональных проявлений хантов и селькупов", Сибирский психологический журнал 2, Томск, 1996.

- Куфтин Б. А., О шаманизме орочей. Побережье Татарского пролив а. 1927 г. Архив МАЭ РАН, Ф.12, Оп.1, No.49, Л.31.

- Кычанов Е. И., Чжурчжэни в XI в., Сибирский археологический сб орник. Древняя Сибирь 2, Новосибирск, 1966.

- Ларичев, В. Е. "Скульптурное изображение женщины и лунно-сол нечный календарь поселения Малая Сыя (семантика образа и рек онструкция способа счисления времени на раннем этапе палеоли та Сибири", Известия СО АН СССР. Серия: История, философия, филология 3(1), 1984.

- Ларькин В. Г., "Религиозные воззрения удэгейцев", Труды ДВФ СО АН СССР им. В. Л. Комарова. Сер. ист 2, Владивосток, 1961.

- _____, Орочи: Историко-этногр. очерк с середины XIX в. до наших дней, М.: Наука, 1964.

- Ларькин В. Г., Звиденная О. О., Новикова Н. И., Удэгейцы: охотник и и собиратели реки Бикин (Этнологическая экспертиза 2010 год а), М.: Этноконсалтинг, 2010.

- Лебедева В. В., Этнокультурные особенности одежды негидальцев (вторая половина XIX~начало XXI вв.), Диссерт. ...Канд. Историчес

ких Наук, РАН ДО ИИАЭН ДВ, Владивосток, 2010.
- Лебедева Ж. К., Архаический эпос эвенов, Новосибирск: Наука, 1981.
- Левин М. Г., Религиозные верования народов СССР 1, М.-Л.: Московский рабочий, 1931.
- _____, "Материалы по краниологии Приморских орочей", Антропологический журнал 3, 1936.
- _____, Этническая антропология и проблемы этногенеза народов Дальнего Востока, М: АН СССР, 1958.
- Леньков В. Д., "Отчет об археологических исследованиях на Лазовском городище в Приморском крае в 1974 г.", Архив ДВНЦ АН СССР, Ф.13, Оп.1, No.31.
- Линденау Я. И., Описание народов Сибири (1 пол. XVIII в.): Историко-этнографические материалы о народах Сибири и Северо-Востока. Магадан: Магаданское кн. изд-во, 1983.
- Липская-Вальроид Н. А., "Материалы к этнографии гольдов", СЖС 3~4, 1925.
- Липский А. Н., "Элементы религиозно-психологических представлений гольдов (предварительный отчет)", Известия гос. ин-та народного образования 1, 1923.
- _____, "Некоторые вопросы таштыкской культуры в свете сибирской этнографии", Краеведческий сборник 1, 1956.
- Литвинцев В. П., "Промысловое население Амгунского района", Экономическая жизнь Дальнего Востока 6~7, Харабовск, 1926.
- Логиновский К. Д., 1898, Архив РАН, Ф.282, Оп.1, Д.8.
- Лопатин И. А., "Гольды амурские, уссурийские и сунгарийские. Опыт этнографического исследования", ЗОИАК ВО ПОРГО 17, Владивосток: ТУВД, 1922.
- _____, Орочи-сородичи маньчжур, Харбин: Б. и., 1925.
- Мазин А. И., Традиционные верования и обряды эвенков-орочонов (конец XIX~начало XX в.), Новосибирск: Наука, 1984.
- Макаренко: Архив РЭМ, 1913, Ф.6, Оп.1, Д.215-216.

• Максимова И. Е., "Военное дело у сымско-кетского эвенков", Вопр
осы этнокультурной истории народов Западной Сибири, Томск,
1992.

• _____, "Представления о мире у сымско-кетского эвенк
ов", Сибирские чтения, СПб., 1992.

• _____, Тунгусский ойкос (по материалам сымско-кетск
ой группы эвенков), Автореф. Диссерт. ...Канд. Исторических Нау
к, Новосибирск, 1994.

• Маргаритов В. П., Об орочах Императорской Гавани, СПб.: О-во
изучения Амур. края в г. Владивостоке, 1888.

• Мартынова Н. В., Слипецкая Д. Р., "Феномен материальной и духо
вной культуры этноса ульчи: традиции, прошлое и настоящее",
The scientific heritage 72, 2021.

• Миддендорф А. Ф., Путешествие на север и северо-восток Сибири
1, 2, СПб.: ИАН, 1860, 1878.

• Миллер Г. Ф., История Сибири 1, СПб.: ТИАН, 1750.

• _____, История Сибири 2, М.-СПб.: АН СССР, 1937.

• _____, История Сибири 3, М.: Вост. лит., 2005.

• Миссонова Л. И., "Уйльта Сахалина: основные проблемы исследов
аний", ЭО 5, 2002.

• _____, "Основные проблемы изучения уйльта в контекс
те истории народов Сахалина", КБ СОКМ 4, 2005.

• _____, Уйльта Сахалина: большие проблемы малочисле
нного народа, М.: Наука, 2006.

• _____, Лексика уйльта как историко-этнографический
источник, М.: Наука, 2013.

• _____, "Танец огня как один из главных обрядов жизне
нного цикла в тунгусо-маньчжурской практике", Музей. Традици
и. Этничность 2, 2014.

• _____, "Перекрёстки и параллели культур на островах
Сахалин, Курилы, Хоккайдо (на основе фольклорного 《слова》 и
《изображения》)", Фольклор палеоазиатских народов: материалы

II Междунар. науч. конф. 《Фольклор палеоа-зиатских народов》 (г. Якутск, 21~25 ноября 2016 г.), Якутск: РИО медиахолдинга, 2017.

- Мыльникова К. М., Цинциус В. И., Материалы по исследованию негидальского языка, Л.: АН СССР, 1931.
- Нагишкин Д. А., Храбрый Азмун. Амурские сказки. М.: Детгиз, 1960.
- Нанайский фольклор: нингман, сиохор, тэлунгу, Киле Н. Б. (Сост.), Рукописный фонд отдела этнологии ИИАЭ НДВ РАН, 1996.
- Народы Приморского Края (НПК), Ермак Г. Г., Табунщикокова Т. И. (Ред.), Владивосток: Изд-во 48-часов, 2016.
- Народы Сибири. Этнографические очерки, Левин М. Г., Потапов Л. П. (Ред.), М.-Л.: АН СССР, 1956.
- Невельской Г. И., Подвиги русских морских офицеров на крайнем востоке России 1849~1855, Хабаровск: ХКИ, 1969.
- Неклюдов С. Ю., Мифы народов мира 2, М.: Советская энциклопе дия, 1992.
- Немировский А. И., Мифы и Легенды Древнего Востока, М.: Просв ещение, 1994.
- Никитин О., "К вопросу о погребальных обрядах народностей удэ ге", Артемьев, А. Р., Болотин, Д. П. и др. (Ред.), Проблемы краеведе ния (Арсеньевские чтения), Уссурийск: АН СССР, 1989.
- Николаев С. И., Эвены и эвенки Юго-Восточной Якутии, Якутск: ЯКИ, 1964.
- Никонов В. А., "Этнонимы Дальнего Востока СССР", Этническая о номастика, Никонов В. А. (Ред.), М.: Наука, 1984.
- Окладников А. Л., Исторический путь народов Якутии, Якутск: Як утск. Гос. Изд. 1943.
- _____, "Археологические работы в зоне строительств а ангарских гидроэлектростанций (общие итоги)", ЗИКМ, Иркутс к: ИКИ, 1958.
- Окладников А. П., "Неолит Сибирии Дальнего Востока", Каменны й век на территории СССР 166, М.: Наука, 1970.

• Окладников А. П., Очерки по истории западных бурят-монголов, Улан-Удэ: БГУ, 2013.

• _____, "К изучению начальных этапов формирования народов сибири", СЭ 2, 1950.

• _____, Неолит и бронзовый век Прибайкалья, М.-Л., 1955.

• _____, "Тунгусо-маньчжурская проблема и археология", История СССР 6, 1968.

• _____, "Неолит Сибири Дальнего Востока", Каменный век на территории СССР 166, М., 1970.

• _____, Петроглифы нижнего Амура, Л.: Наука, 1971.

• Окладников А. П., Далекое прошлое Приморья и Приамурья, Владивосток, 1973.

• _____, Археология Северной, Центральной и Восточной Азии. Избранные труды, Новосибирск: Наука, 2003.

• Онинка А., "Материал по работе среди женщин у нанайцев Хабаровского округа", Тайга и тундр 2, 1930.

• Островский А. Б., Мифология и верования нивхов, СПб.: ПВ, 1997.

• _____, "Культовые жезлы с озера Невского (поиски хронотопа)", Культурное наследие народов Дальнего Востока России. Сахалинская область, Уйльта, Эвенки. Южно-Сахалинск: Лукоморье, 2009.

• Отаина Г. А., "Воспитание экологического сознания у народов Дальнего Востока", Культура Дальнего Востока, Владивосток: Дальн аука, 1992.

• Павлова Т. В., Обрядовый фольклор эвенов Якутии (музыкально-этнографический аспект), СПб.: РГПУ, 2001.

• Панфилов В. З., "Нивхско-алтайские языковые связи", Вопросы языкознания 5, 1973.

• Патканов С. К., Опыт географии и статистики тунгусских племен Сибири на основании данных переписи населения. 1897 г. и других источников 2, СПб.: Тип. Сибирского акционерного общества

"Слово", 1906.

- Патканов С. К., Статистические данные, показывающие племенно
й состав населения Сибири, язык и роды инородцев (на основани
и данных специальной разработки материала переписи 1897 г.)
3, СПб.: Тип. Ш. Буссель, 1912.
- Певнов А. М., "Лингвистические свидетельства древности оленев
одства ороков", История и культура коренных народов Дальнего
Востока: материалы междунар. науч. конф., посвящ. 150-летию со
дня рождения Л. Я. Штернберга и 145-летию со дня рождения Б.
О. Пилсудского (7~9 ноября 2011 г.), Южно-Сахалинск, 2013.
- _____, "О нивхских заимствованиях в орокском языке", Пр
облемы изучения традиционных сообществ Тихоокеанской Росси
и: сб. науч. ст. ИИАЭН ДВ ДВО РАН, Владивосток: Дальнаука, 2016.
- Пенская Т. В., "Из истории этнографического изучения ороков Сах
алина", Этнографические исследования Сахалинского областног
о краеведческого музея. Препринт. Южно-Сахалинск, 1984.
- _____, "В поисках орокских захоронений (Из полевого дне
вника 1982~1983 гг.)", Этнографические исследования Сахалинско
го областного краеведческого музея, Южно-Сахалинск: ИМГГ ДВ
О АН СССР, 1985.
- Перевалова Е. В., "Эротика в культуре хантов", Модель в культуро
логи Сибири и Севера, Екатеринбург, 1992.
- Петрова Т. И., Ульчский диалект нанайского языка, М.-Л.: Учпедги
з, 1936.
- _____, Язык ороков (ульта), Л.: Наука, 1967.
- _____, Северные ханты: этническая история. Екатеринбур
г, 2004.
- Петрова Т. И., Бугаева Т. Г., "Общие основы и лексические модели
в словах, обозначающих признак 《красный》 в тунгусо-маньчжурс
ких и других алтайских языках", Проблемы общности алтайских
языков, Л.: Наука, 1971.
- Пилсудский Б. О., Из поездки к орокам о. Сахалина в 1904 г., Южн

о Сахалинск: ИМГГ ДВО АН СССР, 1989.

• Подмаскин В. В., Удэгейские личные имена, Филология народов Дальнего Востока (ономастика), Владивосток: ДВНЦ АН СССР, 1977.

_____, Традиционные народные знания удэгейцев о пр ироде, человеке и обществе во второй половине XIX~XX в. (опыт историко-этнографического исследования), Диссерт. ...Канд. Ист орических Наук, ИИАЭН ДВО РАН, Владивосток, 1984.

_____, Духовная культура удэгейцев XIX~XX вв.: истори ко-этнографические очерки, Владивосток: ДВГУ, 1991.

_____, Народные знания удэгейцев: Историческое этног рафическое исследование по материалам XIX-XX вв., Владивосто к: ДВО РАН, 1998.

• Подмаскин В. В., "Космография тунгусо-маньчжуров и нивхов", Ве стник ДВО РАН 1, 2004.

_____, Этномедицина и этнодиетология в истории и ку льтуре народов Дальнего Востока России (XVIII~XX вв.), Владивост ок: ДВО РАН, 2011.

_____, "Народные знания ороков (уйльта)", Россия и АТР 1, 2011.

_____, "Медико-демографические последствия этнокуль турных контактов коренных малочисленных народов Дальнего В остока России", Вестник ДВО РАН 2, 2012.

_____, Мифологический словарь: коренные малочислен ные народы Дальнего Востока России, Владивосток: Дальнаука, 2013.

_____, "Динамика численности и территории природоп ользования уйльта (ороков) Сахалина (XIX~XXI вв.)", Известия РГО 151(4), 2019.

_____, "Древние представления о тигре и леопарде у ко ренных народов Нижнего Амура и Сахалина как историко-этногр афический источник", Манускрипт 13(12), 2020.

- Полевой Б. П., Таксами Ч. М., "Первые русские сведения о нивхах-гиляках", Страны и народы Востока 17(3), 1975.
- Поляков И. С., Путешествие на Сахалин в 1881~1882 гг., ИРГО 21(1-2), 1883.
- _____, Отчет об исследованиях на о-ве Сахалине и в Южн о-Уссурийском крае, СПб., 1884.
- Попова У. Г., Эвены Магаданской области: Очерки истории, хозяй ства и культуры эвенов Охотского побережья 1917~1977 гг., М: Нау ка, 1981.
- Пржевальский Н. М., Путешествие в Уссурийском крае 1867~1869, Владивосток: Примиздат, 1949.
- Путешествие в восточные страны Плано Карпини и Рубрука, М.: Гос. изд-во геграфической лит., 1957.
- Радаев Н. Н., "Гилюй-Ольдойский и Амгунский охотничье-промыс ловые районы", Экономическая жизнь Дальнего Востока, Хабаров ск 6~7, 1926.
- Раевский Д. С., Скифо-сарматская мифология. Мифы народов мир а 2, М.: Мир книги, 1992.
- Решетов А. М., "Китайцы", Народы и религии мира. Энциклопеди я, Тишков В. А. (Ред.), М.: БРЭ, 2000.
- Роббек В. А., Фольклор эвенов Березовки (образцы шедевров), Яку тск: ИГИПМНС СО РАН, 2005.
- Роббек В. А., Дуткин Х. И., "Миф о происхождении Земли и челове ка в эвенском фольклоре", Эпическое творчество народов Сибир и и Дальнего Востока, Якутск: Якут. филиала СО АН СССР, 1978.
- Роон Т. П., "Традиционная система оленеводства уйльта", КБ СОК М 3, 1994.
- _____, Уйльта Сахалина: историко-этнографические исследов ания традиционного хозяйства и материальной культуры XVIII~се редины XX веков, Южно-Сахалинск, 1996.
- _____, "Экономические изменения у коренных народов Сахал ина в XX веке", ИИНБП 3, 1999.

- Рычков К. М., "Енисейские тунгусы", Землеведение 1~2, 3~4, М.-Л.: ТТКК°, 1917, 1922.
- Рябцева В. В., "Представление о душе как опыт самопознания (на примере культуры обских угров)", Вестник Челябинского государственного университета 16(197), 2010.
- Санги В. М., Песнь о нивхах. Эпическая поэма в мифах, сказаниях, исторических и родовых преданиях, М.: Современник, 1989.
- Седакова О. А., "Поэтика обряда", Погребальная обрядность восточных и южных славян, М.: Индрик, 2004.
- Сем Т. Ю., Традиционные представления негидальцев о мире и человеке, Религиоведческие исследования в этнографических музеях : сб. науч. тр., Л.: ГМЭ, 1990.
- Сем Т. Ю., Картина мира тунгусов: пантеон (семантика образов и этнокультурные связи): историко-этнографические очерки, СПб.: Фил-фак. СПбГУ, 2012.
- Сем Ю. А., Родовая организация нанайцев и ее разложение, Владивосток, 1959.
- _____, "Пережитки материнского рода у нанайцев", Труды ДВФ СО АН СССР. Серия история 2, Владивосток: ДВФ СО АН СССР, 1961.
- _____, "Проблема происхождения ороков Сахалина, Общие закономерности и особенности исторического развития народов советского ДВ (с древнейших времён до наших дней)", Тез. докл. и сообщ. на сессии гуманитарных наук совета ДВФ СО АН СССР по итогам научно-организационной работы за 1964 г., Владивосток: ДВФ СО АН СССР, 1965.
- _____, Нанайцы. Материальная культура, Владивосток: ДВФ СО АН СССР, 1973.
- _____, "Мифологические представления нанайцев о природе и человеке", Генезис и эволюция этнических культур в Сибири, Новосибирск, 1986.
- _____, "Космогонические представления нанайцев: верхний

мир", Религиоведческие исследования в этнографических музеях. Л.: Гос. музей этнографии, 1990.

- Сем Ю. А., Пэрхи, Северные просторы 1~2, Владивосток: б. и., 1992.
- Сем Ю. А., Сем Л. И., "Тазы: этническая история, хозяйство и мате риальная культура (XIX~XX вв.)", ТИИАЭ ДВО РАН 10, Владивосток: Дальнаука, 2001.
- Сем Ю. А., Сем Л. И., Сем Т. Ю., "Материалы по традиционной культуре, фольклору и языку ороков", Диалектологический орокс ко-русский словарь. Этнографические исследования: Труды ИИА Э ДВО РАН 14, Владивосток: Дальнаука, 2011.
- Симонов М. Д., "Материалы по шаманству сымских эвенков", Изве стия Сибирского отделения АН СССР. Сер. общ. наук. 3(11), Новос ибирск, 1983.
- Симонов М. Д., Кялундзюга В. Т., Хасанова М. М., Фольклор удэгей цев: ниманку, тэлунгу, ехэ, Новосибирск: Наука, 1998.
- Сипин С. Н., "Труды и быт женщины пани (ульчи)", Тайга и тундра 2, 1930.
- Сирина А. А., "Преемственность в организации среды жизнедеяте льности (на примере эвенков верховья р. Нижняя Тунгуска)", ЭО 2, 1992.
- _____, "Современные религиозные представления у нижне тунгусских эвенков (по материалам Катангского района Иркутск ой области)", Традиционные ритуалы и верования, М., 1995.
- _____, Катангские эвенки в XX веке: расселение, организа ция среды жизнедеятельности, М.-Иркутск, 2002.
- _____, Проблемы типологии и преемственности этнически х культур эвенков и эвенов (конец начало веков), Дисс. д-ра исто р. наук., МГУ, 2011.
- Сказки народов Севера, Винокурова В. В., Сем Ю. А. (Сост.), СПб.: Дрофа, 2001.
- Смоляк А. В., "Магические обряды сохранения жизни детей у наро

дов нижнего Амура", Сибирский этнографический сборник, 4, М.,
1962.

• Смоляк А. В., "Погребальные и поминальные обряды у народов Ни
жнего Амура и проблемы преодоления религиозных пережитков",
Материалы научно-практической конференции в г. Улан-Удэ,
1966.

• _____, Ульчи: Хозяйство, культура и быт в прошлом и насто
ящем, М., 1966.

• _____, Традиционное хозяйство и материальная культура
народов Нижнего Амура и Сахалина, М.: АН СССР, 1984.

• _____, "Погребальные и поминальные обряды у народов Ни
жнего Амура и проблемы преодоления религиозных пережитков",
Материалы научно-практической конференции в г. Улан-Удэ,
1966.

• Смоляк А. В., Ульчи (Историко-этнографические очерки), М.: Наук
а, 1966.

• _____, "О некоторых старых традициях в современном быт
у ульчей", Бронзовый и железный век Сибири, Новосибирск: АН
СССР, 1974.

• _____, "О взаимных культурных влияниях народов Сахалин
а и некоторых проблемах этногенеза", Этногенез и этническая ис
тория народв Севера, М.: Наука, 1975.

• _____, "Представления нанайцев о мире", Природа и челов
ек в религиозных представлениях народов Сибири и Севера(втор
ая половина XIX~начало XX вв.), И. С. Вдовин(Ред.), Л.: Наука, 1976.

• _____, "Похоронная обрядность. Ульчи", Семейная обряднос
ть народов Сибири. И. С. Гурвич (Ред.), М.: Наука, 1980.

• _____, "Народы Нижнего Амура и Сахалина", Этническая ис
тория народов Севера, М: Наука, 1982.

• _____, Традиционное хозяйство и материальная культура
народов Нижнего Амура и Сахалина, М.: АН СССР, 1984.

• _____, "Традиционные календари коренных жителей Нижн

его Амура", Новое в этнографии 1, М., 1989.

- Смоляк А. В., Шаман: личность, функции, мировоззрение (народы Нижнего Амура), М.: Наука, 1991.

- _____, "Удэгейцы", Народы и религия мира. Энциклопедия, В. А. Тишков(Ред.), М.: БРЭ, 1999.

- Снесарев Г. П., "По следам Анахиты", СЭ 4, 1971.

- Солярский В., "Современное правовое и культурно-экономическо е положение инородцев Приамурского края", Материалы по изуч ению Приамурского края, Хабаровск: ТКПГГ, 1916.

- Спасский Г., "Забайкальские тунгусы", СВ 17, 1822.

- _____, "Тунгусы", СВ 17, СПб.: ТДНП, 1822.

- Спеваковский А. Б., Традиционная и современная культура эвено в, Автореферат диссерт. кандат. истор. наук., Л., 1981.

- Старостин С. А., Алтайская проблема и происхождение японского языка, М.: Наука, 1991.

- Старцев А. Ф., "Боги и хозяева трёх миров в мировоззрении удэге йцев (по материалам В. К. Арсеньева)", Съезд сведущих людей Да льнего Востока: Науч. практич. историко-краеведческая конф., по свящ. 100-летию ХКМ (Хабаровск, 17~18 мая 1994 г.), Хабаровск: ХГ ПУ, 1994.

- _____, Проблемы этнокультурного развития удэгейцев во второй половине XIX~XX вв., Дисс. д-ра. истор. наук., ИИАЭН ДВО РАН, 2002.

- _____, "Представления народов приамурья и приморья о душе", Россия и АТР 2, 2003.

- _____, Культура и быт удэгейцев (вторая половина XIX~XX в.), Владивосток: Дальнаука, 2005.

- _____, "Рыболовство негидальцев в XX веке", Россия и АТ Р 1, Владивосток, 2012.

- _____, "Мировоззрение тазов Ольгинского района Примо рского края о природе", Инновационные технологии в науке и об разовании: материалы IV Междунар. науч.-практич. конф. (Чебокс

ары, 18 дек. 2015 г.), Чебоксары: ЦНС Интерактив плюс, 2015.

- Старцев А. Ф., Этнические представления тунгусо-маньчжуров о природе и обществе, Владивосток: Дальнаука, 2017.

- _____, "Культ огня в охотопромысловой деятельности и бытовой культуре тунгусо-маньчжурских этносов Нижнего Амура и Приморья", Религиоведение 4, Благовещенск: АМГУ, 2019.

- _____, "Демографическая характеристика семьи орочей (1951~1995 гг.)", Иторическая демография 1(5), 2010. https://illhko misc.ru/wp-content/uploads/2014/07/ist-demo01-2010.pdf. 검색일: 2022.07.03.

- Степанов Н. Н., "Русские экспедиции в XVII веке на Охотском поб ережье и их материалы о тунгусских племенах," УЗЛГПИ 188, 1959.

- Стратанович Г. Г., Народные верования населения Индокитая, М.: Наука, 1978.

- Супинский А. К., "Понева и вставки в белорусской женской одежд е", СЭ 2, 1932.

- Суслов И. М., "Материалы по шаманству у эвенков бассейна р. Ен исей", Архив МАЭ РАН, Ф.К-1, Оп.1, No.58, 1935.

- Таксами Ч. М., Основные проблемы этнографии и истории нивхо в (середина XIX~начало XX вв.), Л.: Наука, 1975.

- _____, "Представления о природе и человеке у нивхов", Природа и человек в религиозных представлениях народов Сиби ри и Севера (вторая половина XIX~начало XX вв.), Л.: Наука, 1976.

- _____, "Система культов у нивхов", Памятники культуры народов Сибири и Севера: Сборник Музея антропологии и этногр афии 33, Л.: Наука, 1977.

- _____, "Нивхи", Народы россии. Энциклопедия, Тишков В. А. (Ред.), М.: БРЭ, 1994.

- _____, "Представления о природе и человеке у нивхов", Природа и человек в религиозных представлениях народов Сиби ри и Севера(вторая половина XIX~начало XX вв.), Л.: Наука, 1976.

- Титорева Г. Т., Удэгейцы: Каталог коллекции из собрания ХКМ, Хабаровск: ХКМ, 2016.

- Ткачик Н. П., Эпос охотских эвенов, Якутск: ЯКИ, 1986.
- Туголуков В. А., "Охотские эвенки", СЭ 1, М., 1958.
- _____, "Экондские эвенки", Современное хозяйство, куль тура и быт малых народов Севера, М., 1960.
- _____, "Витимо-олекминские эвенки", ТИЭ 78(4), М., 1962.
- _____, Следопыты верхом на оленах, М., 1969.
- _____, "Народ один-названий много", СЭ 5, М.: Наука, 1970.
- _____, "Институт доха у удэгейцев и орочей", СЭ 3, 1972.
- _____, "Эвенки бассейна рек Турухан", Социальная орга низация и культура народов севера, М.: Наука, 1974.
- _____, "Конные тунгусы (этническая история и этногене з)", Этногенез и этническая история народов севера, М.: Наука, 1975.
- Туголуков В. А., "Эвенки-ганальчи (к вопросу о существовании пл емени у тунгусов)", СЭ 4, 1979.
- _____, "Этнические корни тунгусов", Этногенез народов Севера, М.: Наука, 1980.
- _____, Витимо-олекминские эвенки, М.: Наука, 1980.
- _____, "Тунгусы среди татар и хантов на Иртыше и Оби в XVI~XVII вв.", III Всесоюзная тюркологическая конференция. Лит ератураведение и история. Тезисы и докладов и сообщений, 1980.
- _____, "Эвенки", Этническая история народов севера, М.: Наука, 1982.
- _____, Тунгусы (эвенки и эвены) Средней и Западной Си бири, М.: Наука, 1985(1997).
- Тураев В. А., История и культура эвенов, СПб.: Наука, 1997.
- _____, "Этногенез и этническая история", История и культур а нанайцев, СПб.: Наука, 2003.
- Туров М. Г., Хозяйство эвенков таежной зоны Средней Сибири в конце XIX~начале XX в. принципы освоения угодий, Иркутск: Ирк ут. ун-та, 1990.
- _____, "К проблеме этногенеза и этнической истории эвенко

в", ЭО 3, 1998.

• Туров М. Г., "Проблемы исторической прародины северных тунгу сов и этногенеза эвенков", Известия Иркутского государственног о университета 1(2), 2013.

• Унтербергер П. Ф., Приморская область. 1856~1898, СПб.: Тип. В. Ф. Киршбаума, 1900.

• Фадеев А. А., Последний из удэге, М.: ХЛ, 1982.

• Фольклор удэгейцев: ниманку, тэлунгу, ехэ (ПФНСиДВ. ФУ), Симо нов М. Д., Кялундзюга В. Т., Хасанова М. М. (Сост.), Новосибирск: Наука, 1998.

• Фольклор эвенов Березовки: образцы шедевров, Роббек В. А. (Сос т.), Якутск: Северовед, 2005.

• Функ Д. А., Зенько А. П., Силланпяя Л., "Материалы по современно й культуре и социально-экономическому положению северной гр уппы уйльта", ЭО 3, 2000.

• Харузина В. Н., К вопросу о почитании огня, ЭО 3~4, 1906.

• Хасанова М. М., Антропонимы в фольклоре восточных эвенков, Традиции и современность в культуре народов Дальнего Восток а, Старкова Н. К. (Ред.), Владивосток, 1983.

• _____, Фольклорные материалы В. К. Арсеньева, Фолькл ор удэгейцев: ниманку, тэлунгу, ехэ, Новосибирск: Наука, 1998.

• _____, "Путь души в мир мертвых по представлениям на родов Амура", Структура, функция и семантика погребального об ряда народов Сибири: Этнографические очерки, СПб.: Наука, 2007.

• Хасанова М., Певнов А., Негидальцы: язык и фольклор, http://hdl. handle.net/2115/57373. 검색일: 2022.07.05.

• _____, "Путь души в мир мертвых по представлениям народ ов Амура", Мифология смерти: Структура, функции и семантика погребального обряда народов Сибири, Л. Р. Павлинская(Ред.), С Пб.: Наука, 2007.

• Художественное творчество Понгса Киле (из собрания Амурского

городского краеведческого музея): Каталог, Амурск: АГКМ, 1998.

• Худяков И. А., "Верхоянский сборник", Записки Вост.-Сиб. отд. РГ О по этнографии 1(3), Иркутск, 1890.

• _____, Образцы народной литературы якутов, собранные И. А. Худяковым 1913~1918, СПб.: ТИАН.

• Цинциус В. И., "Воззрения негидальцев, связанные с охотничьим промыслом, Религиозные представления и обряды народов Сиби ри в XIX~начале XX в.", СМАЭ 27, Л.: Наука, 1971.

• _____, "К этимологии алтайских терминов родства", Очер ки сравнительной лексикологии алтайских языков, Л.: Наука, 1972.

• Цинциус В. И., Негидальский язык. Исследования и материалы, Л.: Наука, 1982.

• Чадаева А. Я., К югу от северного сияния, Хабаровск: ХКИ, 1982.

• _____, Древний свет. Сказки, легенды, предания народов Хабаровского края. Очерки о фольклоре, Хабаровск: ХКИ, 1990.

• Шавкунов Э. В., "Археологические исследования на Шайгинском городище в 1974 г.", Архив ДВНЦ АН СССР, Ф.13, Оп.1, No.28.

• _____, Культура чжурчжэней-удигэ XII~XIII вв. и проблем а происхождения тунгусских народов Дальнего Востока, М.: Наук а, 1990.

• Шавкунов Э. В., Леньков В. Д., "Отчет об археологических исследо ваниях на Шайгинском городище в 1970 г.", Архив ДВНЦ АН ССС Р, Ф.1, Оп.6, No.146.

• Шаньшина Е. В., Традиционные представления о происхождении Земли и человека у тунгусоязычных народов юга Дальнего Восток а России, Автореф. Диссерт. ...Канд. Исторических Наук, Владиво сток: Ин-т истории, археологии и этнографии, 1998.

• Шашков С., "Исследования и материалы. Шаманство в Сибири", Записки ИРГО, СПб., 1864.

• Шимкевич П. П., Материалы для изучения шаманства у гольдов, Хабаровск: ТКПГГ, 1896.

- Шимкевич П. П., "Обычаи, поверья и предания гольдов", ЭО 3, 1897.
- _____, "Некоторые моменты из жизни гольдов и связанн ые с жизнью суеверия", ЭО 34(3), 1897.
- Шнейдер Е. Р., Искусство народностей Сибири, Л.: Гос. русск. муз ей, 1930.
- Шперк Ф., Россия Дальнего Востока, СПб.: ТИАН, 1885.
- Шренк Л., Об инородницах Амурского края 1~3, СПб.: ТИАН, 1883, 1889, 1903.
- Штернберг Л. Я., "Образцы материалов по изучению гиляцкого яз ыка и фольклора", ИИАН 4. 1900.
- _____, Материалы по изучению гиляцкого языка и фоль клора, СПб.: ИАН, 1908.
- Штернберг Л. Я., Гиляки, орочи, гольды, негидальцы, айны, Хабар овск: Дальгиз, 1933.
- _____, Первобытная религия в свете этнографии, Л.: ИН С, 1936.
- Эвенские обрядовые праздники: Хэбденек, Бакылдыдяк, Холиа, Ч айрудяк, Савельев Л. А. (Ред.), Магадан: Новая полиграфия, 2008.
- Юань К., Мифы древнего Китая, М.: Наука, 1965.
- Янчев Д. В., "Отражение этнокультурных контактов в промыслово й деятельности негидальцев", VII Дальневост. конф. молодых исто риков. 13~16 мая 2002 г., Владивосток: ДВГУ. 2002,
- _____, Хозяйство и материальная культура негидальцев: вто рая половина XIX~XX в. Диссерт. ...Канд. Исторических Наук, Вла дивосток, 2006.
- Янчев Д. В., Самар А. П., "Негидальское собаководство", История и культура негидальцев: историко-этнографические очерки, Стар цев А. Ф. (Ред.), Владивосток: Дальнаука, 2014.

4. 웹 사이트 자료

- 국립국어원 표준국어대사전. https://stdict.korean.go.kr/main/main.do. 검색일: 2024.03.28.
- 국립민속박물관, 『한국민속신앙사전-마을신앙』, https://folkency.nfm.go.kr/search/%ED%95%B4%EC%8B%A0%EB%8B%B9. 검색일: 2023.12.30.
- 임여호, 임여호 박사의 신자산어보, 길조(吉兆)의 물고기 농어 http://www.nhanews.com/news/articleView.html?idxno=43203. 검색일: 2023.01.11.
- 『중국상하오천년사』, 「호우이가 태양을 쏘다(后羿射日)」, https://terms.naver.com/entry.nhn?docId=955582&cid=62060&categoryId=62060. 검색일: 2021.07.05.
- 『한국민족문화대백과사전』, 한국학중앙연구원, https://encykorea.aks.ac.kr/Article/E0016437. 검색일: 2024.06.01.
- 「황천혼시」, 『한국민속대백과사전: 무속신앙』, 국립민속박물관, https://folkency.nfm.go.kr/topic/directory/220 검색일: 2024.06.01.
- ГАУК ОТОК, Областной эвенский праздник встречи Нового года Хэбденек, ГАУК ОТОК, https://gauk-otok.ru/glavnoe/83-hebdenek.html. 검색일: 2022.09.20.
- "Всероссийские переписи населения 2002~2010 годов", https://web.archive.org/web/20140916192420/ http://std.gmcrosstata.ru/webapi/jsf/tableView/customiseTable.xhtml, 검색일: 2023.12.10.
- "Национальный состав населения Российской Федерации согласно переписи населения 2021 года", https://ru.wikipedia.org/wiki/%D0%AD%D0%B2%D0%B5%D0%BD%D1%8B, 검색일: 2023.12.10.
- Нивхская кухня. Мос. https://dzen.ru/a/XeYfPOOGPwCyBETj 검색일: 2024.01.10.
- https://dela.ru/lenta/240764/ 검색일: 2022.10.11.
- https://news.myseldon.com/ru/news/index/216167519 검색일: 2022.10.11.
- http://yakutiakmns.org/archives/7674 검색일: 2022.10.11.
- https://ethno-ornament.livejournal.com/8026.html 검색일: 2022.10.20.
- https://primamedia.ru/news/720736/ 검색일: 2022.09.20.
- http://www.neruadmin.ru/news/nerungri/detail.php?ID=10717&phrase_id=160337 검색일: 2022.01.09.

- https://100.daum.net/encyclopedia/view/b22t2171a 검색일: 2022.11.21.
- http://www.icrap.org/ru/Ostrovski9-1.html 검색일: 2021.06.01.
- https://secrethistory.su/page,12,131-tradicionnoe-sobakovodstvo-nanaycev. html 검색일: 2022.10.11.
- https://habinfo.ru/shamanizm/ 검색일: 2022.10.11.
- https://belregi.livejournal.com/161999.html?noscroll 검색일: 2022.07.03.
- https://bigenc.ru/ethnology/text/2007118 검색일: 2022.07.03.
- https://dela.ru/lenta/240764/ 검색일: 2023.01.10.
- https://news.myseldon.com/ru/news/index/216167519 검색일: 2023.01.10.
- http://yakutiakmns.org/archives/7674. 검색일: 2023.01.10.
- https://dzen.ru/a/XeYfP0OGPwCyBETj 검색일: 2024.02.01.
- https://photoinlive.tistory.com/23 검색일: 2024.03.05.
- https://ar.culture.ru/en/museum/gosudarstvennyy-muzey-istorii-religii 검색일: 2024.03.10.
- https://ru.wikipedia.org/wiki/%D0%AD%D0%B2%D0%B5%D0%BD%D0%BA%D0%B8 검색일: 2022.04.24.
- https://ya.ru/video/preview/82606718620160024 검색일: 2022.04.24.
- http://www.neruadmin.ru/news/nerungri/detail.php?ID=10717&phrase_id=160 337 검색일: 2023.01.10.
- https://ya.ru/video/preview/10682274029907753247 검색일: 2024.01.20.
- https://arctic-megapedia.com/wp-content/uploads/2020/12/Old_winter_ dwelling_Orochi.png 검색일: 2023.01.10.
- https://travelask.ru/articles/oroki-nani-korennoy-narod-sahalina 검색일: 2022. 04.10.
- http://www.sparklogic.ru 검색일: 2022.11.20.
- https://ru.wikipedia.org/wiki/%D0%A3%D0%BB%D1%8C%D1%87%D0%B8 검색일: 2024.1.20.
- https://postnauka.ru/longreads/155703 검색일: 2024.1.20.
- https://dela.ru/lenta/240764/ 검색일: 2024.1.20.
- https://news.myseldon.com/ru/news/index/216167519 검색일: 2024.1.20.
- http://yakutiakmns.org/archives/7674. 검색일: 2023.01.10.
- https://photoinlive.tistory.com/23 검색일: 2023.01.28.

- http://www.nhanews.com/news/articleView.html?idxno=43203 검색일: 2023. 01.28.
- https://terms.naver.com/entry.nhn?docId=955582&cid=62060&categoryId= 62060 검색일: 2022.7.05
- https://secrethistory.su/page,12,131-tradicionnoe-sobakovodstvo-nanaycev. html 검색일: 2022.7.05
- https://habinfo.ru/shamanizm/ 검색일: 2022.10.11.
- http://www.icrap.org/ru/Ostrovski9-1.html 검색일: 2022.06.01.
- https://dzen.ru/a/Y5M0OXXYr3i9x88_?pulse_user_id= 검색일: 2022.7.05
- https://fotografiiarhiv.ru/nanajcev 검색일: 2024.01.20.
- https://encykorea.aks.ac.kr/Article/E0024357 검색일: 2024.01.20.
- http://www.kykhkykh.org/1626-na-sakhaline-vnov-ublazhali-khozyaina-morya 검색일: 2023.01.28.
- https://sakhalin.info/news/76329 검색일: 2023.01.28.
- https://fotostrana.ru/user/post/78124900/821938160/ 검색일: 2024.01.20.
- https://sakhalin.info/news/76329 검색일: 2024.01.28.
- https://collection.kunstkamera.ru/entity/OBJECT/83479?ysclid=lu5dgvdmcn 159252286 검색일: 2024.01.28.
- http://www.neruadmin.ru/news/nerungri/detail.php?ID=10717&phrase_id= 160337 검색일: 2023.01.26.

5. 약어

- АМГУ: Амурский Государственный Университет
- БГУ: Бурятский Государственный Университет
- БРЭ: Большая Российская Энциклопедия
- ГМЭ: Государственный Музей Этнографии
- ДВ: Дальний Восток
- ДВГУ: Дальний Восточный Государственный Университет
- ДВНЦ АН СССР: Дальневосточный Научный Центр Академии Наук Союза Советских Социалистических Республик

- ДВО РАН: Дальневосточный Отдел Российской Академии Наук
- ДВФ СО АН СССР: Дальневосточный Филиал им. В. Л. Комарова Сибирского Отделения Академии Наук Союза Советских Социали стических Рестпублик
- ЖС: Живая Старина
- ЗИРГО: Записки Императорсгого Русского Географического Обще ства
- ЗИКМ: Записки Иркутского Краеведческого Музея
- ЗПО ИРГО: Записки Приамурского Отдела Императорского Русск ого Географического Общества
- ЗПФГО СССР: Записки Приамурского Филиального Географическ ого Общества Союза Советских Социалистических Рестпублик
- ЗОИАК ФОПО ИРГО: Записки Общества Изучения Амурского Края Филиального Отделения Приамурского Отдела Императорского Русского Географического Общества
- ЗРГО: Записки Русского Географического Общества
- ИАН: Императорская Академия Наук
- ИГИПМНС СО РАН: Институт Гуманитарных Исследований и Проб лем Малочисленных Народов Севера Сибирского Отделения Росс ийской Академии Наук
- ИИАН: Известия Императорской Академии Наук
- ИИАЭН ДВ РАН: Институт Истории, Археологии и Этнографии На родов Дальнего Востока Российской Академии Наук
- ИИАЭН ДВ ДВО РАН: Институт Истории, Археологии и Этнографи и Народов Дальнего Востока Дальневосточного Отделения Росси йской Академии Наук
- ИИРГО: Известия Императорского Русского Географического Общ ества
- ИКИ: Иркутское Книжное Издательство
- ИМГГ ДВО АН СССР: Институт Морской Геологии и Географии Да льневосточный Отдел Дальневосточного Отделения Академии На ук Союза Советских Социалистических Рестпублик

- ИНС: Институт Народов Севера Центральный Исполнительный Комитет Союза Советских Социалистических Рестпублик им. П. Г. Смидовича
- ИРГО: Императорское Русское Географическое Общество
- ИСО АН СССР: Известия Сибирского Отделения Академии Наук Союза Советских Социалистических Рестпублик
- ИЭ АН СССР: Институт этнографии им. Н. Н. Миклухо-Маклая Академии Наук Союза Советских Социалистических Рестпублик
- ИЭАС: Историко-Этнографический Атлас Сибири
- ИЭА РАН: Институт Этнологии и Антропологии Российской Академии Наук
- КБ СОКМ: Краеведческий Бюллетень Сахалинского Областного Краеведческого Музея
- ЛГПИ: Ленинградский Государственный Педагогический Институт им. А. И. Герцена
- ЛГУ: Ленинградский Государственный Университет
- МИА: Материалы и Исследования по Археологии Союза Советских Социалистических Рестпублик
- МС: Морской Сборник
- ОИАК: Общество Изучения Амурского Края
- ПВ: Петербургское Востоковедение
- ПОИРГО: Приамурский Отдел Императорского Русского Географического Общества
- ПОРГО: Приамурский Отдел Русского Географического Общества
- ПФРГО: Приморский Филиал Русского Географического Общества Союза Советских Социалистических Рестпублик
- ПЦРГО ОИАК: Приморский Центр Русского Географического Общества-Общество Изучения Амурского края
- РГО: Русское Географическое Общество
- РГПУ: Российского Государственного Педагогического Университета им. А. И. Герцена
- СВ: Сибирский Вестник

- СЖС: Сибирская Живая Старина
- СК: Сахалинский Календарь
- СКИ: Сахалинское Книжное Издательство
- СМАЭ: Сборник Музея Антропологии и Этнографии им. Петра Вел икого Российской Академии Наук
- СПб: Санкт-Петербург
- СПбГУ: Санкт-Петербургский Государственный Университет
- СПбФА РАН: Санкт-Петербургский Филиал Архива Российской Ак адемии Наук
- СР РЭМ: Секция Рукописей Российского Этнографического Музея
- СЭ: Советская Этнография
- ТУВД: Типология Управления Внутренних Дел
- ТИАН: Типология Императорской Академии Наук
- ТИИАЭ ДВО РАН: Труды Института Истории, Археологии и Этног рафии Народов Дальнего Востока Дальневосточного Отделения Российской Академии Наук
- ТИЭ: Труды Института Этнографии им. Н. Н. Миклухо-Маклая Ака демии Наук Союза Советских Социалистических Рестпублик
- ТКМ: Типография Кнжная В. П. Мещерского
- ТКПГГ: Типография Канцелярии Приамурского Генерал-Губернат ора
- ТПОРГО: Труды Приамурского Отдела Русского Географического Общества
- ТС: Тунгусский Сборник
- ТСЭРГО: Труды Сибирской Экспедиции Русского Географическог о Общества
- ТСД: Типография С. Добродеева
- ТЩПВО: Типография Штаба Приамурского Военного Округа
- ТТКК°: Типография товарища И. Н. Кушнерев и К°
- УЗЛГПИ: Ученые Записки Ленинградский Государственный Педаг огический Институт им. А. И. Герцена
- ХГПУ: Хабаровский Государственный Педагогический Университе

ㅜ

- ХКИ: Хабаровское Книжное Издательство
- ХЛ: Художественная Литература
- ЭИСОКМ: Этнографические Исследования Сахалинского Областн
  ого Краеведческого Музея
- ЭО: Этнографическое Обозрение
- ЯКИ: Якутское Книжное Издательство

찾아보기

엄순천

성공회대학교에서 강의와 극동 토착종족의 언어와 문화를 연구하고 있다.

논저

『잊혀져가는 흔적을 찾아서-퉁구스족(에벤키족) 씨족명 및 문화 연구』(저서, 2016), 『한민족문화와 퉁구스족』(공저, 2019), 『극동 토착종족의 우주관과 생태』(저서, 2024), 「러시아 극동 우데계족의 치병(治病)의식과 치병용 신상(神像)의 문화기술지적 고찰」(논문, 2022), 「극동 토착종족의 뱀과 용 숭배 고찰: 한반도, 중국과의 비교를 중심으로」(논문, 2023), 「인류세의 대안문화로서 극동 토착종족의 애니미즘과 대칭성의 세계관」(논문, 2024) 등

극동 토착종족의 애니미즘과 생태

2025년 1월 10일 초판 1쇄 펴냄

지은이 엄순천
펴낸이 김흥국
펴낸곳 보고사

책임편집 이소희
표지디자인 김규범

등록 1990년 12월 13일 제6-0429호
주소 경기도 파주시 회동길 337-15 보고사
전화 031-955-9797
팩스 02-922-6990
메일 bogosabooks@naver.com
http://www.bogosabooks.co.kr

ISBN 979-11-6587-707-1   93100
ⓒ 엄순천, 2025

KB195446